Psychologie in Köln – Ein Fach und ein Institut entstehen

Beiträge zur Geschichte der Psychologie

Herausgegeben von Helmut E. Lück und Armin Stock

Band 31

Zur Qualitätssicherung und Peer Review der vorliegenden Publikation

Die Qualität der in dieser Reihe erscheinenden Arbeiten wird vor der Publikation durch die Herausgeber der Reihe geprüft.

Notes on the quality assurance and peer review of this publication

Prior to publication, the quality of the work published in this series is reviewed by the editors of the series.

Inga Rapp

Psychologie in Köln
Ein Fach und ein Institut entstehen

Zur Geschichte der Psychologie als Fachdisziplin an der Universität zu Köln in der ersten Hälfte des 20. Jahrhunderts bis 1945

PETER LANG

Bibliografische Information der Deutschen Nationalbibliothek
Die Deutsche Nationalbibliothek verzeichnet diese Publikation in der Deutschen Nationalbibliografie; detaillierte bibliografische Daten sind im Internet über http://dnb.d-nb.de abrufbar.

Umschlagabbildung:
Inga Rapp

D

ISSN 0936-594X
ISBN 978-3-631-76878-5 (Print)
E-ISBN 978-3-631-76879-2 (E-PDF)
E-ISBN 978-3-631-76880-8 (EPUB)
E-ISBN 978-3-631-76881-5 (MOBI)
DOI 10.3726/b14710

Peter Lang – Berlin · Bern · Bruxelles · New York · Oxford · Warszawa · Wien

Diese Publikation wurde begutachtet.

www.peterlang.com

Inhaltsverzeichnis

Prolog

Die Anregung zu dieser Arbeit geht auf Prof. Dr. Hannes Stubbe zurück. Bereits in seinem Werk über Albertus Magnus, den ersten Kölner und mitteleuropäischen Psychologen, bedauerte Prof. Stubbe das Fehlen einer „Geschichte des Kölner Psychologischen Instituts" (2012a, S. 104). Danke für diesen Impuls!

Es liegen zwar Darstellungen zur Geschichte der Psychologie im deutschsprachigen Raum vor (vgl. Lück, 1996; Schönpflug, 2016), auch spezifische Darstellungen für den hier einschlägigen Zeitraum bis 1945 (vgl. Geuter, 1984), darüber hinaus Werke zur Geschichte der Universität zu Köln (vgl. Heimbüchel, 1988; Haupts, 2007). Bislang fehlt jedoch ein Werk, das beides miteinander verbindet und sich dezidiert mit der Geschichte der Psychologie an der Universität zu Köln auseinandersetzt. Grund genug, einmal den Blick hierauf zu richten.

2019 jährt sich der Jahrestag der Wiedergründung[1] der Universität zu Köln zum einhundertsten Mal. Dieses „kleine Jubiläum" ist ebenfalls ein Anlass, das Augenmerk ein wenig auf die jüngere Vergangenheit zu lenken.

Besagte jüngere und jüngste Vergangenheit birgt neben den fachlichen auch noch Herausforderungen ganz anderer Art: seit der Jahrhundertwende ist die deutsche Rechtschreibung vielfach verändert worden. Allgemein üblich ist die Kennzeichnung von Formen, die von der aktuell gültigen Fassung des Dudens abweichen, durch ein „[sic]" (ohne Anführungszeichen). Da die in diese Arbeit mit einbezogenen zeitgenössischen Texte aber so ziemlich jeder Rechtschreibung seit der Jahrhundertwende folgen, würde eine konsequente Kennzeichnung im o.g. Sinne die Arbeit unlesbar machen. Aus diesem Grund wurde darauf verzichtet; lediglich augenscheinliche Tippfehler oder Besonderheiten des Originals (bspw. bzgl. der Grammatik) sind gekennzeichnet.

Ebenfalls eine Eigenheit der jüngsten Geschichte ist die Tatsache, dass Informationen nun auch online verfügbar sind – allerdings gelegentlich ohne Autorenangabe (meist in den Fällen, in denen es sich um öffentliche Quellen handelt). Aus diesem Grund enthält das Literaturverzeichnis einen separaten Abschnitt zu Online-Quellen ohne Autorenangabe.

Aus Gründen der Lesbarkeit wird auf Binnen-I, Doppelformulierungen, Unter-Striche, Gender-Sternchen o.ä. verzichtet. Angesprochen sind dennoch selbstverständlich immer beide biologischen Geschlechter.

Wann hat man schon einmal die Chance, so viele der eigenen Interessensgebiete miteinander zu verbinden? Die Begeisterung für das eigene Fach, die Vorliebe für die historische Entwicklung dieses Faches im Kontext seiner Zeit, die Freude an juristischen Absurditäten und nicht zuletzt das, was heute ein wenig

1 Die Fünfjahreschronik von 1925 spricht auch von „Neugründung" (Universität Köln, 1925, S. 1).

pathetisch-ironisch mit dem Begriff „Lokalpatriotismus“ umschrieben wird; dies alles konnte hier Raum finden.

Ohne Unterstützung vielfältiger Art kann ein solches Werk nicht entstehen. Neben institutioneller Unterstützung, etwa durch die diversen Archive oder die bereitwillige Erteilung von Abdruckgenehmigungen für Bilder, sind vor allem einige Menschen zu nennen, die den Weg dieser Arbeit und die Autorin begleitet und auf vielfältige Art unterstützt haben.

Allen voran gebührt an dieser Stelle dem Doktorvater, Prof. Dr. Hannes Stubbe, ganz besonderer Dank: für ein stets offenes Ohr, für großzügiges Teilen seines immensen Fachwissens, viele Anregungen für die Recherche und vor allem für die stets rasche und hilfreiche Reaktion auf Fragen.

Bei Fragen und Unsicherheiten standen ebenfalls stets hilfreich zur Verfügung: Prof. Dr. Egon Stephan und Prof. Dr. Birgit Träuble. Auch ihnen sei an dieser Stelle herzlich gedankt, ebenso wie Dr. Gerd Pfeiffer, der bereitwillig nicht nur sein fachliches Know-how zur Verfügung stellte, sondern auch seine persönlichen Eindrücke vom Beginn seiner eigenen Studienzeit. An Prof. Dr. Ellen Aschermann ergeht der Dank darüber hinaus für die Überlassung von Sekundärmaterialien.

Beim „Entknoten von Gedanken“ waren unverzichtbar: Jacqueline Neumann, Karin Frank und Dr. Alexandra Eichler.

Um den nötigen Freiraum zu schaffen, damit diese Arbeit überhaupt entstehen konnte, sind entsprechende zeitliche Rahmenbedingungen notwendig. Der Dank für Unterstützung in diesem Bereich (Stichwort „Rücken freihalten“) geht vor allem an das Team des SSC Psychologie.

Für Argusaugen beim Korrekturlesen und für ganz viel Entlastung von all den organisatorischen Dingen, die „nebenbei“ so anfallen (von der Recherche möglicher Druckereien über das Entziffern schier unlesbarer, handschriftlicher, weil in Sütterlin geschriebener Protokolle, bis hin zum ganz praktischen „Asyl“, das ruhiges Arbeiten auch in unruhigen Zeiten ermöglichte) ist herzlich zu danken: Heike Baller, Anke Wolter sowie Anne und Peter Rapp.

Und nicht zuletzt geht Dank an diejenigen, die für Ablenkung gesorgt haben und dafür, dass die Autorin gelegentlich mal „den Kopf wieder frei kriegen“ und Kraft tanken konnte. In diesem Kontext sind viele der bereits genannten Menschen ebenfalls mit enthalten, auch darüber hinaus wären noch viele Menschen zu nennen. Um den Rahmen nicht zu sprengen, sei hier exemplarisch besonders eine herausgegriffen, die auf Ihre ganz besondere Art ablenken, zum Lachen bringen und „auf den Boden holen“ kann: Antonia Rapp (derzeit zwei Jahre alt), stets begleitet von Martin und Mareike sowie seit Kurzem von Theresa.

Ohne Euch und Sie alle gäbe es diese Arbeit nicht. Von Herzen Danke dafür!

Diese Dissertation wurde von der Humanwissenschaftlichen Fakultät der Universität zu Köln im Juli 2017 angenommen.

1. Einleitung

„Wissen um Geschichte und Vergangenheit ist essentiell für eine erfolgreiche Zukunft“, sagt Fritz Schramma, der ehemalige Oberbürgermeister der Stadt Köln anlässlich einer Feier im Jahre 2007 im historischen Rathaus der Stadt Köln (Schramma, 2007). Er zitiert in diesem Zusammenhang Theodor Heuss, den ersten Bundespräsidenten der Bundesrepublik Deutschland: „Nur wer weiß, woher er kommt, weiß, wohin er geht“.

Die Frage „Woher komme ich?“ hat einen erheblichen Einfluss auf die Frage „Wohin gehe ich?“. Der österreichische Psychologe Giselher Guttmann sagt: „Will man die Gegenwart verstehen oder es wagen, vorsichtig die Entwicklungslinien der nächsten Zukunft vorherzusagen, ist es gut, einen Blick in die Vergangenheit zu werfen“ (Guttmann, 1995, S. 6). In diesem Sinne soll diese Untersuchung nicht nur als eine die Historie aufarbeitende Studie angesehen werden. Sie soll auch eine Hilfestellung geben in der Einschätzung der gegenwärtigen Einwicklung und in der Einordnung in einen wissenschaftlichen Zusammenhang der Einzelwissenschaft Psychologie. Das Wissen um die eigene Herkunft ist für die Identitätsbildung[2] unabdingbar. Das gilt auch für die eigene Fachgeschichte.

Diese hier vorliegende fachhistorische Arbeit, die sich explizit mit der Psychologie an der Universität zu Köln und schwerpunktmäßig mit dem Psychologischen Institut der Universität zu Köln beschäftigt, zeigt u. a. auf, dass der gesellschaftspolitische Hintergrund die Entwicklung der Psychologie an der Kölner Universität entscheidend beeinflusst und geprägt hat. Die historisch-deskriptive Betrachtungsweise nimmt folglich in dieser Arbeit auch einen breiten Raum ein. Dabei wird die Psychologiegeschichte hier weder als „Folge von mehr oder weniger unverbundenen psychologischen Autoren noch als zielstrebiges themengeschichtliches Kontinuum“ gesehen (Benesch et al., 1990, S. 47). Gerade die Entwicklung des Psychologischen Institutes der Universität zu Köln wird wahrscheinlich sogar eher die Assoziation zum Begriff der Diskontinuität wachrufen.

Angesichts des behandelten Zeitraums drängt sich mit Rückblick auf die Geschichte auch die Frage nach der Shoa auf. Überraschenderweise ergab die Recherche hierzu nur eher marginale Ergebnisse; nichtsdestotrotz spielen Wertvorstellungen und Glaubensfragen eine große Rolle. Aber die ideologischen Kriege wurden eher auf anderen „Schlachtfeldern“ ausgetragen: gegenüber dem Katholizismus in Gestalt des Jesuiten Johannes Lindworsky, gegenüber Frauen in Gestalt seiner Assistentin Maria Krudewig sowie in der Frage nach Professionalisierung und Möglichkeiten der psychologischen Forschung während der NS-Zeit im Falle von Robert Heiß. Der so genannte Zeitgeist und die damit verbundenen kulturgeschichtlichen Strömungen sind nicht

---

2 Die Vielschichtigkeit des Begriffs der Identität erläutert Stubbe in seinem Lexikon der psychologischen Anthropologie (2012b, S. 298f).

loszulösen von der Fachgeschichte. Dies ist der Hintergrund für menschliche Schicksale und Lebenswege, die sich in Verbindung mit dem augenscheinlich „leblosen" Psychologischen Institut der Universität zu Köln ereignen. Wegen der jahrzehntelangen engen Verwobenheit zwischen dem Psychologischen Institut und der Person von Maria Krudewig wurde der Zeitrahmen dieser Arbeit in Bezug auf die Person Maria Krudewigs auch etwas über den Rahmen von 1945 hinaus ausgedehnt.

„Wissenschaften sind längst nicht mehr allein theoretische Systeme, sie sind auch gesellschaftliche Institutionen", schreibt Geuter (1984, S. 21). Petri betont: „Zu verstehen, wie Wissenschaft sich verändert, heißt zu verstehen, wie sie als kulturelle und soziale Praxis funktioniert." (Petri, 2004, S. 14). Es geht folglich in dieser Arbeit auch darum, „die geistigen Strömungen einer Zeit zu erkennen und zu erahnen und die Entwicklung der Disziplin aus diesen Strömungen heraus (oder im Gegensatz zu ihnen) aufzuzeigen" (ebd.). Salber sagt sinngemäß, dass Gedankengänge nie ohne zeitgeschichtlichen Kontext zu verstehen seien, dass „seelische Logik" im Kontext von Kultur stehe und sich in ihr ausdrücke (vgl. Salber, 1993).

„Die Etablierung neuer Wissenschaften, vor allem seit dem 19. Jahrhundert, fand mit der Gründung eines Instituts die entsprechende Anerkennung" (Klüpfel & Graumann, 1986, S. 3). Dies galt insbesondere für die Naturwissenschaften. Zur Geschichte des Psychologischen Institutes gehört folglich untrennbar die Geschichte der Institutionalisierung der Fachdisziplin Psychologie hinzu; oder verkürzt ausgedrückt: ohne das Fach Psychologie gäbe es auch kein Psychologisches Institut. Neben dem Raumangebot mit entsprechender Einrichtung und entsprechenden Apparaturen (= Institut) gehören zur Institutionalisierung eines Faches sicherlich ein Lehrstuhl, ein planmäßiges Lehrangebot, eine Prüfungsordnung und (regelmäßige) Veröffentlichungen. Es mag sein, dass für viele andere Fachdisziplinen diese Gedankengänge nahezu überflüssig (weil selbstverständlich) sind; im Falle der Psychologie sind sie jedoch berechtigt. Es gibt kaum ein Fach, das eine so lange Zeit bis zur endgültigen Institutionalisierung, d.h. bis zur endgültigen Anerkennung als selbstständige Fachdisziplin (ausgestattet mit einem Institut) gebraucht hat wie die Psychologie.

Carl Friedrich Graumann (1923–2007), in Köln geboren und 1952 bei Maria Krudewig an der Universität zu Köln promoviert, ab 1963 ordentlicher Professor am Psychologischen Institut der Universität Heidelberg[3], und sein Coautor Jürgen Klüpfel beschreiben deshalb auch die großen Schwierigkeiten, den „relevanten Kontext"[4] in der Historiographie, darzustellen:

3 Im Jahre 1963 folgte Graumann einem Ruf an die Universität Heidelberg. Hier wurde er in Nachfolge von Johannes Rudert der zweite Lehrstuhlinhaber für Psychologie sowie Direktor des Psychologischen Instituts (Jung, 2000, S. 61).

4 Ash und Geuter betonen, dass die Beiträge in ihrem viel beachteten Buch „Geschichte der deutschen Psychologie im 20. Jahrhundert" alle über „den Rahmen einer traditionellen Fachgeschichte" hinausgehen und verweisen in diesem Zusammenhang auch ausdrücklich auf den „Kontext der Psychologieentwicklung" (Ash & Geuter, 1985, S. 14).

> „Aber gerade diese Perspektive auf eine Wissenschaft als institutionalisiertes Fach hat in der Historiographie der Psychologie noch kein systematisches Interesse gefunden. Zwar kann man aufgelistet nachlesen, wann (seit Leipzig 1879) wo welches Psychologische Institut gegründet worden ist. Auch gibt es für einzelne Institute, meist jubiläumsbedingt, Berichte darüber, wie es zu ihrer Gründung kam bzw. welches Schicksal sie hatten. Die Analyse der Bedeutung der Institutionalisierung für die Psychologie, speziell die der Institutsgründung, und die Einbettung dieses oft langwierigen und von Misserfolgen gekennzeichneten Institutionalisierungsprozesses in den relevanten Kontext ist jedoch Desiderat geblieben; vielleicht auch deswegen, weil der relevante Kontext so komplex und so schwer zu rekonstruieren ist. Fakultätsgeschichte, Universitätsgeschichte im Kontext der jeweiligen Fach-, Kultur- und Finanzpolitik, die ihrerseits übergeordneten politischen und ökonomischen Rahmenbedingungen und ‚Zwängen' gehorchen, bilden diesen äußeren Kontext, innerhalb dessen sich die eher wissenschaftsimmanenten Interessen an Forschung und Lehre, vertreten durch mehr oder minder überzeugende und einflussreiche Fachvertreter, artikulieren müssen, teils unterstützt, teils irritiert durch die wechselnden Stimmen der Studentenschaft." (Klüpfel & Graumann, 1986, S. 6).

Graumann und Klüpfel weisen weiter darauf hin, dass die Geschichte eines Faches auch aus einer „Vielzahl vergeblicher Bemühungen, versandeter Traditionen, unwirksam oder kaum öffentlich gewordener Nebenzweige und Sackgassen" besteht und es sei sicher berechtigt, auch diesem im Sinne einer umfassenden Psychologiehistoriographie nachzuspüren. Lück geht sogar so weit zu sagen, dass die Geschichte der Psychologie auch die Rolle des „schlechten Gewissens" spielen sollte, „indem sie Versäumnisse, Fehlentwicklungen, zu Unrecht in Vergessenheit geratene Ideen usw. herausstellt" (Lück, 2002, S. 9). Infolgedessen wird auch diese Arbeit die Geschichte der Psychologie an der Universität zu Köln und die Entwicklung des dazugehörigen Institutes auch von den weniger schönen Seiten her beleuchten (Arbeitsbedingungen, prekäre Arbeitsverhältnisse, politische Vorgaben und Einflussnahme etc.) oder, etwas profaner ausgedrückt und um Eugen Roth (1895–1976) aus seinem im Jahre 1937 erschienenen Werk „Der Wunderdoktor. Heitere Verse" zu zitieren: „Ein Mensch erlebt den krassen Fall, es menschelt deutlich – überall".

Die Psychologiegeschichte hat im Rahmen der wissenschaftlichen Disziplin „Psychologie" einen schweren Stand. „Die Geschichte der Psychologie ist so etwas wie ein weißer Fleck auf der Landkarte des öffentlichen Bewusstseins. So fest haftet an dem Begriff ‚Psychologie' der Schein der ‚jungen' Wissenschaft, des Modernen, wohl auch Modischen, dass der Gedanke an seine historische Dimension fern liegt" (Traxel, 1987, S. 9). Stubbe spricht sogar von einer intensiven einseitigen Amerikanisierung der westdeutschen Psychologie nach dem Zweiten Weltkrieg und „dem gänzlichen Schwinden eines geschichtlichen Bewusstseins in der Psychologie" (Stubbe, 2012a, S. 47).

Gerade im Zusammenhang mit dem schweren Stand der Psychologiehistorie im Bereich der wissenschaftlichen Psychologie darf oder muss sogar die Frage erlaubt sein, ob eine historische Fundierung überhaupt für das Selbstverständnis der wissenschaftlichen Einzeldisziplin Psychologie notwendig ist.

> „Genügt es nicht, die fachspezifische Methodologie und Methodik zu handhaben, die fachspezifische Terminologie zu beherrschen und die heutige fachspezifisch-inhaltliche Perspektive auf eine Problemkonstellation einzunehmen? Ist nicht der Blick für die spezifisch-psychologische Relevanz einer theoretischen oder praktischen Fragestellung auch ohne wissenschaftshistorisches Hintergrundwissen erkennbar?" (Eckardt, 2010, S. 16)

Eckardt verweist darauf, dass man bei Beantwortung dieser Frage bedenken solle, dass das Selbstverständnis des Einzelwissenschaftlers „das Ergebnis disziplinärer Sozialisation" sei, die ihrerseits aus historischen Entwicklungen des Faches resultiere. Besonders deutlich wird der Rückgriff auf die eigene Geschichte in der Präambel der Grundordnung (2015) der Universität zu Köln, wo es (auszugsweise) heißt: „Im Bewusstsein ihrer Geschichte verwirklicht die Universität zu Köln die Freiheit der Wissenschaft und ist sich dabei ihrer gesellschaftlichen Verantwortung bewusst".

Gerade das Fach Psychologie zeigt eine Entwicklung, die Zweifel aufkommen lässt, ob der einzelne Psychologe noch die Draufsicht über seinen Standort behalten kann. Hier liegt die Aufgabe der allgemeinen und lokalen Fachgeschichte; Einblick in die Historie des eigenen Faches sorgt für Orientierung und gibt Möglichkeit zur Verortung und somit für die Einordnung in die Fachgeschichte vor Ort. Psychologiegeschichte ist an den meisten Universitäten leider kein verpflichtender Lehr- und Lernstoff innerhalb des Curriculums, was natürlich die diesbezügliche „Orientierungslosigkeit" der Psychologiestudierenden eher noch verstärkt. Das Fachgebiet der Psychologie, das zunächst seine nicht einfache Trennung von der Philosophie vollziehen musste, zeigt heute eine immer weiter fortschreitende Aufspaltung. Eine „theoretische Psychologie", wie sie Lindworsky (1926)[5] versucht hat, ist nur schwer zugänglich zu machen[6]. Eine allgemeingültige theoretische Psychologie als eine Art System, auf dem alle Spielarten der Psychologie sozusagen aufbauen, hat sich nie durchgesetzt. Vielleicht ist es auch gar nicht möglich, ein solches Basis-System zu entwickeln. Die Folge ist eine starke Zersplitterung der Psychologie, deren einzelne „Splitter" sich nur schwer in ein übergeordnetes Ordnungssystem integrieren lassen.

Robert Heiß stellt bereits 1937 in seiner Vorlesung an der Universität zu Köln die provozierende Frage, „ob wir noch von einer einheitlichen Wissenschaft der Psychologie sprechen können, ob in Wahrheit nicht statt einer Psychologie viele Psychologien vorhanden sind". Denn faktisch sei die Psychologie „ein so verschiedenartiges Gebilde, daß man eher von Psychologien als von einer Psychologie reden könnte" (Heiß, 1937, S. 5). Er sagt, es sei durchaus möglich, dass die kommende Entwicklung der Psychologie dazu führe, dass die praktischen Aufgaben der Psychologie

---

5 Lindworsky schrieb im Vorwort zu seiner „Theoretischen Psychologie im Umriß" (1926), dass es sich bei dieser Schrift im Gegensatz zu ihrer Vorgängerin, der „Umrißskizze zu einer theoretischen Psychologie", um eine „s y s t e m a t i s c h e Darstellung" handele [Sperrdruck im Original].

6 Ausführlich wird die Problematik von Fahrenberg in seinem 2015 veröffentlichten Buch „Theoretische Psychologie. Eine Systematik der Kontroversen" diskutiert.

allmählich die Psychologie so aufspalteten, dass der ganze Komplex der Psychologie aus einer Reihe von Wissenschaften bestehe, die immer selbstständiger werden (Heiß, 1937, S. 6). Heutzutage ist die Feststellung zulässig, dass es wohl keine vergleichbare Fachdisziplin gibt, die sich wie die Psychologie von der Unscheinbarkeit innerhalb der Philosophie nach einer Abtrennung von derselben hin zu einem ständig zunehmenden Nebeneinander von Einzelfachdisziplinen entwickelt hat.[7,8]

Die vorliegende Arbeit ist die Geschichte des Psychologischen Institutes an der Universität zu Köln. Es ist aber auch die Geschichte eines Faches, das es zu dem Zeitpunkt, als die Universität 1919 wiedergegründet[9] wurde, noch gar nicht

---

7 Wilhelm Wundt ging es noch, wie er es nannte, um „die eine Psychologie" als einziger theoretischer Grundlagenwissenschaft (Mausfeld, 2000, S. 27).

8 Der ehemalige Präsident der DGPs Jürgen Margraf bezeichnet die Bedrohung der Einheit des Faches Psychologie als eine große Herausforderung der Gegenwart (Margraf, 2015, S. 1). Für ihn steht fest, dass die Psychologie heute den Status einer „Hub Science", einer „Drehscheibenwissenschaft", deren Ergebnisse das eigene Fach und viele andere wissenschaftliche Felder vorantragen, erreicht hat (S. 2). Die Psychologie und auch die verschiedenen Teildisziplinen hätten als starke gemeinsame Basis „ein festes Fundament in der Untersuchung der menschlichen Informationsverarbeitung auf der Grundlage eines biopsychosozialen Ansatzes" (S. 17). Es bestehe aber trotzdem die Gefahr der Auseinanderentwicklung in verschiedene „Cluster" (nähere Ausführungen dazu S. 17f).

9 Die Universität zu Köln feiert ihre Jubiläen im Rahmen zweier verschiedener Zeitstränge: zum einen ausgehend von der Wiedergründung im Jahre 1919, zum anderen ausgehend von der ursprünglichen Gründung im Jahre 1388. Im Jahre 2013 feierte die Universität zu Köln also ihr 625jähriges „großes" Jubiläum. Papst Urban VI hatte am 21.05.1388 in Perugia die Stiftungsurkunde der Universität zu Köln auf eine Supplikation des Rates der Stadt Köln hin ausgestellt. Die Universität zu Köln ist damit die zweitälteste Universität innerhalb Deutschlands. Nur die Universität Heidelberg ist um zwei Jahre älter. Der (aristokratische) Rat der Stadt Köln vollzog die Annahme der päpstlichen Bulle indem er in öffentlicher Versammlung am 22.12.1388 den päpstlichen Stiftungsbrief Urbans VI verlas, für angenommen erklärte und die Unterhaltung der Universität versprach (Eckert, 1919a; S. 10). Wichtig ist in diesem Zusammenhang, dass die eigentliche Gründung der Kölner Universität im Jahre 1388 nicht durch einen Landesherrn wie im Falle der Universitäten Prag (1348), Wien (1365) und Heidelberg (1386) erfolgte sondern durch den Rat der Stadt Köln. Die Lehrer der neu gegründeten Universität zu Köln kamen überwiegend aus Paris, der Einflusssphäre des Gegenpapstes. Die Neugründung ist folglich nicht aus einem Zusammenschluss der berühmten Kloster- und Stiftsschulen, den Generalstudien entstanden. (Unter den der Universität zeitlich vorhergehenden Generalstudien ist besonders die Studienanstalt der Dominikaner erwähnenswert, „in welcher Thomas von Aquin zu den Füßen seines großen Lehrers Albertus Magnus saß" (Keussen, 1929, S. 11). Dies trug sich gute 100 Jahre vor der Gründung der Universität zu.) Durch das 1378 ausgebrochene Große abendländische Schisma war eine Konkurrenzsituation zwischen dem avignonesischen und dem römischen Papsttum entstanden. Die Pariser Universität hing der avignonesischen Obödienz, der kanonischen Gehorsamspflicht gegenüber

gab, und es ist die Geschichte von Personen, die an diesem Institut und in seinem Umfeld gearbeitet haben. Es ist die Geschichte von Menschen. Vor allem aber ist es die Geschichte einer Idee: der Idee, dass Seelisches eine immanente Logik haben könnte, die es zu entdecken lohnt. Es ist die Geschichte des Ringens um den „richtigen" Weg zur Erkenntnis. Und gleichzeitig ist es immer nur ein Ausschnitt, ein Mosaikstein, ein Teilstück. Mancher Kontext würde einfach den Rahmen dieser Arbeit sprengen, insofern bleibt auch der Kontext zwangsläufig Stückwerk. Andererseits ist es ein natürliches Kennzeichen von Forschung, das der Einzelne jeweils nur ein Bruchstückchen zum Gesamtmosaik beitragen kann. Als ein solches Bruchstückchen will die vorliegende Arbeit sich verstehen: nicht als unwichtig, sondern als notwendig, aber eben auch nicht als allumfassende Darstellung des Großen Ganzen. Als unfertig, weil Forschung zwangsläufig unfertig sein muss, weil der Weg der Erkenntnis nie an ein Ende gelangen kann.

Abbildung 1: *Fraktale Fraktale sind als geometrische Formen die bildhafte Analogie für die unendliche Vielfalt von Gestalten. Je näher man herangeht, desto detaillierter wird die Darstellung – jedes Detail enthält aber wieder neue Details, kleinste Einheiten gibt es nicht. Der Begriff „Fraktal" wurde in den Siebziger Jahren durch den französischen Mathematiker Benoît Mandelbrot (geb. 1924) geprägt. Eine Einführung in diese Art „Kunst des Unendlichen" bietet Reuter (2005) unter http://www.zonk.at/projekte/fraktale/ (Bild: Rapp, I., 2007).*

---

dem Papst, an (Isenmann, 2014, S. 567). Folglich ist davon auszugehen, dass die Gründung der Universität in Köln durch diesen Umstand erheblich begünstigt wurde. Das romtreue Köln (mit ca. 40.000 Einwohnern) wurde ein Gegenpol zu Paris (mit ca. 100.000 Einwohnern). Eine große Zahl der aus Deutschland stammenden Professoren der Pariser Universität wandte sich von der französischen Hochschule ab. So kam es, dass drei Viertel der ersten Kölner Professoren vorher bereits in Paris gelehrt hatten (Keussen, 1929, S. 12). Hundert Jahre nach der für die Bürger von Köln siegreichen Schlacht von Worringen war die Neugründung der Universität zu Köln im Jahre 1388/89 genauso eine Neugründung durch den Rat der Stadt Köln wie die Wiedergründung im Jahre 1919. Die Blütezeit der Universität zu Köln lag im 15. Jahrhundert, in dem u.a. auch Nicolaus Cusanus (Nikolaus von Kues; *1401 – †1464) sich 1425 als Doktor des kanonischen Rechts immatrikulierte (Euler, o.J., Universität Trier; http://urts99.uni-trier.de/cusanus/content/lw.php).

„Jahreszeiten der Natur haben so wenig eine Stunde Null wie die Zeitfolgen in der Geschichte. Beider Zukunft ist schon in der Vergangenheit enthalten. Niemand entgeht diesem Zusammenhang“, schreibt der langjährige Bundespräsident Richard von Weizsäcker (1920–2015) „zum Geleit“ eingangs seiner Memoiren (Weizsäcker, 2010, S. 9). Es wäre wünschenswert gewesen, dass die Darstellung der Geschichte des Psychologischen Institutes der Universität zu Köln einen „ordentlichen“ Anfang hätte, einen Anfang mit einem präzisen Gründungstag, begleitet von einer offiziellen Feierstunde, inklusive beschwingter, hoffnungsvoller Lobreden, umrahmt von Sekt, Häppchen und Streichquartett oder – der damaligen Zeit angepasst – mit Hochschullehrern im Ornat, patriotischen Reden und einem abschliessenden gemeinsamen „Gaudeamus igitur“. Dieser Wunsch muss leider unerfüllt bleiben.

Klüpfel und Graumann (1986) setzen ihrer Entstehungsgeschichte des Heidelberger Psychologischen Institutes demonstrativ und unkommentiert ein Zitat des walisischen Schriftstellers Dylan Thomas (1914–1953) voran: „Wenn man es eine Geschichte nennen kann. Sie hat keinen rechten Anfang oder Schluß, und in der Mitte ist auch sehr wenig“ (Klüpfel & Graumann, 1986). Die Gründung des Psychologischen Instituts an der Kölner Universität war eher ein „schleichender“ Prozess, vorsichtig und leise; ein Prozess, der letztlich dazu führte, dass in Köln das Fach Psychologie gelehrt wird und ein Psychologisches Institut existiert. Es war zudem alles andere als ein kontinuierlicher, Stufe um Stufe emporsteigender Prozess. Statt Sekt, Häppchen und Streichquartett erscheint es wahrscheinlicher, dass irgendwann der Moment gekommen war, in dem Johannes Lindworsky im übertragenen Sinne einen Zettel an seine Bürotür klebte mit der Aufschrift „Psychologisches Institut“. Nachweisbar ist, dass Lindworsky am 20.04.1926 (UAK Zug. 9/273 o.P.) die Anbringung eines Schildes mit der Aufschrift „Psychologisches Institut“ beantragte. Im Ergebnis bedeuten diese Überlegungen, dass es sich bei der Gründung des Psychologischen Institutes um eine mehrjährige „Gründungsphase“ handelte.

Aber nicht nur die Gründung des Psychologischen Instituts war ein Problem. Die Problematik war erheblich umfangreicher, denn es gab bei der Wiedergründung der Universität noch nicht einmal die selbstständige Fachdisziplin Psychologie. Die Psychologie war Teil der Philosophie und wurde deshalb grundsätzlich von Philosophieprofessoren gelehrt. In der vorliegenden Arbeit spielt die Philosophie, die Ausgangsdisziplin der Psychologie, deshalb indirekt und direkt noch eine bedeutende Rolle. Die Besetzung der Philosophielehrstühle hatte folglich auch immer Auswirkungen auf die Psychologie. Selbst bei Robert Heiß, dem letzten Psychologieprofessor am Psychologischen Institut vor Ende des Krieges, ist die enge Verbindung zur Philosophie noch deutlich erkennbar. Er hatte neben seiner Lehrbefugnis für Philosophie die Lehrbefugnis für Psychologie und Charakterologie erhalten und nach seinem Weggang nach Freiburg erhielt er dort eine Professur für „Philosophie und Psychologie“. Weiterhin ist noch zu berücksichtigen, dass die Philosophische Fakultät kein Monopol auf die Psychologie hatte. Insbesondere in der medizinischen Fakultät im Rahmen der Psychiatrie und in geringem Umfang auch in der Juristischen Fakultät war die Psychologie verortet[10]. Dies alles ist auch nicht verwunderlich, denn die Psychologie hat sowohl geisteswissenschaftliche als auch naturwissenschaftliche Wurzeln, was gerade an der Universität zu Köln einiges Hin und Her bezüglich der Fakultätszuordnung ausgelöst hat.[11] Der Gründung des Psychologischen Institutes geht zwangsläufig zuerst die rudimentäre Institutionalisierung der Fachdisziplin Psychologie voraus. Im Zentrum der Gründungsphase des Instituts und der Institutionalisierung der Fachdisziplin steht die Person des Jesuitenpaters Johannes Lindworsky. Die Etablierung der Fachdisziplin Psychologie an der Universität zu Köln war alles andere als eine Selbstverständlichkeit; es waren erhebliche Widerstände zu überbrücken, die endgültig erst nach dem Zweiten Weltkrieg überwunden werden konnten. Insofern ist die Geschichte der Psychologie und des Psychologischen Institutes an der Universität zu Köln keine einfache Erfolgsgeschichte eines sich chronologisch aufbauenden und ausgebauten Institutes.

Aber auch die Psychologie, die zu Anfang an der Universität zu Köln gelehrt wurde, ist nicht unbedingt identisch mit der Psychologie, die an anderen Universitäten gelehrt wurde. Es gab zur Gründungszeit keinen allgemeinen universitätsübergreifenden Konsens bezüglich der Lehrinhalte.[12] Es ist noch die Zeit unterschiedlicher und in der Folge auch miteinander konkurrierender psychologischer „Schulen". So gehört der wissenschaftliche Streit unter den Psychologen auch zum „relevanten Kontext" der Psychologielehre in Köln. Johannes Lindworsky, der erste namhafte Psychologe an der Universität zu Köln, als Experimentalpsychologe stark geformt durch Oswald Külpe und die Würzburger Denkschule, steht in einer ihm persönlich eigenen Tradition, gebildet und geformt durch seine Lehrer und seine eigenen Forschungsergebnisse. Dieses Wissen bringt er von München mit nach Köln und entfaltet es an seiner neuen Wirkungsstätte. Insofern gibt es auch an der Kölner Universität, auch wenn die Psychologie neu eingeführt wurde, keine „Stunde Null" im Sinne Richard von Weizsäckers für die Psychologie. Lindworskys vorhergehendes Leben und Schaffen wirkt sich auch auf sein Schaffen in Köln aus; die Basis für die Zukunft war in der Vergangenheit gelegt worden.

Unbestreitbar gehört auch die Wiederbegründung der Kölner Universität im Jahre 1919 zum „relevanten Kontext" im Graumannschen Sinne, zu den Rahmenbedingungen der Institutionalisierung der Fachdisziplin Psychologie und des Psychologischen

10 Gundlach schreibt, eine „Vernagelung" der psychologischen Forschung in die Philosophische Fakultät sei nicht gerechtfertigt. Physiologie und Psychologie seien zwar durch Fakultätsgrenzen separierte Disziplinen, aber das Forschungsgebiet Psychologie habe auch im Fach Physiologie seinen Platz (Gundlach, 2003, S. 48).

11 Udo Undeutsch zog mit seinem Lehrstuhl in den Fünfziger Jahren auf eigenen Wunsch in die neugegründete Mathematisch-Naturwissenschaftliche Fakultät um; Norbert Groeben bestand darauf, dass sein Lehrstuhl 2007 im Zuge der Fakultätsneuordnung nicht – wie die übrigen Lehrstühle der Psychologie – in die damals neugegründete Humanwissenschaftliche Fakultät überführt wurde, sondern in der Philosophischen Fakultät verbleiben konnte bis zu seinem Ausscheiden.

12 Die erste Diplomprüfungsordnung wurde 1941 beschlossen (vgl. Geuter, 1984).

Institutes. Aber selbst die Wiedergründung[13] der Kölner Universität im Jahre 1919 kann nicht als die „Stunde Null" für die Psychologie an der Universität zu Köln angesehen werden. Auch der Begriff Wiedergründung beinhaltet logischerweise, dass es schon eine Vorgängeruniversität gegeben haben muss. So lag auch die „Zukunft" der Kölner Universität bereits in der „Vergangenheit" in der hoch angesehenen „Vorläufer"-Universität, die 1798 durch die Franzosen geschlossen worden war[14], und in den Hochschulen, die seit Beginn des 20. Jahrhunderts in Köln gegründet worden waren. Speziell auf die Psychologie bezogen orientierte sich die „Zukunft" sogar an noch älteren universitären Strukturen mit sicherlich dem berühmtesten Hochschullehrer Kölns, Albertus Magnus. Hannes Stubbe (2012) bezeichnet Albertus Magnus als den ersten Kölner und mitteleuropäische Psychologen. Wenn Albertus Magnus der berühmteste Kölner Hochschullehrer war, so war sein Schüler Thomas von Aquin der berühmteste Kölner Student. Da die katholische Kirche von der thomistischen Philosophie durchdrungen war, ist auch Lindworsky als Jesuitenpater von dieser Philosophie und damit auch der Psychologie Thomas von Aquins nicht unberührt geblieben.

Psychologie ist heute eines der begehrtesten grundständigen Studienfächer, aber auch in vielen anderen Studiengängen ist ein gewisser Anteil psychologischer Fachwissenschaft enthalten, etwa in Angeboten wie Wirtschaftspsychologie oder in der Lehrerausbildung. Eine Universität ohne ein Angebot in Psychologie erscheint heute kaum vorstellbar – umso erstaunter reagieren viele Menschen, wenn sie von den „Startschwierigkeiten" der Psychologie hören oder beispielsweise erfahren, dass die erste Diplomprüfungsordnung erst im Jahre 1941 beschlossen wurde und es vorher gar kein „richtiges" Psychologiestudium gab.

Die Zeit der Diplomprüfungsordnungen wurde mit der Einführung der Bachelor- und Master-Studiengänge formal abgeschlossen. Die vorliegende Arbeit beschäftigt sich größtenteils mit dem Zeitraum bis 1945, folglich also einer Zeit, in der es überwiegend noch gar keine DPO [Diplomprüfungsordnung] gab. Die „Geschichte der Psychologie-DPO" mit all ihren Facetten und Schwerpunktsetzungen, mit Blick auf die jeweiligen lokalen Prüfungsordnungen im Kontext zu den Rahmenprüfungsordnungen und beides im zeitgeschichtlichen Zusammenhang, dies wäre eine eigene Arbeit wert.

---

13 Die Begriffe „Wiedergründung" (anknüpfend an alte universitäre Tradition) und „Neugründung" (Gründung einer neuen, neuartigen Universität) stehen in einem gewissen Spannungsverhältnis. In der vorliegenden Arbeit hat sich der Verfasser aus Respekt vor der Vergangenheit in der Regel durchgehend für den Begriff Wiedergründung entschieden, wobei die Gründung von 1919 sowohl tradierte als auch neuartige Elemente enthielt und deshalb je nach Sichtweise und Untersuchungsgegenstand sowohl der eine als auch der andere Begriff berechtigt wäre.

14 Geschlossen wurde die Universität nach der Gründung im Jahre 1388 vierhundert Jahre später durch Dekret des französischen Regierungskommissars Rudler vom 28.04.1798 (Wrede, 1919, o. P.). Inzwischen war Köln zu einem „kleinen unbedeutenden Städtchen [...] herabgesunken" (Moldenhauer, 1919, o. P.) und die Universität zu Köln hatte den „Abstieg zur wissenschaftlichen Provinzialität" durchgemacht (Binding, 1990, S. 10).

1.1 Methodisches Vorgehen und Quellenlage

Wie entsteht ein Studienfach? Die Psychologie ist eines der wenigen grundständigen Fächer, das es ermöglicht, einer solchen Frage überhaupt nachzugehen. Psychologische Gedankengänge als solche lassen sich zwar bis mindestens zu den alten Griechen hin zurückverfolgen, aber bis ein Interessensbereich sich als eigenes Fachgebiet etabliert, braucht es noch etwas mehr. Da die Psychologie sich relativ spät, erst um die Jahrhundertwende herum, aus Philosophie und Medizin herausgelöst hat, liegt vergleichsweise umfangreiches (Akten-)material vor, das es ermöglicht, diesen Prozess detaillierter zu beschreiben.

Gundlach legt großen Wert auf die Unterscheidung zwischen der Forschungsleistung und der Darstellungsleistung des Historikers. Mit Historiographie sei ausschließlich die *darstellende* Leistung gemeint (Gundlach, 1991, S. 15). Bezüglich der Darstellung in der modernen Historiographie der Psychologie unterscheidet Stubbe (2012b, S. 254f) fünf Modelle: Ideen-, Problem-, Sozial-, Welt- und Psychologiegeschichte als Geschichte großer Männer („great-men-Ansatz"[15]). In dieser Arbeit wird kein „lupenreines" Modell realisiert. Verzichtet wurde gänzlich auf den „problemgeschichtlichen" Ansatz. Dies hätte eine Abkehr von jeder chronologischen Betrachtungsweise bedeutet und die Konzentration dagegen zu sehr auf Einzelfragen (Einzelprobleme) gelenkt. Auch der „weltgeschichtliche" Ansatz, wie ihn Stubbe zu Recht im Zeitalter der Globalisierung als grundlegend ansieht, hätte zumindest einen Blick über den nationalen und europäischen „Tellerrand" hinaus erforderlich gemacht und ist schon allein aus platzökonomischen Gründen bei einem lokalgeschichtlichen Thema (trotz zahlreicher Allgemeingültigkeiten) nicht näher in Betracht gezogen worden.

Die drei anderen Modelle sind allerdings in unterschiedlicher Ausprägung zum Tragen gekommen. Nach Stubbe kann der personalisierte „great-men-Ansatz" im Rahmen der modernen Wissenschaftsgeschichtsschreibung die Psychologiegeschichte als Geschichte großer Männer und Frauen („great-men-Ansatz") nur beschränkt herangezogen werden. Abgesehen davon, dass beim great-men-Ansatz

---

15 Der Begriff stammt von Edwin Garrigues Boring (1886–1968). Boring wurde als Psychologiehistoriker bekannt durch sein Buch „History of Experimental Psychology" (1929), lange Zeit das wichtigste Lehrbuch der Psychologiegeschichte. Diese Psychologiegeschichte basierte auf dem Konzept der großen Entdeckerpersönlichkeiten („great-men") (Lück, in Dorsch, 2013). Dieses Konzept der großen Entdeckerpersönlichkeiten versuchte er durch die Beachtung der kulturell-historischen Umstände („Zeitgeist") in der überarbeiteten zweiten Auflage von 1950 zu überwinden (Lück, 2016a. Stichwort: Boring, Edwin Garrigues. In Dorsch, 2016). Lück et al. benutzen den Ausdruck im Singular und sprechen von „Great-Man-Ansatz" (Lück et al., 1987, S. 14). Eine Psychologiegeschichte neueren Datums, die den „great-men-Ansatz" in den Vordergrund stellt, ist das Buch von Galliker, Klein & Rykart (2007). Mark Galliker (geb. 1948) ist Professor für Psychologiegeschichte und Gesprächsführung an der Universität Bern.

„von den Frauen wieder einmal nicht gesprochen wird“, muss in Zweifel gezogen werden, dass „große“ Personen alleine verantwortlich für wichtige wissenschaftliche Entwicklungen sind (Stubbe, 2012b, S. 254). In der vorliegenden Arbeit geht es folglich nicht um Psychologiegeschichte im Sinne eines „great-men“-Ansatzes. Diese „personalistische Prägung“ (ebd.) findet in Köln schon allein deshalb ihre Grenzen, weil es hier keinen „Übervater“ der Psychologie gab wie ihn beispielsweise Wilhelm Wundt für Leipzig darstellte. Die Psychologie in Köln hatte damals keine eigene psychologische Schule im Sinne eines spezifischen theoretischen Ansatzes.

Bei der mehr chronologisch vorgehenden „Ideengeschichte“[16] geht es laut Stubbe (2012b, S. 254) darum, die Entwicklung der Einzeldisziplin Psychologie aus den geistigen Strömungen einer Zeit oder im Gegensatz zu ihnen aufzuzeigen. Die vorliegende Arbeit versucht zumindest partiell „ideengeschichtlich“ vorzugehen. Dem „great-men-Ansatz“, integriert in einen sozialgeschichtlichen Ansatz, kommt jedoch in dieser Arbeit sicherlich die größte Bedeutung zu. Es ist die Rede von „großen Köpfen“, die die Entwicklung des Psychologischen Instituts der Universität zu Köln maßgeblich beeinflusst haben. Aber auch Zeitgeist, Kulturgeschichte, politische Überlegungen und soziale Einbindung haben entscheidenden Einfluss oder, um mit Lück zu sprechen: „Wissenschaftliche Erkenntnisse sind nicht einfach da, sie werden von Menschen *in sozialen Prozessen innerhalb von Institutionen* hergestellt. Historiographie der Psychologie hat sich also den Entstehungs-, Durchsetzung- und Rezeptionskontexten wissenschaftlicher Erkenntnis zuzuwenden“ (Lück et al. 1987, S. 20) [Hervorhebung v. Verf.].

Nach Lück (1996) sind vier Bereiche für die psychologiehistorische Forschung besonders relevant: das Quellenstudium, die Archivnutzung, die nichtreaktiven Messverfahren und das Prinzip der „oral history“ (Lück, S. 1996, S. 24 ff.).

Das Quellenstudium umfasst nach Lück „alle Texte, Gegenstände oder Tatsachen, aus denen Kenntnisse über die Vergangenheit gewonnen werden können“ (Lück, 1996, S. 24). Hierbei müssen Primär- von Sekundärquellen (in der Regel als Primär- und Sekundärliteratur) unterschieden werden. Der historische Erkenntniswert ist nicht zwangsläufig bei Primärquellen größer, denn ihnen fehlt naturgemäß der Blick auf den Gesamtkontext; dessen Einbeziehung ist den Sekundärquellen vorbehalten, da sie in einer gewissen (meist zeitlichen, aber vor allem auch emotionalen) Distanz zum Ereignis entstanden sind. Insofern ist es gerade bei Primärquellen zwingend vonnöten, sich die Intention des Verfassers zu vergegenwärtigen sowie den Kontext, in dem die Quelle entstand. Hierfür ist eine fundierte Kenntnis des historischen Hintergrundes notwendig. Für die vorliegende Arbeit wurden soweit wie möglich Primärquellen genutzt; Sekundärquellen dienen der Ergänzung und Einordnung. Gerade für

16 Lück et al. (1987, S. 14) sprechen von Entfaltungskonzept: Die Psychologiegeschichte wird als Abfolge von Ideen und Theorien dargestellt, die sich im historischen Verlauf entfalten.

die Auseinandersetzung mit der bewegten ersten Hälfte des 20. Jahrhunderts bietet die Nutzung von Sekundärquellen große Vorteile; die häufig komplexe (politische) Situation erschließt sich anhand der Originalquellen stellenweise nur bedingt, so dass Sekundärquellen hier wertvolle Hinweise zur Einordnung geben können.

Die gelegentlich schwierige Unterscheidung zwischen Primär- und Sekundärquellen setzt sich bei der Unterscheidung der Begriffe Primär- und Sekundärliteratur fort. Ausgehend davon, dass Sekundärliteratur wissenschaftliche Textproduktionen *über* einen Primärtext (in der Regel ein dichterisches, schriftstellerisches Werk) sind, stellt sich die Frage nach dem „Primärtext". Es gibt aber keinen Text im eigentlichen Sinne, sondern die Arbeit behandelt die Entstehung eines Instituts und eines Einzelfaches, zunächst wenig konkret und erst in der Entwicklung langsam Gestalt annehmend. Insofern sind alle schriftlichen und bildhaften Zeugnisse dieser Zeit *Basis* der psychologiegeschichtlichen Forschung. Es geht um „Suche, Sichtung, Sicherung und Auswertung psychologiegeschichtlicher Dokumente" sagt Gundlach (1991, S. 14). Ausgehend von diesen Bedenken, wurden im Anhang die sogenannten Archivalia gesondert aufgeführt; daneben wurde im Literaturverzeichnis eine Trennung von Dokumenten, die bis 1945 (dem zu untersuchenden Zeitraum) entstanden sind, und einer Literaturliste von Werken, die nach 1945 entstanden sind.

Die Auswertung vorhandenen Archivmaterials – nach Lück das zweite wichtige Prinzip zum methodischen Vorgehen im Rahmen der psychologiehistorischen Forschung – machte den größten Teil der Recherche aus. Der Begriff der „Archivalie" bedeutet im engeren Sinne „Akte aus einem Archiv". Dieser Begriff erfährt in dieser Arbeit insofern eine Erweiterung als auch Quellen jenseits der in den Archiven aufgeführten Unterlagen unter diesen Begriff fallen, allerdings unter der Voraussetzung, dass es sich nicht um personell zuzuordnende Quellen handelt. Es handelt sich in der Regel um Vorlesungs- und Personalverzeichnisse und um amtliche Verlautbarungen wie grundlegende Gesetzes- und Verordnungstexte aus der Untersuchungszeit. Beispielsweise ist die Fundstelle der im Text oft herangezogenen Satzung der Universität zu Köln von 1919 unter „Archivalien" aufgeführt.

Dank moderner Technik lässt sich heute vieles einfacher recherchieren als noch vor wenigen Jahren. Beispielsweise stehen die Vorlesungsverzeichnisse und amtliche Personalverzeichnisse der Universität zu Köln aus den 20er/30er-Jahren online (http://www.ub.uni-koeln.de/cdm/search/collection/vorlesverz). Online Verfügbares bietet vor allem für den berufstätigen Menschen die Möglichkeit, notfalls auch zu nachtschlafender Zeit zu lesen, in jedem Fall unabhängig von Archiv-Öffnungszeiten und losgelöst von langen Wartezeiten, wie sie früher beispielsweise bei Fernleihe notwendig waren.

Erfreulich vieles war noch verfügbar. Nichtsdestotrotz blieben einige Punkte ungeklärt, da kein Material hierzu mehr beschaffbar war. Lück weist darauf hin, dass das zur Verfügung stehende Material nie eine Zufallsstichprobe der Gesamtheit darstellt: „Material überlebt selektiv" (Lück, 2002, S. 25). Dies bedeutet, dass gerade das *nicht* vorhandene Material – auch wenn dies auf den ersten Blick widersinnig erscheint – mit in die Überlegungen einbezogen werden muss.[17] Auch die Protokolle der universitären Kölner Institutionen aus der NS-Zeit weisen, sofern vorhanden, deutliche Lücken und Verkürzungen in der Wiedergabe prekärer Sachverhalte auf. Von einer vorsätzlichen Zerstörung oder auch vorsätzlichen Unterlassung einer dezidierten Dokumentation sind Vorfälle wie der Aktenverlust durch den Rathausbrand vom 29.06.1943 zu unterscheiden. Infolge dieses Alliiertenangriffs wurden die Akten der Nachfolger von Konrad Adenauer im Oberbürgermeisteramt der Stadt Köln ab 1933 (Dr. Riesen, Dr. Schmidt, Dr. Winkelkemper) vernichtet. Dies hatte z.B. zur Folge, dass in den Archiven keine Bau- und Belegungspläne (zwecks Lokalisierung des Psychologischen Instituts) des Universitätsneubaus von 1934 auffindbar waren. Manch ursprünglich Vorhandenes wurde durch tragische Unfälle selbst in unserer Zeit vernichtet (wenn man denn den Einsturz des Kölner Stadtarchivs 2009 mit dem Begriff „Unfall" verharmlosen kann[18]).

Relevant war vor allem Material des Historischen Archivs der Universität zu Köln, des Historischen Archivs der Stadt Köln, der IHK Köln, des Landesarchivs NRW in Duisburg, aber auch Material anderer Archive, etwa des Würzburger Institutes zur Psychologiegeschichte.

Die Menschen, um die es im Kontext dieser Arbeit geht, sind nicht mehr erreichbar – das erschwert Rückfragen. Glücklicherweise fanden sich aber Menschen, die diese Menschen gekannt haben. So konnte auch das von Lück genannte vierte Prinzip, das der „oral history", zum Tragen kommen. In einem Fall (Maria Krudewig) ergab sich erst durch diesen glücklichen Zufall die Möglichkeit, der in den Akten beschriebenen Frau im wörtlichen Sinne „ein Gesicht geben" zu können; bis dahin hatte kein Bild von ihr gefunden werden können.

Die historische Wahrheit gibt es nicht; Geschichte ist immer Rekonstruktion des Vergangenen, wobei Perspektive und Fragestellung die (Re-)Konstruktion

---

17 Lück stellt beispielsweise die provozierende Frage, warum die Akten des Vorstands der „Deutschen Gesellschaft für Psychologie" aus der Zeit des Nationalsozialismus nicht mehr auffindbar sind. Dem selektiven Überleben von Dokumenten wurde z.B. nachgeholfen, indem etwa versucht wurde, die Berichte über den ersten Kongress der „Deutschen Gesellschaft für Psychologie" nach der „Machtergreifung" 1933 nach dem Zweiten Weltkrieg zu entfernen, zu überkleben und zu schwärzen (Lück, 2002, S. 25) Auch Klüpfel & Graumann weisen darauf hin, dass es auch ohne Kriegseinwirkung Lücken in den Dokumenten gibt, „die sicher manchen Ruf retteten, die historische Rekonstruktion aber erschwerten" (Klüpfel & Graumann, 1986, Vorwort).

18 Am 03.03.2009 stürzte das sechsstöckige Gebäude des Historischen Archivs der Stadt Köln an der Severinstraße ein. Zwei benachbarte Häuser wurden ebenfalls zerstört; zwei Menschen starben dabei. Eine knappe Woche zuvor war genau an dieser Stelle noch der Rosemontagszug vorbeigegangen. Ursache für den Einsturz war ein Absacken des Bodens, bedingt durch den in direkter Nähe stattfindenden Bau einer Haltestelle für die geplante Nord-Süd-U-Bahn. Die genauen Gründe, die zum Absacken des Bodens führten, sind bis heute nicht geklärt; die Schuldigen nicht identifiziert. Die Ermittlungen dauern an (http://www.ksta.de/koeln/archiv-einsturz-stadt-koeln-und-staatsanwalt-bestaetigen-ksta-bericht-ueber-neue-beweise-24216658).

bestimmen. Jede Epoche stellt andere Fragen an die Geschichte und in jeder Epoche werden historische Fakten anders verstanden; aus dieser Sicht ist „Rekonstruktion" auch immer „Konstruktion" (Lück, 2002, S. 20). So ist auch davon auszugehen, dass Quellen, auf die heute zurückgegriffen wird, unmittelbar nach dem Zweiten Weltkrieg überhaupt nicht berücksichtigt oder unter einem anderen Fokus beurteilt wurden. Eckardt (2010, S. 13) spricht von „Standortgebundenheit" des Wissenschaftshistorikers, d.h. es besteht auch eine Abhängigkeit von der historischen Situation, in der dieser Wissenschaftshistoriker lebt.[19] Dies wird in der Arbeit gelegentlich deutlich, indem Vorgänge an der Kölner Universität, obwohl sie sich zur Zeit der Weimarer Republik und des NS-Regimes ereigneten, auch unter dem Fokus der heutigen (nicht verurteilenden, aber komparativen) Sicht des 21. Jahrhunderts gesehen werden. Der historisch orientierten Psychologie geht es folglich darum, zu ergründen, weshalb in einer bestimmten Epoche wie gehandelt wurde.

Der Schriftsteller Erich Kästner, dessen Bücher auch in Köln am 17.05.1933 auf dem Scheiterhaufen vor der Alten Universität landeten und der es dennoch geschafft hat, seine humorvolle, satirische Sichtweise über die NS-Zeit hinüber zu erhalten und nach dem Krieg weiterhin viele Menschen mit seinem Wortwitz und seinen Fähigkeiten zur pointierten politischen Analyse zu erfreuen, schrieb: „Jene Vergangenheit, die unbewältigte, gleicht einem ruhelosen Gespenst [...]. Es bleibt uns nicht erspart, ihm ins Gesicht zu sehen und zu sagen: ‚Sprich!' Die Vergangenheit muss reden, und wir müssen zuhören" (Kästner 1961, S. 13). Dieses Zuhören muss jedoch kein passives sein. Aktives Zuhören als Methode wurde zwar erst nach der hier behandelten Zeit definiert, kann jedoch dennoch auch in diesem Kontext angewandt werden. Oder um es mit Geuter zu sagen: „Geschichte kann man nicht ungeschehen machen, man kann sie allenfalls vergessen, verdrängen,

---

2014 leitete die Staatsanwaltschaft Verfahren gegen 90 Personen ein, gegen die ein konkreter Anfangsverdacht besteht, um nicht aufgrund der fünfjährigen Verjährungsfrist die Ermittlungen einstellen zu müssen (http://www.ksta.de/koeln/-stadtarchiv-90-personen-sind-beschuldigt--936604). Etwa 95 % der Archivalien konnten glücklicherweise mittlerweile geborgen werden (http://www.stadt-koeln.de/leben-in-koeln/kultur/historisches-archiv/der-einsturz-des-historischen-archivs), ihre Restaurierung und Neusortierung wird jedoch noch Jahre in Anspruch nehmen.

19 Lück et al. (1987, S. 21) unterscheiden drei Analyseebenen, zum einen die Ebene des Untersuchers zum Untersuchtem [das wäre wie oben eine Beurteilung aus Sicht der Verfasserin], die Ebene der Strukturen und Prozesse in Wissenschaftlergemeinschaften [beispielsweise die Rolle der Experimentellen Psychologie in der scientific community zur Zeit Lindworskys] und die Ebene der ein- und wechselseitigen Beeinflussung von wissenschaftsexternen (bzw. disziplinexternen) und -internen Regulativen [hierunter fällt beispielsweise der gesamte Komplex der gesellschafts- und bildungspolitischen Beeinflussung]. Im Text stehen diese Ebenen jedoch nicht unverbunden nebeneinander, sondern es entsteht eine „Integration dieser Komplexe" (Lück et al., 1987, S. 21).

rationalisieren – oder aber als eigene Geschichte zu verstehen suchen“ (Geuter 1984, S. 16).

Was bedeutet Verstehen in diesem Kontext? Die Philosophin Hannah Arendt (die sich übrigens selbst „politische Theoretikerin“ nennt; vgl. Arendt, 1996, S. 75) beschreibt den Vorgang des Verstehens für sich selbst so: „Verstehen heißt unvoreingenommen und aufmerksam der Wirklichkeit, wie immer sie ausschauen mag, ins Gesicht sehen und ihr widerstehen“ (Arendt 1996, S. 13). Ein Ende finden kann dieser Prozess allerdings nie, es handelt sich beim Verstehen um eine „nicht endende Tätigkeit“ (Arendt 1996, S. 21).

Aus diesem Gedankengang heraus ist auch die vorliegende Arbeit nur als „Blitzlicht“ einzuordnen, als das Festhalten eines momentanen Verstehenszustandes, der seiner Fortsetzung harrt.

2. Psychologie in Köln vor Wiedergründung der Universität im Jahre 1919

Von Hermann Ebbinghaus stammt der berühmte und oft zitierte Satz „Die Psychologie hat eine lange Vergangenheit, doch nur eine kurze Geschichte", formuliert in seinem Buch „Abriss der Psychologie" (1908, S. 1).[20] Bis ins 20. Jahrhundert hinein wurde die Psychologie als ein Teilbereich der Philosophie angesehen. Psychologisches Denken innerhalb der Philosophie hat demnach eine lange Tradition und geht bis in die Antike zurück. Zur Geschichte des psychologischen Denkens in Köln und im deutschen Sprachraum zählt die herausragende Persönlichkeit des Albertus Magnus.[21,22] Schon

---

20 Lt. Ash & Geuter (1985, S. 9) proklamierte Ebbinghaus im Jahre 1908 auf dem vierten internationalen Kongress für Psychologie in Paris diesen Satz zum ersten Mal. Der Zusammenhang: „Die Psychologie hat eine lange Vergangenheit, doch nur eine kurze Geschichte. Sie ist dagewesen und älter geworden jahrtausendelang, aber eines stetigen und anhaltenden Fortschreitens zu reiferer und reicherer Gestaltung hat sie sich in früheren Zeiten kaum je zu erfreuen gehabt. [...] Erst in so junger Vergangenheit finden wir eine zunächst langsamer und neuerdings rascher fortschreitende E n t w i c k l u n g der Psychologie" [Sperrdruck im Original].

21 Albertus Magnus wurde um 1200 geboren. Bei Grabmann (1953a, online) heißt es „wahrscheinlich 1193 Lauingen/Donau". Deshalb wird er auch häufig als Albert von Lauingen bezeichnet. Albertus verstarb am 15.11.1280 in Köln. Nach 1931 erfolgte seine Heiligsprechung und die Erklärung zum Kirchenlehrer durch Papst Pius XI. Alberts Vater war wahrscheinlich ein wohlhabender kaiserlicher Beamter, der in der Lage war, das Studium seines Sohnes zu finanzieren. Nach Craemer-Ruegenberg, Professorin für Philosophie an der Universität zu Köln, ist es ein „freundliches Märchen", Albert als einen Abkömmling einer adligen Familie anzusehen (Craemer-Ruegenberg, 1980, S. 17). Nach Noviziat und Studium, wahrscheinlich in Köln, wirkte Albert von 1230 bis 1240 in verschiedenen Niederlassungen der Dominikaner als Lektor, vielleicht auch in Köln (Craemer-Ruegenberg, 1980, S. 20). 1230 wurde er in Köln zum Priester geweiht (Stubbe, 2012a, S. 17). 1245 wurde er zum Magister der Theologie an der Pariser Universität promoviert. Von 1245 bis 1248 erfolgte die Übernahme des dominikanischen Lehrstuhls für „Nicht-Franzosen" in Paris (Albertus-Magnus-Akademie, 2011, online). 1248, also im Jahr der Grundsteinlegung für den Kölner Dom, kehrte er nach Köln in Begleitung des Thomas von Aquin zurück. Auf Beschluss des Dominikaner-Generalkapitels wurde er als erster Lesemeister, also als Studienleiter, an das Studium Generale der Dominikaner in Köln berufen (Signon, 1982, S. 23). Albertus lehrte dort während dreier Zeiträume, von 1248 bis 1254, von 1257 bis 1260 und von 1270 bis zu seinem Tod 1280. Thomas von Aquin war zu Beginn seiner ersten Lehrperiode sein Schüler (Signon, 1982, S. 24). Die Gebeine von Albertus Magnus ruhen heute in einem römischen Sarkophag in St. Andreas in Köln.

22 Bereits im 13. Jahrhundert sprachen die Gelehrten, wenn sie über Albert von Lauingen sprachen, von Albertus Magnus. Die Kölner nennen ihren Heiligen noch heute

Konrad Adenauer verweist in seiner Festansprache 1919 zur Wiedereröffnung der Kölner Universität auf die glorreiche Vorvergangenheit der ursprünglich am Dreikönigstag des Jahres 1389 eröffneten Universität.

Wörtlich heißt es:

> „Wir erinnern uns voll Ehrfurcht, welch‘ große Männer schon an der Vorläuferin der Kölner Universität gelebt und gewirkt haben; vor unserem geistigen Auge ragen empor die ehrfürchtigen Gestalten des großen Albert, des Aquinaten Thomas[23], des Schotten Duns“[24] (Adenauer, 1919b, S. 9)

„Zint Mang“, wobei der Ehrentitel zum Eigennamen wurde (Craemer-Ruegenberg, 1980, S. 14). Eine Statue von Albertus Magnus ziert heute den Kölner Rathausturm, eine weitere, 1955 von Gerhard Marcks geschaffene Skulptur, steht auf dem vor dem Hauptgebäude der Kölner Universität sich erstreckenden Albertus-Magnus-Platz. In Köln hat man nach ihm die „Albertusstraße“ (zwischen Friesen- und Ehrenstraße) benannt. Da für die Größe des Gelehrten eine Straße nicht ausreichte, wurde durch Ratsbeschluss am 12.05.1863 die rechtwinklig auf die Albertusstraße stoßende Straße Magnusstraße genannt (Signon, 1982, S. 23).

23 Thomas von Aquin war von 1248–1252 in Köln Schüler von Albertus Magnus, der auch dessen Berufung an die Universität Paris durchsetzte (Grabmann, 1953a, online). Thomas wurde 1323 von Papst Johannes XXII. heiliggesprochen, 1567 zum Kirchenlehrer und 1880 zum Patron aller katholischen Hochschulen ernannt. Bekannte Vertreter der thomistischen Psychologie waren Fröbes [Experimentalpsychologe und Lehrer von Lindworsky im niederländischen Valkenburg], Brennan und Lindworsky (Stubbe, 2012a, S. 67).

24 Der schottische Theologe und Philosoph Johannes Duns Scotus lehrte von 1306–1307 am Generalstudium der Franziskaner in Köln. Er verstarb 1308 in Köln, sein Grab ist in der Kölner Minoritenkirche. Johannes Duns Scotus (1266–1308) stellte den Willen in den Vordergrund der Bewusstseinstätigkeit. Der Mensch war für ihn in erster Linie ein wollendes Wesen; nur durch den Willen sei eine Erkenntnis der Dinge möglich (Doucet, 1971, S. 42).

2.1 Albertus Magnus, der erste Kölner und mitteleuropäische Psychologe

„Den Kopf in die Hand gestützt, den Ellenbogen auf ein Buch gelagert: so zeigt ihn das Denkmal von Gerhard Marcks[25], das die Stadt Köln 1956 anfertigen ließ. Auch wenn die Universität nie seinen Namen führte, spielte und spielt der große Gelehrte bis heute eine Rolle. Der ‚doctor universalis' steht für die Vielfalt menschlichen Wissens und der Wissenschaft" (Universitätsarchiv Köln, http://www.uniarchiv.uni-koeln.de/6428.html?&L=0)

Abbildung 2: *Albertus Magnus Skulptur von Gerhard Marcks (1880–1981) vor dem Haupteingang der Universität zu Köln. (Foto: Rapp, I., 2005)*

25 Unter den Nazis galt seine Kunst als entartet. 1950 ließ sich der Künstler in Köln-Müngersdorf nieder, wo er in seinem Atelier etwa 20 Jahre lang als freischaffender Künstler wirkte (http://www.gerhard-marcks.de). Die Stadt Bremen hat ihm ein eigenes „Gerhard-Marcks-Haus" gewidmet.

Albertus Magnus oder wie er selbst einmal unterzeichnete, Albertus Teutonicus (Hehlmann, 1967, S. 50)[26], gehört zu den bedeutendsten Kommentatoren der Schriften des Aristoteles und ist von großer Bedeutung für Köln und die Psychologie.[27] Er war Leiter des Generalstudiums der Dominikaner in Köln, das die „Sieben Freien Künste" (septem artes liberales) zum Inhalt hatte, unterteilt in das Trivium (Dreiweg) aus Grammatik, Rhetorik und Dialektik sowie das Quadrivium (Vierweg) für Fortgeschrittene aus Arithmetik, Geometrie, Astronomie und Musik (Stubbe, 2012a, S. 17).[28] Mit seinen umfangreichen Kenntnissen in Naturwissenschaften, Medizin und Philosophie gehörte Albertus Magnus zu den Universalgelehrten. Er war Streitschlichter[29], Theologe und Bischof[30], aber auch Propagandist für den 7. Kreuzzug[31].

---

26 Bzgl. der Vereinnahmung Alberts des Großen durch die Nationalsozialisten vgl. Stubbe (2012a, 105).

27 Der österreichische Kirchenhistoriker Karl Werner hatte bereits 1876 zu dieser Thematik ein Buch mit dem Titel „Der Entwicklungsgang der mittelalterlichen Psychologie. Von Alcuin bis Albertus Magnus" herausgebracht. Weiterhin veröffentlichte er 1877 „Die Psychologie und Erkenntnislehre des Johannes Duns Scotus".

28 Das „Generalstudium" gilt als Frühform der Universität. Die „sieben freie Künste" galten als die Vorbereitung auf die Fakultäten der Theologie, Jurisprudenz und Medizin. Das „Generalstudium" ist folglich die „Fakultät der freien Künste" oder die Artistenfakultät. Es ist möglich, dass auch Meister Eckhart (1260 – 1328, gestorben in Avignon oder Köln) in Köln noch Albertus Magnus, der 1280 in Köln verstarb, kennengelernt hat. Innerhalb der Artistenfakultät (zuerst als Vorbereitung auf die anderen drei Fakultäten der Theologie, der Jurisprudenz und der Medizin gedacht) an der 1388 gegründeten Kölner Universität gewann im Laufe der Zeit die Philosophie eine überragende Bedeutung, so dass die Artistenfakultät auch „Philosophische Fakultät" genannt wurde (Meuthen, 1998, S. 6). Die Psychologie hatte als Teil der Metaphysik hier ihren Platz.

29 1252 und 1258 beendigte sein Schiedsspruch Fehden zwischen dem Kölner Erzbischof Konrad von Hochstaden und der Stadt Köln, 1271 zwischen Erzbischof Engelbert II. und der Bürgerschaft von Köln; 1252 legte er Streitigkeiten zwischen den Städten Köln und Utrecht bei (Grabmann, 1953b, online). Sein psychologisches Einfühlungsvermögen zeigte Albert im Rahmen vieler Streitschlichtungen, Mediationsverfahren im heutigen Sinne. „Sein Verhandlungstalent, seine Besonnenheit und nicht zuletzt sein enormes Ansehen beim Klerus wie bei den weltlichen Mächten brachten es mit sich, dass Albert bis 1270 schier pausenlos zur Wahrnehmung prekärer (kirchen-)politischer Aufgaben auf Reisen war" (Craemer-Ruegenberg, 1980, S. 21).

30 Von 1260 bis 1262 war er Bischof von Regensburg.

31 1263 wird Albertus Magnus von Papst Urban IV. beauftragt als Legat für den siebten Kreuzzug zu predigen. Mit dem Tod Urbans IV. legt Albertus sein Amt als Kreuzzugsprediger nieder (Albertus-Magnus-Akademie, 2011, online). Der Kreuzzug selbst endete 1270 nach nur wenigen Monaten nach einer erfolglosen Belagerung von Tunis und dem Tod des Anführers, König Ludwig IX. von Frankreich.

Albertus Magnus gilt u.a. als der Begründer der „scientia de anima" (Wissenschaft von der Seele) im abendländischen Kulturkreis, was in der Neuzeit mit der „Psychologie" gleichgesetzt wird.[32]

Eine wegweisende psychologiehistorische Abhandlung über Albertus Magnus als dem „ersten Kölner und mitteleuropäischen Psychologen" veröffentlichte 2012 der Kölner Psychologieprofessor Hannes Stubbe.[33] Stubbe untersucht das psychologische Werk Alberts aus der Sicht des Kulturanthropologen[34] und des Psychologen. „Eine erstmalig aus dieser Sicht verfasste monographische Studie zum psychologischen Denken des Albertus Magnus" schreibt der Albertus-Magnus-Spezialist Henryk Anzulewicz in seiner Rezension.[35]

Hannes Stubbe kommt in seiner Abhandlung zur „Conclusio", dass Albertus Magnus mit Sicherheit als der erste Kölner Psychologe anzusehen sei (Stubbe, 2012a, S. 105). Weiterhin bezeichnet er es als „sehr wahrscheinlich", dass Albert der erste „deutschsprachige" bzw. mitteleuropäische Psychologe war, wenn man „deutsch" („theodiscus") auf den Sprachraum einengt und darunter keine nationale Bezeichnung versteht (Stubbe, 2012a, S. 105). Stubbe bezeichnet Albertus Magnus als einen originellen, zu Unrecht vergessenen Psychologen und Intellektuellen des Hochmittelalters. Die psychologiehistorische Forschung sei allerdings noch weit davon entfernt, ein in sich geschlossenes, überzeugendes und klares Bild der „Psychologie" Alberts herausgearbeitet zu haben (Stubbe, 2012a, S. 47). Friedrich Doucet (1971) schreibt in seiner „Geschichte der Psychologie", dass Albertus Magnus „eine Seelenlehre auf durchaus empirischer Basis" entwickelt habe. „Er [Albert] geht davon aus, daß Körper und Seele eine Einheit bilden, die in einer Wechselwirkung miteinander stehen. Sinneswahrnehmungen und aktives Denken bedingen einander" (Doucet, 1971, S. 43). Auch Hehlmann schreibt in seiner „Geschichte der Psychologie":

> „Die Forderung nach vorurteilsloser Beobachtung, Erfahrung, ja Experiment macht Albert zu einem durchaus neuzeitlich anmutenden Empiriker" (Hehlmann, 1967, S. 50).

---

32 Über die erstmalige Verwendung des Begriffs „Psychologie" und die Anfänge der Psychologie siehe umfangreiche Hinweise bei Stubbe (2012a, S. 105).

33 Die Kapitelüberschrift ist deshalb identisch mit der Veröffentlichung von Hannes Stubbe (2012a).

34 Insbesondere berücksichtigt Stubbe intensiv die Sozialisationsbedingungen Alberts, und hier sieht Anzulewicz den Schwerpunkt der Originalität der Betrachtungsweise. Unter Sozialisation versteht Stubbe den „Prozess der Persönlichkeitsentwicklung in Abhängigkeit von der Umwelt, die stets historisch-gesellschaftlich vermittelt ist. Dabei wird auch der aktive Charakter des Subjekts im Sozialisationsgeschehen betont, d.h. dass man nicht nur sozialisiert wird, sondern sich auch zum Teil selbst sozialisiert" (Stubbe, 2012a, S. 21).

35 Henryk Anzulewicz ist promovierter Theologe und Mitarbeiter am Albertus-Magnus-Institut in Köln.

Von 1254–1257 stand Albertus Magnus als Provinzial an der Spitze der deutschen Ordensprovinz.[36] In diese Zeit fällt seine Schrift „De anima", eine Paraphrase, ein Kommentar zu der um ca. 335–323 v. Chr. entstandenen Schrift Περὶ ψυχῆς (‚Peri psyches') „Über die Seele" von Aristoteles.[37] U.a. spricht Albertus Magnus hier im Vorgriff auf die introspektive Psychologie bereits die Methode der Introspektion, der Selbstbeobachtung an. Auch das philosophisch-theologische und psychologische Leib-Seele-Problem wird hier intensiv behandelt.[38]

36 Im Juni 1254 wurde Albert Magnus in Worms zum Provinzial der Ordensprovinz Teutonia gewählt. Unter dem Gesichtspunkt, dass die Ordensprovinz bis Riga reichte und er als Provinzial alle Ordensniederlassungen zu besuchen hatte ist der Umfang seiner Schreibtätigkeit angesichts der hierfür wahrscheinlich notwendigen Reiseaktivitäten und der damaligen Reisebedingungen erst recht erstaunlich.

37 Albertus benutzte als Quellen die vetus translatio aus dem Griechischen (ca. 1160) von Jacobus Venetus und die nova translatio aus dem Arabischen (ca. 1220) von Michael Scotus, der als Übersetzer und Hofastrologe am Hofe Kaiser Friedrich II arbeitete (Stubbe, 2012a, S. 69). Psyche (altgriechisch ψυχή, psychḗ) wurde im Altgriechischen auch zur Umschreibung der gesamten Person verwendet. Folgende Bedeutungen des Wortes ψυχή gibt Stubbe an: 1. Hauch, Atem als Lebensprinzip, Lebenskraft, Leben; 2. Seele, Schatten, Geist, 2a. Denkvermögen, Verstand, Klugheit; 2b Gemüt, Herz, Mut; 2c. Sitz der Leidenschaften, Begehrungsvermögen, Lust, Appetit; 3. Umschreibung der ganzen Person (Stubbe, 2012a, S. 53). Robert Heiß weist 1937 in seiner Kölner Vorlesung auf die Bedeutung von „Psyche" im Sinne von „Lebenshauch" hin. Der Lebenshauch, „der Atem, wurde als Kennzeichen des Lebens erkannt. So daß Seele im ursprünglichen griechischen Sinn eigentlich Lebensträger heißt" (Heiß, 1937, S. 9).

38 Zur Frage von Leib und Seele bei Aristoteles ist ausführlich bei Stubbe (2012a, S. 53 bis 56) nachzulesen. Die Bedeutung von Albertus Magnus ist insbesondere in der „Aristotelisierung" des christlichen Denkens zu sehen (Stubbe, 2012a, S. 57) oder anders ausgedrückt: Aristoteles wurde durch Albertus Magnus „christianisiert". Die Seele versteht Aristoteles als erste Entelechie (entelécheia) (Verwirklichung, Vollendung, Erfüllung) Mit der Beschreibung der Seele als Entelechie ist die Auffassung von der durchgängigen Zweckgebundenheit der Lebensfunktionen verknüpft. Aristoteles' psychologischem Denken liegt somit ein teleologischer Ansatz zugrunde (télos = das Ziel) (Eckardt, 2010, 24). Heiß (1937, S. 11) definiert folgendermaßen: „Die Seele ist Entelechie, Lebenskraft und Lebensprinzip". Seele ist bei Aristoteles „Lebensträger" (Heiß, 1937, S. 19) und tritt in dreifacher Form auf: – vegetative Seele (Nährseele, anima vegetativa) = der ernährende Teil (Ernährung, Stoffwechsel, Wachstum, Pflanzen, Fortpflanzung (bei allen Lebewesen, einschließlich der Pflanzen) – sensitive Seele (Sinnenseele, empfindende Seele, anima sensitiva) = bei Tieren und Menschen (zuständig für Sinneswahrnehmungen, verbunden mit Empfinden. – intellektive Seele (Denkseele, Vernunft- oder Geistseele, anima rationalis) = zuständig für das Denken (nur beim Menschen) Die „Triplexitätstheorie" (Materie-Form-Entelechie) bei Aristoteles hat auch Auswirkungen auf die Psychokybernetik der heutigen Zeit, wo die Triplexität anstelle von Monismus und Dualismus tritt (vgl. Stubbe, 2012a, S. 53).

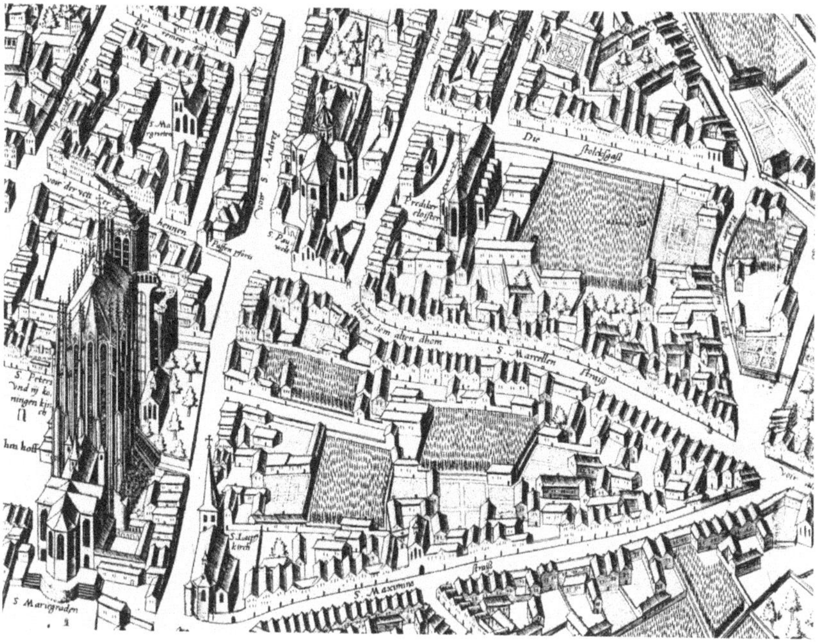

Abbildung 3: *Ausschnitt aus der Mercatorkarte von 1570, dem ersten genaueren Stadtplan der Freien Reichsstadt Köln, der aufgrund seiner perspektivischen Darstellung auch heute noch sehenswert ist. Das Dominikanerkloster („Prediker cloister“) liegt in der Stolkgasse („Stolcksgaß“). Erkennbar sind noch die Kirche St. Andreas, wo heute die sterblichen Überreste von Albertus Magnus aufbewahrt werden und der im Bau befindliche Kölner Dom (Hohe Domkirche St. Petrus) mit der Kirche St. Maria ad Gradus („S. Mariengraden“) an der Chorseite. Die Dominikanerkirche wurde 1804 abgerissen.*

Um 1258[39] verfasste Albert „Liber de natura et origine animae“ (Buch) über die Natur und den Ursprung der Seele), die erste Kölner psychologische Schrift, von der auch ein Autograph[40], eine eigenständige Niederschrift Alberts existiert (Stubbe, 2012a, S. 113). „Albert entwirft in dieser Schrift seine eigene, an Aristoteles und Platon sowie den Neuplatonikern orientierte philosophische Psychologie“, schreibt Anzulewicz (2006) in der Einleitung zu seiner Übersetzung zu dieser Schrift. „Mit dem ‚Buch über die Natur und den Ursprung der Seele‘ hat Albert sein reifstes und originellstes, weit über die aristotelische Psychologie hinausgehendes Konzept seiner Seelenlehre vorgelegt.“ Er reagiert mit dieser Schrift auf die von ihm festgestellten Lücken in der aristotelischen

39 Nach Anzulewicz ist die Überlieferung undatiert, aber 1258 ist als Entstehungszeitraum anzunehmen (Anzulewicz, 2006, S. 16 und 21).

40 Wird im Historischen Archiv der Stadt Köln (Kodex W 258a) aufbewahrt.

Abbildung 4: *Römischer Sarkophag mit den Gebeinen von Albertus Magnus in der romanischen Kirche St. Andreas in Köln (Foto: Rapp, P., 2016).*

Psychologie (Anzulewicz, 2006, S. 28).[41] Artur Schneider, der ab dem Sommersemester 1922 ordentlicher Professor für Philosophie und Pädagogik an der Universität zu Köln war, hatte bereits 1900 in seiner Breslauer Dissertation „Beiträge zur Psychologie Alberts des Großen" bei Clemens Baeumker auf die rein aristotelischen, rein neuplatonischen und rein augustinischen Elemente in der Psychologie bei Albert hingewiesen, mit dem Ergebnis, dass es nicht „eine" Psychologie Alberts gibt. Er stellte heraus, dass das Grundelement der psychologischen Theorien Alberts „in erster Linie der Aristotelismus in seiner arabisch-peripathetischen[42] Fortbildung" ist (Schneider, 1900, S. 9).[43] Während Platon davon ausgeht, dass all das, was wir in den Sinnen haben, nichts anderes sei als ein Reflex von der Ideenwelt, von der der Mensch vorgeburtlich Kenntnis erlangt hatte, geht sein Schüler Aristoteles, völlig konträr zu dieser Einstellung, davon aus, dass nichts im Verstand ist, was nicht vorher durch die Sinne aufgenommen wurde (‚nihil est in intellectu, quod non prius fuerit in sensu'). Durch das Denken kann der Mensch

41 Bezüglich der Wahrnehmungspsychologie bei Albertus Magnus ist auf die medizinhistorische Dissertation von Peter Theiss aus dem Jahre 1997 (Die Wahrnehmungspsychologie und Sinnesphysiologie des Albertus Magnus. Frankfurt/Main: Peter Lang) zu verweisen.

42 „Peripatos" (περίπατος) ist der Name der philosophischen Schule des Aristoteles.

43 Einen sehr großen Einfluss auf Albertus Magnus übte insbesondere der arabische Philosoph Avarroes/Averroes (arabisch: Ibn Ruschd – 1126 bis 1198) aus; er verfasste viele Kommentare zu Aristoteles' Schriften. Seine auf Arabisch verfassten Kommentare wurden von der ersten Hälfte des 13. Jahrhunderts an auch ins Lateinische übersetzt und von Albertus Magnus intensiv studiert. Ebenso einflussreich war der Araber Avincenna / Avicenna (= latinisierte Form, arabisch: Ibn Sina – 980

diese Sinneseindrücke ordnen und kategorisieren. Die durch die Sinne aufgenommene Wahrnehmung ist also ein zentrales Problem bei Aristoteles, Albertus Magnus und in der Folge auch bei Johannes Lindworsky, der als erster einen ordentlichen Lehrauftrag für experimentelle Psychologie an der wiedergegründeten Universität Köln im 20. Jahrhundert erhielt. Die sinnliche Wahrnehmung und deren Analyse spielt folglich in der Psychologie bei Lindworsky eine zentrale Rolle und es zieht sich diesbezüglich von ihm bis zur Habilitationsschrift seiner Schülerin Maria Krudewig ein roter Faden.

2.2 Psychologie an der Handelshochschule Köln (1901–1918)

Von der Geschichte der Psychologie, in der zweifelsohne Albertus Magnus seinen gebührenden Platz hat, muss die Institutionalisierung bzw. der Weg zur Institutionalisierung der Psychologie als selbstständiges, wissenschaftliches Fach an der Universität unterschieden werden. In der Satzung der 1919 wiedergegründeten Universität zu Köln wird in § 2 darauf verwiesen, dass die Universität zu Köln „Nachfolgerin der früheren Handels-Hochschule, der Akademie für praktische Medizin und der Hochschule für communale und soziale Verwaltung“ ist und deren Aufgaben zu erfüllen hat. Folglich ist es logisch, dass bevor die Psychologie an der Universität und am Psychologischen Institut näher erläutert wird, über die Psychologie an den Vorgängerinstitutionen zu sprechen ist.

Von den in der Satzung genannten Einrichtungen Handelshochschule, Verwaltungshochschule und Akademie für praktische Medizin waren insbesondere die beiden ersten Einrichtungen für die Entstehung einer Einzeldisziplin Psychologie von Wichtigkeit und gehören insofern zum „relevanten Kontext“ im Sinne von Klüpfel und Graumann.[44]

---

bis 1037), dem ein „populärwissenschaftliches Denkmal“ durch den Bestsellerroman „Der Medicus“ von Noah Gordon und dessen Verfilmung (Drehorte des Films u.a. Filmstudios in Köln) gesetzt wurde. Das Buch und auch die Verfilmung zeigen gravierende Geschichtsverfälschungen, auf die hier nicht weiter eingegangen werden kann. In Köln wurde 1950 ein selbstständiges Institut für mittelalterliche Philosophie, das „Thomas-Institut an der Universität zu Köln“, gegründet. Das Thomas-Institut wurde die zentrale Koordinierungsstelle für die Editionen der arabisch, hebräisch und lateinisch überlieferten Texte des arabischen Denkers Averroes (nähere Informationen online unter http://www.thomasinstitut.uni-koeln.de/11465.html)

44 Nach einem Ratsbeschluss der Stadt Köln vom 23.07.1903 sollte die Akademie für praktische Medizin die Aufgabe haben, „den Ärzten nach abgelegtem Staatsexamen Gelegenheit zur Absolvierung des praktischen Jahres zu bieten, der Ausbildung von Spezialärzten zu dienen und Fortbildungskurse für praktische Ärzte zu veranstalten“ (Hochhaus, 1915, S. 3). Die universitäre Lehrtätigkeit (mit entsprechendem Vorlesungsverzeichnis), z. B. im Bereich der Psychiatrie, war zwangsläufig nicht gegeben, da es hier um die Fortbildung des Arztes nach bestandenem Staatsexamen ging. Die feierliche Eröffnung der Akademie fand am 01.10.1904 durch einen Festakt im Gürzenich statt (Hochhaus, 1915, S. 5).

2.2.1 Gustav von Mevissen und die Anfänge der Handelshochschule

Die Schließung der Kölner Universität durch die Franzosen im Jahre 1798 und die vergeblichen Bemühungen der nunmehr preußischen Stadt Köln (ab 1814) um eine Wiedereröffnung der Hochschule bis zum Jahre 1919 schmerzten die Kölner Bürgerschaft. Eine zentrale Rolle im Bestreben der Kölner Bürger um die Wiedereröffnung bzw. Neugründungen von Hochschuleinrichtungen in Köln spielte der Kölner Bürger Gustav von Mevissen (1815–1899). Dieser war ein einflussreicher rheinischer Großindustrieller (insbesondere Textilindustrie), Bankier und (dem Liberalismus zugewandter) Politiker, der seit 1841 seinen Lebensmittelpunkt in Köln hatte.

In seiner „Denkschrift", im Jahre 1879 anlässlich einer Schenkung[45] zur Errichtung einer „Handelsakademie" in Köln verfasst, wies Mevissen darauf hin, dass „die Chefs der großen deutschen Bankhäuser, der Großhandelshäuser, der großen industriellen Firmen, sowie die Leiter der so zahl- und kapitalreichen deutschen industriellen und kommerziellen Aktiengesellschaften nur in seltenen Fällen die deutsche Universität" besucht hätten. „Die Kluft zwischen Besitz und wahrer Bildung" werde im Laufe des Lebens immer größer. Es gehe also darum „Bildung und Besitz harmonisch zu verbinden" (Mevissen, 1879, o. P.). Mevissen bemerkte, dass die Jugend des Kaufmanns sich in der Mehrzahl der Fälle „auf die Absolvierung der Sekunda der Gymnasien oder Realschulen" beschränke. Nur die Minderheit unter den Kaufleuten erwerbe das Reifezeugnis für die Universität. Allen Personen, „welche das Reich des Wissens in den Studien der Universität sich weiter erschlossen

45 Nachdem sich die preußische Staatsregierung für eine Eröffnung des „Polytechnikums" in Aachen und damit gegen Köln entschieden hatte, engagierte sich Mevissen für eine eigenständige Handelshochschule in Köln (Zander, 2004, S. 116; Mevissen, 1879). Anlässlich der goldenen Hochzeit des Kaiserpaares stiftete er der Stadt Köln am 11.06.1879 (Eckert, 1920b; Becker, 1901) eine Summe von 190.000 Mark zur Errichtung einer Handelshochschule in Köln (Zander, 2004, S. 53). Das Stiftungskapital hatte Mevissen durch Testament bei seinem Tode im Jahre 1899 noch erheblich erhöht (W. Becker, 1901, S. 10). Diese Summe wurde mehrfach aufgestockt und um Grundstücke an der damaligen Blind- und Sternen-Gasse ergänzt, bis das Stiftungskapital die Summe von einer Million Mark erreicht hatte (Zander, 2004, S. 111). [Die Blindgasse verband die Hohe Straße mit der Straße An St.Agatha. Die Blindgasse verschwand mit dem Bau des Durchbruchs vom Heumarkt zum Neumarkt, heute Schildergasse.] Nach den Worten von Oberbürgermeister Wilhelm Becker (1901) standen der Stadt Köln die Zinsen von einer Million Mark zur Unterhaltung der Hochschule zur Verfügung. Aus heutiger Sicht erscheint an dieser Form des Mäzenatentums besonders verlockend, dass es offenbar möglich war, die laufenden Kosten der Handelshochschule lediglich aus den Zinsen des Stiftungskapitals zu bestreiten. Eine finanzielle Mitwirkung des Staates an einer zukünftigen Handelshochschule wurde von der preußische Regierung abgelehnt (Zander, 2004, S. 55).

haben", fühle sich der junge Kaufmann „untergeordnet" (Mevissen, 1879, o. P.). Obiger Regellebenslauf weist auch biographische Züge auf. Mevissen selbst hatte das Gymnasium nur bis zur Quarta besucht, um danach auf die „Höhere Bürgerschule" bis zur Tertia zu gehen, die er mit einem exzellenten Abgangszeugnis verließ (van Eyll, 1999, S. 11). Im Alter von 15 Jahren begann er dann im elterlichen Betrieb eine kaufmännische Ausbildung.

Die Lösung sah Mevissen, festgehalten in seiner Denkschrift aus dem Jahre 1879, darin,

> „eine Bildungsanstalt zu schaffen, welche, die Bedingungen späterer erfolgreicher Thätigkeit [sic] auf dem Gebiete des Erwerbslebens in sich aufnehmend und dieselbe kultivierend, neben einer gründlichen Fachbildung zugleich die allgemeine menschliche Bildung nach wissenschaftlicher Methode fördert und im Manne des Fachs zugleich den fest in sich ruhenden Charakter, den sittlichen selbstbewußten Menschen erzieht. Die zu gründende Unterrichtsanstalt muß also geistig und in der Methode des Unterrichts auf gleicher Höhe mit der Universität stehen" (Mevissen, 1879, o. P.).

Mevissen (1879) bedauerte die Trennung zwischen den „kaufmännischen Kreisen", dem „Kreise der Beamten" und den „Männern der Wissenschaft". Diese Trennung könne überwunden und beseitigt werden. Kaufleute, die „im Besitze einer universellen Bildung" sind, können die Trennung dadurch überwinden, dass sie u.a. „in praktischer Verwendung der Philosophie und Psychologie mit den Organen der Staatsverwaltung wetteifern und in Kenntnis des Menschen und der Triebfedern seiner Handlungen [...] die Höhe der erworbenen universellen Bildung praktisch erweisen" (Mevissen, 1879, o. P.). Im Kern ging es Mevissen also um eine „auf der Grundlage universeller Bildung ruhenden Fachbildung der deutschen Kaufleute".

Diese erstaunliche Feststellung Mevissens, der vermutlich noch nicht einmal in Ansätzen an ein zu lehrendes Fach Psychologie dachte, legt aber dar, dass für ihn eine „universelle Bildung" diese Teilbereiche erfassen muss. Umgesetzt wurde dieser philosophisch-psychologische Bereich hauptsächlich in den „öffentlichen" Vorlesungen der späteren Handelshochschule.

Bereits in seiner Denkschrift machte Mevissen einen Vorschlag für den Lehrplan und die Lehrgegenstände der von ihm erstrebten Handelshochschule, dem Vorläufer der Universität zu Köln. Das Fach Psychologie fand erwartungsgemäß noch keinen Niederschlag im Sinne eines explizit benannten eigenen Faches. Im Kanon der von ihm aufgeführten „Lehrgegenstände" sprach er von der „Encyklopädie der philosophischen Wissenschaften". Georg Wilhelm Friedrich Hegel (1770 – 1831) hatte 1817 als Philosophieprofessor in Heidelberg sein Werk „Encyklopädie der philosophischen Wissenschaften im Grundrisse" veröffentlicht.[46] In diesem laut Untertitel als Leitfaden für seine Vorlesungen gedachten Werk behandelte Hegel in drei Teilen das gesamte philosophische System (Wissenschaft der Logik, Philosophie der Natur und Philosophie des Geistes). Insbesondere im dritten

46 1830 erschien eine dritte veränderte Auflage.

Teil werden psychologische Themenbereiche wie „Seele“ und „Bewusstsein“ dargestellt. Es ist davon auszugehen, dass Mevissen mit Bedacht den Titel des bekannten und einflussreichen Hegelschen Buches hier in seiner Argumentation verwandte. Dies bedeutet aber nicht unbedingt eine inhaltliche Deckungsgleichheit. Mevissen bezeichnete seine vorgeschlagenen Lehrgegenstände selbst als „Andeutungen“, einen Rahmen, der je nach Wunsch und Bedürfnis erweitert oder enger gefasst werden könne (Mevissen, 1879, o. P.).

Zum Schluss seiner Denkschrift machte Mevissen u.a. den Vorschlag, näher untersuchen zu lassen, „welcher Lehrstoff obligatorisch in den Lehrplan einer Handels-Akademie“ hinein solle und „welche Lehrgegenstände den freien Vorträgen“ vorzubehalten seien. Die erste „Studien-Ordnung der Handels-Hochschule in Köln“ ging über diese Vorschläge hinaus. Hier hieß es in § 11: „Den Studierenden steht die Wahl der Vorlesungen und Übungen, an denen sie teilnehmen wollen, frei“ (Handels-Hochschule, 1901b, S. 54). Es galt lediglich die Einschränkung, dass die Zulassung zu bestimmten Vorlesungen und Übungen von der vorherigen erfolgreichen Teilnahme an anderen „vorbereitenden Unterrichtsgegenständen“ abhängig gemacht werden könne. Nach dieser Studienordnung war folglich auch die Handelshochschule kein „verschultes“ System; die Selbstbestimmung des Studierenden sollte also so weit wie möglich gewährleistet sein.

Der Lehrplan der bereits im Juli 1900 verabschiedeten „Ordnung der Handels-Hochschule zu Köln“ enthielt keinerlei Hinweise auf Philosophie oder Psychologie im Rahmen des viersemestrigen Curriculums. Aber entsprechend den Anmerkungen von Studiendirektor Hermann Schumacher befand sich „alles im lebhaften Fluß der Entwicklung“ (Handels-Hochschule, 1901a, S. 8).[47]

Ganz im Sinne Gustav von Mevissens wurde in der „Ordnung der Handels-Hochschule zu Köln“ die Zweckbestimmung der Handelshochschule festgelegt. In § 2 der Ordnung hieß es an erster und exponierter Stelle der aufgezählten Zweckbestimmungen: „Der Zweck der Hochschule und der Seminarübungen ist, erwachsenen jungen Leuten, welche sich dem kaufmännischen Berufe widmen, eine vertiefte allgemeine und kaufmännische Bildung zu vermitteln“ (Handels-Hochschule, 1901b, S. 50). Diese „vertiefte allgemeine Bildung“ war bereits ein Kernanliegen in der Denkschrift Mevissens von 1879. An der Handelshochschule sollten nach dem vorläufigen Lehrplan des „zweijährigen Lehrkurses der

47 Gustav von Mevissen, dem wichtigsten Vorbereiter der Handelshochschule Köln, war es nicht vergönnt, zu seinen Lebzeiten die Eröffnung der Handelshochschule mitzuerleben. Am 13.08.1899 verstarb er im Alter von 84 Jahren, zwei Jahre vor Eröffnung der Handelshochschule, in seiner Sommervilla in Godesberg. Er wurde in Köln auf dem Friedhof Melaten in der Familiengruft beigesetzt. In Köln ist die Mevissenstraße nach ihm benannt worden; zum „Mevissen-Haus“ auf der Breite Straße scheint es allerdings keinen Zusammenhang zu geben. Am Rathausturm (2. Obergeschoss, Ostseite) steht Gustav von Mevissens Statue neben der seines Zeitgenossen Moses Hess.

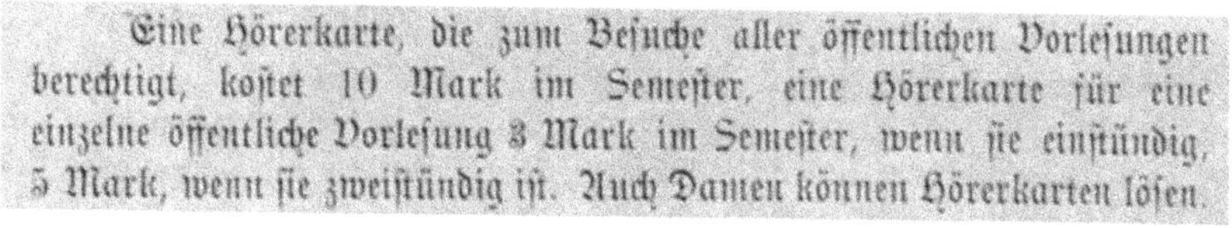
Eine Hörerkarte, die zum Besuche aller öffentlichen Vorlesungen berechtigt, kostet 10 Mark im Semester, eine Hörerkarte für eine einzelne öffentliche Vorlesung 3 Mark im Semester, wenn sie einstündig, 5 Mark, wenn sie zweistündig ist. Auch Damen können Hörerkarten lösen.

Abbildung 5: *Hörerkarte der Handelshochschule von 1904. „Eine Hörerkarte, die zum Besuche aller öffentlichen Vorlesungen berechtigt, kostet 10 Mark im Semester, eine Hörerkarte für eine einzelne öffentliche Vorlesung 3 Mark im Semester, wenn sie einstündig, 5 Mark, wenn sie zweistündig ist. Auch Damen können Hörerkarten lösen." (http://www.ub.uni-koeln.de/cdm/search/collection/vv_shhkoeln)*

Handels-Hochschule in Köln" die folgenden Fächer „regelmäßig gelehrt werden":[48] 1. Volkswirtschaftslehre; 2. Rechtslehre; 3. Naturwissenschaften und Technik; 4. Geographie und Warenkunde; 5. Kaufmännische Fächer und Sprachen; 6. allgemeine Geisteswissenschaften. Zu den „allgemeinen Geisteswissenschaften" zählten Deutsch und ausländische Geschichte, Kunstgeschichte, Literaturgeschichte und Philosophie. Es ist also in dieser Aufzählung erkennbar, dass die Psychologie als eigenständiges Fach noch nicht existierte; sie war noch gänzlich in die Philosophie integriert. Eckert machte in seinem Bericht von 1905 darauf aufmerksam, dass die „öffentlichen Vorlesungen aus allen Gebieten der Geisteswissenschaften" den Zweck erfüllen, den Studierenden „allgemeine Anregung zu geben und den Horizont weiten zu helfen". Es gehe darum, die allgemeine Bildung „wissenschaftlich zu erweitern und zu vertiefen" (Eckert, 1905, S. 96).

Das erste Vorlesungsverzeichnis der „Städtischen Handels-Hochschule in Köln"[49] umfasste die Vorlesungen und Übungen im Wintersemester 1901/1902. Da die „öffentlichen Vorlesungen" sich an eine über den Kreis der Studierenden hinausgehende Hörerschaft wandte, wurden diese Lehrveranstaltungen meist in die Abendstunden gelegt,[50] um auch den in Praxis stehenden Kaufleuten, Beamten

48 In der Aufstellung sind die unter den ersten 5 Fachbereichen zu subsumierenden Fächer nicht aufgeführt. Sie können im vorläufigen „Lehrplan des zweijährigen Lehrkurses der Handels-Hochschule in Köln nachgelesen werden" (Handels-Hochschule, 1901b, S. 34f).

49 Die Städtische Kölner Handelshochschule legte von Anfang an Wert auf zwei zusätzliche Charakteristika: Zum einen handelt es sich um eine „städtische" Gründung und zum anderen ist es die „erste selbständige" Handelshochschule Deutschlands, da sie ohne Anlehnung an eine bereits bestehende Hochschuleinrichtung entstanden ist, wenn man von der personellen Hilfe durch die Universität Bonn absieht. „Frei und selbständig steht sie da", schrieb im Mai 1901 der erste Studiendirektor der Handelshochschule Prof. Schumacher in seinem Vorwort zu einer Informationsschrift der Handelshochschule (Handels-Hochschule, 1901b, S. 7).

50 Vgl. Stundenpläne in den einzelnen Vorlesungsverzeichnissen.

usw. Gelegenheit zum Besuch zu geben (Eckert, 1906, S. 118). Die Hörerkarten wurden an alle Erwachsenen ohne Prüfung der Vorbildung abgegeben. Insofern erfüllten die „öffentlichen Vorlesungen" auch zu einem Teil die Aufgaben von „Volkshochschulkursen" (Eckert, 1906, S. 118).[51] Die entsprechende Information über die anfallenden Kosten, befand sich in den Vorlesungsverzeichnissen.

Während des Anfangssemesters 1901 wurde der Lehrkörper um zwei neue Lehrstühle erweitert. Der Lehrstuhl für wirtschaftliche Staatswissenschaften (Volkswirtschaftslehre) ging an den bisherigen Privatdozenten und promovierten Juristen an der Berliner Universität, Dr. Christian Eckert (Handels-Hochschule, 1901a). Diese Personalmaßnahme ist deswegen von so großer Bedeutung, weil Eckert im Laufe der kommenden Entwicklung der Handelshochschule und der Universität zu Köln eine herausragende Rolle spielte. Im Jahre 1904 wurde Eckert zum Studiendirektor der Handelshochschule bestellt. Im Jahre 1919 wurde er Gründungsrektor und geschäftsführender Vorsitzender des Kuratoriums der wiedergegründeten Universität zu Köln. Bis zu seiner Entlassung durch die Nationalsozialisten im Jahre 1933 hatte er das Amt des geschäftsführenden Vorsitzenden inne. Wegen seiner langen Amtszeit als geschäftsführender Vorsitzender des Kuratoriums der Universität Köln wurde er von der Kölnischen Volkszeitung 1930 als der „ständige ‚Rektor'" der Universität (Kölnische Volkszeitung, 25.06.1930, Nr. 319) bezeichnet.[52]

51 In seiner Rede anlässlich der Einweihungsfeier des Handelshochschulgebäudes im Jahre 1907 sagte Eckert: „Es ist eine Freude für uns Dozenten, wenn wir, neben dem Unterrichten der Studierenden, in den öffentlichen Vorlesungen mit der Cölner Bürgerschaft aus allen Ständen in unmittelbaren geistigen Austausch geraten" (Eckert, 1908, S. 42).

52 Geboren wurde Eckert am 16.03.1874 in Mainz, besuchte dort das Gymnasium. Er studierte in München, Berlin und Gießen (1893–1896) Rechts- und Staatswissenschaften, Wirtschafts- und Kunstgeschichte und Philosophie. Nach dem Studium promovierte er während seiner praktischen Zeit als Gerichtsbeamter als Dr. jur. in Gießen. Den Dr. phil. erwarb er 1898 in Berlin. Nach bestandenem Assessorexamen wurde er 1900 großherzoglich hessischer Gerichtsassessor. 1901 habilitierte er sich bei der Philosophischen Fakultät der Berliner Universität als Privatdozent für Staatswissenschaften. 1901 folgte er dem Ruf als hauptamtlicher Dozent für Wirtschaftliche Staatswissenschaften (Volkswirtschaftslehre) nach Köln (Freitäger, 2013, S. 7). 1902 wurde er daselbst zum Professor ernannt. 1904 wurde er im Nebenamt zum außerordentlichen Professor der Bonner Universität ernannt (Stadtanzeiger vom 28.08.1904 – Nr. 391). 1908 nahm er einen Ruf an die Universität Tübingen als Professor für Volkswirtschaftslehre und Nachfolger Gustav von Schönbergs nicht an (HAK Zug 511/2/138/1, S. 307). 1933 entließen die Nationalsozialisten Christian Eckert aus seinen Ämtern und versetzten ihn wegen seiner Zentrumsaktivitäten mit 59 Jahren in den Ruhestand. Nach dem Krieg war er von 1946 bis 1949 Oberbürgermeister der Stadt Worms (http //rektorenportraits.uni-koeln.de/rektoren/ christian_eckert/). Eckert verstarb am 27.06.1952 in Köln und wurde auf dem Melatenfriedhof beigesetzt. In Köln-Lindenthal wurde die Eckertstraße nach ihm benannt (Freitäger, 2013, S. 10 und45).

2.2.2 Kollegiale Hilfe aus Bonn

Schon in der Festrede zur Eröffnung der Handelshochschule in Köln am 01.05.1901 in der Aula des neuen Hochschulgebäudes am Hansaring hob Oberbürgermeister Wilhelm Becker[53] deutlich hervor, dass die neue Handelshochschule die Bestimmung habe, „speziell für die Stadt Köln einen Mittelpunkt wissenschaftlichen Lebens und Strebens zu bilden“ (Handels-Hochschule, 1901b, 10).[54] Doch völlig ohne auswärtige Hilfe kam die neu gegründete Handelshochschule trotz aller finanziellen Absicherung nicht aus. In seiner Festtagsrede wies Oberbürgermeister Becker darauf hin, dass die Handelshochschule auch bei ihrer Selbst ständigkeit die Unterstützung der Universität Bonn mit besonderem Dank anerkenne.[55] Insgesamt konnte er beim Start der Handelshochschule auf die Hilfe von 11 Bonner Professoren zählen. Dies hatte auch seine Bedeutung für den Bereich der Psychologie. Im ersten Vorlesungsverzeichnis des ersten Semesters, des Sommersemesters 1901, fielen von 80 Stunden Vorlesungen und Übungen 14 Stunden auf 5 Professoren der Bonner Universität (Handels-Hochschule, 1901a, o. P.).[56] Auch der Gründungsrektor und Studiendirektor der Handelshochschule Köln, Prof. Dr. Hermann Schumacher, sprach im Vorwort zur Veröffentlichung der Festtagsreden davon, dass die Bonner Universität der neuen Handelshochschule mit „Rat und thatkräftiger Unterstützung“ zur Seite stünde (Handels-Hochschule, 1901b, S. 7).

Seitens der Philosophischen Fakultät der Universität Bonn sagten die Philosophieprofessoren Clemens Baeumker[57] und Benno Erdmann ihre Unterstützung

53 Wilhelm Becker (* 12. Juli 1835 in Tangermünde, † 11. Januar 1924 in Köln-Marienburg) war von 1886 bis 1907 Oberbürgermeister der Stadt Köln. Vorher war er 10 Jahre lang Bürgermeister in Düsseldorf.

54 Mevissen hatte bereits 1879 anlässlich seiner Kapitalstiftung gesagt: „Die Handelsakademie soll die Bestimmung haben, als akademische Hochschule (…) speziell in der Stadt Köln einen Mittelpunkt wissenschaftlichen Lebens und Strebens zu bilden“ (zit. n. Stier-Somlo, 1917, S. 147).

55 Insbesondere hob Oberbürgermeister Becker die Mithilfe des Bonner Hochschullehrers Prof. Gothein hervor (Handels-Hochschule, 1901b, S. 12).

56 Es war im Übrigen keine komplette wissenschaftliche „Einbahnstraße“ von Bonn nach Köln. Prof. Hermann Schumacher, der erste Studiendirektor der Handelshochschule Köln (vgl. Vorlesungsverzeichnisse der Handelshochschule), wurde 1904 ordentlicher Professor für Staatswissenschaften an der Rheinischen Friedrich-Wilhelms-Universität Bonn, deren Lehrkörper er bis 1917 angehörte (http://www.munzinger.de/search/go/ document.jsp?id=00000001678). Weiterhin wurde im Vorlesungsverzeichnis der Handelshochschule Studiendirektor Eckert auch geführt mit dem Berufszusatz „a.o. Professor an der Universität Bonn“. Am 03.03.1904 wurde Eckert nebenamtlich zum außerordentlichen Professor der Staatswissenschaften an der Universität Bonn berufen. Wegen der Übernahme der Studiendirektion an der Handelshochschule Köln war seine Tätigkeit in Bonn allerdings auf wenige Stunden begrenzt (Eckert, 1905, S. 13).

57 Im Vorlesungsverzeichnis ist auch die Schreibweise „Bäumker“ wiederzufinden.

Abbildung 6: *Handelshochschule vor dem ersten Weltkrieg (1906); im Hintergrund der Kölner Dom. Das Gebäude am Hansaring im neugotischen Stil wurde 1899 eröffnet und fungierte von 1901 bis 1907 als Handelshochschule. Heute ist in dem Gebäude das städtische Hansagymnasium untergebracht. (Bild: Eckert, 1906)*

zu (Handels-Hochschule, 1901b, S. 38). Clemens Baeumker (1853 – 1924)[58], Spezialist insbesondere für mittelalterlichen Philosophie, hielt im ersten Studiensemester Sommersemester 1901 zwar keine Lehrveranstaltung in Psychologie ab, aber er bot eine zweistündige öffentliche Vorlesung (montagsabends) mit dem Titel „Einleitung in die Philosophie" an (Handels-Hochschule, 1901b). Da zu diesem Zeitpunkt die Psychologie noch fest in der Philosophie verankert war, ist nicht ausgeschlossen, dass Baeumker hier auch psychologische Inhalte mitbehandelte. Baeumker hatte auch als Philosophieprofessor eine hohe Wertschätzung für den philosophischen Wert der Psychologie. Er betrachtete die Psychologie nicht nur als

58 1900 übernahm Baeumker das Ordinariat für Philosophie an der Universität Bonn, 1903 wurde er Nachfolger von Wilhelm Windelband in Straßburg und 1912 übernahm er den Lehrstuhl seines Freundes und Lehrers [des Zentrumspolitikers und späteren Reichskanzlers] Georg von Hertling in München (Grabmann, 1953b, online, o. P.). Zu seinen Hörern in dieser Zeit gehörte übrigens auch Johannes Lindworsky, damals Student in München (Ühlein, 1986, S. 25). Clemens Baeumker war der Doktorvater von Karl Bühler, der nach vollendetem Medizinstudium im Jahre 1904 an der Universität Straßburg zum Doktor der Philosophie unter Baeumker promovierte.

Abbildung 7: *Benno Erdmann (1851–1921) Die erste Psychologievorlesung (nach Schließung der Kölner Universität im Jahre 1798) an einer Kölner Hochschule wurde von dem damaligen Bonner Professor Dr. Benno Erdmann im Wintersemester 1901/02 in der Handelshochschule am Hansaring abgehalten. (Bild: HU Berlin)*

besondere Fachwissenschaft „neben" der Philosophie, für ihn war die Psychologie eine „philosophische Grundwissenschaft", wobei Philosophie und Psychologie für ihn untrennbar waren (Ziegenfuß, 1949, S. 88).[59]

Die erste Psychologievorlesung an einer Kölner Hochschule seit Schließung der Universität 1798 wurde von dem damaligen Bonner Professor Dr. Benno Erdmann[60] abgehalten. Im Wintersemester 1901/02 hielt er mittwochs abends von 19:00 bis 21:00 Uhr im Bereich „Allgemeine Geisteswissenschaften" eine öffentliche Vorlesung zum Thema „Einleitung in die Psychologie" im neuen Hochschulgebäude am Hansaring. Im Sommersemester 1904 hielt Erdmann noch einmal eine

59 Als Professor für Philosophie in München veröffentlichte Baeumker fünf von ihm gehaltene Vorlesungen aus dem Jahre 1910 in einer Studie zusammen: „Anschauung und Denken. Eine psychologisch-pädagogische Studie" (Paderborn 1913: F. Schöningh). In diesen Vorlesungen hatte er versucht, die neueren experimentell-psychologischen Arbeiten konzeptionell weiterzuführen.

60 Benno Erdmann (1851 – 1921) war 1898 an die Universität Bonn gekommen, die er dann auch wieder 1909 verließ, um nach Berlin, wo er promoviert und sich habilitiert hatte, zurückzukehren. Benno Erdmanns wissenschaftlicher Schwerpunkt lag auf der Geschichte der Philosophie (insbesondere Kant). Eine große Anzahl von

vergleichbare zweistündige Vorlesung an der Handelshochschule in Köln ebenfalls mit dem Titel „Einführung in die Psychologie". Heinz Heimsoeth (1886–1975), der spätere Philosophieprofessor an der Universität zu Köln (von 1931 bis 1954) hörte bereits damals (noch als Schüler des Kölner Apostel-Gymnasiums) Vorlesungen von Benno Erdmann an der Kölner Handelshochschule (Heimsoeth, 1977, S. 102). 1908 erschien Benno Erdmanns Schrift „Wissenschaftliche Hypothesen über Leib und Seele: Vorträge gehalten an der Handelshochschule zu Köln". Im Vorwort erwähnt Erdmann, dass es sich hierbei um die Vorlesungen handele, die er im Wintersemester 1906/07 in Köln gehalten habe.[61] Die Thematik ist ein klassisches Thema philosophisch-psychologischer Fragestellung und Teil der Metaphysik. Wenigstens Erdmann scheint also an der Handelshochschule trotz der etwas anderen Zielgruppe dasselbe Niveau gehabt zu haben wie an der Universität Bonn. Nach dem Wintersemester musste Erdmann seine Hilfestellung für die Handelshochschule einstellen, da er die Universität Bonn verließ, um nach Berlin zurückzukehren.

Erdmann spielte noch indirekt für die spätere Universität zu Köln und das Psychologische Institut eine ganz besondere Rolle, denn der Großindustrielle Paul Silverberg erwarb seine Bibliothek; diese wurde später dem Philosophischen Seminar, dem „Ausgangsseminar" für das Psychologische Institut einverleibt (Universität Köln 1925, S. 120).

Als Erdmann 1909 Bonn verließ und nach Berlin ging, wurde als Nachfolger der Wundt-Schüler Oswald Külpe (1862–1915)[62] aus Würzburg berufen. Külpe hatte

---

Forschungsarbeiten widmete Erdmann erkenntnis- und wahrnehmungs-psychologischen Fragen, deren Ergebnisse sich in den „Grundzügen der Reproduktionspsychologie" (1920) zusammengefasst wiederfinden (Gäbe, 1959, S. 570). Im Jahre 1898 wurde Benno Erdmann (damals ordentlicher Professor in Halle) auf den freigewordenen Lehrstuhl für Philosophie in Bonn berufen. Erdmann brachte seinen eigenen „psychophysischen Apparat" mit, mit dem er schon in Breslau und Halle experimentell gearbeitet hatte. Als Schüler von Helmholtz und zeitweiliger Mitarbeiter von Wilhelm Wundt interessierte er sich sehr für die „experimentelle Psychologie". In seiner Bonner Zeit (1911) schrieb er einen wichtigen Beitrag zur Psychologie des kindlichen Lernens „Die Psychologie des Kindes und die Schule". (http://www.psychologie.uni-bonn.de/unser-institut/geschichte)

61 Leider lässt sich diese Angabe nicht anhand der Vorlesungsverzeichnisse verifizieren.

62 Oswald Külpe promovierte 1887 bei Wilhelm Wundt in Leipzig mit der Arbeit „Zur Theorie der sinnlichen Gefühle" und habilitierte sich dort ein Jahr später mit der Schrift „Die Lehre vom Willen in der neueren Philosophie". Er war von 1887 bis 1894 Assistent am Institut für experimentelle Psychologie von Wilhelm Wundt. Im „Grundriß der Psychologie auf experimenteller Grundlage" (1893) liefen seine Gedanken noch weitgehend kongruent mit denen von Wilhelm Wundt. Er folgte 1894 einem Ruf nach Würzburg, wo er ein „Psychologisches Institut" gründete. Oswald Külpe verließ bereits 1913 wieder die Universität Bonn, um nach München zu gehen. Dort verstarb er bereits am 30.12.1915 (Henckmann, 1982).

in Würzburg die vielbeachtete Schule der „Denkpsychologie“ begründet, heute kurz „Würzburger Schule“ genannt. In Bonn setzte Oswald Külpe seine Arbeit mit großem Erfolg fort. Oswald Külpe, selbst ehemaliger Assistent von Wilhelm Wundt und spätere Doktorvater von Johannes Lindworsky, begann in Würzburg mit experimentellen Untersuchungen zur Denkpsychologie inklusive der Methode der Introspektion, der systematischen Selbstbeobachtung. Er setzte sich so in Gegensatz zu seinem Lehrer Wilhelm Wundt, der die Meinung vertrat, Denken und Sprache könne nur kulturhistorisch mit den Methoden der vergleichenden Völkerpsychologie analysiert werden. Der Begriff der Völkerpsychologie ist eng verbunden mit Wilhelms Wundts zehnbändigem Werk „Völkerpsychologie“, das in den Jahren 1900 bis 1920 erschien (Lück, 2006, S. 73).

Auch Külpe hielt im Wintersemester 1911/12 an der Handelshochschule Köln eine Vorlesung mit dem Titel „Ausgewählte Kapitel aus der modernen Psychologie“. Leider ist diesem Titel nicht zu entnehmen, inwieweit er auf die Ergebnisse und Methoden der Würzburger Denkschule eingegangen ist. Es ist aber davon auszugehen, dass dieser Bereich inhaltlich eine Rolle spielte, denn Külpe veröffentlichte zu diesem Zeitpunkt (1912) einen Zeitschriftenaufsatz mit dem Titel „Über die moderne Psychologie des Denkens“.[63]

1910 wurde die fünfte verbesserte Auflage seines Werkes „Einleitung in die Philosophie“ veröffentlicht.[64] In § 8 seines Werkes behandelt Külpe die Psychologie als eine Disziplin der Philosophie neben anderen Disziplinen wie u.a. Naturphilosophie, Ethik, Rechtsphilosophie sowie Ästhetik. Nach Külpes Auffassung hat sich der Begriff „psychologica“ nur langsam aber insbesondere durch Christian Wolff[65] in Deutschland eingebürgert. Christan Wolff rechnete die Psychologie neben der Kosmologie zur Metaphysik. Wolffs Unterscheidung zwischen einer rationalen und einer empirischen Psychologie [als Erfahrungswissenschaft] antizipierte zugleich die Trennung einer „einzelwissenschaftlichen Seelenlehre“ von der Philosophie (Külpe, 1910, S. 63). Külpe hatte in der Folgezeit indirekt einen besonderen Einfluss auf die Psychologie an der Universität zu Köln, denn einer seiner Promovenden war Johannes Lindworsky.[66]

---

63 Külpe, Oswald (1912). Über die moderne Psychologie des Denkens. Internationale Monatsschrift für Wissenschaft, Kunst und Technik, H. 9. Berlin: August Scherl.

64 Die Erstausgabe war im Jahre 1895 erschienen.

65 Christian Wolff (1679–1754) war einer der Hauptvertreter der Philosophie der Aufklärung. Er war der „Schöpfer der deutschen philosophischen Fachsprache“ und gliederte erstmals scharf den Fragekomplex der Metaphysik in einzelne Disziplinen (Der Große Herder, 1956, Stichwort: Wolff, Christian)

66 1917 veröffentlichte Lindworsky einen Aufsatz mit dem Titel „Oswald Külpe, ein deutscher Hochschullehrer“ (Leuchtturm, X. Jg.).

Auf Oswald Külpe folgte an der Universität Bonn mit Gustav Störring (1860 – 1946), der zuvor in Straßburg lehrte, ebenfalls ein ehemaliger Wundt-Schüler.[67] Im Sommersemester 1915 hielt Störring an der Handelshochschule in Köln eine Vorlesung mit dem Titel „Ausgewählte Abschnitte aus der Psychologie des Gefühls- und Willenslebens". Ein Jahr später, im Jahre 1916, erschien seine Veröffentlichung „Psychologie des menschlichen Gefühlslebens". An der Handelshochschule in Köln folgten noch die Vorlesungen „Einige Hauptpunkte der pädagogischen Psychologie" im Sommersemester 1916 und „Pädagogische Psychologie" im Sommersemester 1918. Im Sommersemester 1919 hielt er an der Handelshochschule bzw. Universität zu Köln seine letzte Vorlesung auf Kölner Boden mit dem Titel „Psychologie des menschlichen Gefühls- und Willenslebens".

Seitens der Bonner Professoren, die in Köln Hilfestellung leisteten, ist noch Adolf Dyroff (1866 – 1943) zu nennen. 1892 promovierte Dyroff in Würzburg und gewann in seiner Würzburger Zeit in Oswald Külpe einen väterlichen Freund bei seinem Eindringen in die philosophischen Grunddisziplinen (Szylkarski, 1959, S. 212). Dyroff übernahm 1903 den Lehrstuhl für katholische Philosophie (Konkordatslehrstuhl)[68] an der Universität Bonn in der Nachfolge von Clemens Baeumker. Im Jahre 1908 veröffentlichte Dyroff ein Buch mit dem Titel „Einführung in die Psychologie". Dieses Werk erschien in den Jahren 1908 bis 1932 in sechs Auflagen und war aufgrund der klaren und präzisen Darstellung sehr beliebt (Rudinger & Stöwer, 2015). Die Erstauflage dieses Buches fällt also mit seiner Vorlesung an

67 Störring, der zunächst 1890 in Halle in Philosophie und später 1894 auch in Medizin promovierte, förderte als ausgebildeter Psychiater die medizinische Seite der Psychologie. Insofern ähnelt sein Schaffen dem von Gustav Aschaffenburg, dem späteren Leiter der Psychiatrie in Köln. Störring arbeitete als Arzt an den Nervenkliniken in Hubertusburg und Leipzig, während er gleichzeitig am Psychologischen Institut von Wilhelm Wundt tätig war. 1896 habilitierte er dort. Im Jahre 1900 erschien sein Werk „Vorlesungen über Psychopathologie in ihrer Bedeutung für die normale Psychologie mit Einschluß der psychologischen Grundlagen der Erkenntnistheorie". 1902 wurde Störring mit Hilfe Meumanns nach Zürich auf einen Lehrstuhl für Philosophie, Pädagogik und Psychologie berufen (Criblez, 2010, S. 70). 1911 wurde Störring ordentlicher Professor in Straßburg, bevor er 1914 zum ordentlichen Professor an der Universität Bonn ernannt wurde (http://www.psychologie.uni-bonn.de/unser-institut/geschichte).

68 In Bonn waren die beiden christlichen Konfessionen in Preußen im Grundsatz gleichgestellt. Da jedoch die Beamten- und Professorenschaft überwiegend protestantisch (und z.T. auch antikatholisch) war, wurde seitens der Katholiken im Sinne der Parität der Ruf nach Professuren, die nur durch Katholiken zu besetzen waren, laut. In Bonn wurde deshalb versucht eine „paritätische" Universität aufzubauen. Es wurden u.a. verschiedene sogenannte „Konkordatslehrstühle" (obwohl in Preußen zum damaligen Zeitpunkt noch kein Konkordat zugrunde lag) durch die königlichen Erlasse von 1853 etabliert. Erst eine Verfassungsanpassung der Universität Bonn im Jahre 1991 sorgte dafür, dass die Bindung der drei Lehrstühle für Philosophie, Geschichte und Kirchenrecht an einen römisch-katholischen Professor entfielen (Becker, T., 2013).

der Handelshochschule in Köln im Sommersemester 1908 zusammen. Der Titel der Vorlesung an der Handelshochschule lautete entsprechend: „Einleitung in die Psychologie“. Im Wintersemester 1918/19 hielt er noch eine letzte Vorlesung mit dem Titel „Psychologische Probleme“, bevor die Handelshochschule im Laufe des Sommersemesters 1919 in die Universität zu Köln integriert wurde. Dyroff lehrte in Bonn bis zu seiner Emeritierung im Jahre 1934. Als tiefreligiöser Mensch war Dyroff für die Nationalsozialisten nicht akzeptabel.[69]

2.2.3 Weitere Psychologie-Lehrende

Im Gegensatz zu den bisher behandelten Hochschullehrern, die zur Unterstützung aus Bonn kamen, war Gustav Aschaffenburg (*1866, †1944 in Baltimore – USA) bereits seit 1904 Professor für Psychiatrie an der Akademie für praktische Medizin in Köln bevor er an der Handelshochschule und später auch an der Universität zu Köln Lehrveranstaltungen in Psychologie abhielt.[70] Ähnlich wie Störring suchte er den Zugang zur Psychologie auch von der medizinischen Seite her. Als Jude wurde er 1933 von den Nationalsozialisten aus dem Staatsdienst entlassen (vgl. S. 356).

Aschaffenburg hielt im Wintersemester 1910/11 an der Handelshochschule in Köln zwar eine Vorlesung mit dem Titel „Psychologie des Kindesalters“, sein Schwerpunkt lag jedoch auf der psychiatrisch-medizinischen Seite. Im

---

69 Die Verleihung der Goethe-Medaille für Kunst und Wissenschaft wurde ihm im März 1943 von den Nationalsozialisten verwehrt, da „nach Mitteilung der Partei-Kanzlei [...] gegen die Auszeichnung [...] in weltanschaulicher Hinsicht erhebliche Bedenken bestehen“ (Rudinger & Stöwer, 2015).

70 Aschaffenburg hatte nach der Promotion in Straßburg von 1891 bis 1901 als Assistent von Emil Kraepelin an der neu gegründeten Psychiatrischen Universitätsklinik in Heidelberg gearbeitet. Aschaffenburg hatte sich im Jahre 1895 habilitiert mit der Schrift „Experimentelle Studien über Associationen; Teil I: Die Associationen im normalen Zustand“. Aschaffenburg untersuchte bereits den Einfluss von Ermüdung und Störung der Aufmerksamkeit auf Wortassoziationen. Er bediente sich dabei der Methode des Assoziationsversuchs: Die Versuchsperson antwortete auf die ihr präsentierten Stimuluswörter sofort mit demjenigen Wort, das ihr als Erstes einfiel. Aschaffenburg untersuchte den Einfluss von Ermüdung auf Wortassoziationen an seinen Kollegen. Die Ermüdung erzeugte er, indem die Versuchspersonen von 20:00 Uhr abends bis 8:00 Uhr morgens mit nur wenigen und kurzen Pausen durcharbeiten ließ. Die Versuchspersonen sollten sich am Tage vor den Experimenten nicht zusätzlich ausruhen. Eine hochgradige Erschöpfung wurde durch fehlenden Schlaf, Mangel an Nahrung sowie geistige und körperliche Anstrengung erreicht. Die Versuchspersonen führten dabei unterschiedliche Experimente durch und die dabei auftretenden Assoziationen wurden nach einem ganz bestimmten Schema kategorisiert (Ahrens, 2014, S. 4). 1895 bot Aschaffenburg in Heidelberg eine „Praktische Einführung in die experimentelle Psychologie“ an, die bis zu seinem Weggang 1901 aus Heidelberg neben Vorlesungen zu forensischen Themen eine regelmäßige Einrichtung blieb (Klüpfel & Graumann, 1986, S. 22–23). Vorher war ihm noch der

Wintersemester 1906/07 und Wintersemester 1908/09 wurde von ihm eine Lehrveranstaltung mit dem Titel „Psychologie des Verbrechens und des Verbrechers“ abgehalten.[71] Darüber hinaus gab es noch eine Vorlesung mit dem Titel „Kriminalpsychologie“[72] im Wintersemester 1913/14. Gerade kriminalpsychologische Themen dürften auch damals schon für „öffentliche Vorlesungen“ besonders attraktiv gewesen sein, auch wenn der berühmteste Kriminalfall des Serienmörders Fritz Haarmann, der in Hannover zwischen 1918 und 1926 mindestens 26 junge Männer ermordete, noch bevorstand.

Aus der „Psychologiezeit“ der Handelshochschule wäre noch Dr. Wilhelm Kahl, Privatdozent für Pädagogik, Beigeordneter der Stadt Köln und Kgl. Provinzialschulrat a. D., erwähnenswert. Kahl hatte zwei Psychologieveranstaltungen abgehalten („Pädagogische Psychologie – Psychologie des Jugendalters“ im Sommersemester 1914 und im Wintersemester 1916/17). Auch er wird im Zusammenhang mit der Wiedergründung und der Besetzung der Philosophie-Lehrstühle noch eine Rolle spielen (vgl. S. 146f).

Insgesamt ist erkennbar, dass die Psychologie an der Handelshochschule Köln noch weit davon entfernt war, als eigenständiges wissenschaftliches Fach anerkannt zu sein. Insbesondere hatte die Philosophie keinen Monopolanspruch „auf Psychologie“. Psychologische Inhalte wurde von den verschiedensten Seiten behandelt: zum einen, wie bereits erwähnt, seitens der Philosophie durch Erdmann, Külpe, Störring, Dyroff und Saitschick, zum anderen seitens der Medizin durch Störring und Aschaffenburg und weiterhin seitens der Pädagogik durch Kahl, Schröer und Küppers. Selbst ein rein juristischer Zugang ist ansatzweise durch Julius Friedrich gegeben (vgl. Anhang 6).

Titel des außerordentlichen Professors verliehen worden. In seinem Gutachten an die medizinische Fakultät schrieb Kraepelin u.a., dass es Aschaffenburg gelungen sei, „die experimentelle Psychologie derart vorzutragen, dass sie von Studierenden aller Facultäten regelmäßig und reichlich besucht wurde [...] Besonders dankenswerth [sic] ist es aber gewesen, dass Herr Dr. Aschaffenburg die Pflege der gerichtlichen Psychiatrie und der Criminalpsychologie eifrig betrieben und damit die wichtigen Grenzgebiete zwischen Medicin und Rechtswissenschaft an unserer Universität vertreten hat“. 1901 nahm Aschaffenburg die Stelle eines leitenden Arztes an der Beobachtungsabteilung für geisteskranke Verbrecher in Halle an der Saale an (Klüpfel & Graumann, 1986, S. 26).

71 Aschaffenburg hatte 1903 mit dem Werk „Das Verbrechen und seine Bekämpfung“ ein Standardwerk veröffentlicht, das 1923 in dritter Auflage erschien.

72 Die „Zeitschrift für Pädagogische Psychologie, Pathologie und Hygiene“ veröffentlichte 1905 (S. 63–64) eine Nachricht, dass seit 1904 von Aschaffenburg die neue Zeitschrift „Monatsschrift für Kriminalpsychologie und Strafrechtsreform“ herausgegeben werde.

Abbildung 8: *Handelshochschule und Hochschule für kommunale und soziale Verwaltung (Foto von 1911); Ansicht von Nordwesten vom Römerpark aus. Das Gebäude wurde 1907 eingeweiht. Von 1919 bis 1934 war hier die wiedereröffnete Universität zu Köln untergebracht. (Bild: Eckert, 1911)*

2.3 Psychologie und Frauenhochschulstudium

Im Frühjahr 1912 wurde von der Stadt Köln die Hochschule für kommunale und soziale Verwaltung – kurz Verwaltungshochschule genannt – gegründet (Eckert 1920b, 1919d). Ziel der Verwaltungshochschule war die wissenschaftlich-praktische Ausbildung von Personen für leitende Stellungen in den Berufen der kommunalen und sozialen Verwaltung (Stier-Somlo, 1916, S. 3). Stier-Somlo[73] wies in seinen Erläuterungen 1916 u.a. darauf hin, dass gerade in der „sozialen Verwaltung“ Frauen benötigt wurden, die u.a. neben pädagogischen Kenntnissen (beispielsweise in der pädagogischen Psychologie) auch „psychologisches Wissen

73 Fritz Stier-Somlo (1873–1932) wurde 1916 Professor für öffentliches Recht an der Handelshochschule Köln. Er engagierte sich sehr für die Errichtung eines Frauenhochschulstudiums. Später war er Rektor der Universität zu Köln von 1925–1926. Als Sohn eines Rabbiners war er bereits vor der „Machtergreifung“ starken Anfeindungen durch die Nationalsozialisten ausgesetzt. Er verstarb 1932 in Köln. (http://rektorenportraits.uni-koeln.de/rektoren/fritz_stier_somlo/)

(Kinderpsychologie, allgemeine theoretische Psychologie, angewandte experimentelle Psychologie und Psychologie der sozialen Erscheinungen usw." haben sollten (Stier-Somlo, 1916, S. 5). So kam es dann mit dem Wintersemester 1916/17 zur Aufnahme des auf vier Semester ausgelegten Frauen-Hochschulstudiums für soziale Berufe an der Hochschule für kommunale und soziale Verwaltung.[74] Die Stadt Köln errichtete folglich nicht neben der Handelshochschule, der Akademie für praktische Medizin und der Verwaltungshochschule eine neue Frauenhochschule, sondern das Frauen-Hochschulstudium war Teil der Verwaltungshochschule. Im vorläufigen Lehrplan des Frauenhochschulstudiums für soziale Berufe waren zwölf „Gebiete" bzw. „Gruppen" aufgeführt (Stier-Somlo, 1916, S. 11), wobei „Pädagogik" und „Psychologie" jeweils für sich ein „Gebiet" umfassten. Der Begriff der Fachdisziplin wurde hier vermieden, vermutlich weil unter den zwölf Gebieten sich auch Gebiete wie „allgemeine Bildungsfächer", „Kulturpflege" und „spezielle Frauenfragen" befanden, die von der Terminologie her eher als ungeeignet für eine Fachdisziplin erscheinen.

Im Rahmen der „Gruppe Strafrecht und Strafprozeß" wurden im vorläufigen Lehrplan auch die „Aufgaben der Kriminalsoziologie und der Kriminalpsychologie" aufgeführt und im Rahmen der „Gruppe Pädagogik" findet die „pädagogische Psychologie" ihren Niederschlag. In der „Gruppe Psychologie" werden insgesamt sieben Themenbereiche aufgezählt: theoretische Psychologie, Kinderpsychologie, Psychologie des Gefühls- und Willenslebens, Psychologie der Aufmerksamkeit und des Denkens, Psychologie der Empfindungen und der Vorstellungsreproduktionen, psychopathologische Erscheinungen und Psychologie der sozialen Erscheinungen.

Auch wenn es sich beim Frauenhochschulstudium um ein geschlossenes Studium handelte, so wurde trotzdem auch auf Elemente der Handelshochschule oder Verwaltungshochschule zurückgegriffen. Vergleichbar mit der Handelshochschule konnte weiterhin auch innerhalb des Frauen-Hochschulstudiums auf die Mitwirkung von Professoren der Universität Bonn zurückgegriffen werden. Neben den Bonner Professoren Dyroff (Allgemeine Psychologie) und Störring (Psychologie der Gefühls- und Willensvorgänge, Psychologie der intellektuellen Funktionen – Aufmerksamkeit, Erinnerung und Denken) tauchen im Rahmen des Frauen-Hochschulstudiums aber auch zwei Namen von Bonner Privatdozenten auf, die an der Handelshochschule Köln nicht aufgeführt wurden. Zum einen handelte es sich um den Privatdozenten Oskar Kutzner,[75] der im Wintersemester eine Veranstaltung

---

74 Den Abschluss bildete eine Prüfung für Sozialbeamtinnen (Diplomprüfung) (Stier-Somlo, 1916, S. 39).

75 Oskar Kutzner (1882–1951) hatte 1912 mit der Arbeit „Das Gefühl nach Wundt" promoviert. Er war Volontärassistent bei Störring und habilitierte sich 1915 für Philosophie, Psychologie und Pädagogik in Bonn mit der Schrift „Kritische und experimentelle Beiträge zur Psychologie des Lesens mit besonderer Berücksichtigung des Problems der Gestaltqualität". 1922 erhielt er eine nba. a.o. Professur für Philosophie, Psychologie und Pädagogik in Bonn (Böhme, 1982, S. 353; Kochinka, 2015b, S. 264).

über „angewandte Psychologie" (Psychologie im Wirtschafts- und im Rechtsleben, Psychologie der Massen) abhielt (vgl. Anhang 7). Zum anderen hielt Theodor Paul Erismann, Privatdozent der Universität Bonn, im Sommersemester 1918 eine Lehrveranstaltung mit dem Thema „Experimentelle Psychologie in ihrer Anwendung auf das soziale und wirtschaftliche Gebiet" ab. Noch vor Johannes Lindworsky war Theodor Erismann folglich der erste Dozent an einer Kölner Hochschule, der eine Veranstaltung über experimentelle Psychologie abhielt. Als Erismann 1918 seine Vorlesung im Rahmen des Frauen-Hochschulstudiums abhielt, stand er noch am Beginn seiner universitären Laufbahn.[76]

2.4 Vereinigung für rechts- und staatswissenschaftliche Fortbildung

Am 21.02.1906 nahm die „Cölner Vereinigung für rechts- und staatswissenschaftliche Fortbildung" (Eckert 1920b, 1919d) ihren Betrieb auf. In Frühjahrs- und Herbstkursen diente sie in erster Linie der Fortbildung von Beamten der Allgemeinen und Justizverwaltung (Moldenhauer, 1919). Auch diese Vereinigung hatte nach Adenauer (1919a, S. 3) den „nicht offen ausgesprochenen Zweck", den Kern für eine spätere juristische Fakultät abzugeben, obwohl sie im Gegensatz zu den drei anderen Hochschuleinrichtungen in § 2 der Satzung von 1919 keine Erwähnung fand.

Im Bereich dieser Fortbildungskurse spielte die Psychologie nur eine geringe Rolle. Sie wurde ausschließlich in einem klar erkennbaren Bezug zur öffentlichen Verwaltung und Justiz behandelt. Psychologie und die „strafrechtliche und erzieherische Behandlung der jugendlichen Verbrecher" war die Thematik in einem Herbstkursus, den Aschaffenburg 1908 (und im Frühjahr 1912) durchführte, verbunden mit einer „Besichtigung der Arbeitsanstalt Brauweiler und des Bewahrhauses für geisteskranke Verbrecher". Ansonsten waren mit einem ausschließlichen Bezug zur Psychiatrie noch verzeichnet: die „gerichtliche Psychiatrie" (Frühjahrskurs 1908/Aschaffenburg), „forensische Psychiatrie" (Frühjahrskursus 1910/Aschaffenburg) und die „moderne Irrenfürsorge" (Frühjahrskursus 1911/Aschaffenburg). Prof. Julius Friedrich, ehemals Landgerichtsrat und Professor für öffentliches Recht an der Hochschule für kommunale und soziale Verwaltung, hielt im Frühjahr 1914 zusätzlich eine Veranstaltung über „die Bedeutung der Psychologie für die Bekämpfung des Verbrechens" ab. Dem lückenhaften Archivmaterial ist noch zu entnehmen, dass es auch „Fortbildungskurse für Recht und Verwaltung an den Cölner Hochschulen (Jahreskurse)"

---

76 Nach seiner Promotion in Physik ging Theodor Erismann (1883 – 1961), beeindruckt durch die Vorlesungen des Philosophen und Mediziners Gustav Störring, als dessen Assistent nach Straßburg und konnte sich dort 1913 für Philosophie, einschließlich Psychologie, habilitieren. Ein Jahr später folgte er Störring nach Bonn. (Stock, 2015a, S. 109).

gab. Im Studienplan für das Wintersemester 1913/14 und das Sommersemester 1914 wurde auch ein zweistündiges „Psychologisches Seminar“ angesetzt. Das Gesamtthema lautete „Die Psychologie der Strafverfolgung, der Strafe und der Strafersatzmittel unter besonderer Betonung der Zeugenaussagen und der Verbrechen jugendlicher Personen“. Das Seminar wurde geleitet von Prof. Aschaffenburg und Landgerichtsrat a. D. Prof. Friedrich.

3. Die Wiedergründung[77] der Universität zu Köln im Jahre 1919

Zu den Rahmenbedingungen der Entstehung des Psychologischen Instituts Anfang der Zwanziger Jahre gehören die politischen und sozialen Umstände, die Einbindung in den übergeordneten bildungspolitischen Rahmen und nicht zuletzt die mit der Wiedergründung der Universität verfolgten Ziele. Der verloren gegangene Erste Weltkrieg war für Deutschland ein abruptes und einschneidendes Ereignis, das keinerlei Übergangsphase oder einen angemessenen Assimilierungsprozess zugelassen hatte. Die Rat- und Orientierungslosigkeit in der frühen Nachkriegszeit beschrieb der Geheime Medizinalrat-Rat Otto Lubarsch (1860–1933), ordentlicher Professor der allgemeinen Pathologie an der Universität Berlin in der Einleitung zu seinem Buch „Zur Frage der Hochschulreform":

> „Wir leben in Zeiten tiefgreifender Umwälzungen und planmäßigen Umsturzes: fast im Handumdrehen sind Kaiser-, Königs- und Fürstenthrone beseitigt, große Staaten zertrümmert oder zerstückelt und neue aufgerichtet worden, wie bei einem Erdbeben stürzt alles, was bisher fest erschien, durcheinander, eine Umwertung aller Werte ist in einem Maße eingetreten, daß man nicht mehr weiß, was überhaupt noch Wert hat." (Lubarsch, 1919, S. 1)

3.1 Im Westen nichts Neues? – Auseinandersetzung um den Standort Köln

Wir schreiben das Jahr 1919 oder genauer gesagt, wir befinden uns in der ersten Hälfte des Jahres 1919. Die militärische Auseinandersetzung des ersten Weltkrieges hatte durch den Waffenstillstand bzw. die Kapitulation im Eisenbahnwagon von Compiègne in Nordfrankreich am 11.11.1918 ein Ende gefunden. Das Rheinland und damit auch Köln waren von den gegnerischen alliierten Truppen besetzt. „Auf dem gleichen Weg, auf dem die Franzosen 1794 in die Stadt eingerückt waren, nämlich über die Aachener Straße, kamen 1918 britische Besatzungstruppen, die immerhin gut sieben Jahre bleiben sollten" (Wietzorek, 2006, S. 94). Die Friedensverhandlungen von Versailles waren noch im vollen Gange und ließen für Deutschland nichts Gutes erahnen. Harte Auflagen, Gebietsabtretungen und umfangreiche Reparationszahlungen waren zu erwarten. Die Bevölkerung war notleidend.[78] Konrad Adenauer schilderte im Rahmen der Eröffnungsfeier der Universität am

77 In der Satzung der Universität zu Köln vom 12. 06.1919 ist auch von Wieder***be***gründung die Rede.

78 Der Stadtverordnete Dr. Schulte (1919, S. 12) sprach in seiner Rede anlässlich der Eröffnungsfeier am 12.06.1919 auch die wirtschaftliche Situation an. Er sprach von

12.06.1919 den Istzustand kurz und prägnant: „Die deutsche Macht ist gebrochen; der Feind steht im Lande; ein Frieden[79] soll uns aufgezwungen werden, der uns versklavt; im Innern des Landes wandert der Geist der Zwietracht und des Aufruhrs, der Geist des Spartakus und Bolschewismus umher" (1919b, S. 9). Die Zukunft Deutschlands und der Rheinlande lag in einer bedrohlichen, ungewissen Zukunft. Und genau in dieser Zeit verkündete die Stadt Köln der erstaunten Öffentlichkeit, sie beabsichtige, eine Universität zu gründen, und zu allem Überfluss wollte sie auch noch sämtliche Kosten übernehmen!

Auch wenn der rheinische Frohsinn in seiner Geschichte sicherlich Urheber mancher Kapriole gewesen ist, so war die Angelegenheit doch so gewichtig, dass man nicht einfach an das Ergebnis einer Karnevalslaune denken konnte, zumal Konrad Adenauer, der seit 1917 Oberbürgermeister der Stadt Köln war, ein vehementer Verfechter dieses Vorhabens war. Die Öffentlichkeit reagierte nicht so enthusiastisch wie gewünscht. Willehad Paul Eckert verweist in seiner „Kleinen Geschichte der Universität zu Köln" von 1961 auf den Präsidenten der Handelskammer, Geheimrat Louis Hagen, der gesagt haben soll, „neun Zehntel der Kölner Bevölkerung sei gegen die Universitätsgründung" (1961, S. 166). Christian Eckert (1929, S. 65) fand diese Schätzung angesichts des verlorenen Krieges und des folgenden Zusammenbruchs „noch zu optimistisch".

Der Eröffnungsfeier der Universität zu Köln am 12.06.1919 im Kölner Gürzenich war der Beschluss der Preußischen Staatsregierung zur Wiedergründung vorausgegangen.[80] Die Unterzeichnung des Vertrages zwischen dem „Preussischen [sic] Staat", vertreten durch das Ministerium für Wissenschaft, Kunst und Volksbildung (Minister Haenisch) und der Stadt Köln, vertreten durch den Oberbürgermeister (Konrad Adenauer), erfolgte am 27. und 29.05.1919 (UAK Zugang 9/2747, o. P.). Der von Kultusminister Haenisch unterzeichnete Vertrag wurde von Eckert mit nach Köln gebracht, wo er am 29.05.1919 von Oberbürgermeister Konrad Adenauer in Gegenwart u.a. der Fraktionsvorsitzenden unterzeichnet wurde (Eckert, 1929, S. 69). Im Beschluss der preußischen Staatsregierung heißt es: „Mit dem Zeitpunkt des Vertragsschlusses ist die Universität errichtet und tritt in den Genuß der ihr zustehenden Rechte" (zit. n. Eckert, 1919c, S. 5).

---

einer Zeit, in der Hühner „mit 30 bis 50 M zu bezahlen" waren, einer Zeit, in der „Schlachttiere so rar geworden sind, das wir von Ostern bis Pfingsten in Köln frisches Fleisch, wenigstens auf Fleischmarken hin, nicht zu Gesicht bekamen."

79 Der Versailler Vertrag wurde wenige Tage später am 28.06.1919 im Spiegelsaal von Versailles unterschrieben.

80 Der Beschluss der preußischen Staatsregierung vom 27.05.1919 hatte folgenden Wortlaut: „Der Minister für Wissenschaft, Kunst und Volksbildung wird hiermit auf den Bericht vom 26. Mai 1919, U I 1126. ermächtigt, den im beiliegenden Entwurf vorgelegten Vertrag über die Errichtung einer Universität in Köln namens der preußischen Staatsregierung mit der Stadt Köln abzuschließen." (zit. n. Eckert, 1919c, S. 5; Eckert, 1929, S. 69)

Durch die Unterschrift von Oberbürgermeister Adenauer am 29.05.1919 (Himmelfahrtstag) war der Universitätsvertrag zwischen Staat und Stadt endgültig zum Abschluss gebracht worden. Die Zahl „29" wurde in der Originalurkunde handschriftlich hinzugefügt (UAK Zug 9/2747, o. P.), was daraufhin deutet, dass das genaue Datum der Unterschrift zwar avisiert, aber noch nicht endgültig sicher war. In diesem Fall ist vermutlich davon auszugehen, dass eine zeitgleiche Unterzeichnung weder in Berlin noch in Köln wegen möglicher Schwierigkeiten mit den alliierten Besatzungsmächten und evtl. Reiseeinschränkungen nicht möglich war.[81]

Die Universität zu Köln galt folglich vom 29.05.1919 an als errichtet und war mit allen Privilegien einer Universität ausgestattet[82], wie es später noch in der vom Kultusminister im Auftrage der preußischen Staatsregierung erlassenen Satzung vom 12.06.1919 näher dargelegt wurde. Damit erhielt Köln endlich auch das Promotionsrecht, das der Handelshochschule Köln (im Gegensatz zur Handelshochschule Frankfurt) immer verwehrt worden war. Gerade für die freien Berufe war die Möglichkeit des Erwerbs eines Doktortitels jedoch besonders wichtig. Eckert hatte also nicht ohne Grundlage beim „beste[n] Teil der Studierenden mit Abiturientenexamen" deutliche Abwanderungstendenzen befürchtet (1919d, 1920b; Adenauer 1919a; Moldenhauer, 1919).[83]

81 Die Gründe für das Fehlen eines gemeinsamen feierlichen Unterzeichnungstermins in Köln dürfte bei denselben „politischen Umständen" zu suchen sein, die auch zur Abwesenheit von Kultusminister Haenisch bei den Festlichkeiten am 12.06.1919 anlässlich der Neueröffnung führten. In der Sitzung der preußischen Staatsregierung am 03.06.1919 hatte die Regierung durch Beschluss festgelegt, kein Mitglied des Preußischen Staatsministeriums zur Eröffnungsfeier zu entsenden, da die nationale Würde ein Ersuchen um Einreiseerlaubnis bei den feindlichen Besatzungsbehörden verbiete (Kocka & Neugebauer, 2002, Nr. 41). Eckert bezeichnete es als Glück im Unglück, dass Köln in den englischen und nicht französischen Teil der Besatzungszone gefallen war (Eckert, 1929, S. 72). Es bedurfte trotzdem einer gesonderten Erlaubnis durch die britische Militärbehörde, wenn ein Student aus dem nichtbesetzten deutschen Reich im besetzten Köln seine Studien aufnehmen wollte. Die Universität gab dem Studenten den Rat, das Gesuch zur Erlangung der Einreiseerlaubnis an das Universitätssekretariat zu schicken, das für die Weiterleitung „unter besonderer Befürwortung" Sorge trug (Vorlesungsverzeichnis WS 1920, 17). So hatte die Verwaltung der Universität zumindest einen Überblick über mögliche Ablehnungen durch die Militärbehörde.

82 An der Kölner Handelshochschule bestand indes das Kuriosum, dass die Handelshochschule das Habilitationsrecht, aber nicht das Promotionsrecht besaß (Hamacher, 2011, S. 95). Hinzu kam, dass sich die Universität Bonn „jedem Entgegenkommen gegen die Kölner Studierenden verschloß" und eine Anrechnung von Handelshochschulsemestern im Rahmen einer Promotion in der Philosophischen Fakultät Bonn ablehnte (Eckert 1919d).

83 Die jährliche Gründungsfeier der Universität zu Köln am 21. Mai bezieht sich allerdings auf die Gründung der Universität nach der Bewilligung durch Papst Urban VI am 21.05.1388 und nicht auf den Staatsvertrag mit Preußen (Freitäger, 2010a, S. 61).

> „Eine weihevolle Stunde! Was ein Jahrhundert hindurch geistige Führer Kölns erstrebt und gewünscht haben, es ist geworden: Die Alma mater Coloniensis[84] ist aus hundertjähriger Ruhe neu erstanden!" (Adenauer, 1919b, S. 9)

Diese pathetischen Worte sprach der damalige Oberbürgermeister der Stadt, Konrad Adenauer, anlässlich der Eröffnungsfeierlichkeiten der Universität zu Köln bei dem Festakt im großen, mit altkölnischen Fahnen geschmückten Saal des Gürzenich (Eckert, 1929, S. 71) am 12. Juni 1919. „Ein geschichtlicher Tag!" (wie Adenauer es in seiner Rede am 12.06.1919 nannte) war der Tag der Wiedergründung der Universität für Köln, sicherlich auch angesichts des kurze Zeit später zu unterzeichnenden Versailler Vertrages [85] und der Besetzung Kölns durch britische Truppen und der mehr oder weniger unverhohlen ausgesprochenen Ansprüche Frankreichs auf das linke Rheinufer.[86]

---

84 In der Satzung der Kölner Universität vom 06.12.1392 wurde die im Mittelalter neu gegründete Universität als „alma mater universitas Studii Coloniensis" bezeichnet (Wrede, 1920).

85 Im Reichs-Gesetzblatt 1919, S. 687ff wurde der Versailler Vertrag als „Gesetz über den Friedensschluß zwischen Deutschland und den alliierten und assoziierten Mächten" veröffentlicht. In Artikel 428 des Vertrages heißt es: „Um die Ausführung des gegenwärtigen Vertrages durch Deutschland sicherzustellen, bleiben die deutschen Gebiete westlich des Rheins einschließlich der Brückenköpfe während eines Zeitraums von fünfzehn Jahren nach Inkrafttreten des gegenwärtigen Vertrages durch die Truppen der alliierten und assoziierten Mächte besetzt."

86 Der spätere Gründungsrektor Eckert berichtete 1929 (S. 61) über die Nachkriegsüberlegungen und die Ängste auf deutscher Seite vor Annexionsbestrebungen der Franzosen: „Täglich wuchs damals die Gefahr, dass die fast nicht mehr verhüllten französischen Absichten auf die Rheinlande Entgegenkommen bei den Alliierten finden würden. Die Loslösung der Rheinlande vom Reich wäre von schwersten Folgen für das übrige Deutschland gewesen." Eckert berichtet, dass am 10.01.1919 der französische Marschall Foch den Führern der alliierten Armeen seine Vorschläge unterbreitet habe, am Rhein als Militärgrenze sei festzuhalten und die Bevölkerung sei in das System der westeuropäischen Nationen einzugliedern. Die Erfüllung dieser Forderung sei notwendig zur Vergrößerung des französischen und belgischen Bodens und zum Schutz gegen Rückforderungen der Deutschen. Diese Gedanken seien auch bei den Verhandlungen in Versailles von Clemenceau vertreten worden (Universität Köln 1919–1929, S. 63f). In einem Zeitungsartikel der Rheinischen Zeitung vom 15.05.1922 (Nr. 113) mit dem Titel „Gegen die französischen Rhein-Gelüste" wird der aus Euskirchen stammende SPD-Reichstagsabgeordnete Meerfeld zitiert: „Die größern und ernstern [sic] Gefahren drohen vom Ausland, von Frankreich her. [...] Den Franzosen muß zu Gemüte geführt werden, dass wir weit davon entfernt sind, die Pläne der Smeets und Dorten zu unterstützen, dass wir treu zur Deutschen Republik stehen." Joseph Smeets trat nach dem Ersten Weltkrieg für einen neutralen, freien rheinischen Volksstaat, für einen vom Deutschen Reich losgelösten, eigenständigen Pufferstaat zwischen Frankreich und Preußen ein (Schlemmer, 2007, S. 153). Hans Adam Dorten (1880–1963) versuchte vergeblich unter französischer Duldung einen Rheinstaat zu errichten. 1923 nahm er die französische Staatsangehörigkeit

Abbildung 9: *Der Gürzenich, Kölns „Gute Stube", Fotografie aus den 1930er Jahren. (Foto: Hans Langner)*

Adenauer sprach von „hundertjähriger Ruhe"[87] der Universität. Diese „hundertjährige Ruhe" ist sicherlich eine Anspielung auf den allseits bekannten hundertjährigen Schlaf Dornröschens. Es handelte sich aber bei der „hundertjährigen Ruhe" der Kölner Universität seit ihrer Schließung durch die französische Besatzung im

an (Schlemmer, 2007, S. 116). Die Engländer, die dem französischen Streben nach einer Dauerbesetzung des linken Rheinufers nicht positiv gegenüberstanden, hatten an dessen „Verwelschung" [welsch = fremdländisch, besonders romanisch] (Adenauer verwendet den Begriff; s. HAK Zug. 512/2/137/1; S. 112–13) kein Interesse und als Besatzungsbehörde bereitete sie der „Wiedererrichtung der demokratisch und modern gerichteten Universität" keine Schwierigkeiten.

87 Die Universität war von 1798 bis 1919 (d.h. ca. 121 Jahre) geschlossen.

Jahre 1798 keineswegs um einen geruhsamen Dornröschenschlaf. Erst recht war kein liebevoller Prinz oder Territorialfürst gewillt, die schlafende Intellektuelle wach zu küssen. Die preußische Aristokratie schenkte ihre Zuneigung überwiegend der Stadt Bonn. Köln konnte sich in dieser Situation nur auf seine eigenen Kräfte besinnen.

Die Rheinlande waren nach dem Wiener Kongress 1815 an Preußen gefallen. Der neue Regierungssitz war interessanterweise Koblenz und nicht Köln geworden.[88] Als Teil Preußens war Köln nicht mehr Freie und Reichsstadt. Berlin wurde jetzt für die Einwohner Kölns zur Hauptstadt. Preußen war durch die vergangenen langen Kriegsjahre verarmt. „Jesses, Maria, Joseph, do herode[89] mer ävver en en ärm Familich!“ (Wrede, 1993) [frei übersetzt: Mein Gott, da heiraten wir aber in eine arme Familie!] soll der damals bedeutendste Kölner Bankier Abraham Schaaffhausen[90] bei der Kunde von der Einverleibung Kölns in Preußen ausgerufen haben.

Seitdem die Rheinlande 1815 an Preußen gefallen waren, hatte es viele Anstrengungen seitens der Kölner Bürger um die Wiedereröffnung „ihrer“ Universität gegeben. Problematisch war für Köln der Umstand, dass das katholisch geprägte „hillije Kölle“ [heiliges Köln][91] nun in einen protestantischen Staat integriert wurde, einen Staat, in dem der preußische König Oberhaupt der evangelischen Kirchen Preußens war, einen Staat, in dem der Protestantismus im Grunde genommen als Staatsreligion fungierte. Im November 1814 veröffentlichte der damalige Bonner Kreisdirektor Ph. J. Rehfues eine kleine, aber einflussreiche Broschüre mit dem Titel: „Die Ansprüche und Hoffnungen der Stadt Bonn vor dem Thron ihres künftigen Beherrschers niedergelegt“ (Platzhoff, 1917, S. 104). In dieser Broschüre wurde von ihm auf die günstigen gebäudlichen Voraussetzungen (in erster Linie

88 Eine vergleichbare Frustration erlitt Köln nach dem Zweiten Weltkrieg als Düsseldorf und nicht Köln am 01.08.1946 als Landeshauptstadt des Landes Nordrhein-Westfalen bestimmt wurde. Die britische Militärregierung schaffte durch die „Operation Mariage“ (Operation Hochzeit) eine Verbindung der beiden Provinzen Rheinland und Westfalen. (ausführlich: Steininger, Rolf (1988). Die Ruhrfrage 1945/46 und die Entstehung des Landes Nordrhein-Westfalen. Düsseldorf: Droste.)

89 „herode“ ist eine Nebenform von „hierode“ (Wrede), die heutzutage nicht mehr gebräuchlich ist.

90 Schaaffhausen nutzte geschäftlich den wirtschaftlichen Aufschwung Kölns nach der Besetzung durch die französischen Truppen 1794. Im Jahre 1801 war er von Napoleon zum Bürgermeister von Köln bestellt worden. Er lehnte das Amt jedoch ab. Das Hauptgeschäft seiner Bank bestand im Immobilienhandel infolge der Säkularisation. Schaaffhausen wurde in Köln geboren und in Leverkusen-Schlebusch begraben (Teichmann, 2005, online).

91 Im 12. Jahrhundert führte Köln neben Jerusalem, Konstantinopel und Rom den Namen „Sancta“ im Namen: „Sancta Colonia Dei Gratia Romanae Ecclesiae Fidelis Filia“ [„Heiliges Köln von Gottes Gnaden, der römischen Kirche getreue Tochter“]. So kommt es, dass auch heute noch Köln „et hillije Kölle“ [„das heilige Köln“] genannt wird.

die Residenz der früheren Kölner Kurfürsten) für eine Universität hingewiesen.[92] Seitens der Kölner wurde diesbezüglich aber nicht energisch genug Einspruch erhoben. Der Privatdozent an der Bonner Universität Walter Platzhoff weist darüber hinaus darauf hin, wie „unvorsichtig die Kölner Wünsche auf eine rein katholische Hochschule gewesen sind" (Platzhoff, 1917, S. 106). Die Errichtung einer katholischen Universität in einem protestantischen Staat hatte im Grunde genommen von Anfang an keine Chance auf Umsetzung und die Forderung dürfte eher kontraproduktiv gewesen sein. Auch Ernst Moritz Arndt[93] wandte sich vehement gegen eine Wiedererrichtung der Kölner Universität und er warnte vor der angeblich in Köln herrschenden Reaktion und dem verbreiteten Papismus (P. W. Eckert, 1961, S. 148). Nach Binding (1990, S. 19) waren konfessionelle Gesichtspunkte für die Wahl Bonns entscheidend. Wegen der in Köln angeblich herrschenden „katholischen Reaktion" habe sich das protestantische Preußen für eine Neugründung in Bonn entschieden.[94] Am 14.01.1919 schrieb Adenauer an Regierungspräsident Brugger: „Man hat Cöln eine Universität bis jetzt verweigert lediglich aus Animosität gegen Cöln und speziell gegen das katholische Cöln" (HAK Zug. 512/2/137/1; S. 111).[95]

---

92 Ausführlich ist der Streit um den Gründungsort der neuen Universität bei Platzhoff (1917) nachzulesen.

93 Ernst Moritz Arndt (*1769, †1860 in Bonn) bedeutender Lyriker, Schriftsteller, Historiker, Freiheitskämpfer und Abgeordneter der Frankfurter Nationalversammlung. Auch Ernst Moritz Arndt war ein entschiedener Gegner der Ausdehnung der französischen Einflusssphäre bis an den Rhein. Auf dem „Alten Zoll" in Bonn steht ein Denkmal mit einem Zitat von ihm: „Der Rhein, Deutschlands Strom, aber nicht Deutschlands Grenze". In Köln findet sich sein Denkmal als Assistenzfigur zum Reiterdenkmal von Friedrich Wilhelm III auf dem Heumarkt.

94 Weitere Ausführungen zu diesem kirchenpolitischen Problembereich auch bei Heimbüchel, 1988, S. 239.

95 Wenn Prof. Ferdinand Zinsser in seiner Funktion als damaliger Rektor der Kölner Universität im Vorwort zum Rückblick auf das erste Jahrzehnt der wiedergeründeten Universität zurückblickt und Goethe als einen „warmen Fürsprecher" der „Wiedereröffnung der 1798 in der Franzosenzeit geschlossenen Universität" darstellt (Zinsser, 1929), so ist diese Aussage doch zu relativieren. Eine explizite Forderung nach einer Wiedereröffnung der Kölner Universität ist in Goethes Aufsatz „Kunstschätze am Rhein, Main und Neckar" (1814 und 1815) nicht enthalten. Goethes „Stellungnahme" lautet wie folgt: „In den ersten Jahren der französischen Herrschaft wurde die Hoffnung rege zu Wiederbelebung der alten Universität, und bis in die letzte Zeit nicht aufgegeben [...]. Ihr [der Stadt Köln] blieben bedeutende Güter, Anstalten und Sammlungen [...]. Hierauf, wie auf manches andere, gründen die Kölner die Hoffnung, die alte Universität in ihren Mauern wieder erneuert zu sehen. Alles, was bisher an dieser Stadt [Köln] gerühmt, schien diese Hoffnung zu begünstigen." Goethe spricht durchgängig von der Hoffnung der Kölner auf eine Wiedereröffnung. Dies bedeutet aber auf keinen Fall, dass er diese Forderung erhebt. Als Goethe 1814/15 das Rheinland und damit auch die beiden Städte Köln und Bonn besuchte, war der

In seinem Antragsschreiben auf Eröffnung der Universität vom 21.12.1918 an Kultusminister Haenisch in Berlin sprach Adenauer vom „tiefen Misstrauen[96] und der Verstimmung, die die lange Vernachlässigung Cölns in den Herzen der hiesigen Bewohner hervorgerufen hat“ (HAK Zug. 512/1/137/1, S. 90). Der in die Verhandlungen mit der preußischen Staatsregierung mit einbezogene Geheimrat Prof. Christian Eckert, Studiendirektor der damaligen Handelshochschule und der Hochschule für kommunale und soziale Verwaltung und spätere erste Rektor der Universität zu Köln, sagte Anfang des Jahres 1919 (17.01.1919) im Hansasaal[97] des Rathauses:

> „Erst nach mehr als hundert Jahren hat Köln, dem die preußische Regierung alles versagte, was ihm nur irgend an politischen und kulturellen Werten vorenthalten werden konnte,[98] die Erlaubnis wiedergewonnen, sich eine Universität zu errichten.“ (Eckert, 1919a, S. 11)

Die Schwierigkeiten mit der preußischen Staatsregierung werden auch im Vorwort Eckerts zu den später veröffentlichten Reden der Eröffnungsfeier vom 12.06.1919 deutlich. Hier heißt es:

> „Die Berliner Zentralregierung suchte in der neugewonnen Rheinprovinz, die ihr auf dem Wiener Kongreß zugefallen war, durch Kraftzersplitterung und Anfachung der Stadtrivalitäten ihre Herrschaft zu festigen. Sie hat der alten Metropole des Rheinlandes nicht geholfen, ihre geistige Vormachtstellung wiederzugewinnen. Die Kölner [...] haben den Untergang der Universität, den Verlust des geistigen Zentrums nie verwunden“ (Eckert, 1919c, S. 3).

Streit um die Errichtung einer Universität bereits im Gange. Über den Wunsch der Bonner nach einer Universität schreibt Goethe ebenfalls zurückhaltend „Wenn die Einwohner von Bonn ihre Stadt zum Sitz einer Universität empfehlen, ist es ihnen nicht zu verargen“ (1815). Goethe bringt demnach für beide Seiten Verständnis auf, trifft aber selbst keine Entscheidung.

96 Auch der „rheinische“ in Düsseldorf gebürtige Dichter Heinrich Heine (1797–1856) verbirgt nicht seine Skepsis und sein Misstrauen gegenüber Preußen: „Ich betrachte vielmehr mit Besorgnis diesen preußischen Adler, und während andere rühmten, wie kühn er in die Sonne schaue, war ich desto aufmerksamer auf seine Krallen. [...] Ich traue nicht diesem Preußen [...] tief widerwärtig war mit dieses Preußen, dieses steife, heuchlerische Preußen, dieser Tartüffe unter den Staaten“ (Aus „Französische Zustände“, Sammlung von politischen Zeitungsartikeln, veröffentlicht in der Allgemeinen Zeitung, 1832 als Buch herausgegeben).

97 Der Hansasaal liegt im ältesten Teil des Kölner Rathauses und entstand um 1330. Der Name erinnert daran, dass im Jahre 1367 hier ein Hansetag stattfand. Dass Köln einmal Hansestadt war, ist allerdings heute weitgehend in Vergessenheit geraten.

98 In der Grußbotschaft Kultusministers Haenisch zur Eröffnungsfeier am 12.06.1919 im Kölner Gürzenich übersandte der preußische Minister Worte der Versöhnung, die aus heutiger Sicht erstaunliche Vergleiche zwischen den preußischen Rheinlanden und dem Stammland Preußen beinhalten. Ausgehend vom Gedanken „der berechtigten Eigenart rheinischen Wesens“ sagte er: „Preußen ohne das Rheinland wäre eine Edeltanne ohne Krone – das Rheinland ohne Preußen wäre ein zum Verdorren und Verkümmern verurteilter Ast. Wir gehören zusammen und wir bleiben zusammen.“

Die Verweigerung der Wiedereröffnung der Kölner Universität durch die preußischen Behörden kommentierte Adenauer in einer Rede vor den Dozenten der Kölner Hochschulen am 17.01.1919 im Hansasaal des Kölner Rathauses mit den Worten: „Die Errichtung der rheinischen Universität in Bonn beraubte die Stadt Köln eines für sie dringend nötigen geistigen Mittelpunktes" (1919a, S. 2).

In derselben Rede bekannte Adenauer, dass er bis zur Novemberrevolution 1918 die Pläne zur Errichtung einer Universität in Köln „mehr aus lokalpatriotischen Gründen" (1919a, S. 4) angesehen hatte. Danach sei es für ihn eine „nationale Forderung" gewesen.[99] Das „Deutschtum am Rhein"[100] habe in den nächsten Jahrzehnten an den „Waffenerfolg Frankreichs zu fürchtenden Vorstoß westlicher Kulturen schwer zu ringen". Dieses „Ringen" sei besonders in Köln, der Hauptstadt am Rhein, in der sich Handel und Verkehr am meisten treffen, entscheidend. Die Wahrung deutscher Kultur sei die Aufgabe einer neuen Kölner Universität (Adenauer, 1919a, S. 4).[101] Folglich stand für Adenauer eine Universität Köln-Bonn, in der Köln nur die Rolle eines Anhängsels gespielt hätte, nach den Novemberturbulenzen und dem Waffenstillstand von Compiègne nicht mehr zur Diskussion.[102]

---

99 In der Stadtverordnetenversammlung vom 30.03.1919 sagte Adenauer: „Die Waffenstillstandsbedingungen [...] ließen erkennen, dass wir vielleicht auf lange Jahre hinaus eine feindliche Besatzung bekämen, und für den ruhig Denkenden wurde es klar, dass die Länder am Rhein in Zukunft auf einem national und völkisch gefährdeten Posten stehen würden. Dadurch erhielt die Universitätsfrage eine wesentlich größere Bedeutung als vorher. Wenn sie bis dahin nur eine lokale Bedeutung hatte, so bekam sie nunmehr eine nationale". (zit. nach Heimbüchel, 1988, S. 306)

100 In einem Brief an Regierungspräsident Brugger vom 14.01.1919 legte Adenauer dar, er wünsche, dass die Universität Köln „eine Hochburg der Wissenschaft und des Deutschtums" werde (HAK Zug. 512/2/137/1; S. 113).

101 Eckert (1929, S. 64) berichtete später, dass in den Entscheidungsstunden, da Marschall Foch ähnlich so manchem Vorgänger bis zu den Tagen Richelieus, für die dauernde Besetzung des linken Rheinufers mit eiserner Energie eintrat, „wurde in Köln auf dem linken Rheinufer eine neue Geistesfestung für das Deutschtum errichtet".

102 Der Plan der Errichtung einer Universität nahm in Adenauers Vorhaben seit seiner Amtsübernahme „mit die erste Stelle ein" (Adenauer, 1919a, S. 3). Die Verhandlungen mit der preußischen Staatsregierung liefen zunächst jedoch darauf hinaus, eine gemeinschaftliche Universität Köln-Bonn mit der Kölner Handelshochschule als 5. Fakultät zu schaffen. Staatssekretär Becker, selbst ehemaliger Ordinarius für Orientalistik an der Universität Bonn, sprach in seinem Schreiben vom 26.10.1918 von der Schaffung einer „Rheinischen Universität Bonn-Cöln" oder, um mit den Worten Eckerts zu sprechen, es ging um die Verwirklichung einer „rheinischen Riesenuniversität Köln-Bonn" (Eckert, 1929, S. 59). In einem vertraulichen Schreiben vom 26.10.1918 des damaligen geheimen Regierungsrats (und späteren Unterstaatssekretärs) Becker an Oberbürgermeister Adenauer verweist Becker auf ein Gespräch im Frühjahr 1918 zwischen ihm und Adenauer. Becker war der Meinung, dass auch Adenauer damals grundsätzlich den Plan, der Angliederung der Handelshochschule Köln als Handels- und sozialwissenschaftliche Fakultät der Universität Bonn „als einzig gangbaren Weg" angesehen hatte (HAK Zug 512/1/137/1, S. 81).

Im Westen nichts Neues? Erich Maria Remarque verwandte bei seinem weltberühmten Roman aus dem Jahre 1929 kein Fragezeichen, denn ihm ging es um die Darstellung der Schrecken des Ersten Weltkrieges. Die obige Fragestellung war aber eine Konsequenz des verloren gegangenen Weltkrieges. Auch in der Bildungspolitik hatte sich die geostrategische Situation der Stadt Köln deutlich verändert. Die Universität Straßburg war 1872, d.h. kurz nach dem deutsch-französischen Krieg von 1870/71 gegründet worden. So wie die damalige Universitätsgründung im Elsass eine politisch motivierte Universitätsgründung war, so war auch die Wiedergründung der Universität zu Köln zum einem hohen Anteil politisch motiviert. Nach dem verloren gegangenen Ersten Weltkrieg sollte das durch den Verlust der Straßburger Universität an der Westgrenze des Deutschen Reiches entstandene Vakuum durch die Universität zu Köln wieder aufgefüllt werden.

Paul Moldenhauer[103], ordentlicher Professor an der Handelshochschule Köln, Mitglied der nationalliberalen Deutschen Volkspartei und 1929 Reichsfinanzminister im Kabinett Brüning, drückt das in einem Zeitungsartikel im Januar 1919 viel martialischer aus (1919). Auch er sieht die Universität Köln als Erbin der Straßburger Universität. In seiner Sprache, noch deutlich verwurzelt im Konfliktmodell der vergangenen Kriegsjahre, spricht er nicht nur von der Universität Köln als „Schutzwehr gegen westliche Einflüsse", sondern, in Anspielung auf die ‚inoffizielle' Nationalhymne „Die Wacht am Rhein"[104] halte jetzt die Universität Köln „die Wacht am Rhein".[105]

Nach Adenauer wäre aber auch dies nur eine „Etappe" auf dem Weg zur Universität gewesen (HAK Zug 512/1/137/1, S. 112).

103 Moldenhauer (* 2. Dezember 1876 in Köln; † 1. Februar 1947 ebenda) habilitierte sich 1901 an der Handelshochschule in Köln. Er war damit der erste Privatdozent an der Kölner Hochschule und bekam die Venia Legendi für Versicherungsrecht und Versicherungswesen (Handelshochschule, 1901a). Seit 1903 lehrte er dort als außerordentlicher Professor und seit 1907 als ordentlicher Professor. Nach dem Kriegsende erhielt Moldenhauer 1919 den Lehrstuhl für Versicherungswissenschaft, den ersten in Deutschland, an der Universität zu Köln (Koch, 1998, Geschichte der *Versicherungswissenschaft in Deutschland.* Karlsruhe: Verlag Versicherungswirtschaft).

104 Die offizielle Nationalhymne zur Zeit des deutschen Kaiserreiches lautete „Heil Dir im Siegerkranz", die die Melodie mit der englischen Hymne „God save the king/ queen" teilte. Über den Text der „Wacht am Rhein" schreibt Dr. Karl Reisert (Würzburg) in der Kölnischen Volkszeitung vom 13.05.1915 – Literarische Beilage – (Reisert war damals der Herausgeber des Freiburger Allgemeinen Deutschen Kommersbuches): „Im Jahre 1870 allerdings war der Name des Dichters in Vergessenheit geraten. Erst als wie durch Zauberschlag das fast verklungene Lied seine glanzvolle Auferstehung feierte, wie es plötzlich nicht nur zum Nationalgesange des deutschen Volkes, sondern auch zum allgemeinen Marsch- und Kriegsliede der deutschen Heere wurde, unter dessen begeisternden Klängen diese in Schlacht und Sieg eilten, da erst begann man auch nach dem Dichter zu fragen. Aber lange Zeit wusste ihn niemand, bis am 14. August 1870 der Bonner Universitätsprofessor Dr. K. Hundeshagen in der Kölnischen Zeitung Max Schneckenburger nennen konnte."

105 Wörtlich heißt es bei Moldenhauer (1919): „Kein Einsichtiger kann die große Gefahr verkennen, die dem Deutschtum droht. Eine Hochburg deutschen Empfindens und

„In Köln wird die Hauptwallstatt sein, auf der westeuropäischer mit deutschem Geist[106] ringt. In unserem Berührungspunkte deutscher und ausländischer Kultur soll die geplante Kölner Universität eine feste Barrikade deutscher Art und Wissenschaft werden“, sagte Eckert in seiner Rede am 17.01.1919 im Hansasaal des Rathauses vor den Dozenten der Hochschule.[107]

Am vorhergehenden Tag, am 16.01.1919, hatte der preußische Kultusminister Haenisch an Adenauer telegraphiert:

Denkens soll die Universität Köln sein, ein Vorkämpfer für unsere deutsche Art und Sitte. Das geistige Schwert will sie schmieden und scharf halten für den kommenden Kampf der Geister, in ihren Professoren und Studenten die Kämpfer stellen, die Reihe in Reihe mit den anderen Kölner Bürgern treten wollen. Die Universität Straßburg, als Vorwerk des Deutschtums nach 1870 gegründet, sank in diesen Tagen dahin. Kölner Gemeinsinn, treue Liebe zum Vaterland und der deutschen Heimat schickt sich in schwerster Zeit an, das Erbe Straßburgs zu übernehmen, die Wacht am Rhein zu halten.“ [Hervorhebungen v. Verf.]

106 Unter dem Pseudonym „Peter Hartmann“ veröffentlichte der nationalliberal eingestellte Prof. Paul Rühlmann (1875 – 1933) und spätere Ministerialbeamte im Reichsministerium für die besetzten Gebiete im Jahre 1921 eine Aufsehen erregende Schrift mit dem Titel „Französische Kulturarbeit am Rhein“. Seine Ausführungen stellte Rühlmann ein Zitat aus der „Le Temps“ vom 21.05.1919, der wichtigsten Tageszeitung der dritten französischen Republik, voran: „Frankreich steht heute vor der Aufgabe die germanische Kultur am Rhein innerlich zu überwinden und durch die französisch-romanische zu ersetzen“. Rühlmann machte in seinem Buch ausführliche Ausführungen zur europäischen „Hegemonie Frankreichs durch vollkommene Zertrümmerung Deutschlands“. Tiemann (1989, S. 39) spricht in seiner Habilitationsschrift als Historiker dagegen von einer „Phobie der deutschen Behörden vor einer geistigen Unterwanderung der Bevölkerung, insbesondere der Jugend“. Max Scheler selbst hatte bereits 1917 ein Buch mit dem Titel „Die Ursachen des Deutschenhasses – eine nationalpädagogische Erörterung“ (Leipzig: Kurt Wolff) veröffentlicht.

107 Am 30. Mai 1925 (Nr. 4) berichteten die „Nachrichten für den Lehrkörper“, dass am 23.05.die Universität im überfüllten großen Saal des Gürzenich ihren Gründungstag gefeiert habe. Rektor Geheimrat Tilmann habe in seinem Verwaltungsbericht „auf die Stellung der Universität als Bollwerk des Deutschtums am Rhein“ hingewiesen (HAK Zug. 516/2/149/1, S. 9). Das „Bollwerkbild“ wurde später auch im nationalsozialistischen Sprachgebrauch übernommen. Die Studentenführung der Universität Köln sprach am 17.02.1939 von der „Kampfstellung der Kölner Universität, die als Grenzland-Universität ein Vorposten im weltanschaulichen Kampf des Dritten Reiches sein muß“ (Hamacher, 2011, S. 94). Im Mai 1938 veröffentlichte der „Westdeutsche Beobachter“ (s. auch Faßl, 1938) einen Artikel des geschäftsführenden Kurators der Universität Köln, Dr. Erwin Faßl, und zitierte dabei Adolf Hitler mit den Worten „Die rheinischen Universitäten sollen entwickelt werden zu Bollwerken des deutschen geistigen Lebens im Westen“.

„[...] die hochbedeutsame coelner gruendung gerade in diesen schweren tagen soll und wird der welt zeigen, dass der deutsche geist ungebrochen ist. Er hat der welt noch unendlich viel zu geben. Ohne ihn muesste sie klaeglich verarmen in diesem sinne ist ihre gruendung zugleich eine nationale tat ersten ranges. Ihre hochschule darf stets einer besonders teilnehmenden foerderung durch das kultusministerium gewiss sein. vorwaerts und aufwaerts – haenisch“. (HAK Zug. 512/2/137/1; S. 127)

Trotz der widrigen wirtschaftlichen Situation und trotz der unmittelbar bevorstehenden Unterzeichnung des Versailler Vertrages mit all seinen aufgezwungenen Maßnahmen zeigte Konrad Adenauer in seiner Festansprache zur Gründung der Universität von Köln am 12.06.1919 bereits eine „europäische“ Weitsicht der Völkerverständigung. In seiner Ansprache im Kölner Gürzenich weist er auf die Brückenfunktion der Universität zu Köln, auf deren politische, nationale und europäische Bedeutung durch die Wiedereröffnung hin (Adenauer, 1919b, S. 10). Weiter fährt er fort: „Dem wirklichen Völkerbunde,[108] dem Fortschritte der Völker zu einer höheren Stufe der Entwicklung zu dienen, sei ihr [gemeint ist die Universität Köln] heiliger Beruf!“.[109] Diese Worte Adenauers blieben nicht ohne Wirkung auf den Lehrkörper der neu entstanden Universität. Gerade bei der Berufung von Philosophieprofessoren spielte dieser Gedankengang eine zentrale Rolle.

Adenauer sollte Recht behalten als er seine Rede am 17.01.1919 mit den Worten schloss:

„Ich habe die Hoffnung und die Überzeugung, dass, wenn dereinst die Geschichte dieser trübsten Zeit des deutschen Volkes und auch der trübsten Zeit der Stadt Köln geschrieben wird, doch die Errichtung der Universität Köln gerade in diesen trüben Tagen als ein leuchtendes Denkmal deutschen Geistes und Wagemutes auch von unseren Nachkommen gepriesen werden wird.“[110] (Adenauer, 1919a, S. 7)

---

108 Adenauer spielt hier auf den Völkerbund an, der nach dem Ersten Weltkrieg entstand und dem Deutschland nach den Verhandlungen zwischen Gustav Stresemann und Aristide Briand sowie den ratifizierten Verträgen von Locarno erst 1926 beitreten konnte. Beide Politiker wurden wegen ihrer Verdienste 1926 mit dem Friedensnobelpreis ausgezeichnet. Der von den beiden Politikern ausgehandelte „Locarnovertrag“ war in beiden Ländern sehr umstritten. Stresemann wurde in Deutschland als „Verzichtspolitiker“ angegriffen, weil er in den Verträgen von Locarno die Unverletzlichkeit der Grenzen anerkannte. Dies bedeutete u.a. auch den endgültigen Verzicht auf das Reichsgebiet Elsass-Lothringen. Frankreich verzichtete auf eine gewaltsame Änderung der durch den Versailler Vertrag festgelegten Grenze, d.h. auch eine nach dem Ersten Weltkrieg möglich erscheinende Erweiterung Frankreichs bis an den Rhein war damit abgewehrt.

109 Einige Jahre später (1924/25, S. 17) schreibt Eckert, dass in Köln, „wo die Völkerbrücke vom Westen zum Osten sich dehnt“ eine „deutsche Universität von Weltbedeutung“ wieder entstehen solle.

110 Preußen war 1807 in einer mit 1919 vergleichbaren Situation. Nach dem Frieden von Tilsit im Jahre 1807, der Preußen nahezu halbierte, verlor Preußen seine bisher

Wegen seiner Verdienste um die Universität zu Köln erhielt Oberbürgermeister Konrad Adenauer insgesamt fünf Ehrendoktorwürden seitens der Universität zu Köln.[111]

3.2 Sinnhaftigkeit einer Großstadtuniversität

Die Gründung der Universität zu Köln wurde aber auch von einer für uns heute ganz eigenartigen emotionalen und affektiven Seite in Frage gestellt, nämlich von der Frage, ob es überhaupt opportun sei, eine „Großstadtuniversität" zu gründen. In § 1 Absatz 2 der Satzung der Universität zu Köln war festgelegt worden, dass es „Hauptpflicht" aller Lehrer an der Universität zu Köln sei, „auf die sittliche Entwicklung und Charakterbildung der Studierenden [...] Einfluß zu erwerben und auszuüben"[112]. Es stellte sich folglich die Frage, ob dieses tradierte Ziel der positiven

---

wichtigste Hochschule in Halle [Halle fiel 1815 wieder an Preußen]. Das Motto zur Vorbereitung der neuen Universität Berlin war der Ausspruch Friedrich Wilhelm III aus dem Jahre 1807: „Der Staat muß durch geistige Kräfte ersetzen, was er an physischen verloren hat" (Bleek, 2001, S. 93). So wurde 1810 die Universität Berlin (die heutige Humboldt-Universität) als Vorbild für die moderne Universität in Deutschland geschaffen. Mit der Universität Berlin ging auch ein neuer Universitätsbegriff einher. Nicht die Berufsausbildung stand im Zentrum der universitären Bildung, sondern das höhere Ideal der Wissenschaft. Der neue Universitätsbegriff sollte etwas spezifisch Deutsches sein, gewissermaßen ein Hort zumindest geistiger nationaler Resistenz in Zeiten der Besatzung. (Rittner, 2012, S. 60)

111 Wenige Tage nach der Eröffnungsfeier im Rahmen der „Akademischen Feier vom 20. Juni 1919" der Universität zu Köln wurde Konrad Adenauer zum Ehrendoktor Dr. h. c. rer. pol. und Dr. h. c. med. von den beiden bereits existierenden Fakultäten promoviert. Am 17.07.1922 erfolgt noch die Verleihung der Ehrendoktorwürde als Dr. h. c. jur. und 1923 wurde er durch den damaligen Dekan der Philosophischen Fakultät, Prof. Artur Schneider, zum Ehrendoktor der Philosophie (Kölner Universitätszeitung, 18.06.1923, 5. Jg., Nr. 4, S. 5; Vorlesungsverzeichnis WS 1923/24, S. 5) promoviert. Der Beschluss, Adenauer die Ehrendoktorwürde der Philosophischen Fakultät zu verleihen, wurde in der Fakultätssitzung vom 07.05.1923 bei fünfzehn Jastimmen und zwei Stimmenthaltungen gefasst (UAK Zug. 285/1, S. 91). Schließlich erhielt Adenauer nach dem Zweiten Weltkrieg im Jahre 1956 die Ehrendoktorwürde (Dr. h. c. rer. nat.) der neu gegründeten mathematisch-naturwissenschaftlichen Fakultät, so dass ihm insgesamt fünf Ehrendoktortitel seitens der Universität zu Köln verliehen worden waren. Weiterhin beschloss der Senat der Universität zu Köln am 29.04.1929, Konrad Adenauer zum „Ehrenbürger der Universität zu Köln" zu ernennen (Vorlesungsverzeichnis WS 1925/26, S. 6; Freitäger, 2005, S. 5).

112 Vergleichbar heißt es in § 1 Satz 3 Satzung der Universität Münster vom 26.04.1929; Zentralblatt für die gesamte Unterrichtsverwaltung in Preußen, S. 228: „Als Gemeinschaft von Lehrenden und Lernenden, die im Geiste der Wahrheit verbunden sind, sucht sie [die Universität] den sittlichen Charakter der akademischen Jugend zu entfalten und sie zur verantwortungsvollen Mitarbeit an Staat und Kultur zum Wohle des Volksganzen heranzubilden".

Einwirkung auf „sittliche Entwicklung und Charakterbildung“ überhaupt an einer Großstadtuniversität zu erreichen sei.

Bereits Johann Gottlieb Fichte (1807) äußerte im Rahmen seines Plans zur Errichtung einer „Höheren Lehranstalt“ in Berlin (1810 gegründet) Bedenken gegen große Universitätsstädte. Er bringt als Gegenargument

> „das höhere Übel der Verfließung des studierenden Teils des gemeinen Wesens mit der allgemeinen Masse des gewerbetreibenden oder dumpf genießenden Bürgertumes; indem, ganz davon abgesehen, daß bei einem solchen nur als Nebensache getriebenen Studieren wenig oder nichts gelernt wird“. (Fichte, 1807, S. 72)

Am 21.01.1919 schrieb in der Kölnischen Zeitung der Bonner Professor Rudolf Knopf, evangelischer Theologe und ein entschiedener Gegner einer Großstadtuniversität im allgemeinen und der Universität zu Köln im Besonderen, in einem Zeitungsartikel unter dem Titel „Kölner Universitätsplan“:

> „Lehrer und Student werden in ihr [der kleineren und mittleren Universitätsstadt] viel weniger vom Leben verbraucht als in der modernen Großstadt [...] Aber dieses Leben selbst lernt man nicht im Gewühl und Lärm der Großstadt kennen, [...] Man denke an Goethe, den großen Lebenskenner im stillen Weimar. Wo sind denn die führenden und bestimmenden Männer, die die großen Städte mit ihren Zusammenballungen von Menschenatomen und ihrer notwendigen Verflachung des Lebens uns geschenkt hat?“ (Knopf, 1921)

Anlässlich des Besuchs des preußischen Ministers an der Universität zu Köln sagte Eckert logischerweise als ein Befürworter einer Großstadtuniversität:

> „Es zeigte sich, dass zwar die Universitäten der idyllischeren kleinen Städte als Einführungsuniversitäten für die jungen Studenten, auch zur Pflege der Disziplinen, die in weltabgewandter Stille am besten gedeihen, ihre Vorzüge behielten, daß aber die *Großstadt*universitäten sich zu den meistbegehrten ‚*Arbeits*universitäten‘ aus-wuchsen für alle, die mit den Gegenwartsaufgaben sich beruflich beschäftigen wollen, den drängenden Zeitfragen ihre Aufmerksamkeit schenken“ [Hervorhebungen im Originaltext]. (Eckert, 1920b, S. 1).

Wissend um die Tradition der Handelshochschule Köln, die von ihrer Genese her immer einen Schwerpunkt auf der Verbindung der Praxis mit der Theorie gelegt hatte, gesteht der Bonner Professor Knopf dem Kölner Universitätsplan auch gewisse Vorzüge zu. In obigem Artikel schreibt er:

> „Die neue Universität will [...] neue Methoden des Unterrichts anwenden. Sie will engste Verbindung zwischen Schaffen und Forschen herstellen, das praktische Können theoretisch vertiefen und die Theorie durch die Erfahrungen des Berufslebens befruchten. Gewiß wird dies Leitziel bei gewissen Fächern, die die Kölner Universität sich besonders zur Pflege vorgesetzt zu haben scheint (Wirtschaftswissenschaft, Verwaltungslehre, Kommunalrecht, Soziologie u.a.), in der Großstadt leichter zu erreichen sein als anderswo. Aber der Weg, auf dem die deutsche Wissenschaft in ihren großen Zeiten ihre Weltgeltung erlangt hat, ist dies nicht.“ (Knopf, 1921)

So ist es auch nicht weiter verwunderlich, wenn Lindworsky (bezüglich der weiteren „Entwicklung der experimentellen Psychologie an der Kölner Universität") schreibt, dass die „Eigenart der Kölner Universität" verlange, dass sie den Studierenden namentlich jene Ergebnisse und Methoden der experimentellen Psychologie vermittele, die für das „wirtschaftliche, soziale und politische Leben" von Bedeutung seien (UAK Zug. 9/273, o. P., 07.11.1923).

3.3 Selbstbehauptung der Stadt Köln

Auch wenn der Begriff der Selbstbehauptung in der Regel bei mikrosozialen Konflikten Anwendung findet, ist es zulässig, ihn in diesem Falle auch auf die makrosoziale bildungspolitische Situation der Stadt Köln zu übertragen. Das Bewusstsein von Freiheit und Selbstbestimmtheit hat in der Kölner Bürgerschaft eine jahrhundertelange Tradition – man denke nur an die erbitterten Kämpfe gegen diverse Erzbischöfe, an die Schlacht von Worringen im Jahre 1288[113], aber auch an die Erlangung des Stapelrechts[114] im Jahre 1259, den Raub der Reliquien der Heiligen Drei Könige durch den kaiserlichen Kanzler und Kölner Erzbischof Rainald von Dassel im Jahre 1164 und den findigen Umgang mit den „Knöchelchen" (Reliquien), die man auf dem Gräberfeld vor St. Ursula fand[115]. Auch im Kölner Dreigestirn ist die Person des „Kölner Bauern", der „Kölsche Boor"[116], die entscheidende politische Figur. Er[117] symbolisiert in seiner „Deftigkeit" die alte freie Reichsstadt Köln. Er

113 In der Schlacht von Worringen (heute nördliches Stadtviertel von Köln) im Jahre 1288 im Rahmen des Limburger Erbfolgestreits kämpften u.a. die Bürger von Köln an der Seite des Herzogs Johann von Brabant erfolgreich gegen den Erzbischof von Köln, Siegfried von Westerburg. Die Kölner Bürger erreichten ihre Unabhängigkeit von den bisherigen kirchlichen Stadtherren. Dem Erzbischof von Köln wurde nur noch für religiöse Handlungen Einlass in die Stadt gewährt. Es dauerte allerdings noch bis zum Jahre 1475, bis die Stadt Köln endgültig auch de jure Freie und Reichsstadt wurde.

114 Alle Waren, die auf dem Rhein transportiert wurden, mussten in Köln zuerst drei Tage lang zum Kauf angeboten werden. Das Stapelrecht sorgte für hohe Stadteinahmen. 1815 wurde das Stapelrecht abgeschafft. Das Stapelhaus in der Altstadt erinnert heute noch an diese gewinnbringende Vergangenheit.

115 Eine anschauliche und unterhaltsame Zusammenfassung für die (auch nicht-akademische) Allgemeinheit hat der Kabarettist Jürgen Becker in seinem Programm „Biotop für Bekloppte" vorgelegt (Becker, 1996).

116 Der „Kölsche Boor", der Kölner Bauer, ist nach Wrede „eine Art Repräsentant der Stadt Köln". Eine ältere Nebenform ist „Buur". Der „Kölsche Boor" wurde zum ersten Mal 1422 schriftsprachlich erfasst (Wrede, 1993). Der Begriff „Boor" hatte im Hochmittelalter in Köln bereits die Entwicklung vom Ackerbauern zum „Nachbarn, Bezirksgenosse" vollzogen (Wrede, 1993).

117 Ursprünglich symbolisierte der Bauer die Stadt Köln auf der untersten Ebene des mittelalterlichen Quaternionensystems von 1475 (eine Art Aufführung der

versinnbildlicht die Freiheit der Kölner Bürger und genau dies erweckte die schlafende „Universitas“[118]. Die Universität in Köln wurde wiederbegründet, weil es der Wille der Bürgerschaft der Stadt Köln war und hier liegt folglich der wichtigste Unterschied zur „aristokratischen“ Gründung der Friedrich-Wilhelms-Universität in Bonn.[119]

Das Kölner Universitätssiegel (seit 1392 in Gebrauch[120]) zeigt Maria in Seitenansicht, auf dem Thron der Weisheit [sedes sapientiae] sitzend, mit dem Jesuskind und die es anbetenden Heiligen Drei Könige (Röckelein, 2016, S. 141).[121] Röckelein weist darauf hin, dass gerade die frauenfreie Korporation Universität sich paradoxerweise gerade weibliche Symbole für ihre Repräsentation auswählte. Insbesondere wurde dabei Maria als Schutzpatronin ausgewählt. Die Heiligen Drei Könige sind Schutzpatrone der Stadt Köln. Im unteren Teil des Siegels befindet sich ein Wappen mit drei Kronen und der Unterschrift „s(igillum) universitatis studii s(an) c(ta)e civitatis coloniensis“ [„Siegel der hohen Schule der heiligen Bürgerschaft Kölns“]. Der Bürgergedanke ist also auch im Siegel festgehalten.

Die enge Verwobenheit zwischen Universität und Stadt zeigt und zeigte sich im Alltag noch an anderen Stellen. Die Universitätsbibliothek heißt noch heute „Universitäts- und Stadtbibliothek“ und schreibt in der Selbstdarstellung auf ihrer Website, sie versorge „als zentrale wissenschaftliche Serviceeinrichtung sowohl Studierende und Mitarbeiter der Universität als auch Einwohner der Stadt und der Region mit Literatur, Wissen und Information“ (http://www.ub.uni-koeln.de/bibliothek/profil/index_ger.html).

Reichsstände in zehn Gruppen mit je vier Vertretern), nach dem das Heilige Römische Reich Deutscher Nation aufgeteilt wurde. Neben den Reichsstädten Regensburg, Konstanz und Salzburg wurde hier Köln in der Figur des Bauern als Reichsstadt symbolisiert. Als Schildhalter des Reiches oder des Kölner Wappens wurde danach der „Kölner Bauer“ in unzähligen Abbildungen festgehalten (Klauser, 2007, S. 203).

118 „universitas magistrorum et scolarium“ (Gemeinschaft der Lehrenden und Lernenden) oder „universitas litterarum“ (Gesamtheit der Wissenschaften).

119 So ist es auch nicht verwunderlich wenn der Titel der Universitätschronik „Die Universität Köln im ersten Jahrfünft nach ihrer Wiederaufrichtung“ lautet [Hervorhebung v. Verf.]. Wiederaufrichtung ist etwas deutlich anderes als ein neutraler Begriff wie Neugründung. Wiederaufrichtung beinhaltete die Assoziation, dass vorher die Universität in Trümmern lag. Zusätzlich hat der Begriff starke Anklänge an die christliche Symbolik der Kreuzerhöhung. Die Neugründung oder Wiedergründung der Universität zu Köln war für die Stadt Köln nicht einfach nur eine simple Neugründung, sondern auch ein schmerzensreicher Akt der Selbstaufrichtung (auch nach dem verlorenen Krieg).

120 Hinweis im Vorlesungsverzeichnis Sommersemester 1948.

121 Maria als Sitz der Weisheit hat in der Theologie eine lange Tradition. Maria, auf deren Schoß Jesus sitzt, wurde in Bezug auf Spr. 9, 1–5 („Die Weisheit hat sich ein Haus gebaut“) als Sitz und Thron der Weisheit bzw. als Haus der Weisheit interpretiert (Röckelein, 2016, S. 142).

Abbildung 10: *Das Siegel der Universität zu Köln.*

Auch die Aula, das Auditorium Maximum der Universität, spielt in dieser Verbindung zwischen Universität und Stadtbevölkerung eine gewichtige Rolle. Ältere Kölner erzählen noch von den Zeiten direkt nach dem Zweiten Weltkrieg, als Oper und Schauspielhaus zerstört waren und die Aula des Universitäts-Hauptgebäudes am Albertus-Magnus-Platz zum kulturellen Mittelpunkt der Stadt wurde, weil nur dort noch ein ausreichend großer Raum mit einer Bühne intakt geblieben war.[122]

Am 19.09.1900 erfolgte die Genehmigung zur Einrichtung einer Handelshochschule durch die zuständigen preußischen Ministerien; eine Zusage staatlicher Geldmittel wurde jedoch nicht gegeben (Zander, 2004, S. 116). Auch bei der Wiedergründung der Universität zu Köln im Jahre 1919 hatte die Stadt Köln, vergleichbar mit der Universitätsgründung im Jahre 1388, die gesamten finanziellen Aufwendungen zu tragen. Durch eine Verpflichtungserklärung in § 2 des Vertrages zwischen dem preußischen Staat und der Stadt Köln vom 27. bzw. 29.05.1919 verpflichtete sich die Stadt Köln, die für die „dauernde Erhaltung der Universität" notwendigen Mittel bereitzustellen (UAK, Zugang 9/2747; HAK Zug. 512/137/1,

122 Bereits seit August 1943 wurde die Aula von den Bühnen der Stadt Köln und für die „Gürzenich-Konzerte" benutzt (Lemberg, 2000, S. 35). Das Hauptgebäude der Universität war verhältnismäßig wenig im Krieg beschädigt worden. Die Uni wurde deshalb zum „kulturellen Mittelpunkt" der Stadt. Im Raum unter der Aula, fand eine der ersten Nachkriegsausstellungen statt, in der die kostbaren, geretteten Glasfenster des Kölner Doms gezeigt wurden. Bis 1957 beherbergte die Aula die Bühnen der Stadt Köln, insbesondere die Oper (Binding, 1990, S. 14).

Abbildung 11: *Die Aula, das Auditorium Maximum, in einer Fotografie aus dem Jahre 1938, regimetreu mit Hakenkreuzfahnen beflaggt.(Bild: Bertram, 1938)*

Bl. 21).[123] Aus heutiger Sicht ist es nicht frei von Ironie, wenn der damalige Unterstaatssekretär und spätere Kultusminister Prof. C. H. Becker[124], der im Auftrage von Minister Haenisch am 12.06.1919 an den Eröffnungsfeierlichkeiten teilnahm, in seiner Festansprache sagte: „Deutscher Glaube ist es aber auch, wenn die Staatsregierung [...] die neue Hochschule lieber auf das feste Fundament der Opferbereitschaft und des Kulturwillens einer hochsinnigen Bevölkerung begründet" (Becker, 1919, S. 19).[125]

---

123 Die wiedereröffnete Universität ist zwar eine „Veranstaltung des Staates" (§ 3 Satzung), die Stadt Köln musste aber trotzdem für sämtliche Kosten aufkommen.

124 Carl Heinrich Becker (1876 – 1933) war später selbst (ohne einer politischen Partei anzugehören) von 1925 bis 1930 preußischer Kultusminister.

125 Heute ist die Situation eine andere. In der „Vereinbarung" zwischen dem Land NRW und der Stadt Köln vom 06.03. bzw. 23.03.1954 wird in § 2 festgehalten, dass das Land die Trägerschaft der Universität übernimmt. Seit dem 01.04.1953 trägt das Land

3.4 Wiedergründung und Neugründung

Bereits im Jahresbericht der Kölner Handelskammer für das Jahr 1855 schrieb Gustav von Mevissen:

> „Niemandem, der die Rheinlande mit unbefangenem Auge betrachtet, wird das Anormale entgehen, das darin liegt, daß Koblenz der Sitz der Spitze der Zivil- und Militärverwaltung der Provinz, daß Bonn der wissenschaftliche, Düsseldorf der künstlerische Mittelpunkt darstellen, und daß Köln vorzugsweise nur die merkantile und industrielle Tätigkeit geblieben ist" (zit. n. Moldenhauer, 1919, o. P.).

Auch Oberbürgermeister Wilhelm Becker beklagte in seinem Antrag am 12.07.1900 auf Errichtung der städtischen Handelshochschule, dass Köln trotz seiner hohen Einwohnerzahl und seiner Entwicklung nicht über eine höhere wissenschaftliche oder technische Lehranstalt verfüge, so dass nur die Errichtung einer Handelshochschule übrig bliebe. In Bonn gebe es eine Universität, in Düsseldorf die Malerakademie und in Aachen das Polytechnikum. Die klare Zielsetzung von Oberbürgermeister Becker zeigte deutlich, dass die Gründung der Handelshochschule nur als eine Zwischenetappe auf dem Wege zu einem größeren zu realisierenden Ziel war, nämlich der Wiedergründung einer Universität zu Köln, auch wenn dies nicht expressis verbis von Oberbürgermeister Becker ausgeführt wurde.[126]

Am 10.10.1904 begann die Akademie für praktische Medizin (Eckert 1920b, 1919d) ihren Lehrbetrieb. Nach Konrad Adenauer war diese Gründung bereits aus Sicht der Kölner Stadtverwaltung eine Vorstufe für die medizinische Fakultät einer Kölner Universität (Adenauer, 1919a, S. 3). Am 21.02.1906 nahm die Vereinigung für rechts- und staatswissenschaftliche Fortbildung (Eckert 1920b, 1919d) ihren Betrieb auf. Auch diese Vereinigung hatte nach Adenauer den „nicht offen ausgesprochenen Zweck", den Kern für eine spätere juristische Fakultät zu bilden (1919a, S. 3). Am 01.05.1912 kam dann noch die Hochschule für kommunale und soziale Verwaltung hinzu (Eckert 1920b, 1919d).[127] Im Fünfjahresbericht über die Universität Köln (1925) heißt es aber klar und unmissverständlich: „Alle Kölner Hochschuleinrichtungen des zwanzigsten Jahrhunderts waren gegründet worden mit dem Hinblick auf die mögliche Ausgestaltung zu einer Universität. [...] Sie waren

---

NRW die fortdauernden und einmaligen Ausgaben der Universität, insbesondere auch die Ausgaben für den Wiederaufbau und den Ausbau (§ 3). Die Stadt Köln zahlte allerdings ans Land NRW einen Zuschuss (§ 4) (UAK, Zugang 9/2747). Bis 1960 trug die Stadt Köln noch 50% der laufenden Kosten. Erst seit 1965 ist die Universität zu Köln eine reine Landesuniversität.

126 Adenauer formulierte das Jahre später viel deutlicher. In seinem Brief am 14.01.1919 an den Regierungspräsidenten Brugger schreibt er: „Die bisherigen Einrichtungen, Handelshochschule, Verwaltungshochschule, Akademie für praktische Medizin waren nichts ganzes und nichts halbes. Sie konnten nicht leben und können nicht sterben" (HAK Zug. 512/2/137/1; S. 111).

127 In seinem Vorwort (1919c, S. 4) nennt Eckert als Datum den 15.04.1912.

Anläufe der alten Universitätsstadt zur Rückeroberung ihrer alten Hochschule" (Universität Köln 1925, S. 3).[128] Von allen Vorläufern war die Handelshochschule die wichtigste und war auch nach den Worten Christian Eckerts bis Kriegsanfang 1914 von diesen Hochschuleinrichtungen die erfolgreichste. Auch im Vergleich mit den anderen Handelshochschulen in Deutschland war die Kölner Handelshochschule „die angesehenste und am stärksten besuchte" (Eckert, 1919d, S. 3).[129] Dem Fernziel der Wiedererrichtung einer Universität hatte Adenauer versucht näher zu kommen, indem er sich darum bemühte, wissenschaftliche Institute nach Köln zu bringen. Das gelang ihm im Zusammenhang mit dem Institut für Sozialwissenschaften,[130] während die Etablierung des Kaiser-Wilhelm-Institutes für Physiologie auf Grund der Novemberturbulenzen 1918 scheiterte (Adenauer, 1919a, S. 3). Auch ein weiterer Versuch im Jahre 1927, dieses Institut nach Köln zu holen, hatte ebenfalls keinen Erfolg (HAK Zug. 514/2/141/1, S. 1021).

In seinem offiziellen Antrag vom 21.12.1918 an Kultusminister Haenisch beantragte Adenauer als Oberbürgermeister der Stadt Köln, die bisherigen Kölner Hochschuleinrichtungen „zu einer neuzeitlichen Anforderungen entsprechenden Universität auszubauen" (HAK Zug. 512/1/ S. 91). Er benutzte also nicht den Begriff der Neuartigkeit, sondern sprach von „neuzeitlichen Anforderungen". Anders die preußische Staatsregierung; in ihrem Beschluss vom 04.01.1919 hieß es: „Die preußische Regierung genehmigt den Plan der Stadt Köln, ihre wissenschaftlichen Anstalten zu einer neuartigen Universität auszubauen" (Kölnische Volkszeitung, 11.01.1919, Nr. 30). Entsprechend war auch das Vokabular von Kultusminister Haenisch, dessen Grußbotschaft am 12.06.1919 während des Festaktes von Unterstaatssekretär C. H. Becker verlesen wurde: Wörtlich heißt es in der Grußbotschaft des Ministers:

---

128 Die Handelshochschule und die Verwaltungshochschule hatten im Sommer 1914 vor Kriegsausbruch insgesamt 710 Studenten. Die Akademie für praktische Medizin beschränkte sich auf Fortbildungskurse. Studenten gab es in der medizinischen Akademie kaum. Im Verlauf des Sommersemesters 1919 gab es in den beiden startenden Fakultäten bereits 1299 Studenten (Eckert, 1920c, S. 7).

129 Bezüglich der Attraktivität der Kölner Handelshochschule sagte Eckert 1907 anlässlich der Einweihungsfeier des Neubaus am Rheinufer ohne einen Anflug von Bescheidenheit: „Wie einstens der alte Dom nicht nur dem religiösen Leben der Stadt gedient, sondern auch ihren Ruhm und Reichtum gemehrt hat, weil zahlreiche Pilger jedes Standes nach Cöln zogen, so ähnlich wandern heute schon aus aller Ferne Pilger zum neueröffneten Born der Wissenschaft" (Eckert, 1906, S. 41).

130 Das Forschungsinstitut ist eine Einrichtung der Stadt Köln. Es ist auch nicht der Universität oder einer anderen wissenschaftlichen Anstalt der Stadt Köln eingeordnet. Leiter der soziologischen Abteilung wurden die Professoren Max Scheler und Leopold von Wiese (von Wiese, 1920).

„Möge die neue und neuartige Kölner Hochschule [...] für Inland und Ausland ein Wahrzeichen dafür sein, dass der deutsche Geist [...] noch ungebrochen und, mitten im nationalen Trümmerfeld, kraftvoll am Werke ist, wieder aufzubauen und neu zu schaffen". (Becker, 1919, S. 18).

Die „Neuartigkeit"[131] der Kölner Universität wurde in den Verträgen mit der preußischen Staatsregierung jedoch nicht näher präzisiert. Sie fällt folglich unter die durch die Weimarer Reichsverfassung in Artikel 128 gewährleistete Freiheit von Wissenschaft und Lehre. Die Universität zu Köln konnte folglich in eigener Autonomie die intendierte Neuartigkeit umsetzen. In seinem Bericht zur Wiedereröffnung der Kölner Universität schreibt Eckert: „Das Neuartige, zu dem sich die Universität Köln von vornherein bekannte, war nicht im formalen Aufbau, sondern in geistiger Zielsetzung anzustreben" (Eckert, 1929, S. 69).

Die Wiedergründung der Universität zu Köln erfolgte zwar auf „auf altakademischem Boden", aber ausgehend von einer „idealen" Geisteshaltung ist es verständlich, wenn die Absicht bestand, in diesem „nationalen Trümmerfeld" etwas Neues, eine „neuartige" Universität entstehen zu lassen (Eckert, 1919c, S. 22).[132] Prof. Moldenhauer von der Handelshochschule Köln schrieb im Kölner Tageblatt, dass die Stadt Köln durch die Gründung der neuen Universität beweisen wolle, dass ihr „Geist ungebeugt" sei und dass sie „aus der geistigen Wiedergeburt ihrer Bürger neues Leben" erhoffe:

„Nach einem kurzen idealen Aufschwung, wie ihn der August 1914 sah, ist in der Not der Zeit der Materialismus im stärksten Ausmaß emporgewachsen, um sich schließlich zu einem schrankenlosen Individualismus zu entwickeln, der das Kennzeichen der Revolution geworden ist. Lohnforderung über Lohnforderung, ein Krieg aller gegen alle ist entbrannt, statt der von manchem Zeitkundigen erhofften idealen Aufwärtsbewegung der Menschheit zeigt sich ein entsetzenerregender Niedergang, die Gefahr der Auflösung unserer Kultur im asiatischen Bolschewismus, der Barbarei. Ist es da nicht eine große Tat, in solcher Zeit die geistigen Werte zu betonen, in der Schöpfung einer Universität dem materiellen Sinn der Zeit eine ideale Auffassung entgegenzusetzen [...] in wahrer Bildung den wirklichen Wert des Menschen zu erkennen?"[133] (Moldenhauer, 1919, 21.01.)

---

131 Nach Düwell wurde der Begriff „neuartige Universität" nach dem 27. und 29.05.1919 nicht mehr gebraucht. Der Begriff sei „zweischneidig". Zum einen bezog er sich auf eine Universität ohne theologische Fakultät, zum anderen bezog sich der Begriff immer noch auf die von Köln gefürchtete Möglichkeit einer „Hochschulgemeinschaft" mit der Universität Bonn (Düwell, 1976, S. 171).

132 Heimbüchel (1988) beschreibt ausführlich das Thema der Neuartigkeit der Kölner Universität, basierend im Wesentlichen auf den Aussagen von C. Eckert.

133 In einem Brief vom 21.12.1918 an das Ministerium in Berlin schreibt Adenauer: „Cöln als wirtschaftliche Vormacht und größte Stadt Westdeutschlands bedarf zum Gegengewicht gegen materielle Interessen einer großen, wahrhaft demokratischen Universität" (HAK Zug. 512/1/137/1, S. 89).

Adenauer appellierte in diesem Sinne am 20.03.1919 an die Stadtverordneten und bat um deren Zustimmung zum Vertrag mit der preußischen Staatsregierung:

> „Der Pflege und Verbreitung idealen Geistes soll die Gründung der Kölner Universität dienen. Stimmen Sie, von dem Vertrauen an Deutschlands Zukunft getragen, von der Hilfe, die nur idealen Sinn uns bringen kann, überzeugt, der Vorlage zu“ (zit. n. Binding, 1990, S. 11).[134]

Eckert sagte im Rahmen seiner Festansprache am 12.06.1919:

> „Wir wollen [...] mehr als bisher auch die Seelenkunde pflegen und versuchen, die Ideen der Versöhnung an die Seite der Machtnutzung zu setzen. Nach den Erschütterungen der jüngsten Vergangenheit kann unser Volk der Welt beweisen, daß neben Interessen auch Ideale seinen Schicksalsweg bestimmt haben und künftig begleiten werden“ (Eckert, 1919c, S. 23).

Die Kölner Universität von 1388 wollte „mit den berühmtesten Schulen ihrer Zeit wetteifern“ (Eckert, 1919c, S. 22) und dies war auch erreicht worden. Danach erfolgte der Niedergang. An keiner Stelle im Rahmen der Wiedereröffnung 1919 wurde darauf hingewiesen, man wolle die alte Universität in ihren alten Strukturen wieder erstehen lassen.[135] Im Gegenteil, es ging bei der Wiedergründung auch um „Neuartigkeit“, d.h. man wollte die universitäre Tradition fortsetzen, aber unter völlig anderen, nämlich „neuartigen“ Vorzeichen. Es ging u.a. auch um ein Anknüpfen an die bereits seit Beginn des Jahrhunderts bestehenden universitären Einrichtungen in Köln.[136] Ein Anknüpfen an mittelalterliche Traditionen war

---

134 Die Wiederhinwendung zur „reinen Wissenschaft“ (unter Vernachlässigung des Spezialistentums) hat bei Minister C. H. Becker fast schon eine religiöse Komponente, wenn er von der Universität als Idealbild von einer „Art von Gralsburg der reinen Wissenschaft“ [Sperrdruck im Text] spricht und die Hochschullehrer regelrecht zu Gralsrittern werden lässt: „Ihre Ritter vollziehen einen heiligen Dienst; vom Heiligtum zu allerlei wissenschaftlichem Dienst entsandt durchwandern und durchforschen sie die Welt, jeder in seiner Weise, jedoch nach seinen Methoden, mit seinen Mitteln, nach seinen Kräften, alle verbunden durch die Verpflichtung gegenüber dem Gral, der das Symbol der Einheit in Bezug auf Gesinnung und Ziel darstellt“ (Becker, 1925, S. 7). Um irgendwelche Missverständnisse gar nicht erst aufkommen zu lassen, fügt er hinzu: „An diesem Bild soll gleich zu Beginn ganz klar gemacht werden, dass das Wesen der Universität für den Deutschen mit irgendwelchen Nützlichkeitserwägungen, mit Fachschulung und Berufsausbildung im Grunde genommen nicht viel zu tun hat“ (Becker, 1925, S. 8).

135 Vom 23. bis 26.10.2013 wurde an der Universität zu Köln eine Fachtagung anlässlich des 625-jährigen Bestehens seit der Gründung im Jahre 1388 unter dem Thema „Zurück in die Zukunft? Die ‚alte‘ Universität im Kontext der europäischen Universitätsgeschichte“ durchgeführt (Speer, 2016, S. 9).

136 Beispielsweise wurden im Bericht der Kommission zur Erarbeitung eines Vorschlags für die Besetzung des dritten Philosophieordinariates im Jahre 1919 vor allem zwei

auch weniger gefragt, denn mit Wilhelm von Humboldt (1767 – 1835)[137] war die „klassische deutsche Universitätsidee" geschaffen und die Berliner Universität war folglich ein neuer Typus von Universität.[138] Hinzu kam, dass die nach mittelalterlicher Lesart „erste" Fakultät, die theologische, in Köln überhaupt nicht eingerichtet wurde. An ihre Stelle trat in der hausinternen Hierarchie die wirtschafts- und sozialwissenschaftliche Fakultät. 1924/25 (S. 16) schrieb Eckert, dass der Ehrgeiz bestand, „eine wirtschaftswissenschaftliche Studienanstalt ersten Ranges immer vollkommener auszubauen, die gekrönt wird vom Kuppelbau eines besonderen Forschungsinstituts für Sozialwissenschaften". Schon anhand dieser wenigen Hinweise ist erkennbar, dass die Kölner Universität zumindest im Vergleich zur mittelalterlichen Universität in jedem Fall „neuartig" sein musste. In unserer heutigen Zeit sieht der ehemalige Rektor Prof. Dr. Jens Peter Meincke (1998) in der Universität zu Köln „resignierend nur noch einen Dienstleistungsbetrieb ohne charakteristisches Profil – wenn auch auf hervorragendem Niveau".[139] Damals nach dem verlorenen Ersten Weltkrieg ging es jedoch um mehr als eine „Dienstleistung". Die geistigen, moralischen Werte sollten im Vordergrund stehen.

Dinge als Hauptaufgabe der neuen Kölner Universität angegeben: a) Pflege und Weiterbildung der bisherigen wohlbewährten Kölner Hochschuleinrichtungen und Disziplinen zu praktischer Berufsausbildung; b) die Ausgestaltung der Universität zu einer „Stätte tiefgreifender und persönlichkeitsgestaltender menschlicher Allgemeinbildung" (UAK Zug. 44/164, 28.7.1919, o. P.).

137 An exponierter Stelle hat die Stadt Köln unter dem Reiterstandbild Friedrich Wilhelm III auf dem Heumarkt den Brüdern Alexander und Wilhelm von Humboldt, zwei Gelehrten von Weltrang, als Sockelfiguren ein „Denkmal" gesetzt.

138 Die Humboldtsche Universität stand als Synonym für die moderne deutsche Universität im 19. Jahrhundert. Druwe weist allerdings darauf hin, dass dieser Topos der Humboldtschen Universität eine Erfindung des 20. Jahrhunderts sei. Die Zeitgenossen im 19. Jahrhundert kannten ihn nicht und sahen auch in der Berliner Universität keine Zäsur in der Universitätsentwicklung (Druwe, 2011, online).

139 Weniger frustriert aber nicht minder realistisch konstatiert W. P. Eckert (1961, S. 11) weit ab von der Bildungsprägung eines Wilhelm von Humboldt: „Die Universität ist heute weitgehend eine örtliche Zusammenfügung der verschiedensten Wissenschaften".

4. Psychologie an der Universität zu Köln (vor Lindworsky)

Die Preußische Staatsregierung verlieh der wiedergegründeten Universität die von Kultusminister[140] Haenisch am 12.06.1919 unterzeichnete Satzung.[141] Wörtlich heißt es im Titel der Satzung: „Satzung der Universität zu Cöln a. Rh."[142] und im Untertitel wird verzeichnet: „Die Preußische Staatsregierung verleiht der durch Beschluß vom 27. Mai 1919 neubegründeten Universität zu Cöln a. Rh. die nachfolgende Satzung" (s. Abb. 12). Wegen dieser eindeutigen Terminierung wird auch im Folgenden in der Regel (wie nach dem Zweiten Weltkrieg üblich) von der „Universität *zu* Köln" die Rede sein, auch wenn etliche offizielle Veröffentlichungen die Bezeichnung „Universität Köln" bevorzugen[143], beispielsweise die im Folgenden mehrfach als Quelle herangezogenen Vorlesungs- und Personalverzeichnisse (vgl. Archivalien).

Das Vorlesungsverzeichnis des laufenden Sommersemesters 1919 firmierte noch unter dem Titel „Städt. Handels-Hochschule Köln".

Die Vorlesungen waren zwangsläufig für das laufende Sommersemester 1919 der ursprünglichen Handelshochschule noch nicht nach Fakultäten geordnet. Aber das amtliche Personalverzeichnis der Universität zu Köln für das „Sommer-Semester 1919 und Zwischen-Semester[144] (22. Sept. – 20. Dez. 1919)" zeigte bereits

---

140 Die genaue Amtsbezeichnung lautet: Minister für Wissenschaft, Kunst und Volksbildung.

141 Am 09.05.1925 (Nr. 1) wurde in den „Nachrichten für den Lehrkörper" berichtet, dass an der Satzung „kleine Änderungen" vorgenommen worden seien, u.a. um die preußischen Universitätssatzungen in eine gewisse Übereinstimmung nach Inhalt und Form zu bringen (HAK Zug 516/2/149/1, S. 3).

142 Im Vertragstext der preußischen Regierung und der Stadt Köln vom 27. und 29.05.1919 fehlt eine genauere Bezeichnung, abgesehen von dem neutralen Begriff „Universität".

143 Als Josef Kroll (Professor für klassische Philologie) nach 1930–1931 von 1945 bis 1949 zum zweiten Mal Rektor der Universität wurde, führte er die heutige Bezeichnung „Universität zu Köln" ein (s. http://rektorenportraits.uni-koeln.de/rektoren/josef_kroll/). Kroll hielt die Bezeichnung „Universität Köln" für eine „sprachliche Missbildung", die durch eine nicht korrekte Übersetzung von „universitas coloniensis" entstanden sei (Arntz, 2003, S. 60).

144 Basierend auf dem preußischen Ministererlass vom 15.07.1919 fand an der Universität zu Köln vom 22.09. bis 20.12.1919 ein so genanntes Zwischensemester statt. Zugelassen zu diesem Zwischensemester waren u.a. „Studierende, die dem Grenzschutz-Ost, einem Freiwilligenverbande oder der Reichswehr beigetreten sind", „Kriegsteilnehmer, die mindestens zwei Semester verloren haben", „Hilfsdienstpflichtige, auch Frauen [...] die [...] im vaterländischen Hilfsdienst tätig gewesen sind", „Reichsdeutsche [...], die durch kriegerische Maßnahmen, wie Internierung

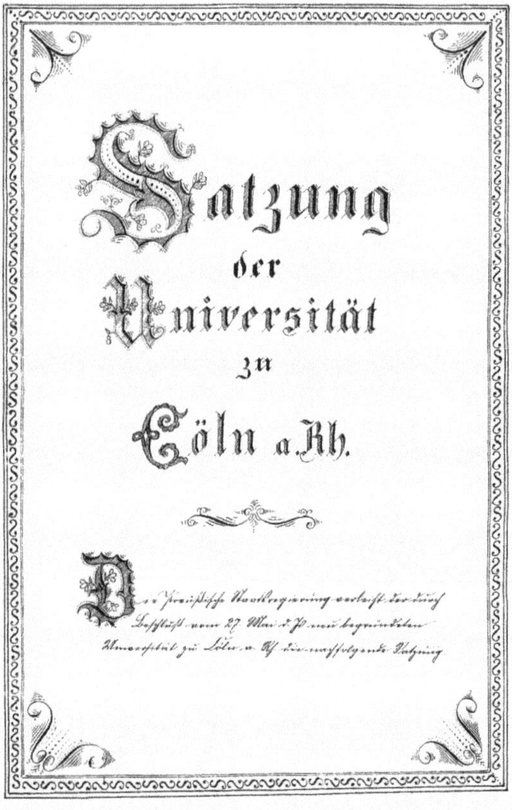
Satzung der Universität zu Cöln a. Rh.

Die preußische Staatsregierung verleiht der durch Beschluß vom 27. Mai d. Js. neu begründeten Universität zu Cöln a. Rh. die nachfolgende Satzung

Abbildung 12: *Satzung der Universität zu Köln von 1919. (http://www.uniarchiv.uni-koeln.de/5281.html)*

[...] am Studium behindert gewesen sind". [...] „Die Zulassung darf nur erfolgen, sofern sie zum Ausgleich für Studienhalbjahre erforderlich ist, die durch Kriegsdienst, Dienst bei den Freiwilligentruppen oder Vaterländischen Hilfsdienst verloren worden sind" (Vorlesungsverzeichnis, Zwischensemester vom 22. September bis 20. Dezember 1919).

STÄDT. HANDELS-HOCHSCHULE
KÖLN.
FERNSPRECHER A 5095, A 5973.

VORLESUNGS-
VERZEICHNIS
FÜR DAS
SOMMER-HALBJAHR 1919.

PREIS 50 PFG.

KÖLN 1919
KÖLNER VERLAGS-ANSTALT UND DRUCKEREI, A.-G.

Abbildung 13: *Das letzte Vorlesungsverzeichnis der Handelshochschule im Sommersemester 1919, gleichzeitig das erste Vorlesungsverzeichnis der Universität zu Köln nach der Wiedergründung. (http://www.ub.uni-koeln.de/cdm/compo-undobject/collection/vorlesverz/id/1123/rec/6)*

eine Aufteilung des Lehrkörpers in eine „Wirtschafts- und sozialwissenschaftliche Fakultät" und eine „Medizinische Fakultät".

In der Handelshochschule gab es kein Lehrfach Psychologie. Aber im Sinne Gustav von Mevissens waren die Geisteswissenschaften (oder auch Kulturwissenschaften) bereits Teil des Lehrangebotes.

Die Frage, wer die erste Vorlesung in Psychologie an der wiedergegründeten Universität zu Köln gelesen hat, ist nicht ganz einfach zu beantworten. Zum einen handelte es sich streng genommen im Sommersemester 1919 nur um „halbe Vorlesungen", die nach der formellen Gründung der Universität mitten im Semester erfolgten, zum anderen zeigen sich aber auch inhaltlich einige Schwierigkeiten.

Im Sommersemester 1919, dem letzten Semester der Handelshochschule und des Hochschulstudiums für Frauen in sozialen Berufen bzw. dem ersten „Semester" der wiedereröffneten Universität zu Köln, wurden drei Lehrveranstaltungen im Bereich Psychologie abgehalten. Der Bonner Professor Dr. phil. et med. Gustav Störring[145] hielt zum letzten Mal für das Frauenhochschulstudium seine Vorlesung „Psychologie der intellektuellen Funktionen" ab. Weiterhin bot er eine einstündige öffentliche Vorlesung (im Rahmen des Frauenhochschulstudiums und der Handelshochschule) mit dem Titel „Psychologie des menschlichen Gefühls- und Willenslebens" an, eine Vorlesung, die er bereits vorher im Wintersemester 1916/17 und im Sommersemester 1918 in diesem Rahmen abgehalten hatte.

Die dritte Psychologieveranstaltung im Sommersemester 1919 führte Dr. phil. Wilhelm Kahl, Privatdozent für Pädagogik, Beigeordneter der Stadt Köln und ehemaliger königlicher Provinzialschulrat im Rahmen der Ausbildung für Handelslehrer und Handelslehrerinnen und im Rahmen des Frauenhochschulstudiums durch. Bei der Lehrveranstaltung von Kahl handelte es sich um eine zweistündige Veranstaltung mit dem Titel „Pädagogische Psychologie". Kahl hatte bereits vorher an der Handelshochschule Köln im Sommersemester 1914 und im Wintersemester 1916/17 eine vergleichbare Veranstaltung mit demselben Titel „mit besonderer Berücksichtigung des Jugendlichen" abgehalten.[146]

---

145 Störring war ordentlicher Professor für Philosophie und Psychologie in Bonn und hatte sich wie auch andere Bonner Professoren bereit erklärt, freiwillig die Handelshochschule in Köln zu unterstützen. Als jedoch die Kölner sich anschickten, ihre Handelshochschule gegen eine Universität einzutauschen, fühlten sich die Bonner offenbar bedroht. Unmittelbar nach Bekanntwerden des Beschlusses des preußischen Staatsministeriums vom 04.01.1919 hatte die Kölnische Volkszeitung in ihrer Ausgabe vom 21.01.1919 (Nr. 57) eine Nachricht veröffentlicht, der zufolge Rektor und Senat der Bonner Universität gegen die Gründung einer Universität in Köln Einspruch eingelegt hatten. Die Universität Bonn sei weder vorher von dem bevorstehenden Schritt unterrichtet worden noch sei ihr die Gelegenheit zur vorherigen Äußerung gegeben worden. Bei beiderseitigem Entgegenkommen sei ein Zweckverband [Hervorhebung d. Verf.] voraussichtlich möglich gewesen. Der gesamte Lehrkörper der Universität Bonn schloss sich laut Zeitungsbericht dem Einspruch von Rektor und Senat an. Der Bonner Professor Rudolf Knopf schrieb wörtlich: „Die vollendete Heimlichkeit indes, mit der die Sache zwischen Berlin und Köln abgemacht wurde, musste hier [an der Universität Bonn] als eine große und ganz unverdiente Kränkung empfunden werden." (Kölnische Zeitung, 21.01.1919, Nr. 57)

146 Kahl hatte 1886 bei W. Windelband promoviert. Windelband gehörte zu den Unterzeichnern der von Rickert initiierten „Erklärung gegen die Besetzung philosophischer Lehrstühle mit Vertretern der experimentellen Psychologie" (1913). Am 21.02.1921 veröffentlichte die Kölner Universitätszeitung (1921, 4. Jg., Nr. 8)

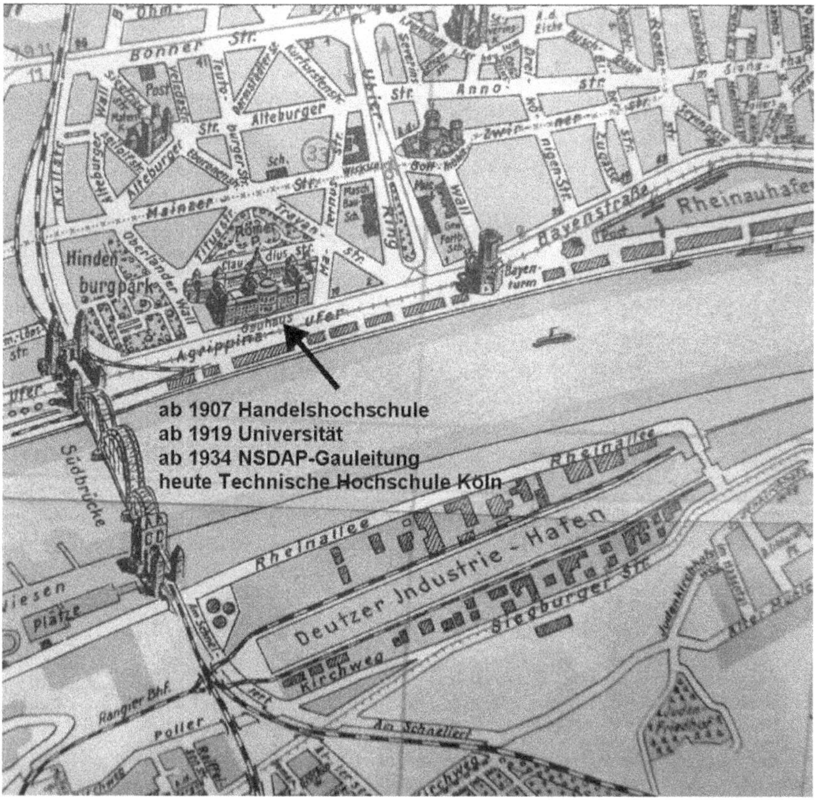

Abbildung 14: *Lage der „Alten Universität" im ehemaligen Gebäude der Handelshochschule. Da ab 1934 dort die Gauleitung residierte, wird das Gebäude auf dem obigen Kartenausschnitt von 1935 als „Gauhaus" bezeichnet.*

---

eine amtliche Meldung des Rektors und des Senats, nach der Wilhelm Kahl, bisher Honorarprofessor und Beigeordneter a.D. der Stadt Köln, zum außerordentlichen Professor in der Philosophischen Fakultät der Universität Köln ernannt worden war. Auf seine spätere Ernennung zum Ordinarius wird wegen der negativen Auswirkungen auf die planstellenmäßige Situation für Lindworsky noch an anderer Stelle einzugehen sein.

4.1 Max Scheler (1874–1928)

In das erste Zwischensemester vom 22.09. bis 20.12.1919 startete der Lehrbetrieb mit zwei Fakultäten: der „Wirtschafts- und Sozialwissenschaftlichen Fakultät" und der „Medizinischen Fakultät". Die Philosophie existierte bereits als Fachdisziplin, sie war allerdings noch in die Wirtschafts- und Sozialwissenschaftliche Fakultät integriert. Wenn man von den medizinischen Lehrveranstaltungen in der Psychiatrie durch den Kriminalpsychologen Prof. Dr. Gustav Aschaffenburg, ordentlicher Professor für Psychiatrie und Direktor der Psychiatrischen Klinik, und dem phänomenologisch ausgerichteten Psychiater Dr. med. Kurt Schneider (1887–1967)[147], Privatdozent für Psychiatrie und Sekundärarzt an der Psychiatrischen Klinik Lindenburg, absieht, hielt Max Scheler, ordentlicher Professor für Philosophie und Soziologie, im Zwischensemester 1919[148] eine Lehrveranstaltung über ein klassisches philosophisch-psychologisches Thema mit der Thematik „Philosophische Übungen über das Problem von Leib und Seele"[149] im Sozialwissenschaftlichen Forschungsinstitut ab. Diese Veranstaltung von Max Scheler über das metaphysische Leib-Seele-Problem war folglich die erste ein gesamtes Semester erfassende Psychologieveranstaltung der wiedergegründeten Universität zu Köln. Max Scheler selbst kündigte die Veranstaltung als „philosophische Übung" an. Die enge Verbindung dieser Thematik mit der Psychologie zeigte auch die im Sommersemester 1922 von Max Scheler durchgeführte dreistündige Vorlesung in der Aula der Universität zu Köln mit dem Titel: „Allgemeine Psychologie (mit Einschluß des Leib-Seele-Problems)".[150] Auch im Sommersemester 1926 hielt er noch eine öffentliche und allgemeine Vorlesung mit dem Titel „Leib und Seele".[151] Auch innerhalb der Physiologie hatte die Leib-Seele-Problematik ihren

---

147 Vgl. Stubbe, 2012, S. 105. Kurt Schneider promovierte 1921 bei Max Scheler zum Doktor der Philosophie (mit einer Arbeit über „Pathopsychologische Beiträge zu einer psychologischen Phänomenologie von Liebe und Mitfühlen" – Glazinski, 1997, S. 2).

148 Zwischensemester vom 22.09 bis 20.12.1919.

149 Eine neuere umfangreiche Darstellung des „Leib-Seele-Problems" befindet sich bei Eckardt (2010). Heiß (1937, S. 14) bezeichnet das Leib-Seele-Problem als den besten Zugang zur damaligen Psychologie.

150 Scheler hat immer wieder ein umfangreiches Werk der Anthropologie und Metaphysik angekündigt. Erst fünfzig Jahre nach seinem Tod wurden Teile davon veröffentlicht (Mader, 1980, S. 93).

151 Die Leib-Seele-Thematik wurde von verschiedenen Philosophiedozenten an der Universität zu Köln aufgegriffen. So hielt Hans Driesch, ordentlicher Professor in Philosophie, im Wintersemester 1920 eine einstündige öffentliche und allgemeine Vorlesung mit dem Titel „Leib und Seele". Ebenso hielt Privatdozent Paul Luchtenberg im Wintersemester 1921/22 und im Sommersemester 1923 eine öffentliche Vorlesung über das „Leib-Seele-Problem". Privatdozent (Philosophie) Dr. Willi Haas führte im Sommersemester 1922 eine Veranstaltung mit dem Titel „Leib und Seele" und Privatdozent für Philosophie Dr. Helmut Plessner führte im Sommersemester eine zweistündige Veranstaltung mit dem Thema „Leib und Seele" durch.

Platz. Die Psychologie-Diplomprüfungsordnung von 1941 wies auf die „Kenntnis der leibseelischen Zusammenhänge (Nervensystem, innersekretorische Vorgänge, körperliche Begleiterscheinungen seelischer Prozesse und Zustände)“ hin (Archivalien –Diplomprüfungsordnung, 1941, S. 260). Jochen Fahrenberg betont auch heute noch die gewichtige Rolle des Leib-Seele-Problems innerhalb der Psychologie. Er berichtet, dass bei einer Fragebogenerhebung bei Studierenden verschiedener Fakultäten und bei niedergelassenen Psychologen und Psychotherapeuten sowie Ärzten ergab, dass zwischen den Fächern keine deutlichen Unterschiede der Präferenzen für bestimmte Auffassungen im Sinne des Monismus oder des Dualismus bestanden.

> „Jedoch wurde mehrheitlich den verschiedenen Sichtweisen des Leib-Seele-Problems eine praktische Relevanz zugeschrieben. Damit wird die Hypothese gestützt, daß die jeweilige Auffassung des Leib-Seele-Problems Konsequenzen für die Theorienbildung und Methodologie der Psychologie hat. So könnten, z. B. bei psychosomatischen und neuropsychiatrischen Störungen, der Forschungsansatz, die Methoden und die Auswahl von Behandlungskonzepten, falls die jeweiligen Auffassungen konsistent und konsequent vertreten werden, von diesen philosophischen Vorentscheidungen beeinflußt sein.“ (Fahrenberg, online, o. J., o. P.)

Max Scheler[152] (1874 – 1928) wurde mit Wirkung des 12.06.1919 (Tag der Eröffnungsfeier der Universität zu Köln) zum ordentlichen Professor für Philosophie und Soziologie ernannt (UAK, Zug. 285/1, S. 2).[153] Er hatte allerdings (über das Forschungsinstitut für Sozialwissenschaften) ein persönliches Ordinariat inne, d.h. er besetzte einen Lehrstuhl „ad personam“, der nach Emeritierung nicht wieder besetzt werden musste. Er war damit nach Robert Saitschick, der noch von der Handelshochschule übernommen worden war[154], der zweite Philosophieordinarius in Köln. Übergangsweise wurden beide Professoren bis zur Eröffnung der Philosophischen Fakultät im Sommersemester 1920 in der Wirtschafts- und sozialwissenschaftlichen Fakultät als Hochschullehrer aufgeführt.[155]

Für die Psychologie als Bestandteil der Philosophie war zunächst entscheidend, welche Entwicklung die Lehrstühle im Bereich der Fachdisziplin Philosophie durchmachten. Saitschick prägte nur wenig die Entwicklung des Faches

---

152 Scheler promovierte in Philosophie 1896 an der Universität Jena bei Rudolf Eucken. Zwei Jahre später habilitierte er sich ebenfalls bei Eucken (Habilitationsschrift, 1900: Die transzendentale und die psychologische Methode, eine grundsätzliche Erörterung zur philosophischen Methodik). Landläufig wird Scheler als einer der prägenden, frühen Köpfe der philosophischen Anthropologie aufgeführt, wobei der eigentliche Anstoß zur Ausdifferenzierung dieses Fachbereichs von Immanuel Kant ausging, nämlich durch sein Werk „Anthropologie in pragmatischer Hinsicht“ (1798).

153 1. Sitzung der Philosophischen Fakultät vom 03.05.1920.

154 Anstellungszeitpunkt als ordentlicher Professor an der Handelshochschule war für Robert Saitschick der 01.04.1914 (UAK Zug. 285/1, S. 2)

155 Vgl. Personalverzeichnis für das Wintersemester 1920 (06.01.bis 01.04.1920).

Philosophie, nahm seine Vorlesungstätigkeit nach Gründung der Universität nur noch sporadisch auf und schied 1925 [aus gesundheitlichen Gründen] ganz aus dem Dienstverhältnis aus (Heimbüchel, 1988, S. 473). Max Scheler spielte dagegen für die Philosophische Fakultät und für die „Entstehung" der Fachdisziplin Psychologie an der Universität zu Köln eine zentrale Rolle. Er zählte zu den renommiertesten Professoren der Universität zu Köln in den zwanziger Jahren. Max Scheler hatte bereits eine nicht zu unterbewertende Rolle im Rahmen der Entstehung der Universität Köln: Im Rahmen der Verhandlungen Anfang des Jahres 1919 zwischen Unterstaatssekretär Becker auf der einen Seite und Eckert und Meerfeld[156] auf Kölner Seite wurde auch Max Scheler auf Veranlassung Beckers hinzugezogen. Entgegen der Erwartung Beckers unterstützte Scheler nachdrücklich die Kölner Universitätsziele (Heimbüchel, 1988, S. 311; Eckert, 1929, S. 62). Max Scheler hatte bis zu seinem Engagement an der Universität zu Köln im Jahre 1919 bereits ein bewegtes Leben hinter sich, aber auch noch vor sich.[157] Im Verlaufe des ersten Weltkrieges wandelten sich seine anfänglichen nationalistischen Töne um in

156 Obwohl Adenauer der Sozialdemokratie eher ablehnend gegenüberstand, knüpfte er Kontakt zu dem in Euskirchen geborenen sozialdemokratische Reichstagsabgeordneten Johannes Meerfeld. Meerfeld (1871–1956), ausgesprochener Gegner der katholischen Zentrumspartei, der Adenauer angehörte, war bis zur Auflösung des Reichstags im Jahre 1918 dessen Mitglied. Danach war er Mitglied der verfassunggebenden Nationalversammlung und danach Abgeordneter im ersten volldemokratisch gewählten Reichstag. Wie der erste Reichspräsident Friedrich Ebert so war auch Meerfeld gelernter Sattler (Brand, 2014, o. P.). Adenauer hatte zu Meerfeld ein besonderes Vertrauensverhältnis und ihm war bekannt, dass Meerfeld mit mehreren preußischen Ministern befreundet war. Ihn bat Adenauer um Unterstützung bei seinem Unterfangen zur Errichtung einer Universität zu Köln. Am 02.02.1919 fuhren Eckert und Meerfeld, nachdem der englischen Besatzungsbehörde mühsam die Ausreise aus Köln abgerungen worden war, nach Berlin (Eckert, 1929, S. 62). Auf Bitten Adenauers half Meerfeld Geheimrat Eckert, die notwendigen Beziehungen in Berlin zu knüpfen. Meerfeld war von 1920 bis 1933 Beigeordneter und Dezernent für Kultur und Volksbildung der Stadt Köln. Nach der Machtübernahme durch die Nazis wurde er kurze Zeit inhaftiert und dann aus seinem Amt entlassen (Brand, 2014, o. P.).

157 Vgl. Henckmann, 2005. Hans-Georg Gadamer (1900–2002), selbst renommierter Philosoph, der Scheler noch persönlich gekannt hat, schreibt u.a. dazu, dass Scheler nach der Habilitation (1899) Jena bald verlassen musste. „Die ehrbare Kleinstadt war zu eng für sein wüstes Temperament. Jedenfalls wechselte er nach München – stets ein Liebhaber schöner Frauen (geheiratet hat er aber nur dreimal)" (Gadamer, 1975, S. 13). In Jena hatte Scheler ein Verhältnis mit der verheirateten Schriftstellerin Helene Voigt-Diederichs. Mader schreibt (1980, S. 21): „Beide, Schwiegermutter und Frau, sorgten später entscheidend mit dafür, dass Scheler Jena verlassen und sich in München eine neue Existenz aufbauen musste. Beide sind wiederum daran beteiligt, dass er auch diese berufliche Tätigkeit in München nach wenigen Jahren auf Grund einer Pressekampagne aufgeben muss und schließlich sogar die Venia Legendi entzogen bekommt." Ähnlich äußerte sich auch Edith Stein (1965, S. 181).

einen mehr an einer europäischen Friedensordnung orientierten Vertreter. Er galt als prominenter Vertreter einer Wiederbelebung der deutschen und europäischen Kultur[158] aus dem katholischen Glauben[159] (Henckmann, 2005, online, o.P.). Deshalb sorgte Adenauer auch dafür[160], dass er als ordentlicher Professor 1919 einen Ruf als Hochschullehrer für Philosophie und Soziologie an der wirtschafts- und sozialwissenschaftlichen Fakultät der neu gegründeten Universität erhielt,[161] verbunden mit einer Mitdirektorenstelle am Sozialwissenschaftlichen Forschungsinstitut.

Es darf nicht übersehen werden, dass Max Scheler seine Veranstaltung über das „Leib-Seele-Problem" im Sozialwissenschaftlichen Forschungsinstitut durchführte. Dieses Institut ist gewissermaßen eine „typisch kölsche" Lösung, ein Ergebnis der damals durchgeführten städtischen Kulturpolitik. Initiator war Konrad Adenauer. Er schuf (mit Hilfe des Beschlusses der Stadtverordneten) mit diesem Institut wirklich etwas „Neuartiges". Das Forschungsinstitut war das erste nur den Sozialwissenschaften bzw. der Soziologie gewidmete Forschungsinstitut im Deutschen Reich. Es handelte sich um ein von der Universität unabhängiges Institut und wurde in Gänze von der Stadt Köln finanziert. Die Gründung erfolgte noch vor Kriegsende (!) in einer Zeit größter Ungewissheit. Das Institut war aufgebaut in Abteilungen unterschiedlicher Weltanschauung, mit einer christlichen, einer sozialistischen und einer mehr kapitalistischen (später als liberal bezeichneten) Komponente, geleitet von drei völlig voneinander unabhängigen Institutsdirektoren. Der Direktor der Abteilung der christlichen Weltauffassung wurde Max Scheler. Diese Dreiteilung des Institutes ging auf Adenauer zurück. Das „Forschungsinstitut für

158 Wie schwierig die Überwindung alter und fortgesetzter Feindbilder und der Weg in eine neue Friedensordnung war zeigen indirekt zwei Anträge, die Scheler am 28.11.1927 in der Philosophischen Fakultätssitzung stellte: „Herr Scheler beantragt dem Rektorat als Bericht d. Fakultät zuzuleiten 1) an der Rheinlanduniversität Köln sollen künftigt [sic] öffentliche Vorträge von Vertretern der Besatzungsmächte nicht gehalten werden. 2.) Bei öffentlichen Vorträgen in der Universität ausländischer Gelehrter ist der betr. Fachvertreter zu Rate zu ziehen." Beide Anträge wurden einstimmig angenommen (UAK Zug. 285/1, S. 192).

159 Zu der Zeit nannte man Max Scheler den „schwarzen Nietzsche"; „man hoffte, daß er dazu beitragen werde, den deutschen Katholizismus aus dem Ghetto kultureller Inferiorität herauszuführen" (Lutz, 1963, S. 23). Imhof schreibt, „daß es zutreffender ist, von einer katholisierenden als von einer katholischen Phase Schelerschen Denkens zu sprechen" (Imhof, 1987, S. 241). Maders Monographie zeigte aber auch auf, dass Scheler von katholischer Seite als Werbeträger eingesetzt wurde, nachdem er wegen Werken wie „Vom Ewigen im Menschen" [1. Aufl. 1921; 6. Aufl. 2000] gerade in katholischen Kreisen große Resonanz fand (Mader, 1980, S. 80; Henckmann, 2005).

160 In einem Brief Adenauers aus dem Jahre 1947 heißt es, dass Scheler von ihm in Absprache mit Kardinal von Hartmann ausdrücklich als katholischer Philosoph berufen worden sei (Haupts, 2007, S. 159).

161 Die Philosophische Fakultät, in der er aus heutiger Sicht hätte integriert werden müssen, wurde erst im Sommersemester 1920 gegründet.

Sozialwissenschaften" stellte so ein besonderes Beispiel für „Parität" in Köln dar. Die Dreiteilung des Instituts und auch des Direktoriums entsprachen dem damaligen politischen Proporz in der Kölner Stadtverordnetenversammlung. Dadurch, dass sich die großen politischen Orientierungen in dem Institut wiederfanden, sicherte sich Adenauer die Zustimmung der Mehrheit zu diesem Projekt (Alemann, 1976, S. 666). Nach Adenauers Meinung sollte insgesamt in dem Institut „vollständig frei und tendenzlos" gearbeitet und geforscht werden (Alemann, 1976, S. 651).[162] Max Schelers Arbeit im Forschungsinstitut für Sozialwissenschaften war jedoch nicht konfliktfrei und seine spätere Wendung zum überzeugten Atheisten sowie seine Sprunghaftigkeit und Launenhaftigkeit im Umgang mit Personen machten ihn schnell zu einer Randfigur im Institut (Alemann, 1976, S. 667), was aber wohl kaum seiner Rolle an der Universität entsprach.

Zum Sommersemester 1920 startete die Philosophische Fakultät. Dem Personalverzeichnis für das Wintersemester 1920 (06.01. bis 01.04.1920) ist zu entnehmen, dass die Juristische Fakultät mit Beginn des WS 1920 (06.01.1920) ihren Lehrbetrieb aufnahm. Die Philosophische Fakultät war demnach von den vier Fakultäten der Kölner Universität die jüngste.[163] Im Gegensatz zur Gründung des Psychologischen Instituts gibt es hinsichtlich des Anfangs der Philosophischen Fakultät nachweislich einen konkreten Zeitpunkt. Am 03.05.1920 wurde laut Protokoll (UAK Zug. 285/1, S. 1) die Philosophische Fakultät durch seine Magnifizenz, den Rektor der Universität zu Köln, Geheimrat Prof. Dr. Ch. Eckert, eröffnet. Bezüglich der Lehrtätigkeit im Bereich Psychologie ist im Sommersemester 1920 neben

162 Auf Beschluss des Oberbürgermeisters Riesen vom Dezember 1934 wurde das Forschungsinstitut im März 1934 von den Nationalsozialisten geschlossen und an seiner Stelle entstand ein Forschungsinstitut für Deutschen Sozialismus (Haupts, 2007, 116). Nach dem Kriege wurde das Institut als „Forschungsinstitut für Sozial- und Verwaltungswissenschaften" wieder eröffnet (Alemann, 1976, S. 666).

163 Die gemeinhin „erste" Fakultät, die Theologische Fakultät, wurde in Köln nicht eingerichtet; insofern knüpfte Köln nicht an seine alte 1798 geschlossene Universität an. Die Wirtschafts- und Sozialwissenschaftliche Fakultät wurde nach der Wiedergründung die „erste". Angesichts der Eröffnung einer evangelisch-theologischen Fakultät in Frankfurt und angesichts des kriegsbedingten Verlustes der katholisch-theologischen Fakultät in Straßburg verfasste 1922 Prof. Thiess eine Denkschrift zugunsten der Eröffnung einer katholisch-theologischen Fakultät in Köln (HAK Zug. 514/2/141/2, S. 45–55). In der Chronik „Universität Köln 1925" (S. 8) wurde berichtet, dass das Fehlen der theologischen Fakultät auf den Standpunkt der kirchlichen Behörden zurückzuführen sei, denen die im deutschen Westen bereits vorhandenen Fakultäten für das theologische Studium genügten. Bei der begrenzten Anzahl der Studierenden befürchte man durch die Eröffnung einer weiteren theologischen Fakultät eine zu große Zersplitterung. In der Satzung der Universität zu Köln (§ 5) wurde darauf hingewiesen, dass die Universität „zunächst" die obigen vier Fakultäten umfassen sollte. Nach dieser Formulierung ist davon auszugehen, dass im Blickbereich der Universitätsgründer auch eine Theologische Fakultät sein konnte.

den fachspezifischen Veranstaltungen in der medizinischen Fakultät lediglich eine Veranstaltung von Max Scheler zu erwähnen. Er führte wöchentlich eine anderthalbstündige „philosophische Seminarübung“ (privatissime) im Sozialwissenschaftlichen Forschungsinstitut durch. Thema der Seminarübung: „Probleme der Sozialpsychologie“. Dies war folglich auch die erste Psychologieveranstaltung der jetzt offiziell gegründeten Philosophischen Fakultät der Universität zu Köln. Zu dem Zeitpunkt als Scheler die „Sozialpsychologie“ lehrte war diese Thematik noch stark von der sogenannten Massenpsychologie und der kulturvergleichenden Völkerpsychologie besetzt.[164] Daneben setzten sich aber auch aus den USA kommende Einflüsse durch. Charles H. Cooley (1864–1929) hatte bereits den Begriff der primary group, der Primärgruppe (Familie, Nachbarschaft, Freundeskreis der Kinder, Arbeitskollegen) eingeführt und ihre fundamentale Bedeutung für die Sozialisation des Menschen (auch empirisch) untersucht (Lück, 2006, S. 74).

4.2 Psychologie und die Besetzung des dritten Philosophielehrstuhls durch Driesch

Laut Fünfjahresbericht der Universität zu Köln (Universität Köln 1925, S. 119) wurde von Anfang an beim Aufbau der Philosophischen Fakultät auf eine starke Vertretung der Fachdisziplin Philosophie geachtet. Erkennbar ist dies beispielsweise an dem Antrag der Philosophischen Fakultät (die damals noch sämtliche Naturwissenschaften beinhaltete) vom 14.06.1921 auf Errichtung eines dritten Philosophieordinariates. Der Antrag wurde gestellt „durchdrungen von der Ueberzeugung, dass die Philosophie nach wie vor die unerlässliche Grundlage aller Universitätswissenschaften bilde“ (UAK Zug. 44/164, o. P.). Allein von dieser Prämisse ausgehend ist erkennbar, wie schwer es für die Psychologie sein sollte, sich selbstständig neben der Philosophie zu etablieren. Am 21.06.1919 war die Kommission zur Vorbereitung der Philosophischen Fakultät an der Universität Köln zu ihrer ersten Sitzung zusammengekommen. Geheimrat Eckert teilte mit, dass nach Ansicht des Ministeriums zunächst sechs „neue“ Ordinariate anzustreben seien. Die Kommission einigte sich dahingehend, insgesamt sieben Professuren (davon eine in Philosophie) zu beantragen (UAK Zug. 285/1, o. P.). Da Scheler und Saitschick bereits ordentliche Professoren in Philosophie waren, handelte es sich bei dem zu besetzenden Lehrstuhl zwangsläufig um den dritten Philosophielehrstuhl.[165] Das dritte Ordinariat wurde dann nach eingehender Beratung Prof. Hans Driesch in Heidelberg angeboten, der mit Beginn des Sommersemesters 1920 an

---

164 Neben der Völkerpsychologie wird auch die Massenpsychologie (insbesondere die romanische Massenpsychologie) als Vorläufer der Sozialpsychologie angesehen (Lück, 2006, S. 74).

165 Gelegentlich wird auch anders, unter Weglassen der Professur Schelers, gezählt, da Schelers Lehrstuhl eine persönliche, an das Forschungsinstitut für Sozialwissenschaften gebundene Professur war.

die neu gegründete Philosophische Fakultät nach Köln kam[166]. Driesch erhielt von der Berufungskommission der neu gegründeten Universität Köln einstimmig den Ruf als ordentlicher Professor.[167]

Der schriftlichen Begründung nach suchte die Kommission unter dem Eindruck der besetzten Rheinlande [und sicherlich auch der Worte Adenauers im Rahmen der Eröffnungsfeier] nach einer Persönlichkeit „europäischen Horizontes“ und womöglich auch „europäischer Geltung“ zwecks „Wiederbefreundung des deutschen Volkes mit den Ländern des Westens“ (UAK Zug. 17/1074, Bl. 3).[168] Der Kommission war ferner daran gelegen, durch eine geeignete Personenwahl

166 Hans Driesch (1867–1941, evangelischer Konfession) war zunächst Biologe, entwickelte sich aber im Laufe der Zeit zu einem Philosophen mit weltweiter Anerkennung und Ausstrahlung. 1909 habilitierte er sich an der Universität Heidelberg. Durch die Vermittlung Windelbands wurde er 1911 auch in Philosophie habilitiert (Miller, 1991, S. 6). 1916 wurde er zum Honorarprofessor ernannt und 1918 erfolgte die Ernennung zum etatsmäßigen [sic] außerordentlichen Professor (UAK Zug. 17/1047, Bl. 1). 1926 veröffentlichte er die Schrift „Grundprobleme der Psychologie“, die sogar ins Griechische übertragen wurde. Driesch hatte Aufrufe zu Gunsten des Philosophen Theodor Lessing und anderer unterzeichnet, deren Vorlesungen von Nationalsozialisten gestört worden waren. Im Zusammenhang mit anderen politischen Äußerungen Drieschs führte dies schon 1933 zu seiner nach außen hin ‚freiwilligen‘ Emeritierung durch die Nationalsozialisten. Seine Veröffentlichungen danach sind nur noch rein fachwissenschaftlich (Miller, o. J., online).

167 In der Sitzung der Kommission zur Vorbereitung der Philosophischen Fakultät am 05.07.1919 (Die erste ordentliche Sitzung der Philosophischen Fakultät fand am 03.05.1920 statt; UAK, Zugang 285/1, S. 3) wurde für das geplante Ordinariat für Philosophie Prof. Dr. Hans Driesch (Heidelberg) vorgeschlagen; die Verhandlungen über weitere Vorschläge wurden vertagt (ebd.). In der Fakultätssitzung am 10. 07.1919 wurde für die „dritte Professur für Philosophie“ an erster Stelle immer noch Prof. Driesch (Heidelberg) vorgeschlagen. An zweiter Stelle schlug Prof. Scheler den damaligen Freiburger Hochschullehrer und Mitarbeiter am dortigen Psychologischen Institut. Prof. Jonas Cohn, und Max Frischeisen-Köhler, zu diesem Zeitpunkt a.o. Professor an der Universität Halle-Wittenberg, vor. An dritter Stelle sah sein Antrag Hermann Alexander Graf Keyserling vor. Als „Minoritätsantrag“ wurde seitens Prof. Dr. Leopold von Wiese und Kaiserswalden an 2. Stelle Graf Keyserling und an 3. Stelle Frischeisen-Köhler vorgeschlagen (UAK Zug. 285/1, o. P.). Prof. von Wiese war zu diesem Zeitpunkt ordentlicher Professor für eine Doppelprofessur, d.h. für wirtschaftliche Staatswissenschaften und für Soziologie an der Universität zu Köln (vgl. Personalverzeichnis). Dem Protokoll der Kommission vom 05.07.1919 ist eine endgültige Beschlussnahme nicht zu entnehmen. Da zu diesem Zeitpunkt de jure noch keine Philosophische Fakultät existierte, waren alle Beschlüsse nur als „Vorbeschlüsse“ anzusehen und mussten folglich noch der „wirtschafts- und sozialwissenschaftlichen Gesamt-Fakultät“ zur Beschlussfassung vorgetragen werden (UAK, Zugang 285/1, o.P.).

168 Düwell (1976, S. 167) spricht von dem „neuen Glauben an die politische Kraft der Kultur“ zu Beginn der Weimarer Republik und er zitiert dabei den späteren

„in weltanschaulich-paritätischer Hinsicht den vorhandenen Kräften eine gewisse Ergänzung zu geben" (UAK Zug. 17/1074, Bl. 4).[169] Weiterhin wollte man die Philosophie nach der naturwissenschaftlichen Seite, nach Seiten der Geschichte der Philosophie und nach „der analytischen, experimentellen und angewandten[170] Psychologie" erweitern (UAK Zug. 17/1074, Bl. 4). Diese Zielvorgabe war sicherlich auch eine Reaktion auf die wachsende Bedeutung der Psychologie in den vergangenen Jahrzehnten und es ist das erste Mal, dass an der Universität zu Köln expressis verbis zwar nicht über eine Psychologieprofessur nachgedacht wurde, aber zumindest bestand die Möglichkeit einer Philosophieprofessur mit dem Schwerpunkt Psychologie.

Die Kommission setzte einstimmig an „primo loco", den „Honorarprofessor und Privatdozenten der Universität Heidelberg, Dr. Hans Driesch". Die Kommission sah in Hans Driesch die „weitaus den Kölner Bedürfnissen angemessenste Persönlichkeit" (UAK Zug. 17/1074, Bl. 6). In der konkreten auf Driesch bezogenen Begründung der Kommission ist allerdings nichts mehr von experimenteller Psychologie zu lesen. Dieses Kriterium war also augenscheinlich zugunsten anderer Kriterien bei der Auswahl aus dem Gesichtsfeld geraten. Dafür war aber die wissenschaftliche Reputation Drieschs im Ausland um so gewichtiger. „Ein Moment, das die Kommission hoch in Anschlag bringt ist die seltene Hochschätzung und Geltung, die Hans Driesch im Ausland genießt". Das galt besonders für England, Frankreich und Amerika, „die kulturpolitische Sphäre des Rheinlandes" (UAK Zug. 17/1074, Bl. 5).[171] In Bezug auf die weltanschaulichen Anforderungen heißt es lediglich: „Seine

---

Kultusminister Carl Heinrich Becker: „Kulturpolitik heißt bewusste Einsetzung geistiger Werte im Dienste des Volkes und des Staates zur Festigung im Innern und zur Auseinandersetzung mit anderen Völkern nach außen."

169 Scheler galt als „katholisch"; Robert Saitschick (1868 – 1965) gehörte seit 1913 der Schweizer Landeskirche an (Tilitzki, 2002, S. 49). Über seine gelegentlich behauptete Zugehörigkeit zum Judentum vgl. Golczewski, 1988, S. 173–179. Folglich war die Kommission auf der Suche nach einem Kandidaten evangelischer Konfession.

170 Schöpfer des Begriffs der „angewandten Psychologie" war William Stern mit seinem Programm von 1903 in der damals von ihm gegründeten Zeitschrift „Beiträge zur Psychologie der Aussage". Stern definierte die „angewandte Psychologie" als die „Wissenschaft von den psychologischen Tatbeständen, die für praktische Anwendungen in Frage kommen". Er teilte ihr als Aufgaben die psychologische Beurteilung (Psychognostik) und die psychologische Einwirkung (Psychotechnik) zu. Für ihre Verfahren forderte er insbesondere das angewandt-psychologische Experiment (Dorsch, 1963, S. 10). Weitere Informationen zur Fortentwicklung des Begriffs der „angewandten Psychologie" vgl. Dorsch, 1963, S. 11–12.

171 Insbesondere Drieschs im Rahmen der renommierten Gifford-Lectures an der Universität Aberdeen 1907–1908 gehaltenen Vorlesungen wurden zusammengefasst und als Buch in englischer Sprache herausgegeben (The Science and Philosophy of the Organism) und erst danach ins Deutsche übersetzt [!] (Philosophie des

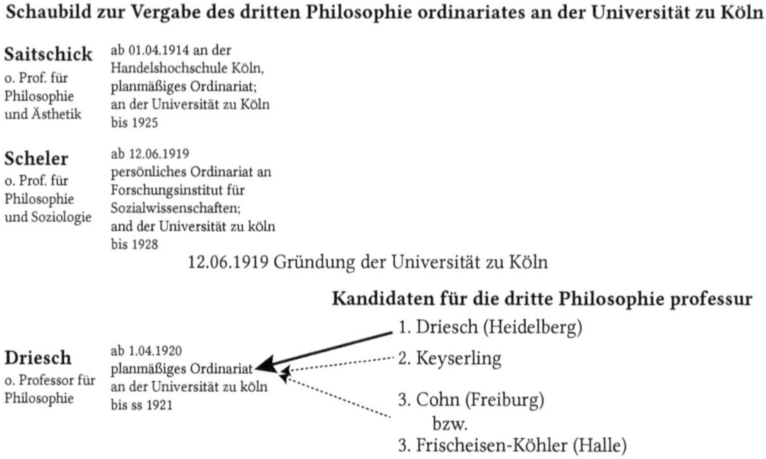

Abbildung 15: *Schaubild zur Vergabe des dritten Philosophie-Lehrstuhls an Driesch (Bild: Rapp, I., 2017).*

irenische[172] Stellung zu den konfessionellen und den nationalen Gegensätzen [...] lässt ihn ferner der Kommission als die geeignete Persönlichkeit für Köln erscheinen" (UAK Zug. 17/1074, Bl. 6); Driesch erschien der Kommission folglich als eine geeignete Person, um die weltanschauliche Parität im Gleichgewicht zu halten. Auch für den an zweite Stelle gesetzten Graf Hermann Keyserling war das kulturpolitische Kriterium, dass Keyserling persönliche Beziehungen zu den „geistigen Führerschaften fremder Nationen" unterhielt „von grossem Gewicht". Er könne folglich viel für die „Wiederbefreundung des deutschen Volkes mit fremden Nationen" tun.[173] Sein „Reisetagebuch eines Philosophen" wurde von der Kommission als ein sehr schätzbarer "Beitrag zur Psychologie der Völker" angesehen und sei dazu

Organischen), und dabei zum Standardwerk avancierte (Miller, 1991, S. 6). Vgl. auch Miller, 1991, S. 7; UAK Zug. 44/164, S. 5.

172 irenisch = friedliebend / Irenik.

173 Hermann Keyserling (1880–1946), Schriftsteller und Philosoph, lehrte an keiner Hochschule und war durch sein zweibändiges „Reisetagebuch eines Philosophen", das 1919 erschienen war, mit einem Schlag sehr berühmt geworden. Zum Zeitpunkt obiger Überlegungen der Philosophischen Fakultät war er weder promoviert noch habilitiert (Dyserinck, 1977, S. 565). Die letzte Auflage seines Reisetagebuchs stammte aus dem Jahre 2009.

geeignet, die nötige Kenntnis der Deutschen „des gegenwärtigen Zustandes fremder Völker auf psychologisch vertiefte Weise zu vermehren" (UAK Zug. 17/1074, Bl. 6 und 7). Lediglich bei dem an die dritte Stelle gesetzten außerordentlichen Professor Jonas Cohn(1869–1947)[174] von der Universität Freiburg stand das Kriterium der „analytischen, experimentellen und angewandten Psychologie" im Vordergrund. Nach Meinung der Kommission habe er die Psychologie durch „experimentelle Forschungen, durch Abhandlungen zur erkenntnistheoretischen Grundlegung der Psychologie in fruchtbaren Auseinandersetzungen mit Hugo Münsterberg[175] mannigfach bereichert" (UAK Zug. 44/164, o. P.). Philosophie wurde als ein weltanschaulich geprägtes und prägendes Lehrfach angesehen. Angesichts der veränderten geo- und kulturpolitischen Lage Kölns nach dem ersten Weltkrieg und der neuen Zielvorgaben ist es nachzuvollziehen, dass ein Experimentalpsychologe, ohne die neuen übergeordneten, bildungspolitischen Vorgaben zu erfüllen, keine Aussicht auf eine erfolgreiche Berufung auf einen Philosophielehrstuhl unmittelbar nach dem Weltkrieg in Köln hatte.

Mit Wirkung vom 01.04.1920 wurde Hans Driesch an der Universität zu Köln zum ordentlichen Professor ernannt[176] und ab dem Sommersemester 1920 begann auch seine Lehrtätigkeit an der Universität zu Köln. Mit ihm wurde folglich das dritte Philosophieordinariat neben den beiden Ordinariaten Scheler und Saitschick besetzt. Als Philosophieprofessor hatte Hans Driesch in seiner kurzen Zeit in Köln zwei Vorlesungen mit psychologischem Inhalt gehalten, im Wintersemester 1920/21 eine öffentliche Vorlesung zum Leib-Seele-Problem[177] und im Sommersemester 1921 noch eine Vorlesung über „Allgemeine Psychologie".

---

174 Jonas Cohn hatte als wissenschaftlicher Assistent im Labor Wilhelm Wundts in Leipzig gearbeitet. Ab 1897 wirkte er in Freiburg/Breisgau, wo er die Leitung des psychologischen Labors in der Nachfolge von Hugo Münsterberg übernommen hatte. 1919 erhielt er eine ordentliche Professur für Philosophie und Pädagogik gegen den Widerstand Martin Heideggers. 1933 musste er die Universität wegen seiner jüdischen Abstammung verlassen und emigrierte 1939 nach Großbritannien (Allesch, 2015, S. 69). An die dritte Stelle war ebenfalls der damalige außerordentliche Professor in Halle Max Frischeisen-Köhler gesetzt worden. Frischeisen-Köhler war ab 1921 Ordinarius für Philosophie und Pädagogik an der Universität Halle. (http://www.deutsche-biographie.de/ pnd118693700.html)

175 Zur Person Hugo Münsterbergs vgl. FN 320 u. 715.

176 UAK Zug. 285/1, S. 3; Sitzung der Philosophischen Fakultät vom 03.05.1920.

177 Im Jahre 1916 hatte Driesch eine Schrift zur Leib-Seele-Problematik herausgegeben (Titel: Leib und Seele – eine Untersuchung über das psychophysische Grundproblem). 1920 veröffentlichte er in seiner Kölner Zeit eine „zweite verbesserte und teilweise umgearbeitete Auflage" (Driesch, 1920).

5. Johannes Lindworsky (1875–1939)

Abbildung 16: *Johannes Lindworsky*

Johannes Lindworsky wurde am 21.01.1875 in Frankfurt am Main geboren. Nach dem Abitur trat er 1897 im Alter von 22 Jahren der Gesellschaft Jesu bei (Lindworsky, 1916, S. 96).[178] Wegen des Jesuitengesetzes, das dem Orden eine Tätigkeit

---

178 Inigo de Oüaz y de Loyola, der hl. Ignatius von Loyola (1491–1556) gründete 1534 den Jesuiten-Orden. Für die Psychologie ist das Exerzitienbuch von Ignatius von Loyola, die „Geistlichen Übungen" (Exercitia spiritualia, 1548) von Bedeutung. Die Exerzitien sind über Jahrhunderte ein Mittel der klerikalen Erziehung gewesen. Ihrem Erfolg ist zu einem gewichtigen Teil der Einfluss der Jesuiten zu verdanken (Hehlmann, 1967, S. 103). Lindworsky (1924) hat selbst eine Kommentierung des Exerzitienhandbuchs des Ignatius von Loyola herausgegeben: „Die charakterologische Bedeutung der Exerzitien des hl. Ignatius von Loyola" (*Jahrbuch der Charakterologie, Bd. 1*, S. 271–288. Berlin: Panverlag Rolf Heise); zur Psychologie der Jesuiten vgl. insbesondere Stubbe, 2001, S. 142–144). Hehlmann verweist auf die

innerhalb Deutschlands untersagte[179], musste er für seine Ausbildung in die Niederlande ausweichen. Nach Noviziat in Blijenbeck und Juniorat im Canisiushaus in Exaeten (Ühlein, 1986, S. 17) folgte ein dreijähriger philosophischer Kurs in Valkenburg nahe Maastricht zur Vorbereitung auf das Studium der Theologie. Dort lernte Lindworsky bei Joseph Fröbes[180], der ihn nachhaltig beeindruckte. Gemäß der Ausbildungsordnung der Jesuiten unterbricht er danach zunächst sein theoretisches Studium, um in der Praxis seine Eignung als Pädagoge zu prüfen. Allzu weit aus dem Dunstkreis des Ordens musste er sich hierfür allerdings nicht heraus bewegen; das Pensionat Stella Matutina in Feldkirch (Österreich), in dem er als Studienpräfekt arbeitete, war ein ordenseigenes Haus. Selbst unterrichten musste Lindworsky als Präfekt nicht, lediglich die sinnvolle Einteilung der Zeiten für das Privatstudium der Schüler, Prüfungen sowie die Aufnahme neuer Zöglinge fallen in sein Ressort (Ühlein, 1986, S. 22). Darüber hinaus hatte er als Studienpräfekt „dem Rektor in der Leitung der Schule beizustehen" und die Lehrer anzuleiten (Ühlein, 1986, S. 21). Unterstützung/Anleitung und Kontrolle liegen allerdings gemäß dem damaligen Zeitgeist eng beisammen. In den Regeln für den Präfekten der Gymnasialstudien heißt es:

> „Wenigstens alle 14 Tage höre er die einzelnen Lehrer und schaue zu, ob sie dem Religionsunterricht die schuldige Zeit und Mühe widmen, ob sie in der Durchnahme und Wiederholung des Lehrpensums gehörig voranschreiten, ob endlich der Verkehr mit den Schülern in allem anständig und löblich sei." (Duhr, 1896, S. 222)

---

psychologische Interpretation Lindworskys, indem er sagt: Die geistlichen Übungen [des Ignatius von Loyola] seien nichts anderes als ein Neuaufbau der menschlichen Motivation. Sie bringen hohe Werte an den Exerzitanten heran, dies aber in einem inneren Zusammenhang, in welchem jedes Glied das andere bedinge und trage. Der Gedankenkomplex sei auf zwei Zentralmotive hin geordnet (Gottesidee und individueller Beruf), die immer wieder aufeinander bezogen werden. Trete ein Teil ins Bewußtsein, so werde schnell der ganze Komplex lebendig. Entfalte er sich weiter, so verknüpfe er sich mit jeder großen und kleinen Unternehmung und durchdringe schließlich von selbst die ganze Lebensführung. (Hehlmann, 1967, S. 103; vgl. auch Stubbe, 1987, S. 94).

179 Durch das „Gesetz, betreffend den Orden der Gesellschaft Jesu" vom 10.07.1872 (umgangssprachlich „Jesuitengesetz") wurde der Orden durch „Wilhelm von Gottes Gnaden Deutscher Kaiser, König von Preußen" im deutschen Reichsgebiete verboten (§ 1). Ausländische Angehörige des Ordens konnten ausgewiesen werden. Der Aufenthaltsort von inländischen Angehörigen des Ordens konnte festgelegt werden (§ 2). Das Jesuitengesetz war Teil des „Kulturkampfes". [Konflikt zwischen dem Deutschen Kaiserreich unter Reichskanzler Otto von Bismarck und der katholischen Kirche unter Papst Pius IX] 1904 wurde das Gesetz abgeschwächt (§ 2 wurde zurückgenommen); allerdings erst 1917 wurde das Gesetz ganz abgeschafft (Ühlein, 1986, S. 8).

180 Die „Psychologie" im niederländischen Valkenburg wurde geprägt von Joseph Fröbes (*1866; †1947 in Köln). Fröbes hatte in Göttingen bei Georg Elias Müller

Für einen Lindworsky unterstellten Lehrer galt: „Dem Präfekten dieser Studien gehorche er in allem, was zu diesen Studien und zur Schuldisciplin [sic] gehört" (Duhr, 1896, S. 235). Lindworsky selbst schrieb in seinen Erinnerungen:

> „Ich fühlte Boden unter meinen Füßen und was das für einen sich entwickelnden jungen Menschen bedeutet, Boden unter den Füßen zu fühlen, darf ich wohl als bekannt voraussetzen. Selbst der Gedanke an die Möglichkeit, später einmal meine Lebensaufgabe in der Verwaltung einer ganz untergeordneten Präfektur sehen zu müssen, hatte für mich nichts Schreckliches mehr." (Lindworsky, 1939a, S. 18)

Dennoch kehrte er nach Valkenburg zurück und studierte ab 1906 die notwendigen acht Semester Theologie. 1909 wurde er in Valkenburg zum Priester geweiht (Ühlein, 1986, S. 22).[181] Bis 1911 war Lindworsky als Seelsorger in s'Heerenberg tätig, bevor er für das Sommersemester 1911 zum Psychologiestudium an die Universität München ging (Ühlein, 1986, S. 23). Es blieb allerdings vorerst bei diesem einen Semester, denn Lindworsky zog sich für ein Jahr in die Zurückgezogenheit des Tertiats zurück (Ühlein, 1986, S. 24).

Fröbes' Schwerpunkt lag, abweichend von der jesuitischen Studienordnung für Psychologie, auf der naturwissenschaftlich orientierten Psychologie. „Dabei bemühte er sich in seinen Vorlesungen und Veröffentlichungen um eine Synthese zwischen dem Ideengut aristotelisch-scholastischer Philosophie und moderner, besonders experimentell unterbauter Wissenschaft" (Gilen, 1961 [online, o. P.])[182]. Lindworsky erwähnte seinen „ersten Lehrer der Philosophie Joseph Fröbes" in seiner Dissertation mit besonderem Dank. Er habe das „Interesse an empirisch-psychologischer Forschung" in ihm wachgerufen und „liebevoll gepflegt" (Lindworsky, 1916, S. 96). Das bedeutendstes Werk Fröbes' ist das „Lehrbuch der experimentellen Psychologie".[183] Robert Heiß verwies selbst 21 Jahre später in seiner Vorlesung an der Kölner Universität über „Allgemeine Psychologie" auf das „Lehrbuch der experimentellen Psychologie" von Fröbes. „Das ist die zur Zeit beste Darstellung der experimentellen Psychologie, die auch wirklich auf Vollständigkeit Anspruch erheben kann", urteilte er (Heiß, 1937, S. 285).

Psychologie studiert und erhielt 1899 eine Professur für Philosophie in Valkenburg. Für das Studienjahr 1899–1900 wird er zum ersten Mal in „Logik und Ontologie" als Hochschullehrer aufgeführt (Kempf, 1919, S. 58). Neben „Psychologie" lehrte Fröbes ab 1904 in Valkenburg offiziell „empirische Psychologie" (Kempf, 1919, S. 59).

181 In der Gesellschaft Jesu war es zwingend erforderlich, dass ein angehender Priester vor der Weihe das dreiunddreißigste Lebensjahr vollendet hatte (Bode, 1847, S. 123).

182 1902 verlässt Fröbes für zwei Jahre Valkenburg, um bei G. E. Müller und W. Wundt zu studieren. Nach seiner Rückkehr nach Valkenburg 1904 vertritt er offiziell die experimentelle Psychologie (Ühlein, 1986, S. 19).

183 Zwei Bände: Bd. I 1916, 2. und 3. Aufl. 1932 [umgearbeitet]; Band II 1929, 3 Aufl. 1929 [umgearbeitet], spanisch 4 Aufl. Madrid 1950 (Gilen, 1961).

Aber nicht alle Lehrer Lindworskys waren offenbar so aufgeschlossen wie Fröbes. Zu der Zeit, als er in Valkenburg lernte, galt dort die jesuitische Studienordnung (Ratio atque Institutio Studiorum Societatis Jesu[184]) von 1832. Sie war von „General Johannes Roothaan" erlassen worden, „welcher damit nach seinem Vorworte die Studien der Gesellschaft Jesu dem heutigen Standpunkte der Wissenschaft angepaßt und die Gesellschaft zur würdigen Beherrscherin alles Wissens erhoben hat" (Bode, 1847, S. 130). In Regel Nr. 23 für den Philosophielehrer heißt es dort bezüglich der Psychologie als Teil der Metaphysik:

> „Zur Psychologie gehört die Erklärung über das Wesen der menschlichen Seele und ihre Fähigkeiten. Daher behandle er die Sinneswahrnehmungen, die Einbildungskraft, das Gedächtnis, die Natur des Verstandes und der Vernunft, das Begehrungs- und Verabscheuungsvermögen, das Spontane, Gewollte und Freiwillige, und die Freiheit der menschlichen Seele. Er erkläre den wesentlichen Unterschied zwischen Leib und Seele, die Einfachheit, Geistigkeit und Unsterblichkeit der Seele. Die Fragen über den Sitz der Seele, ihre Verbindung mit dem Leibe, über die Natur und den Ursprung der Ideen, über die Tierseele nehme er kurz durch unter Angabe der Ansichten der berühmten Philosophen." (Duhr, 1896, S. 218)[185]

Ühlein fasst folgerichtig zusammen, dass damals nur die „spekulative Psychologie" in der Studienordnung vorgesehen war (Ühlein, 1986, S. 18). Es ist deutlich erkennbar, dass die „philosophische Psychologie" mit ihren tradierten Themen wie Leib-Seele-Problem, Frage nach dem Ursprung der Idee und der Tierseele, wie sie im Zusammenhang mit Albertus Magnus angesprochen wurde, zu den zentralen psychologischen Themen gehörte.[186] Lindworsky unterscheidet die „philosophische Psychologie" von der „Psychologie als Tatsachenwissenschaft". Er geht sogar so weit, die experimentelle Psychologie als eine „unentbehrliche Hilfswissenschaft

---

184 Grundsätze und Ordnung der Studien innerhalb der Gesellschaft Jesu.

185 Auch abgedruckt in Bode, 1847, S. 134.

186 Stubbe (2012a, S. 67) beschreibt die „thomistische Psychologie" folgendermaßen: „Die Wesensform des lebendigen Organismus ist die anima' (Seele). Beim Menschen ist sie zu Lebzeiten mit dem Leib verbunden und bildet mit ihm eine Einheit. Die ‚anima rationalis' (Geistseele) ist jedoch immateriell und kann vom Leibe getrennt werden, ihre Substanz ist unzerstörbar. Die sinnlichen Vorstellungen, mit denen das Denken arbeitet, entstammen den Sinnesorganen und sind somit körperlich gebunden: ‚nihil est in intellectu, quod non prius fuerit in sensu' [nichts ist im Verstand, was nicht zuvor in den Sinnen war]. Zum Denkvorgang bedarf der ‚intellectus' jedoch keines körperlichen Organs. Das vernünftige Streben äußert sich im Willen, der also vom ‚intellectus' abhängig ist. Von ihm unterscheidet sich das affektbedingte Begehren mit seinen beiden Vermögen: die ‚potentia concupiscibilis' [Begehrungsvermögen] (Freude, Trauer, Haß etc.) und die ‚potentia irascibilis' [Strebevermögen] (Hoffnung, Furcht etc.). Die seelischen Akte sind durch Intentionalität gekennzeichnet. Da die menschliche Seele Teilhabe am Göttlichen besitzt, ist auch Erkenntnis als apriorisches Wissen möglich."

der Philosophie" zu bezeichnen und sieht ihre Aufgabe darin, möglichst viel „Tatsachenmaterial" für die Schlussfolgerungen des Philosophen zur Verfügung zu stellen (Lindworsky, 1921b, S. 2).[187] Die philosophische Psychologie ist die Wissenschaft, „die nach den letzten Prinzipien des Seelenlebens, nach der Seele, ihrem Wesen, ihrer Herkunft, ihrer Bestimmung und ihrer Verbindung mit dem Leibe fragt" (Lindworsky, 1934, S. 63). Die philosophische Psychologie kümmere sich um die „letzten Bedingungen der Bewußtseinserscheinungen"; so scheide für die experimentelle Psychologie und auch die theoretische Psychologie „das Leib-Seeleproblem, die Frage nach der Substanzialität, Geistigkeit und Unsterblichkeit der Seele aus" (Lindworsky, 1926, S. 3).

Lindworsky berichtet in seinen Erinnerungen (1939, S. 17) davon, dass er in seiner Ausbildungszeit in Valkenburg versucht habe, ein philosophisches Problem mit Hilfe der Assoziationslehre zu lösen. Sein damaliger Lehrer, Pater Viktor Cathrein[188], habe ihm jedoch „in der Positur eines Großinquisitors und mit dem Ernst einer Grabesstimme" geantwortet: „Diese Lehre ist nicht sauber, ich warne Sie davor! Auf jeden Fall hat der heilige Thomas[189] sie nicht gekannt" (Lindworsky, 1939a, S. 17). Die Dominanz und Bedeutung von Thomas von Aquin erkennt man in den Allgemeinen Regeln [des Jesuitenordens von 1832] für die Lehrer der Philosophie nach der neuen ratio studiorum. Hier heißt es unter der Regel Nr. 7 in Bezug auf Thomas von Aquin (und seinen philosophischen Schriften) „Hingegen von St. Thomas werde nur ehrenhaft gesprochen bei Gemüthern die denselben lieben, ihm

187 In seinem Buch über die theoretische Psychologie verwendet Lindworsky sogar den Begriff „Tatsachenpsychologie" (Lindworsky, 1926, S. 6)

188 Viktor Cathrein (*1845; †1931 in Aachen) war schweizer Moral- und Rechtsphilosoph. Er trat 1863 in den Jesuitenorden ein. Nach der Vertreibung 1872 aus dem Deutschen Reich schloss er sein Studium in England ab. Er veröffentlichte Schriften während des „Kulturkampfs" unter dem Pseudonym „Nikolaus Siegfried". Er war Redakteur der „Stimmen aus Maria Laach" (später: „Stimmen der Zeit"). Als Professor für Moralphilosophie und Sozialethik arbeitete er an der Ordenshochschule in Valkenburg (Graf, 2010, S. 66).

189 Gemeint ist der Kirchenlehrer Thomas von Aquin, der von 1248–52 in Köln Schüler von Albertus Magnus war. 1702 wurde von der theologischen Fakultät in Köln die Verbindlichkeit der thomasischen Doktrin für das Kölner Theologiestudium statuiert (Meuthen, 1998, S. 26). 1879 wurden die Lehren des Thomas von Aquin durch die Enzyklika Aeterni Patris von Papst Leo XIII. zur Grundlage der katholischen akademischen Ausbildung erhoben. Thomas von Aquin wurde in das Gesetzbuch der Katholischen Kirche, dem CIC (Codex Iuris Canonici) übernommen. Im Abschnitt „Ausbildung der Kleriker" heißt es im Canon 252 § 3: „Es sind Vorlesungen in dogmatischer Theologie zu halten, die sich immer auf das geschriebene Wort Gottes zusammen mit der heiligen Tradition stützen; mit deren Hilfe sollen die Alumnen die Heilsgeheimnisse, vor allem unter Anleitung des hl. Thomas als Lehrer, tiefer zu durchdringen lernen [...]".

folgend, wenn es nothwendig ist, oder ihn ehrerbietig und mit Würde verlassend, wenn er weniger zusagt." (Bode, 1847, S. 132).

Vom 23.10.1912 bis zum 05.08.1913 war Lindworsky an der Universität Bonn eingeschrieben. Dort lehrte zu diesem Zeitpunkt Oswald Külpe (1862–1915), von dem bereits im Zusammenhang mit der Kölner Handelshochschule die Rede war. Als Benno Erdmann 1909 Bonn verließ und nach Berlin ging, wurde als Nachfolger der Wundt-Schüler Oswald Külpe aus Würzburg berufen. Dieser wandte sich gegen Wundts These, komplexere Phänomene wie Denken und Sprache seien nicht experimentell, sondern nur kulturhistorisch, d.h. mit den Methoden der vergleichenden Völkerpsychologie, zu untersuchen. Külpe sah seine Arbeit als Fortsetzung der experimental-psychologischen Forschung an, während Wundt die von Külpe und Bühler eingeführte systematische Selbstbeobachtung [die Methode der „Introspektion"] als unwissenschaftliche Ausfragerei betrachtete (Thomae, 1977, S. 36f).[190] Külpe setzt sich von Wundt ab, indem er nicht nur das Unbewusste akzeptierte, sondern auch eine Einheit des Seelenlebens hervorhob: „Alle Einzelheiten unseres Bewusstseins werden zu Einheiten, zu Ganzen zusammengefasst, in denen eine Tendenz, ein Gedanke, ein Ziel, eine Aufgabe im Mittelpunkt stehen, während das übrige ein- und untergeordnet bzw. ausgeschaltet wird, je nachdem es dieser Tendenz dient oder fremd ist" (Külpe, 1920, S. 92)[191]. Denken ist also Erfassung von Sinnzusammenhängen und Herstellung neuer Beziehungen. Grundmethode Külpes war die systematische, experimentelle Selbstbeobachtung. Wichtig war für ihn auch die Rolle des Versuchsleiters: „Aber auch der VL hat heute eine große Bedeutung gewonnen, in dem er sich nicht bloß als technischer, sondern auch als psychologischer Leiter der Untersuchung zu fühlen und zu benehmen hat. Er muss die Versuche möglichst innerlich mitmachen."

Külpes Assistent in Bonn war Karl Bühler[192]. Lindworsky war auf Bühler schon in Valkenburg aufmerksam geworden, als jener 1907 zu Ergebnissen gelangt war, die der aristotelisch-thomistischen Psychologie nahe kamen (Ühlein, 1986, S. 24). Im Rahmen seiner Dissertation schreibt Lindworsky über Bühler und Külpe: „Unschätzbare Anregungen und liebste Erinnerungen hinterläßt sodann in

190 Wundt teilte die Psychologie in die experimentell arbeitende Physiologische Psychologie und die nicht-experimentell arbeitende Völkerpsychologie ein. Das Experiment sei zum Studium komplexerer, d.h. höherer und damit auch sozialer Vorgänge ungeeignet. „So blieb für Wundt die Völkerpsychologie auf Beobachtung, Vergleich und Beschreibung, und was ihn selbst betraf, auf Schreibtischarbeit, beschränkt" (Lück, 2006, S. 73).

191 Buch wurde nach Külpes Tod durch Karl Bühler im Jahre 1920 herausgegeben.

192 Karl Bühler (1879–1963) promovierte 1903 in Freiburg in Medizin und 1904 in Straßburg in Philosophie. Ab 1906 arbeitete er als Assistent von Oswald Külpe am Institut für Psychologie der Universität Würzburg und wurde zu einem „Wortführer der Denk- und Willenspsychologie der sogenannten Würzburger Schule" (Benetka & Friedrich, 2015, S. 59)

mir der nähere Verkehr mit den Professoren Külpe und Bühler, dessen ich mich erfreuen durfte“ (Lindworsky, 1916, S. 96).

Im Sommersemester 1913 erhielt Külpe einen Ruf nach München und Karl Bühler erhielt in München eine Stelle als außerordentlicher Professor. Lindworsky folgte Külpe und Bühler nach München und immatrikulierte sich dort. In den folgenden Semestern hörte er u.a. Philosophie bei Baeumker (Ühlein, 1986, S. 25),[193] der später auch als Gastprofessor in Köln an der Handelshochschule lehrte. 1915 wird Lindworsky bei Külpe an der Ludwig-Maximilians-Universität zu München mit der Arbeit „Die Gestaltungsweisen des syllogistischen Denkens“ zum Dr. phil. promoviert (Lindworsky, 1916). Er bleibt danach noch bis Oktober 1916 immatrikuliert, hört „Experimentelle-psychologische Arbeiten“ bei Külpe und hält eine Reihe Fortbildungsveranstaltungen für Lehrer. Dies wird er auch später während seiner Kölner Zeit tun.

Am 30.12.1915 verstarb Oswald Külpe plötzlich und unerwartet im Alter von nur 53 Jahren an einem Herzschlag. Karl Bühler war zu diesem Zeitpunkt als Stabsarzt an der Westfront eingesetzt (Charlotte Bühler, 1972, S. 18), wird aus dem Krieg zurückgerufen und übernimmt temporär die Leitung des Instituts. Zu seiner großen Enttäuschung wurde jedoch nicht er, sondern Erich Becher[194] zum Nachfolger Külpes ausgewählt. Als Karl Bühler einen Ruf an die TU Dresden (C. Bühler, 1972, S. 21) erhielt, zog Karl Bühler mit seiner Frau Charlotte nach Sachsen.[195] Becher übertrug daraufhin Lindworsky die Betreuung der denk- und willenspsychologischen Arbeiten (Ühlein, 1986, S. 28). In seinem Personalbogen an der Universität

193 1900 übernahm Baeumker das Ordinariat für Philosophie an der Universität Bonn, 1903 wurde er Nachfolger von Wilhelm Windelband in Straßburg und 1912 übernahm er den Lehrstuhl seines Freundes und Lehrers Georg von Hertling in München (Grabmann, 1953b).

194 Erich Becher (1882–1929) studierte in Bonn Mathematik, Physik, Nationalökonomie und Philosophie. Benno Erdmann begeisterte ihn in Bonn für Philosophie und Psychologie. 1904 promovierte Becher in Philosophie mit einer Dissertation zur Psychologie des Lebens. 1909 wurde er Ordinarius in Münster in Westfalen als Nachfolger Meumanns (Wenzl, 1953, S. 688).

195 Charlotte und Karl Bühler hatten sich 1915 am Psychologischen Institut in München kennengelernt und im April 1916 in Berlin geheiratet. Unter den Hochzeitsgästen war auch Lindworsky. Charlotte Bühler schrieb diesbezüglich rückblickend im Jahre 1972 (S. 20): „Unter den Gästen waren [...] und auch Johannes Lindworsky, ein Jesuitenpater und Schüler Karls [Karl Bühler] und Külpes, der sich zufällig in Berlin befand. Wir erfuhren erst später, daß dieser Freund die protestantische Trauung des Katholiken Karl sehr missbilligte.“ Lindworsky schrieb selbst 1938, dass Charlotte Bühler einen starken Einfluss auf ihn gehabt habe. In „Des werktätigen Katholiken Lebenskunst“ (1938, S. 7) heißt es: „Nach den rein wissenschaftlich orientierten Untersuchungen versuchte ich mich auch an den mehr praktischen Fragen der Willensbildung, der Erziehung, der Aszese und schließlich unter dem starken Einfluß der Arbeiten von Charlotte Bühler [...] an dem Gesamtproblem des ganzen menschlichen Lebens“.

zu Köln (UAK Zug. 17/3464, o.P.) gibt Lindworsky selber an, dass er von 1918 bis 1919 Leiter der experimentellen Arbeiten über Denk- und Willenspsychologie im Psychologischen Institut der Universität München gewesen sei.

Von seinem Werk her gebühre Lindworsky zweifelsfrei ein Platz in der Geschichte der Psychologie, schreibt Ühlein 1986. Aber Lindworsky sei eine Gestalt in der Geschichte der deutschsprachigen Experimentalpsychologie, die in Vergessenheit zu geraten drohe. Er sei kein Vertreter einer bestimmten Richtung, sondern in seinem Schaffen eher als unabhängig anzusehen, folglich auch weniger interessant für Psychologiehistoriker, die sich eingehend mit Mitgliedern von Schulen auseinandersetzen (Ühlein, 1986, S. 1). Der Schwerpunkt der Schaffenskraft Lindworskys in Köln lag auf der Experimentellen Psychologie und die markantesten Spuren, die er dort hinterlassen hat, liegen hier und dem damit in Verbindung stehenden Psychologischen Institut, welches später unter Robert Heiß in „Institut für Experimentelle Psychologie" umbenannt wurde.

5.1 Stellung der Experimentellen Psychologie zu Beginn des 20. Jahrhunderts

Bis Mitte des 19. Jahrhunderts war die Psychologie an den Universitäten als eigenständige Wissenschaft nicht anerkannt. Die Psychologie war bis dahin nur „eine spekulative Charakterkunde und eine blosse [sic] Reflektion über die Seele, über ihre Substanz und Attribute, über ihren vermeintlichen Sitz im Körper und ihre postulierte Unzerstörbarkeit" (Fahrenberg, 2000, S. 3).[196] Selbst an Universitäten, die einen Lehrstuhl für Psychologie einrichteten, galt das Fach immer als eine Disziplin der Philosophie. Es war ein Fach ohne eine eigene fachspezifische Methodik, die es von anderen Wissenschaften hätte unterscheiden können.

> „Erst durch die Entwicklung des Experiments als hauptsächlicher Methode der Psychologie wurden erstmals exakte, nach den allgemeinen Regeln wissenschaftlicher Forschung nachprüfbare Ergebnisse gewonnen. Die spekulative Psychologie ist seitdem im wesentlichen beendet, Psychologie präsentiert sich heute als empirische Wissenschaft" (Doucet, 1971, 169).

Nach Lindworsky ist es Aufgabe des Experimentalpsychologen, „bestimmte seelische Vorkommnisse im Einzelnen" kennen zu lernen und ihre „Gesetzmäßigkeiten" zu entdecken (Lindworsky, 1921a, S. 1). „Wie wir Farben sehen und die Töne hören;

---

196 1862 hatte Wundt beklagt, die Psychologie sei seit Aristoteles nicht einen einzigen Schritt vorangekommen. Mit dem Akt der Begründung des Laboratoriums für Experimentelle Psychologie in Leipzig durch Wundt sollte „symbolisch eine dunkle metaphysische Vergangenheit der Psychologie beendet und der Beginn einer lichten, aufgeklärten, antimetaphysischen, kurz wahrhaftig wissenschaftlichen Psychologie markiert werden" schreibt Rainer Mausfeld, Professor für Allgemeine Psychologie in Kiel (Mausfeld, 2000, S. 21).

wie unsere Phantasie arbeitet; wie das Gedächtnis seine Schätze gewinnt und verliert; wie sich unser Gemüt regt; wie das menschliche Denken von Erkenntnis zu Erkenntnis vordringt und unser Wille seine Ziele verfolgt", das alles sei Forscheraufgabe des Experimentalpsychologen (Lindworsky, 1921a, S. 1). Der Philosoph stelle andere Fragen: „Woher stammen die seelischen Vorkommnisse? Was ist die Seele? Ist die Seele geistig, unsterblich, mit Freiheit begabt? Wie verhalten sich Leib und Seele? [...] [Der Experimentalpsychologe] schaut auf die seelischen Einzeltatsachen, das Wie der psychischen Erscheinungen. Der Philosoph hingegen bemüht sich um ihre letzten Gründe: die Seele als Urgrund der Bewußtseinserscheinungen" (Lindworsky, 1921a, S. 1). So kommt es, dass Lindworsky die „philosophische Psychologie", die nach den letzten Prinzipien des Seelenlebens, nach der Seele, ihrem Wesen, ihrer Herkunft, ihrer Bestimmung und ihrer Verbindung mit dem Leibe fragt, von der „Psychologie als Tatsachenwissenschaft" unterscheidet (Lindworsky, 1934, S. 63).[197]

Sicherlich lässt sich darüber streiten, ob Wilhelm Wundt als einziger Urheber der modernen Psychologie, der experimentellen Psychologie, angesehen werden kann.[198] Unbestritten jedoch ist sein enormer nationaler und internationaler Einfluss.[199] Innerhalb der unterschiedlichsten Erscheinungsformen der Psychologie in

---

197 Die Experimentelle Psychologie ist folglich nicht ein Teilgebiet der Psychologie wie etwa die Wahrnehmungs-, Entwicklungs- oder Kinderpsychologie. Sie definiert sich ausschließlich über die Methode des Experiments.

198 Psychologie als Wissenschaft zeigt sich zum ersten Mal bei Johann Friedrich Herbart „Die Psychologie als Wissenschaft – neu gegründet auf Erfahrung, Metaphysik und Mathematik" (1824) und Eduard Beneke „Lehrbuch der Psychologie als Naturwissenschaft" (1833) und seine „Pragmatische Psychologie oder Seelenlehre in der Anwendung auf das Leben" (1850) [vgl. Ash, 1985, S. 33]. Lindworsky bezeichnet das Jahr 1860, das Jahr, in dem Fechners „Elemente der Psychophysik" erschienen, als das Geburtsjahr der experimentellen Psychologie (Lindworsky, 1921a, S. 4). „Aus der Psychophysik wächst die experimentelle Psychologie", sagt auch Robert Heiß sechzehn Jahre später in seiner Kölner Vorlesung (1937, S. 25). Wundts Verdienst bestand darin, dass er nicht wie Fechner seine Beobachtungsmethoden auf das spezielle Gebiet des Verhältnisses von Leib und Seele einschränkte, sondern das gesamte Seelenleben durch exakte Methoden genauer zu erforschen suchte (Gutberlet, 1906, S. 2). „Die experimentelle Psychologie bedient sich aller Hilfsmittel der Forschung [...] Sie bedient sich des Messens, Zählens, Rechnens, vor allem aber der Instrumente und des Experiments, um die Natur zu belauschen" (Gutberlet, 1906, S. 2).

199 Wilhelm Wundt (1832–1920), Sohn eines evangelischen Pfarrers, war als Mediziner ausgebildet und zeigte ein besonderes Interesse an dem damals noch nicht etablierten Fach der Psychologie. 1874 erhielt er ein Ordinariat in Leipzig für Philosophie, jedoch mit dem ausdrücklichen Wunsch, dort den empirischen Zugang zu etablieren. So konnte Wundt seine sinnespsychologischen experimentellen Studien durchführen und Leipzig wurde für lange Zeit zum „Mekka" vieler Wissenschaftler aus Europa und USA (Heine, 2009, S. 144).

den ersten Jahrzehnten des 20. Jahrhunderts sieht Wilhelm Wundt die Richtungen der Assoziationspsychologie[200], der Apperzeptionspsychologie[201] und der sogenannten Denkpsychologie (Wundt, 1913, S. 22).

Um die Jahrhundertwende, selbst 30 Jahre nach Gründung des Leipziger Instituts, waren die Experimentalpsychologen mit einer zweifachen Herausforderung konfrontiert: erstens bedurfte es der methodischen Legitimierung gegenüber den Naturwissenschaften und des Nachweises der philosophischen Relevanz ihrer Ergebnisse, zweitens bedurfte es des Nachweises der Berechtigung innerhalb des Ausbildungswesens und des sonstigen Praxisbezuges (Ash, 1985, S. 45).

Auf dem fünften Kongress der „Gesellschaft für Experimentelle Psychologie" in Berlin im Jahre 1912 war die Forderung geäußert worden, „jede Universität müsse ein Institut für experimentelle Psychologie erhalten und entsprechend auch einen

200 (von lat. associare = verbinden) „Assoziationen sind Verbindungen zwischen Gedächtnisinhalten, die nach dem zeitlichen Ablauf miteinander verbunden oder nach der Ähnlichkeit, nach dem Gegensatz oder nach der räumlichen und zeitlichen Nähe in einer Relation zueinander stehen", definiert der Freiburger Psychologieprofessor Hans Spada (1990) in seinem Lehrbuch „Allgemeine Psychologie" (Bern: Hans Huber). Die sich aus der Assoziationspsychologie ergebenden Assoziationsgesetze sind Erklärungsprinzip für den gesamten Aufbau des Seelenlebens. Durch das damit einhergehende Suchen nach unabhängigen, elementaren Bewusstseinsinhalten ist die Assoziationspsychologie weitgehend Elementenpsychologie oder atomistische Psychologie (Dorsch – *Lexikon der Psychologie.* https://portal.hogrefe.com/dorsch/assoziationspsychologie/).

201 Wundt suchte nach allgemeingültigen Gesetzmäßigkeiten, so wie sie in der Medizin auch für körperliche Vorgänge galten. Ziel war also, das Bewusstsein in kleinste Bestandteile zu zerlegen, die nicht weiter aufteilbar sind. Wundt nannte diese kleinsten Teile „Elemente des Bewusstseins". Daher auch der Begriff Elementenpsychologie. Zentraler Begriff der Elementenpsychologie war die sogenannte Apperzeption. Apperzeption [engl. apperception; franz. aperception, abgeleitet von lat. (ap-) percipere] ist ein von Leibniz geprägter Begriff. Im Gegensatz zu einfacher Wahrnehmung (Perzeption) wird sinnlich Gegebenes durch Aufmerksamkeit und durch Erinnerung aufgefasst und angeeignet, indem es in den Bewusstseinszusammenhang eingeordnet wird (Dorsch, Lexikon der Psychologie). Wundt verstand unter Apperzeption das Eintreten eines Bewusstseinsinhaltes in das Aufmerksamkeitsfeld. Es handelt sich bei der Apperzeption im Sinne Wundts um eine willentlich geleitete Aufmerksamkeit, die neue Erlebnisinhalte und Erfahrungen auffasst, verbindet und in persönlicher Weise verarbeitet (Stubbe, 2012b, S. 50). Es geht bei der Apperzeption folglich um das Eintreten eines Bewusstseinsinhalts in das Aufmerksam-keitsfeld oder die Verschiebung vom Blickfeld zum Blickpunkt (Lück, 2002, S. 60). Als innere Willenshandlung ist die Apperzeption für Wundt der Prototyp aller seelischen Prozesse. (Aus unserer heutigen Begrifflichkeit kommt der Apperzeption der Begriff der Kognition am nächsten.) Deshalb nennt Wundt in späteren Jahren seine Psychologie auch Voluntarismus. Seelische Erlebnisse sind nicht irgendwelche Ereignisse, sondern Ergebnisse von Willenshandlungen (Lück, 2002, S. 60).

Ordinarius für Psychologie neben mindestens zwei Ordinarien für Philosophie" haben (Goldschmidt, 1912, S. 96). Diese Forderung entsprach antizipatorisch etlichen Psychologenwünschen an der Kölner Universität in den Zwanziger Jahren, falls der dritte Philosophielehrstuhl mit einem Experimentalpsychologen besetzt worden wäre.

Die zunehmende Bedeutung der Psychologie im Kontext der akademischen Landschaft war u.a. daran zu erkennen, dass es 1913 zu einem Eklat innerhalb der deutschsprachigen Professorenschaft kam. Infolge des Aufschwungs der experimentellen Psychologie war es im letzten Drittel des 19. Jahrhunderts häufig vorgekommen, dass philosophische Lehrstühle in Lehrstühle für experimentelle Psychologie umgewandelt bzw. mit Experimentalpsychologen besetzt wurden. Als 1912 der Psychologe Erich Rudolf Jaensch[202] gegen den Willen des ortsansässigen Paul Natorp (Kapferer, 2001, S. 169) zum Nachfolger des Philosophen Hermann Cohen auf die Professur in Marburg berufen wurde, schien für viele das Maß des Erträglichen überschritten worden zu sein (Ash, 1985, S. 53).[203] [204] Insgesamt 107 Professoren, d.h. etwa zwei Drittel der Philosophiedozenten an deutschsprachigen Hochschulen unterzeichneten eine „Erklärung[205] gegen die Besetzung philosophischer Lehrstühle mit Vertretern der experimentellen Psychologie" (1913).[206]

---

202 Erich Jaensch (1883–1940) promovierte 1909 bei dem Experimentalpsychologen Georg Elias Müller in Göttingen. Mit 29 Jahren wurde er ordentlicher Professor für Philosophie an der Universität Marburg. Diese Berufung löste den oben diskutierten Lehrstuhlstreit aus. Erich Jaensch wurde bekannt durch die Untersuchung eidetischer Anschauungsbilder, die er auf dem 7. Kongress für experimentelle Psychologie in Marburg präsentierte. Er verfiel schon hierbei auf Vermutungen über „latente" eidetische Anlagen. Aus der Beobachtung, dass sich Personen in ihren Anschauungsbildern unterschieden, entwickelte er seine „Integrationstypologie". In seinem wegen des schlechten Renommees bekanntesten Werk, „Der Gegentypus" (1938), wurde dieser Ansatz zu einem scheinwissenschaftlichen Instrument, das rassistische Tendenzen enthielt (Lück, 2015). Maria Krudewig habilitierte sich 1948 an der Universität zu Köln (Fakultätssitzung vom 27.02.1948, Zug. 285/1, S. 546) mit einer Schrift über die Lehren von der visuellen Wahrnehmung und Vorstellung bei Erich Rudolf Jaensch.

203 In einem Brief Martin Heideggers, damals außerordentlicher Professor in Marburg, an Karl Jaspers vom März 1925 heißt es, dass die Philosophie des Kollegen Jaensch selbst für Volksschullehrer zu primitiv sei (Kapferer, 2001. S. 169).

204 Nach Marbes Meinung (1913) hatte die Berufung von Narziß Ach in Königsberg 1907 ähnliche Reaktionen hervorgerufen.

205 Die Erklärung wurde an die deutschen Regierungen und die Presse weitergegeben (Wundt, 1913, S. 4). Gundlach spricht von einer „kollektiven Ausstoßungsaktion" (Gundlach, 2003, S. 70).

206 Karl Marbe (1913) kam zu einem abweichenden Ergebnis. Seine Recherchen ergaben, dass von den Philosophieordinarien 27 unterzeichnet hätten und 39 nicht (Marbe, 1913, S. 16); folglich habe nur eine Minderheit der Philosophieordinarien unterschrieben. Nicht frei von Polemik schreibt er: „Auch dürfte mancher gute Literaturkenner in manchem unterzeichneten Namen die einzige ihm gegenwärtige

Wie prekär und z.T. auch noch verachtet die Stellung der naturwissenschaftlich orientierten Psychologie[207] an den Universitäten war, zeigt die folgende polemische Bemerkung Windelbands, auf die auch Wundt in seiner Streitschrift (1913) Bezug nahm:

> „Es war eine zeitlang in Deutschland so, dass der Befähigungsnachweis zum Besteigen eines philosophischen Katheders schon als erbracht galt, wenn jemand methodisch auf elektrischen Knöpfen zu tippen gelernt hatte und in langen, tabellarisch wohl geordneten Versuchsreihen zahlenmäßig beweisen konnte, dass manchen Menschen langsamer etwas einfällt, als anderen" (Windelband, 1909, S. 92).

Zu den „Nichtunterschreibern" der Erklärung zählten Baeumker (München), Dyroff (Bonn), Erdmann (Berlin), Külpe (Bonn) und Störring (Straßburg), die alle über die Handelshochschule in Köln eine Beziehung zur „Kölner Psychologie" hatten. Die „Erklärung" hatte auch der damalige Heidelberger Professor Hans Driesch, der ab 1920 den dritten Lehrstuhl für Philosophie in Köln innehatte, unterschrieben. Auch Nicolai Hartmann, damals in Marburg tätig und ab 1925 in Köln Inhaber des dritten philosophischen Lehrstuhls, zählte zu den Unterzeichnern (Archivalien, Erklärung, 1913, S. 116). Initiator der „Erklärung" war der Freiburger Professor für Philosophie Heinrich Rickert (1863–1936) (Fahrenberg, 2015a, o. P.).

Als Reaktion auf die „Erklärung" griff Wilhelm Wundt mit seiner Schrift „Die Psychologie im Kampf ums Dasein" (1913) in die Diskussion ein. Wundt bezeichnete diese Streitschrift selbst als „Friedensschrift" (Wundt, 1913, Vorwort). In seiner Stellungnahme heißt es: „Philosophie und Psychologie sollen sich nach der Meinung einiger ihrer Vertreter scheiden lassen.[208] Nun ist bekannt, daß, wenn ein

---

literarische Leistung seines Trägers erblickt haben" (Marbe, 1913, S. 14). Wenige Sätze später schreibt er nicht minder polemisch: „Ich bin gewiß nicht der Meinung, daß Gott allgemein demjenigen, dem er ein Amt gegeben hat, auch den Verstand dazu gegeben hat" (Marbe, 1913, S. 15).

207 Auch Hans-Georg Gadamer (1900–2002) sprach in einem Rückblick von dem „Experimentalpsychologen Erich Jaensch, dem Entdecker der eidetischen Anschauungsbilder, den wir abstrakten ‚Philosophen' gänzlich unter unserer Würde glaubten" (Gadamer, 1975, S. 12).

208 Eine Abtrennung der empirischen Psychologie ist schon in der „Kritik der reinen Vernunft" von Immanuel Kant (1781) wiederzufinden. Hier heißt es: „Also muß empirische Psychologie aus der Metaphysik gänzlich verbannet sein, und ist schon durch die Idee derselben davon gänzlich ausgeschlossen. Gleichwohl wird man ihr nach dem Schulgebrauch doch noch immer (obzwar nur als Episode) ein Plätzchen darin verstatten müssen, und zwar aus ökonomischen Bewegursachen, weil sie noch nicht so reich ist, daß sie allein ein Studium ausmachen, und doch zu wichtig, als daß man sie ganz ausstoßen, oder anderwärts anheften sollte, wo sie noch weniger Verwandtschaft als in der Metaphysik antreffen dürfte. Es ist also bloß ein solange aufgenommener Fremdling, dem man auf einige Zeit einen Aufenthalt vergönnt, bis er in einer ausführlichen Anthropologie (dem Pendant zu der empirischen Naturlehre) seine eigene Behausung wird beziehen können" (Transzendentale Methodenlehre,

Ehepaar die Scheidung beantragt, in der Regel beide Teile unrecht haben." (Wundt, 1913, Vorwort). Die Frage, ob die Psychologie eine philosophische Wissenschaft sei oder nicht, bedeute für die Psychologie „einen Kampf ums Dasein" (Wundt, 1913, Vorwort). Wundt sah in der Zugehörigkeit der Psychologie zur Philosophie eine Existenzfrage für die Psychologie.

Wundt beklagte, dass die Erklärung der Philosophie-Dozenten „ausschließlich die Beseitigung der experimentellen Psychologie aus dem philosophischen Lehrplan" fordere. Die Philosophen sähen sich augenscheinlich „in ihrem Besitzstande gefährdet" (Wundt, 1913, S. 2). Aus ihrer Sicht seien die experimentellen Psychologen „Eindringlinge, die den Lehrbetrieb der Philosophie und die emporstrebenden Dozenten der eigentlichen Philosophie benachteiligen". Es ging folglich bei der Erklärung aus dem Jahre 1913 „nicht darum die Psychologie überhaupt aus dem System der philosophischen Lehrfächer auszuschließen", sondern nur diejenigen Psychologen, „die sich experimenteller Methoden befleißigen", sollten von dem „Bannstrahl" getroffen werden (Wundt, 1913, S. 7). Weiter hieß es bei Wundt:

> „Nicht die empirischen Psychologen als solche will man aus der Philosophie entfernen, sondern nur diejenigen, die sich des Experiments als Hilfsmittel bedienen. Kurz ausgedrückt: In der Philosophie soll nicht experimentiert werden. Wer das tut, hat den Anspruch verscherzt, zu den Philosophen gezählt zu werden. Er soll sich dieser Methode enthalten oder andern Platz machen, die nicht durch ihren Gebrauch des Anspruchs, reine Philosophen zu heißen, verlustig gegangen sind."[209] (Wundt, 1913, S. 8)

Zusammenfassend drückte es Wundt kurz und drastisch ironisierend aus:

> „Das Experimentieren ist eine banausische Kunst; demnach ist der experimentelle Psychologe bestenfalls ein wissenschaftlicher Handwerker. Ein Handwerker paßt aber nicht unter die Philosophen" (Wundt, 1913, S. 9).

---

3. Hauptstück. Die Architektonik der reinen Vernunft). Weitergehend vgl. Fahrenberg: Kant und die Psychologie (online http://www.jochen-fahrenberg.de/uploads/media/Kant_und_die_Psychologie_01.pdf). Dem Vorschlag Kants, der empirischen Psychologie temporär eine Behausung zu geben, folgte die vehemente Forderung nach „Rauswurf" der empirischen, experimentellen Psychologie aus der Philosophie durch die Erklärung im Jahre 1913.

209 Auch Marbe schrieb bezüglich der umstrittenen Berufungen der Experimentalpsychologen Erich Jaensch in Marburg und Narziß Ach (1871–1946) in Königsberg, dass deren größte Fehler nach Ansicht der Psychologiegegner offenbar darin bestehe, „daß beide Forscher ihren Untersuchungen Experimente zugrunde gelegt haben" (Marbe, 1913, S. 29).

5.2 Lindworskys Habilitation

Die erste Spur von Johannes Lindworsky an der Universität zu Köln findet sich in einem Protokoll der Kommission zur Vorbereitung der noch nicht existierenden Philosophischen Fakultät vom 03.12.1919. Zu diesem Zeitpunkt war bereits die Entscheidung über die Besetzung des dritten Philosophieordinariates durch Hans Driesch gefallen.[210] Im Protokoll vom 03.12.1919 (UAK Zug. 285/1, o. P.) ist zu lesen, dass Max Scheler ein „Habilitationsgesuch für Experimentalpsychologie und Experimentalpädagogik" des Herrn Dr. F. [sic] Lindworsky vorbringe. Max Scheler schlug sich selbst zum Referenten vor. Die Fakultät entschied, das Habilitationsgesuch solle ordnungsmäßig eingereicht werden und die Professoren Karl Bühler (Dresden) und Carl Stumpf (Berlin) sollen um weitere Gutachten gebeten werden. Auch mit dem künftigen Kollegen Prof. Hans Driesch solle Prof. Scheler sich über diesen Fall ins Einvernehmen setzen (UAK, Zug. 285/1, o. P.).[211] Die eingereichte Habilitationsschrift hatte den Titel „Der Wille, seine Erscheinung und seine Beherrschung nach den Ergebnissen der experimentellen Forschung". Der Vorschlag zur Habilitation Lindworskys geht nach o.g. Ausführungen folglich auf Max Scheler zurück. In seinen Erinnerungen schreibt Lindworsky diesbezüglich lediglich: „Ohne dass es jemand hätte erwarten können, kam es zu meiner Habilitation in Köln" (Lindworsky, 1939, S. 15). Es ist schwer, diese persönliche Bemerkung zu deuten. In seinen „Erinnerungen" bezeichnete Lindworsky in der Rückschau Scheler liebevoll als seinen „Protektor" (Lindworsky, 1939, S. 16).[212] Möglicherweise hängt obige Wortwahl auch damit zusammen, dass Lindworsky selbst „überrascht" war, dass Max Scheler sich für seine Habilitation einsetzen wollte. Scheler war kein Experimentalpsychologe. Er ist im Bereich der Psychologie eher

210 Einem Schreiben vom 05.11.1919 des Ministers für Wissenschaft, Kunst und Volksbildung an Hans Driesch (UAK 17/1074, S. 12) ist zu entnehmen, dass Driesch zum ordentlichen Professor in der Wirtschafts- und Sozialwissenschaftlichen Fakultät (die Philosophische Fakultät existierte erst ab dem Sommersemester 1920) ernannt worden war. Zugleich wurde er zum Mitdirektor des Philosophischen Seminars bestellt.

211 Innerhalb der Tagesordnung der Kommission zur Vorbereitung der Philosophischen Fakultät am 06.03.1920 sollte die Frage der Habilitation von J. Lindworsky behandelt werden. Dazu kam es jedoch nicht, da laut Protokoll „Herr Sche[ler] durch anderweitige Inanspruchnahme vorzeitig die Sitzung verlassen musste, der andere Herr Sai[tschick] nicht zur Sitzung erschienen war". Laut Protokoll fehlte Prof. Saitschick unentschuldigt (UAK, Zug. 285/1, o. P.).

212 Lindworsky bediente sich dieser Wortwahl im Jahre 1939, entweder nichtwissend oder souverän darüber hinwegschauend, dass es gerade Scheler war, der im Wintersemester 1927/28, dem Zeitraum der Entscheidung über ein Psychologieordinariat für ihn in Köln, eine deutlich auch persönlich gegen ihn gerichtete Haltung auf den Konferenzen der Philosophischen Fakultät einnahm (vgl. Abschnitt 12).

als Phänomenologe neben Husserl anzusehen.[213] Die Habilitationsschrift selbst wurde, wie Lindworsky im Vorwort zur ersten Auflage seines Buches festhielt, „infolge einer Einladung von Prof. W. Peters (Würzburg) geschrieben" (Lindworsky, 1921b).[214]

Bereits auf der ersten Arbeitssitzung der Philosophischen Fakultät unmittelbar im Anschluss an die Eröffnungssitzung der Philosophischen Fakultät am 03.05.1920 (UAK Zug. 285/1, S. 3) wird die Habilitation von Lindworsky behandelt. Es wurde berichtet, dass die Gutachten der Professoren Scheler, Bühler und Stumpf vorlagen. Auch Driesch äußerte sich im Sinne des Gutachtens von Scheler. Lindworsky wurde gestattet, sich „für Psychologie (ohne Zusatz)" [Originalzitat] zu habilitieren[215]; der Klammerzusatz weist speziell darauf hin, dass die

---

213 Robert Heiß geht so weit, bezüglich der phänomenologischen Methode zu sagen: „Dem genialen Erfinder [Husserl] wurde sie von dem genialen Anwender [Scheler] aus der Hand genommen" (Heiß, 1928, S. 598). Helmuth Plessner schreibt 1975: „Nicht zuletzt durch die Vorherrschaft der experimentellen Psychologie und ihrer vom Vorbild der exakten Naturwissenschaften geprägten Methode entzog sich der Bereich der gefühlsmäßigen Emotionen der Forschung. Sie ermöglicht zu haben, bleibt das Verdienst Schelers, der die Chancen, die Husserls phänomenologische Methode bot, früh erkannte" (Plessner, 1975, S. 20). Auf die Begrenztheit der phänomenologische Betrachtungsweise weist Lindworsky in seiner Dissertation hin (1916, S. 1). Trotzdem wehrt Lindworsky phänomenologische Themen nicht grundsätzlich ab. Die Dissertationsschrift bei Lindworsky „Die Beweise für das Vorhandensein höherer Elementargefühle" von Wilhelm Neiß (1926) beschäftigt sich schwerpunktmäßig mit der Phänomenologie Max Schelers.

214 Möglichweise hängt der Einsatz von Max Scheler zugunsten von Johannes Lindworsky zur damaligen Zeit mit seinem nicht zu unterschätzenden Wirken für die Katholische Kirche zusammen. Die Jüdin Edith Stein, die auch lange Zeit in Köln gelebt hatte und 1998 von Papst Johannes Paul II. heiliggesprochen wurde, schrieb, dass sie Max Scheler in einer Zeit [1915] kennen lernte, „in der er ganz erfüllt war von katholischen Ideen und mit allem Glanz seines Geistes und seiner Sprachgewalt für sie zu werben verstand. Das war meine erste Berührung mit dieser bis dahin völlig unbekannten Welt. [...] Die Schranken der rationalistischen Vorurteile, in denen ich aufgewachsen war, ohne zu wissen, fielen und die Welt des Glaubens stand plötzlich vor mir" (Stein, 1965, S. 183).

215 Am 08.07.1920 informierte der Dekan der Philosophischen Fakultät Schröer den Senat der Universität zu Köln, dass nach der für die Philosophische Fakultät noch vorläufig geltende Habilitationsordnung der wirtschafts- und sozialwissenschaftlichen Fakultät sich Johannes Lindworsky als Privatdozent „für Psychologie" habilitiert habe (UAK Zug. 27/68b, o. P.). Gleichzeitig teilte er dem Senat mit, dass Lindworsky „seine Lehrtätigkeit bereits während des laufenden Semesters" begonnen habe (UAK Zug. 27/68b, o. P.). Dies stimmt jedoch nicht mit dem offiziellen Vorlesungsverzeichnis überein, nach dem die ersten Lehrveranstaltungen von Lindworsky erst im WS 1920/21 stattfanden.

Habilitation *keine* Einschränkung beinhalten sollte.[216] Der im Original stehende Klammerzusatz wird nicht grundlos hinzugefügt worden sein. Es ist zu vermuten, dass das Habilitationsverfahren so überzeugend verlief, dass die Fakultät über den Antrag hinausgehend eine Habilitation „ohne Zusatz" (im Sinne von „ohne Einschränkung") aussprach. Insofern weicht die Habilitation vom Habilitationsgesuch („Habilitationsgesuch für Experimentalpsychologie und Experimentalpädagogik") ab. Lindworsky erhielt folglich die Facultas Docendi (Lehrbefähigung) sowohl für philosophische Psychologie als auch für die mehr empirisch orientierte experimentelle Psychologie. Die Facultas Docendi ist von der Venia Legendi[217] (Lehrbefugnis, Lehrerlaubnis, Lehrauftrag) zu unterscheiden, die Lindworsky erst zwei Jahre später erhielt (vgl. Kapitel 5.4).[218]

Zur Habilitation zählt nicht nur eine von der Fakultät angenommene Habilitationsschrift[219], sondern auch die Bewährung im Rahmen eines wissenschaftlichen Kolloquiums vor der Fakultät, in dem der Habilitand auch sein Vortrags- und Diskussionsvermögen (Probelesung und Kolloquium) unter Beweis stellen muss. Laut Protokoll vom 03.05.1920 (UAK Zug. 285/1, S. 3) wurde Lindworsky gebeten, drei

216 Im Personalverzeichnis für das Wintersemester 1920/21 wird Lindworsky zum ersten Mal als Privatdozent mit der Funktion „Psychologie" aufgeführt. Entsprechend hält er auch im Wintersemester 1920/21 seine ersten Vorlesungen und Übungen ab (vgl. auch tabellarische Auflistung im Anhang).

217 Laut Duden beginnen beide Wortteile des Begriffes am Anfang mit je einem Großbuchstaben (Venia Legendi). Die Habilitationsordnung der Humanwissenschaftlichen Fakultät von 2008 bevorzugt die lateinische Schreibweise mit jeweils einem Kleinbuchstaben zu Wortbeginn.

218 Bis 1918 war es üblich, gleichzeitig mit der Habilitation die Venia Legendi zu erhalten; in der Weimarer Republik musste dafür ein separater Antrag gestellt werden. Zum Verständnis der Unterscheidung hilft vielleicht die Analogie zur (heutigen) Lehrerausbildung: mit dem Staatsexamen erhält der Lehrer die Facultas Docendi, also die Lehrbefugnis als solche. Erst mit der Anstellung an einer Schule erhält er auch die Lehrerlaubnis für ein konkretes Fach oder mehrere konkrete Fächer (analog zur Venia Legendi). Auch wenn aus der Habilitationsordnung der Humanwissenschaftlichen Fakultät der Universität zu Köln eine Unterscheidung zwischen Facultas Docendi und Venia Legendi herauszulesen ist, so ergeben sich wegen der Zeitgleichheit der Verleihung keinerlei Nachteile. In § 1 der Ordnung der Universität zu Köln heißt es, dass nach erfolgreichem Abschluss des Habilitationsverfahrens der Bewerberin bzw. dem Bewerber die „Lehrbefähigung [...] und die Lehrbefugnis (Venia Legendi) [...] verliehen" wird. (Habilitationsordnung der Humanwissenschaftlichen Fakultät der Universität zu Köln vom 10.1.2008; https://www.hf.uni-koeln.de/37322)

219 Es besteht auch die Möglichkeit einer kumulativen Habilitationsschrift. So reichten die Veröffentlichungen von Hans Driesch der Universität Heidelberg im Jahre 1909 aus, um ihn unter Umgehung der sonst üblichen Formalitäten, für Naturphilosophie zu habilitieren. Berühmt ist auch die Berufung von Friedrich Nietzsche, der im Alter von 24 Jahren in Basel im Jahre 1869 eine Professur erhielt, obwohl er weder promoviert noch habilitiert war (http://www.friedrichnietzsche.de).

Abbildung 17: *Max Scheler. Gemälde von Otto Dix (1926). Das Gemälde ist im Besitz der Universität zu Köln und hängt heute im Alten Senatssaal.*

Themata für die Probelesung vorzuschlagen, die dann auch in der Sitzung vom 17.05.1920 vorlagen. Die Fakultät wählte das erste vorgeschlagene Thema „zwei Arten psychischer Vorgänge".[220] Lindworsky selbst spricht in seinen Erinnerungen

---

220 In seiner „Umrißskizze zu einer theoretischen Psychologie" (1922) widmet Lindworsky den „zwei Arten seelischer Erlebnisse" ein eigenes Kapitel. Ausgehend von der Tatsache, dass gewisse Bewusstseinserscheinungen mit unverkennbarer Regelmäßigkeit aufeinander folgen (Gemeint ist beispielhaft, dass auf die ca. 30 Sekunden andauernde Fixation einer roter Fläche ein Grünempfinden folgt), leitet er zwei Arten „seelischer Erlebnisse" ab (Lindworsky, 1922, S. 316). Zur ersten Art seelischer Erlebnisse zählt er den „Sukzessivkontrast" (z.B. Grünempfinden folgt auf Rotempfinden) und den „Simultankontrast". Kennzeichnend für einen solchen Vorgang ist die „Indifferenz des Inhalts" („In dem Rot liegt nichts, was nach dem Inhalt Grün verlangte"). Ein zweites Merkmal ist der Vorrang physiologischer Parallelerscheinungen. (In diesem Zusammenhang sei ein psychophysischer Parallelismus zu vertreten.). Ein drittes Merkmal sei die Anschaulichkeit (S. 317). Der zweite bedingte Inhalt (grün) ist aus dem ersten bedingenden (rot) nicht zu erklären. Eine verstehende Psychologie sei also nicht möglich (S. 318; ausführlichere Ausführungen

von „Zwei Arten psychologischer Gesetze" (Lindworsky, 1939, S. 15). Gesetzmäßigkeiten im Rahmen der experimentellen Psychologie zu entdecken, gehörte zu den zentralen Anliegen dieser Psychologie. Lindworsky hatte sich bereits in seiner Münchener Zeit mit psychologischen Gesetzen beschäftigt (Lindworsky, 1939, S. 15). Damals beschäftigte man sich in München diesbezüglich mit Arbeiten aus dem Heidelberger Kreis. Nach Ühlein gehörten vor allem Wilhelm Windelband (1848–1915) und Heinrich Rickert (1863–1936) dazu (Ühlein, 1986, S. 110). Lindworsky hatte im Psychologischen Institut in München nach seiner Dissertation bei Külpe ein Referat über die Thematik der psychologischen Gesetzmäßigkeiten gehalten. Dieses Referat, angereichert durch eine „flüchtig geschriebene stenographische Notiz", basierend auf der Diskussion über dieses Referat, war der Grundstock für seinen Probevortrag im Rahmen seiner Habilitation in Köln. Das Manuskript „sollte nur halbfrei abgelesen werden" (Lindworsky, 1939, S. 16). Am 31.05.1920 fand der Habilitationsvortrag vor der Fakultät statt. An der Diskussion über den Vortrag beteiligten sich laut Protokoll die Professoren Scheler, Driesch und Hashagen. Im Protokoll heißt es abschließend: „Die Habilitation wird einstimmig genehmigt." Es ist also keine Rede von der Erteilung einer Venia Legendi. Der Termin für die Antrittsvorlesung wurde auf den 05.06.1920 festgelegt (UAK Zug. 285/1, S. 7). Sie trug den Titel „Vorzüge und Mängel beim Denkerlebnis" (UAK Zug. 27/68b, Bl. 4).[221] Damit war das Habilitationsverfahren abgeschlossen; wie noch heute zählte auch damals der Tag der letzten Prüfungsleistung als relevanter Termin. Auch in seinem Personalfragebogen gibt Lindworsky den 05.06.1920 als den Tag seiner Habilitation an (UAK Zug. 17/3464).

In seinen Erinnerungen schrieb Lindworsky (1939) zu diesem Habilitationsvortrag: „Die Leistung vor der Fakultät vollzog sich glatt". Die anschließende Diskussion eröffnete Prof. Scheler mit den Worten: „Wenn ich Sie recht verstehe, setzen Sie ‚niedere' und ‚höhere' Gesetzmäßigkeiten gleich ‚tierischen' und ‚menschlichen' ". Genau diese Problematik, Lindworsky bezeichnete sie 1939 als „unhaltbare Position", war der Inhalt jener steno graphischen Notiz gewesen, die Lindworsky noch unmittelbar vorher am Vormittag durchgelesen hatte. Ohne diese Reflexionen am Vormittag hätte er sicherlich die Frage Schelers bejaht, so aber verneinte er die Frage mit Entschiedenheit mit der Begründung „Dann wäre ich sofort bei

---

auch bei Ühlein S. 111–112). Bei der ersten Art sind folglich physiologische und psychische Prozesse miteinander verbunden (Ühlein, S. 115). Seelische Erlebnisse der zweiten Art sind psychische Abfolgen wie die „Relationserfassung" und das „Streben" (Lindworsky, 1922, S. 319). Die „physiologischen Begleiterscheinungen" sind in diesem Falle nur ein „Epiphänomen des Psychischen". Es besteht ein Übergewicht des Psychischen (Lindworsky, 1922, S. 321). In seiner systematischen Darstellung der Psychologie geht Lindworsky nochmals ausführlich auf die „zwei Arten seelischer Erlebnisse" ein (Lindworsky, 1926, S. 34–43).

221 Die „Zeitschrift für pädagogische Psychologie und experimentelle Pädagogik" (Hrsg. O. Scheibner & W. Stern) vermeldete in ihrem 21. Jahrgang 1920 auf S. 233, dass sich Dr. J. Lindworsky in Köln als Privatdozent für Psychologie habilitiert habe.

Descartes' Maschinenlehre".[222] Scheler war offensichtlich mit der Antwort zufrieden. In der Folgezeit wirkte Scheler intensiv auf Lindworsky ein, sein Referat zu veröffentlichen. So entstand seine Schrift „Theoretische Psychologie".[223] Ohne zu planen, habe ihn „eine gütige Vorsehung zu dieser Arbeit hingeführt" (Lindworsky, 1939, S. 16).

Es muss bereits in seiner Anfangszeit Vorbehalte gegen Lindworsky in der Fakultät wegen seiner Ordenszugehörigkeit gegeben haben. Diese Vermutung stützt sich auf eine Bemerkung in einem späteren Schreiben (ohne Datum) Lindworskys nach dem Wintersemester 1927/28 an den Dekan (UAK Zug. 17/3464, Bl. 18). Hier heißt es:

> „Ich benutze diese Gelegenheit gern, um [...] der Fakultät meinen Dank für die Habilitierung, für die vielseitige Unterstützung und nicht zuletzt für das angenehme kollegiale Verhältnis auszusprechen. Ich bin für die Aufnahme in die Fakultät umso dankbarer, als sie, wie ich aus Ihrem Schreiben[224] erfahre, nicht ohne Schwierigkeit gewesen ist. Es kann sich da nicht um Schwierigkeiten handeln, die auf meiner Seite lagen; denn eine Fakultät, die einen schwierigen Kandidaten habilitiert, verdient kein Lob. Es waren vielmehr innere Schwierigkeiten. Die damalige Fakultät überwand sie und stellte sich grundsätzlich auf den Standpunkt der Reichsverfassung (§§ 135f.)."[225]

---

222 Vergleichbar mit Platon ist auch Descartes (1596 – 1650) im Bereich der Leib-Seele-Problematik ein Vertreter eines strikten Dualismus. Körper und Seele werden als zwei völlig verschiedene Substanzen angesehen. Die Seele wird von Descartes als res cogitans, als „denkende Sache" und der physische Leib als res extensa, als „ausgedehnte Sache" gesehen. Auch Tiere gelten als „res extensa", sie unterstehen den physikalischen Gesetzen, sie gelten im Sinne Descartes als komplexe „Maschinen, Automaten" (Pongratz, 1984, 31).

223 1922 erschien ein Aufsatz von Lindworsky: Umrißskizze zu einer theoretischen Psychologie. In Z. f. Psychol. 89, 313–357; 1923 (2. Auflage) als Buch veröffentlicht. Leipzig: Barth. An Stelle einer dritten Auflage der Umrißskizze erscheint 1927 „*Theoretische Psychologie im Umriß*", 4. Aufl. 1932 (Lindworsky, 1935, S. 89).

224 Im Schreiben des Dekans an Lindworsky vom 16.02.1928 heißt es lediglich: „Die Art, wie Sie von der Fakultät trotz mancher Schwierigkeiten aufgenommen sind, [...] dürften eine besondere Wertschätzung Ihrer Persönlichkeit beweisen" (UAK Zug. 17/3464, Bl. 9).

225 Artikel 135 *WRV* (1) Alle Bewohner des Reichs genießen volle Glaubens und Gewissensfreiheit. Die ungestörte Religionsausübung wird durch die Verfassung gewährleistet und steht unter staatlichem Schutz. (...) *Artikel 136 WRV* (1) Die bürgerlichen und staatsbürgerlichen Rechte und Pflichten werden durch die Ausübung der Religionsfreiheit weder bedingt noch beschränkt. (2) Der Genuß bürgerlicher und staatsbürgerlicher Rechte sowie die Zulassung zu öffentlichen Ämtern sind unabhängig von dem religiösen Bekenntnis. [...]

Der Hinweis auf die Artikel 135f WRV zeigt, dass es Lindworsky hier um die freie Religionsausübung und die Zulassung zu einem öffentlichen Amt unabhängig vom religiösen Bekenntnis ging.

5.3 Psychologie in der Lehrerausbildung und als Hauptfach im Rahmen der Promotion

Im Vorlesungsverzeichnis des Wintersemesters 1922/23 (S. 52) war zu lesen, die Promotionsordnung der Philosophischen Fakultät erscheine demnächst im Druck. Diese Information wiederholte sich in den kommenden Vorlesungsverzeichnissen bis einschließlich Vorlesungsverzeichnis Wintersemester 1927/28.[226] Im Sommersemester 1928 war die Promotionsordnung der Philosophischen Fakultät zum ersten Mal käuflich zu erwerben. Leider liegt von dieser Promotionsordnung kein Druckexemplar vor, lediglich ein Entwurf einer Promotionsordnung der Philosophischen Fakultät Köln aus dem Jahre 1935. Dort wird u.a. neben den Prüfungsfächern Philosophie, Pädagogik und Soziologie auch „Experimentelle Psychologie" als Prüfungsfach angegeben, allerdings mit der Einschränkung, dass von diesen vier Prüfungsfächern nur zwei im Rahmen eines Doktorexamens miteinander verbunden werden dürfen.[227]

Am 05.06.1920 hatte Lindworsky die Habilitation in Psychologie abgeschlossen. Trotzdem war am 14.06.1920 in der Fakultätssitzung noch beschlossen worden, einstweilen die Experimentelle Psychologie nicht in die Liste der Hauptfächer der Promotion aufzunehmen. Es wurde entschieden, die Frage der „Experimentalpsychologie" als Hauptfach (im Rahmen der Promotion) „einstweilen offen" zu lassen. Es wurde aber auch beschlossen, die Experimentalpsychologie „einstweilen nicht in die Liste der zulässigen Fächer [der Hauptfächer] zu setzen, sie aber in besonderen Einzelfällen auf besonderen Antrag als Nebenfach zuzulassen" (UAK Zug. 285/1, S. 10). Hier zeigt sich die Geringschätzung der Psychologie zumindest in struktureller Hinsicht, dass sie noch nicht einmal als Nebenfach im Rahmen der Promotion als „Regelfach" anerkannt war. Trotz Habilitation in (experimenteller) Psychologie und obwohl Lindworsky ab dem Wintersemester 1920/21 Vorlesungen und Übungen in dieser Fachdisziplin abhielt, war ein universitäres Examen, welcher Art auch immer, in Experimenteller Psychologie zu diesem Zeitpunkt nicht möglich. Selbst eineinhalb Jahre später in der Fakultätssitzung vom 14.01.1922 (UAK Zug. 285/1, S. 45) wurde die Frage, ob experimentelle Psychologie als Prüfungsfach anerkannt werden könne, noch an eine Kommission weiter verwiesen.

---

226 Im Wintersemester 1923/24 kostete die Promotionsordnung der übrigen Fakultäten allerdings inflationsbedingt 500 M (S. 51).

227 Bekannt ist, dass auch im Jahre 1922 nach der Zulassung von Experimenteller Psychologie als Hauptfach im Rahmen der Promotion von den drei Fächern Philosophie, Experimentelle Psychologie, Pädagogik nur zwei Fächer innerhalb der Promotion berücksichtigt werden durften (UAK Zug. 285/1, S. 63).

In einem zeitlich kurz vor dem 30.01.1922 einzuordnenden Schreiben an das Kuratorium der Universität hatte Lindworsky erwähnt, dass die „Ordinarien der Philosophie" „nicht abgeneigt" seien, „Psychologie als Hauptfach beim Doktorexamen anzuerkennen"[228] und er verwies auf eine „Reihe von Universitäten", die diesen Beschluss schon gefasst hätten (UAK Zug. 9/273, o. P.).[229] In der Kommissionssitzung vom 01.02.1922 (UAK Zug. 285/1, S. 51) entschied die Kommission endlich, „Experimentalpsychologie" als Hauptfach im Rahmen der Prüfungsfächer bei der Promotion anzuerkennen. Prüfer sollte Lindworsky [der bisher noch nicht einmal einen Lehrauftrag hatte] sein (UAK Zug. 285/1, S. 51). Auf der Basis dieses Kommissionsbeschlusses[230] stellte Max Scheler in der Fakultätssitzung vom 25.02.1922 dann den Antrag, „Experimentalpsychologie" als „selbständiges Prüfungsfach" im Rahmen der Promotion gelten zu lassen (UAK Zug. 285/1, S. 56). Der Antrag wurde mit neun gegen zwei Stimmen angenommen. Diese Zulassung als Hauptfach im Rahmen der Promotion ist ein wichtiges Institutionalisierungskriterium für die Fachdisziplin Psychologie; es war auch höchste Zeit, diesen Beschluss zu fassen, denn die ersten drei von Lindworsky angeregten Dissertationen standen kurz vor der Abgabe.[231] Im Wintersemester 1921/22 hatte Anton Pfisterer der Philosophischen Fakultät seine Arbeit eingereicht (Pfisterer, 1922, S. 74) und am 17.06.1922 fand die Doktorprüfung für Fritz Malsch statt (Malsch, 1922, S. 1).

Der Druck, Psychologie als Hauptfach zuzulassen und ihr auch einen breiteren Raum zu gewähren, kam auch von „Lehrerseite". Die Psychologie hatte im Rahmen der Lehrerbildung für das höhere Lehramt einen festen Platz. So schreibt der Dekan (im Rahmen des Antrags an das Ministerium auf Erteilung der Lehrbefugnis für Lindworsky für Experimentelle Psychologie vom 20.06.1922), dass „in Verbindung mit dem Drängen der studierenden Lehrerschaft nach weitgehendem pädagogischen Unterricht" auch der Wunsch bestehe „auch die Experimentelle Psychologie

228 Noch in der Fakultätssitzung vom 14.01.1922 hieß es (auf eine Anfrage Studierender hin), dass eine Kommission noch zu prüfen habe, ob experimentelle Psychologie als Prüfungsfach gelte (UAK Zug. 285/1, S. 49).

229 1911 hatte die Philosophische Fakultät der Universität Freiburg beschlossen, „Experimentelle Psychologie" als Prüfungsfach im Rahmen einer Dissertation zuzulassen (Fahrenberg, Jahnke, Stegie & Bauer). Am 09.06.1920 wurde in der Sitzung der Philosophischen Fakultät der Universität zu Köln verkündet, dass die Philosophische Fakultät der Universität Jena Psychologie und Pädagogik als „Examensfach" für Promotion zugelassen habe (UAK Zug. 285/1, S. 8). Karl Marbe hatte 1921 in Würzburg ein eigenständiges Promotionsrecht für die Psychologie neben der Pädagogik und Philosophie durchgesetzt (Ash, 1985, S. 56).

230 Die Kommission schlug am 01.02.1922 in ihrer Sitzung vor, „Experimentalpsychologie" als Hauptfach im Rahmen der Promotion zuzulassen.

231 Dissertationen 1922 (bei Lindworsky): Malsch, Fritz „Das Interesse für die Unterrichtsfächer an höheren Knabenschulen"; Pfisterer, Anton „Ein kritischer Beitrag zu Erich Bechers psychistischer Gedächtnishypothese"; Hammer, Eugen „Untersuchungen von Bildbenennungen".

als Hauptfach bei der Promotion anerkannt zu sehen". Die Fakultät habe diesem Standpunkt stattgegeben und nach eingehender Beratung Experimentelle Psychologie als Hauptfach bei der Promotion anerkannt (UAK Zug. 27/68b, Bl. 11).

Allein die Tatsache der Gründung der Philosophischen Fakultät im Sommersemester 1920 hatte indirekt eine große Auswirkung auf die Entstehung der Fachdisziplin Psychologie. Zentrale Aufgabe der Philosophischen Fakultät war die Hinführung der Studierenden auf die staatliche Lehramtsprüfung für Höhere Schulen. Die Inhalte dieses staatlichen Examens wurden ausschließlich von ministerieller Seite bestimmt, während die Promotion ein rein universitäres Examen ist.

Psychologie hatte im Rahmen des Staatsexamens, der Prüfung für das Lehramt an höheren Schulen in Preußen, eine gewichtige Stellung. Es war allerdings auch hier in die Philosophie integriert. Bezüglich der für alle Lehramtskandidaten obligatorischen Philosophieprüfung hieß es in der Prüfungsordnung u.a.: „Der Kandidat soll sich mit den Grundfragen der Psychologie und der Ethik, insbesondere mit denen, die sich auf das Seelenleben der Jugend beziehen [...] sowie mit den Grundfragen der Logik und der Erkenntnislehre vertraut gemacht haben" (Prüfungsordnung, 1917, S. 618). Bei denjenigen Lehramtskandidaten, die „Philosophische Propädeutik"[232] als Zusatzfach gewählt hatten, wurde sogar gefordert: „Kenntnis der hauptsächlichen Ergebnisse der Psychologie, namentlich solcher Untersuchungen, die in enger Beziehung zu Erziehung und Unterricht stehen (Psychologie des Gedächtnisses, der Aufmerksamkeit, des Willens), [...]" (Prüfungsordnung, 1917, S. 630). Es ist demnach deutlich erkennbar, dass die Experimentelle Psychologie Einzug in die staatliche Prüfungsordnung gefunden hatte. Das „Fach" Psychologie wurde folglich eingeführt, damit zukünftige Lehrer dies in einen pädagogischen Zusammenhang integrieren konnten.[233]

Lindworsky war zum Mitglied des wissenschaftlichen Prüfungsamtes Bonn-Köln (Abteilung Köln), das für die Prüfungen für das Lehramt an Höheren Schulen zuständig war, für das Fach „Psychologie" berufen worden. Vom Wintersemester 1922/23 bis einschließlich Sommersemester 1928 hatte er diese Funktion inne (vgl. Vorlesungsverzeichnisse). Kurios in diesem Zusammenhang ist, dass Lindworsky im Rahmen seiner Tätigkeit für das staatliche Prüfungsamt eine Prüfungskompetenz hatte, die über den Rahmen der reinen experimentelle Psychologie hinausging, ein Tätigkeitsbereich, der ihm inneruniversitär (wie im Folgenden noch aufgezeigt wird) verwehrt blieb.

232 „Philosophische Propädeutik" war Schulfach an den Gymnasien (Näheres bei Gundlach, 2004, S. 191).

233 Auch das Zusatzfach Pädagogik im Staatsexamen lässt die experimentelle Pädagogik deutlich erkennen: „Auf der Grundlage der allgemeinen wissenschaftlichen Psychologie Verständnis für die Erscheinungen des jugendlichen Seelenlebens; Einsicht in die Art, wie dieses Verständnis durch den Umgang mit der Jugend und durch besondere methodische Zurüstungen (planmäßige Beobachtungen, Experimente) gefördert werden kann." (Prüfungsordnung, 1917, S. 631)

Horst Gundlach[234] macht eine deutliche Unterscheidung zwischen dem „Gebiet“ Psychologie und dem „Fach“ (oder „Disziplin“) Psychologie, vergleichbar der Unterscheidung Graumanns zwischen „Wissenschaft Psychologie“ und „Fach Psychologie“ (Gundlach, 2004, S. 184). Nach Gundlach ist für das „Fach“ Psychologie „die rechtliche Festlegung seiner Inhalte und Grenzen und seine Positionierung innerhalb eines Ausbildungsganges“ entscheidend (Gundlach, 2004, S. 184). Gundlach setzt deshalb auch den 21.08.1824 als den Geburtstag des „Faches“ Psychologie an (Gundlach, 2004, S. 188). Mit diesem Tag wurde in Preußen Psychologie als universitäres Prüfungsfach für das Lehramt an Gymnasien institutionalisiert. „Die Institutionalisierung eines allgemeinverbindlichen Prüfungsfaches Psychologie in einer Prüfungsordnung für den Universitätsstudiengang Lehramtskandidat [...] ist gleichbedeutend mit der Institutionalisierung eines Faches Psychologie“, schreibt Gundlach (2004, S. 192).

Die staatlichen Lehramtsprüfungsordnungen haben erhebliche Auswirkungen auf den Lehrbetrieb an den Universitäten. Die Freiheit von Forschung und Lehre wird an den Universitäten erheblich durch staatliche Prüfungsordnungen beeinflusst, da die Universitäten zwangsläufig ihren Studentinnen und Studenten eine fachliche Vorbereitung auf die Staatexamina anbieten müssen, schon allein um der Abwanderung von Studierenden an andere Universitäten keinen Vorschub zu leisten. Insofern werden auch die Lehrinhalte des „Faches“ Psychologie an den Universitäten bis zum heutigen Tag stark von den von außen herangetragenen Prüfungsanforderungen gelenkt.

5.4 Eingeschränkte Venia Legendi für Lindworsky

Die „Gesellschaft für experimentelle Psychologie“ hatte seit ihrer Gründung im Jahre 1904[235] keine allgemeingültige Institutionalisierung der experimentellen Psychologie als eigenständigem Fach durchsetzen können. Nach siebenjähriger Pause hatte sie sich 1921 wieder zu einem Kongress an der Lahn versammelt (vgl. Stern, 1921). Auf diesem Kongress hatte Karl Marbe[236] aus Würzburg über die Situation

234 Ab 2008 leitete Prof. Horst Gundlach zusammen mit Prof. Armin Stock in Würzburg das Adolf-Würth-Zentrum für Geschichte der Psychologie. 2010 wurde er pensioniert. Seitdem lebt und forscht er in Heidelberg.

235 Auf dem Kongress 1904 in Gießen wurde die „Gesellschaft für experimentelle Psychologie“ gegründet. Vorsitzender wurde G.E. Müller. Unter den Vorstandsmitgliedern waren R. Sommer, H. Ebbinghaus, E. Meumann und O. Külpe.

236 Karl Marbe war noch Vorsitzender des „Verbandes der praktischen Psychologen“, der sich außerhalb der „Gesellschaft für Experimentelle Psychologie“ gebildet hatte. Die Aufgabe dieses neuen Verbandes war die Vertretung der Berufsinteressen dieses sich neu entwickelnden Standes. Hinsichtlich der praktischen Psychologie vertrat Marbe die Ansicht, dass sie in einer wissenschaftlichen Psychologie wurzeln müsse, und dass jeder, der praktisch psychologisch arbeiten wolle, dies auch über seine theoretische Vorbildung auszuweisen habe (E. Stern, 1921, S. 262).

der Psychologie an den deutschen Universitäten referiert. Er betonte, dass es immer noch Universitäten ohne psychologisches Institut gebe und dass daher zu fordern sei, dass an allen Universitäten Institute geschaffen, Professuren eingerichtet oder zumindest Lehraufträge an geeignete Dozenten erteilt werden. In diesem Sinne solle man bei den Regierungen vorstellig werden (E. Stern, 1921, S. 264).[237] In diesem Sinne richtete sich der Vorsitzende der „Gesellschaft für experimentelle Psychologie", Georg Elias Müller (Universität Göttingen)[238], in seinem Schreiben vom 19.12.1921 an den Kölner Oberbürgermeister Konrad Adenauer. In seinem Schreiben sind insbesondere zwei Punkte hervorzuheben: Müller wies darauf hin, dass es immer noch einzelne Universitäten gäbe, welche über eine „Lehrkraft, die einer fachmäßigen Behandlung der Psychologie fähig ist", nicht verfügten. Weiterhin bat er Adenauer, „die Interessen der Psychologie bei der Neubesetzung philosophischer Lehrstühle bzw. durch Errichtung neuer Professuren" gebührend zu berücksichtigen (UAK Zug. 9/273, o. P.).

Adenauer forderte als Vorsitzender des Kuratoriums auf Grund dieser Anfrage mehrere Stellungnahmen an.

Stellungnahme Aschaffenburg:

Prof. Dr. Gustav Aschaffenburg, Direktor der Psychiatrischen Klinik, der von Adenauer um eine Stellungnahme gebeten wurde, berichtete dem Oberbürgermeister am 19.01.1922 (UAK Zug. 9/273, o. P.), dass die Universität zu Köln in der glücklichen Lage sei, über zwei Dozenten der experimentellen Psychologie zu verfügen. Er hielte es allerdings für notwendig, „den beiden Dozenten Lehraufträge zu

237 Karl Marbe hatte bereits auf dem 5. Kongress für experimentelle Psychologie in Berlin 1912 die Einrichtung von psychologischen Instituten an allen Universitäten und besondere Professuren für Psychologie gefordert (Marbe, 1912, S. 111).

238 G. E. Müller (1850–1934) gründete in Göttingen 1887 das – nach Leipzig damals weltweite zweite – Psychologische Institut, das große Bedeutung in der Experimentalpsychologie errang und heute nach ihm benannt ist (Georg-Elias-Müller-Institut für Psychologie). Hier entstanden Werke über Psychophysik, Wahrnehmungspsychologie und Gedächtnisfunktionen. Während seines Studiums in Berlin und Leipzig studierte Müller neben dem Besuch der Vorlesungen über Psychophysik bei Gustav Theodor Fechner und physiologischer Optik bei Herman von Helmholtz die philosophischen Schriften von J. F. Herbarth und Rudolf Hermann Lotze (Lüer, o. J.). Sein Interesse an Hermann Lotzes Philosophie führte ihn 1872 nach Göttingen, wo er ein Jahr später promovierte [Dissertation über die „Theorie der sinnlichen Aufmerksamkeit" (Zimmermann, 1997, online)]. 1876 habilitierte er sich mit der Schrift „Grundlegung der Psychophysik". Mit 31 Jahren besetzte er 1881 den Lehrstuhl für Philosophie an der Universität Göttingen als Nachfolger von Rudolf Hermann Lotze (Lüer, o. J.). Auf seine Initiative hin wurde 1904 die „Gesellschaft für experimentelle Psychologie" gegründet, die auf dem 11. Kongress 1929 in Wien in „Deutschen Gesellschaft für Psychologie" umbenannt wurde. Müller blieb 23 Jahre Vorsitzender der „Gesellschaft für experimentelle Psychologie" (W. Stern, 1930, S. XI).

geben"[!].[239] Zum einen sprach Aschaffenburg von Lindworsky und zum anderen von dem Mediziner Prof. Alfred Busch.[240] Nach Aschaffenburg betrieben beide dasselbe Fach, aber unter verschiedenen Gesichtspunkten. „Die Arbeitskreise berühren und überschneiden sich wohl an einzelnen Stellen, der Rahmen der jedem einzelnen als Spezialgebiet zufallenden Aufgaben ist aber so weit gesteckt, dass unmöglich ein einzelner Mann sie alle zu erfüllen vermag."

Stellungnahme Lindworsky:

Der stellvertretende und geschäftsführende Vorsitzende des Kuratoriums Christian Eckert hatte über den Oberbürgermeister das Schreiben von Müller erhalten und am 12.01.1922 an Lindworsky zwecks Stellungnahme weitergeleitet. Die Situation der Fachdisziplin Psychologie an der Universität zu Köln war Anfang 1922 ungeklärt. Lindworsky war als Prüfer für Psychologie über das Wissenschaftliche Prüfungsamt[241] als Prüfer in Lehrerexamen zugelassen. Seine Situation an der Universität war jedoch trotz Habilitation im Jahre 1920 in einem schwebenden unsicheren Zustand, so dass das Schreiben von Müller als Impuls von außen Bewegung in dieses sich bisher verzögernde Verfahren brachte. Lindworsky hatte bis zu diesem Zeitpunkt keinen Lehrauftrag erhalten! Ihm war 1920 eine uneingeschränkte Habilitation für „Psychologie" erteilt worden. Damit hatte er zwar die Facultas Docendi (die Lehrbefähigung) aber nicht die Venia Legendi (Lehrbefugnis, Lehrerlaubnis) für die gesamte Psychologie inklusive der philosophischen und experimentellen Psychologie erworben.

---

239 Ein dreiviertel Jahr später wurde in der Senatssitzung vom 25.10.1922 sowohl der Lehrauftrag für Johannes Lindworsky als auch der für den Mediziner Alfred Busch für „experimentelle Arbeitspsychologie" dem Senat zur Kenntnis gebracht. (UAK Zug. 333/1, S. 295)

240 Im alphabetischen Verzeichnis des Vorlesungsverzeichnisses des Wintersemesters 1921/22 wird Busch als Privatdozent und außerordentlicher Professor für Psychiatrie und Psychopathologie geführt und im Vorlesungsverzeichnis des Sommersemesters 1922 als Privatdozent und a.o. Professor für Psychiatrie und experimentelle Psychopathologie. Nach den Angaben im Vorlesungsverzeichnis hielt Alfred Busch, Privatdozent für Psychiatrie und experimentelle Psychopathologie, im Wintersemester 1921/22 eine Vorlesung für Hörer aller Fakultäten mit dem Titel „Ausgewählte Kapitel aus der Psychopathologie der Jugendlichen". Im Vorlesungsverzeichnis des Wintersemesters 1922/23 war zum ersten Mal in der medizinischen Fakultät die Rede von einem „Laboratorium für experimentelle Psychologie" in der Psychiatrischen Klinik Lindenburg, wo Aschaffenburg und Busch „täglich nach Vereinbarung" eine gemeinsame Lehrveranstaltung durchführten. Busch sollte nach dem Weggang Lindworskys nach Prag im Jahre 1928 nochmals insofern eine Rolle für die experimentelle Psychologie spielen, als ihm die kommissarische Leitung des Psychologischen Institutes übertragen wurde.

241 Zuständig für die staatlichen Lehrerexamina an den Universitäten, gewissermaßen Vorläufer des heutigen Landesprüfungsamtes.

Nach der Habilitationsordnung der Philosophischen und Naturwissenschaftlichen Fakultät der Westfälischen Wilhelms-Universität von Münster aus dem Jahre 1911 im königlichen Preußen wurde dem Bewerber von der Fakultät die Venia Legendi erteilt (vgl. Archivalien). Die Fakultät hatte lediglich dem Minister darüber zu berichten. Nach dem Procedere der Philosophischen Fakultät der Universität zu Köln im Jahre 1920 war dem jedoch nicht mehr so. Die Fakultät stellte einen Antrag auf Lehrbefugnis (Venia Legendi) an das preußische Kultusministerium. Leider ist es nicht gelungen, eine Habilitationsordnung aus der Zeit der Weimarer Republik ausfindig zu machen. Aber auch die Reichshabilitationsordnung von 1939 machte die Unterscheidung von Facultas Docendi und Venia Legendi deutlich. Diese Ordnung legte fest, dass der Bewerber durch die Habilitation den akademischen Grad eines habilitierten Doktors erhielt (Dr. habil.). Er war berechtigt, dem von ihm geführten Doktorgrad den Zusatz „habilitatus" (abgekürzt „habil.") anzufügen (z.B. Dr. phil. habil.). Neben dieser Habilitation gab es die „Lehrbefugnis". Erst mit der Verleihung der Lehrbefugnis wurde die Berechtigung zur Ausübung der Lehrtätigkeit für ein bestimmtes wissenschaftliches Fachgebiet an einer wissenschaftlichen Hochschule erworben. In § 14 der Reichshabilitationsordnung hieß es: „Der Umfang der beantragten Lehrbefugnis ist genau zu bezeichnen" (Senger, 1939).

Da Lindworsky zwar habilitiert war, aber keinen Lehrauftrag, keine Venia Legendi besaß, konnte er zwangsläufig auch nicht im Doktorexamen für das zugelassene Hauptfach „Psychologie" als Doktorvater und Prüfer fungieren.

Seine Stellungnahme zum Schreiben von G. E, Müller schickte Lindworsky in Form eines „Gutachtens über die Pflege der experimentellen Psychologie an der Universität Köln" (ohne Datumsangabe) an das Kuratorium (UAK Zug. 9/273, o. P.). In diesem Gutachten schrieb Lindworsky, dass „eine irgendwie offizielle Vertretung [Unterstreichung im Text], wenigstens in der Form eines Lehrauftrages" geschaffen werden müsse für ein Fach, das „vielfach" als Hauptfach im Doktorexamen und als Nebenfach im Staatsexamen zugelassen sei, das von einer großen Anzahl Hörer belegt werde und für das sich ein weiter Kreis der Kölner Bürgerschaft über die „Psychologische Gesellschaft" tatkräftig interessiere. In seiner Stellungnahme (UAK Zug. 9/273, o. P.) an das Kuratorium der Universität zu Köln wies Lindworsky speziell darauf hin, dass im „Psychologischen Institut" eine Anzahl von Forschungsarbeiten schon begonnen worden seien. Im Jahre 1922 wurden bei Lindworsky drei Promotionen zum Abschluss gebracht (vgl. FN 242).[242] Anfang 1922 drängte also die Zeit für eine offizielle Lehrerlaubnis für experimentelle Psychologie.

Es ist davon auszugehen, dass auf Grund von informellen Gesprächen zwischen Kuratorium und Philosophischer Fakultät anlässlich des Schreibens von G. E. Müller sich die Angelegenheit beschleunigte. Es war für jeden ersichtlich, dass auf

---

242 Bereits in einem Schreiben an Eckert vom 11.08.1921 (UAK Zug. 9/273, o. P.) hatte Lindworsky erwähnt, dass „demnächst" die erste Forschungsarbeit im Druck erscheine.

Grund der Zulassung der experimentellen Psychologie als Hauptfach im Rahmen der Promotion es folglich auch eines Hochschullehrers mit der entsprechenden Venia Legendi bedurfte. So wurde am 25. 02.1922 in der Fakultät beschlossen, experimentelle Psychologie als Hauptfach im Doktorexamen zuzulassen. In derselben Fakultätssitzung am 25.02.1922 stellte Max Scheler den Antrag, Lindworsky die entsprechende Lehrbefugnis, in diesem Falle einen unbesoldeten Lehrauftrag für „experimentelle Psychologie", zu erteilen.[243] Dieser Antrag wurde einstimmig angenommen (UAK Zug. 285/1, S. 56–57).

Lindworsky wurde folglich nur die Lehrbefugnis (Venia Legendi) für „Experimentelle Psychologie" erteilt. Er hatte sich jedoch für „Psychologie (ohne Einschränkung)" habilitiert. Insofern erhielt er nur eine eingeschränkte Venia Legendi. Im Protokoll der Sitzung vom 25.02.1922 (Zug. 285/1, S. 57) hieß es erläuternd, dass Promotionsarbeiten der philosophischen und metaphysischen Psychologie nicht als Experimentalpsychologie gelten sollten. „Bei Zweifelsfällen" sollte den philosophischen Ordinarien die Entscheidung überlassen bleiben.[244] Auch dies wurde seitens der Fakultät einstimmig verabschiedet. Weiterhin wurde auf Antrag von Artur Schneider hin einstimmig beschlossen, einen Antrag ans Ministerium zu stellen, Lindworsky Titel und Rang eines Extraordinarius zu verleihen (UAK Zug 285/1, S, 57). Der letzte Antrag ist überraschend, denn Lindworsky hatte zu diesem Zeitpunkt noch nicht einmal einen offiziellen Lehrauftrag. Der Beschluss zur Beantragung der Venia Legendi und der Ernennung zum außerordentlichen Professor erfolgten also gleichzeitig. Der von der Fakultät verabschiedete Antrag, Lindworsky „Titel u[nd] Rang eines Extraordinarius" zu verleihen, wird nur nachvollziehbar, wenn in Betracht gezogen wird, dass Lindworsky bereits zwei Jahre erfolgreich lehrte, Dissertationen betreute und die Kollegen folglich von der wissenschaftlichen Arbeit Lindworskys überzeugt waren.

Basierend auf dem Fakultätsbeschluss vom 25.02.1922 (UAK Zug. 285/1, S. 56), in dem „Experimentalpsychologie" als Prüfungsfach im Rahmen der Promotion zugelassen wurde, stellte der Dekan der Philosophischen Fakultät mit Schreiben vom 20.06.1922 an den Minister für Wissenschaft, Kunst und Volksbildung in Berlin den Antrag, Lindworsky einen „unbesoldeten Lehrauftrag für Experimentelle Psychologie" zu erteilen (UAK Zug. 27/68b, Bl. 11–13).

Ursprünglich hatte Lindworsky die Absicht, „die Venia Legendi für das Gebiet der Philosophie mit besonderer Berücksichtigung der experimentellen Psychologie"

---

243 Lindworsky hatte selbst kurz vorher im Januar 1922 in seinem „Gutachten über die Pflege der experimentellen Psychologie an der Universität Köln" (UAK Zug. 9/273, o. P.) davon gesprochen, „man möge die Einrichtung unbesoldeter [Unterstreichung im Text] Lehraufträge nicht aus dem Gebrauch kommen lassen".

244 So ist es auch nicht verwunderlich, wenn Maria Krudewig in der Einleitung zu ihrer Dissertation darauf hinweist, dass ihre Untersuchung einen „rein einzelwissenschaftlichen psychologischen, keinen philosophischen Charakter" habe (Krudewig, 1928).

zu beantragen (UAK Zug. 17/3464, Bl. 19). Ihm wurde jedoch bedeutet, diesen Wunsch zu Gunsten des einschränkenden Antrags vom 20.06.1922 abzuändern. Die Aussage Lindworskys, dass er ursprünglich die philosophische Psychologie als mit eingeschlossen gesehen hatte, ist auch seinem „Gutachten über die Pflege der experimentellen Psychologie an der Universität Köln" vom Januar 1922 (UAK Zug. 9/273, o. P.) – also wenige Wochen vor der entscheidenden Abstimmung in der Philosophischen Fakultät – zu entnehmen. Hier heißt es: „Der Experimentalpsychologe sollte gelegentlich auch die philosophische Psychologie vortragen."

Wie eng die endgültig beantragte Venia Legendi gefasst war, zeigt der folgende Auszug aus dem Antrag auf Lehrerlaubnis der Fakultät vom 20.06.1922:

> „Der Lehrauftrag soll sich beschränken auf Experimentelle Psychologie, worunter in Hinsicht auf Promotion verstanden werden soll, 1) der Inbegriff von Arbeiten, die unter Dr. Lindworskys Leitung mit Hilfe Experimenteller Technik ausgeführt werden, 2) auf Arbeiten, die auf Grund gegebener Experimenteller Versuche theoretische Folgerungen aus dem so Gefundenen zu ziehen suchen. Nicht [Unterstreichung im Text] in den Lehrauftrag eingeschlossen soll sein die allgemeine und philosophische Psychologie, die nach wie vor als Teildisziplin der Philosophie gelten soll." (UAK Zug. 27/68b, Bl. 13)

Es wird also gesondert darauf hingewiesen, dass die allgemeine und philosophische Psychologie, „die nach wie vor als Teildisziplin der Philosophie gelten soll", *nicht* [Hervorhebung im Text] in den Lehrauftrag mit eingeschlossen ist. Der antragstellenden Fakultät war es anscheinend sehr wichtig, zu betonen, wofür der Antrag nicht gilt, obwohl auch ohne diesen Zusatz die Venia Legendi präzise und klar bestimmt war. Es drängt sich der begründete Verdacht auf, dass nicht die Freiheit von Forschung und Lehre im Vordergrund stand, sondern Besitzstandswahrung und Abschottungsdenken. Anscheinend wurde bereits eine uneingeschränkte Venia Legendi nur für „Psychologie" (unter Einschluss der philosophischen Psychologie) als Bedrohung und Eindringen in die Philosophie empfunden.

Unmittelbar nach seiner Habilitation am 05.06.1920 begann ab dem Wintersemester 1920/21 die umfangreiche Lehrtätigkeit Lindworskys an der Universität zu Köln. Über die bereits seit vier Semestern andauernde Lehrtätigkeit heißt es im Antrag vom 20.06.1922 auf Erteilung der Venia Legendi: „Herr Dr. Lindworsky *verwaltet*[245] an hiesiger Universität schon seit mehreren Semestern mit ausgezeichnetem Lehrerfolg" die Experimentelle Psychologie [Hervorhebung v. Verf.] (UAK Zug. 27/68b, Bl. 13). Bereits in seinem ersten Vorlesungssemester (WS 1920/21) nach seiner Habilitation, zu einem Zeitpunkt als er noch keine Venia Legendi besaß, hielt Lindworsky eine als „publice und allgemeine Vorlesung" gekennzeichnete Lehrveranstaltung mit dem Titel „Ausgewählte Probleme der philosophischen

245 Der Begriff „Verwaltung" einer Stelle wird später noch im Zusammenhang mit der alljährlichen Verlängerung der Assistentenstelle von Maria Krudewig eine gewichtige Rolle spielen.

Psychologie". Die beantragte Venia Legendi diente also auch dazu, Lindworsky von solchen Lehrveranstaltungen auszuschließen.

Die Begründung der Philosophischen Fakultät im Rahmen ihres Antrags auf Lehrauftrag für Lindworsky erinnert fatal an den Streit unter den Philosophieprofessoren anlässlich der „Erklärung gegen die Besetzung philosophischer Lehrstühle mit Vertretern der experimentellen Psychologie" (1913, Archivalien). Auch Lindworsky empfand die eingeschränkte Venia Legendi als „Ungleichheit" (UAK Zug. 17/3464, Bl. 20). In seiner Stellungnahme (geschrieben 1928, kurz vor seinem Weggang nach Prag) verwies er auf einen Habilitanden, der ein Jahr nach ihm mit einem Gesuch auf Venia Legendi an die Fakultät herangetreten war. Dazu schreibt er:

> „Der Herr hatte nicht in Philosophie, sondern in Germanistik promoviert. Veröffentlichungen hatte er überhaupt keine aufzuweisen. Zur Ausbildung in der experimentellen Psychologie hatte er bis dahin, wie er mir gestand, noch nie Gelegenheit gehabt. An Facharbeiten konnte er nur seine Habilitationsschrift über das Problem des Instinktes vorlegen. Der Herr erhielt alsbald die venia für die gesamte Philosophie und [Unterstreichung im Text] Psychologie, was natürlich nur heißen konnte: experimentelle Psychologie, da ja Psychologie schlechthin zur Philosophie gehört." (UAK Zug. 17/3464, Bl. 19–20)

Auch wenn Lindworsky keinen Namen nennt, so ist anhand der zusätzlichen Angaben eindeutig Paul Luchtenberg, der spätere Kultusminister des Landes Nordrhein-Westfalen als die bevorzugte Person zu identifizieren. Luchtenberg hatte 1915 bei Erich Becher (Nachfolger auf dem Lehrstuhl von Erich Meumann) in Münster mit der nichtpsychologischen Arbeit „Wolfgang Müller von Königswinter. Seine Jugend und Jugendgedichte" promoviert (Wolfradt, 2015b, S. 291).[246] Erich Becher, der Doktorvater von Paul Luchtenberg, war Lindworsky eingehend bekannt. Becher war es, der Lindworsky nach dem plötzlichen Tode von Oswald Külpe in München mit der Betreuung experimenteller Arbeiten über Denk- und Willenspsychologie im dortigen Psychologischen Institut beauftragte (UAK Zug. 17/3464). Luchtenberg habilitierte sich nach eigenen Angaben im Jahre 1920 für Philosophie (UAK Zug. 285/1, S. 23) und 1922 für Pädagogik an der Universität zu Köln (LAV NRW 1018_07018). Der Titel seiner Habilitationsschrift 1920 lautete „Instinktproblem und Vitalismus" (Wolfradt, 2015b, S. 291).[247] Erst 1926 schrieb

---

246 Bibliographischer Hinweis: Luchtenberg, Paul (1915, veröffentlich 1959). *Wolfgang Müller von Königswinter. Erster und Zweiter Band* (Veröffentlichungen des Kölnischen Geschichtsvereins e.V., 21). Köln: Verlag der Löwe Dr. Hans Reykers.

247 Wolfradt schreibt, dass die Verknüpfung von Psychologie und Biologie am Beispiel des Instinktiven ein Forschungsschwerpunkt von Luchtenberg in den 1920er Jahren gewesen sei (Wolfradt, 2015b, S. 291). Hier zeigt sich auch der Einfluss seines Doktorvaters Erich Becher, der 1922 als Nachfolger des Experimentalpsychologen Carl Stumpf in Berlin wegen seiner „extrem vitalistischen Richtung" abgelehnt worden war. Die Professur erhielt Wolfgang Köhler (Tilitzki, 2002, S. 117).

Luchtenberg einen kurzen Aufsatz über „Das Experiment in der Psychologie".[248] Paul Luchtenberg wurde nach seiner Habilitation im Jahre 1920 in Köln in den Vorlesungsverzeichnissen vom Wintersemester 1921/22 an bis zum Wintersemester 1922/23 als Privatdozent für „Philosophie und Psychologie" geführt.[249] Neben Vorlesungen zum Leib-Seele-Problem hatte Paul Luchtenberg in den Wintersemestern 1922/23 und 1923/24 „Pädagogische Psychologie" gelesen.[250] Das von Lindworsky angezeigte Fehlen von Veröffentlichungen Luchtenbergs bis zu seiner Habilitation kann nur bestätigt werden.

Im Gegensatz dazu wurde im Rahmen des Antrags auf Lehrbefugnis für Lindworsky (UAK Zug. 27/68b, 20.06.1922, Bl. 13) auf seine bisherigen umfangreichen Veröffentlichungen hingewiesen, die seitens „der bedeutendsten Fachkenner (z.B. Stumpf, Bühler, Helpach [sic][251], Külpe)" weitgehende Anerkennung gefunden hätten. Auch sei die letzte zusammenfassende Arbeit Lindworskys über Experimentelle Psychologie von der wissenschaftlichen Kritik „recht günstig" aufgenommen worden. Bei diesem Werk Lindworskys handelte es sich um die „Experimentelle Psychologie", 307 Seiten umfassend und 1921 in München in Erstauflage und 1922 bereits in Zweitauflage erschienen.[252]

---

248 *Zeitschrift für Menschenkunde, Bd. 2,* S. 39–59.

249 Im Dezember 1922 erfolgte eine Erweiterung seiner Venia Legendi (UAK Zug. 285/1, S. 79). Von 1923 bis zu seinem Weggang nach dem Sommersemester 1925 ist er dann als Privatdozent für „Philosophie und Pädagogik" im Personal- und Vorlesungsverzeichnis eingetragen. 1925 erhielt er einen Ruf auf den an der Technischen Hochschule Darmstadt neu errichteten Lehrstuhl (planmäßiges Extraordinariat) für Psychologie, Philosophie und Pädagogik (HAK Zug. 902/2/149/1, S. 9; UAK Zug. 331/2, Bl. 144). Kurz vorher hatten die „Nachrichten für den Lehrkörper" am 9. Mai 1925 (Nr. 1) noch berichtet, dass Luchtenberg einen Lehrauftrag „für systematische Pädagogik" an der Universität zu Köln erhalten habe (HAK Zug. 902/2/149/1, S. 3; UAK Zug. 331/2, Bl. 134).

250 Paul Luchtenberg wurde 1890 in Burscheid (bei Köln) geboren, wo er auch 1973 verstarb. Von 1931 bis zur Entlassung durch die Nationalsozialisten im Jahre 1936 war er ordentlicher Professor für Philosophie, Psychologie und Pädagogik an der Technischen Hochschule Dresden (LAV NRW 1018_07018). Aus politischen Gründen wurde er 1936 entlassen. Wie er in seiner Entnazifizierungsakte angab, war sein berufliches Wirken bereits ab 1933 dadurch beschränkt, dass er als Direktor des Pädagogischen Instituts in Dresden abberufen wurde (LAV NRW 1018_07018). Von 1956 bis 1958 war er [als Mitglied der FDP] Kultusminister des Landes Nordrhein-Westfalen (Wolfradt, 2015b, S. 291).

251 Willy Hellpach (1877–1955) promovierte 1900 bei Wundt in Leipzig und 1903 zum Dr. med. in Heidelberg. Er hatte eine Ausbildung als Nervenarzt und erhielt an der TU Karlsruhe eine Professur für allgemeine und angewandte Psychologie. Von 1924 bis 1925 war er Staatspräsident des Landes Baden. Hellpach befasste sich mit dem Einfluss von Landschaft und Klima auf die Psyche des Menschen und er zählte zu den frühen Sozialpsychologen (Stock, 2015d, 171–172).

252 5. Aufl. 1932 (span., ital., engl., poln., fläm., Übers.). (Eirich, 1985)

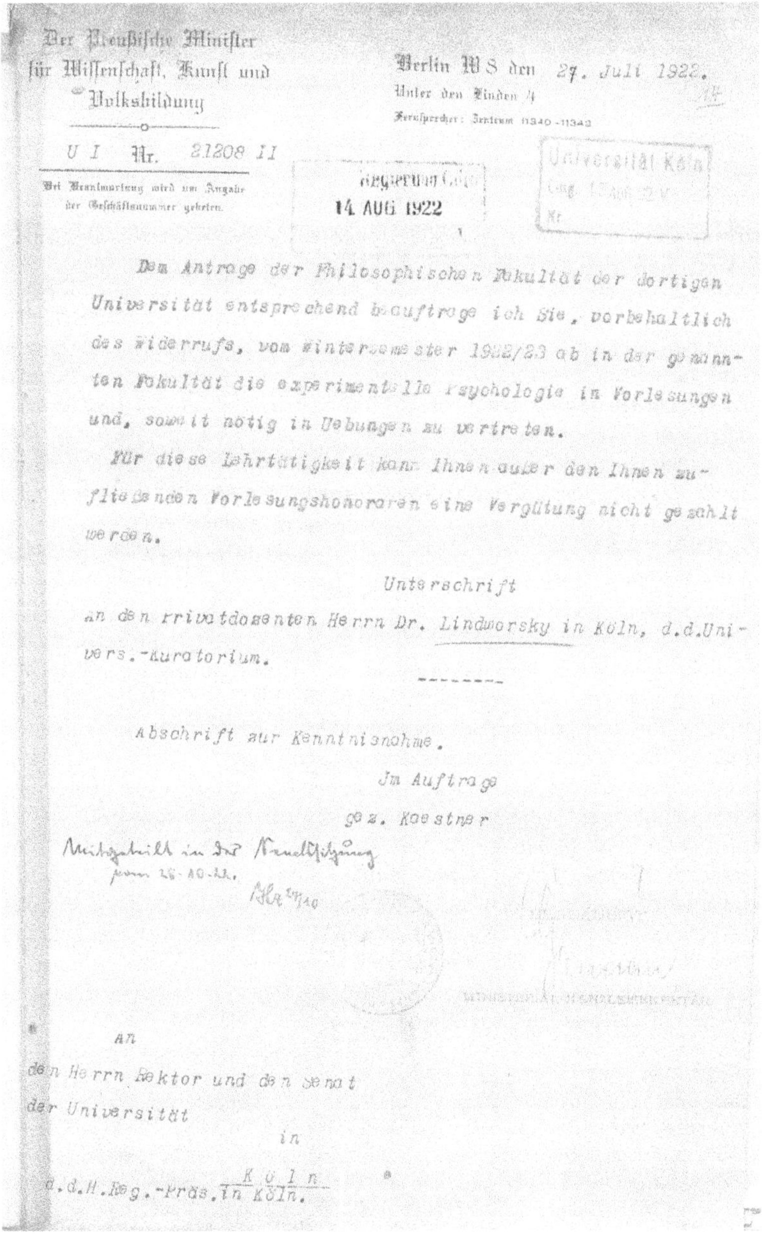

Der Preußische Minister
für Wissenschaft, Kunst und
Volksbildung

U I Nr. 21208 II

Bei Beantwortung wird um Angabe
der Geschäftsnummer gebeten.

Berlin W 8 den 27. Juli 1922.
Unter den Linden 4
Fernsprecher: Zentrum 11340-11343

Regierung Cöln
14 AUG 1922

Universität Köln
Eing. ... Aug. 22

Dem Antrage der Philosophischen Fakultät der dortigen Universität entsprechend beauftrage ich Sie, vorbehaltlich des Widerrufs, vom Wintersemester 1922/23 ab in der genannten Fakultät die experimentelle Psychologie in Vorlesungen und, soweit nötig in Uebungen zu vertreten.

Für diese Lehrtätigkeit kann Ihnen außer den Ihnen zufließenden Vorlesungshonoraren eine Vergütung nicht gezahlt werden.

Unterschrift

an den Privatdozenten Herrn Dr. Lindworsky in Köln, d.d.Univers.-Kuratorium.

Abschrift zur Kenntnisnahme.

Im Auftrage

gez. Koestner

Mitgeteilt in der Fakultätsitzung vom 26.10.22.

An

den Herrn Rektor und den Senat der Universität

in

Köln

d.d.H.Reg.-Präs.in Köln.

Abbildung 18: *Venia Legendi für Lindworsky, eingeschränkt auf „Experimentelle Psychologie" (UAK Zug. 27/68b, Bl. 14)*

Entsprechend dem Antrag auf einen unbesoldeten Lehrauftrag für Experimentelle Psychologie wurde mit Schreiben des Preußischen Ministers (für Wissenschaft, Kunst und Volksbildung) vom 27. 07.1922 Lindworsky (unter dem Vorbehalt des Widerrufs) beauftragt, vom Wintersemester 1922/23 an in der Philosophischen Fakultät „die experimentelle Psychologie in Vorlesungen und, soweit nötig, in Uebungen zu vertreten" (UAK Zug. 27/68b, Bl. 14).[253] Weniger leistungsmotivierend, aber zur damaligen Zeit nicht unüblich war der Hinweis im Schreiben des Ministeriums: „Für die Lehrtätigkeit kann Ihnen außer den zufließenden Vorlesungshonoraren eine Vergütung nicht gezahlt werden." Diese „Kolleggeldgarantie" war folglich die einzige Einnahmequelle, auf die Lindworsky im Rahmen seiner Privatdozententätigkeit an der Universität zurückgreifen konnte. Als Jesuit war Lindworsky wirtschaftlich über seinen Orden abgesichert, er hatte zwangsläufig auch das Gelübde der Armut abgelegt und stand nicht in der Pflicht, wie ein normaler Arbeitnehmer eine Lohnarbeit zwecks Existenzsicherung anzunehmen. Insofern war es für das Kuratorium der Universität zu Köln von der Kostenseite her gesehen eine ideale Berufung. (Später im Zusammenhang mit der Berufung von Wilhelm Kahl zum ordentlichen Professor spielte die Tatsache, dass dieser als ehemaliger Beigeordneter der Stadt Köln dem Kuratorium keine Kosten verursachte, eine erhebliche Rolle.)[254]

Auch wenn sicherlich noch andere (wie im folgenden Kapitel dargelegt) Faktoren die Erteilung eines Lehrauftrags für Lindworsky behinderten, so bleibt als Fazit festzuhalten, was Wundt bereits in seiner „Friedensschrift"[255] von 1913 hervorgehoben hatte und in Köln realisiert wurde. Wundt unterstellte den Unterzeichnern der Erklärung von 1913 die Intention der „Beseitigung der experimentellen Psychologie aus dem philosophischen Lehrplan" (1913, S. 8). Das Experiment sei unvereinbar mit der Stellung des Philosophen (S. 9). Er vermute im „dunklen Hintergrund des Bewußtseins" der Unterzeichner den folgenden Gedankengang: „Das Experimentieren ist eine banausische Kunst; demnach ist der experimentelle Psychologe bestenfalls ein wissenschaftlicher Handwerker. Ein Handwerker paßt aber nicht unter die Philosophen" (1913, S. 9). Auch wenn die Worte Wilhelms Wundts sicherlich als Polemik abgetan werden können, so bleibt das Faktum bestehen, dass durch die Erteilung der Venia Legendi für Experimentelle Psychologie in Köln die Philosophie an sich (und somit die drei vorhandenen philosophischen Lehrstühle) nicht berührt wurde. Die Experimentelle Psychologie kam so in die Lage eines zusätzlichen neuen Faches, dessen Zukunftsaussichten Dank Lindworsky zu diesem Zeitpunkt jedoch vielversprechend waren.

253 Der Senat nahm in seiner Sitzung vom 25.10.1922 den Lehrauftrag für die Privatdozenten Haas und Lindworsky zur Kenntnis (UAK Zug. 333/1, S. 289).

254 Es ist in diesem Zusammenhang darauf hinzuweisen, in welcher finanziell prekären Situation in der Regel der Privatdozent an sich war. Seine einzige Einnahmequelle waren die Kolleggelder. Aber auch hier ist zu beachten, dass in der Regel die von Studenten gut besuchten Veranstaltungen (meist Einführungs- und Übersichtsveranstaltungen für breit angelegte Fachdisziplinen) von den Ordinarien selbst gehalten wurden.

255 Begriff steht im Vorwort seiner „Streitschrift"

Neben Johannes Lindworsky hatte aber auch Willi Haas im Jahre 1922 einen Lehrauftrag für Psychologie erhalten, allerdings für „Völkerpsychologie und Psychologie des Auslands". Die Zulassung von Willi Haas zur Habilitation in Köln wurde bereits in der Sitzung der Philosophischen Fakultät vom 26.07.1920 beschlossen. Thema des Fachvortrags: „Naturwissenschaftliche Methoden in der Psychologie" (UAK Zug. 285/1, S. 18). Die Lehrbefugnis erhielt er allerdings erst 1922. In der Sitzung vom 26.06.1922 wurde beschlossen, für Haas einen Lehrauftrag für „Völkerpsychologie und Psychologie des Auslands" zu beantragen (UAK Zug. 285/1, S. 66). Es ergab sich also eine Zeitverschiebung ähnlich wie bei Lindworsky.[256] Max Scheler, der für die Fakultät die Begründung des Antrags auf Venia Legendi an das Ministerium entworfen hatte (UAK Zug. 27/68b, Bl.8), schrieb u. a. am 19.05.1922 darin, dass eine Völkerpsychologie in Verbindung mit einer die psychischen Volkseigenschaften berücksichtigenden Auslandskunde erwünscht sei. Köln stelle durch die „vielfachen ausländischen Volkselemente, die sich gegenwärtig in ihm begegnen, ein besonders günstiges Feld für theoretisch unterbaute Beobachtung dieser Art dar". 1923 erhielt Haas einen Ruf an die Hochschule für Politik in Berlin, wurde jedoch 1933 wegen seiner jüdischen Abstammung zur Emigration gezwungen.[257]

5.5 Besetzung des dritten Philosophieordinariates nach Drieschs Weggang

In der Fakultätssitzung vom 30.05.1921 gab der Dekan bekannt, dass Hans Driesch einen „zweiten Ruf nach Leipzig" angenommen habe, wenigstens bestehe größte Wahrscheinlichkeit, dass er dem Ruf folgen werde (UAK Zug. 285/1, S. 32). [258] Da das Kuratorium die ganze Angelegenheit als sehr dringend ansehe, solle sofort in die Verhandlungen bezüglich der Wiederbesetzung eingetreten werden. Driesch

256 Vgl. auch FN Nr. 278.

257 Er wurde danach zunächst Berater des persischen Unterrichtsministeriums und dann Leiter des ethnographischen Museums in Teheran. „Haas begann als Psychologe und wandelte sich zum Kulturmorphologen und Kulturkritiker", schreibt die Psychologieprofessorin Margret Kaiser-El-Safti von der Universität zu Köln (2015a, S. 158).

258 Die Presse hatte bereits im Vorhinein veröffentlicht, dass Driesch den Ruf nach Leipzig abgelehnt habe (UAK Zug. 17/1074, Bl. 118). Mit Schreiben vom 19.06.1921 unterrichtete Driesch jedoch das Kuratorium darüber, dass er den „zweiten" an ihn ergangenen Ruf an die Universität Leipzig endgültig angenommen habe. Ab dem 1. Oktober sei er dann nicht mehr im preußischen Staatsdienst tätig. (UAK Zug. 17/1074, Bl. 117). Der Weggang Drieschs nach Leipzig wäre nur durch eine deutliche Erhöhung seines Professorengehalts zu vermeiden gewesen. Eckert schrieb an Driesch, das höchste Grundgehalt, das derzeit ein preußischer Professor bezöge, sich auf 25.000 M beliefe. Die von Driesch gewünschten 32.000 M könnten daher nicht bewilligt werden (UAK Zug. 17/1074, 22.04.1921, Bl. 75). Driesch wurde Nachfolger des mit 73 Jahren emeritierten Johannes Volkelt auf dem Leipziger Lehrstuhl (Miller, 1991; Tilitzki, 2002, S. 110).

selbst schlug in der Fakultätssitzung vor, auf die übliche Einsetzung einer Kommission zur Wiederbesetzung seiner Philosophieprofessur zu verzichten. Stattdessen schlug er vor, Scheler, der bisher Direktor am Institut für Sozialwissenschaften war, als seinen Nachfolger vorzuschlagen. Scheler sei bisher „nur ein persönlicher Ordinarius", er hatte also kein planmäßiges Ordinariat an der Universität zu Köln.[259] Trotz des Vorschlags von Driesch wird auf Antrag hin eine Kommission eingesetzt.[260] Die Kommission schlug jedoch unico loco Prof. Theodor Litt vor, „weil es der Mehrheit der Kommission wünschenswert schien, neben der systematischen Philosophie auch die Pädagogik vertreten zu sehen". Wegen seiner „überragenden Bedeutung" sei Prof. Litt unico loco an erste Stelle gestellt worden. Dekan, Prof. Martin Spahn[261], konnte sich jedoch der Meinung der Kommission in der Fakultätssitzung vom 09.06.1921 nicht anschließen. Er hielt eine „Professur für Geschichte der Philosophie für Köln für notwendig, auch wegen der großen Bedeutung der alten Universität für die Philosophie.[262] Das pädagogische Moment käme seines Erachtens erst nach der Geschichte der Philosophie in Betracht und er habe dadurch auch „Schwierigkeiten, dass die Volksschullehrer besondere Wünsche hegen."[263] Er könne deshalb Litt nicht empfehlen, er würde in erster Linie an Prof. Artur Schneider[264], derzeit in Frankfurt, denken. Artur Schneider sei in erster

---

259 Ein Jahr später wurde in der Fakultätssitzung vom 08.05.1922 verkündet, dass Max Scheler zum planmäßigen Ordinarius ernannt worden sei (UAK Zug. 285/1, S. 59).

260 Max Scheler hatte bereits Anfang Mai 1921 für Geheimrat Eckert eine Stellungnahme bezüglich personeller Alternativen abgegeben, falls Driesch den Ruf nach Leipzig annähme und folglich der jungen Universität verloren ginge. Als potentielle Kandidaten sah Scheler den Philosophen Karl Joël (Basel); Frischeisen-Köhler (Halle), Heidegger (Freiburg) und Karl Jaspers (Heidelberg) an (UAK Zug. 17/1074, 08.05.1921, Bl. 81–83). Erkennbar ist, dass bei diesen potentiellen Alternativen kein einziger ausgewiesener (Experimental-) Psychologe ist.

261 Martin Spahn (1875 – 1945) galt als national ausgerichteter katholischer Historiker. Er gehörte von 1910 bis 1912 dem Reichstag an. Seit 1920 war er Ordinarius für mittelalterl. und neuere Geschichte sowie Zeitungswesen und öffentliche Meinung in Köln. Von 1924 bis 1933 war er wiederum Reichstagsabgeordneter (Morsey, Rudolf (2010). Spahn, Johann Martin Adolf. In *Neue Deutsche Biographie Bd. 24*, S. 613–614 http://www.deutsche-biographie.de/pnd118615874.html)

262 Nach Spahn sei das Erbe der alten Kölner Universität, die mittelalterliche Philosophie, zu bewahren (Tilitzki, 2002, S. 88).

263 Mehrfach hatte sich die Philosophische Fakultät auf ihren Sitzungen mit der Frage der Zulassung von Volksschullehrern zum Universitätsstudium befasst. Bereits in der Sitzung vom 28.02.1921 wurde in der Fakultätssitzung über einen Antrag der Volksschullehrer auf Errichtung eines pädagogischen Seminars beraten (UAK Zug. 285/1, S. 29).

264 Artur Schneider (1876 – 1945) zeigte aber bereits vor der offiziellen Gründung der Universität zu Köln Interesse am Standort Köln. Im Februar 1919 erfolgte bereits über Geheimrat Porsch (Schlesische Zentrumspartei, Breslau), einem Freund Adenauers, eine Anfrage, ob es zweckmäßig sei, sich bereits zu diesem Zeitpunkt auf die

Linie Historiker der Philosophie, er würde aber auch pädagogische Vorlesungen halten.[265] Außerdem müsse er betonen, dass bei der Besetzung der Professur auch

---

anstehende Philosophieprofessur in Köln zu bewerben. Zum Zeitpunkt der Anfrage hielt Artur Schneider in Breslau Vorlesungen, da er Straßburg hatte verlassen müssen (HAK Zug. 514/2/141/1, S. 9).

265 Ab dem Sommersemester 1922 wird Artur Schneider im Vorlesungsverzeichnis als ordentlicher Professor für Philosophie und Pädagogik geführt. Die Psychologie war für Artur Schneider in seiner Kölner Zeit eine wichtige Thematik im Zusammenhang mit pädagogischen Fragestellungen (In den Sommersemestern 1925 bis 1935, mit Ausnahme des Sommersemesters 1928, hielt er jeweils eine vierstündige Vorlesung mit dem Titel „Allgemeine Psychologie unter Berücksichtigung ihrer Beziehungen zu Unterricht und Erziehung".). Schwerpunktmäßig beschäftigte Schneider sich neben der Philosophie des Mittelalters auch mit philosophischer Pädagogik. In seiner Kölner Zeit erschien 1927 das Handbuch „Einführung in die Philosophie unter Berücksichtigung ihrer Beziehung zur Pädagogik" (2. Aufl. 1931). Bezüglich des Vorwurfs an das Kuratorium, die wissenschaftliche Pädagogik würde bei der Berufung Schneiders zu wenig berücksichtigt, ist in einer Aktennotiz zu einem Gespräch zwischen Eckert und dem Stadtverordneten Georg Beyer zu lesen, dass nach Aussage Eckerts Artur Schneider bereits in München einen Lehrauftrag für Pädagogik gehabt hätte und die Würzburger Universität hätte ihm ein Angebot für ein Doppelordinariat für Philosophie und Pädagogik gemacht. Auch würde durch die Berufung Artur Schneiders „der Errichtung eines besonderen Lehrstuhls für Pädagogik in keiner Weise vorgebaut" (HAK Zug. 514/2/141/1, S. 107). In einer Zuschrift an den „Stadt-Anzeiger zu Köln" vom 14.04.1922 (Nr. 162) schreibt Artur Schneider, dass er nach seinem Lehrauftrag für Pädagogik in München auch an anderen Universitäten „Pädagogik und deren Hilfswissenschaften (Psychologie usw.)" gelehrt habe (HAK Zug. 514/2/141/1, S. 169). Artur Schneider [1876 – 1945] war im Studienjahr 1926/27 Rektor der Universität zu Köln. Seine vorhergehenden Stationen: Promotion in Breslau bei Clemens Baeumker mit dem Thema „Beiträge zur Psychologie Alberts des Großen" (1900) [Diese im Jahre 1900 veröffentlichte Abhandlung enthielt den ersten Teil seiner Dissertationsschrift „Die peripathetischen Elemente in der Psychologie Alberts des Großen"]. Diese Promotionsschrift wurde integriert in die Schrift „Die Psychologie Alberts des Großen" (1903). 1902 erfolgte die Habilitation in Bonn mit dem Thema „Die Augustinische Tradition in der Lehre der Sache bei Albert dem Großen", 1908 Ernennung zum außerordentlichen Professor in München (Tilitzki, 2002). A. Schneider hat in seiner Zeit als außerordentlicher Professor in München die Vorlesungen von Hertling gehalten, wenn dieser im Parlament war (HAK Zug. 514/2/141/1, S. 9). (Georg von Hertling – 1843 bis 1919 – war bekennender Katholik und gehörte dem rechten Flügel der Zentrumspartei an. 1880 wurde er außerordentlicher Professor für Philosophie in Bonn und lehrte von 1882 bis 1911 als ordentlicher Professor in München. Hertling war von November 1917 bis September 1918 Reichskanzler des Deutschen Kaiserreichs.) 1911 wurde Artur Schneider ordentlicher Professor in Freiburg [u.a. promovierte 1913 Martin Heidegger bei ihm mit der Dissertationsschrift „Die Lehre vom Urteil im Psychologismus"], 1913 kam er als Nachfolger Baeumkers nach Straßburg und danach wurde er Ordinarius in Frankfurt a.M. (HAK Zug 516/2/149/1, S. 53).

die Zusammensetzung der Kölner Studentenschaft und die katholische Konfession des Kandidaten zu berücksichtigen sei (UAK Zug. 285/1, S. 35). Entgegen der Ansicht des Dekans folgte die Fakultät jedoch mit 7:2 Stimmen dem Vorschlag der Kommission, Theodor Litt, der evangelisch lutherischen Glaubens war, unico loco vorzuschlagen.[266]

Der scheidende Hans Driesch war der Meinung, drei Ordinariate für Philosophie seien nicht notwendig (UAK Zug. 17/5330a, Bl. 42), aber wenn man unbedingt auf der dritten Professur für Philosophie bestehe, so halte er es für das Wünschenswerteste, „einen Herrn zu gewinnen, welcher auch Historiker der Philosophie im eigentlichen Sinne des Wortes ist" und er empfahl vor allem Artur Schneider, einen „Historiker des Mittelalters" als „geeignetste Persönlichkeit" (UAK Zug. 17/5330a, Bl. 42). Die endgültige Entscheidung für Artur Schneider gab nach Heimbüchel für die weitere Entwicklung eine „folgenschwere" Richtung an, die zu einer starken historischen Orientierung der Philosophie in Köln führte (Heimbüchel, 1988, S. 473). Die Personalentscheidung lässt sich aber unter einem anderen Focus als sehr sinnvolle Entscheidung vertreten. Artur Schneider war u.a. Albertus-Magnus-Spezialist. Im Separatvotum von Spahn und Darapsky[267], adressiert an das Ministerium, war auf die Bedeutung von Albertus Magnus innerhalb der Geschichte der Philosophie und für die Universität zu Köln „als Erbin der alten Kölner Universität"

Artur Schneider vertrat die rechtskatholische Linie von Hertling / Baeumker. Im engen Anschluss an die Kritik von Hertling hatte Artur Schneider 1911 „Die philosophischen Grundlagen der monistischen Weltanschauung" [Titel seines Buches] verworfen und dabei mit seinen polemischen Angriffen auf deren Materialismus unverkennbar gegen die Sozialdemokratie gezielt. 1930 protestierte er öffentlich gegen die Berufung des Rassebiologen Hans F. K. Günther nach Jena (Tilitzki, 2002, S. 89).

266 Bereits im weiten Vorfeld zu dieser Entscheidung hatte Albert Lauscher (1872–1944), Priester und Professor für Moraltheologie in Bonn, für die Zentrumspartei Mitglied des Reichstags und des preußischen Landtags, versucht, im Sinne der „Parität" auf die Entscheidung Einfluss zu nehmen. In einem persönlichen Brief an Adenauer am 14.12.1920 schreibt er, er habe erfahren, dass die Kölner Universität sich mit dem Gedanken trüge, eine Professur für Pädagogik einzurichten. Er habe weiterhin erfahren, dass die Professur auf eine der Sozialdemokratie nahe stehende Persönlichkeit übertragen werden solle. Wenn dem so sei, solle aber seiner Meinung nach gleichzeitig eine Professur für christliche Erziehungswissenschaft eingerichtet werden. Wegen der Besetzung derselben könne Geheimrat Dyroff (Bonn) ohne Zweifel geeignete Vorschläge machen (HAK Zug 514/2/141/1, S. 13). Albert Lauscher war 1896 in Köln zum Priester geweiht worden, wirkte von 1900 bis 1904 als Kaplan in Köln in der Pfarre St. Gereon, promovierte in Münster mit einer Arbeit über den Kölner Erzbischof Bruno II von Berg und war von 1908 bis 1917 Lehrer am Friedrich-Wilhelm-Gymnasium in Köln. Danach wurde er ordentlicher Professor für Moraltheologie in Bonn (Burtscheid, o. J., online).

267 Laut Vorlesungsverzeichnis war er ordentlicher Professor für Chemie und Chemische Technologie.

hingewiesen worden (UAK Zug. 17/5330a, 14.06.1921, Bl. 34). Ausgehend von der enormen Bedeutung eines Albertus Magnus für das christliche Abendland und natürlich insbesondere für den Bildungsstandort Köln war es zu verstehen, dass sich das Kuratorium nicht einfach nur für einen historisch arbeitenden Philosophen entschied, sondern einen Wissenschaftler mit dem Schwerpunkt Albertus Magnus aussuchte. Einen Spezialisten für die Philosophie Albertus Magnus einzustellen ist bei aller Neuartigkeit der Universität auch eine Verneigung vor der Geschichte und Tradition der universitären Bildung in Köln. Keine Universität in Deutschland war auf Grund der Geschichte so prädestiniert für das Studium der philosophischen Schriften von Albertus Magnus wie die Universität zu Köln. Zu diesem Zeitpunkt gab es keine theologische Fakultät in Köln und die Albertus-Magnus-Akademie war noch nicht gegründet.[268]

Wie bereits die Berufung von Hans Driesch im Jahre 1920 erkennen ließ, so zeigte auch die Auseinandersetzung um die Wiederbesetzung seines Lehrstuhls ein Jahr später im Jahre 1921 die prekäre Rolle der Psychologie innerhalb der Philosophie. Dem Antragsschreiben des Dekans auf Erteilung eines Lehrauftrags für Lindworsky vom 20.06.1922 an das Ministerium war zu entnehmen, dass der Antrag bereits früher, d.h. „vor etwa Jahresfrist" hätte gestellt werden sollen (UAK Zug. 27/68b, Bl. 7–9). Diese Aussage findet ihre Stütze auch im Protokoll der Philosophischen Fakultät vom 25.07.1921. Die Kommission hatte vorgeschlagen, Lindworsky einen Lehrauftrag für experimentelle Psychologie zu erteilen. Dies wurde jedoch von der Fakultät in der Sitzung vom 25.07.1921 abgelehnt (UAK Zug. 285/1, S. 40)![269] Weitergehende Gründe, die zu dieser erstaunlichen ablehnenden Haltung

268 Im Herbst 1924 eröffnete die „Albertus-Magnus-Akademie" den „regelrechten Studienbetrieb" (HAK Zug. 514/2/141/2, S. 71). Aus katholischer Sicht fehlte an der neugegründeten Kölner Universität eine katholisch-theologische Fakultät. So strebte der Kölner Erzbischof die Gründung eines katholischen Instituts für scholastische Philosophie an. Vor allem sollte die thomistische Philosophie gepflegt und gefördert werden (HAK Zug. 514/2/141/2, S. 71). Nach Maria Burger, wissenschaftliche Mitarbeiterin am Albertus-Magnus-Institut in Bonn, erwies sich jedoch die Akademie von Anfang an als verfehlt. Es gab keinen Bedarf für ein solches von der Universität unabhängiges Institut. 1931 wurde Albertus Magnus heiliggesprochen und die 1931 erfolgte Umwandlung der Albertus-Magnus-Akademie in ein Albertus-Magnus-Institut bot die Möglichkeit „dieses fehlgelaufene Projekt diskret umzuwidmen" (Burger, 2007, S. 17). Lindworsky hielt am 05.10.1926 an der Albertus-Magnus-Akademie einen Vortrag mit dem Titel „Christi Königtum der Berufsarbeit" (HAK Zug. 514/2/141/2, S. 87).

269 In derselben Sitzung wurde ebenfalls ein Antrag auf Erteilung eines Lehrauftrages für Willi Haas – Völkerpsychologie – abgelehnt (UAK Zug. 285/1, S. 40). Der Antrag auf Erteilung eines Lehrauftrages für Helmuth Plessner für „Gesch[ichte] der neueren Philosophie und Erkenntnistheorie der Naturwissenschaften" wurde „mit Mehrheit" angenommen (UAK Zug. 285/1, S. 40). Es stimmt inhaltlich jedoch nicht mit dem Fakultätsprotokoll vom 25.07.1921 überein, wenn Max Scheler in

der Fakultät bezüglich der Erteilung des Lehrauftrags für experimentelle Psychologie für Lindworsky führten, sind dem Protokoll leider nicht zu entnehmen.

Möglicherweise hing die Ablehnung der Lehrauftragsbeantragung für Lindworsky (und Haas) auch mit einem Überangebot an Philosophiedozenten an der Universität zu Köln zusammen. Vom Sommersemester 1920 bis zum Wintersemester 1920/21 habilitierten sich an der Universität zu Köln im Fach Philosophie Luchtenberg, Haas, Barthel[270], Plessner[271], Honigsheim[272], Keußen[273] und Hessen. Angesichts dieser in einem kurzen Zeitraum durchgeführten Habilitationen sprach Scheler in der Sitzung der Philosophischen Fakultät vom 08.11.1920 im Hinblick auf die wachsende Zahl der philosophischen Habilitanden seine Bedenken aus, zumal an der Universität Köln sieben Dozenten für Philosophie tätig seien. Die Bedürfnisfrage brauche nach Schelers Meinung nach zwar nicht generell aufgeworfen werden, jedoch müsse die Gesamtzahl der Habilitanden mit den Entwicklungsmöglichkeiten der Universität im Einklang bleiben (UAK, Zugang 285/1, S. 21). Gerade das letzte Argument der Deckungsgleichheit von Privatdozenten (mit Lehrauftrag) und den Entwicklungsperspektiven der Universität war möglicherweise ein entscheidendes Kriterium.

Als im Jahre 1920 Hans Driesch berufen wurde, war zumindest das Kriterium der Experimentellen Psychologie im „Ausschreibungstext“ gegeben, jedoch ausschließlich nur vom Dritt-platzierten Jonas Cohn erfüllt worden. In der Nachfolge von Hans Driesch ein Jahr später im Jahre 1921 ging es im Grundsatz nur noch

---

seiner Stellungnahme vom 19.05.1922 schreibt, dass Hans Driesch und er ihren damaligen Antrag auf Erteilung eines Lehrauftrages für Lindworsky zurückgezogen hätten (UAK Zug. 27/68b, Bl. 7).

270 Ernst Barthel (1890–1953), aus dem Elsass stammend, habilitierte sich bei Scheler für Philosophie an der Kölner Universität mit einer Arbeit über Goethes Wissenschaftslehre. Seine skurrile „Polaritätsphilosophie“ und seine antikopernikanische Weltraumlehre führten ihn ins Abseits. Tilitzki schreibt, dass die Personalakte Barthels äußerst umfangreich sei, „gefüllt vor allem mit Beschwerden, Eingaben, Forderungen, vielfach im kreischenden Ton eines, dies muß man leider so hart ausdrücken, Verfolgungswahnsinnigen“ (Tilitzki, 2002, S. 169).

271 Helmuth Plessner (1892 – 1985) wurde am 4. Juli 1922 ein Lehrauftrag für Geschichte der neueren Philosophie und die Erkenntnistheorie der Naturwissenschaften erteilt (Universität Köln, 1925, S. 119). 1926 wurde er zum nichtbeamteten außerordentlichen Professor ernannt (HAK Zug 516/2/149/1, S. 47). Plessner schreibt in seinen „Erinnerungen an Max Scheler“, dass Scheler zu ihm gesagt habe, als er von Plessners Wunsch, sich in Philosophie zu habilitieren, erfuhr: „Kommen Sie nach Köln, das neue Alexandrien“ (Plessner, 1975, S. 19).

272 Paul Honigsheim wurde 1927 an der Universität zu Köln zum außerordentlichen Professor ernannt („Nachrichten für den Lehrkörper“), (HAK Zug 516/2/149/1, 71).

273 Die „Nachrichten für den Lehrkörper“ berichteten in ihrer Ausgabe vom 09.01.1926, dass Privatdozent Keussen seine Venia Legendi niedergelegt habe und aus der Philosophischen Fakultät ausgeschieden sei (HAK Zug 516/2/149/1, S. 39).

um die Personen Theodor Litt und Artur Schneider. Wichtig war jetzt die Hineinnahme einer pädagogischen Komponente, die bei beiden Kandidaten – zwar unterschiedlich stark – gegeben war.[274] Erfahrungen im Bereich der Experimentellen Psychologie, genauso wie die Suche nach einer Persönlichkeit „europäischer Geltung" (UAK Zug. 17/1074, Bl. 3) waren innerhalb eines Jahres seit der Ausschreibung zur Berufung Drieschs als Auswahlkriterien fast vollständig aus dem Blickfeld verschwunden. Es war auch keine Notwendigkeit mehr gegeben, denn dic „psychologische Lücke" war inzwischen zumindest de facto geschlossen worden. Im Separatvotum (von Dekan Spahn und Prof. Darapsky) vom 14.06.1921 zur Besetzung des frei gewordenen dritten Philosophieordinariates war zu lesen: „Da das Institut für experimentelle Psychologie in voller Ausgestaltung begriffen ist, wird es demnächst möglich werden, experimentelle Pädagogik zu betreiben" (UAK Zug. 44/164, 14.6.1921, o. P.).[275] Es ist jedoch nochmals darauf hinzuweisen, dass zum Zeitpunkt der Abgabe dieses Votums (14.06.1921) Lindworsky noch keinen offiziellen Lehrauftrag für Experimentelle Psychologie besaß und sogar die Stellung des Antrags auf Erteilung eines Lehrauftrags ans Ministerium einen Monat später am 25.07.1921 durch die Fakultät abgelehnt wurde (UAK Zug. 285/1, S. 40).

Wenn im „Schatten" der Wiederbesetzung des dritten Philosophieordinariates[276] im Jahre 1921 trotzdem noch keine Bereitschaft seitens der Fakultät gegeben war, Lindworsky einen offiziellen Lehrauftrag zu erteilen, wäre dies nachvollziehbar, wenn man in Erwägung zog, dass sich die Fakultät während des laufenden Besetzungsverfahrens alle (auch weniger wahrscheinliche) Möglichkeiten offen halten

274 Im Separatvotum von Spahn und Darapsky wurde u.a. auch dargelegt, dass ein Bedürfnis nach Vertretung der Pädagogik an der Universität Köln bestehe, da zahlreiche Volksschullehrer „auf Grund der Neuordnung ihrer Vorbildung" die Universität besuchen müssen (UAK Zug. 44/164, 14.06.1921, o. P.). Die „Kölner Junglehrer und Junglehrerinnen" hatten sogar in einem Antrag an die Universität die Errichtung einer pädagogischen Professur beantragt und um Anhörung „bei der Berufung über die Persönlichkeit" gebeten (UAK Zug. 285/1, 30.4.1921, S. 31). [In den Archivakten ist nur eine Abschrift ohne zuzuordnende Unterschrift enthalten. Dem Protokoll der Philosophischen Fakultät vom 09.06.1921 ist jedoch zu entnehmen, dass Dekan Martin Spahn, unterstützt von Prof. Darapsky, ein Separatvotum abgeben wollten (UAK Zug. 285/1, 09.06.1921, S. 35).]

275 Größere Unterschiede zwischen experimenteller Psychologie und experimenteller Pädagogik werden hier anscheinend nicht gemacht. Lindworsky hatte sich, wie oben bereits dargelegt, für eine Habilitation in Experimentalpsychologie und Experimentalpädagogik beworben (Protokoll der Philosophischen Fakultät vom 03.12.1919 – UAK Zug. 285/1, o. P.). Etliche Psychologiepromotionen bei Lindworsky beziehen sich auch auf den schulischen Bereich.

276 Scheler und Driesch waren sogar der Meinung, dass ein drittes Ordinariat für Philosophie nicht notwendig sei. Dekan Martin Spahn hatte in einer Aktennotiz über ein Gespräch mit den Professoren Driesch und Scheler (UAK Zug. 44/164, 09.02.1921, o. P.) festgehalten, dass beide Professoren in einem Gutachten die Errichtung eines dritten Ordinariates für die Bedürfnisse in Köln als nicht nötig bezeichneten.

wollte. Nur so ist die Bemerkung im Antragsschreiben (auf Erteilung des Lehrauftrags für Lindworsky) an das Ministerium ein Jahr später vom 20.06.1922 zu verstehen, dass „damals[277] noch die Möglichkeit erwogen“ wurde, „ein Ordinariat für Experimentelle Psychologie beim Kuratorium und Ministerium zu beantragen“. Die Aussicht auf Einrichtung eines Ordinariates für Experimentelle Psychologie bestehe jetzt [nach Besetzung des dritten Ordinariates durch Schneider] nicht mehr, „da nunmehr drei etatsmässige Ordinariate existieren“ (UAK Zug. 27/68b, S. 12).[278]

Im Rahmen des Wiederbesetzungsverfahrens hatte Driesch neben Artur Schneider noch zwei „Historiker der neueren Zeit“ genannt: Prof. Oesterreich (Tübingen), neben Philosophiegeschichte (Geschichte des Auslands) auch Verfasser von Schriften der Religionspsychologie und „gewisser Formen des abnormen Seelenlebens“ und von „Phaenomenologie des Ich“ (UAK Zug. 17/5330a, Bl. 42).[279] Weiterhin führte er an dritter Stelle Frischeisen-Köhler (Halle), u.a. wegen seiner „guten Werke zur Erkenntnistheorie“ auf.[280] Neben diesem Dreiervorschlag wies Driesch noch auf Linke (Jena), „den Verfasser guter experimentalpsychologischer und phaenomenologischer Schriften“ hin[281] (UAK Zug. 17/5330a, Bl. 42).

Erstaunlicherweise wurde Lindworsky als Personalalternative für die Nachfolge von Driesch auch von „pädagogischer Seite“ ins Gespräch gebracht. Prof. Leonhard Habrich[282] wandte sich mit einem Schreiben vom 25.06.1921 in seiner Funktion

---

277 d.h. im Jahre 1921.

278 Wundt hatte bereits die magische Zahl von drei Philosophieordinariaten vorgeschlagen, ein Ordinariat für die systematische Philosophie, ein Ordinariat für die Geschichte der Philosophie und eins für die Psychologie. In dieser „Mannigfaltigkeit“ sah er eine „fruchtbare Wechselwirkung“ (Wundt, 1913, S. 34).

279 Traugott Konstantin Oesterreich (1880–1949) promovierte 1905 bei Carl Stumpf. 1922 erhielt er ein planmäßiges Extraordinariat für Philosophie und Psychologie in Tübingen und baute zwischen 1924 und 1930 das Psychologische Institut an der Universität Tübingen auf (Wolfradt, 2015d, S. 341).

280 Frischeisen-Köhler stand bereits 1920 auf der Vorschlagsliste als sich die Universität einstimmig für Hans Driesch entschied. Der „Minoritätsvorschlag“ im Jahre 1921 bestand allerdings nach Protokoll des Kuratoriums nur aus Schneider und Frischeisen-Köhler (UAK Zug. 17/5330a, Bl. 27).

281 Paul Ferdinand Linke (1876 – 1955) hatte bei Theodor Lipps in München studiert bevor er 1901 zu Wilhelm Wundt nach Leipzig wechselte. 1907 habilitierte er sich mit einer experimentellen Arbeit über „Die stroboskopischen Täuschungen und das Problem des Sehens von Bewegungen“ an der Universität Jena und wurde dort Privatdozent für Philosophie und Psychologie (Kaiser-El-Safti, 2015b, S. 281–282).

282 Leonhard Habrich (1848 – 1926) stammte aus Esch bei Köln und verbrachte viele Jahre seines Lebens in Wesseling, von wo seine Frau herstammte. Habrich veröffentliche 1901, 1903 und 1913 jeweils einen Band seines sehr erfolgreichen dreibändiges Werks über „Pädagogische Psychologie – Die wichtigsten Kapitel der Seelenlehre unter durchgängiger Anwendung auf Unterricht und Erziehung vom Standpunkte christlicher Philosophie, anschaulich dargestellt für Lehrer und Erzieher“ (Kempten: Kösel). Im Alter von 69 Jahren wurde der Seminaroberlehrer in

als Vorsitzender des „Vereins für christliche Erziehungswissenschaft (norddeutsche Gruppe)" an Oberbürgermeister Adenauer mit der Forderung, dass mit der Neubesetzung des ehemaligen Lehrstuhls von Driesch „die Pädagogik im positiv-christlichem Sinne vertreten werde" (UAK Zug. 17/5330a, o. P.). Habrich nannte mehrere aus seiner Sicht geeignete Personen. An erster und zweiter Stelle setzte er Artur Schneider und Johannes Lindworsky. Seine Entscheidung für Lindworsky begründete er folgendermaßen: „Dr. Lindworsky besitzt eine mehrjährige Praxis sowohl in der Erziehung im engeren Sinne als auch in der Unterrichtspraxis, desgl. Universitätsausbildung; er hat eine Reihe von Veröffentlichungen herausgegeben" und sollte Lindworsky gleichzeitig anderweitig beschäftigt werden, dann sollte er mit experimenteller Psychologie beauftragt werden (UAK Zug. 17/5330a, o.P.). Lindworsky habe bisher schon seine Disziplin „zur Zufriedenheit der Hörer vorgetragen", er sei aber nicht durch Lehrauftrag „sichergestellt" (UAK Zug. 17/5330a, o.P.). Die letzte Bemerkung Habrichs kann nur so verstanden werden, dass auch Außenstehende von der nicht abgesicherten Stellung Lindworskys (und auch der experimentellen Psychologie) an der Kölner Universität (im Sommer 1921) Kenntnis hatten.

In der Sitzung der Philosophischen Fakultät vom 10.06.1921 wurde in Erwiderung auf die Erklärung des Dekans, „es möge ein Mann katholischer Konfession berufen werden", darauf verwiesen, dass nach der Universitätssatzung bei Berufungen „die Frage nach Religionsbekenntnis und nach politischer Partei ausdrücklich verboten" sei. „Die Fakultät hält eine derartige Erklärung [wie die des Dekans] für durchaus unzulässig" (UAK Zug. 285/1, S. 35). Der entsprechende Antrag von Prof. Rinkel[283] wurde einstimmig angenommen. In einem Zeitungsartikel vom 27.08.1921 (Nr. 566) in der Kölnischen Zeitung wurde unter dem Titel „Gefahren für die Kölner Universität?" darauf hingewiesen, dass seit Gründung der Kölner Universität Sorgen bestanden, „ob nicht das Unkraut engherzigen Konfessionsgeistes, das in Köln manchmal üppig wuchert, auf das Gehege der Wissenschaft übergreifen werde. Dieser Sorge wurde durch Paragraph 6[284] der Universitätssatzung begegnet"

---

den Ruhestand versetzt, die Regierung verlieh ihm den Titel eines Professors, eine für einen Nichtakademiker seltene Auszeichnung. Schumacher schreibt in einem Artikel in der „Pädagogischen Post" dazu, dass es Habrichs Verdienst gewesen sei, „der katholischen Lehrerschaft den Weg zur christlichen Psychologie" gewiesen zu haben (Schumacher, 1924, S. 345). „Die ganze Entwicklung der experimentellen Wissenschaft, vornehmlich auch die Arbeiten Lindworsky-Köln" hätten bewirkt, dass man sich auch auf katholischer Seite sich ernstlich und wirksam damit beschäftigen wollte (Schumacher, 1924, S. 343).

283 Richard Rinkel, ordentlicher Professor für „Angewandte Physik, insbesondere Elektrotechnik und Maschinenlehre, Experimentalphysik" (Vorlesungsverzeichnis, Sommersemester 1921). Er war Physikprofessor in Köln von 1919 bis 1935.

284 § 6 der Satzung der Universität zu Köln vom 12.06.1919 lautet: „Die Berufung zu einem Lehramt ist unabhängig von der religiösen und politischen Überzeugung oder Betätigung."

(HAK Zug. 514/2/141/1, S. 81). Weiterhin hieß es, um den „Wünschen katholischer Kreise entgegenzukommen und konfessionellem Hader vorzubeugen" sei bei der Gründung der Philosophischen Fakultät „einhellig beschlossen" worden, zwei Lehrfächer doppelt zu besetzen, um dadurch die sogenannte „Parität" festzuhalten.[285] Für das Lehrfach der mittleren und neueren Geschichte sowie auch für Philosophie sollte „neben je einem Vertreter der katholischen Weltanschauung je ein Vertreter ohne jede katholische konfessionelle Bindung" als ordentlicher Professor berufen werden.[286] So wurde in Philosophie neben dem „geistvollen katholischen

285 Dass eine solche konfessionelle Parität auch in den Köpfen der Verantwortlichen existierte, zeigt u.a. ein offizielles Schreiben des Staatssekretärs (und späteren Kultusministers) Becker an Adenauer vom 22.02.1922, in dem er deutlich macht, dass die Ernennung Artur Schneiders zum Vorsitzenden der Prüfungskommission erfolgt sei, weil er erfahren habe, dass die Ernennung eines katholischen Herrn eine Forderung sei, „die aus katholischen Kreisen komme und im Interesse der Parität erfüllt werden müsse" (HAK Zug. 514/2/141/1, S. 132). Adenauer, auf der Suche nach einem Nachfolger für den sehr umstrittenen Geschichtsprofessor Spahn, schrieb am 28.04.1926 an den Abgeordneten Prof. Lauscher „Wir möchten selbstverständlich auch die katholische Weltanschauung ausserordentlich gern zu Wort kommen lassen, wissen aber keinen geeigneten Kandidaten" (Zug. 514/2/141/1, S. 396). Die herrschende Auffassung von Parität kommt besonders deutlich in einem Schreiben von Geheimrat Eckert an den bayerischen Ministerpräsidenten Held in München zu Tage. Hier heißt es (im Rahmen einer Nachfrage über einen potentiellen Kandidaten): „Unser Lehrstuhl ist nicht etwa konfessionell gebunden, aber da [...] auf den Lehrstuhl für mittelalterliche Geschichte voraussichtlich ein Professor evangelischer Konfession in diesen Wochen berufen wird, ist das Kuratorium der Meinung, dass für den neuen Lehrstuhl wenn tunlich ein katholischer Forscher berufen werden soll, damit die verschiedenen Weltanschauungen nebeneinander vertreten sind" (Zug. 514/2/141/1, S. 407–409). Dr. Johannes Horion, der 1922 mit überwältigender Mehrheit auf Vorschlag Adenauers 1922 zum Landeshauptmann in Düsseldorf gewählt worden war, schrieb am 26.06.1925 an Adenauer (HAK Zug. 514/2/141/1, S. 401), dass bei ihm Klage darüber geführt würde, die germanistische Abteilung der Philosophischen Fakultät der Universität Köln würde „grundsätzlich katholikenrein" gehalten. Am 06.06.1929 (HAK Zug. 514/2/141/2, S. 247) schrieb Adenauer im Rahmen der Bemühungen um die Besetzung einer Geschichtsprofessur mit einem Katholiken an Prof. Nadler in Königsberg: „So gern ich nun mit dazu beitrage, den katholischen Privatdozenten, die ja leider bei Berufungen stark zurückgesetzt werden, zu helfen, so kann ich mich dazu doch nur dann entschließen, wenn es sich um einen wirklich qualifizierten Bewerber handelt. Ich bin der Auffassung, da es viel richtiger ist, wirklich qualifizierte Katholiken auf Lehrstühlen zu sehen, als Katholiken, die in ihrem Fach nicht besonders tüchtig sind."

286 Dies ist auch im „Alltagsleben" der Universität erkennbar. Am 09.05.1927 schrieben beispielsweise „Die Studierenden der Geschichte an der Universität Köln" (gez. 97 Unterschriften) im Zusammenhang mit einem vakanten Lehrstuhl in Geschichte an den Dekan der Philosophischen Fakultät: „Wir Angehörigen beider Konfessionen legen überdies den grössten Wert darauf, nicht nur eine der beiden grössten Weltanschauungen allein längere Zeit hindurch im historischen Unterricht vertreten zu

Propagandisten Professor Max Scheler der Heidelberger Professor Hans Driesch angestellt“ (HAK Zug. 514/2/141/1, S. 81).

Die Tatsache, dass an der Kölner Universität drei philosophische Ordinariate [Scheler, Driesch, Saitschick] existierten, spielte in der veröffentlichten Meinung keine Rolle. Die Presse konzentrierte sich auf zwei Ordinariate in Philosophie. Die „Kölnische Zeitung“[287] hatte „aus zuverlässiger Quelle“ davon erfahren, dass die eindeutige Mehrheit der Philosophischen Fakultät Theodor Litt als Nachfolger vorgeschlagen hatte (Kölnische Zeitung, 27.08.1921, Nr. 566; HAK Zug. 514/2/141/1, S. 81). Sie vermutete jedoch, dass entgegen dem Geist der „paritätischen Besetzung“ des philosophischen Lehrstuhls das preußische Unterrichtsministerium dem Drängen einflussreicher Vertreter des Zentrums nachgegeben hätte, und den Frankfurter Professor Artur Schneider, der zuvor als Vertreter für katholische Philosophie gewirkt hatte, auf den „Drieschchen Lehrstuhl“ berief, obwohl dieser Lehrstuhl als „paritätische Ergänzung“ zu dem „katholischen Vertreter“ Max Scheler dienen sollte. Die Kölnische Zeitung sieht infolge der Tatsache, dass die Berufung Schneiders auf Betreiben des Zentrums hin erfolgte, „trübe Aussichten für die Universität Köln“. „Es wird dann wahrscheinlich nicht mehr lange dauern, bis die Philosophische Fakultät unter der unbedingten Herrschaft eines einseitigen Geistesschemas des Zentrums steht“, hieß es in dem besagten Artikel (HAK Zug. 514/2/141/1, S. 81). Die „Rheinische Zeitung“[288] bestätigte in einem Artikel vom 29.08.1921 (Nr. 201) die Meinung der Kölnischen Zeitung. Sie betonte nochmals, dass der Vorschlag zur Berufung Schneiders von einer sehr einflussreichen Minderheit ausgegangen sei. Auch sie sah hier Gefahren für das Ansehen der Kölner Universität: „Es sind Kräfte am Werk, die ihr [der Universität] den freien Atem rauben wollen, der sie in ihren revolutionären Geburtsstunden beseelte“ (HAK Zug. 514/2/141/1, S. 83).

Die Einseitigkeit der Berufungspraxis der Kölner Universität wurde erneut von der Rheinischen Zeitung anlässlich der geplanten Nachfolgerschaft für Franz Schultz (ordentlicher Professor für deutsche Philologie und neure deutsche

---

sehen. Sollte Herr Dr. Göring Köln verlassen müssen, so würde der einzige Dozent der Geschichte evangelischen Bekenntnisses im laufenden Semester ausscheiden und die historische Lehrtätigkeit nur von Dozenten katholischer Konfession bestritten werden“ (UAK Zug. 28/53, S. 182).

287 Die Artikel der „Kölnischen Zeitung“ waren traditionell national-liberal geprägt. In den 1930er Jahren kam es zu einem starken Auflagenverlust, da die Zeitung von den Nationalsozialisten bekämpft wurde. In den Kriegsjahren schwenkte die Redaktion auf die Linie der Nationalsozialisten ein. Nach Ende des Zweiten Weltkrieges wurde sie deshalb verboten. Der „Kölner Stadt-Anzeiger“ war ursprünglich eine Werbebeilage der „Kölnischen Zeitung“. Seit 1960 trägt er aus Traditionsgründen die „Kölnische Zeitung“ im Untertitel.

288 Die „Rheinische Zeitung“, eine liberaldemokratische Zeitung, wurde 1842 gegründet und von 1842 bis 1843 von Karl Marx geleitet. 1843 wurde die Zeitung verboten und 1848 als „Neue Rheinische Zeitung“ wiederbelebt. 1859 stellte sie den Betrieb wieder ein. Als sozialdemokratische Zeitung wurde sie 1892 neu gegründet und 1933 verboten.

Literaturgeschichte) wenig später am 17.09.1921 in einem Zeitungsartikel angeprangert. „Soll die Kölner Universität eine Stätte der freien Wissenschaft oder eine Versorgungsanstalt für das Zentrum werden?“ lautete die polemische Fragestellung in dem Zeitungsartikel der Rheinischen Zeitung, überschrieben mit „Scholastikerschule?“ (HAK Zug. 514/2/141/1, S. 83).[289]

---

289 Die in dem Artikel aufgeführten Unterstellungen wurden von Eckert in einem ausführlichen Schreiben vom 03.10.1921 an den Redakteur der Rheinischen Zeitung, dem sozialdemokratischen Stadtverordneten Beyer, der gleichzeitig auch durch die Stadtverordnetenversammlung gewähltes Mitglied des Kuratoriums der Kölner Universität war, zurückgewiesen. U.a. wies Eckert darauf hin, dass 80% der Kölner Studenten Katholiken seien, die jedoch unter ihren Lehrern nur wenige Männer ihrer Weltanschauung fänden. Bei 41 etatmäßigen Professoren stünden 28 Nichtkatholiken nur 13 Katholiken gegenüber. Die Berufungen sollten unabhängig von der politischen oder religiösen Überzeugung oder Betätigung erfolgen. Eckert spricht sicherlich mit Recht vom „unheilvollen Weg der Konfessionsstatistik“ (HAK Zug. 514/2/141/1, S. 89–93). Nach Aussage Adenauers habe Beyer erklärt, dass er bezüglich seines Artikels „Scholastikerschule?“ falsch informiert gewesen sei (HAK Zug. 514/2/141/1, S. 95). Die seitens der Sozialdemokratie in die Öffentlichkeit getragene Debatte um die angebliche konfessionsgebundene Berufungspraxis an der Kölner Universität, die Warnung vor „klerikalen Einflüssen“ und vor der „Versorgungsanstalt für das Zentrum“ hatte einen lebhaften Rückhall im Kölner Stadtparlament und in der Presse. An dieser Stelle soll nur auf einen Artikel der Kölnischen Volkszeitung vom 08.04.1922 (Nr. 278) rekurriert werden (HAK Zug. 514/2/141/1, S. 165). Hier heißt es u.a., dass auch innerhalb der Zentrumspartei, der Adenauer angehörte, zur Zeit der Gründung der Kölner Universität große Vorbehalte bestanden hätten. Man befürchtete „eine einseitige und planmäßige Bevorzugung akatholischer und antikatholischer Professoren“. Diese Befürchtungen hätten sich in der Tat „in vollem Maße verwirklicht“. In der Philosophischen Fakultät seien von 13 Ordinarien „nur sage und schreibe zwei mit Katholiken besetzt!“. Die Mitglieder der liberalen Partei seien 1919 gegen die Neuerrichtung der Kölner Universität gewesen, „weil sie in der rheinischen Metropole eine Kräftigung katholischen Geisteslebens befürchteten“. Folglich setzten sich die Liberalen für eine Erweiterung der Bonner Universität ein, „die unter der Schutzherrschaft der preußischen Regierung seit hundert Jahren ein Hort protestantischer Bestrebungen gewesen war“. Weiterhin wurde in dem Artikel darauf verwiesen, dass z.B. an der preußischen Universität Halle nach deren Stiftungssatzung nur Lehrer und Beamte evangelischer Konfession angestellt werden dürfen [vgl. Koch, 1840, S. 14–15]. Diese Bestimmung werde „bis auf die Gärtner im Botanischen Garten durchgeführt“. Die Geschichte der preußischen Universitäten sei auch „eine Geschichte der Zurücksetzung des katholischen Volksteils an den Zentralstätten der Bildung und der Forschung“. So habe der Sprecher der Kölner Zentrumspartei Dank erworben, indem er die berechtigten Ansprüche der Katholiken wirksam vertreten habe. Bezüglich der protestantischen Universität Halle sagte Kultusminister Becker, Halle habe nur „einen statuarischen, aber in der Praxis obsolet gewordenen protestantischen Charakter“ (Becker, 1925, S. 18).

In der Öffentlichkeit war so weniger die Frage der Vertretung der Psychologie in einem der philosophischen Lehrstühle als die Frage nach der weltanschaulichen Ausrichtung der Professur von Bedeutung. Auf die Frage des sozialdemokratischen Stadtverordneten Georg Beyer[290] am 13.04.1922 an Eckert, ob nicht die Auffassung begründet sei, dass die philosophischen Lehrstühle im Sinne einer bestimmten Richtung besetzt seien, antwortete Eckert, dass solche Auffassungen bei Nichteingeweihten entstehen könnten, wenn man nur nach dem äußere Schein urteile. Man müsse die Angelegenheit in ihrem historischen Verlauf kennen, dann käme man zu der klaren Auffassung, dass jener Vorwurf völlig unbegründet sei (HAK Zug. 514/2/141/1, S. 111). Eckert selbst erklärte aber auch, er würde lieber sein Amt niederlegen, als sich „zum Werkzeug klerikaler Machtgelüste" gebrauchen zu lassen (HAK Zug. 514/2/141/1, S. 111).

Die Chancen auf die Einrichtung einer Professur in experimenteller Psychologie in Köln verschlechterten sich weiterhin, als neben drei Philosophieordinariaten Wilhelm Kahl, der beispielsweise im Sommersemester 1921 eine Vorlesung über „Pädagogische Psychologie" abhielt, im Dezember 1922 ordentlicher Professor für Pädagogik wurde (HAK Zug. 514/2/141/1, S. 209). Kahls Wahlzeit als städtischer Beigeordneter lief am 01.10.1922 aus; zur Wiederwahl stellte er sich nicht, er wollte sich im Rahmen seines Ruhestandes ganz der Lehrtätigkeit an der Universität widmen.[291] Eckert verwies in seinem Gespräch am 13.04.1922 mit dem Stadtverordneten Georg Beyer darauf, dass Kahl nicht aus Universitätsmitteln besoldet werden könne, da er als pensionierter Beigeordneter der Stadt Köln höhere Bezüge als ein Universitätsprofessor habe (HAK Zug. 514/2/141/1, S. 109). Kahl war sozusagen ein „Eigengewächs" der Handelshochschule, das von der Universität zu Köln mit

290 Georg Beyer (1884–1943) war als Mitglied der Sozialdemokratischen Partei Deutschlands von 1919 bis 1933 Stadtverordneter in Köln. Er war gewähltes Mitglied des Universitätskuratoriums. Er war Jude und seit 1917 Redakteur bei der „Rheinischen Zeitung" in Köln. 1933 flüchtete er mit seinem Freund, dem Chefredakteur der Rheinischen Zeitung, dem Reichstagsabgeordneten (und 1923 auch Reichsminister des Innern), Wilhelm Sollmann ins Saarland. Dort gaben sie die antifaschistische „Deutsche Freiheit" heraus (Erst 1935 wurde das „Saargebiet" per Volksentscheid ins Deutsche Reich integriert.). 1935 geht Beyer ins Exil nach Südfrankreich, wo er unter falschem Namen lebte. Trotz schwerer Krankheit schrieb er noch Artikel für den „Neuen Vorwärts" und andere Emigrantenzeitungen. Dort unheilbar erkrankt (völlige Lähmung) ist Georg Beyer unbekannt in einem Kloster in Toulouse gestorben. In Köln-Stammheim wurde eine Straße nach ihm benannt. Als Mitglied des Arbeiter- und Soldatenrates in Köln verfasste Sollmann 1918 eine kleine Schrift über die Novemberunruhen in Köln mit dem Titel „Die Revolution in Köln. Ein Bericht über Tatsachen" (Köln: Verlag der „Rheinischen Zeitung" Gilsbach).

291 Diese Informationen sind dem Brief Adenauers vom 24.06.1922 an Staatssekretär Becker entnommen (HAK Zug. 514/2/141/1, S. 199).

übernommen wurde. In einem als „persönlich" gekennzeichnetem und sehr skeptischen Schreiben vom 03.07.1922 (HAK Zug. 512/1/137/1, S. 509–511) vom Staatssekretär und späteren Kultusminister Prof. C. H. Becker an Adenauer heißt es: „Seine Ernennung zum persönlichen Ordinarius würde alle Grundsätze über den Haufen werfen, die bisher bei Ernennung von persönlichen Ordinarien üblich waren [....] Aber ich darf doch wohl auch an den Begründer der Universität Köln appellieren und ihn fragen, ob es der Rangstellung Kölns im Kreise ihrer Schwestern entspricht, wenn die neuzuschaffenden Lehrstühle der zukunftsreichen Wissenschaft der Pädagogik in Berlin durch Spranger, in Leipzig durch Litt, in Göttingen durch Nohl und in Köln durch – Kahl vertreten werden".[292] Die Berufung Kahls verstärkte in jedem Fall die „pädagogische Komponente" (ohne Psychologie) in der Philosophischen Fakultät. Dies hat sicherlich auch mit dem Drängen weiter Lehrerkreise (außerhalb des Gymnasiallehrerstudiums) nach Hochschulausbildung zu tun. Aber auch Lindworsky war nicht fern von der pädagogischen Psychologie. (Es sei nochmals in Erinnerung gerufen, dass sein Antrag auf Habilitation sich auch auf experimentelle Pädagogik bezog; vgl. auch etliche Dissertationen bei Lindworsky aus dem Bereich der experimentellen Pädagogik und sein Engagement bezüglich Lehrerfortbildungsveranstaltungen).

5.6 Ernennung Lindworskys zum außerordentlichen Professor

Um dem Problem des wachsenden Bedarfs an Psychologie innerhalb der Philosophie an den Universitäten gerecht zu werden, hatte bereits Wundt zwei mögliche Lösungsansätze im Blickfeld: zum einen die Vermehrung der ordentlichen Professuren der Philosophie (auch für Wundt war die Psychologie fester Bestandteil der Philosophie), zum anderen, wesentlich leichter umzusetzen, die Herbeiziehung von Extraordinarien unter gleichzeitiger Teilnahme an den Doktor- und Staatsprüfungen (Wundt, 1913, S. 33). Die Universität zu Köln entschied sich erkennbar für den zweiten Weg. Die Philosophische Fakultät hatte schon frühzeitig beschlossen,

---

292 Haupts gibt eine kurze und wenig schmeichelhafte Charakteristik der Person Kahls: „Wilhelm Kahl, bis 1922 Beigeordneter für das Schulwesen in Köln, 1919–1921 Honorarprofessor für Pädagogik. Persönlicher Ordinarius, Mitglied des Zentrums, Praktiker: Stadtschulrat, Seminardirektor, zeitweilig auch Provinzialschulrat in Koblenz, wissenschaftlich wenig profiliert" (Haupts, 2007, S. 176). Prof. Julius Ziehen teilte jedoch in einem Schreiben vom 10.02.1922 Artur Schneider eine positive Einschätzung von Kahl mit (HAK Zug. 514/2/141/1, S. 193). Julius Ziehen (1864–1925) erhielt 1916 als Stadtschulrat als erster einen Lehrstuhl für Pädagogik in Preußen an der Frankfurter Universität (Brumlik & Ortmeyer, 2006, S. 7). Ende September 1929 wurde Prof. Wilhelm Kahl von seinen amtlichen Verpflichtungen in der Philosophischen Fakultät durch den Kultusminister entbunden (HAK Zug. 514/2/141/2, S. 195).

zu einer Zeit als Lindworsky noch nicht einmal eine ministeriell verliehene Venia Legendi besaß (!), für ihn eine außerordentliche Professur beim Ministerium zu beantragen, denn in der Sitzung vom 12.11.1921 (UAK Zug. 285/1, S. 43) wurde berichtet, dass die Ernennung Lindworskys (und drei weiterer Privatdozenten) zum „außerordentlichen Professor" seitens des Ministeriums abgelehnt worden sei. Nähere Einzelheiten sind dem Protokoll nicht zu entnehmen. Es heißt nüchtern und ohne nähere Erläuterung: „Der Fall Lindworsky wird zurückgestellt." Es ist zu vermuten, dass der Antrag seitens des Ministeriums u.a. abgelehnt wurde, weil zum Zeitpunkt der Antragstellung Lindworsky noch nicht einmal eine offizielle Lehrerlaubnis erteilt worden war.[293]

In der Sitzung vom 25.02.1922 (UAK Zug 285/1, S. 56) war, wie oben bereits dargestellt, der Beschluss zur Lehrbeauftragung Lindworskys gefasst worden. Gleichzeitig wurde erneut einstimmig beschlossen, beim Ministerium den Antrag zu stellen, Lindworsky „Titel und Rang eines Extraordinarius zu verleihen".[294] Antrag auf Lehrerlaubnis und Antrag auf Ernennung zum außerordentlichen Professor ergingen also gleichzeitig! Der Antrag der Fakultät auf Ernennung Lindworskys zum außerordentlichen Professor wurde gestellt, „um die Stellung des bisher einzigen Vertreters dieses Faches nach aussen hin zu heben" (UAK Zug. 27/68b, Bl. 14). Es darf aber auch nicht vergessen werden, dass im Jahre 1922 bereits die ersten Promotionen mit Hauptfach Experimentelle Psychologie anstanden und dringend eine Prüfungserlaubnis für einen Hochschullehrer in diesem Fach erforderlich war.

Die beiden Beschlüsse (Wiederholung des Antrags auf Ernennung zum Extraordinarius und Erteilung der Lehrbefugnis) setzte der Dekan in seinem Schreiben an das Ministerium vom 20.06.1922 (UAK Zug. 27/68b, Bl. 11–13) um. Im Antwortschreiben des Ministeriums vom 27.07.1922 wurde Lindworsky die beantragte Lehrbefugnis erteilt, eine Ernennung zum außerordentlichen Professor unterblieb jedoch. In einem handschriftlichen Schreiben vom 12.09.1922 an den stellvertretenden Geschäftsführer des Kuratoriums, Herrn Geheimrat Eckert, bedankt sich Lindworsky für die Zusendung des Lehrauftrags. Wegen der fehlenden Ernennung zum außerordentlichen Professor schreibt Lindworsky: „Der andere Antrag betr. a.o. wird nochmals scheitern, da man es in Berlin übel aufnehmen musste, dass in dem neuen Antrag der Einwand des Ministers vom vorigen Jahr völlig ignoriert wurde" (UAK Zug. 17/3464, Bl. 62). Um welchen Einwand es sich handelte, ist den vorliegenden Unterlagen nicht zu entnehmen. Möglich ist jedoch der Einwand, dass Lindworsky nicht die erforderliche Bewährungszeit von sechs Jahren seit der Habilitation absolviert hatte. Die Verleihung des Professorentitels erfolgte auf der Basis des Erlasses vom 05.07.1921 (Zentrbl. Erl. Nr. 330, S. 265) auf Antrag

293 Die Venia Legendi für experimentelle Psychologie wurde Lindworsky erst am 27.07.1922 erteilt (UAK Zug. 27/68b, Bl. 14.).

294 In derselben Sitzung war ebenfalls beschlossen worden, Psychologie als Hauptfach der Kölner Universität im Rahmen der Promotion zuzulassen.

der Fakultät. Im Normalfall ist von einer sechsjährigen Bewährungsfrist auszugehen. Vor Ablauf von sechs Jahren nach der Habilitation konnten Anträge auf Verleihung der Amtsbezeichnung als außerordentlicher Professor in der Regel nicht gestellt werden. Zumindest ließ sich dies dem Schreiben des Dekans Brinckmann vom 16.02.1928 (UAK Zug. 17/3464, Bl. 9) an Lindworsky entnehmen, der auf die vorzeitige Beförderung Lindworskys zum a.o. Professor als Ausdruck einer besonderen Wertschätzung seiner Persönlichkeit hinwies.

In der Fakultätssitzung vom 23.07.1923 (UAK Zug. 285/1, S. 106) beschloss die Fakultät die „Erneuerung des Antrags auf Ernennung Lindworskys zum a.o. Professor". Dies war folglich der dritte Antrag der Fakultät in dieser Angelegenheit. Am 24.11.1923 wurde Lindworsky zum außerordentlichen Professor für Psychologie ernannt (UAK Zug 17/3464, Bl. 60). In diesem Schreiben teilte der Preußische Minister für Wissenschaft, Kunst und Volksbildung Lindworsky mit, dass er mit der Ernennung zum nichtbeamteten außerordentlichen Professor keinen Anspruch gegen den Staat erwerbe,[295] insbesondere nicht auf Übertragung eines planmäßigen Lehrstuhls.

In einem Erlass vom 24.02.1921 (Zentrbl. Nr. 330, 05.07.1921) wies Kultusminister Becker darauf hin, dass seit Inkrafttreten der neuen Reichsverfassung die Vergebung des Professortitels an Privatdozenten grundsätzlich zu unterbleiben habe. Das Bedürfnis nach einer Hervorhebung bewährter Privatpersonen sei jedoch anzuerkennen. Er habe sich deshalb entschlossen, die Dienstbezeichnung „außerordentlicher Professor" zuzulassen. Mit der Verleihung bliebe jedoch der dadurch ausgezeichnete Privatdozent wie es dem ursprünglichen Begriff des Extraordinarius entspricht, noch „extra ordinem der hauptamtlichen Hochschullehrer". Eine „ausnahmslose Innehaltung einer Bewährungsfrist" sei „notwendige Vorbedingung". „Vor Ablauf von sechs Jahren seit der Habilitation" seien Anträge daher nicht zu stellen. Auf „besonders ausgezeichnete Privatdozenten" könne jedoch hingewiesen werden. Da Lindworsky sich erst im Juni 1920 habilitiert hatte und er im November 1923 bereits den Titel „außerordentlicher Professor" verliehen bekam, gehörte er zwangsläufig zu der Gruppe der „besonders ausgezeichneten Privatdozenten".

295 Nach dem Königl. Preußischen Allgemeinen Landrecht waren auch außerordentliche Professoren königliche Beamte. Die nachteilige Rechtsstellung des „nichtbeamteten" außerordentlichen Professors in der Weimarer Republik änderte sich erst durch die Reichshabilitationsordnung aus dem Jahre 1939.

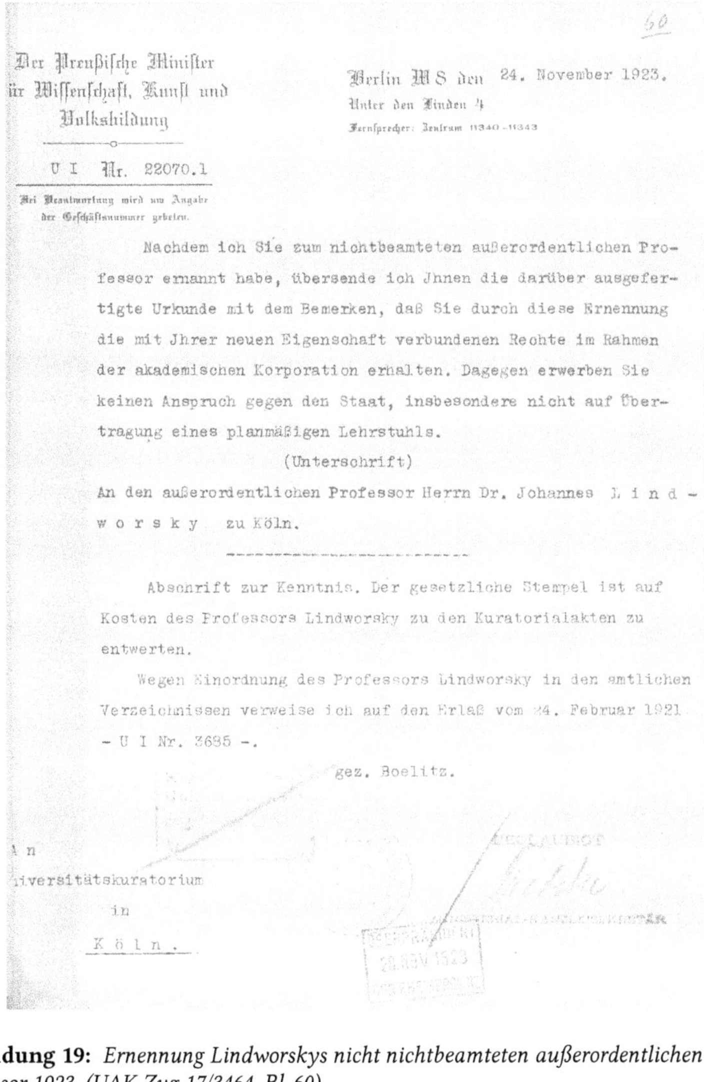

60

Der Preußische Minister
für Wissenschaft, Kunst und
Volksbildung

U I Nr. 22070.1

Bei Beantwortung wird um Angabe
der Geschäftsnummer gebeten.

Berlin W 8 den 24. November 1923.
Unter den Linden 4
Fernsprecher: Zentrum 11340 - 11343

Nachdem ich Sie zum nichtbeamteten außerordentlichen Professor ernannt habe, übersende ich Jhnen die darüber ausgefertigte Urkunde mit dem Bemerken, daß Sie durch diese Ernennung die mit Jhrer neuen Eigenschaft verbundenen Rechte im Rahmen der akademischen Korporation erhalten. Dagegen erwerben Sie keinen Anspruch gegen den Staat, insbesondere nicht auf Übertragung eines planmäßigen Lehrstuhls.

(Unterschrift)

An den außerordentlichen Professor Herrn Dr. Johannes L i n d - w o r s k y zu Köln.

Abschrift zur Kenntnis. Der gesetzliche Stempel ist auf Kosten des Professors Lindworsky zu den Kuratorialakten zu entwerten.

Wegen Einordnung des Professors Lindworsky in den amtlichen Verzeichnissen verweise ich auf den Erlaß vom 24. Februar 1921 - U I Nr. 3685 -.

gez. Boelitz.

An
Universitätskuratorium
in
K ö l n .

Abbildung 19: *Ernennung Lindworskys nicht nichtbeamteten außerordentlichen Professor 1923. (UAK Zug 17/3464, Bl. 60)*

5.7 Experimentelle Psychologie außerhalb der Philosophischen Fakultät

Im 19. Jahrhundert waren die meisten Psychologen, oft Mediziner von ihrer Ausbildung her, „Grenzgänger“[296]. So bewegte sich Wilhelm Wundt in seiner Heidelberger Zeit in die Psychologie hinein. Auch Emil Kraepelin und Gustav Störring, der vor Wiedergründung der Kölner Universität an dortigen Hochschulen gelehrt hatte, kann man zu den „Grenzgängern“ zählen hin zur Psychiatrie. Aber auch der Kölner Mediziner Gustav Aschaffenburg bewegte sich hin zur Kriminalpsychologie. Als Lindworsky in Köln anfing, Experimentelle Psychologie zu lehren, war weder die „Psychologie“ noch die „experimentelle Psychologie“ ein Monopol der Philosophischen Fakultät. Allein die vorhergehenden Hinweise zur „Psychologie an der Handelshochschule Köln“ und zur Psychologie im Rahmen des Frauenhochschulstudiums legen davon ein Zeugnis ab.

Lindworsky hielt seine erste experimentell-psychologische Lehrveranstaltung im Wintersemester 1920/21 ab (Experimentell-psychologisches Praktikum für Anfänger – privatissime – im Philosophischen Seminar). Vor ihm hatte bereits Prof. Dr. med. Gustav Aschaffenburg, im Zwischensemester 1919 (22.09. bis 20.12.1919) eine Lehrveranstaltung mit dem Titel „Klinische und experimentell-psychologische Arbeiten aus dem Gebiete der Psychiatrie“ durchgeführt. Im Vorlesungsverzeichnis 1920 wurde bereits erwähnt, dass Prof. Aschaffenburg Lehrveranstaltungen im „Psychologischen Laboratorium“ durchführte, zeitlich also deutlich vor den Anfängen des Psychologischen Institutes der Philosophischen Fakultät. Die Veranstaltung des 1. Zwischensemesters 1919 wurde von Aschaffenburg im Wintersemester 1920/21 nochmals angeboten. Im Wintersemester 1922/23 boten Aschaffenburg und Prof. Dr. med. Alfred Busch (nichtbeamteter außerordentlicher Professor für Psychiatrie und experimentelle Psychopathologie) zusammen Übungen „in der Psychiatrischen Klinik und dem *Laboratorium für experimentelle Psychologie*“ [Hervorhebung d. Verf.] an. Diese Lehrveranstaltung veränderte sich in der Folge namentlich in „Experimentalpsychologische Arbeiten“ bzw. „experimentell-psychologische Arbeiten“ (s. Vorlesungsverzeichnisse). Als Ort der Veranstaltung wurde zunächst das „psychologische Laboratorium“ bzw. „Laboratorium für experimentelle Psychologie“ (Sommersemester 1925) angeben, in der Regel findet sich jedoch nur die Ortsangabe „Lindenburg“. Diese Veranstaltung wurde von den beiden Hochschullehrern nach der ersten Veranstaltung im Wintersemester 1922/23 insgesamt noch 21 Mal angeboten! Die letzte gemeinsame Veranstaltung dieser Art fand im Wintersemester 1933/34 statt. Im Sommersemester 1934 wurde Aschaffenburg zum letzten Mal noch mit Lehrveranstaltungen im Vorlesungsverzeichnis aufgeführt. Danach musste er wegen seiner jüdischen Abstammung aus dem Dienst ausscheiden (vgl. Kap. 9.2.1).

296 Begriff von Klüpfel & Graumann, 1986, S. 4.

5.8 Zur Person Lindworskys als Hochschullehrer in Köln

Im Universitätsrückblick von 1925 (S. 121) wurde besonders auf den „wachsenden Besuch der psychologischen Vorlesungen und Übungen" sowie auf den Wunsch zahlreicher Hörer, experimentelle Psychologie zu ihrem Hauptstudium zu machen, hingewiesen; weiterhin wurde in diesem Rückblick auf das unerwartet große Interesse, dass die Studierenden der theoretischen Psychologie entgegenbrachten, der Blick gewiesen (Universität Köln, 1925, S. 122). Dr. phil. Alphons Bolley, der bei Lindworsky studiert und 1924 promoviert hatte[297], schrieb 1930 in einer Stellungnahme an den Rektor der Universität (anlässlich einer Presseerklärung der Universität Köln) über Lindworsky (UAK 27/68b, Bl. 24): „Es ist zweifellos seinem außergewöhnlichen pädagogischen Geschick zuzuschreiben, wenn seine Vorlesungen und Uebungen [sic] so stark besucht waren. Ich erinnere mich noch gut, wie gelegentlich [bei] einer öffentlichen Vorlesung über den Willen[298] der Andrang zu dem Kollegen geradezu beängstigend war. Zweimal musste der Hörsaal gewechselt werden und als man schließlich die Aula der Universität nahm, mussten an den Türen noch die Ausweise der Hörer geprüft werden." Indirekt wird diese Aussage durch eine Bemerkung von Lindworsky bestätigt. So wandte er sich in einem Schreiben vom 14.01.1925 (UAK Zug. 9/273, o. P.) an den geschäftsführenden Vorsitzenden des Kuratoriums, Geheimrat Eckert, wegen eines mangelhaften Epidiaskops, das er im Auditorium Maximum während einer großen öffentlichen Vorlesung verwendet hatte: „Meine gestrige Vorlesung war zur Hälfte auf der Demonstration von Bildern aufgebaut. Der Strom versagte und so war so gut wie

297 Das Dissertationsthema Bolleys lautete *„Experimentell-psychologische Untersuchungen zum Problem der Betrachtung"* (1924, Schreibmaschinenschrift). Bolley (1898 – 1989) wurde 1926 in Köln zum Priester geweiht. Danach betätigte er sich überwiegend als Religionslehrer (u.a. in der Nähe von Köln am erzbischöflichen Aloysianum in Opladen und am Oberlyzeum der Dominikanerinnen in Euskirchen). Während des Krieges beschäftigte er sich als Kaplan in Essen mit der seelsorgerischen Betreuung von „Jungmännern" [Der Katholische Jungmännerverband war eine Jugendorganisation der katholischen Kirche], insbesondere bei Kriegseinsätzen. Spannungen zwischen NS-Regime und Pfarrei waren die Folge. In seinen Arbeiten setzte er sich vorwiegend mit Religionspsychologie, die er als Zweig der empirischen Psychologie ansah, auseinander und war dabei stark von Lindworsky beeinflusst. 1959 wurde er zum Honorarprofessor an der Universität Bonn ernannt (Wolfradt, 2015, S. 45). Zur Bedeutung Bolleys als Religionspsychologe vgl. Lorenzsonn, H (1936). Die Dorparter religionspsychologische Schule. *Archiv für Religionspsychologie, Bd. 6*, S. 267. Lindworsky hatte mehrere Aufsätze zur Religionspsychologie veröffentlicht, darunter 1910 einen Aufsatz mit dem Thema „Die Religionspsychologie, ein neuer Zweig der empirischen Psychologie", veröffentlicht in *Stimmen aus Maria Laach, Bd. 78*, H.5. . Freiburg: Herder.

298 Im Sommersemester 1922 hielt Lindworsky eine einstündige öffentliche Vorlesung („publice und allgemeine Vorlesung") mit dem Titel „Psychologie und Pädagogik des Willens".

nichts zu erkennen."[299] Leider könne er auch keinen anderen Hörsaal benutzen, da keiner groß genug sei.[300]

Lindworsky selbst sprach in seinem „Gutachten über die Pflege der experimentellen Psychologie an der Universität Köln" vom Januar 1922 (UAK Zug. 9/273, o. P.) von einer großen Zahl von Hörern und insbesondere von Anmeldungen für das psychologische Praktikum und das psychologische Kolloquium. Obwohl die beiden Übungen in jedem Semester stattfänden, müsse stets eine Reihe von Bewerben zurückgewiesen werden. In einer Nachricht vom 11.08.1923 (UAK Zug. 9/273, o. P.) an Eckert schrieb Lindworsky, dass sich im Wintersemester in seinen beiden Vorlesungen 209 bzw. 229 Hörer inskribiert hätten, „also ¼ der Mitglieder der gesamten phil. Fakultät".

Nach einer handschriftlichen Notiz von Prof. Artur Schneider vom 27.01.1928 (UAK Zug. 17/3464, Bl. 37) hatte Lindworsky die beiden letzten Semester vor seinem Wechsel nach Prag in seinen Veranstaltungen folgende Teilnehmerzahlen:

1927	SS	Theoretische Psychologie.	185
1927	SS	Experimentell-psychologisches Praktikum I.	39
1927	SS	Experimentell-psychologisches Praktikum II	33
1927/28	WS	Experimentelle Psychologie.	ca. 180
1927/28	WS	Experimentell-psychologisches Praktikum I.	ca. 70
1927/28	WS	Experimentell-psychologisches Praktikum II.	ca. 25

5.9 Einheit von Philosophie und Psychologie

Habilitiert, aber noch ohne Venia Legendi, hielt Lindworsky im Wintersemester 1920/21 in seinem ersten Lehrsemester an der Universität zu Köln zwei Veranstaltungen, die den gesamten Spannungsbogen der Problematik erfassen. Zum einen hielt er eine Vorlesung mit dem Titel „Psychologie als Einzelwissenschaft (experimentelle Psychologie)" und zum anderen eine öffentliche Vorlesung über „Ausgewählte Probleme der philosophischen Psychologie", zum einen wird also die Selbstständigkeit des Faches und zum anderen dessen Integration in die Philosophie betont. Ähnlich wie Wilhelm Wundt sah auch Lindworsky die Psychologie als festen Bestandteil der Philosophie. „Die experimentelle Psychologie muß in ihrer Hauptvertretung innerhalb der Philosophischen Fakultät bleiben"

299 Ursache war wahrscheinlich eine Überlastung der „Accumulatoren-Batterie" (UAK Zug. 9/273, o. P.). Leider geht aus den Angaben im Vorlesungsverzeichnis nicht hervor, dass Lindworsky im Wintersemester 1924/25 eine Vorlesung im Auditorium Maximum abgehalten hat.

300 Auf der Tagesordnung der Kuratoriumssitzung vom 07.07.1925 stand der Beratungspunkt „Beschaffung eines Ediaskops [sic] für Hörsaal 7" zum Preise von 2.680 M. (HAK Zug. 511/2/138/1, S. 263).

[Unterstreichung im Original], schrieb Lindworsky in seinem „Gutachten über die Pflege der experimentellen Psychologie an der Universität Köln“ vom Januar 1922 (UAK Zug. 9/273, o. P.). Die experimentelle Psychologie sei aus der Philosophie erwachsen, ihre wichtigsten Probleme wie Wahrnehmen, Denken, Wollen, Charakter etc. seien zugleich Probleme der Philosophie. In seiner Stellungnahme über die Weiterentwicklung der Psychologie an der Kölner Universität vom 07.11.1923 schrieb Lindworsky bezüglich eines von ihm vorgeschlagenen Lehrstuhls für „Forschungspsychologie (allgemeine, theoretische, nebst Praktikum usw.)“, dass der Lehrstuhl „wegen der innigen Beziehung der psychologischen Grundfragen zur Philosophie der Philosophischen Fakultät einverleibt bleiben“ müsse (UAK Zug. 9/273, o. P.). In seiner „Einführung in die Psychologie“, die er noch 1934 schrieb, wies Lindworsky darauf hin, dass die Psychologie nie frei sein werde von metaphysischen Voraussetzungen und Folgerungen und insofern verfolgte er auch noch mit seiner Schrift das Ziel der „Behandlung der Psychologie in einem Ganzen mit der Philosophie“ (Lindworsky, 1934, S. 4). Allerdings schrieb er auch schon fast resignierend: „Die moderne Psychologie bemüht sich, Einzelwissenschaft, Fachwissenschaft zu werden. Somit verzichtet sie darauf, ihre Einzelergebnisse in eine Gesamtdarstellung der Philosophie [...] aufgenommen zu sehen“ (1934, S. 3).

Auch der Vorsitzende der „Gesellschaft für experimentelle Psychologie“ Georg Elias Müller an der Universität Göttingen betonte u.a. die selbstständige Spezialwissenschaft Psychologie in seinem wichtigen Schreiben vom 19.12.1921 an Oberbürgermeister Adenauer, „unbeschadet ihres stets zu wahrenden Zusammenhanges mit der Philosophie“; d.h. ein selbstständiges Fach Psychologie unabhängig von der Philosophie stand selbst für den Vorsitzenden der „Gesellschaft für experimentelle Psychologie“ nicht zur Debatte (UAK Zug. 9/273, o. P.)! Selbst im Vorlesungsverzeichnis des Sommersemesters 1943 (S. 84) ist der Einfluss der Philosophie im Rahmen der Diplomprüfungsordnung noch immer nicht ganz verschwunden. Prüfungsfach im Vordiplom der Studierenden der Psychologie war „Philosophie und Weltanschauung“ (Prüfer: Prof. Heimsoeth).

5.10 Erst Ausbildung, dann Anwendung

Wie Wundt (1913, S. 37) so lehnte auch Lindworsky eine rein anwendungsorientierte Psychologie ohne vorhergehende gründliche wissenschaftliche Ausbildung ab. Im Januar 1922 schrieb Lindworsky: „Es muß zunächst die rein wissenschaftlich interessierte experimentelle Psychologie ausgebaut werden, dann erst die Anwendungsgebiete [Unterstreichung im Text], um einer ungründlichen und voreiligen Anwendung vorzubeugen“. Dies sei besonders für Köln wichtig, „das seiner Entwicklung nach ohnehin eine Bevorzugung der angewandten Fächer erkennen“ lasse (UAK Zug. 9/273, o. P.). Der letzte Punkt berührte die bei der Wiedergründung der Universität 1919 intendierte „Neuartigkeit“. Der von der Handelshochschule mitgebrachte Praxisbezug spielte eine wichtige Rolle im Rahmen der Wissenschaftlichkeit der wiedergegründeten Universität. Nach § 1 der Satzung der Universität zu Köln hatte die wiedergegründete Universität die „allgemeine“ wie

„besondere“ wissenschaftliche Ausbildung der studierenden Jugend für „Berufsarten“ weiterzuführen. So ist es nicht weiter verwunderlich, wenn Lindworsky bezüglich der weiteren Entwicklung der experimentellen Psychologie an der Kölner Universität in Anspielung auf den von der Handelshochschule übernommenen Praxisbezug schreibt, dass die „Eigenart der Kölner Universität“ verlange, dass sie den Studierenden namentlich jene Ergebnisse und Methoden der experimentellen Psychologie vermittele, die für das „wirtschaftliche, soziale und politische Leben“ von Bedeutung seien (UAK Zug. 9/273, 07.11.1923, o. P.).

Vergleichbar mit Wundt sah auch Lindworsky Gefahren für die Psychologie. Die „angewandte Psychologie“, die sich bereits in „mannigfache Spezialwissenschaften“ verzweigt habe, schließe jedoch „die Gefahr des Handwerkertums und der Verflachung in sich, wenn die Rückenstärkung durch die rein wissenschaftliche Forschung“ fehle (UAK Zug.9/273, 07.11.23, o. P.). Weiter schrieb Lindworsky: „Allein reine Anwendungswissenschaft verdient diesen Namen nicht und geht irre, wenn sie nicht auf das Engste mit der Forschung verbunden bleibt. Es muß darum mit der rein theoretisch interessierten Psychologie begonnen werden, um von ihr aus die praktische Psychologie auszugestalten.“[301] Entsprechend ist auch das von ihm festgelegte sechssemestrige Studienprogramm aufgebaut.

Auch im Rahmen der „Vertreter“ der experimentellen Psychologie müsse dies nach Lindworskys Vorstellungen seinen Niederschlag finden. Bei voller Ausgestaltung der experimentellen Psychologie müssten sowohl die rein wissenschaftliche experimentelle Psychologie wie auch die verschiedenen Zweige ihrer Anwendung, „insbesondere auf medizinischem, pädagogischem und wirtschaftlichen Gebiet ihre eigenen Vertreter haben“ (Gutachten vom 12.01.1922 an Oberbürgermeister Adenauer, UAK Zug. 9/273, o. P.).[302] Diese von Lindworsky bereits 1922 prognostizierte Entwicklung sollte jedoch in größerem Umfang erst nach dem zweiten Weltkrieg einsetzen.

Nach Georg Elias Müllers Schreiben an Adenauer vom 19.12.1921 waren die wichtigsten Methoden der Psychologie „die systematische Beobachtung und Selbstbeobachtung, das Experiment, das Völkerpsychologische, das statistische und das Erhebungsverfahren“. Weiter schrieb er: „Die Psychologie [...] ist dabei, diese Einsichten zu einem theoretischen Lehrgebäude auszubauen“ (UAK Zug. 9/273, o. P.).

---

301 Paul H. Bresser, ein früherer Assistenzarzt Kurt Schneiders und späterer Leiter der Abteilung für gerichtliche Psychologie und Psychiatrie am Institut für Rechtsmedizin der Universität Köln, hatte die Theorieabstinenz sogar zum Prinzip der von ihm vertretenen Psychologie erhoben. Psychologie sei eine „Erfahrungswissenschaft“, sie dürfe als Naturwissenschaft die aufgestellten Hypothesen nicht mittels Beobachtung und Experiment überprüfen (Glazinski, 1997, S. 6).

302 Lindworsky bezeichnet auch seine „Psychologie der Aszese“ (1935) in den Vorbemerkungen als eine „Studie angewandter Psychologie“.

Schon während des ersten Weltkriegs wurden die Möglichkeiten psychologischer Praxis erprobt. Die neuen Waffen, wie die Flieger, sowie die Funker und die im Licht-Schall-Messdienst tätigen Beobachter etc. verlangten bei der Musterung besondere Fertigkeiten. Die Folge war u.a. die Schaffung des Berufs- und Eignungspsychologen bei Behörden und in der Industrie. An den Technischen Hochschulen Aachen, Berlin, Braunschweig, Darmstadt und Dresden kam es zur Errichtung von Lehrstühlen für „Psychotechnik".[303] Insgesamt kam es in den zwanziger Jahren zu einem sehr starken Ausbau der Angewandten Psychologie (Thomae, 1977, S. 167). In diesem Zusammenhang ist auch verständlich, wenn Lindworsky im Sommersemester 1921 eine einstündige Lehrveranstaltung mit dem Titel „Wirtschafts- und Berufspsychologie" abhielt.

So wies auch G. E. Müller in seinem Schreiben an Adenauer darauf hin, dass die Psychologie sich auch für die „praktischen Disziplinen" und das „praktische Leben" als nützlich erwiesen habe. So habe der Krieg die Wichtigkeit der psychologischen Prüfungen beispielsweise für Flieger und Kraftfahrer dargetan. Auch im Artilleriedienst hätten sich gewisse Untersuchungen als notwendig erwiesen. „Besonders zeigten sich bei der Untersuchung und Behandlung der Gehirnverletzten die Verfahrensweisen und Tatsachen der Psychologie als fruchtbar." Der Aufschwung der deutschen Industrie und der Wunsch, die industrielle Arbeit so planvoll als möglich zu gestalten, hätten zu umfangreichen Untersuchungen im Gebiet der Arbeitspsychologie geführt. In Fabriken, Eisenbahnwerkstätten und bei der Post würden daher psychologische Untersuchungen in praktischem Interesse angestellt. Auch die Auswahl geeigneter Straßenbahnbediensteter, Handelsangestellter etc. fände neuerdings vielfach auf Grund psychologischer Methoden statt. Mit dem fortschreitenden Ausbau der Kinder- und Jugendpsychologie festige sich ferner das Band, das die Psychologie mit der Schule und der Jugenderziehung schon seit Jahrzehnten verknüpfe. Die Methodik der Erziehung und des Unterrichts, die Begabtenauslese, die Geisteshygiene, die Jugendpflege und die Berufsberatung nähmen immer mehr den Charakter von Anwendungswissenschaften der Psychologie an, und die Forderung einer gründlicheren psychologischen Schulung der Pädagogen werde immer dringlicher erhoben.

Auch im Antrag der Fakultät auf die Lehrbefugnis Lindworskys vom 20.06.1922 (UAK Zug. 27/68b, Bl. 12) wird auf die „Leistungen und die Bedeutung der gegenwärtigen Experimentellen Psychologie für die verschiedensten theoretischen Fächer und praktischen Aufgaben (Erziehung, Eignungsprüfung für Berufe etc.)" hingewiesen. In einem Schreiben vom 11.12.1927 an den Dekan der Philosophischen

303 Einen Überblick über die Lehr- und Forschungsstätten in Psychologie und Psychotechnik im Jahre 1926/27 hat Dorsch (1963, S. 82–83) aufgestellt. Der Begriff der Psychotechnik steht heute in der Regel für die Anwendung der Psychologie in den zwanziger Jahren, obwohl die „Internationale Vereinigung für Psychotechnik" sich erst 1955 in „internationale Vereinigung für angewandte Psychologie" umbenannt hat (Rösgen, 1999, S. 1).

Fakultät (UAK Zug. 17/3464, Bl. 41) sprach Lindworsky sogar davon, dass seine Vorlesungen sich inzwischen zu einem „systematischen Kurs der Ausbildung zum Berufspsychologen ausgewachsen" hätten.

Nachdem die experimentelle Psychologie Hauptfach geworden war, bemühte sich Lindworsky nach eigenen Worten den Studierenden „soviel an psychologischen Vorlesungen zu bieten, wie es sich für ein Hauptfach gebührt" (UAK Zug. 9/273, 07.11.1923, o. P.). Lindworsky bemängelte, dass am Anfang der (theoretischen) Psychologie immer noch eine „metaphysische Auseinandersetzung über Leib und Seele" stehe. Das „Fundament" bilde jedoch eine „experimentelle Psychologie", die nur Tatsachen sammele. Auf dieser Psychologie müsse sich eine „theoretische Psychologie" aufbauen und erst auf beiden werde dann eine metaphysische, weltanschauliche Psychologie errichtet (Lindworsky, 1922, S. 314). Eine Experimentalpsychologie solle die unterste Grundlage zu philosophischen Systemen bereiten, sie aber nicht voraussetzen (Lindworsky, 1922, S. 322).

Die Tatsachenforschung allein ließe keine psychischen Gesetzmäßigkeiten erkennen. Diese müssten aus Einzelforschungsergebnissen abstrahiert werden. Ob die Zeit für die großen psychischen Gesetzmäßigkeiten bereits gekommen sei, ließe sich nicht mit Sicherheit sagen. Doch ein Versuch könne gewagt werden (Lindworsky, 1922, S. 333). Lindworsky verweist auf Fröbes, der in seinem Lehrbuch zur experimentellen Psychologie darauf hinweist, dass ihm die Psychologie vorkomme wie ein Psychogramm, in dem unzählige Einzelheiten nebeneinander aufgereiht seien (Lindworsky, 1922 S. 313). Eine theoretische Neuorientierung sei notwendig.

Lindworsky stellte ein sechssemestriges Studienprogramm auf (UAK Zug. 9/273, 09.11.1923, o. P.): a) Die beiden ersten Semester werden geprägt durch eine je vierstündigen Vorlesung (mit Experimenten und Demonstrationen) über „allgemeine Psychologie, mit Ausschluss der philosophischen" [Unterstreichung im Original]. Die Vorlesungen behandeln „den Aufbau des geistigen Lebens des Individuums". b) Die vierstündige Vorlesung im dritten Semester beinhaltet die Einführung in die „angewandte Psychologie" [Unterstreichung im Original]. Unter Ausschluss der pädagogischen Psychologie,[304] die von Friedrich Schneider vorgetragen wird, soll in diesen Vorlesungen namentlich die „Arbeits-, Wirtschafts- und Berufspsychologie" zur Sprache kommen" (UAK Zug. 9/273, 09.11.1923, o. P.). c) In einem vierten Semester wird die „theoretische Psychologie" [Unterstreichung im Original] vorgetragen. Letztere soll, wie Lindworsky darlegt, im Sinne der theoretischen Physik die Psychologie gleichsam aus der Vogelschau behandeln, indem sie die experimentellen Ergebnisse auf letzte *Grundgesetze* zurückführt [Hervorhebung d. Verf.].[305]

---

304 Lindworsky hält sich folglich strikt an seine Venia Legendi, die sich ausschließlich auf Experimentelle Psychologie bezog.

305 Wie sich neben der experimentellen Physik eine theoretische Physik etablierte, „so will sich nunmehr der experimentellen Psychologie eine theoretische zur Seite

Der „Hauptlehrgang" bezieht sich nach Lindworsky auf die ersten vier Semester und wiederholt sich entsprechend alle vier Semester. Darüber hinaus können sich die Studierenden in zwei weiteren Semestern mit jenen psychologischen Problemen bekannt machen, die gelegentlich von „anderen Dozenten" behandelt werden, namentlich mit der „philosophischen Psychologie, mit der Psychopathologie, mit Sprach- und Kunstpsychologie". In der Chronik der Universität 1925 hieß es, dass die Vorlesungen „durch solche über Grenzfragen aus dem Gebiete der Ästhetik, der Sprachwissenschaft, der Pädagogik und der Psychiatrie seitens der Vertreter dieser Fächer ergänzt" werden (Universität Köln 1925, S. 122). Lindworsky hielt sich also strikt an den Wortlaut seiner Venia Legendi und verzichtete nach Erteilung des Lehrauftrags auf die Durchführung von Lehrveranstaltungen etwa zur philosophischen Psychologie.

Außerdem bot Lindworsky in jedem Semester ein erstes Praktikum für Anfänger, ein zweites für Fortgeschrittene und ein Kolloquium für einen engeren Kreis streng wissenschaftlich Interessierter an. Ausschließlich für Doktoranden und Promovierte war das allwöchentliche zweistündige Kolloquium bestimmt, in dem die bedeutsamsten Forschungsarbeiten der jüngsten Zeit besprochen wurden. Zwölf Studierende hätten bisher in experimenteller Psychologie promoviert, berichtete die Universitätschronik 1925. Von diesen zwölf Promovenden gingen zehn aus dem Kölner psychologischen Institut hervor, deren Arbeiten zum größeren Teil in Fachzeitschriften erschienen seien oder demnächst erscheinen werden (Universität Köln 1925, S. 122).

Schon Lindworsky führte Klage darüber, dass die „Allgemeinpsychologie", die zu seiner Zeit im ersten und zweiten Semester behandelt wurde, bereits so umfangreich geworden sei, dass sie von einem Einzelnen nicht mehr beherrscht werden könne. Bezüglich der Weiterentwicklung der Psychologie sah Lindworsky in seinen Vorstellungen einen Lehrstuhl für Allgemeinpsychologie und theoretische Psychologie, die sich seiner Meinung nach in kurzer Zeit so stark entfalten werde, dass sie an Stoff und Aufgaben mit der theoretischen Physik verglichen werden könne, die ja ihre eigenen Lehrstühle besitze (UAK Zug. 9/273, 09.11.1923, o. P.). Aber auch Lindworsky erkannte bereits, dass die „angewandte Psychologie" mit ihren vielfältigen Entfaltungsmöglichkeiten immer im Vordergrund stehen würde. Deshalb plädierte er dafür, dass der Lehrstuhl für allgemeine und theoretische Psychologie nur „mit ersten Kräften" besetzt werde, damit er gegenüber der „mehr nach außen bemerkbaren angewandten Psychologie" zu seinem Rechte komme und den Zweig der angewandten „auf der wissenschaftlichen Höhe" halte (UAK Zug 9/273, 9.11.1923, o. P.).

---

stellen". Wie die theoretische Physik so soll auch die theoretische Psychologie „eine Schau von höherer Warte aus bieten", sie soll zu „übergeordneten Gesetzen" und schließlich „zu einem geschlossenen Bilde aller seelischen Tatsachen und Gesetzmäßigkeiten" führen (Lindworsky, 1926, S. 1). Eine vergleichbare Definition der „Theoretischen Psychologie" gibt Maria Krudewig in ihrer Dissertation (1928, S. 2).

Die angewandte Psychologie sollte sich seiner Meinung nach mit dem ausdehnten Gebiet der psychologischen Berufsanalyse und der Berufseignung befassen, weiter „mit der Frage des Arbeitsprozesses, des besten Anlernverfahrens, der zweckmäßigsten seelischen Beeinflussung der Arbeiter (z.B. Arbeitspausen, Erholungen, Lohnsysteme), ferner mit dem Vertrieb der Arbeitsprodukte, insoweit psychologische Faktoren einfliessen: also mit der Reklame, dem Verkauf, der Weckung von Bedürfnissen usw.. Daran schließen sich die allgemeineren Probleme der Menschenkunde und –behandlung überhaupt, der Völkerpsychologie, der öffentlichen Meinung und ihrer Beeinflussung, der Diplomatie usf" an. (UAK Zug 9/273, 0.11.1923, o. P.). Sodann könnten sich die Vertreter der Psychotechnik die Mithilfe der Industrie sichern. Bei guter Arbeit könnten sie die zum Ausbau der Psychotechnik erforderlichen Mittel leicht selbst erwerben UAK Zug 9/273, 7.11.1923).

6. Das Psychologische Institut

Wissenschaftlichkeit verlangt präzise Begrifflichkeiten. Vom Methodischen her wäre folglich der klassische Angang an eine Institutsgeschichte die Vorgabe einer allgemeingültigen wissenschaftlich anerkannten Definition des Begriffs „Institut“, um dann anhand der einzelnen definitorischen Tatbestandsmerkmale zu überprüfen, inwieweit das Untersuchungsobjekt die Erfordernisse erfüllt. Doch an dieser Stelle scheitert bereits dieses methodische Vorgehen, da es keine allgemeingültige Definition gibt, weder für die Vergangenheit noch für die Gegenwart. Im Sinne einer deskriptiven Definition definiert die „Brockhaus-Enzyklopädie“ (2006, 21. Aufl.) den Begriff „Institut“ folgendermaßen: „Einrichtung, Anstalt in unterschiedlicher Trägerschaft und unterschiedlicher Rechtsform, die oft der wissenschaftlichen Arbeit, Forschung, Erziehung u. Ä. dient.“ Das Adverb „oft“ zeigt bereits, dass die Wissenschaftlichkeit des Instituts nicht immer im Vordergrund steht, zumal unterschiedliche Rechtsformen in (privater und öffentlich-rechtlicher) Trägerschaft möglich sind.[306] Klüpfel und Graumann definierten 1986 das (deutsche) Universitätsinstitut folgendermaßen: „Eine Anstalt oder Einrichtung, die der Forschung und Lehre dienend, in der Regel auf Dauer eingerichtet und deshalb räumlich und personell, d.h. juristisch, organisatorisch und finanziell zu sichern ist“ (Klüpfel & Graumann, 1986, S. 3).

Die Begriffe „Seminar“ und „Institut“ werden auch heute noch gelegentlich als Synonyme verwendet. Dies spiegelte sich bereits in den Vorlesungsverzeichnissen zu Anfang des 20. Jahrhunderts wider. Beide Begriffe („Seminar“ und „Institut“) wurden verwendet, wobei die Namensgebung sich ohne Weiteres auf dieselbe Institution beziehen konnte. So fanden sich an der Universität zu Köln unter dem Oberbegriff „Universitäts-Institute“ neben dem Begriff „Psychologisches Institut“ auch die Begriffe „Seminar für experimentelle Psychologie“ und „Psychologisches

---

306 Zusätzlich ergibt sich die Schwierigkeit, dass die Bezeichnung „Institut“ kein gesetzlich geschützter Begriff ist. Dies bedeutet allerdings nicht, dass der Gebrauch des Begriffs „Institut“ ins Belieben gestellt ist. Das Bayerische Oberste Landesgericht hatte in einer Entscheidung aus dem Jahre 1990 (26.04.1990, BReg 3 Z 167/89) festgehalten, dass die Bezeichnung „Institut“ für sich betrachtet Anlass zu der Vorstellung geben kann, es handele sich um eine öffentliche oder unter öffentlicher Aufsicht oder Förderung stehende, der Allgemeinheit und der Wissenschaft dienende Einrichtung mit wissenschaftlichem Personal, nicht aber um einen privaten Gewerbebetrieb. Folglich muss ein privates Unternehmen, um Irreführungen zu vermeiden, einen eindeutigen Namenszusatz führen (z.B. Detektiv-, Meinungsforschungs-, Eheanbahnungs-, Beerdigungs-, Kosmetik-, Nagel- oder Wellnessinstitut), der den privaten Charakter des Betriebes herausstellt. Unter Berücksichtigung der verpflichtenden Namenszusätze oder Namensergänzungen hat der Begriff „Institut“ eine nahezu grenzenlose Verwendbarkeitsmöglichkeit.

Seminar". Auch im Rahmen der Alltagsgeschäftlichkeiten am Psychologischen Institut tauchte hin und wieder die Bezeichnung „Psychologisches Seminar" auf.

Die alte Lehruniversität hatte sich im Laufe des 19. Jahrhunderts zu einer modernen Lehr- und Forschungsuniversität entwickelt. Vor allem die neben den Vorlesungen abgehaltenen Übungen ließen in rascher Folge Universitätsseminare, Universitätslaboratorien und Universitätsinstitute entstehen. Seminar und Institut waren das eigentlich Neue. Die Universitäten entwickelten sich zu „wissenschaftlichen Produktionsstätten". Die deutsche Universität wurde zum bewunderten Vorbild im Ausland. Zwei Drittel aller im Deutschen Kaiserreich bestehenden Seminare (Institute) wurden nach 1870 gegründet (Brocke, 1996, S. 6). Trotzdem erscholl Ende des Jahrhunderts der Ruf nach außeruniversitären Forschungseinrichtungen wegen des zunehmenden Unvermögens der Universität, den sich stellenden Aufgaben gerecht zu werden (Brocke, 1996, S. 7). 1911 wurde die „Kaiser-Wilhelm-Gesellschaft" als unabhängige Trägerorganisation für die neu zu errichtenden außeruniversitären Forschungsinstitute gegründet. Über die „Kaiser-Wilhelm-Gesellschaft" (KWG) wurden insbesondere viele naturwissenschaftliche Institute gegründet. Auch Köln versuchte an diesen Gründungen zu partizipieren. Adenauer hatte sich zweimal vergeblich, 1918 (Adenauer, 1919a, S. 3) und 1927 (HAK Zug. 514/2/141/1, S. 1021), darum bemüht, das Kaiser-Wilhelm-Institut für Physiologie nach Köln zu holen. Nach dem Zweiten Weltkrieg wurden die Institute der KWG nach und nach von der neu gegründeten „Max-Planck-Gesellschaft" übernommen, die sich als Nachfolgerin und Erbin der KWG verstand.

Außeruniversitäre Institute wurden folglich Teil der universitären Forschungskultur. Der Begriff Seminar war in diesem Zusammenhang nicht existent. Hier liegt wohl auch die Ursache dafür, dass landläufig mit dem Begriff „Institut" eher Forschungsarbeit verbunden wird als mit dem Begriff „Seminar". Auch in Köln wurden im Personalverzeichnis für das „Winter-Semester 1920 (6. Januar – 1. April 1920.)" zwei Gruppen von Instituten aufgeführt, zum einen die „Universitäts-Institute", wie beispielsweise das „Philosophische Seminar", und zum anderen universitätsunabhängige „wissenschaftliche Institute, die auch von Angehörigen der Universität benutzt werden können". Zwei Institute zählten zur letzten Gruppe, das „Forschungsinstitut für Sozialwissenschaften" und das „Deutsch-Südamerikanische und Iberische Institut", die sich beide in der „alten Universität" in der Claudiusstraße 1 befanden.

Unter der Überschrift „Die Universitäts-Institute" wurden an der Kölner Universität im Wintersemester 1920/21 (im Semester nach der Gründung der Philosophischen Fakultät) im „amtlichen Personalverzeichnis der Universität Köln" insgesamt 37 Einrichtungen namentlich aufgeführt, von denen sieben (d.h. 19 %) die Bezeichnung „Institut" im Namen führten. Im Vorlesungsverzeichnis des Sommersemesters 1933 wurden unter der Überschrift „Institute und Seminare"[307] von

307 „Kölner Institute, die zugleich Lehrzwecken der Universität dienen", sind hier nicht aufgeführt.

66 Einrichtungen insgesamt 30 (d.h. 45,5%) mit der Bezeichnung Institut aufgezählt. Die Tendenz ist also eindeutig steigend. Eine Abgrenzung der Begriffe „Seminar“ und „Institut“ voneinander ist inneruniversitär nicht gegeben.

6.1 Räumlichkeiten und „Gründungsphase“ des Psychologischen Institutes

Nach seiner Habilitation begann Lindworsky mit dem Wintersemester 1920/21 seine Lehrtätigkeit in Köln. Im Wintersemester 1920/21 hielt Lindworsky ein „experimentell-psychologisches Praktikum für Anfänger“ im „Philosophischen Seminar“ ab. Dort hielt er auch im Sommersemester 1921 Veranstaltungen ab. Es ist folglich davon auszugehen, dass zu diesem Zeitpunkt die (experimentelle) Psychologie noch über keinerlei eigene Räumlichkeiten verfügte.

In der Sitzung der Philosophischen Fakultät vom 07.02.1921, während des Wintersemesters 1920/21, trugen die einzelnen Fachvertreter ihre Wünsche bezüglich des Ausbaus der Fakultät vor (UAK Zug. 285/1, S. 27). Lindworsky durfte als Privatdozent nicht an den Sitzungen der „Philosophischen Fakultät“ teilnehmen. Die Teilnehmer an der Sitzung vom 07.02.1921 waren nur die ordentlichen Professoren der Philosophischen Fakultät. Für den Bereich der Philosophie innerhalb der Philosophischen Fakultät, die damals noch sämtliche Naturwissenschaften beinhaltete[308], waren die zuständigen Professoren Saitschick, Driesch und Scheler anwesend.

Im Bereich der „Kulturwissenschaften“ wurden die Wünsche für „Philosophie“ vorgetragen (UAK Zug. 285/1, S. 27). Hierbei sind im handschriftlichen Protokoll zwei Versionen erkennbar: In der ersten Version heißt es in der Aufzählung der Wünsche: „Für Philosophie *ein kleines Institut für experimentelle Psychologie* und Verbesserung des Seminaretats bis auf 5000 M bzw. 2500 M. Ferner ein Assistent“ [Hervorhebung d. Verf.]. Dies wurde im ersten Teil dann handschriftlich verändert in „Für Philosophie *wünschenswert ein Arbeitsraum* für experimentelle Psychologie und Verbesserung [...]“[Hervorhebung d. Verf.]. Sicherlich kann hier noch nicht von einer „Geburtsstunde“ eines Psychologischen Institutes in Köln gesprochen werden, aber es ist zumindest die älteste auffindbare schriftliche Dokumentation zumindest von einer gedanklichen Vorstellung eines Psychologischen Institutes in Köln.

Immerhin ist deutlich erkennbar, dass die „experimentelle Psychologie“ als eigenständiges Gebiet bereits in den Köpfen verankert war. Die Ursache für diese

---

308 Die Universitäten Frankfurt a.M., Freiburg, Heidelberg und Tübingen hatten bereits vor 1919 die mathematisch-naturwissenschaftlichen Fächer als besondere Fakultäten abgezweigt. In München und Würzburg wurde die Philosophische Fakultät in eine philologisch-historische und naturwissenschaftliche Sektion aufgeteilt (Lubarsch, 1919, S. 13). An der Universität zu Köln wurde diese Trennung erst in den 50er Jahren vollzogen.

neue Entwicklungsidee in der Philosophischen Fakultät lag in der Person von Johannes Lindworsky, der allem Anschein nach mit der Aufnahme seiner Lehrfunktion im Wintersemester 1920/21 ein enormes Engagement bezüglich der Einrichtung eines Psychologischen Institutes an den Tag legte. Dies wird insbesondere aus einem Schreiben vom 21.02.1921 des Regierungspräsidenten Brugger (als Staatskommissar für die Universität zu Köln verantwortlich) an Stadtschulrat Fritz Schu[309] deutlich. Aus diesem Schreiben ging direkt und indirekt der große Einsatz Lindworskys für die Gründung eines Psychologischen Institutes hervor (HAK Zug. 514/2/141/1, S. 17). Unter Lindworsky war im Februar 1921 ein Verein zur Förderung der experimentellen Psychologie an der Universität Köln unter dem Namen „Psychologische Gesellschaft" gegründet worden.[310] Neben Lindworsky gehörte auch Stadtschulrat Schu dem Vorstand dieses neu gegründeten Vereins an. Brugger selbst war Mitglied des Ehrenausschusses der „Psychologischen Gesellschaft". In obigem Schreiben (erst ca. zwei Wochen nach obiger Fakultätssitzung verfasst!) kündigte der Staatskommissar an, er werde eine „Beihilfe" in Höhe von 2000 M aus einem ihm zur Verfügung stehenden Fonds an Herrn Schu überweisen, damit dieser dann das Geld „Herrn Professor Lindworsky" zur Verfügung stelle (HAK Zug. 514/2/141/1, S. 17). Es handelte sich folglich nicht um eine private Spende, sondern um zweckgebundene Fondsgelder, über die er als Staatskommissar verfügen konnte. Das Schreiben von Brugger ist in mehrfacher Hinsicht bemerkenswert. Zum einen schrieb er in seiner Funktion als „Kommissar des Ministers für Wissenschaft, Kunst und Volksbildung und Staatssekretär für die besetzten rheinischen Gebiete", der anstelle des Kultusministers die Aufsicht über die Universität(en) ausübte. In dieser Funktion hatte er also Kenntnis von der Planung eines „Instituts für experimentelle Psychologie" erlangt. Es ist aber nicht andeutungsweise die Rede von einer Genehmigungspflicht oder zumindest Anzeigepflicht seitens Lindworskys gegenüber der staatlichen Aufsichtsbehörde. Daraus ist zumindest indirekt zu schließen, dass obiges Vorhaben noch voll in die Autonomie der Universität zu Köln fiel. Weiterhin ist erkennbar, dass die zentrale Person im Zusammenhang mit der Planung des „Instituts für experimentelle Psychologie" Lindworsky war. Unbeachtlich war, dass Lindworsky erst ca. eineinhalb Jahre nach diesem Schreiben Bruggers einen offiziellen Lehrauftrag für experimentelle Psychologie erhielt und seine Ernennung zum außerordentlichen Professor

---

309 Fritz Schu (1876–1960), in Köln geboren, wirkte seit 1911 in Köln als Stadtschulrat. Auf seine Initiative hin wurden 1912 die ersten heilpädagogischen Klassen für schwerhörige Kinder und generell Schulen für Lernbehinderte eingerichtet. Durch ihn kam es in zwanziger Jahren in Köln zu einem psychologischen Beratungsdienst, Vorläufer des schulpsychologischen Dienstes der Stadt Köln. 1937 wurde er zwangspensioniert (Trapp, 1994, S. 53). Heute ist im Stadtteil Köln-Brück eine Straße nach ihm benannt.

310 Nachricht in Zeitschrift für Pädagogische Psychologie und Experimentelle Pädagogik, 1921, S. 344.

sogar noch später (am 24.11.1923) erfolgte (UAK Zug 17/3464, Bl. 60). In diesem Schreiben ist aber zum ersten Mal zumindest halboffiziell von einem „psychologischen Institut" die Rede und es ist kein Geringerer als der anstelle des Ministers für die Aufsicht über die Universität von Köln zuständige Staatskommissar, der diese Worte benutzt. Mit Schreiben vom 26.02.1921 bedankte sich Adenauer für die „hochherzige Zuwendung von 2000,- Mk an den Verein für experimentelle Psychologie für die Gründung des an der hiesigen Universität geplanten Instituts für experimentelle Psychologie" (HAK Zug. 514/2/141/1, S. 19). Auch Konrad Adenauer war folglich als Vorsitzender des Kuratoriums über die Planungen und das Werden des Psychologischen Institutes informiert.

6.1.1 Die erste Bleibe des Psychologischen Institutes, das ehemalige Juristische Seminar

Am 24.02.1921 schrieb Lindworsky an den geschäftsführenden Vorsitzenden des Kuratoriums, Geheimrat Eckert, dass er sich die für ein „psychologisches Institut" in Aussicht gestellten Räume angesehen habe. Dabei gab er den „drei Zimmern des juristischen Seminars" weitaus den Vorzug:

> „Der langgestreckte Raum wäre für das Kolloquium hinreichend, die beiden kleineren Zimmer als Versuchszimmer durchaus geeignet. Ich würde es als einen verheissungsvollen [sic] Fortschritt begrüssen [sic], wenn wir aus dem Lektorenzimmer in die zunächst so passende Abgeschiedenheit des juristischen Seminars hinuntersteigen dürften". (UAK Zug. 9/273, 24.02.1921, o. P.)

Dem Schreiben von Lindworsky sind mehrere Sachinformationen zu entnehmen[311]: Übergangsweise scheint der erste Unterbringungsort des Psychologischen Institutes das Lektorenzimmer gewesen zu sein. Es ist allerdings kaum vorstellbar, dass in einem „Mehrzweckraum" mehr als einige Bücher über Psychologie vorhanden waren. Daher dürfte das Lektorenzimmer als „Keimzelle" des Psychologischen Institutes wohl eher nicht in Frage kommen.[312]

Lindworsky sieht den Wechsel offensichtlich als „Fortschritt" an, auch unter dem Gesichtspunkt der „Abgeschiedenheit" des Juristischen Seminars, was wohl auch von äußeren Lärmquellen unbeeinträchtigtes Arbeiten (Experimentieren) bedeutet.[313] In jedem Falle liegt das „juristische Seminar" räumlich gesehen unterhalb des „psychologischen Seminars", insofern also ein Abstieg. Lindworsky

---

311 Auf der Rückseite von Lindworskys Antragsschreiben auf Umzug in die ehemaligen Räume des Juristischen Seminars steht ein Genehmigungsvermerk vom 28.07.1921 (UAK Zug. 9/273, 24.02.1921, o. P.).

312 Es ist davon auszugehen, dass das Lektorenzimmer im Obergeschoss, wenn nicht sogar im Dachgeschoss gelegen war.

313 Die spätere Korrespondenz Lindworskys zeigt noch die Gewichtigkeit dieses Arguments (UAK Zug. 9/273, 16.02.1924 und 16.02.1924, o. P.).

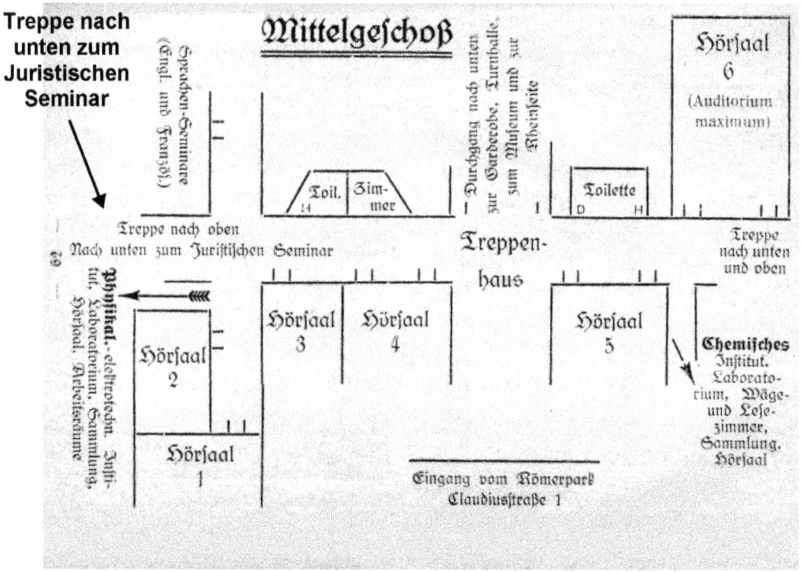

Abbildung 20: *Übersichtskarte aus dem Kölner Universitätskalender 1920/21. (Wienkötter, 1920) Dort, wo das Juristische Seminar eingetragen ist, fand das Psychologische Institut seine erste Bleibe.*

spricht in seinem Schriftwechsel grundsätzlich vom Psychologischen *Institut.* Die Bezeichnung *Seminar* verwendet er nie.

In der Übersichtskarte (Abbildung 20) aus dem Kölner Universitätskalender 1920/21 ist ein Juristisches Seminar eingetragen. An der Stelle, an der nachträglich ein Pfeil in die Karte eingefügt worden ist, führt je eine Treppe nach oben und unten. Über die Treppe nach unten ist das Juristische Seminar erreichbar, die erste Bleibe des Psychologischen Institutes.[314]

In obigem Schreiben Lindworskys ist die Rede von einem „langgestreckten Raum und zwei kleineren Zimmern“ (ehemalige Räume des Juristischen Seminars),

314 In der ergänzenden Beschreibung im Kölner Universitätskalender 1920/21 wird noch angegeben, dass sich das Deutsch-Südamerikanische Institut, dessen Räume später vom Psychologischen Institut übernommen wurden (Universität Köln 1925,121), sich rechts „im Treppenhaus“ (vom Eingang Claudiusstraße/Römerpark aus gesehen) befindet. Bezüglich des Dachgeschosses, wo wenig später das Philosophische Seminar seine erste Bleibe fand, heißt es in der Beschreibung im Kölner Universitätskalender 1920/21 nur, dass „Paukboden [Raum zum Erlernen der Fechtkunst bei schlagenden Studentenverbindungen], Dozenten- und andere Zimmer, Studentenwohnungen“ im Bau seien.

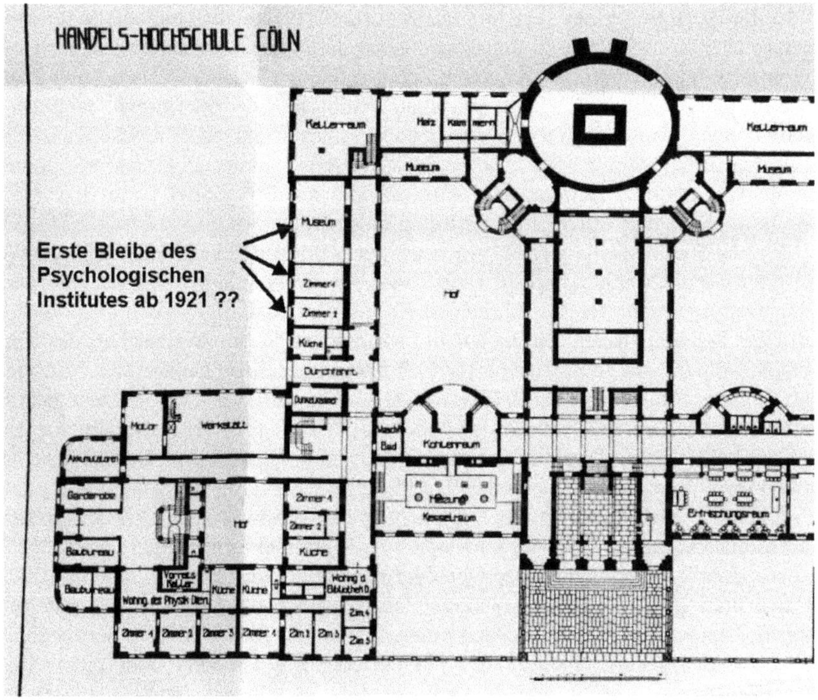

Abbildung 21: *Grundriss des Sockelgeschosses der Handelshochschule 1908. (Eckert, 1908)*

die er für das geplante Psychologische Institut als geeignet ansah und die auch anscheinend bezogen wurden.[315]

Das Hochschulgebäude besteht aus drei Geschossen: a) dem Sockelgeschoss (Souterrain), b) dem Unter-, Erd- oder Mittelgeschoss sowie c) dem darüber liegenden Obergeschoss. *Zum* besseren *Verständnis der beiden* Kartenskizzen (Abbildungen 20 und 21) ist festzuhalten, dass die Begriffe „Mittelgeschoß“ (in Karte 1, Abbildung 20) und „Untergeschoß“ (in Karte 2, Abbildung 21) inhaltlich dasselbe bedeuten.

Die Abbildung zeigt den Grundriss des Sockelgeschosses im Jahre 1908. Unter der Voraussetzung, dass der Raumzuschnitt auch nach dem Ersten Weltkrieg in dieser Form erhalten geblieben ist, könnten die oben gekennzeichneten Räume die Keimzelle des Psychologischen Institutes der Universität zu Köln gewesen sein.

315 In einem Schreiben vom 03.05.1922 an das Kuratorium stellte Lindworsky den Antrag auf Errichtung einer Schalttafel „in einem der drei Zimmer“ (UAK Zug 9/273, o. P.).

In der Aufstellung der „Universitäts-Institute“ (Personalverzeichnis Wintersemester 1920/21) wird wie in den vorhergehenden Semestern das Philosophische Seminar aufgeführt. Neben Scheler und Saitschick ist jetzt zusätzlich noch Prof. Driesch als Direktor des Philosophischen Seminars hinzugekommen. Weiterhin werden ebenfalls wie in den vorhergehenden Semestern die beiden wissenschaftlichen Institute (Forschungsinstitut für Sozialwissenschaften und Deutsch-Südamerikanisches Institut, die auch von Angehörigen der Universität benutzt werden können), neben den Universitätsinstituten aufgeführt.

Bis zum Sommersemester 1921 trat nach dem Vorlesungsverzeichnis keine Änderung der räumlichen Situation ein. Dem Vorlesungsverzeichnis des Sommersemesters 1921 war zu entnehmen, dass Lindworsky seine Veranstaltungen noch im „Philosophischen Seminar“ durchführte, obwohl im amtlichen Personalverzeichnis der Universität Köln für das Sommersemester 1921 unter der Rubrik „Universitäts-Institute“ das „*Seminar* für experimentelle Psychologie“[316] [Hervorhebung v. Verf.] bereits aufgeführt wurde (Personalverzeichnis SS 1921, S. 20). Bezüglich der Leitung hieß es im Personalverzeichnis: „Direktor: Privatdozent Dr. phil. Lindworsky“. Bezeichnend ist in diesem Zusammenhang, dass der Begriff „Institut“ noch nicht in Verbindung mit „Psychologie“ verwendet wurde; vergleichbar dem Historischen, Germanistischen oder Romanischen Seminar der Universität zu Köln hieß es auch hier „*Seminar* für experimentelle Psychologie“. Der Oberbegriff für alle Einrichtungen lautete jedoch „Universitäts-Institute“. Da das „Seminar für experimentelle Psychologie“ unter den Begriff „Universitäts-Institut“ zu subsumieren ist, ist das „Seminar für experimentelle Psychologie“ auch ein „Institut“ im Sinne der obigen Aufstellung; oder anders ausgedrückt: Eine als Institut bezeichnete Einrichtung ist selbstverständlich ein universitäres Institut, aber auch ein „Seminar“ kann nach der Aufstellung ein „Institut“ sein.

Im Studienjahr 1921/22 ist anstelle der Bezeichnung Juristisches Seminar die Bezeichnung „Psychologisches *Seminar*“ gerückt (vgl. Abb. 22).

Zur Einordnung der Abbildungen 20 bis 22 in einen größeren Zusammenhang wurde noch Abbildung 23 hinzugefügt (auf der übernächsten Seite).

In der ergänzenden Beschreibung im Kölner Universitätskalender 1921/22 wird weiterhin erwähnt, dass sich das Deutsch-Südamerikanische Institut [dessen Räumlichkeiten später als Psychologisches Institut dienten] „im Treppenhaus rechts“ im Untergeschoss befindet, auch wenn es explizit in Abbildung 23 nicht verzeichnet ist[317] (Wienkötter, 1921, S. 52 u. 54). Entsprechend dem Schreiben von Lindworsky ist das „Psychologische *Seminar*“ in die ehemaligen Räume des

---

316 Auch die Nachbaruniversität Bonn fing von der Terminologie her gesehen mit einem „Psychologischen Seminar“ an. Es wurde am 01.04.1898 von Benno Erdmann gegründet. 1901 wurde das Psychologische Seminar in „Philosophisches Seminar A“ umbenannt. 1929 wurde Erich Rothacker berufen. Er war es, der die Leitung des Philosophischen Seminars A übernahm, und er trennte 1931 das Laboratorium als eigenständiges „Psychologisches Institut“ ab (Institut für Psychologie Bonn).

317 Das neu entstandene „Philosophische Seminar“ befand sich im Dachgeschoss – Südflügel – Aufgang „Chemische Seite“ – (Wienkötter, 1921, S. 52).

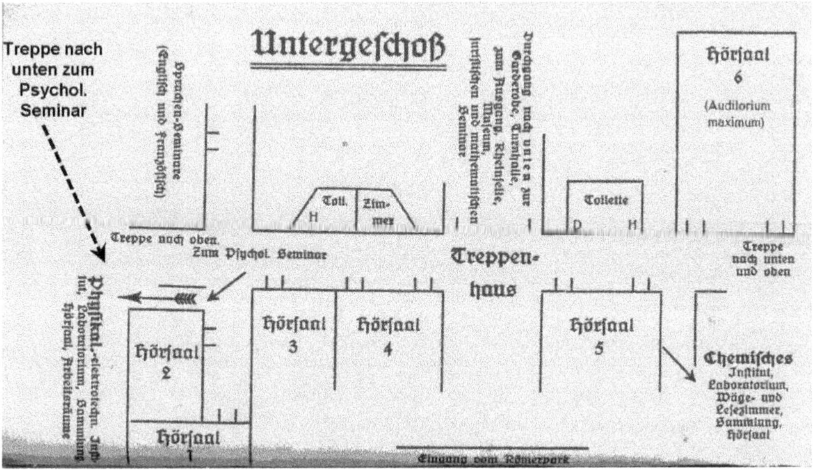

Abbildung 22: *Lage des „Psychologischen Seminars“, Universitätskalender 1921/22, Sichtachse vom Römerpark bzw. von der Claudiusstraße aus. (Wienkötter, 1921)*

Juristischen Seminars (vgl. Abb. 22) eingezogen, während das Juristische Seminar jetzt im Erdgeschoss an der Rheinseite untergekommen ist.

In der Sitzung der Philosophischen Fakultät vom 30.04.1921 berichtete Prof. Driesch über den Erwerb der Bibliothek von Benno Erdmann für das Philosophische Seminar (UAK Zug. 285/1, S. 30). Der Stiftung von Generaldirektor Dr. Paul Silverberg[318] war es vorher gelungen, die Bibliothek des Geheimrats Benno Erdmann

318 Der Vater Paul Silverbergs, Adolf Silverberg (1845–1903), stammte aus einer jüdischen Kaufmannsfamilie. Adolf Silverberg hatte u.a. im Kölner Raum eine Braunkohlenfabrik aufgebaut. In Bedburg, wo sich der Sitz des Familienunternehmens befand, wurde Paul Silverberg am 06.05.1876 geboren. Der promovierte Jurist übernahm nach dem frühen Tod des Vaters im Jahre 1903 im Alter von 26 Jahren die Leitung der Braunkohlengrube „Fortuna AG“. Mit benachbarten Werken gründete er die „Rheinische Aktiengesellschaft für Braunkohlenbergbau und Brikettfabrikation“ (RAG), das größte Braunkohlenunternehmen der damaligen Zeit. Im Verbund mit der Braunkohle gründete er das „Rheinische Elektrizitätswerk im Braunkohlenrevier AG“ (RWE) (Neebe, 1981, S. 21). Paul Silverberg war auch stark politisch tätig und schloss sich der DVP, der Deutschen Volkspartei, einer nationalliberalen Partei, an. Er gehörte zu den Beratern des Reichskanzlers Brüning. Nach der Machtübernahme durch die Nationalsozialisten emigrierte er in die Schweiz (Bührer, 2010, o. P.). Nach 1945 lehnte Silverberg, insbesondere von Adenauer eindringlich gebeten, eine Rückkehr in die rheinisch-westfälische Industrie ab (Neebe, 1981, S. 198). Er verstarb 1959 in Lugano (Kanton Tessin). Silverberg hatte Konrad Adenauer, seinen „langjährigen Wegbegleiter und Freund“ in seiner Zeit als er noch Rechtsreferendar in Grevenbroich und Köln war, kennengelernt (Gehlen, 2010, o. P.).

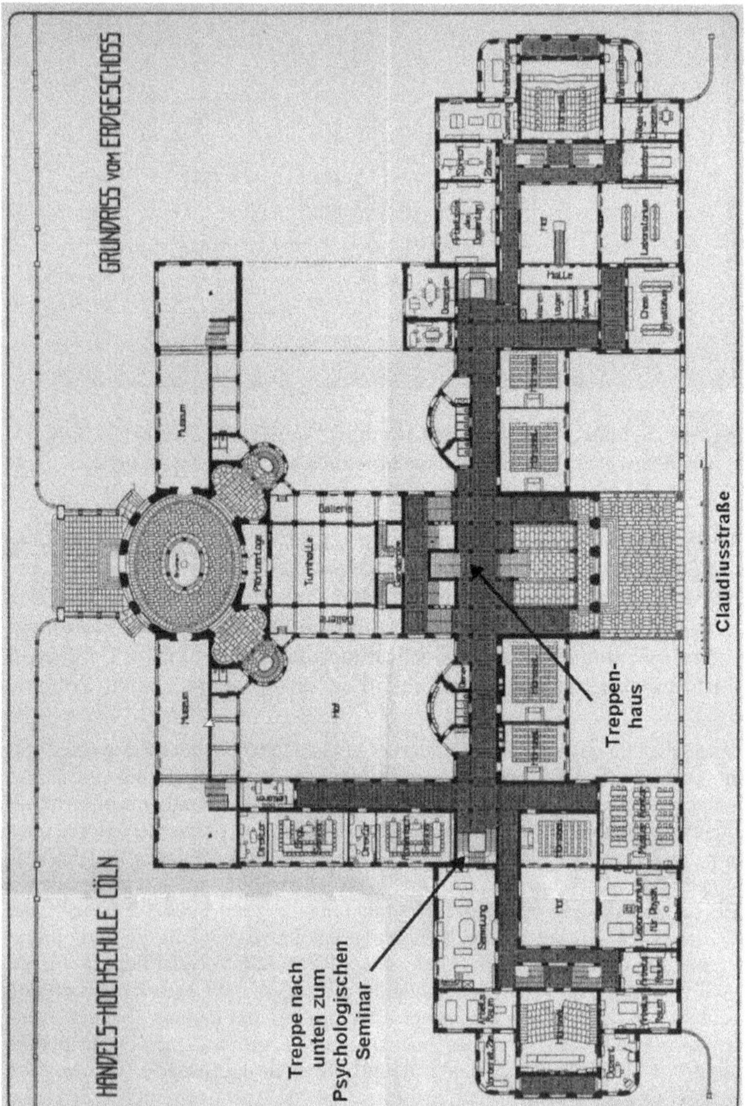

Abbildung 23: *Grundriss des Erdgeschosses. Auch hier heißt es „Psychologisches Seminar", nicht „Institut". (Eckert, 1908)*

Abbildung 24: *„Alte Universität" (ehemalige Handelshochschule und Hochschule für kommunale und soziale Verwaltung) (Foto ca. 1930); Ansicht von Nordosten, vom Rhein aus. Von 1919 bis 1934 war hier die wiedereröffnete Universität zu Köln untergebracht. (Rheinisches Bildarchiv Köln Nr. 52352)*

zu erwerben.[319] Der dem philosophischen Seminar eingeräumte Raum im Dachgeschoss erwies sich jedoch durch den Erwerb der Erdmann-Bibliothek als zu klein (Universität Köln, 1925, S. 120).[320] Die Universität sah sich folglich zu Umorganisierungsmaßnahmen gezwungen. „Zuerst" wurde das „psychologische Institut", wie es im Fünfjahresbericht (1925) hieß, vom Philosophischen Seminar abgetrennt und wie die oberen Abbildungen zeigen, in den ehemaligen Räumen des Juristischen Seminars untergebracht. Auch ein Teil der Bibliothek Benno Erdmanns ging an die Psychologie, so dass infolge der beschränkten Raumkapazität nach dem 28. 07.1921 (Datum der Genehmigung; UAK Zug. 9/273, 24.02.1921, o. P.) ein Umzug

319 In der Fakultätssitzung am 30.04.1921 berichtete Driesch über den Erwerb der Bibliothek von Benno Erdmann für das Philosophische Seminar und er hob dabei die Verdienste von Dr. Morgenstern und des Herrn Silverberg hervor (UAK Zug. 285/1, S. 30).

320 In der Chronik der Universität Köln 1925 (S. 120) ist die Rede davon, dass die Bücherei des philosophischen Seminars „nach Abgabe einer Reihe von Werken an das Psychologische Institut und an das Pädagogische Seminar" Ende 1924 einen Bestand von ungefähr 2500 Bänden hatte.

in die ehemaligen Räume des Juristischen Seminars erfolgt sein muss. Das genaue (Umzugs-) Datum ist leider nicht bekannt.[321]. Wenn man davon absieht, dass das „Lektorenzimmer", das erste Domizil der „Psychologen", wahrscheinlich nicht einmal in Ansätzen den Anforderungen an ein Institut mit Bibliothek und Übungsräumen genügte, wird man die Räume des ehemaligen Juristischen Seminars mit den eben erwähnten Möglichkeiten und der Integration eines Teils der Erdmannschen Bibliothek als die Keimzelle des Psychologischen Instituts als dessen erste Bleibe an der Universität zu Köln ansehen können.

Es hat nach bisherigen Kenntnissen keine „Grundsteinlegung" oder Einweihungsfeier oder sonstige Eröffnungszeremonie gegeben. Es handelte sich schlichtweg um eine „alltägliche" Nutzungsänderung von Universitätsräumen.[322] In der Chronik der Universität Köln (1925, S. 120) heißt es, dass das Psychologische Institut „der Leitung des Privatdozenten, [des] späteren außerordentlichen Professors Dr. Lindworsky unterstellt" wurde. Die Wortwahl lässt erkennen, dass die Übernahme der Leitung des Psychologischen Institutes ein Beauftragungsakt der Universität war und nicht eine Selbstbeauftragung durch Lindworsky. Nach den Unterlagen ist aber eher davon auszugehen, dass das „Handeln" des Kuratoriums bzw. des Dekanates eher darin bestand, die Leitung des in der Entstehung begriffenen Institutes durch Lindworsky zu tolerieren, sprich zuzulassen.

6.1.2 Die zweite Bleibe des Psychologischen Institutes, das ehemalige Deutsch-Südamerikanische Institut

In der Chronik heißt es weiter: „1922 wurde ein besonderes pädagogisches Seminar eingerichtet.[323] Die beiden Seminare [das philosophische und das pädagogische

---

321 In jedem Fall muss der Umzug vor dem 03.05.1922 stattgefunden haben, denn aus einem Schreiben Lindworskys an das Kuratorium ist zu schließen, dass das Psychologische Institut zu diesem Zeitpunkt aus drei Zimmern bestand (UAK Zug 9/273, o. P.).

322 Auch das erste von Wilhelm Wundt gegründete später weltweit bekannte „Institut für experimentelle Psychologie" (zunächst mit der Bezeichnung gegründet „Laboratorium für experimentelle Psychologie") in Leipzig kannte kein genaues Gründungsdatum oder sogar eine Einweihungsfeier. In einem Raum (früheres kleines Auditorium) begannen ab dem Herbst 1879 Studenten von Wilhelm Wundt mit ersten experimentellen Untersuchungen. Erst als 1883 die ersten experimentellen Ergebnisse in den *Philosophischen Studien* veröffentlicht wurden, erhielt das Institut eine kleine staatliche Förderung und wurde auch offiziell in die Universitätsinstitute eingereiht (Wontorra, 2009, S. 60).

323 Neben dem Philosophischen Seminar und dem Seminar für experimentelle Psychologie existierte ab dem Sommersemester 1921 auch ein „Pädagogisch-didaktisches Seminar für Handelslehrer und Handelslehrerinnen" unter der Leitung von Diplomhandelslehrer Rustemeyer. (Rustemeyer führte im Wintersemester 1922/23 eine Lehrveranstaltung mit dem Titel „Übungen zur Psychologie des Reifealters" durch.) Zur Gründung des „Pädagogischen Seminars" kam es jedoch später. Im

Seminar] und das psychologische Institut wurden daraufhin[324] in den Räumen des früheren Südamerikanischen Institutes im Erdgeschoß der Universität (Claudiusstraße 1) untergebracht.“[325] Das lässt den Schluss zu, dass das Psychologische Institut nach Gründung des Pädagogischen Seminars im Jahre 1922 umgezogen ist, d.h. der Verbleib des Psychologischen Institutes in den ehemaligen Räumen des Juristischen Seminars war zeitlich sehr kurz. In der Chronik von 1925 ist nicht die Rede von einem vorhergehenden Unterkommen des Psychologischen Instituts in den ehemaligen Räumen des Juristischen Seminars. Zur Zeit der Erstellung der Chronik im Jahre 1925 war jedoch das Psychologische Institut bereits in den ehemaligen Räumen des Deutsch-Südamerikanischen und Iberischen Institutes (Claudiusstraße 1) untergekommen. Die kurze Verweildauer des Psychologischen Institutes im ehemaligen Juristischen Seminar war möglicherweise für den Verfasser der Chronik inzwischen zu einer zu vernachlässigenden „Unwichtigkeit“ geworden.

Wann ein Umzug in die Räumlichkeiten des Deutsch-Südamerikanischen Instituts erfolgt ist, lässt sich vielleicht indirekt aus der Dauer der Funktionsfähigkeit dieses Institutes erschliessen. Im Jahre 1912 war in Bonn das Deutsch-Südamerikanische Institut ins Leben gerufen worden (Fenten, 1920, S. 35).[326] Nach Liehr

---

Gegensatz zum Psychologischen Institut kann man beim „Pädagogischen Seminar“ das Gründungsdatum präzisieren. In der Fakultätssitzung vom 22.05.1922 stellte A. Schneider den Antrag auf „Begründung eines pädagogischen Seminars“. Als Direktoren wurden seitens der Fakultät Schneider, Saitschick und Kahl von der Fakultät vorgeschlagen (UAK Zug. 285/1, S. 64). Im Vorlesungsverzeichnis für das Sommersemester 1923 ist zum ersten Mal eine entsprechende Eintragung wiederzufinden, nachdem durch ministeriellen Erlass vom 21.02.1923 die Ernennung erfolgt war (UAK Zug. 17/5330a, o. P.).

324 Leider ist dies eine sehr wenig präzise Zeitangabe. Bis einschließlich Wintersemester 1923/24 wurde das Deutsch-Südamerikanische Institut in den Vorlesungsverzeichnissen aufgeführt. Aus dem Schreiben Lindworskys vom 16.02.1924 an das Kuratorium ist zu schließen, dass die Räumlichkeiten seitens des Deutsch-Südamerikanischen Institutes im Wintersemester 1923/24 jedoch nicht mehr genutzt wurden (UAK Zug. 9/273, o. P.).

325 Im Rahmen der Mitteilungen des Kuratoriums im Laufe der Senatssitzung vom 19.07.1922 wurde die Verlegung des Philosophischen Seminars in die Räume des Deutsch-Südamerikanischen Instituts (und umgekehrt) bekannt gegeben (UAK Zug. 333/1, S. 284/285). Vom Psychologischen Institut ist leider nicht die Rede.

326 Nach Greif (1930, S. 344) geschah das auf Grund einer Initiative einer Gruppe von rheinisch-westfälischen Industriellen. Zunächst war Aachen der Standort des Institutes. Im Dezember 1917 wurde beschlossen, den Sitz des Deutsch-Südamerikanischen Institutes e.V. von Aachen nach Köln zu verlegen, da die Stadt Aachen und die dortige Technische Hochschule keine Unterkunft mehr zur Verfügung stellten (HAK Zug. 514/2/141/1, S. 49 und 75). Das Institut fand 1917 eine Unterkunft in dem neuen Flügel der damaligen Kölner Handelshochschule (HAK Zug. 514/2/141/1, S. 77). 1919 wurde eine Aufgaben- und Namenserweiterung in

(1992, S. 644) wurde das Institut wegen Geldmangels im Jahre 1921 aufgelöst.[327] 1923 ging das Institut in das von Otto Quelle[328] gegründete Bonner Ibero-Amerikanische Forschungsinstitut über (Kalwa, 2004, S. 77). Dies steht in einem gewissen Widerspruch zu den Eintragungen in den Vorlesungsverzeichnissen der Kölner Universität, wo bis einschließlich Wintersemester 1923/24 das Deutsch-Südamerikanische Institut aufgeführt wird. Aus einem Schreiben Lindworskys vom 16.02.1924 an das Kuratorium ist zu schließen, dass die Räumlichkeiten seitens des Deutsch-Südamerikanischen Institutes im Wintersemester 1923/24 jedoch nicht mehr genutzt wurden und inzwischen dort alle drei Institute bzw. Seminare Einzug gehalten hatten (UAK Zug. 9/273, o. P.). Wenn diese Informationen mit in die Überlegungen einbezogen werden, so kann man wohl die Aussage treffen, dass ein Umzug des Psychologischen Institutes in die Räume des Deutsch-Südamerikanischen Institutes spätestens zum Sommersemester 1923 erfolgt ist. Obwohl hier acht Räume dem Pädagogischen Seminar, dem Philosophischen Seminar und dem Psychologischen Institut zur Verfügung standen, zeigten sich laut Fünfjahresbericht doch auf Grund des erweiterten Lehrbetriebes wiederum Raumschwierigkeiten (Universität Köln, 1925, S. 120).

Das Psychologische Institut als Lehrstätte wurde zum ersten Mal im Vorlesungsverzeichnis des Wintersemesters 1921/22 und des Sommersemesters 1922 erwähnt. In diesen Semestern wurde jeweils ein experimentell-psychologisches Praktikum und ein Psychologisches Kolloquium für Fortgeschrittene im „Psychologischen Institut" durchgeführt. Lindworsky hielt im Wintersemester 1921/22 eine vierstündige Vorlesung über experimentelle Psychologie. Eine Wochenstunde fand in der Aula statt, während die anderen drei Vorlesungsstunden „im Übungsraum (Dachgeschoß südl.)" stattfanden.[329] Andererseits existierte zu diesem Zeitpunkt bereits

„Deutsch-Südamerikanisches- und Iberisches Institut e.V." beschlossen (Fenten, 1920). Infolge der Geldentwertung war das Institut notleidend geworden (HAK Zug. 514/2/141/1, S. 75).

327 Nach Greif (1930, S. 344) geschah dies erst 1922.

328 Prof. Otto Quelle war einem Ruf von der Technischen Hochschule in Berlin-Charlottenburg weg nach Bonn im Herbst 1918 gefolgt. Nach der Auflösung des Institutes in Köln rief er mitten in der Inflationszeit als Privatmann in seiner Wohnung ein Ibero-amerikanisches Institut ins Leben. Am 01.07.1923 teilte er diese Gründung der Philosophischen Fakultät der Universität Bonn mit, mit dem Vermerk, dass das Material allen Dozenten und Studierenden frei zur Verfügung stünde. So gelang ihm auch der Anschluss des Institutes an die Universität Bonn (Greif, 1930).

329 Die Raumverteilung wirft jedoch auch Fragen auf. Für eine Vorlesung stand am Freitagnachmittag von 5–6 Uhr die Aula zur Verfügung. Die übrigen drei Stunden der Vorlesung wurden im „Übungsraum (Dachgeschoß südl.)" durchgeführt. Bei den angegebenen Räumlichkeiten ist der Kontrast des immensen Platzangebotes in der Aula der Universität zu einem Dachgeschossraum besonders auffällig. Oder handelt es sich ganz einfach nur um eine wenig glückliche Raumverteilung?

das „Psychologische Seminar" nach der Karte im Kölner Universitätskalender von 1921/22.[330]

Im Wintersemester 1920/21 war „Philosophie und Pädagogik" im Vorlesungsverzeichnis noch *ein* Fachbereich der Philosophischen Fakultät. Zum Sommersemester 1921 trat hier eine wichtige Veränderung ein. Jetzt heißt der Fachbereich „Philosophie, Psychologie und Pädagogik". Obwohl experimentelle Psychologie erst durch den Fakultätsbeschluss vom 25.02.1922 Hauptfach wurde (UAK Zug. 285/1, S. 56), war anscheinend durch die Habilitation und den Lehrtätigkeitsbeginn Lindworskys im Wintersemester 1920/21 eine Art Bewusstseinsverschiebung in Richtung auf Psychologie als eigenständigem Fach erfolgt.

6.1.3 Bemühungen um eine offizielle Anerkennung

Am 19.01.1922 schrieb Prof. Aschaffenburg, Leiter der Psychiatrie, an den Vorsitzenden des Universitätskuratoriums:

> „Wir sind hier in Köln in der glücklichen Lage, über 2 Laboratorien und 2 Dozenten der experimentellen psychologie [sic] zu verfügen, sodass in der Richtung die Wünsche der Gesellschaft für experimentelle Psychologie erfüllt sind. Mein Laboratorium[331] ist im ganzen gut eingerichtet, sodass ich glaube, in der Lage zu sein, im Augenblick für das Laboratorium keine Mittel notwendig zu haben. Soviel ich weiss, trifft das Gleiche auch für das im Entstehen begriffene Laboratorium des Herrn Kollegen Lindworski [sic] zu, der sich die Mittel für sein Laboratorium durch die Gesellschaft für Psychologie beschaffen kann". (UAK Zug. 9/273, o. P.)

Es fällt auf, dass Aschaffenburg das „Psychologische Institut" Lindworskys als „Laboratorium"[332] bezeichnet (vielleicht einfach ein für einen Mediziner geläufigerer Begriff) und dass es die Entwicklungs- und Entstehungsphase seiner Meinung nach noch nicht abgeschlossen hat. Auch aus dieser Wortwahl ist zu schließen, dass es bis dato wahrscheinlich keinen offiziellen Tag der Gründung des Psychologischen Institutes gegeben hat.

Lindworsky schrieb im Januar 1922 in seinem „Gutachten über die Pflege der experimentellen Psychologie an der Universität Köln", dass gegenwärtig die

---

330 Es bestand aber auch die Möglichkeit, dass wegen der längeren Vorlaufzeit des Vorlesungsverzeichnisses die Raumangabe noch nicht den aktuellen Gegebenheiten angepasst war und die Veranstaltung doch bereits im Psychologischen Seminar bzw. Psychologischen Institut stattfand.

331 Im Vorlesungs- und Personalverzeichnis für das Wintersemester 1922/23 wird der außerordentliche Professor Alfred Busch als „Leiter des Psychologischen Laboratoriums" in der medizinischen Fakultät aufgeführt.

332 Die Bezeichnung „Laboratorium für experimentelle Psychologie" (Begriff stammt aus dem Vorlesungsverzeichnis des Wintersemesters 1922/23) wurde ausschließlich in der medizinischen Fakultät verwendet. Eine andere Bezeichnung ist „psychologisches Labor" (SS 1923, WS 1923/24).

experimentelle Psychologie in Köln schlechter gestellt sei als an den Universitäten in Berlin, Bonn, Frankfurt, Göttingen, Hamburg, Kiel, Königsberg, Leipzig, Marburg, München und Würzburg, andererseits aber doch besser als an einigen anderen Universitäten Deutschlands. Er sprach im Gegensatz zu Aschaffenburg, der sich evtl. aus Bescheidenheit selbst nicht erwähnte, von *drei* fachlich gebildeten Vertretern der experimentellen Psychologie, den Professoren Aschaffenburg und Busch aus der medizinischen Fakultät und ihm selbst aus der Philosophischen Fakultät (UAK Zug. 9/273, o. P.). Weiter führte er im Januar 1922 aus, dass, „wenn auch unter den heutigen Verhältnissen ein größeres Budget für ein Psychologisches Institut nicht zu erwarten" sei, es doch sinnvoll wäre, wenn die Bibliothek und die „Apparatensammlung" nicht einzig und allein „auf freiwillige Beiträge der Hörer und auf Unterstützung der „Psychologischen Gesellschaft" angewiesen wäre" (UAK Zug. 9/273, o. P.). Wenn ein „noch so bescheidener jährlicher Etat dem Institut zuerkannt würde", käme damit zum Ausdruck, dass „das Psychologische Institut unter die offiziellen Einrichtungen der Universität aufgenommen" sei (UAK Zug. 9/273, o. P.). Es geht Lindworsky also in erster Linie um die Anerkennung als „offizielle Einrichtung der Universität", die allem Anschein nach bisher nicht erfolgt war. Diese Aussage stützt die bisherige Vermutung, dass das „Psychologische Institut" zwar als Psychologisches Institut agiert, auch entsprechend in die Vorlesungsverzeichnisse Einzug genommen hat, aber dass ihm die offizielle Anerkennung als Universitätsanstalt jedoch noch fehlte, wozu sicherlich noch mehr gehörte als die von Lindworsky gewünschte Etatisierung.

In einer Aktennotiz Konrad Adenauers vom 09.12.1929 (HAK Zug. 512/2/137/2, S. 41–44), die von ihm mit „Geheim!" tituliert wurde, ist zu lesen, dass er von Kultusminister Becker, Staatssekretär Lammers und Ministerialdirektor Richter die Auskunft bekommen habe, dass das Staatsministerium sich gegenüber der Universität Köln „im allgemeinen eine ausserordentlich starke Zurückhaltung" auferlege. Aber die Universität Köln zeige sich „ihrerseits ausserordentlich zurückhaltend". Erst seit zwei Jahren gelange das Staatsministerium in den Besitz des Haushaltsplanes der Universität Köln(!) „Von wichtigen Ereignissen, wie Eröffnung von Instituten usw., erhielten sie manchmal nur durch Zufall Kenntnis". Auch aus dieser Bemerkung ist die Autonomie der Universität zu Köln deutlich erkennbar. Die Staatsaufsicht war weit davon entfernt, dass sie die Eröffnung eines Institutes als meldepflichtig ansah und/oder dessen Anzeigepflicht geschweige denn Genehmigungspflicht durchsetzen wollte.

Adenauer erwähnte in seiner Antwort am 30.01.1922 (UAK Zug. 9/273, o. P.) an den Vorsitzenden der „Gesellschaft für experimentelle Psychologie", Georg Elias Müller, das „*Laboratorium* von Professor Aschaffenburg" und das „*Arbeitsinstitut* des Herrn Dr. Lindworsky". Beide zusammenfassend sprach er allerdings von „psychologischen *Instituten*" [Hervorhebungen d. Verf.]. Damit dürfte aber nicht erwiesen sein, dass zum Zeitpunkt des Adenauerschreibens vom 30.01.1922 bereits ein offizielles, vom Kuratorium anerkanntes und auch (mit)finanziertes „Psychologisches Institut" existierte. Adenauer informierte Müller jedoch weiterführend, „Mittel für sie [die psychologischen Institute] werden in der nächstsehbaren Zeit bereitgestellt werden“. Letzteres würde dem Wunsch Lindworskys nach einer offiziellen Etatisierung durch das Kuratorium entsprechen.

Im Rahmen des Antrags der Fakultät vom 19.06.1922 bezüglich der Lehrbefugnis Lindworskys (UAK Zug. 27/68b, Bl. 12) war zu lesen, dass Lindworsky „*sich* [...] ein Institut geschaffen“ [Hervorhebung v. Verf.] habe, nicht etwa, dass die Universität zu Köln ein Institut eingerichtet habe. Das „Psychologische Institut“ existierte folglich, bevor Lindworsky eine Lehrerlaubnis erhielt. Die materielle Ausstattung sei „zum größten Teil mit eigenen und durch Schenkungen aufgebrachten Mitteln“ erfolgt. Nach dieser offiziellen Bemerkung ist eindeutig zu erkennen, dass auch im Sommer 1922 das Psychologische Institut noch immer der offiziellen Anerkennung als Universitätsanstalt harrte.

Auch im Verwaltungsschriftverkehr tauchte jetzt der Begriff des Psychologischen Institutes auf. Am 06.11.1921 (UAK Zug. 9/273, o. P.) schickte Lindworsky an das Kuratorium eine Aufstellung über die Ein-/Ausgaben des „Psychologischen Institutes“. Hierbei wurden auf der Einnahmenseite zwei Posten aufgeführt: a) Praktikum (wegen der Größe des Raumes Höchstzahl der Studenten: 30–35) b) Kolloquium für Fortgeschrittene (Höchstzahl 25).

Bei seiner Aufstellung geht Lindworsky von einer Einnahme für das Psychologische Institut pro Semester von 550 bis 600 Mark oder einer Jahreseinnahme von 1.100 bis 1.200 Mark aus. Die Summe errechnet sich nach den im Vorlesungsverzeichnis für das Wintersemester 1921/22 (S. 13) festgelegten Vorgaben, nach denen Studierende der Medizin und der Naturwissenschaften eine „Institutsgebühr von 10 Mk.“ im Semester zu zahlen haben. Sollten diese Einnahme in voller Höhe ans Institut gegangen sein, entspräche dies etwa 55 bis 60 Studierenden und würde obiger Aufstellung entsprechen. Auf der Einnahmenseite werden also lediglich „Institutsbenutzungsgebühren“ der Studenten aufgeführt, Gebühren, die wahrscheinlich zu Semesterbeginn bei der Quästur zu bezahlen waren, da das Psychologische Institut, selbst unterstellt, es wäre bereits eine nicht rechtsfähige Anstalt öffentlichen Rechts, kein Kassenrecht hatte. Die oben dargestellte Einnahmenseite verbucht auch noch keinerlei durch den Haushalt der Universität zugewiesene Mittel, was ebenfalls ein Indikator dafür ist, dass das Psychologische Institut sowohl einer haushaltsrechtlichen Anerkennung durch das Kuratorium als auch einer institutionellen, ministeriellen Anerkennung noch bedarf.

Auf der Ausgabenseite führt Lindworsky Kosten für die Fortführung von Psychologiezeitschriften[333], Binden von Zeitschriften und Neuanschaffung von Einzelwerken insgesamt mit einem Aufwand von 1.600 bis 1.700 Mark auf (UAK Zug. 9/273, 06.11.1921, o. P.). Weiterhin erwähnt er in dieser Aufstellung, dass Aufwendungen für Apparate und sonstige Hilfsmittel zur Abhaltung des Praktikums und zur Ausführung von Forschungsarbeiten von privater Seite gedeckt wurden. Ferner habe die [von ihm gegründete] „Psychologische Gesellschaft“ bis dato 1.000

333 Aufgeführt werden: Zeitschrift für Psychologie, Archiv für Psychologie, Zeitschrift für angewandte Psychologie, Praktische Psychologie.

Mark für die Bibliothek des Institutes aufgewendet. Bezüglich dieser Aufstellung sind zwei Dinge wichtig: zum einen firmiert das Schreiben Lindworskys und die Aufstellung unter dem Begriff „Psychologisches Institut“, zum anderen zeigt der Semesterbeitrag der Studenten, dass das „Psychologische Institut“ zumindest im Sinne der Kostenerhebungsstelle als „Institut“ anerkannt wird.[334]

6.2 Das Psychologische Institut – „sein“ Institut

Das „Psychologische Institut“ war Lindworskys Werk, es war „sein“ Institut. Er hatte es ins Leben gerufen und er hatte dafür gesorgt, dass die materiellen Voraussetzungen für dessen Fortbestand gewährleistet waren. Stadtschulrat Schu schrieb am 10.12.1927 in einem anderen Zusammenhang an Adenauer, dass Lindworsky das Fach experimentelle Psychologie in unermüdlicher Arbeit „aus dem Nichts“ aufgebaut habe (HAK Zug. 514/2/141/2, S. 105). Auch aus dem Schriftverkehr Lindworskys ist auf von ihm aufgebrachte persönliche Opfer zu schließen. Im Rahmen seines Schreibens vom 16.04.1923 an den stellvertretenden Kuratoriumsvorsitzenden bat er z. B. um Kostenübernahmen für die Einbindung von dem Psychologischen Institut geschenkten Büchern. Er stützte seine Bitte mit dem Hinweis auf seine unbesoldete Stelle und seinem bisherigen Verzicht auf Beantragung einer Besoldung. Wörtlich hieß es in dem Schreiben:

> „Wenn ich im Hinblick auf die finanziellen Schwierigkeiten der Universität dennoch davon Abstand nahm, so tat ich dies in der Hoffnung, dadurch den unvermeidlichen dringlichsten Forderungen des Institutes ein umso willigeres Gehör beim Kuratorium der Universität zu verschaffen.“ (UAK Zug. 9/273, o. P.)

Ob er in seinem Bemühen um das Institut immer die notwendige Diplomatie an den Tag legte, sei dahingestellt. Stellenweise zeigt er sich jedenfalls kompromisslos. Im Schreiben vom 11.08.1923 an Eckert heißt es u.a.:

> „Nur in der Hoffnung auf ein besonderes Entgegenkommen des Kuratoriums habe ich bisher den sehr berechtigten Forderungen verschiedener Seiten, eine Besoldung meines Lehrauftrags zu beantragen, widerstanden. Sollten sich diese Hoffnungen nicht erfüllen, so ist ein weiterer Widerstand meinerseits unmöglich“ [Unterstreichung im Original]. (UAK Zug. 9/273, o. P.)

Lindworsky setzte sich mit großem Engagement für „sein“ Institut ein. In dem erwähnten Schreiben vom 11.08.1923 (UAK Zug. 9/273, o. P.) an Eckert hieß es: „Hochverehrter Herr Geheimrat, wenn Sie diesen schwerwiegenden Gründen

334 Das Musikwissenschaftliche Institut hatte einen dem Psychologischen Institut vergleichbaren Werdegang. 1921 wurde es durch den damaligen Privatdozenten Bücken als Musikwissenschaftliches Seminar ins Leben gerufen; bis 1932 lag jedoch eine ministerielle Bestätigung oder Genehmigung über die Gründung nicht vor (Arntz, 2003, S. 53).

[zur Finanzierung des Defizits] die Macht Ihres Wortes verleihen, wird das Kuratorium bis auf den letzten Mann zustimmen." Weiter schrieb er:

> „Folgende Gründe werden gewiß allen Mitgliedern des Kuratoriums einleuchten. 1) Es dürfte heute keinen Etat (außer dem der Kölner Institute) geben, der nicht [wegen der Inflation] gleitend wäre. 2) Ein Fach, das mit ministeriellem Lehrauftrag als Hauptfach vertreten wird, das eine verhältnismäßig hohe Hörerzahl aufweist [...] und laufend eine größere Zahl Forschungsarbeiten betreibt, kann wenigstens ein Existenzminimum beanspruchen. 3) Was in diesem Jahr bewilligt worden [ist], blieb weit hinter dem Existenzminimum zurück." [Unterstreichungen im Original] (UAK Zug. 9/273, 11.08.1923, o. P.)

Das erste von Lindworsky genannte Problem erledigte sich dadurch, dass der Multiplikator inflationsbedingt durch Kuratoriumsbeschluss vom 10.10.1923 auf 80.000 (!) erhöht wurde (UAK Zug. 9/273, 20.10.1923, o. P.).[335] Der Höhepunkt der Inflation lag im November 1923.

Das leidige Thema der Geldbeschaffung gehörte natürlich zu seinen Aufgaben als Institutsleiter. In der Nachricht vom 11.08.1923 an Geheimrat Eckert schrieb Lindworsky:

> „Abgesehen von M. 10 000 für Reparatur einer Stopuhr [sic], wurde die ganze Summe nur zum Einbinden der laufend angeschafften Zeitschriften & Bücher verwendet. Es ist aber doch [...] eine sehr bescheidene & billige Forderung, daß die Universität wenigstens die ihr geschenkten Bücher einbinden lässt." [Unterstreichung im Original] (UAK Zug. 9/273, 11.08.1923, o.P.)

Scheler schrieb am 19.05.1922 in der Vorlage für den Dekan bezüglich der Begründung der zu beantragenden Venia Legendi:

> „[Lindworsky] hat sich zum größten Teil mit eigenen und durch Schenkungen aufgebrachten Mitteln auch ein Institut geschaffen, das seinem auf die Psychologie der höheren Geistesfunktionen an erster Stelle gerichteten wissenschaftlichen Zielen wohl zu genügen vermag". (UAK Zug. 27/68b)

Im Fünfjahresbericht der Universität Köln von 1925 ist zu lesen, dass das Entstehen der notwendigen Fachbibliothek und die Bereitstellung der erforderlichen instrumentellen Hilfsmittel dem großen Engagement „des Privatdozenten Professor Dr. Lindworsky" zu verdanken sei. Dies sei in „bescheidenem doch ausreichendem Maße" (Universität Köln, 1925, S. 121) gelungen. Zunächst stellte die Universität zur Unterbringung der Bücher und Apparate zur Durchführung experimenteller Untersuchungen zunächst einen, dann drei und endlich vier Räume

335 Wie Lindworsky im Vorwort zu seiner 1921 veröffentlichten „Experimentellen Psychologie" schrieb, war die Preissteigerung auch damals schon ein Problem. Wegen der Papierverteuerung sei die Ausgabe beträchtlich gekürzt worden; insbesondere sei ihr die Bibliographie zum Opfer gefallen.

zur Verfügung.[336] Weitergehende Wünsche mussten allerdings bis zur Errichtung eines Neubaus der Universität zurückgestellt werden. Dem Bericht zufolge konnte im Jahre 1925 die gut geordnete und mehrfach katalogisierte Institutsbibliothek hinsichtlich der fachspezifischen deutschen Literatur nahezu als vollständig gelten. Dies verdankte sie vor allem der Integration des aus der Bibliothek von Benno Erdmann ihm zugefallenen Anteils, wie oben bereits dargelegt. Weiterhin gab es eine Zuwendung von Wilhelm Neuerburg[337] und die Unterstützung durch die „Psychologischen Gesellschaft".

6.2.1 Gründung der „Psychologischen Gesellschaft"

Auf Lindworskys Initiative hin war am 23.02.1921 die „Psychologische Gesellschaft, Verein zur Förderung der experimentellen Psychologie an der Universität Köln, e.V."[338] gegründet worden. Im Gegensatz zur „Deutschen Gesellschaft für Psychologie", die bis 1929 „Gesellschaft für Experimentelle Psychologie" hieß, hatte Lindworsky von vorneherein unter Umgehung einer Einengung beide Bezeichnungen mit in den Namen des eingetragenen Vereins übernommen. Durch den neu gegründeten Verein konnte sich Lindworsky bei seiner Arbeit auch auf die tatkräftige Unterstützung der Kölner Bürgerschaft stützen. In der „Zeitschrift für Pädagogische Psychologie und Experimentelle Pädagogik" (1921, S. 344 – 345) war folgende Meldung zu lesen:

> „Ein Verein zur Förderung der experimentellen Psychologie an der Universität Köln ist unter dem Namen ‚Psychologische Gesellschaft' im Februar 1921 gegründet worden.[339] Dem Ehrenausschuß gehören an: Regierungspräsident Geheimer Oberregierungsrat Brugger, Staatskommissar für die Universität Köln, Oberbürgermeister Dr. Adenauer, Vorsitzender des Kuratoriums der Universität Köln, Geheimer Medizinalrat Professor Dr. med. Moritz, Rektor Magnificus, Geheimer Regierungsrat Professor Dr. jur., Dr. phil. Eckert, Prorektor, Konsul Heinrich von Stein, Geh. Kommerzienrat Dr. Louis Hagen, Präsident der Handelskammer, Beigeordneter Professor Dr. Krautwig. Im wissenschaftlichen Beirat sitzen Dr. med. Aschaffenburg, ord. Professor für Psychiatrie,

---

336 Möglicherweise ist damit die Abfolge der folgenden Entwicklungsstadien der räumlichen Unterbringung des Psychologischen Institutes gemeint: Lektorenzimmer à ehemaliges Juristisches Seminar à ehemaliges Deutsch-Südamerikanisches Institut.

337 Das „Haus Neuerburg" war bekannt wegen seiner Zigarettenherstellung.

338 Die genaue Bezeichnung wurde dem Gutachten Lindworskys „über die Pflege der experimentellen Psychologie an der Universität Köln" vom Januar 1922 (UAK Zug. 9/273, o. P.) entnommen.

339 Am 24.02.1921 schrieb Lindworsky an den stellvertretenden Kuratoriumsvorsitzenden und Mitglied im Ehrenausschuss der „Psychologischen Gesellschaft" Geheimrat Prof. Eckert: „Die Gründungsversammlung ist gestern glücklich abgehalten worden" (UAK Zug. 9/273, o. P); daraus ist zu schließen, dass der 23.02.1921 die Gründungsversammlung der „Psychologischen Gesellschaft" war.

Dr. jur. Baumgarten, ord. Prof. für Strafrecht, Straf- und Zivilprozeßrecht, Dr. phil., Dr. jur. h. c. Driesch, ord. Professor für Philosophie, Dr. jur. Ebers, ord. Professor für öffentliches Recht, Geh. Regierungsrat Dr. jur., Dr. phil. Eckert, ord. Prof. für Staatswissenschaften, Geh. Medizinalrat Dr. med. Hering, ord. Prof. für pathologische Physiologie, Dr. phil. Scheler, ord. Prof. für Philosophie und Soziologie, Geh. Regierungsrat Dr. phil. Thiess, ord. Prof. für Staatswissenschaften.“

Die Gesellschaft wendet sich an alle, die an ihren Zielen interessiert sind, mit folgendem von Stadtschulrat Schu, Privatdozent Dr. med. et phil. Kurt Schneider, Privatdozent Dr. J. Lindworsky u. a. unterzeichneten Aufruf:

„Die Not der Zeit droht unserem Vaterlande nach so vielem andern auch jede Führerschaft im Reich des Wissens zu rauben. Weil der Staat nicht mehr wie früher in der Lage ist, die wissenschaftliche Forschung zu unterstützen, sind ganze Provinzen des geistigen Besitztums in Gefahr, uns verloren zu gehen. Mit diesem Verluste wäre Deutschlands Sklavenlos[340] endgültig besiegelt. Dieses Unheil muß verhütet werden. Es kann abgewehrt werden, wenn alle, denen die Früchte eines Forschungszweiges zugute kommen, sich für dessen Rettung einsetzen. Deshalb müssen die weitesten Kreise der Bevölkerung für das Gedeihen der wissenschaftlichen Forschung interessiert werden.

Mehr als manche andere ist die noch junge, auf deutschem Boden gewachsene Wissenschaft der experimentellen Psychologie gefährdet. Zu ihrem Schutze sind die Unterzeichneten zu einer ‚Psychologischen Gesellschaft‘ zusammengetreten. Diese Gesellschaft will durch gemeinverständliche Vorträge für die Gesamtheit ihrer Mitglieder und durch wissenschaftliche Veranstaltungen für besonders Interessierte das Verständnis für die Bedeutung der experimentellen Psychologie wecken und andererseits Geldmittel aufbringen, um die experimentelle Psychologie zunächst an der Universität Köln zu fördern.

Wir wenden uns darum mit der Aufforderung zum Beitritt an alle, die aus dem Fortschritt der experimentellen Psychologie Nutzen ziehen, an Eltern und Erzieher, denen sie einen bessern Einblick in die Seele des Kindes verschafft, an Lehrer und Geistliche, denen sie den Zugang zur Seele des Nächsten erschließt, aber auch an Ärzte und Juristen, ebensowohl wie an Arbeiter, Techniker, Kaufleute und Industrielle, deren Berufsarbeit sie in nicht geringem Maße zu fördern vermag.

Der Jahresbeitrag für Mitglieder beträgt 10 M.; für lebenslängliche Mitgliedschaft 300 M.; als Stifter gelten solche, die durch namhafte Beiträge sich besondere Verdienste um die Gesellschaft erwerben.“

Es ist festzuhalten, dass Adenauer und Eckert Mitglied im Ehrenausschuss der „Psychologischen Gesellschaft“ waren, ebenso wie der für die Aufsicht über die Universität zu Köln zuständige Staatskommissar Brugger. Im wissenschaftlichen

340 Vgl. Wortwahl Adenauers in seiner Festansprache zur Eröffnung der Universität am 12.06.1919 im Kölner Gürzenich.

Beirat werden der Psychiatrieprofessor Aschaffenburg und die Philosophieprofessoren Driesch und Scheler aufgeführt. Der Aufruf wurde unterzeichnet vom Vorstand der „Psychologischen Gesellschaft“ u.a. auch von Dr. med. Kurt Schneider, damals Privatdozent für Psychiatrie und Sekundärarzt an der Psychiatrischen Klinik Lindenburg.[341 342]

Die Tatsache allein, dass Lindworsky sich in Psychologie habilitiert hatte, war noch kein Garant für eine Etablierung der Fachdisziplin Psychologie an der Universität zu Köln und die Tatsache, dass er als Privatdozent ohne offiziellen Lehrauftrag in diesen Nachkriegsnotzeiten keine materiellen Zuwendungen seitens des Kuratoriums erwarten konnte, ließ ihn nach anderen Möglichkeiten der Geldbeschaffung suchen. Die Idee eines Fördervereins war sicherlich schnell geboren,

341 Kurt Schneider (1887 – 1967) studierte Medizin und Philosophie in Tübingen, wo er 1912 zum Dr. med. promovierte. Nach dem Kriegsdienst wurde er Oberarzt an der Psychiatrischen Klinik in Köln, wo er sich 1919 erfolgreich habilitierte. 1921 promovierte er bei Max Scheler zum Doktor der Philosophie. 1922 erfolgte seine Ernennung zum außerordentlichen Professor an der Universität zu Köln. 1931 wurde Kurt Schneider zum Leiter der Klinischen Abteilung des Kaiser-Wilhelm-Instituts für Psychiatrie (heute Max-Planck-Institut für Psychiatrie) berufen und gleichzeitig zum Chefarzt der psychiatrischen Abteilung am Schwabinger Krankenhaus in München ernannt (Förtsch, 2012, o. P.). Kurt Schneider lehnte das NS-Regime und die NS-Ideologie kompromisslos ab, was ihn veranlasste, Rufe nach Hamburg, Halle und Breslau abzulehnen und was zu mehrfachen Verhören durch die Gestapo führte (Huber, 2007, o. P.). Er war nicht Mitglied der NSDAP und im Unterschied zu vielen seiner Ärztekollegen nahm er auch an der „Euthanasie“-Aktion der Nationalsozialisten nicht teil. Schneider rettete eine jüdische Ärztin namens Magdalena Schwarz vor der Deportation nach Theresienstadt indem er sie in der geschlossenen Frauenabteilung seiner Klinik unterbrachte (Huber, 2007, o. P.; Ebell, 2012, S. 8). Magdalena Schwarz starb 1971. Durch Ratsbeschluss der Stadt München wurde 2004 eine Straße nach Magdalena Schwarz im Stadtteil Trudering-Riem benannt. Das Hohenloher Tageblatt berichtete in seiner Ausgabe am 22.09.2012 davon, dass die Gemeinde Crailsheim, dem Geburtsort Schneiders, in Würdigung der Verdienste und des Mutes von Kurt Schneider im Sommer 2012 eine Straße nach ihm benannt hatte (Förtsch, 2012, o. P.). Kurt Schneider wechselte nach dem Krieg 1946 als Ordinarius für Psychiatrie an die Universität Heidelberg. Am 27.10.1967 verstarb er in Heidelberg. Das Hauptwerk Kurt Schneiders ist die „Klinische Psychopathologie“. Sie erschien nach 1946 im Jahre 2006 in der 15. Auflage (Huber, 2007, o. P.).

342 In seiner Kölner Zeit hatte Max Scheler mehrfach den Rat seines früheren Doktoranden Kurt Schneider gesucht. Scheler fühlte sich im Umgang mit seinem aus erster Ehe stammenden psychisch auffälligen Sohn überfordert. Kurt Schneider diagnostizierte beim Sohn seines ehemaligen Doktorvaters eine schwere Psychopathie. Auf Grund dieses Gutachtens wurde der Sohn in der Folge entmündigt. Eine zufriedenstellende Resozialisierung schlug jedoch fehl (Krahl & Schifferdecker, 1998, S. 94). Der Sohn wurde wegen Schwachsinns und teiljüdischer Abstammung zwischen 1938 und 1940 von den Nationalsozialisten im Lager Oranienburg umgebracht (Good, 1998, S. 18).

aber die Realisierung in Gestalt so vieler Beitrag zahlender Honoratioren war sicherlich auch eine Leistung, die auch auf eine gewinnende, überzeugende, wenn nicht sogar charismatische Persönlichkeit Lindworskys schließen lässt.

Folgende Punkte dieser Gründungsinitiative sollten hervorgehoben und festgehalten werden:

- Die „Not der Zeit“ bedroht Deutschlands Spitzenstellung im „Reich des Wissens“.
- In den Zeiten der Weimarer Republik gibt es nur noch beschränkte Mittel für Forschung und Lehre.
- Der Verlust „geistigen Besitztums“ droht, ein „Sklavenlos“ wäre die Folge.
- Die wissenschaftliche Forschung der experimentellen Psychologie bedarf deswegen insbesondere der Unterstützung interessierter Bevölkerungskreise,
    - o die Sorge tragen für die „Seele des Kindes“ oder die „Seele des Nächsten“,
    - o oder deren Berufsarbeit durch die experimentelle Psychologie gefördert wird.

In diesem Aufruf werden also die beiden großen Bereiche der experimentellen Psychologie als „Anwendungswissenschaft“ angesprochen, die pädagogische Psychologie und die Berufspsychologie, wie Lindworsky sie nennt, etwa im Titel der Vorlesung im Sommersemester 1921: „Wirtschafts- und Berufspsychologie mit Demonstrationen“.

In seinem „Gutachten über die Pflege der experimentellen Psychologie an der Universität Köln“ vom Januar 1922 (UAK Zug. 9/273, o. P.), adressiert an Adenauer, schrieb Lindworsky, dass die „Psychologische Gesellschaft“ fast 300 Mitglieder zähle und diese hätten seit Mai 1921 eine materielle Hilfe in Höhe von 30.000 M aufgebracht. Dies bedeutete ein Beitragsaufkommen von durchschnittlich 100 M pro Mitglied in einem Zeitraum von 8–9 Monaten. Ausgehend von einem Jahrespflichtbeitrag von 10 M ist erkennbar, dass etliche Mitglieder weit über den Jahresbeitrag hinaus der „Psychologischen Gesellschaft“ Geldbeträge haben zukommen lassen.

Die „Psychologische Gesellschaft“ existierte von 1921 bis zum Weggang Lindworskys aus Köln im Jahre 1928. Den Vorstand übernahmen 1921 zunächst die drei Unterzeichner des obigen Aufrufs, der Stadtschulrat F. Schu, der damalige Assistenzarzt Kurt Schneider und Lindworsky. Die Stelle von K. Schneider wurde nach einem Jahr von Prof. Alfred Busch (nichtbeamteter außerordentlicher Professor für Psychiatrie und experimentelle Psychopathologie) übernommen (Ühlein, 1986, S. 30).

6.2.2 Fragen von Aufsicht und Leitung

Das Forschungsinstitut für Sozialwissenschaften und das Deutsch-Südamerikanische und Iberische Institut waren Anfang der zwanziger Jahre als Institute rein rechtlich gesehen unabhängig von der Universität zu Köln und wurden im Vorlesungs- bzw. Personalverzeichnis unter der Rubrik „Wissenschaftliche Institute, die auch von Angehörigen der Universität benutzt werden können“ aufgeführt.[343]

343 Heutzutage ist es in NRW möglich, dass das Rektorat Einrichtungen außerhalb der Hochschule als Einrichtung „an der Hochschule“ anerkennt. Die anerkannte

Diese Institute waren, auch wenn sie öffentliche Zuschüsse erhalten sollten, keine rechtsfähigen Anstalten öffentlichen Rechts. Die Universität zu Köln war hingegen durch § 3 der Satzung von 1919 eine „Veranstaltung des Staates" und hatte zugleich nach Maßgabe der Landesgesetze alle Rechte einer „juristischen Person des öffentlichen Rechts". Die Universität unterlag folglich der Aufsicht des Staates (§ 7 der Satzung). „Aufsicht" bedeutet aber nicht nur darauf zu achten, dass die gesetzlichen Vorgaben eingehalten werden, Aufsicht bedeutet auch gestalten, reformieren, umstrukturieren und auch Personalhoheit ausüben, soweit nicht der Universität im Rahmen der Freiheit von Forschung und Lehre ein „staatsfreier" Raum zugestanden wird.[344] Gerade an der Universität zu Köln waren hier Sonderkonditionen zu beachten, da die Stadt Köln nach dem Vertrag vom 29.05.1919 das gesamte Kostenrisiko der Anstalt trug.

Im Personalverzeichnis des Sommersemesters 1921 wurde zum ersten Mal unter der Rubrik „Universitäts-Institute" das „*Seminar* für experimentelle Psychologie" unter der Leitung von „*Direktor*: Privatdozent Dr. phil. Lindworsky" aufgeführt [Hervorhebungen v. Verf.]. Eine vergleichbare Eintragung fand sich auch im Vorlesungs- und Personalverzeichnis der Universität Köln Winter-Semester 1922/23. Daraufhin schrieb am 24.01.1923 der geschäftsführende Kuratoriumsvorsitzende Prof. Eckert an den damaligen Dekan der Philosophischen Fakultät, Prof. Artur Schneider, dass sich „die Bezeichnung des Privatdozenten Dr. Lindworsky als Direktor des Psychologischen Instituts" nicht rechtfertigen ließe. „Keinesfalls findet sie eine Stütze in den Akten des Kuratoriums", heißt es in seinem Schreiben (UAK Zug. 17/3464, Bl. 61).[345] Weitergehende Begründungen sind dem Schreiben nicht zu entnehmen.[346]

Einrichtung wirkt mit der Hochschule zusammen. Die Rechtstellung der Bediensteten in der Einrichtung wird davon nicht berührt (§ 29 Abs. 5 Hochschulgesetz – HG NRW). Auch Sachsen lässt beispielsweise die Möglichkeit der Gründung von sogenannten „An-Instituten" zu, die zwar gemeinsam mit der Hochschule Aufgaben wahrnehmen, andererseits aber nicht als Person des öffentlichen Rechts angesehen werden (§ 95 Sächsisches Hochschulfreiheitsgesetz – SächsHSFG). Auch die humanwissenschaftliche Fakultät der Universität zu Köln arbeitet mit mehreren Aninstituten zusammen, etwa mit dem INeKO unter Leitung von Prof. Dr. Egon Stephan.

344 Wieweit die „Staatsaufsicht" in ihrer Gestaltungsfreiheit gehen kann, zeigt die heutige Umstellung der Studiengänge auf Bachelor- und Masterstudiengänge.

345 Beispielsweise wurden mit Erlass des preußischen Kultusministeriums vom 21.02.1923 die Professoren Saitschick, Kahl und A. Schneider jeweils zu Direktoren des „einzurichtenden Pädagogischen Seminars" ernannt (UAK Zug. 17/5330a, o. P.).

346 In der Fakultätssitzung vom 29.01.1923 (UAK Zug. 285/1, S. 84) wurde durch den Musikwissenschaftler Bücken die Frage der Bezeichnung aufgegriffen. Man kam zu dem Ergebnis, dass letztlich die Frage dahingehend geregelt würde, „daß Privatdozenten, die ein Universitätsinstitut leiten, den Titel ‚Leiter' führen sollen".

Diesem Vorfall war etwa Vergleichbares, wenn auch auf einer anderen Ebene, unmittelbar vorausgegangen. Adenauer hatte am 09.12.1922 (HAK 511/138/1, S. 105) in seiner Funktion als Vorsitzender des Kuratoriums einen Brief an den stellvertretenden und geschäftsführenden Vorsitzenden des Kuratoriums Geheimrat Eckert gerichtet. In diesem Schreiben wies der Oberbürgermeister den geschäftsführenden Vorsitzenden Eckert darauf hin, dass er verschiedentlich seine Schreiben mit „Der Vorsitzende des Kuratoriums der Universität Köln" firmiere. Wörtlich hieß es im Schreiben Adenauers: „Diese Firmierung findet in Universitätsstatut und in Ihrer Ernennungsurkunde keine Stütze:" Daraufhin entwickelte sich eine heftiger Briefwechsel zwischen Adenauer und Eckert (HAK 511/138/1, S. 105 – 120). Nach diesem Streit hieß es im Briefkopf Eckerts in der Regel „Der geschäftsführende Vorsitzende des Kuratoriums der Universität Köln".[347]

Im darauf folgenden Sommersemester 1923 („Vorlesungs- und Personalverzeichnis der Universität Köln", S. 23) wurde unter der Rubrik „Institute und Sammlungen" in der Philosophischen Fakultät zum ersten Mal nicht mehr von einem Seminar für experimentelle Psychologie gesprochen, sondern von einem Psychologischen Institut. Weiterhin hieß es jetzt auch „*Leiter*: Privatdozent Dr. phil. Lindworsky" [Hervorhebung v. Verf.]. Die Bezeichnung „Direktor" wurde also gegen die Bezeichnung „Leiter" ausgetauscht.

Ein Schreiben des Ministeriums fünf Jahre später gibt vielleicht eine Erklärung für dieses Verhalten. In der Fakultätssitzung vom 11.06.1928 wurde seitens des Ministeriums mitgeteilt, dass mit der Entpflichtung als Ordinarius auch eine Entpflichtung als Institutsdirektor einträte (UAK Zug. 285/1, S. 211). Im Umkehrschluss ist zu vermuten, dass in der Regel ein Ordinariat Voraussetzung für eine Institutsdirektion ist. Folglich konnte auch Lindworsky kein „Direktor" sein, da er kein Ordinariat innehatte. Dies stimmt auch mit den Angaben im Vorlesungsverzeichnis beispielsweise des Sommersemesters 1923 überein. Im Rahmen der Institute und Seminare der Philosophischen Fakultät war feststellbar, dass alle Instituts- und Seminardirektoren ordentliche Professoren waren. Drei Nichtordinarien leiteten ein Institut und wurden entsprechend auch als Leiter und nicht als Direktor der jeweiligen Institution angegeben.[348] Es bedurfte also auch im Falle des Privatdozenten Dr. Lindworsky als Leiter des Psychologischen Institutes in jedem Falle der ministeriellen Ernennung zum „Direktor".[349]

---

347 Christian Eckert war zwei Jahre älter als Konrad Adenauer, ihre Lebenswege kreuzten sich regelmäßig zwischen 1907 und 1933. „Das Verhältnis zwischen beiden war, wie die Akten zeigen, alles andere als spannungsfrei, weil hier zwei Männer mit offenbar gleich großem Selbstbewusstsein aufeinanderprallten" (Freitäger, 2013, S. 11).

348 Ausnahmen: Psychologisches Institut, Leiter: Privatdozent Dr. phil Lindworsky; Musikwissenschaftliches Institut, Leiter: Privatdozent Dr. Bücken; Pädagogisch-didaktisches Seminar für Handelslehrer und Handelslehrerinnen, Leiter: Diplom-Handelslehrer Rustemeyer.

349 Der Unterschied zwischen „Leiter" und „Direktor" wird auch deutlich, wenn man das folgende Zitat aus der Rede des scheidenden Rektors der Kölner Universität,

Nach Lindworskys Weggang wurde der Mediziner Prof. Busch provisorisch als Verantwortlicher für das Psychologische Institut eingesetzt (UAK Zug. 285/1, 23.7.1928). Im Vorlesungsverzeichnis fand dies jedoch keinen Niederschlag. Im Vorlesungsverzeichnis für das Wintersemester 1928/29 wurde Busch in der medizinischen Fakultät als „nichtbeamteter außerordentlicher Professor (Psychiatrie und experimentelle Psychopathologie, Experimentelle und Arbeitspsychologie)" und als Leiter des „psychologischen Laboratoriums" in der medizinischen Fakultät aufgeführt. In der Philosophischen Fakultät wird lediglich das „Psychologische Institut" erwähnt, jedoch ohne Leitung oder Direktion. Dies änderte sich auch in den folgenden Semestern nicht. Erst neuneinhalb Jahre später (!), im Sommersemester 1938, wurde der damalige nichtbeamtete außerordentliche Professor Robert Heiß (Philosophie, Lehrauftrag für Logik, Logistik und Wissenschaftslehre) als kommissarischer „Leiter" des Psychologischen Institutes der Kölner Universität im Vorlesungsverzeichnis aufgeführt. Im folgenden Wintersemester 1938/39 kam es dann im Vorlesungsverzeichnis zu einer Namensänderung. Das Psychologische Institut wurde umbenannt in „Institut für experimentelle Psychologie" und „Leiter" (nicht Direktor) wurde Robert Heiß. Dieser Zustand erhielt sich bis zum Wintersemester 1942/43. Im Sommersemester war die Stelle des Leiters des Instituts für experimentelle Psychologie jedoch wieder vakant. Robert Heiß lehrte nicht mehr in Köln, er hatte eine Professur in Freiburg angenommen. Die Vakanz dauerte an bis zum Wintersemester 1944/45. Danach fehlen die Aufzeichnungen in den Vorlesungsverzeichnissen. Erst dem Vorlesungsverzeichnis für das Sommersemester 1948 sind wieder Angaben zu den Instituten zu entnehmen. Zum ersten Mal wird wieder das „Institut für experimentelle Psychologie" aufgeführt und als „Leiter" „in Vertretung" Privatdozentin Dr. Maria Krudewig genannt. Dieser Zustand erhielt sich bis einschließlich Wintersemester 1951/52. Im Sommersemester 1951 erhielt das Psychologische Institut (zumindest laut Vorlesungsverzeichnis) zum ersten Mal in seiner Geschichte in der Person von Professor Udo Undeutsch einen „Direktor". Aber auch diese Bezeichnung war ähnlich wie bei Lindworsky in den zwanziger Jahren anscheinend irrtumsbehaftet, denn die eigentliche Ernennung zum Direktor erfolgte erst am 16.01.1956 (UAK Zug. 9/598, o. P.). In dem Bescheid des Kultusministers des Landes Nordrhein-Westfalen heißt es: „Zugleich ernenne ich den bisherigen *Leiter* des Instituts für Experimentelle Psychologie, Herrn Prof. Dr. Udo Undeutsch, zum *Direktor* des Psychologischen Instituts" [Hervorhebung d. Verf.]. Auf Antrag von Udo Undeutsch an das Kultusministerium wurde auch wieder eine Namensänderung des Instituts vorgenommen, das „Institut für experimentelle Psychologie", wie es unter Robert Heiß geheißen hatte, wurde wieder

---

Geheimrat Prof. Karl Thieß, vom 08.11.1924 liest: „Das deutsche Institut für Verkehrswissenschaft ist als Institut der Kölner Universität aufgenommen und sein Leiter, Privatdozent Dr. Esch, vom Minister zum Direktor des Instituts ernannt worden" (Thieß, 1924, Bl. 142).

in „Psychologisches Institut" umbenannt. Allerdings war die Psychologie immer noch nicht vollständig angekommen, denn Undeutsch hatte nur eine planmäßige außerordentliche Professur.[350] Erst am 22.03.1962[351] wurde Udo Undeutsch zum ordentlichen Professor ernannt, d.h. erst ab diesem Tag stand an der Spitze der Fachdisziplin Psychologie zum ersten Mal ein Ordinarius, ein ordentlicher Professor. Etwa ein Jahr später erhielt Prof. Wilhelm Salber am 01.04.1963 ebenfalls eine Professur in Psychologie.

6.2.3 Einrichtung und Ausstattung des Psychologischen Institutes unter Lindworsky

Systematische und rückschauende Selbstbeobachtung

Wilhelm Wundt war der Meinung, dass sich die Psychologie als eine weitere empirische Disziplin neben den bereits anerkannten Naturwissenschaften etablieren könne (Wontorra, 2009, S. 52). Die experimentelle Psychologie Wundtscher Prägung war folglich eine naturwissenschaftlich aufgebaute Psychologie, die vielfältiger Instrumente für ihre Forschungen bedurfte.[352] Die Würzburger Denkschule und auch Lindworsky gingen aber über diese Experimente hinaus, indem sie jetzt auch höhere Denkfunktionen experimentell zu erklären suchten. Dies geschah auf der Basis der Introspektion, der systematischen und „rückschauenden Selbstbeobachtung". 1934 beschrieb Lindworsky das methodische Vorgehen folgendermaßen:

> „Zur Erforschung der Erlebnisse höherer Art, wie die des Denkens, Wollens, Fühlens u.ä. [Erlebnispsychologie], hat man diese Methode der experimentellen, systematischen Selbstbeobachtung ausgebaut (N. Ach). Ein Versuchsleiter (Vl) wählt die Erlebnisse aus, die erkundet werden sollen, eine oder mehrere Versuchspersonen (Vpn) stellen sich dem Versuchsleiter zur Verfügung. [Der] Vl versetzt durch Aufgaben bzw. Reize die Vpn in solche Situationen, daß sie die fraglichen Erlebnisse durchmachen müssen. Sobald diese eingetreten und durcherlebt, wenden die Vpn die rückschauende Selbstbeobachtung an und schildern dann dem Vl das Erlebnis; dieser hält die Beschreibung in einem Stenogramm fest, um aus einer großen Zahl solcher Erlebnisbeschreibungen, ähnlich wie die der Untersuchungsrichter aus den Zeugenaussagen oder der Historiker aus seinen Quellen den wahren Tatbestand zu ermitteln". (Lindworsky, 1934, S. 64)

---

350 Laut Vorlesungsverzeichnis ist das Datum der Ernennung der 14.9.1951.

351 Vorlesungsverzeichnis Wintersemester 1962/63.

352 Fahrenberg weist darauf hin, dass in Wundts Augen die Psychologie trotz der physiologischen und biologischen Grundlagen keine Naturwissenschaft sei, sondern eine „empirische Geisteswissenschaft". Deshalb auch die Verbindung mit der Philosophie (Fahrenberg, 2011, S. IV).

Vervollständigt wird dies alles durch Ergänzungs- und Erkundungsfragen. Nach Lindworsky lässt sich nämlich die Frage „zu einem bedeutsamen Hilfsmittel der Forschung ausgestalten". Lindworsky unterscheidet zwischen „Ergänzungsfragen" und „Erkundungsfragen"; Letztere machen die Versuchspersonen auf neue Gesichtspunkte aufmerksam (Lindworsky, 1921b, S. 7).

Die Methodik der Denkpsychologie brachte es mit sich, dass die psychologischen Instrumente nicht mehr die zentrale Bedeutung hatten wie bei der Experimentellen Psychologie wundtscher Prägung, denn, wie Wundt überspitzt formulierte, „die Ausfragemethode hat gar keine Apparate nötig [...] Wenn dann gelegentlich noch äußere Hilfsmittel herbeigezogen werden, wie z.B. eine Uhr, um die Zeit eines Versuches zu bestimmen, so spielt dies nur eine unwesentliche Rolle, wie denn auch diese Dinge in manchen Versuchen ganz hinweggeblieben sind" (Wundt, 1907, S. 301). Psychologische Instrumente, die im Rahmen der wundtschen Experimentalpsychologie noch eine größere Rolle spielten (vgl. Wontorra, 2009), waren für Lindworsky weniger bedeutsam. In seiner Habilitationsschrift „Der Wille" heißt es:

> „Die Aufnahme der Atmungs-[353], Puls-[354] oder Volumkurve[355] hingegen wird erst dann wieder mehr in Gebrauch kommen, wenn wir genauere Kenntnisse über die Zuordnung der Kurvenschwankungen zu dem Verlauf der Erlebnisse besitzen werden. Bei dem heutigen Stande unseres Wissens wird die Störung des Beobachters und die Belastung des Forschers[356] nicht aufgewogen durch die Aufschlüsse, die uns die Kurven bieten" (Lindworsky, 1921b, S. 9).

Nach Wundt wird der Begriff des Experiments bei der Würzburger Denkschule allerdings in einer von der gewöhnlichen ziemlich abweichenden Bedeutung gebraucht, indem man z. B. eine beliebige Frage, auf die die sogenannte Versuchsperson antworten soll, als einen auf das Bewusstsein ausgeübten Reiz und die Antwort als eine Reaktion auf diesen Reiz definiert. Diese im Rahmen der experimentellen Denkpsychologie durchgeführten Experimente sind allerdings nach Wundts Auffassung „überhaupt keine Experimente im wissenschaftlichen Sinne" (Wundt, 1913, S. 30). 1907 sagte er bereits: „Die Ausfrageexperimente sind

353 Der Pneumograph (oder auch Atemschreiber) ermöglicht die Messung des Atmens (vgl. Abb. Zimmermann, 1923, S. 53). Lobsien weist z.B. daraufhin, dass die Atmung deutlich von der Ermüdung beeinflusst werde und sie auch in einem gewissen Grade dem Willen und suggestiven Beeinflussungen unterworfen ist (Lobsien, 1914, S. 23).

354 Der Sphygmograph (Pulsschreiber) dient der Aufzeichnung des Pulses (vgl. Abb. Zimmermann, 1923, S. 52).

355 Volumschwankungen eines Körperteils werden mittels eines Plethysmographen gemessen, der die Menge des zu- oder abströmenden Blutes etwa des Unterarms zu messen gestattet (Lobsien, 1923, S. 22; vgl. Abb. Zimmermann, 1928, S. 250).

356 „Beobachter" ist hier für Lindworsky die Vp. und „Forscher" der Vl.

überhaupt keine Experimente im Sinne einer wissenschaftlichen Methode, sondern sie sind *Scheinexperimente*, [...] da sie alle Kriterien vermissen lassen, nach denen sich überhaupt experimentelle psychologische Selbstbeobachtungen von gewöhnlichen Selbstbeobachtungen unterscheiden" [Hervorhebung im Original] (Wundt, 1907, S. 334). Von der systematischen und rückschauenden Selbstbeobachtung ausgehend, definiert Lindworsky das Experiment folgendermaßen: „Das Wesen des Experimentes beruht in der willkürlichen Herbeiführung eines Vorganges zum Zwecke der wissenschaftlichen Beobachtung" (Lindworsky, 1921a, S. 12).[357]

Psychologische Instrumente

Auch bei den von Lindworsky betreuten Dissertationen und den darin dargestellten Experimenten stehen nicht die psychologischen Instrumente und deren Versuchsanordnung im Vordergrund, sondern die rückschauende Selbstbeobachtung, die „Ausfrageexperimente" nach Wundt. Die Beschreibung des methodischen Vorgehens ergibt dabei leider nur wenige Aussagen über die psychologischen Instrumente[358], die im Psychologischen Institut von Köln als Hilfsmittel zum Einsatz kamen. Aus dieser Zeit gibt es keinerlei Inventarliste und es gibt auch keine Instrumente, die die turbulenten Jahrzehnte der ersten Hälfte des 20. Jahrhunderts überdauert haben. Als Informationsquellen für dieses Kapitel dienten folglich die vorhandene Korrespondenz zum Psychologischen Institut und die wissenschaftlichen Arbeiten (Dissertationen bei Lindworsky), die in der Zeit der Existenz des Psychologischen Institutes in Köln entstanden sind. So ist zumindest ein winziger (unvollständiger) Einblick in die Ausstattung des Institutes gegeben. Da bei

---

357 Die folgenden Definitionen sind dem Buch von Stubbe (2012a, S. 74) entnommen: „Wilhelm Wundt (1832–1920), der Gründungsvater der experimentellen Psychologie (1879), definiert das Experiment folgendermaßen: ‚Das Experiment besteht in einer Beobachtung, die sich mit der willkürlichen Einwirkung des Beobachters auf die Entstehung und den Verlauf der zu beobachtenden Erscheinung verbindet' (Wundt, 1907). Ähnlich definieren auch der Kölner Psychologe Lindworsky 1931 und Traxel, der hervorhebt, daß in der Psychologie das Experiment an zwei Formen der Beobachtung anknüpfen kann, die Erlebnis- und die Verhaltensbeobachtung: ‚Ein Experiment besteht in der absichtlichen, planmäßigen Auslösung eines Vorgangs zum Zwecke seiner Beobachtung.' (Traxel, 1964). Eine moderne Definition des Experiments in der Psychologie lautet: ‚Experiment, ist ein willkürlicher Eingriff in einen natürlichen Ablauf, der planmäßig, kontrolliert und erwartungsgerichtet definierte Bedingungskonstellationen mit dem Ziel herbeiführt, die Folgen dieses Eingriffs möglichst umfassend zu beobachten.' (Lexikon der Psychologie, Bd. 1, 2000)."

358 Die Wortverbindung „psychologisches Instrument" ist mit dem Begriff „psychologischer Apparat" gleichzusetzen, wobei in der heutigen Wissenschaftsgeschichte der Ausdruck „Instrument" die Oberhand gewonnen hat (Gundlach, 2003, S. 28). Bzgl. der Vielschichtigkeit des Begriffes „psychologisches Instrument" vgl. Gundlach, 2003.

der vorliegenden Arbeit das Psychologische Institut an sich im Blickpunkt steht, geht es im Folgenden um die Beschreibung von psychologischen Instrumenten, die tatsächlich im Psychologischen Institut in Köln zur Zeit Lindworskys vorhanden waren[359]; es geht also nicht um eine systematische Darstellung des damaligen methodischen Vorgehens oder um eine Auseinandersetzung mit der rückschauenden Selbstbeobachtung. Diesbezüglich wird auf die Arbeit von Ühlein (1986) verwiesen.

Kymographion

In den Anfängen des Instituts stellte Lindworsky am 03.05.1922 zwecks Installation einer Schwachstromleitung einen Antrag an das Kuratorium der Universität. In dem Schreiben an das Kuratorium (z. Hd. von Herrn Geheimrat Prof. Dr. Eckert) begründet er seinen Antrag:

> „Zur leichteren Ausführung von *Reaktionsversuchen*[360], die der Unterzeichnete im Psych. Inst. begonnen hat, wäre es notwendig, daß dauernd eine Schwachstromleitung zur Verfügung stünde. Ich stelle darum den ergebensten Antrag, in einem der drei Zimmer eine Schalttafel anbringen zu lassen, der Gleichströme von 4, 6 u. 8 Volt entnommen werden können. Sodann möchte ich bitten, falls sich eine Gasleitung in der Nähe befindet, sie in das Institut bzw. in den Vorraum zu leiten, um [Handschrift im Original nicht lesbar] die bequeme Anbringung eines Berrussungsapparates [sic] zu ermöglichen. Die vorerst notwendige Berussung mit offener Petroleumlampe hat mancherlei Nachteile."(UAK Zug. 9/273, o. P.)

Bei dem von Lindworsky erwähnten psychologischen Instrument handelt es sich zweifelsohne um ein Kymographion. Das Kymographion (Wellenschreiber; griech.: kyma = Welle, grapheion = Griffel) hatte Carl Ludwig (1816–1895) ab 1846 entwickelt; es handelte sich um eine sich um eine senkrechte Achse drehende Trommel, die mit berußtem Papier (Ruß-Kymographion) überzogen war (Beneke, 2005, S. 15).[361] In der Ausstellung des historischen Kabinetts des Instituts für Psychologie der Berliner Humboldt-Universität ist folgende Beschreibung des Kymographions zu lesen:

---

359 Nicht immer waren die Geräte in ihrer Bauart zu identifizieren. Ein Stroboskop (nicht genannter Bauart) wurde z.B. eingesetzt zwecks Verifizierung Zöllnerscher Zerrbilder (Dissertation Simchowitz, 1926, Versuchsbeschreibung S. 36 bis 38). Ebenso spricht Lindworsky vom Einsatz eines undifferenzierten Galvanometers im Zusammenhang mit dem Erfassen der Stärke des Willens (Lindworsky, 1921b, S. 130).[Abb. eines Galvanoskops bei Zimmermann, 1928, S. 323]

360 Versuche, bei denen die Vorgänge zwischen Reizapplikation und Probandenreaktion interessieren und die als quantitative Größe im Wesentlichen die Zeit zwischen diesen beiden Ereignissen liefern, wurden von Sigmund Exner (1842–1926) erstmals Reaktionsversuche genannt (Wontorra & Schröger, 2005, S. 21).

361 Weißes Glanzpapier wurde mit einer Rußschicht überdeckt.

> „Vorwiegend diente er [der Kymograph] dem Aufzeichnen von physiologischen Parametern (z.B. Herzrhythmus, Kopfbewegungen, Muskelaktivitäten etc.) An den abstehenden Metallarmen wurden Schreiber angebracht und mit deren Quelle (z.B. ein Turgoskop[362] für den Blutdruck) verbunden. Folgernd bestand die Möglichkeit mehrere Parameter synchron aufzuzeichnen, um deren Relationen zueinander auszuwerten. Ein experimenteller Untersuchungsgegenstand der Psychologie könnte bspw. die Beziehung von Herzrhythmusaktivität und Verhaltensmaßen sein, wie z.B. die Reaktion auf einen dargebotenen Reiz.“ (Humboldt-Universität zu Berlin, Historisches Kabinett, Psychologisches Institut, notiert am 31.10.2015)

Der Schreibhebel war mit einer feinen Spitze ausgestattet und kratzte den vorher auf die Trommel aufgebrachten Ruß weg. Es entstand ein weißer Kurvenzug auf schwarzem Grund, der jedoch erst durch eine Behandlung des Papiers mit einer alkoholischen Schellacklösung fixiert werden konnte (Scheminzky, 1944, S. 49).

Bei der Abbildung 25 handelt es sich nach der Katalogbeschreibung um ein „vereinfachtes“ Kymographion. Die Trommel wird durch ein Uhrwerk angetrieben und sie kann zum Bespannen und Berußen aus ihren Lagern herausgenommen werden. Gundlach spricht von der Verwendbarkeit des Kymographen in der psychologischen Forschung im Bereich der Reaktionsversuche[363] zur Registrierung vegetativer Reaktionen auf emotionale Reize (Gundlach, 2003, S. 58). Kymographen wurden später durch unterschiedlichste Polygraphen ersetzt, die bis hin zum EKG und EEG diverse vegetative Abläufe festhielten (Gundlach, 2003, S. 58).[364]

Die Aufzeichnungen per Schreibhebel und berußter Trommel war eine mühsame Tätigkeit. Anfänglich wurde, wie auch Lindworsky oben erwähnte, die Berußung mittels einer Petroleumlampe durchgeführt. Lindworsky möchte deshalb gerne eine Berußungsapparatur wegen der leichteren Handhabbarkeit einsetzen; deshalb benötigte er auch einen Gasanschluss.

In einem Schreiben vom 20.04.1926 (UAK Zug. 9/273, o. P.) kommt Lindworsky nochmals auf die Thematik der Berußung zurück. Nachdem der Gashahn im

362 Abb. eines Turgoskops und Turgographs bei Sommer, 1904, S. 30.

363 Seit Sigmund Exner (1846–1926) nennt man Reaktionsvorgang einen Vorgang, bei dem durch einen äußeren Reiz ein Willensvorgang angestoßen wird, der nach Apperzeption des Reizes in einer spontanen Reaktionsbewegung endet (Wontorra, online am 10.11.2016 unter http://psychologie.biphaps.unileipzig.de/wundt/ paradigm/reaction.htm).

364 „Heute erfolgt die Datenverarbeitung mit dem Computer, der Zahlen und Kurven auf den Bildschirm wirft. Die neuesten bildgebenden Verfahren wie CT, PET, fMRI wären ohne Rechner nicht einsetzbar. EEG, CT, PET, fMRI werden nicht nur für die Untersuchung emotionaler Abläufe eingesetzt, sondern allgemein zur Erforschung der Hirnprozeßäquivalente beliebiger psychischer, insbesondere kognitiver Vorgänge. Die Erforschung der Emotionen war zwar bahnbrechend in der Registrierung der vegetativen und körperlichen Begleitprozesse, doch haben die im 20. Jahrhundert entwickelten Apparate es ermöglicht, diese Untersuchungsmethode auch bei kognitiven Prozessen anzuwenden“ (Gundlach, 2003, S. 58).

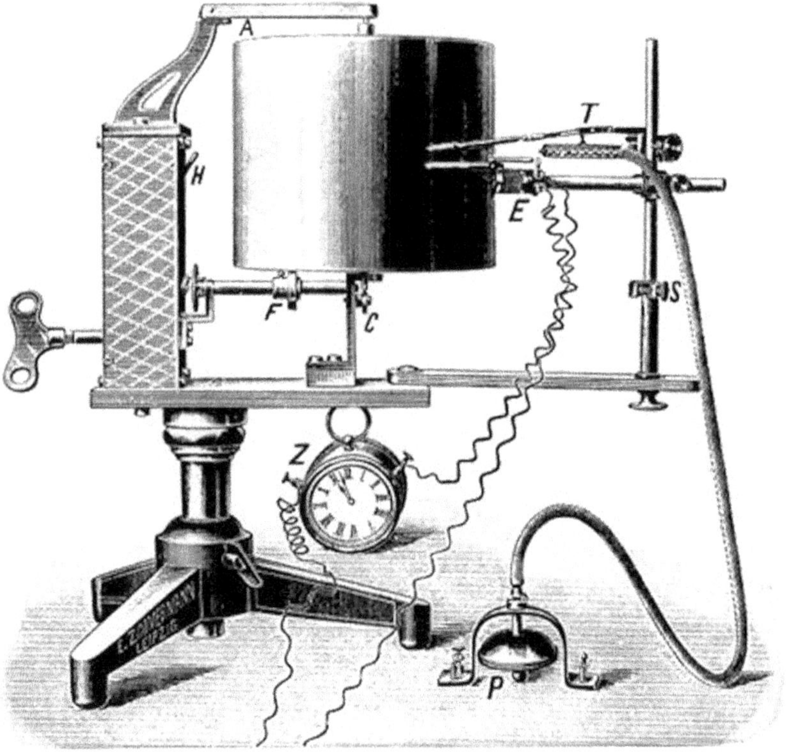

Abbildung 25: *Vereinfachtes Kymographion 1904 Die Abbildung wurde dem Katalog von Robert Sommer (1904, S. 26), welcher anlässlich der Ausstellung von experimentalpsychologischen Apparaten beim ersten Kongress für experimentelle Psychologie 1904 herausgegeben wurde, entnommen.*

früheren Zimmer No. 6 verloren gegangen sei, möge ein solcher an dem im schrägen Wandschrank seines Zimmers befindlichen Gasrohre angebracht werden. Er benötige ihn „zur Berussung [sic] der Papierschleifen für Kurvenaufnahmen".

Möglicherweise verwendete Lindworsky einen Kymographen mit Endlospapier, der sogenannten Heringschen Schleife, nach Prof. E. Hering (1834–1918) – Leipzig – benannt. Der Papierstreifen wird in diesem Fall über zwei Rollen geführt, was eine bedeutend längere Aufzeichnung ermöglicht. Geschrieben wurde mittels elektromagnetisch oder pneumatisch angesteuerter Schreibköpfe, die eine entsprechende Spur auf dem Datenträger hinterließen (Wontorra & Schröger, 2005, S. 24). Auch das war sicherlich ein Grund dafür, dass Lindworsky so viel Wert auf die Installation einer Schwachstromleitung legte.

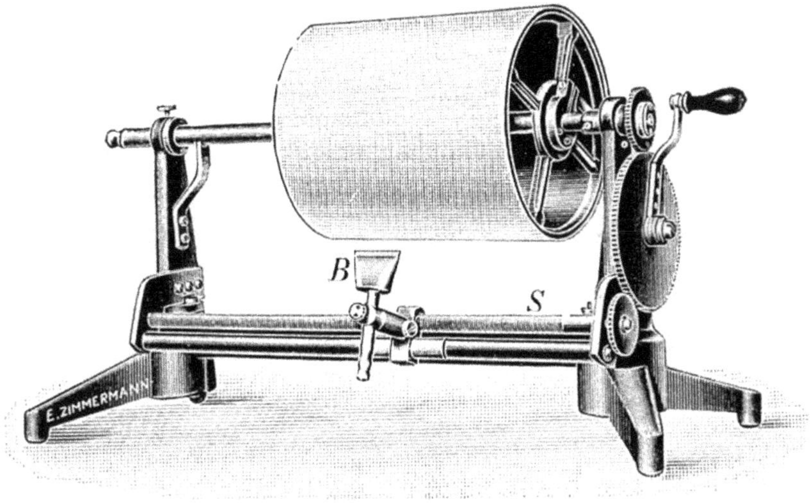

Abbildung 26: *Berußgestell Die Flamme B ist ein mit einer Gasleitung verbundenes Rohr, welches durch Schraube S unterhalb der Trommel bewegt wird. Der rußende Saum der Flamme wird dadurch an der rotierenden Trommel entlang geführt und eine sehr gleichmäßige Schicht hergestellt (Zimmermann, 1928, S. 225).*

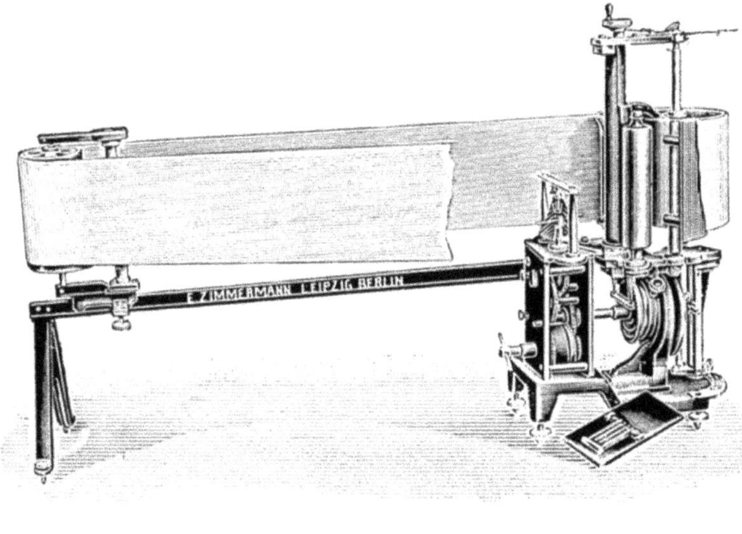

Abbildung 27: *Kymographion mit Schleife, „Heringsche Schleife" (Zimmermann, 1928, S. 191)*

Ergograph nach Dubois

Johanna Müller[365] verwandte im Rahmen ihrer Dissertation über die Einwirkung von Motiven auf körperliche und geistige Leistungen 1924 bei Lindworsky einen Ergographen nach Dubois[366] (Müller, 1924, o.P.). Ein Ergograph ist ein Instrument, mit dem man die Ermüdung von Muskeln unter dem Einfluss von Gefühlszuständen aber auch als Funktion anderer physischer und psychophysischer Einflüsse messen kann. Der abgebildete Ergograph ist ein sogenannter Gewichtsergograph. Die bekanntesten Ergographen waren die nach ihrem Erfinder Mosso genannten Mossoschen Ergographen.

Zur Funktionsweise schreibt Lobsien (1914):

> „Der Mittelfinger ist frei. Er trägt eine Hülse, an der eine Schnur befestigt ist, die über eine feste Rolle laufend, an ihrem freien Ende ein Gewicht trägt. Das Gewicht wird durch Beugen und Strecken des Fingers gesenkt. Der Versuchsleiter hat die Aufgabe, die Anzahl der Hebungen selbst zu zählen. [...] Mosso befestigte an der Schnur einen Hebel, der als Schreibvorrichtung diente. “ Mit Hilfe der langsam drehenden Trommel eines Kymographions, der an den Schreiber herangeschoben wird, ließen sich die Bewegungen selbstständig registrieren (Lobsien, 1914, S. 12). Beim Duboisschen Ergographen wurde ein Bleistift als Schreiber an der Schnur befestigt, der entsprechend die Hin- und Herbewegung auf der Unterlage registriert (Lobsien, 1914, S. 13).

Bei den Versuchen von Johanna Müller ging es um den experimentellen Nachweis der Bedeutung der Motive für den Willensprozess; u.a. wurden Versuche über „Kraftleistungen“ an dem Duboisschen Ergograph durchgeführt, z. T. mit der „Maximalinstruktion“: „Ziehe so fest du kannst und so lange, bis es nicht mehr geht“ bis hin zur Instruktion „Ihr seid jetzt alle gut geübt, jetzt will ich sehen, wer heute von euch am öftesten [sic] zieht“.[367] In der Dissertation von Müller wurde jedoch nur die Anzahl der „Hübe“ gezählt (Müller, 1924, o. P.). Die

---

365 Johanna Müller war die erste Frau, die an der Universität zu Köln in Psychologie promovierte.

366 korrekt müsste es heißen: Du Bois Reymond jr.

367 Theodor Erismann am Psychologischen Institut in Innsbruck, der 1918 die erste Veranstaltung über experimentelle Psychologie an einer universitären Einrichtung in Köln abgehalten hatte, hatte Versuche zu „maximalen Willensleistungen“ durchgeführt, u.a. neben Hungerversuchen auch ein Maximalzug an einem Federergographen. (Der Maximalzug am Ergographen war auszuhalten, dabei waren zweistellige Zahlen zu addieren, unterdessen sank der Zeiger. Darauf derselbe Versuch ohne die Addition) (Lindworsky, 1932, S. 534). Lindworsky schrieb 1932 zu diesen Versuchen: „Ich trüge als Institutsleiter Bedenken, Maximalkraftleistungen bis zum bevorstehenden ‚Zusammenbruch‘ der Vp. ohne ärztliche Kontrolle ausführen zu lassen, und zwar mit Rücksicht auf die Vpn. wie auf den guten Ruf der experimentellen Psychologie“ (Lindworsky, 1932, S. 534).

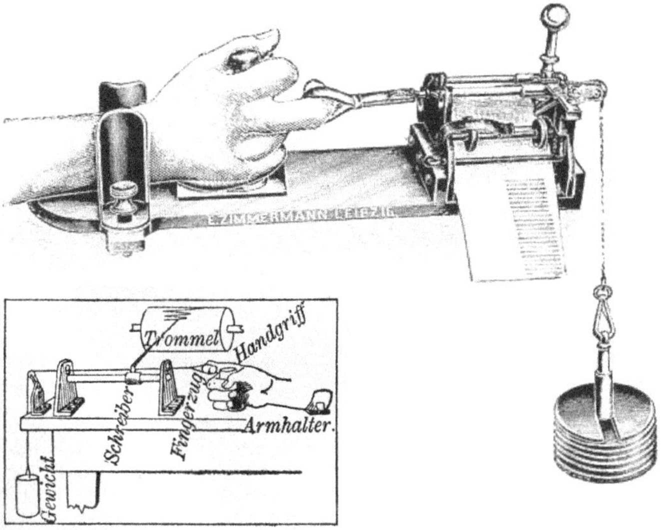

Abbildung 28: *Ergograph mit Kymographion (unten links) (Giese, 1935, S 47), Ergograph nach Dubois (oben) (Zimmermann, 1928, S. 102)*

Auswertung der Experimente erfolgte dann nach der Methode der rückschauenden Selbstbeobachtung, vorsichtig ergänzt durch Erkundungsfragen (vgl. Lindworsky, 1921b, S. 7).

Johanna Müller schrieb, dass sie für ihre Experimente den Duboisschen Ergographen benutzt habe, „da ein Dynamometer [...] nicht zur Hand war" (Müller, 1924, o. P.). Daraus könnte sich schließen lassen, dass in der Regel ein Dynamometer [‚Kraftmesser' nach Giese,[368] 1935, S. 40] im Psychologischen Institut zur Verfügung stand.

Bei einem Dynamometer handelt es sich um eine Vorrichtung kräftiger Federn, die durch einen Griff zusammengepresst werden müssen. Hierbei wird ein Zeiger über eine Skala mitbewegt, der die erzielte Druckkraft in Kilogramm angibt (Giese, 1935, S. 40).

368 Fritz Giese (1890–1935) promovierte 1914 in Leipzig bei Wilhelm Wundt. Nach Beendigung des Militärdienstes war er zunächst 1918 bei Walter Poppelreuter an der Nervenstation für Kopfschüsse in Köln tätig. 1921 erschien in erster Auflage sein „Psychologisches Wörterbuch", welches ab 1950 von seinem Schüler Friedrich Dorsch neu bearbeitet herausgegeben wurde (Morgenroth, 2015, S. 135–136).

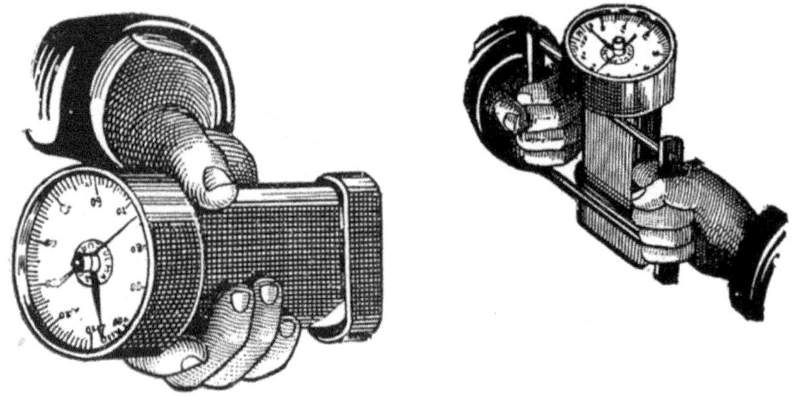

Abbildung 29: *Dynamometer nach Ulmann (links: für Druck; rechts: für Druck und Zug) (Zimmermann, 1923, S. 24)*

Nach Lobsien (in seiner Darstellung der „Ermüdungsforschung" auf der Basis experimenteller Arbeiten) war das Dynamometer für genauere Messungen ungeeignet, u.a. sei man nur imstande, eine einmalige maximale Muskelleistung auf der Scala abzulesen, aber man könne nicht die Muskelarbeit fortlaufend verfolgen. In späteren Ausführungen kam dieser Nachteil zum Wegfall. Mit einem Ergographen wäre man in der Lage, fortlaufend zu messen (Lobsien, 1914, S. 11). In seiner Habilitationsschrift „Der Wille" spricht deshalb Lindworsky von einem Dynamoskop nach Kornilow, „ein neuer der objektiven Beobachtung dienender Apparat", der im Wesentlichen aus einem Manometer bestand, der außer der Reaktionszeit auch die Reaktionsstärke zu messen in der Lage war (Lindworsky, 1921b, S. 3).

Lipmannscher Gedächtnisapparat

Der Instrumentalpsychologe interessierte sich schon sehr früh für verbales Lernen und die Gedächtnisprozesse sowie deren zeitliche Verhältnisse. So kam es, dass Gedächtnis- oder Lerntrommeln in großer Zahl entwickelt wurden, um eine verlässliche Präsentation längerer Reizfolgen – etwa Silbenfolgen oder Wörterreihen – und eine Überprüfung des Lernerfolges und der entsprechenden zeitlichen Gegebenheiten zu ermöglichen (Gundlach, 2003, S. 56).

Auch im Psychologischen Institut in Köln kamen Gedächtnisapparate zur Anwendung. Große Teile der Ergebnisse, die Carl Rohé im Rahmen seiner Dissertation bei Lindworsky über „Komplexbildung beim Lernen" erzielte,[369] beruhten

369 Rohé, Carl (1924). Experimentelle Untersuchungen über Komplexbildung beim Lernen (Kölner Dissertation). Rohé ging im Rahmen der Gedächtnispsychologie der

auf Experimenten, die mit dem „Lipmannschen Gedächtnisapparat" durchgeführt worden waren. Im Folgenden deshalb etwas ausführlicher die Beschreibung dieses psychologischen Instrumentes.

Es gibt verschiedene Modelle des Lipmannschen Gedächtnisapparates.[370] Um das Prinzip dieser Apparatur zu verstehen, wird auf das erste Modell von Lipmann[371] aus dem Jahre 1904 zurückgegriffen (Lipmann, 1904, S. 195–233).

Beim Lipmannschen Gedächtnisapparat werden die „Lernreihen" auf Papierstreifen geschrieben, um sie dann auf eine Trommel (Nr. 1) zu spannen (verschieden lange Lernreihen machten unterschiedlich große Trommeln erforderlich). Die Trommel wird dann in Rotation versetzt und für die Versuchsperson werden die Elemente durch eine Blende mit Sehschlitz sichtbar. Die Rotation der Trommel erfolgt ruckweise. Lipmann erklärt die Funktionsweise folgendermaßen:

> „Jede Silbe wurde also schnell von oben her sichtbar, stand dann eine Zeitlang hinter dem Diaphragma[372] vor dem Auge der Versuchsperson still und verschwand dann wieder nach unten, während zugleich die nächste erschien. Die ruckweise Rotation wurde dadurch erreicht, dass die Walze immer nur dann und so lange in Bewegung war, als in das mit ihr verbundene Zahnrad ein Stift eines durch ein Uhrwerk getriebenen, kontinuierlich rotierenden Rädchens eingriff" (Lipmann, 1904, S. 203).

Frage nach, ob es Begabungsunterschiede gebe bei der Fähigkeit, Lernkomplexe zu bilden. Franziska Ewald, Doktorandin bei Lindworsky, versteht unter einem Komplex jeden Zusammenschluss von Eindrücken zu einem einheitlichen Ganzen, wodurch sie als Ganzes eingeprägt und als ein Ganzes reproduziert werden. Ein solcher Komplexcharakter ist überall dort anzutreffen, wo eine Mehrheit von Einzelheiten (sinnvoller und sinnloser Art) zu einer Einheit vereinigt wird (Ewald, 1929, S. 2).

370 Falls Rohé im Rahmen seiner Dissertation auf ein neueres Modell von Lipmann zurückgegriffen haben sollte, handelt es sich wahrscheinlich um ein Modell aus dem Jahre 1921, dessen Abbildung und Beschreibung im Katalog der Firma Spindler & Hoyer wiederzufinden ist (Institut für Wissenschaftsgeschichte in Berlin, http://vlp.mpiwg-berlin.mpg.de/references?id=lit23709).

371 Otto Lipmann (1880–1933) promovierte 1904 bei Hermann Ebbinghaus. Er arbeitete insbesondere im Bereich der angewandten Psychologie. Im Rahmen seines „Institut[es] für angewandte Psychologie und psychologische Sammelforschung" in Leipzig beschäftigte er sich mit Anwendungsfragen der Pädagogischen Psychologie („Psychologie und Schule") und der Arbeitspsychologie. 1933 wurde sein Institut von SA-Leuten verwüstet, da er jüdischer Abstammung war. Im Oktober 1933 verstarb er plötzlich (Ebisch, 2015, S. 282).

372 Hier gemeint: die Blende mit Sehschlitz.

Abbildung 30: *Gedächtnisapparat nach O. Lipmann. Die Blende mit Sehspalt ist hier abgeschraubt. (Lipmann, 1904)*

Die folgende Abbildung 31 zeigt einen Lipmannschen Gedächtnisapparat aus der Sammlung des Adolf-Würth-Zentrums, Universität Würzburg, mit aufgeschraubter Blende.

1924 promovierte Jakob Sassenfeld bei Lindworsky. Auch Sassenfeld arbeitete mit dem Lipmannschen Gedächtnisapparat.[373] Er gibt allerdings zum Gebrauch in seiner Dissertation noch eine zusätzliche Information:

> „Durch ein[en] in Augenhöhe befindlicher [sic] Sehspalt eines Pappschirms zeigten sich die Figuren nacheinander, jede mit einer Expositionszeit von 1,5 Sekunden. Die Vorzeigung erfolgte in der Weise, dass mit dem Erscheinen der Figur oder eines leeren Feldes zugleich eine hinter dem Sehspalt angebrachte Glühlampe von 0,75 Ampère aufleuchtete und das Exponierte erhellte, dann aber verlöschte und den Spalt in

373 Sassenfeld berichtete, dass die Versuche zu seiner Arbeit im SS 1922 und WS 1922/23 im Psychologischen Institut der Universität Köln durchgeführt worden sind (Sassenfeld, 1924, S. III).

Abbildung 31: *Gedächtnisapparat nach O. Lipmann mit aufgeschraubter Blende. (Adolf-Würth-Zentrum Universität Würzburg)*

Dunkel setzte sobald der Apparat aufs Neue anzog um die nächste Figur aufsteigen zu lassen. Diese Einrichtung bezweckte das allmähliche Sichtbarwerden der Figur während des Verlaufes der Drehung zu vermeiden.“ (Sassenfeld, 1924 S. II)

Minnemannscher Kartenwechsler

Zur Frage der „automatischen Reproduktion“ hatte Lindworskys Schüler Franz Scola (1930) Versuchsreihen im Sommer 1928 im Psychologischen Institut in Köln und im Wintersemester 1928/29 in Prag durchgeführt. Zu seinen Versuchspersonen zählte u. a. auch „Frl. Dr. phil. Marum“, von der noch im Zusammenhang mit einer Assistenz am Psychologischen Institut die Rede sein wird. Als psychologisches Instrument verwandte Scola den „Minnemannschen Kartenwechsler“.[374] Scola setzte den Minnemannschen Kartenwechsler in Kombination mit einem Metronom ein. Das Zählen der Schläge des Metronoms wurde als Deckaufgabe

374 Lindworsky erwähnt in seiner Habilitationsschrift „Der Wille“ noch den Kartenwechsler nach Ach (Lindworsky, 1921, S. 30). In mehreren Katalogen der Firma E. Zimmermann ist der Achsche Kartenwechsler abgebildet und erläutert (http://vlp.mpiwg-berlin.mpg.de/library/tradecatalogues.html).

dargeboten[375], während das Betrachten der Figuren über den Kartenwechsler nach Meinung der Versuchspersonen als Störreiz galt. Die Vpn. erhielten folgende (verkürzte) Instruktion:

> „Nach einem vorhergehenden Zeichen werde ich das Metronom in Gang setzen, und Sie haben die Aufgabe, die Schläge zu zählen. Bei einem bestimmten Schlag werde ich den Kartenwechsler öffnen, worauf Sie die auf der erscheinenden Karte befindliche Figur so lange betrachten wollen, wie der Schirm geöffnet ist. (...)"

In der Katalogbeschreibung aus dem Jahre 1928 heißt es:

> „Die [Reiz-]Karten können in großer Anzahl dargeboten werden. Ihr Vorschub erfolgt nicht durch eine Feder von wechselnder Spannung, sondern durch ein Gewicht, dessen Aufhängungsfaden beiderseits über Rollen geleitet und an einem Bügel festgeknüpft ist. Den Wechsel der Karten bewirkt ein Druck auf den Auslöser, der auf einen Schalthebel wirkt, welcher sowohl beliebig lange das Feld verdeckt, als auch die Wortbilder in beliebig schneller Folge erscheinen läßt. Die Bewegung des Schalthebels wird gleichzeitig benutzt zur Schließung eines Stromkreises, wodurch die Expositionszeit gemessen werden kann." (Zimmermann, 1928, S. 62)

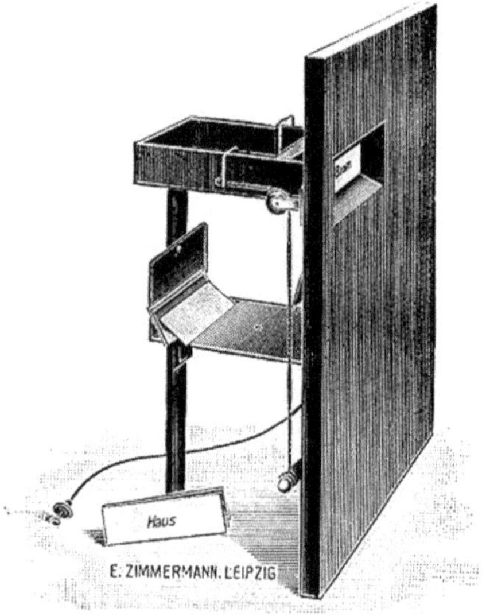

Abbildung 32: *Kartenwechsler nach Minnemann (Zimmermann, 1928, S. 62)*

375 Bei der „Deckungsmethode" werden „eine Reihe gleicher, ähnlicher oder ungleicher Objekte dargeboten. Die Vp. soll alle zusammengehörigen ordnen. Die Anwendung erfolgt bei Kindern, Mindersinnigen, um Aufmerksamkeit zu prüfen" (Giese, 1935, S. 33).

Tachistoskop

Zur Standardausrüstung eines psychologischen Laboratoriums in den zwanziger Jahren zählte ein Tachistoskop. Giese gibt die folgende Erklärung:

> „[gr. táchistos *schnellste,* skopeín *blicken*] Schnellseher. Vorrichtung um – etwa zwecks Prüfung der Aufmerksamkeit, des Bewußtseinsumfangs, intellektueller Vorgänge, des Lesens – ein Objekt dem beobachtenden Auge kurzzeitig darzubieten. Die Darbietungen können bis zu winzigen Bruchteilen von Sekunden dauern." (Giese, 1935, S. 167)

Es gibt verschiedene Bauarten von Tachistoskopen, z.B. als Fall- (Wundt), Pendel- oder Rotationstachistoskop (Wirth, Michotte) (Giese, 1935, S. 167). In der heutigen Zeit werden fast nur noch elektronische Tachistoskope verwendet.

Auch am Psychologischen Institut in Köln kam ein Tachistoskop zum Einsatz. Molitor berichtete davon, dass bei seinen Versuchen im Rahmen seiner Dissertation bei Lindworsky das Schultachistoskop nach Netschajeff zur Darbietung von Figuren und Farben zum Einsatz kam.[376]

> „Die Darbietung des Objektes auf der Rückseite des Tachistoskops vor dem kleinen und rechteckigen Fenster D bewirkt die Bewegung der beiden stellbaren Flügel, welche durch Schraube V bis zu 650 maximaler Öffnung verstellt werden konnte. In der Anfangsstellung steht der Flügel N vor dem Spalt und zwischen dem in der Abbildung aus Anschaulich keitsgründen zur Seite gelegten Objekt O. Hier wird der obere Flügel durch den Haken H festgehalten. Das Fenster ist durch den unteren Flügel verschlossen. Wird der Haken zurückgezogen, so schnellt der Flügel durch die Wirkung des Gewichtes G abwärts. Das Objekt wird frei bis der zweite Flügel F in die Lage des ersten gekommen ist und das Objekt deckt. Die Zeit der Darbietung ist zwischen 0 und 150 Sigma[377] variabel" (Zimmermann, 1912, S. 39; Paulitsch, 2005, S. 74/75).

Molitor verwandte das Tachistoskop nach Netschajeff mit einer Expositionsdauer von 80–100 Sigma zum Thema Merkfähigkeit:

> „Die Figur wurde im Tachistoskop dargeboten und die Vp. musste sie auf einem ihr vorliegenden Blatt wiederfinden, wo sie unter 8 Figuren aufgezeichnet war; oder 10 verschiedene Farben wurden im Tachistoskop gezeigt und die Vp. musste sie sofort unter 25 vor ihr liegenden Farben wiederentdecken" (Molitor, 1926, S. 8).[378]

---

376 Auch Luise Esser verwendete zur Untersuchung der Merkfähigkeit für Farben und Formen im Rahmen ihrer Dissertation bei Lindworsky das Tachistoskop von Netschajeff (Esser, 1929, u.a. S. 27–29).

377 Tausendstel Sekunde.

378 Auch heute noch werden tachistoskopische Tests angewandt. Da bekannt ist, dass optische Wahrnehmungen nicht augenblicklich, sondern prozessual entstehen und dabei der Wahrnehmungsprozess so schnell vonstatten geht, dass er nicht bewusst erlebt wird, kann man wirksam auf tachistoskopische Verfahren zurückgreifen. In der ersten Phase des Wahrnehmungsvorgangs werden nur die tieferen Schichten angesprochen

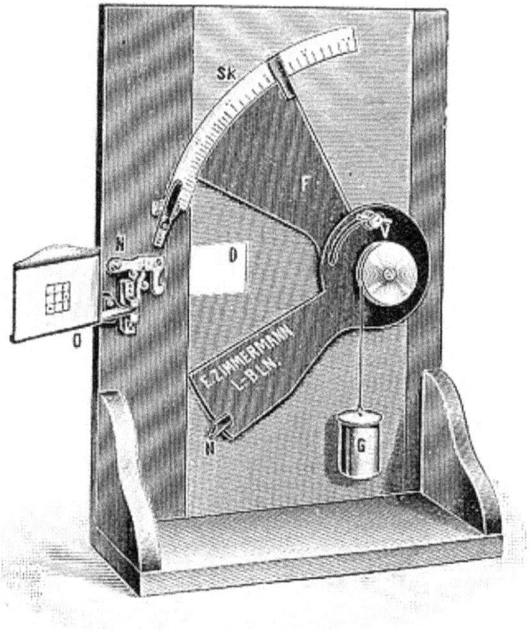

Abbildung 33: *Tachistoskop nach Netschajeff (Zimmermann, 1923, S. 13)*

Im Rahmen seiner Dissertation bei Lindworsky benutzte Heinz Vogelsang bei seinen Experimenten bezüglich simultan gebotener Objekte ein Darstellungstachistoskop der Firma E. Zimmermann Leipzig. Entscheidend für die Wahl dieses Tachistoskops waren für Vogelsang der große Durchmesser und der einfache Bau (Vogelsang, 1929, S. 2).

(unbewusste, gefühlsmäßige Reaktionen) und erst in einer späteren Phase die höheren und bewussten Schichten (rationales, bewusstes Erkennen). (Salcher, 1995, S. 114) Auf der Homepage der Fernuniversität Hagen befindet sich eine Abbildung und eine Beschreibung eines Falltachistoskops, dass Prof. Rudolf Seyffert (Wirtschafts- und Sozialwissenschaftliche Fakultät der Universität zu Köln) von 1924 bis 1963 für werbepsychologische Untersuchungen verwendet hat (http://www.fernuni-hagen.de/psychologie/psychologisches_institut/research/archivepsy/psychologische-apparate/).

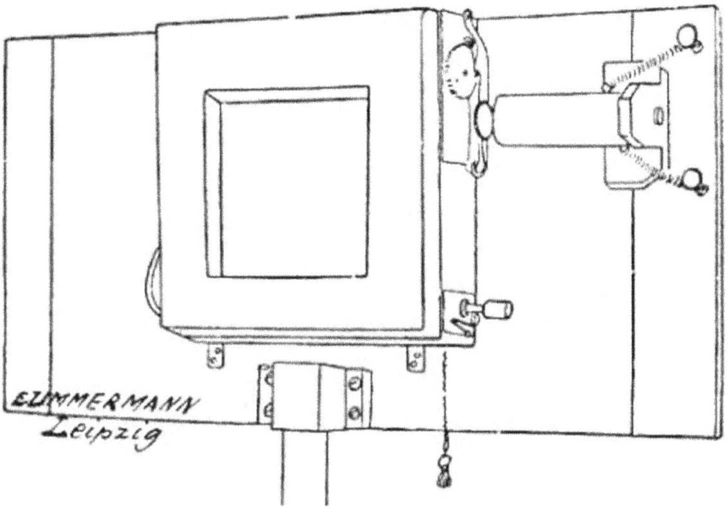

Abbildung 34: *Demonstrationstachistoskop mit Jalousieverschluss (Zimmermann, 1928, S. 53)*

In der Katalogbeschreibung der Firma Zimmermann heißt es unter dem Stichwort „Jalousieverschluß zur Darbietung optischer Reize nach Gregor":

> „Der bekannte photographische Verschluß ist mit einer elektromagnetischen Auslösung versehen, welche den Fallschirm auslöst und den Reiz für eine bestimmte Zeit freigibt. Die Expositionszeit ist durch eine Feder veränderlich. Nebenbei kann die Auslösung mechanisch durch Zug bewirkt werden. Die Objekte werden seitwärts eingeschoben" (Zimmermann, 1928, S. 51).

Wie Vogelsang (1929, S. 2) schreibt, wird die Funktionsweise des von ihm verwendeten Tachistoskops anhand der nebenstehenden Skizze eines Demonstrationstachistoskops deutlich. Die Skizze wurde entsprechend den Angaben Vogelsangs dem Lehrbuch von Titchener entnommen:

> „Ein an starken Springrollen montierter schwarzer Verhäng ist hinter einer quadratischen Öffnung in einem schwarzen Holzschirm ausgespannt. Die obere Fig. (Vorderansicht) zeigt den Schirm und die weiße Fixationsmarke. In der unteren Fig. (Rückansicht) ist der Kartenträger zurückgeschlagen, damit die quadratische Öffnung in dem Schirme selbst sichtbar wird" (Titchener, 1910, S. 288).

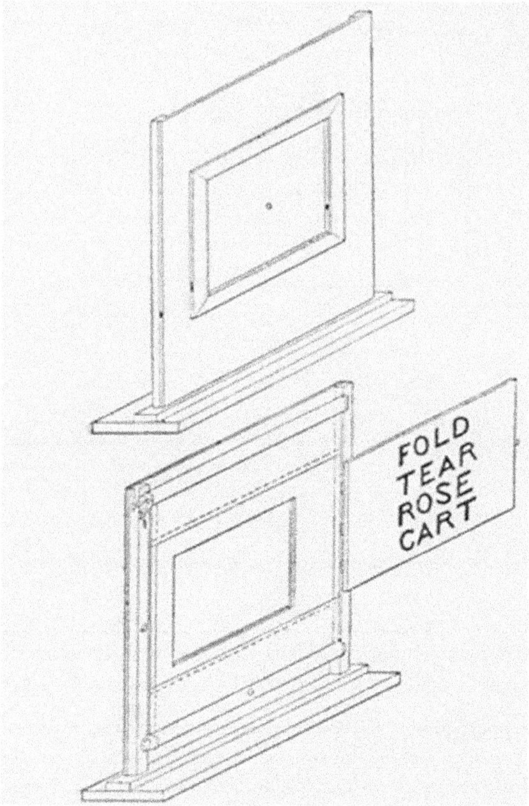

Abbildung 35: *Demonstrationstachistoskop (Titchener, 1910)*

Hippsches Chronoskop[379]

Johannes Schaefer führte im Rahmen seiner Dissertation bei Lindworsky seine Versuche im Wintersemester 1923/24 im Psychologischen Institut in Köln durch (Schaefer, 1928, S. 6). Unter den Versuchspersonen waren u.a. auch Olga Marum, Franz Scola und auch Lindworsky selbst. Schaefer führte seine Versuche nach der

379 Das Psychologische Institut der Nachbaruniversität Bonn ist im Besitze eines Hippschen Chronoskops. Das Gerät war 1998 bei einer Ausstellung gestohlen worden, konnte jedoch nach mehrjährigen Ermittlungen 2003 in einem Bonner Schließfach wieder aufgefunden werden (https://www.uni-bonn.de/die-universitaet/informationsquellen/presseinformationen/2003/356).

Tastwortmethode analog zu Versuchen von Alfred Binet[380] durch, veröffentlicht 1903 in seinem Buch „L'Etude expérimentale de l'intelligence“ (Schaefer, 1928, S. 7).

Zu seiner Versuchsanordnung schrieb Schaefer:

> „Zwei Stromkreise waren so angelegt, daß der Versuchsleiter (Vl.) zunächst durch Niederdrücken eines Tasters den ersten Stromkreis schließen konnte, so daß mit dem Aufleuchten der oberen Lampe das erste Wort lesbar wurde. Die Vp. hatte die Aufgabe, durch Loslassen eines Tasters zu reagieren, sobald sie die Bedeutung des Wortes erfaßt hatte. Durch diese Reaktion wurde der erste Stromkreis unterbrochen und gleichzeitig der zweite geschlossen, so daß jetzt das untere Wort lesbar wurde. Dieses sogenannte Tastwort war ein Substantiv, ein Adjektiv oder Verb, das aus der sachlichen Sphäre des Hauptreizwortes gewählt war, wie Möbel bei Zimmer, Helligkeit bei Farbe. Bei dem zweiten Wort sollten die Vpn. feststellen, ob und inwieweit dessen Inhalt in dem durch die Exposition des ersten Wortes hervorgerufenen Erlebnis mitgegeben war (Tastwortmethode)“ (Schaefer, 1928, S. 5).

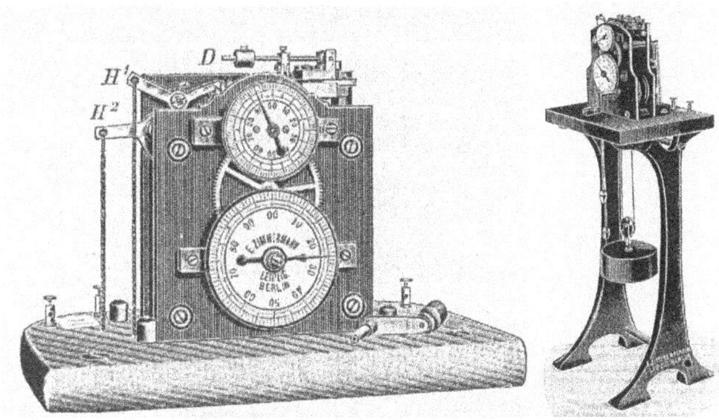

Abbildung 36 und 37: *(links) Chronoskop nach Hipp, Nahansicht. Komplettansicht (Zimmermann, 1928, S. 110, (rechts) Chronoskop nach Hipp, Komplettansicht Zimmermann, 1928, S. 110)*

Schaefer hatte (mit einem besonderen Schwachstromkreis) ein *Hippsches Chronoskop* in die Versuchsanordnung eingebaut, um die Expositionszeit des ersten Wortes zu messen. Die Zeiger des Uhrwerkes wurden in Bewegung versetzt, sobald der Vl. die erste Lampe einschaltete und sie standen still, wenn die Vp. durch Loslassen des

380 Der französische Psychologe Alfred Binet (1857–1911) ist heute noch durch den von ihm gemeinsam mit seinem Kollegen Théodore Simon (1872–1961) entwickelten Intelligenztest bekannt (Binet-Simon-Test).

Tasters den Kontakt im ersten Stromkreis und im Schwachstromkreis gleichzeitig löste.[381]

Der schwäbische Uhrmacher Matthäus Hipp (1815–1893) konstruierte ein Chronoskop, eine elektromagnetische Stoppuhr, die besonders zur Erfassung kurzer Reaktionszeiten geeignet war. Die Apparatur war eine von einem schweren Gewicht getriebene elektromagnetisch angesteuerte Stoppuhr mit einer Präzision von 1/1000 Sekunde, also einer Millisekunde, die durch Stromschluss bzw. Stromöffnung über die rückseitigen Elektromagneten angestoßen bzw. angehalten werden konnte (Wontorra & Schröger, 2005, S. 22). Auf dem oberen Ziffernblatt konnten 1/1000 s und auf dem unteren Zifferblatt 1/10 s abgelesen werden.

Fünftelsekundenuhr

Es kamen aber im Institut auch bescheidenere Mittel zur Reaktionsmessung zum Einsatz. Weiß setzte bei den Versuchen zu ihrer Dissertation eine „Fünftel-Sekundenuhr" ein (Weiß, 1924, S. 4).[382] Die allgemeine Aufgabe der Versuchspersonen (damals wie heute übrigens überwiegend Studierende) bestand darin, „zu Sinnendingen oder zu

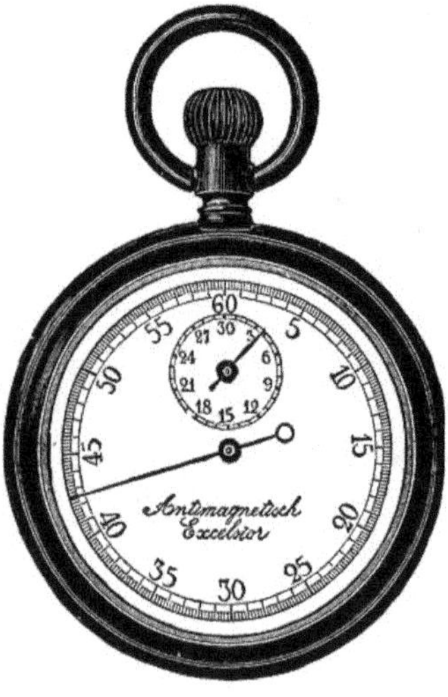

Abbildung 38: *Fünftelsekundenuhr .(Sommer, 1904, S. 48)*

381 Das Hippsche Chronoskop wurde durch ein *Külpesches Kontaktpendel* in kurzen Abständen auf seine Regelmäßigkeit geprüft (Schaefer, 1928,S. 6).

382 Auch Scola verwendete bei seinen Versuchen im Psychologischen Institut in Köln die Fünftelsekundenuhr (Scola, 1930, S. 26).

einer Eigenschaft, Tätigkeit oder Zustand, also zu abstrakten ‚Dingen', deren Namen optisch oder akustisch dargeboten wurde, Vergleiche zu ziehen (Weiss, 1924, S. 3). Als Instrumente kam neben einem Gedächtnisapparat auch die Fünftel-Sekundenuhr zum Einsatz, mit der die Reaktionszeit der Versuchspersonen gemessen wurde. Auch Lindworsky erwähnt die Fünftelsekundenuhr, deren Zeitmessung sich „zweckdienlich überall" durchführen ließe (Lindworsky, 1921b. S. 9). Die folgende Abbildung einer „Fünftel-Sekundenuhr" stammt aus dem von Sommer herausgegebenen Katalog anlässlich des ersten Kongresses für experimentelle Psychologie 1904.

Im Katalog wird die „Stoppuhr" unter dem Begriff „Chronoskop" geführt. Der große Zeiger gibt die Sekunden und ⅕Sekunden an.

Reisetonometer nach v. Hornbostel

Seifert führte im Rahmen seiner Dissertation bei Lindworsky zur Methodik des Vomblattsingens[383] u.a. mit dem Hornbostelschen Reisetonometer Versuche durch, bei denen das Intervall verkleinert bzw. vergrößert wurde und der Vp. die Aufgabe zufiel, über die bemerkten Veränderungen kurz auszusagen (Seifert, 1929, S. 17 u. S. 97).[384]

Um die Funktionsweise des Hornbostelschen Reisetonometers zu verstehen, bedarf es zunächst einer Erklärung des Tonvariators nach William Stern, welches die Basis für die Hornbostelsche Apparatur war.

Wie schon Helmoltz festgestellt hatte, erzeugt man einen beinahe obertonfreien Klang, wenn man gegen die obere Öffnung einer Flasche von einem Gebläse her einen gleichmäßigen Luftstrom sendet. „Die in der Flasche enthaltene Luft wird bekanntlich in Schwingungen versetzt und bewirkt einen Ton" (Stern, 1902, S. 424). Wird die Luftsäule in der Flasche verkleinert, so werden die Wellen kürzer, der Ton höher und umgekehrt. Es bedurfte folglich einer Vorrichtung, um die Länge der Luftsäule variabel zu halten. Stern erreichte dies, indem er die Flasche aus einem Messingzylinder herstellte und durch einen beweglichen Boden (Kolben) aus festem Material ergänzte. Der Kolbenboden konnte durch Kurbelung langsam nach oben oder unten bewegt werden. Die größte technische Schwierigkeit war nach Stern die „Steigkurve", um eine gleichförmig fortschreitende Tonveränderung zu erreichen (ebd.). „An dem Instrument ist in jedem Augenblick abzulesen, bei welcher Schwingungszahl man sich befindet; hierbei sind kleinste Tondifferenzen, Einzelschwingungen und evtl. auch Bruchteile von Schwingungen ohne Schwierigkeit einzustellen und zu kontrollieren" (Sommer, 1904, S. 22).[385]

---

383 Titel der Dissertation: „Experimentell – psychologische Untersuchungen über die Reproduktion von Intervallen" (Seifert, 1929).

384 Die Experimente wurden von Seifert im Wintersemester 1927/28 im Kölner Psychologischen Institut durchgeführt. Zu den Versuchspersonen zählten neben Lindworsky selbst auch Olga Marum und Franz Scola (Seifert, 1929, S. 25).

385 Eine 3 D-Animation des Tonvariators nach William Stern, produziert von der Firma Kohl in Chemnitz, findet sich online: http://www.awz.uni-wuerzburg.de/archiv/apparate_instrumente/tonvariator_nach_stern/3d_tonvariator/

Nach Hornbostel[386] war dieses Gerät leider nicht handlich genug, um es mit auf Reisen zu nehmen, um an Ort und Stelle die Töne der Instrumente zu messen (Hornbostel & Abraham, 1904, S. 193). Es bedurfte folglich eines handlicheren Tonmessers.

Das nach seinen Ideen konstruierte Tonometer besteht aus einem Windkästchen W und drei kontinuierlichen Stimmpfeifen A, B und C. Es können nach Belieben eine, zwei oder drei Stimmpfeifen gleichzeitig verwendet werden. Die eigentliche Tonhöhe wird an einer Skala abgelesen. An einer der drei Stimmpfeifen sind eine Verlängerung des Zeigers Z und eine feine Gradeinteilung angebracht. Diese Pfeife dient als Tonmesser. „Durch seine kompendiöse Form und sein geringes Gewicht eignet sich dieser Apparat vor allem zu wissenschaftlichen Beobachtungen auf Reisen" (Katalog Zimmermann, 1912, S. 111). Bei

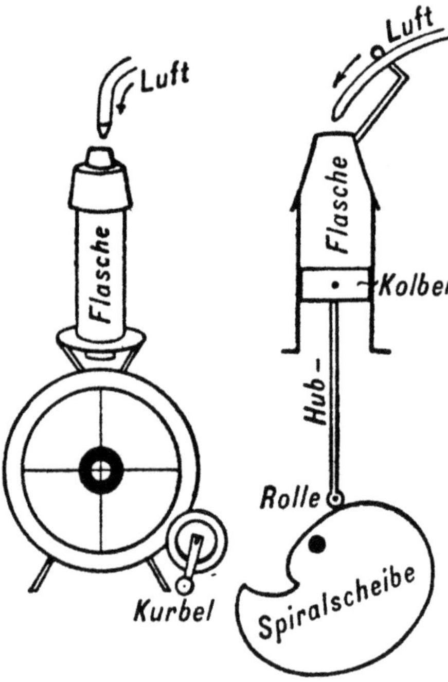

Abbildung 39: *Tonvariator nach W. Stern. (Giese, 1935, S. 175)*

386 Erich Moritz von Hornbostel (1877–1935) war ein österreichischer Musikethnologe. Er war von 1905 bis 1906 Assistent am Psychologischen Institut bei Carl Stumpf in Berlin und forschte im Bereich der Tonpsychologie. (Österreichisches Biographisches Lexikon und biographische Dokumentation, S. 423; http://www.biographien.ac.at/oebl/oebl_H/Hornbostel_Erich_1877_1935.xml).

Abbildung 40: *Reisetonometer nach Hornbostel (Zimmermann, 1912, S. 111)*

gleichzeitiger Benutzung von mehreren Pfeifen lassen sich alle möglichen Zwei- und Dreiklänge herstellen.

Perimeter

Das Perimeter ist eine Vorrichtung zur Messung des Gesichtsfeldes (im Gegensatz zum Blickfeld). Meisenheimer verwendete für seine Untersuchungen zu seiner Dissertation bei Lindworsky ein Perimeter (Meisenheimer, 1929, S. 4ff). Auch Molitor sprach davon, dass er im Rahmen seiner Dissertationsschrift bei Lindworsky Perimeterversuche mit den vier Hauptfarben bei einer Vp. durchgeführt habe (Molitor, 1926, S. 7). Er erwähnt jedoch nicht das Fabrikationsmodell, auf das er zurückgegriffen hat. Im Folgenden soll deshalb an zwei Abbildungen exemplarisch die Funktionsweise eines Perimeters erläutert werden.

Lindworsky beschreibt die Funktionsweise des Perimeters folgendermaßen:

> „Das Auge ist nicht allein auf die Leistungsfähigkeit der Netzhautmitte angewiesen. [...] Man stelle einen halbkreisförmigen Reif so vor das Auge, daß dieses sich im Kreiszentrum befindet und die Mitte des in der horizontalen Ebene aufgestellten Ringes fixiert. Nähert man jetzt einen kleinen Gegenstand ruckweise vom äußeren Ende den Ring entlang der Mitte, so findet man den Punkt, wo der Gegenstand erstmals gesehen wird. Drückt man die Entfernung dieses Punktes von der Reifmitte in Bogengraden aus, so hat man die seitliche Ausdehnung des Gesichtsfeldes nach innen bzw. nach

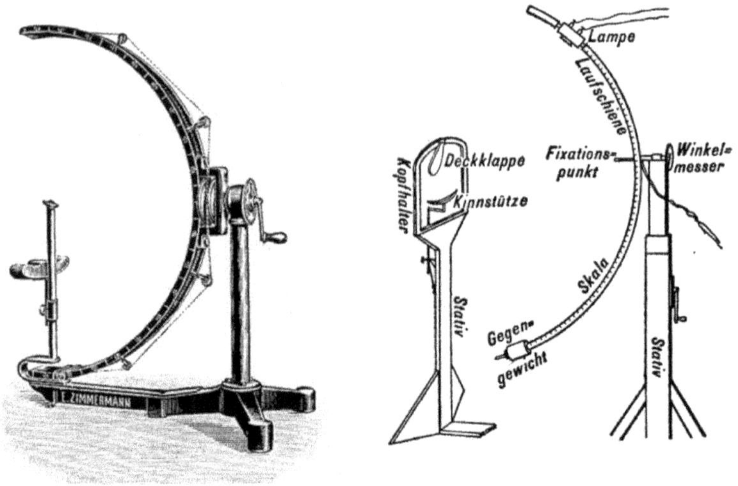

Abbildung 41: *(links) Perimeter nach Förster (Zimmermann, 1928, S. 33), (rechts) Perimeter-Skizze von Giese (1935, S. 128)*

> außen gemessen. Dreht man alsdann den Reif um 90⁰, so daß er in der Vertikalebene liegt, so kann man die obere und untere Grenze ermitteln. Ein nach diesem Prinzip gebautes Instrument nenne man Perimeter“ (Lindworsky, 1921, S. 32).

Das Perimeter dient der Untersuchung des „indirekten Sehens“[387] der Farben und Helligkeitswahrnehmung (Giese, 1935, S. 128). Die Vp. beobachtet einen Fixationspunkt, der sich in der Mitte des Halbkreisbogens befindet (Der Bogen ist um diese Mitte drehbar.). Abb. 41 (links) zeigt ein Perimeter aus dem Katalog der Firma E. Zimmermann aus dem Jahre 1928. Die Farbkärtchen werden in einem Schieber befestigt, der sich mittels der zentralen Kurbel auf dem Perimeterbogen hin- und herschieben lässt.

6.2.4 „Alltagsprobleme“ im Institut

Institutsleitung bedeutete, dass Lindworsky sich sowohl um die großen als auch die kleineren Probleme des Instituts kümmern musste. In einem Schreiben vom 16.02.1924 an Geheimrat Eckert sprach Lindworsky von Lärmbelästigung in seinem Institut und machte Vorschläge zur Abhilfe:

---

387 Es geht folglich um das Wahrnehmen von Objekten auf der Peripherie der Netzhaut und nicht um die Wahrnehmung von Objekten im Bereich der Fovea.

Von den durch die aus- und eingehenden „Mitglieder der 3 Institute"[388] verursachten Geräuschen fühlte er sich beeinträchtigt. Er bat deshalb darum, vor dem Zimmer Nr. 23 im Psychologischen Institut noch eine schalldichte Türe anzubringen. Die vor dem Zimmer Nr. 23 unvermeidlichen Gespräche würden die im Zimmer stattfindenden Untersuchungen erheblich stören. Allem Anschein nach hatte jedoch diese Baumaßnahme nicht den gewünschten Erfolg, denn am 17.12.1924 (UAK Zug. 9/273, o. P.) stellte Lindworsky einen Antrag auf Zimmerverlegung im Psychologischen Institut. Er schrieb, dass trotz der angebrachten Doppeltür der Raum Nr. 23 großen Störungen ausgesetzt sei. Durch Installation einer schalldichten Fachwand im Philosophischen Seminar und Verlegung der Eingangstür zum Philosophischen Seminar könnte ein neues Versuchszimmer für das Psychologische Institut entstehen. Alle vier Räume des Psychologischen Instituts lägen dann beieinander. Die Räume würden dann „ein Ganzes" bilden. Um unvermeidlichen Lärm zu mindern, würde es sich noch empfehlen, die Räume des Psychologischen Institutes durch eine Gangtür mit Oberlicht abzuschließen. Prof. A. Schneider, der Direktor des Philosophischen Instituts sei mit dieser Änderung einverstanden. Am 11.02.1925 bewilligte das Kuratorium aus dem Titel „Unvorhergesehenes" 1.300 M für die baulichen Veränderungen „im Psychologischen Institut" (UAK Zug. 9/273, o. P.).

Erst In einem Schreiben vom 20.04.1926 (UAK Zug. 9/273, o. P.) an das Kuratorium bat Lindworsky um die Anbringung eines Schildes „Psychologisches Institut". Weiterhin beantragte er die Anbringung eines größeren Briefkastens an der neuen Institutstür. Es seien mehrfach Bücher- und Briefsendungen nicht oder zu spät an ihn gelangt, weil sie in Ermangelung eines Briefkastens anderswo abgegeben worden seien.

Ausgestattet mit der finanziellen Unterstützung der „Psychologischen Gesellschaft" zwecks Anschaffung von psychologischen Instrumenten, zeichneten sich die Anschaffungswünsche seitens des Institutes gegenüber dem Kuratorium eher durch eine gewisse Bescheidenheit aus:

Am 09.05.1921 (UAK Zug. 9/273, o. P.) schrieb er an den geschäftsführenden Kuratoriumsvorsitzenden Eckert, dass im „Psychologischen Institut" drei hohe Büchergestelle und ein langer Seminartisch entbehrlich seien. Dagegen seien dringend erwünscht: „1 Klapptafel, 4 kleine Tische von 1 qm Tischplatte, ein Schrank für die von der Psychol[ogischen] Gesellschaft überlassenen Apparate

388 Dem Fünfjahresbericht (1925) zufolge wurde 1922 ein besonderes pädagogisches Seminar errichtet (Universität Köln, 1925; S. 122). Folglich existierten spätestens ab dem Sommersemester 1923 drei aus dem Fachbereich Philosophie hervorgegangene Seminare bzw. Institute: das Philosophische Seminar (das seit der Wiedergründung der Universität existierte), das Pädagogische Seminar und das Psychologische Institut, die alle drei in den ehemaligen Räumen des Deutsch-Südamerikanischen Institutes untergekommen waren.

und ein dunkler Tuchvorhang zur Verdunklung des Kurszimmers". Außerdem wäre es vonnöten, die Hefte der drei dem Institut geschenkten Zeitschriften sowie der wertvollen Wundt-Studien bald einbinden zu lassen, um sie leichter vor Beschädigung und Entwendung bewahren zu können. Am 19.05.1921 richtete Eckert daraufhin an das Hochbauamt der Stadt Köln die Bitte, die oben genannten Einrichtungsgegenstände für das „Psychologische Institut" anzuschaffen (UAK Zug. 9/273, o. P). Am 17.05.1927 schrieb Lindworsky an den stellvertretenden Vorsitzenden des Kuratoriums, dass das Psychologische Institut „einen kleinen festen Tisch ohne Schublade mit einer Tischplatte von ungefähr 90 x 60 cm" benötige; und selbst in diesem Fall könnte es auch ein neuer Tisch oder ein Tisch „aus den Beständen der Universität" sein (UAK Zug. 9/273, o. P.).

Neben dem Einbinden der Zeitschriften zeigte sich die Unterbringung der Apparate in den entsprechend geeigneten Schränken als ein häufig auftretendes Problem im Psychologischen Institut: Mit Schreiben vom 02.12.1924 an den stellvertretenden Vorsitzenden des Kuratoriums, teilte Lindworsky Eckert mit, dass für das Psychologische Institut „ein weiterer Schrank zum Aufbewahren der empfindlichen Geräte ein dringliches Bedürfnis" geworden sei (UAK Zug. 9/273, o. P.). Er bat um die Zuweisung einer der noch vorhandenen Garderobenschränke von der Breite von vier bis fünf Einzelschränken. Aus einem Aktenvermerk auf der Rückseite des Antragsschreibens vom 23.01.1925 ist zu schließen, dass Lindworsky ein vierteiliger Garderobenschrank überlassen wurde (UAK Zug. 9/273, o. P.). Mit Schreiben vom 22.04.1926 an das Kuratorium bat Lindworsky um einen „zweckentsprechenden und würdigen Apparateschrank" (UAK Zug. 9/273, o. P.). Bislang würden die z.T. empfindlichen und teuren Apparate in verschiedenen Schränken aufbewahrt, die nur als Notbehelf gelten könnten. Einige Apparate müssten frei stehen und seien deswegen der Verstaubung ausgesetzt. Einer dieser Schränke sei aus einer Nische des früheren Institutsraumes herausgebrochen worden und habe keinen oberen Abschluss, ein anderer sei ein „der Treppe zu Hörsaal VI unterbauter Behälter", die beiden anderen seien ehemalige Garderobenschränke. „Nachdem sich das Institut mit Rücksicht auf die Notlage der Zeit solange beholfen hat, ist es nunmehr Pflicht seiner Selbstachtung eine Ergänzung seiner inneren Ausstattung zu erbitten", schrieb er. Seine Bitte ging dahin „nicht einen Notbehelf, sondern ein praktisches, gediegenes und schönes Ausstattungsstück" bewilligt zu bekommen.

Aber auch um andere Alltagsprobleme musste sich Lindworsky als Institutsleiter kümmern. Am 02.07.1926, noch während des laufenden Semesterbetriebs, wandte sich Lindworsky an Eckert, wegen einer verhältnismäßig kleinen, aber sehr dringenden Reparatur. Offenbar saß er seit zwei Wochen regelrecht im Dunkeln. Lindworsky schrieb an Eckert, dass er seit zwei Wochen „vergeblich die zuständlichen [sic] Beamten wegen der Reparatur eines Rollenzuges angegangen" sei. Er bat um Hilfe, damit der „Seminar & Übungsraum nicht dauernd verdunkelt" bliebe (UAK Zug. 9/273, o. P.).

Die „Drittmittel" erhielt Lindworsky über die „Psychologische Gesellschaft". Aber er bemühte sich auch intensiv um Zuweisung von Mitteln aus dem Universitätshaushalt:

In einem Schreiben vom 09.05.1924 an das Kuratorium beschwerte sich Lindworsky, dass der Haushaltsplan dem Philosophischen Seminar einen Betrag von 600 G.M.[389] zuerkenne, während dem Psychologischen Institut nur 200 G.M. zuerkannt würden.[390] Dies alles, obwohl die Zahl der Philosophiestudierenden nicht wesentlich größer sein dürfte als die der Psychologiestudierenden und obwohl im „Philosophischen Institut" nur zwei Zeitschriften gegenüber vier Zeitschriften im Psychologischen Institut gehalten würden (UAK Zug. 9/273, o. P.). Das Kuratorium beschloss daraufhin in seiner Sitzung vom 17.06.1924, Lindworsky den Kredit für Sachausgaben (aus dem Haushaltstitel zur Einrichtung von Seminaren und Universitätsinstituten) auf 400 Mark zu erhöhen (UAK Zug. 9/273, o. P.).[391]

In einer Aufstellung für den Universitätshaushalt der Stadt Köln über die Aufwendungen für Bibliothekszwecke in den Jahren 1924 bis 1926 ergab sich ein Gesamtbetrag von 3.800 M, von denen 1.500 M gestiftet worden waren. Im Vergleich dazu: Das Philosophische Seminar hatte einen Gesamtbetrag von 5.160 M, von denen nur 160 M gestiftet worden waren, und dem Pädagogischen Seminar wurden bei einem Gesamtbetrag von 1.700 M insgesamt 300 M gestiftet (HAK Zug. 511/2/138/1, S. 557). In dieser Aufstellung findet sich auch ein Vermerk zur Erdmannschen Bibliothek, die von Silverberg für die Universität erworben worden war. Sie wird hier aufgeführt mit einem Wert von 38.000 PM (Papiermark) bzw. 5.750 Goldmark. Als Randbemerkung war verzeichnet: „innere Kaufkraft war höher" (HAK Zug. 511/2/138/1, S.S. 559).

6.2.5 Assistenz am Psychologischen Institut (in der Zeit Lindworskys)

Es ist zu unterscheiden zwischen einer planmäßigen Stelle als wissenschaftlicher Assistent und einer im Haushalt ausgewiesenen wissenschaftlichen Assistenz.

---

389 G.M. = Goldmark; Die Goldmark, eine Währungseinheit, die auf den Gesetzen und Verordnungen von 1923/24 beruhte, bedeutete 1/2790 kg Feingold. Die Goldmark sollte bei einer Entwertung der Reichsmark für das Wirtschaftsleben einen wertbeständigen Maßstab schaffen (Der Große Herder, 1933, Bd. 5, S. 631).

390 Im offiziellen Haushaltsplan der Stadt Köln für das Haushaltsjahr 1924 wurden für das „Psychologische Institut" 200 G.M., für das „Pädagogische Seminar" 300 G.M. und für das „Philosophische Seminar" 600 G.M. in Ansatz gebracht (HAK Zug. 511/2/138/1, S. 170).

391 Unter dem Ausgabeposten „Nicht regelmäßig wiederkehrende Ausgaben" befindet sich in der Haushaltsaufstellung der Stadt Köln für das Jahr 1924 noch die Rubrik „Einrichtung von Seminaren und Universitätsinstituten" immerhin mit einem Umfang von 140.000 G.M. (HAK Zug. 511/2/138/1, S. 171).

Da letzteres keine planmäßige Stelle ist, liegt auch die Bezahlung (wie sich im Folgenden zeigt) deutlich niedriger. Trotzdem bemühten sich die einzelnen Institute immer wieder nach Möglichkeit, planmäßige Assistentenstellen zu bekommen. Wie oben bereits erwähnt, stand auch am 07.02.1921 ein „Assistent" auf der Wunschliste der Fakultät für ein „Institut für experimentelle Psychologie" (UAK Zug. 285/1, S. 27). Mitten in der Inflationszeit und etwa vier Jahre nach der Wiedergründung der Universität schrieb beispielsweise Eckert am 09.03.1923 nicht frei von Sarkasmus an Prof. Thorbecke, dem Direktor des Geographischen Institutes, der sich um eine Assistentenstelle bemüht hatte: „Wenn die Universität Bonn nach hundertjährigem Bestehen eine etatmäßige Assistentenstelle für Geographie nun endlich erhalten hat, so kann ich Ihnen in Aussicht stellen, dass Sie in sehr viel kürzerer Zeit, von der Universitätsgründung an gerechnet, einen Assistenten bekommen werden" (HAK Zug. 514/2/141/1, S. 239–240).

Während in vielen Instituten und Seminaren im Universitätshaushalt 1924 der Stadt Köln wissenschaftliche Assistenten ausgewiesen waren, war dergleichen für das Psychologische Institut nicht vorgesehen (HAK Zug. 511/2/138/1, S. 167). Auch eine „Vergütung für Assistenzen" ist im Haushalt 1924 nicht aufgeführt.[392] In einem Schreiben vom 14.10.1925 (UAK Zug. 9/273, o. P.) an das Kuratorium berichtete Lindworsky davon, dass „Fräulein Therese Thoma" ihre Tätigkeiten im Institut (Verwaltung der Bibliothek, Aufsichtsführung und Beihilfe bei den im Institut durchgeführten Untersuchungen, bei Demonstrationen im Kolloquium und bei der Abhaltung der Praktika für Anfänger) wegen eines schlimmer gewordenen Nervenleidens nicht mehr aufrechterhalten könne. Die vielfältigen Tätigkeiten seien „in den letzten fünf Jahren von Fräulein Therese Thoma völlig unentgeltlich besorgt" worden. Lindworsky bat deshalb das Kuratorium um Bewilligung einer Assistenz für das Psychologische Institut. Als Anwärter für eine solche Assistenz käme seiner Meinung nach nur Herr Dr. Franz Scola[393] in Frage. Herr Scola habe im Wintersemester als Bester der bisher 16 Promovenden das Doktorexamen bestanden. Scola habe sich für die akademische Laufbahn entschieden und so würde gleichzeitig mit der Errichtung einer solchen Stelle die Heranbildung des wissenschaftlichen Nachwuchses an der Kölner Universität gefördert (UAK Zug. 9/273, o. P.).

---

392 Im Vorlesungsverzeichnis für das Sommersemester 1924 wurde Privatdozent Dr. Georg Morgenstern (Privatdozent für Pädagogik) sowohl für das Philosophische als auch für Pädagogische Seminar als Assistent geführt. Die Stelle am Philosophischen Seminar war eine planmäßige.

393 Franz Scola (1899–1945) besuchte die Volksschule in Mönchengladbach und Köln sowie ab 1913 die Präparandenanstalt in Köln, ab 1916 das Lehrerseminar in Brühl (Wolfradt, 2015, S. 412). Ab 1920 studierte er an der Universität zu Köln u.a. Psychologie. Er promovierte 1925 bei Lindworsky mit der Arbeit „Über das Verhältnis von Vorstellungsbild, Anschauungsbild und Nachbild. Theoretische Erwägungen im Anschluß an die Marburger eidetischen Untersuchungen". 1928 folgte er seinem Lehrer Lindworsky nach Prag und habilitierte sich dort 1930 mit der Arbeit

In der Oktobersitzung 1925[394] des Kuratoriums stand auf der Tagesordnung „Bewilligung einer Assistentenstelle und einer Institutsgehilfenstelle am psychologischen Institut". Weitere Einzelheiten fehlen (HAK Zug. 511/2/138/1, S. 269). In der Antwort auf das Schreiben vom 14.10.1925 teilte das Kuratorium im Schreiben vom 23.11.1925 (UAK Zug. 9/273, o. P.) Lindworsky mit, dass es in seiner letzten Sitzung die Vergütung für eine Assistenz am Psychologischen Institut mit je 60 M monatlich bewilligt habe. Lindworsky hatte bereits in seinem Antrag die finanziellen Verhältnisse Scolas als „sehr wenig günstig" dargestellt. Scola stellte als Reaktion auf die geringe Bezahlung von 60 M pro Monat unmittelbar nach Erhalt der Nachricht am 24.11.1925 einen Antrag[395] an das Preußische Ministerium (für Wissenschaft, Kunst und Volksbildung) auf Bewilligung eines Privatdozentenstipendiums. Dieser Antrag wurde mit Schreiben vom 04.02.1926 ohne Begründung

---

„Untersuchungen zur Frage der automatischen Reproduktion" (Lindworsky, 1935, S. 93). 1939 übernimmt er als Nachfolger von Lindworsky die Leitung des Instituts für Psychologie in Prag und wird 1941 zum außerordentlichen Professor und Direktor des Psychologischen Instituts ernannt (Gundlach, 1986, S. 23). Der tschechischstämmige Psychologiehistoriker Josef Brožek (1913–2004) hatte bei Lindworsky in Prag studiert und bezeichnete Lindworsky als seinen Lehrer (Brožek, 1987, S. 44). Während des Studienjahres 1935/36 nahm er an einem von Lindworsky geleiteten Seminar teil und besuchte einen zweisemestrigen Kurs zur Laborpsychologie, der von Scola angeboten wurde (Brožek, 1991; S. 179). Brožek schreibt, dass er sehr betroffen war, als er erfuhr, dass Scola in den letzten Tagen des Zweiten Weltkrieges unter nicht näher geklärten Umständen ums Leben gekommen sei. Scolas Frau Luise (1893–1945), ebenfalls bei Lindworsky promoviert und Volksschulrektorin in Prag, kam ebenfalls bei Kriegsende um (Ühlein et al., 1994, S. 120). Scola hatte bereits 1940 ein Seminar mit dem Titel „Ein Überblick über Veröffentlichungen zur Rassenpsychologie" gehalten (Brožek, 1991, S. 179). „Unglaublich" war für Brožek, dass Scola 1943 ein Buch mit dem Titel „Rasse und Lebensform: Versuch zu einer psychologischen Begründung der rassenseelischen Eigenarten" verfasst hatte (Brožek, 1987, S. 47). Scola hatte dieses Buch in Anlehnung an das wichtigste Ideologiewerk des Dritten Reiches „Der Mythus des 20. Jahrhunderts" (erschienen 1930, d.h. vor der „Machtergreifung") des häufig als Chefideologen bezeichneten Alfred Rosenberg geschrieben. In diesem Buch gibt es ein eigenes Kapitel „Rasse und Rassenseele". Scola zeigte in seiner Schrift aber trotzdem eine gewisse Distanz zur herrschenden Ideologie, indem er betont, dass die rassenseelischen Haltungen in gewissen Grenzen veränderlich sind (Gundlach et al., 1986, S. 24). Es spricht vieles dafür, dass es sich bei Scola nicht um eine Konversion zu nationalsozialistischen Anschauungen handelte, sondern schon allein wegen der Konkurrenz zum Prager Institut für Sozial- und Völkerpsychologie von Rudolf Hippius eher um eine äußerliche opportunistische Anpassung (Gundlach et al., 1986, S. 25). Anfang 1940 hatte sich der Dekan der Philosophischen Fakultät vergeblich darum bemüht, Hippius für die Universität zu Köln zu gewinnen (UAK Zug. 17/3186, Bl. 14).

394 Das genaue Datum wurde nicht angegeben.

395 Antragsschreiben liegt leider im Wortlaut nicht vor.

abgelehnt (UAK Zug. 9/273, o. P.).[396] Scola verließ Köln und war von 1926 bis 1927 Assistent am Psychotechnischen Laboratorium der Reichswehr in Berlin bevor er Lindworsky nach Prag folgte (Wolfradt, 2015c, S. 412).

Im Universitätshaushaltsplan für das Jahr 1926 war keine Assistenz mehr für das Psychologische Institut aufgeführt worden (HAK Zug 511/1/138/1, S. 329). Im Universitätshaushalt 1927 wurde jedoch darauf hingewiesen, es werde für das „Psychologische Institut" (wie im Vorjahr 1926) eine Assistenz finanziert (HAK Zug 511/1/138/1, S. 403). Dieser Sachverhalt steht im Widerspruch zur Veröffentlichung des Haushaltes 1926. De facto wurde eine Assistenz auch im Haushaltsjahr 1926 finanziert wie auch das folgende Beispiel zeigt: Im Schreiben vom 28.05.1926 (UAK Zug. 9/273, o. P.) an das Kuratorium bat Lindworsky darum, Herrn stud. phil. Max Hillebrandt[397] M 60 anzuweisen und nicht M 100. Lindworsky begründete die Reduzierung folgendermaßen: „Herr H.[illebrand] ist nämlich noch nicht imstande mir eine solche Assistenz zu leisten, der eine Vergütung von M 100 entsprechen würde." Weiterhin bat Lindworsky, die „fehlenden M 40 jedoch dem Guthaben des Psychol. Institutes beizufügen". Eckert antwortete Lindworsky am 04.06.1926 (UAK Zug. 9/273, o. P.), dass er antragsgemäß 60,- M an die Assistenz für den Monat Mai hat auszahlen lassen und die ersparten 40,- M hätte er „dem Sachkredit des Instituts gutgebracht". Im Plan für den Universitätshaushalt 1928 wurde wieder eine Vergütung für eine Assistenz im Psychologischen „Seminar" (!) und nicht Psychologischen Institut aufgeführt (HAK Zug 511/1/138/1, S. 574). Es ist schon

---

396 Möglicherweise wurde dies auch von der Berliner Behörde abgelehnt, weil die Stadt Köln laut Vertrag von 1919 für alle Kosten, d.h. auch für die Personalkosten, aufzukommen hatte.

397 Max Hillebrand (1896–1984) arbeitete insbesondere auf dem Gebiet der pädagogischen Psychologie. Nach seiner Dienstzeit als Soldat im Ersten Weltkrieg studierte er von 1925 bis 1928 Pädagogik, Philosophie, Psychologie und Geschichte an den Universitäten Bonn und Köln. Er wurde Assistent von Lindworsky (vgl. obiges Schreiben), dem er als Doktorand an die Karls-Universität Prag folgte. 1931 legte er dort seine Promotion mit dem Titel „Untersuchungen über Vergangenheits- und Zukunftsreaktionen" vor (Lindworsky, 1935, 93). Seine empirische Doktorarbeit wurde ausgezeichnet. Hillebrand habilitierte sich 1933 in Prag bei Lindworsky mit dem Titel „Die Aktivität der Seele: Grundlagen der Arbeitspädagogik als Taterziehung". Seine wissenschaftliche Karriere erfuhr nach seiner Rückkehr zur Universität Köln durch die „Machtergreifung" der Nationalsozialisten eine Unterbrechung. Er arbeitete während des Krieges neben seiner schriftstellerischen Tätigkeit als Heerespsychologe. Nach dem Krieg erhielt er eine Professur an der Rheinischen Pädagogischen Akademie in Bonn Er war zur gleichen Zeit Professor an der Universität Bonn. Sein Buch „Psychologie des Lernens und Lehrens" (1958) war ein frühes Standardwerk der Pädagogischen Psychologie (Wolfradt, 2015, S. 181) [ausführliche Informationen auch bei Ühlein, 1986, S. 216–219].

erstaunlich, dass nach Jahren der Zementierung des Begriffs „Institut“ jetzt wieder in diesem Zusammenhang der Begriff „Seminar“ auftaucht.

Der Plan für den Universitätshaushalt 1930 verwandte erneut die Bezeichnung „Psychologisches Seminar“ im Zusammenhang mit einer dortigen Assistenz (HAK Zug 511/1/138/1, S. 737). Im Haushaltsjahr 1931 wird nochmals eine nicht bezifferte Vergütung für Assistenz am Psychologischen „Seminar“ aufgeführt (HAK 512/2/138/1, S. 908). Das Philosophische Seminar hatte weiterhin (wie im Haushaltsjahr 1929) einen wissenschaftlichen Assistenten und auch das Pädagogische Seminar erhielt zum ersten Mal im Jahr 1930 die Stelle eines wissenschaftlichen Assistenten (HAK Zug 511/1/138/1, S. 737). Es liegen keine genaueren Zahlen vor, wie hoch die Vergütung eines wissenschaftlichen Assistenten war. Dem Haushalt 1930 war zu entnehmen, dass insgesamt 17 „Assistenzen“ an der Universität gegeben waren; für diese 17 war im Haushalt ein Etat von 27.300 M vorgesehen, d.h. pro Assistenz ergäbe sich im Durchschnitt ein Jahresgehalt von 1.606 M.

7. Chronologie der Verweigerung eines Lehrstuhls

Die Stellung des Faches Psychologie innerhalb der Universität zu Köln wird insbesondere anhand der problematischen Umstände deutlich, die im Rahmen des Wechsels des Institutsleiters Johannes Lindworsky von Köln nach Prag offenkundig wurden. Deshalb im Folgenden, um nicht im ganzen Für und Wider die Übersicht zu verlieren, der Versuch einer Chronologie, wobei trotz umfangreicher Aktenlage immer noch Lücken bleiben, so dass von daher auch die Möglichkeit von Missverständnissen und Fehldeutungen nicht völlig ausgeschlossen ist. Es soll nochmals daran erinnert werden, dass nur im Jahr 1921 eine (wenigstens eingeschränkte) Absicht bestand, das dritte Philosophie-Ordinariat als ein Ordinariat für Experimentelle Psychologie einzurichten. Von diesem Plan wurde dann wieder Abstand genommen, weil man der Meinung war, dass drei Ordinariate für Philosophie (inklusive Psychologie) ausreichend seien.

November 1924: Das Kuratorium hatte in der Nachfolge von Robert Saitschick, der wegen längerer Krankheit seine Professur niederlegte, die dritte Philosophieprofessur Nicolai Hartmann, Professor in Marburg, angeboten und das entsprechende Votum am 29.11.1924 ans Ministerium geschickt[398] (HAK Zug. 514/2/141/1 S. 361). Ein Gedanke, die dritte Philosophieprofessur an einen Psychologen zu vergeben, ist nicht erkennbar. Der Vorlesungsbeginn Hartmanns begann aber erst fast ein Jahr nach Abgabe des Votums mit dem Wintersemester 1925/26 an der Universität zu Köln.

18. Mai 1925: In der Fakultätssitzung am 18.05.1925 (UAK, Zug. 285/1, S. 139) wurde beschlossen, dem Kuratorium eine Denkschrift zum Ausbau der Fakultät vorzulegen. Weiterhin hieß es in dem Protokoll: „In erster Linie soll die Umwandlung der a.o. Professur für experimentelle Psychologie in ein Ordinariat gefordert werden. Alle übrigen Wünsche für geisteswissenschaftl. Professuren kommen in die zweite Reihe." Aus dem Textzusammenhang ist zu schließen, dass die Forderung eines Ordinariates für Psychologie im Rahmen der geplanten Denkschrift erfolgen sollte. Zu diesem Zeitpunkt war die Personalentscheidung für Nicolai Hartmann als Nachfolger von Saitschick und als Inhaber der 3. Philosophieprofessur längst gefallen. Woher dieser Sinneswandel der Fakultät kam, ist nicht nachzuvollziehen. Sollte es doch noch Stimmen für die Einrichtung eines vierten Lehrstuhls in Philosophie (Experimentelle Psychologie) gegeben haben?

398 Die entsprechenden Angaben sind den Schreiben vom 19. und 20.03.1925 zu entnehmen (HAK Zug. 514/2/141/1 S. 361–363). 1931 verließ Hartmann die Universität zu Köln und wechselte nach Auskunft des preußischen Kultusministeriums zum 01.04.1931 nach Berlin (HAK Zug. 514/2/141/2, S 561).

Oktober 1925: Auf der Tagesordnung der Kuratoriumssitzungen vom Oktober 1925,[399] vom 04.11.1925 und vom 18.02.1926 stand jeweils „Antrag der Philosophischen Fakultät auf Errichtung neuer Lehrstühle" (HAK Zug. 511/2/138/1, S. 269, S. 271 und S. 317). Leider sind weitere Details den Unterlagen nicht zu entnehmen bis auf den Hinweis von Eckert für die Sitzung im Februar, dass „zunächst von den Anträgen" nur die Professur für Alte Geschichte in Betracht käme (HAK Zug. 511/2/138/1, S. 319).

Chronik 1925: Die „experimentelle Psychologie" war durch die außerordentliche Professur in der Person von Lindworsky abgedeckt. Im Fünfjahresbericht der Universität Köln (1925, S. 116) wurde eine weitere Erhöhung der Ordinarien als „unerlässlich" dargestellt; unter den aufgeführten Fächern ist aber Psychologie nicht zu finden.

3. Oktober 1927: Am 03.10.1927 schrieb der Fraktions- und Parteivorsitzende der Zentrumspartei Johannes Rings an Adenauer, dass er vom Ruf Lindworskys als ordentlicher Professor an die Universität Prag gehört habe. Er verband diese Information mit der Aussage: „Wir dürfen wohl annehmen, daß Sie [Adenauer] das Ihrige tun werden, damit Herr Prof. L[indworsky] uns nicht verloren geht." Gleichzeitig sprach Rings in diesem Schreiben aber auch die Personalpolitik an der Kölner Universität an. Weiter hieß es: „Hier bietet sich also die Gelegenheit, um eine Verbesserung in dem Professoren-Kollegium herbeizuführen, die wir in unserer letzten Besprechung als dringend notwendig bezeichneten" (HAK Zug. 514/2/141/2, S. 95). Weitergehende Erläuterungen sind dem Schreiben nicht zu entnehmen. Trotzdem lassen sich auch aus den wenigen Aussagen zuverlässige Schlüsse ziehen. Wenn Rings erwähnt, vor dem Hintergrund des Angebotes aus Prag, dass Adenauer alles tun solle, damit Lindworsky der Universität zu Köln erhalten bleibe, so kann dies nur bedeuten, dass er es für geboten hielte, Lindworsky ein gleichwertiges Angebot (d.h. ein ordentliches oder persön liches Ordinariat) zu unterbreiten. Wenn Rings gleichzeitig in der Ernennung Lindworskys zum Ordinarius eine Verbesserung für das Professoren-Kollegium sah, so ist es naheliegend, dass er die Parität bzw. die Imparität bezüglich der Konfessionszugehörigkeit im Professorenkollegium im Blick hatte.

5. Oktober 1927: Der geschäftsführende Vorsitzende Geheimrat Eckert informierte Oberbürgermeister Adenauer in diesem Schreiben (HAK Zug. 514/2/141/2, S. 97; UAK Zug. 17/3464, Bl. 58), dass bisher an Lindworsky nur eine Anfrage bezüglich eines Ordinariates an der deutschen Universität in Prag erfolgt sei. Er habe Lindworsky mitgeteilt, „dass wir entscheidenden Wert darauf legen, seine Wirksamkeit unserer Universität weiter zu erhalten." Lindworsky habe „zugleich versprochen, dass er, falls der Ruf an ihn ergeht, ihn nicht annimmt, bevor er nicht uns Gelegenheit gegeben hat, über sein Verbleiben in Köln weiter mit ihm zu verhandeln".

399 Das genaue Datum wurde nicht angegeben.

28. November 1927: Mit Schreiben vom 28.11.1927 teilte Lindworsky dem Kuratorium der Universität zu Köln offiziell mit, dass das tschechoslowakische Ministerium für Schulwesen und Volkskultur ihn in einem beschleunigten Verfahren „zum ordentlichen Professor der Psychologie an der Philosophischen Fakultät der deutschen Universität in Prag" ernennen wolle (UAK Zug. 17/3464; Bl. 56).[400] Noch am selben Tag wurde in der Fakultätssitzung (UAK Zug. 285/1, S. 191) bekannt gegeben, Lindworsky habe „einen Ruf als Ordinarius für Psychologie an die deutsche Universität Prag erhalten". Die Fakultät beschloss die Wahl einer Kommission für die „Behandlung der Frage einer evtl. Haltung des Herrn Lindworsky". Die Kommission bestand aus den Philosophieprofessoren Scheler, A. Schneider, Hartmann, Kahl (Pädagogik) und Dekan Prof. Brinckmann. Beratend sollten Vertreter der medizinischen Fakultät hinzugezogen werden, falls die Kommission es für geboten hielte. Bei den folgenden Kommissionssitzungen (im Gegensatz zu anderen Kommissionssitzungen) fällt auf, dass keinerlei inhaltliche Informationen im Protokoll festgehalten wurden.

29. November 1927: In einer ersten Aussprache zwischen Dekan Brinckmann[401] und Lindworsky machte Lindworsky seine Entscheidung für oder gegen die Berufung nach Prag von einer Stellungnahme der Philosophischen Fakultät abhängig.[402]

10. Dezember 1927: Mit einem Schreiben vom 10.12.1927 wandte sich Stadtschulrat Fritz Schu in seiner Eigenschaft als Vorsitzender der „Psychologischen Gesellschaft", des Vereins, der sich die Förderung der experimentellen Psychologie an der Universität Köln zum Vereinsziel gesetzt hatte, an Oberbürgermeister Adenauer, der gleichzeitig auch Mitglied des Ehrenausschusses der „Psychologischen Gesellschaft" war. Schu wies Adenauer darauf hin, dass der Weggang Lindworskys für die Gesellschaft ein „unersetzlicher Verlust" sei; Lindworsky habe seit 1920 an der Universität das Fach der experimentellen Psychologie in unermüdlicher Arbeit aus dem Nichts aufgebaut hat, er sei „Gründer und die Seele der Psychologischen Gesellschaft, ohne deren Unterstützung das Fach wohl niemals so rasch aufgeblüht

---

400 Ein vergleichbares Schreiben mit ähnlichem Wortlaut schickte er am selben Tag, dem 28.11.1927, an den Rektor der Universität (UAK Zug. 27/68b, Bl. 18). Bemerkenswert ist eine handschriftliche Notiz auf diesem Schreiben, dass dies in der Senatssitzung vom 10.02.1928 mitgeteilt worden sei. Zwischen dem Schreiben von Lindworsky und der Information des Senats liegen folglich zweieinhalb Monate. Am 08.02.1928 lief die Frist zur Annahme des Angebots aus Prag aus. Es kann sich in der fraglichen Sitzung folglich nur um die Weitergabe der Information handeln, dass Lindworsky das Angebot angenommen habe.

401 Albert Erich Brinckmann (1881–1958) war einer der führenden deutschen Kunsthistoriker. 1921 folgte er einem Ruf als ordentlicher Professor für Kunstgeschichte nach Köln. Von 1931 bis 1935 hatte er diese Position dann auch in Berlin inne. 1935 wurde er nach Frankfurt a. M. versetzt. Zuletzt lebte er in Köln, wo er 1958 verstarb (Munzinger Online/Personen-Internationales Biographisches Archiv).

402 Diese Information ist dem Brief Lindworskys vom 12.02.1928 an den Dekan zu entnehmen (HAK Zug. 514/2/141/2, S. 27).

wäre." (HAK Zug. 514/2/141/2, S. 105). In einem weiteren Schreiben, ebenfalls vom 10.12.1927, wandte sich Stadtschulrat Fritz Schu in seiner Funktion als „Leiter der heilpädagogischen Lehrgänge in Köln" an Adenauer. Schuh, zuständig für die Ausbildung der Lehrer und Lehrerinnen für Sonderschulen (Hilfs- und Schwerhörigenschulen) [403],wies auf den großen Verlust durch das mögliche Ausscheiden Lindworskys für diese Lehrgänge hin. Lindworsky habe es verstanden, die Teilnehmer der heilpädagogischen Lehrgänge nicht nur „zu einem tiefen Verständnis des schwachsinnigen Kindes" zu führen, sondern sie auch für die „unterrichtliche und erzieherische Arbeit am Hilfsschulkinde in hervorragender Weise auszurüsten" (HAK Zug. 514/2/141/2, o. P.).[404]

12. Dezember 1927: Im Rahmen der Fakultätssitzung vom 12.12.1927 wurde erneut über den möglichen Weggang von Lindworsky beraten (UAK Zug. 285/1, S. 193). Dekan Albert Erich Brinckmann berichtete über die Verhandlungen der Kommission sowie eine Rücksprache mit Lindworsky (möglicherweise ging es um das Gespräch vom 05.12.1927, das im Folgenden noch näher analysiert wird.). Prof. A. Schneider berichtete über die Modalitäten der Ernennung von Lindworsky zum außerordentlichen Professor im Jahre 1923. „Es handelte sich um einen Fakultätsantrag" [Unterstreichung im Text], betonte Schneider (UAK Zug. 285/1, S. 193). Nach den Erlassvorgaben hätte Lindworsky normalerweise eine sechsjährige Bewährungszeit absolvieren müssen. Durch die Hervorhebung wollte Schneider sicherlich betonen, dass es sich damals um einen Gemeinschaftsantrag handelte, dass die Fakultät damals vom Engagement und den wissenschaftlichen Leistungen überzeugt war, so dass sie den Antrag auf eine vorzeitige Beförderung zum außerordentlichen Professor stellte. Diese Haltung der Fakultät von damals steht im Kontrast zur gespaltenen Haltung der Fakultät im Jahre 1927/28, als es um eine evtl. Beförderung Lindworskys zum Ordinarius ging. Im Fakultätsprotokoll vom 12.12.1927 heißt es: „Hr. Scheler berichtet über die Grundlagen der Habilitation des Hrn. L[indworsky] im Jahre 1920. [...] Hr. Scheler betont, dass er eine Habilitation des Hrn. L[indworsky] allein für exper[imentelle] Psychologie gewollt hat" (UAK Zug. 285/1, S. 193).

Lindworsky hatte 1919 auf Initiative von Scheler sein Habilitationsgesuch für „Experimentalpsychologie und Experimentalpädagogik" eingereicht. Insofern stimmt das Habilitationsgesuch Lindworskys mit obiger Aussage Schelers überein. Die Fakultät hatte jedoch auf ihrer Sitzung mit Zustimmung Schelers am 03.05.1920 beschlossen, Lindworsky eine uneingeschränkte Habilitation für „Psychologie" zu

403 Vgl. FN330.

404 Im Sommer 1926 nahm Lindworsky am 3. Kongress für Heilpädagogik teil und hielt den Vortrag über „Die Führerschaft des Seelischen" (HAK Zug 516/2/149/1, S. 60). Seine Auffassung vom Denken suchte er auch für die Heilpädagogik nutzbar zu machen (vgl. Lindworsky, 1920). Psychische Vorzüge und Mängel bei der Lösung von Denkaufgaben. Ein Beitrag zum Intelligenzproblem, Zeitschrift *für angew. Psychol, Bd. 18*, S. 50–99. Leipzig: Barth.

erteilen (UAK Zug. 285/1, o. P.). Damit hatte Lindworsky die Facultas Docendi (die Lehrbefähigung) aber nicht die Venia Legendi (Lehrauftrag, Lehrerlaubnis) für die gesamte Psychologie inklusive der philosophischen und metaphysischen Psychologie erworben.

Im Protokoll vom 12.12.1927 war vermerkt, dass Scheler nicht erkennen konnte, dass Lindworsky „sich streng auf experimentelle Psychologie in seiner Lehrtätigkeit beschränkt habe" [Unterstreichung im Text] (UAK Zug. 285/1, S. 193). Lindworsky sagte selbst kurz vor seinem Wechsel nach Prag, dass er seit Erteilung des Lehrauftrages keine Vorlesung über philosophische Psychologie gehalten habe. Ein „Missbrauch der Lehrberechtigung" läge nicht vor (UAK Zug. 17/3464, Bl. 41).[405] Selbst bei einer allgemeinen Vorlesung „Psychologie und Pädagogik des Willens" handele es sich nicht um einen Übergriff in die Pädagogik, sondern um ein „Stück angewandter Psychologie" (UAK Zug. 17/3464, Bl. 41).[406]

Scheler betonte in o.g. Fakultätssitzung, dass „seinerzeit keineswegs beabsichtigt gewesen sei, einen Lehrstuhl für experimentelle Psychologie in absehbarer Zeit zu schaffen. Nur unter solchen Voraussetzungen habe er seinerzeit die Habilitierung befürwortet".[407] „Seinerzeit" kann sich als Zeitangabe nur auf das Habilitationsjahr Lindworskys (1920) beziehen. Hieraus lässt sich rückschließen, dass Scheler die Habilitation Lindworskys nur unterstützt hat, weil die experimentelle Psychologie nicht durch die drei vorhandenen Philosophie-Ordinariate abgedeckt war. Die experimentelle Psychologie sollte also außerhalb der Philosophie stattfinden.

Nach kontroverser Diskussion beschloss die Fakultät am 12.12.1929, „der Dekan möge Fühlung nehmen mit den massgebenden [sic] Stellen " (UAK Zug. 285/1, S. 194). Da in dem Beschluss die „massgebenden Stellen" nicht näher konkretisiert

---

405 Vor diesem Hintergrund bekommt beispielsweise die folgende Bemerkung Maria Krudewigs in ihrer bei Lindworsky verfassten Dissertation, in der sie sich deutlich von der Philosophie abgrenzt, einen neuen Interpretationsansatz: „Die nachfolgende Untersuchung hat einen rein einzelwissenschaftlich psychologischen, keinen philosophischen Charakter. Wo auf Ausführungen von Philosophen rekurriert wird, geschieht dies weder zu dem Zwecke, philosophische Gedankengänge in unsere Untersuchung einzubeziehen, noch kommt es uns hierbei darauf an, genau die Ansichten der betreffenden Autoren auf ihre Verwendbarkeit für die Lösung unseres Problems zu prüfen" (Krudewig, 1928, S. 2).

406 Die Vorlesung „Psychologie und Pädagogik des Willens" wurde im Sommersemester 1922 von Lindworsky gehalten, also noch vor der Erteilung der Venia Legendi am 27.07.1922 und die öffentliche Vorlesung mit dem Titel „Ausgewählte Probleme der philosophischen Psychologie" hielt er im Wintersemester 1920/21.

407 Die Hinweise, die Lindworsky in seinen Erinnerungen 1939 an sein Habilitationsgespräch bei Max Scheler gibt (u.a. Hinweis auf Descartes) zeigen deutlich, dass zumindest große Teile der Habilitationsprüfung philosophische Psychologie beinhaltete. Dies ist ein Widerspruch, wenn seitens Scheler beabsichtigt war, eine Habilitation lediglich in experimenteller Psychologie zuzulassen.

wurden und auch der unbestimmte Begriff der „Fühlungnahme“ nicht zur weiteren Klarheit beiträgt, war dies, wie sich im weiteren Verlauf zeigte, ein folgenschwerer Beschluss. Eine vorbereitende Entscheidung für oder gegen eine Berufung Lindworskys als Ordinarius war also nicht getroffen worden. Später in der Fakultätssitzung am 13.02.1928 (nach Annahme des Prager Angebotes durch Lindworsky) bedauerte A. Schneider, dass die Fakultät „nicht entschieden Stellung genommen habe“. Der Auftrag an den Dekan habe lediglich auf „Fühlungnahme“ mit den entsprechenden Instanzen gelautet (UAK Zug. 285/1, S. 201).

12. Dezember 1927: Dem Schreiben Eckerts an den Oberbürgermeister vom 12.12.1927 (UAK Zug 17/3464, Bl. 49–50; HAK Zug. 514/2/141/2, S. 107–108) war zu entnehmen, dass Eckert den Verbleib von Lindworsky an der Kölner Universität wünschte.[408] Wörtlich hieß es in dem Schreiben: „Mit Dekan Brinckmann habe ich wiederholt die Frage besprochen, wie sich die Fakultät zu *unserem* Wunsche, Professor Lindworsky der Kölner Universität zu erhalten, stellen wird “ [Hervorhebung v. Verf.]. In diesem Satzzusammenhang bezieht sich das Possessivpronomen auf die Personen Adenauer und Eckert, d.h. auch Adenauer hatte den Wunsch, Lindworsky an der Universität zu Köln zu halten. „Um zum Ziele zu kommen“ hatte Eckert weiterhin noch mit einer Reihe der ordentlichen Professoren der Philosophischen Fakultät (u.a. auch mit A. Schneider) vertraulich Kontakt aufgenommen. Eckert gab in dem Schreiben vom 12.12.1927 an den Oberbürgermeister weiter, dass laut Dekan Brinckmann „grosse Bedenken gegen Lindworskys Ernennung zum ordentlichen Professor in der Philosophischen Fakultät“ existierten. Er habe deshalb eine Stellungnahme des Dekans dem Schreiben an den Oberbürgermeister beigefügt, um ihn in „authentischer Form“ zu informieren (HAK Zug. 514/2/141/2, S. 108).[409]

Im Folgenden zunächst einige mit Kommentaren versehene Zitate aus der unter der Überschrift „streng vertraulich“ verfassten Stellungnahme des Dekans, die Eckert dem Brief an den Oberbürgermeister als Anlage 2 beigefügt hatte:[410]

---

408 Unter diesem Blickwinkel ist auch das Schreiben Eckerts vom 19.12.1927 an den Oberbürgermeister zu verstehen, in dem er ihn um eine kurze Aussprache mit Dekan Brinckmann bat, „um ihn [Brinckmann] auf den Ernst der Lage hinzuweisen“ (UAK Zug. 17/3464, Bl. 48).

409 Im Begleitschreiben Eckerts hieß es: „Ich habe, als Dekan Brinckmanns Bedenken nicht schwanden, ihn gebeten, er möge seine Einwände *gegen unseren Plan* kurz schriftlich zusammenfassen, damit ich Ihnen in authentischer Form davon Kenntnis geben könnte“ [Hervorhebung v. Verf.]. Grammatikalisch gesehen, meint Eckert auch hier mit dem Possessivpronomen Adenauer und seine Person.

410 Die Anlage ist in den Unterlagen des Historischen Archivs der Stadt Köln ebenfalls zu finden und trägt den handschriftlichen Zusatz „übergeben von Prof. Dr. A. E. Brinckmann“ (HAK Zug. 514/2/141/2, S. 99).

„1922 beantragte die Fakultät[411] Lehrauftrag für experimentelle Psychologie [...] Die Fakultät wollte so L[indworsky] ausschließlich auf exper[imentelle] Psychologie festlegen, L[indworsky] erkannte dies auch stillschweigend durch seine Vorlesungsthemen an. L[indworsky] weiss aber und betont, dass ein Ordinariat ihm Lehrfreiheit[412] für allgem[eine] Psychologie zurückgibt [Unterstreichungen im Text]." (Dekan Brinckmann, UAK Zug 17/3464, Bl. 53)

Wenn man den Worten des Dekans Glauben schenken darf, war es die Absicht der Philosophischen Fakultät im Jahre 1922, Lindworsky auf die reine experimentelle Psychologie einzuschränken. Unterstützt wird dies durch die obigen Aussagen Schelers. Das unmittelbare Nebeneinandersetzen von „allgemeiner" und „experimenteller" Psychologie im Zusammenhang mit Lehrfreiheit, lässt die Vermutungen aufkommen, dass damals im Jahre 1922 mit voller Absicht für Lindworsky ein eingeschränkter Lehrauftrag beantragt worden war. Aber es ging, obiger Bemerkung folgend, nicht nur darum, Lindworsky einen eingeschränkten Lehrauftrag zu erteilen, es ging auch darum, auf jeden Fall die volle Lehrfreiheit für Lindworsky im Fach Psychologie zu verhindern. Auch wenn beide Motive (Beschränkung auf die experimentelle Psychologie und keine volle Lehrfreiheit für einen Jesuiten) in dieselbe Richtung wirken und zum selben Ergebnis führen, so ist doch von beiden, sich ergänzenden Motivlagen auszugehen. Es scheint nicht so, dass Lindworsky die „Hintergrundüberlegungen", die Ziele hinter den Zielen, in der Fakultät damals bewusst waren. Lindworsky schrieb Anfang 1928 an den Dekan der Philosophischen Fakultät: „Als ich [...] um die Venia Legendi für das Gebiet der Philosophie mit besonderer Berücksichtigung der experimentellen Psychologie bat, wurde mir bedeutet, das Gebiet sei *für den Anfang* zu umfangreich, ich möchte mein Gesuch noch einmal, und zwar nur für die experimentelle Psychologie und experimentelle Pädagogik einreichen" [Hervorhebung d. Verf.] (UAK Zug. 17/3464, Bl. 19).

Die Venia Legendi für Philosophie mit besonderer Berücksichtigung der experimentellen Psychologie entsprach der eigentlichen Intention Lindworskys. Auch ein Experimentalpsychologe sollte nach Lindworskys Meinung die allgemeine philosophische Psychologie lehren.[413] Psychologie gehörte in den Augen Lindworskys

---

411 Die Venia Legendi konnte nicht von Lindworsky persönlich, sondern nur von der Fakultät beantragt werden. Der Bescheid des Ministeriums an Lindworsky auf Gewährung der Venia Legendi in „experimenteller Psychologie" erfolgte auf „Antrag der Philosophischen Fakultät" (UAK Zug. 27/68b, Bl. 14).

412 Kultusminister Carl Heinrich Becker schrieb 1925: „Ein einmal ernannter Professor kann allerdings lesen, was er will; er ist nach den meisten Statuten nicht an seinen Lehrauftrag gebunden. [...] Es kommt in der Praxis sehr selten vor, dass ein Professor von seinem Recht, über sein Fach hinaus zu lesen, Gebrauch macht" (Becker, C.H., 1925, S. 29).

413 Vgl. auch Gutachten Lindworskys vom Januar 1922 an Adenauer, in dem es hieß, dass auch der Experimentalpsychologe gelegentlich die philosophische Psychologie vortragen solle (UAK Zug. 9/273, o. P.) und Lindworskys erste öffentliche Vorlesung im Wintersemester 1920/21 mit dem Titel „Ausgewählte Probleme der philosophischen Psychologie".

in die Philosophie hinein, auch als Anwendungswissenschaft. Insofern ist erstaunlich, dass sich Lindworsky von seiner ursprünglichen Intention durch ein Argument „für den Anfang zu viel“ hat abbringen lassen. Sicherlich kannte auch Lindworsky die Möglichkeit der (späteren) Ergänzung eines Lehrauftrages; aber ist das ein ausreichender Grund?

Für alle Lehrenden an der Universität zu Köln gilt § 1 der Satzung von 1919, wonach die Pflege der Wissenschaften „frei von Einseitigkeiten und unabhängig von Parteien zu lehren“ ist (s. Archivalien). Im vorliegenden Fall werden aber an keiner Stelle (auch nicht in den Protokollen der Philosophischen Fakultät) Vorwürfe laut, dass Lindworsky bis dato ‚katholische Einseitigkeit‘, geschweige denn Indoktrination in seiner Wissenschaftslehre (oder auch in seinen Schriften) hätte erkennen lassen.

Der Dekan hatte Lindworsky, so der Wortlaut seiner Stellungnahme, in dem Gespräch (am 05.12.1927) die „katastrophalen Folgen [einer Berufung nach Prag] für Kuratorium und Gesamtuniversität“ dargestellt und ihm den Vorschlag einer ordentlichen Honorarprofessur mit Sitz und Stimme in der Fakultät,[414] mit reichen Mitteln für Institut und Forschung, „jedoch auch fernerhin Festlegung auf experimentelle Psychologie“ unterbreitet.

> „Das Angebot einer Kölner durch Lehrauftrag hochbesoldeten Honorarprofessur mit reichen wissenschaftlichen Mitteln wiegt in wissenschaftlich-akademischem Urteil das schlecht dotierte persönliche Ordinariat in Prag sicher auf, dürfte es sogar übertreffen. L[indworsky] ist der Fakultät eingereiht, jedoch auf exper[imentelle] Psychologie festgelegt und kann weder Dekan noch Rektor werden.“ (Dekan Brinckmann, UAK Zug. 17/3464, Bl. 53)

In der Mitteilung Lindworskys vom 28.11.1927 an den geschäftsführenden Kuratoriumsvorsitzenden Geheimrat Eckert über das Angebot der deutschen Universität in Prag zitierte Lindworsky die „amtliche Übersetzung“ des ministeriellen Gesuchs aus Prag, in dem es um die Ernennung zum „ordentlichen Professor an der Philosophischen Fakultät der deutschen Universität in Prag“ ging (UAK Zug 17/3464, Bl. 56). Die Aussagen Brinckmanns über das Angebot eines persönlichen Ordinariates in Prag sind danach nicht zu halten. Es bestand allerdings eine hohe Wahrscheinlichkeit, dass ein ordentlicher Professor in der damaligen Tschechoslowakei weniger gut besoldet wurde als in Preußen. Das Angebot des Dekans lief nach dem Wortlaut seiner Stellungnahme klar darauf hinaus, mit finanziellen Mitteln sich die wertvolle Arbeitskraft Lindworskys in einem klar abgesteckten Rahmen zu erhalten, ohne ihm dabei die volle wissenschaftliche Lehrfreiheit zu gewähren. Lindworsky bezeichnete die angebotene Honorarprofessur deshalb in einem späteren Schreiben

414 Nach § 29 der Satzung der Universität zu Köln von 1919 wird die Fakultät durch die Gesamtheit der ordentlichen Professoren vertreten. Ordentliche Honorarprofessoren können auf einstimmigen Antrag der Fakultät mit beschließender Stimme ernannt werden.

(ohne Datum) als „Maulkorbprofessur" (UAK Zug 17/3464, Bl. 14). Auch die Wahl des Wortes „Einreihung" ist deutlich und unmissverständlich in der Aussage. „Einreihung" ist ein Begriff, der häufiger im Militärbereich vorkommt und zugleich „Einordnung" bedeutet. Bei Brinckmann wird der Begriff Einreihung sicherlich auch gebraucht im Sinne von „nicht auffallend, nicht herausragend, sondern angepasst sein". Es ist sehr fraglich, ob solche Gedankengänge in Bezug auf die Freiheit der Wissenschaft und der Meinungsfreiheit einer Universität angemessen sind. Es ist weiterhin erstaunlich zu sehen, dass der Dekan glaubt, mit einer „hochbesoldeten Honorarprofessur" Lindworsky entgegenzukommen. Als Ordensangehöriger hatte Lindworsky das Gelübde der Armut abgelegt. Im Übrigen zeigte die Tatsache, dass Lindworsky von Anfang an eine unbesoldete Stelle innehatte,[415] dass er nicht aus pekuniären Interessen die wissenschaftliche Laufbahn eingeschlagen hatte.

> „Seit Aufhebung des O.S.J.[416] durch Clemens XIV 1773 hat nie ein Jesuit einen ord. Lehrstuhl an einer deutschen Universität bekleidet.[417] Schon der Gedanke daran wirkt verletzend (Antwort vom Frankfurter Dekan.)" (Dekan Brinckmann, UAK Zug 17/3464, Bl. 53)

Diese Zeilen sind in ihrem Gehalt nach eindeutig; es ging um die Verhinderung der Besetzung eines ordentlichen Ordinariates durch einen katholischen Jesuiten.[418] Die Qualifikation des Betroffenen und dessen bisheriger erfolgreicher Einsatz für die Universität zu Köln blieben dabei völlig außerhalb jeden Blickwinkels. Dekan Brinckmann scheint noch deutlich von der Gedankenwelt des Kulturkampfes[419] des 19. Jahrhunderts beeinflusst zu sein, in dem es zu heftigen Auseinandersetzungen

415 In der ministeriellen Beauftragung (Venia Legendi) vom 27.07.1922 schrieb der Minister, dass außer den ihm zufließenden Vorlesungshonoraren keine Vergütung gezahlt werden könne (UAK Zug. 17/3464, Bl. 64). Lindworsky schrieb Anfang 1928 an den Dekan: „Die Fakultät hat sich, im Glauben an die märchenhaften Reichtümer der Jesuiten, nicht dazu verstehen können, einen besoldeten Lehrauftrag für mich zu beantragen. So habe ich denn acht Jahre lang mehr oder weniger die Arbeit eines Ordinarius verrichtet als unbesoldeter Dozent, von 1922 ab mit einem unbesoldeten ministeriellen Lehrauftrage, zum Großen Ärgernis für alle Nichtordinarien" (UAK Zug. 17/3464, Bl. 20).

416 Ordo Societatis JESU.

417 Auch Lindworsky war sich dieses historischen Umstandes bewusst. In „Des werktätigen Katholiken Lebenskunst" schrieb er, dass er somit seit rund 400 Jahren seit Stiftung des Jesuitenordens als erstes Mitglied auf dem regulären Weg geprüfter Bewährung in einer weltlichen Fakultät einer weltlichen Universität als Dozent aufgenommen (Köln 1920) und 1928 als Ordinarius an die deutsche Universität in Prag berufen wurde (Lindworsky, 1938, S. 7).

418 Bzgl. der Frage nach Katholiken in der Psychologie vgl. Misiak & Staudt, 1954.

419 Seit der Reformation hatte Köln für den Katholizismus eine besondere strategische Bedeutung. Bei Boehm und Müller heißt es: „Univ[ersität Köln] und Stadt waren schon 1519 streng antiluther[isch]. Im konfessionellen Zeitalter entwickelte sich K[öln], zumal seit 1556 auch Jesuiten (J[ohannes] Rethius) an der Univ[ersität] tätig waren, zur kath[olischen] Bastion im Nordwesten des Reiches" (Boehm & Müller, 1983, S. 229). Vgl. auch FN 193.

zwischen dem protestantischen preußischen König und Kaiser und dem Papst gekommen war.[420] Es darf auch eine breite Stimmung gegen Jesuiten in der Weimarer Republik nicht vernachlässigt werden. Erich Ludendorff (1865 – 1937), Stellvertreter von Hindenburg und Chef der dritten Obersten Heeresleitung im Ersten Weltkrieg, veröffentlichte 1929 zusammen mit seiner zweiten Frau Mathilde ein Buch mit dem Titel „Das Geheimnis der Jesuitenmacht und ihr Ende", ein Pamphlet, das sich in die Propaganda des Ehepaares Ludendorff gegen die behaupteten „überstaatlichen Mächte" des Judentums und der Freimaurer einreiht.

Das Bewusstsein konfessioneller Parität spielte bei der Besetzung von Lehrstühlen mehr weltanschaulich geprägter Fachrichtungen (wie z.B. der Philosophie) direkt und indirekt immer eine Rolle (vgl. Kap. 5.5). In der Fakultätssitzung am 10.06.1921 wurde im Rahmen der Diskussion um die Nachfolge von Driesch auf den dritten philosophischen Lehrstuhl ein Antrag von Prof. Rinkel einstimmig angenommen, dass es zulässig sei, „daß von einem Mitglied der Fakultät die Berufung eines Mannes von bestimmter philosophischer Richtung, z.B. auch katholisch kirchlicher Richtung verlangt würde"(UAK Zug. 285/1, S. 35). Dieser im Wortlaut etwas umständliche Fakultätsbeschluss zeigt deutlich, dass das Bewusstsein von Parität im Rahmen einer Berufung eine Rolle spielen konnte; eine solche Berufung wäre allerdings erst dann verfassungs- und satzungskonform, wenn die Ordinariatsstelle in ihrem Tätigkeitsbereich auch die geforderte Weltanschauung als Tätigkeitsmerkmal voraussetzt. Dies war jedoch bei allen Berufungen in der Philosophischen Fakultät nie der Fall gewesen. Mit Schreiben vom 04.12.1924 (HAK Zug 511/2/138/1, S. 321) antwortete Geheimrat Eckert als geschäftsführender Vorsitzender des Kuratoriums Ministerialrat Prof. Richter im Kultusministerium (Ministerium für Wissenschaft, Kunst und Volksbildung), der einen Lehrauftrag für evangelische Weltanschauung an der Universität zu Köln angeregt hatte. Im Antwortschreiben war u.a. zu lesen, dass – entgegen der Auffassung vieler Außenstehender – die katholische Weltanschauung an der Kölner Universität nicht

420 Unter Kulturkampf versteht man den Kampf zwischen dem Staat und der katholischen Kirche, der bald nach der Reichsgründung 1871 begann und Mitte der 1870er Jahre seinen Höhepunkt erreichte. Die Nationalliberale Partei, führend im Kulturkampf, strebte eine „romfreie", dem Staat unterworfene katholische Kirche an. Die neue Zentrumspartei, als Vertreterin des katholischen Bevölkerungsanteils, wurde als reichsfeindlich angesehen. Etliche Gesetze (darunter auch das Jesuitengesetz, das erst 1917 in seinen letzten Teilen zurückgenommen wurde) wurden erlassen. „Er [Der Kulturkampf] hat den kath. Volksteil zusammengeschweißt, aber auch auf lange [sic] mit Misstrauen gegen das neue Reich erfüllt" (Der Große Herder, 1933, Bd. 7, S. 415). Die Ablehnung der Gesetze durch die katholische Kirche erwiderte der Staat u.a. durch die Absetzung des Jesuiten Paulus Ludolf Kardinal Melchers SJ (1813–1895) als Kölner Erzbischof. Weiterhin waren ein Viertel der Pfarreien verwaist. „Dazu kam die strenge Behandlung der kath. Presse, Vereine und Versammlungen, die Zurücksetzung der ‚Ultramontanen' im Staatsdienst" (Der Große Herder, 1933, Bd. 7, S. 415).

vorherrsche. Die starke Majorität der Ordinarien sei nicht katholisch, vielmehr überwiegend evangelisch. Weiter hieß es: „Konfessionell gebundene Professuren haben wir auch für Weltanschauungsfächer, wie Geschichte und Philosophie, in Köln im Gegensatz zu anderen Universitäten nicht." Diese Aussage entspricht dem Wortlaut der Kölner Satzung von 1919, widerspricht aber den bisherigen Ausführungen über weltanschaulich gebundene Ordinariate an der Universität zu Köln. Weiter führte Eckert aus: „ Von den Professoren, die dem Personalblatt nach katholisch sind, ist auch nur ein ganz kleiner Bruchteil als rechtgläubig im Sinne der Kirche anzusehen."

Lindworsky selbst bezeichnete die Psychologie als „neutrales Fach" (UAK Zug 17/3464, Bl. 41). Im Schreiben vom 11.12.1927 an den Dekan hielt er fest: „Denn die Psychologie (mit oder ohne Einschränkung auf experimentelle Psychologie) berührt das Konfessionelle in keiner Weise" (UAK Zug 17/3464, Bl. 41).[421] Dem ist aber nur bedingt zuzustimmen. Die Lehre der philosophischen Psychologie (vgl. nur das Leib-Seele-Problem) ist nicht welt anschaulich neutral.[422] Die ordensinternen Vorschriften für Philosophielehrer (vgl. Duhr, 1896, S. 212–220) geben diesbezüglich eine unmissverständliche Auskunft.

Dem Schreiben Eckerts vom 12. 12.1927 an den Oberbürgermeister war zu entnehmen, dass Eckert ursprünglich der Ansicht war, „dass Jesuiten-Patres an der Universität Frankfurt in der einen oder anderen Fakultät aufgenommen seien".[423] Dies konnte Dekan Brinckmann widerlegen durch ein Antwortschreiben vom 06.12.1927 des Dekans der Philosophischen Fakultät Frankfurt an den Dekan der Kölner Philosophischen Fakultät (UAK Zug 17/3464, Bl. 55), wonach kein Jesuiten-Pater im ganzen Frankfurter Lehrkörper vertreten sei.[424] Das Schreiben des Frankfurter Dekans ist sachlich und enthält nicht das oben ihm zugeschriebene Zitat.

---

421 Dass es sich bei der (philosophischen) Psychologie um kein „neutrales" Fach handelt, ist deutlich erkennbar an der zweistündigen Vorlesung von Artur Schneider im Sommersemester 1928. Im Vorlesungsverzeichnis wurde sie angekündigt mit „Einführung in die Philosophie als Weltanschauungslehre (Substanz, Kausalität, monistische und dualistische Theorien. Psychophysischer Parallelismus und Wechselwirkung. [...])."

422 1922 schreibt Lindworsky in seiner „Umrißskizze zu einer theoretischen Psychologie", dass erst auf beiden, der experimentellen und der theoretischen Psychologie, eine *„metaphysische, weltanschauliche Psychologie"* errichtet werden kann (Lindworsky, 1922, S. 314).

423 Zitat aus dem Schreiben Eckerts vom 07.12.1927 an das Kuratorium der Universität Frankfurt, in dem er um eine vertrauliche Auskunft bat (UAK Zug 17/3464, Bl. 51; HAK Zug. 514/2/141/2, S. 101).

424 Eckert hat diese Information nochmals durch ein eigenes vertrauliches Schreiben an das Kuratorium der Frankfurter Universität verifiziert. Auf sein Schreiben vom 07.12.1927 erhielt er ebenfalls die Antwort, dass an der Frankfurter Universität keinerlei Lehraufträge an Jesuiten-Patres erteilt worden seien (UAK Zug 17/3464, Bl. 51–52; HAK Zug. 514/2/141/2, S. 103).

Möglicherweise handelt es sich hier um eine mündliche Auskunft des Frankfurter Dekans.

> „Die Schaffung eines psychol. Ordinariats speziell für einen Angehörigen des Kampfordens S.J. würde die Kölner Fakultät unversöhnlich spalten. In akademischen Kreisen wird sie zur ultramontanen designiert. Schwierigkeiten entstehen für die Berufung erster Lehrkräfte." (Dekan Brinckmann, UAK Zug 17/3464, Bl. 53)

Von der Wortwahl her („Kampforden") bewegt sich der Dekan weiterhin voll und ganz im Zeitalter des Kulturkampfes und der Jesuitengesetze.[425] Auch der Begriff „ultramontan" ist hier einzuordnen.[426] An keiner Stelle innerhalb der Protokolle der Philosophischen Fakultät klang an, dass bei Berufungen nach Köln eine vermutete einseitige religiöse Ausrichtung der Universität eine Rolle gespielt hätte, geschweige denn, dass Köln den Ruf einer „ultramontanen" Universität habe. Brinckmann schriebt weiter, dass das „Aufbauprogramm der Fakultät für absehbare Zeit" kein Ordinariat für Psychologie vorsähe. Ein außer der Reihe für Lindworsky zu schaffendes Ordinariat für allgemeine Psychologie hieße den „ultramontan-jesuitischen Interessen den Vorzug zu geben".

> „Die geldgebenden nichtkatholischen Kreise Kölns werden sich weiter abwenden (Erfahrungen von Pferdmenges). Unsere grossen Stifter kamen häufig aus nichtkatholischen Kreisen, unsere Studenten kommen aus den protestantischen rechtsrheinischen Gegenden (die Doktoranden L[indworsky]s überwiegend aus kath. Lehrerkreisen). Ein Pressekampf schärfster Art um akademische Freiheit wird entbrennen." (Dekan Brinckmann, UAK Zug 17/3464, Bl. 53)

Hier wird eine angeblich bereits existierende Abwendung nichtkatholischer Kreise Kölns von der Universität als Tatsache vorgegeben. Diese würde sich durch die Besetzung eines Ordinariates durch einen Jesuiten weiter verstärken. Als Nachfrageinstanz diente in diesem Falle der Bankier Robert Pferdmenges (1880–1962), der sich in den zwanziger Jahren als Förderer der Universität zu Köln und als Presbyter

---

425 Am 14.06.1929 kam es zur Unterzeichnung des Konkordats zwischen Preußen und dem Heiligen Stuhl, das letzte Reste noch vorhandener Kulturkampfgesetzgebungen beseitigte (Burtscheid, Artikel über „Lauscher", online, o. J.).

426 Der Begriff Ultramontanismus (vom Lateinischen ultra montes = jenseits der Berge, d.h. der Alpen) ist ein von liberalen und nationalistischen Kirchenfeinden gebrauchtes Schlagwort gegen die deutschen Katholiken zur Verächtlichmachung ihrer selbstverständlichen Treue zu Kirche und Papst (der sich jenseits der Alpen aufhielt), die angeblich auf Kosten der nationalen Zuverlässigkeit und geistig-religiösen Freiheit gehe (Der Große Herder, 1935, Bd. 11, S. 1700). 1840 brachte Heinrich Heine die in dem Begriff enthaltene Kritik polemisch auf den Punkt: „Pfaffen haben kein Vaterland, sie haben nur einen Vater, einen Papa, in Rom." (Heine, 1840; viertes Buch).

der evangelischen Gemeinde in Köln-Bayenthal engagierte.[427] Dem Schreiben Eckerts an Adenauer vom 12.12.1927 ist in jedem Fall zu entnehmen, dass Eckert Bankier Pferdmenges „über die Konfessionsverteilung an unserer Universität aufgeklärt“ hatte.

In dem 4-Augen-Gespräch am 05.12.1927 soll Lindworsky nach Aussage des Dekans gesagt haben: „Ob aber diese Interessen (der Gesamtuniversität) die anderen katholischen aufwiegen, vermag ich noch nicht zu sagen“. Brinkmann fügte noch hinzu: „Tatsächlich wird hier der O. S. J. durch seinen Obern entscheiden.“ Lindworsky wird hier also unterstellt, dass er katholische Interessen (was auch immer das sein mag) über das Gesamtwohl der Universität stelle. Ihm wird jede personale Autonomie abgesprochen, indem er zum ausführenden Befehlsempfänger eines unbestimmten „Obern“ eingestuft wird.[428] Lindworsky schreibt zu diesem Vorwurf: „Ich will ganz davon absehen, wieviel Kränkendes für meine Person eine solche Vermutung einschliesst“ (UAK Zug 17/3464, Bl. 43). Der Dekan kommt dann in seiner Stellungnahme zu einer abschließenden Beurteilung: „Lehnt L[indworsky die Honorarprofessur] ab, so ist er genötigt, den ‚anderen katholischen Interessen‘ d.h. ultramontan-jesuitischen Interessen den Vorrang zu geben“ [Unterstreichung im Text]. Mit anderen Worten, es wird unterstellt, dass Lindworsky bei Ablehnung der Honorarprofessur „ultramontanen jesuitischen Interessen“ (die zwangsläufig auf die Erlangung eines Ordinariates ausgerichtet seien) nachgegeben hätte.

Lindworsky selbst erfuhr von diesen Vorwürfen erst spät in einem Gespräch mit Eckert am 05.01.1928. Eckert habe in dem Gespräch berichtet, der Dekan habe ihn (Lindworsky) am 05.12.1927 auf die „katastrophalen Folgen“ einer Beförderung für die Universität Köln hingewiesen und er (Lindworsky) solle darauf geantwortet haben, „diese katastrophalen Folgen kommen gegenüber den katholischen Interessen nicht in Betracht“ (HAK Zug. 514/2/141/3, S. 201). Lindworsky wies entschieden zurück, dass er die „katastrophalen Folgen“ einer möglichen Ordinariatsbeauftragung seinerseits in Köln im Vergleich zu den „katholischen Interessen“ nicht habe berücksichtigen wollen. Er schrieb am 29.04.1928 an die Philosophische

427 Pferdmenges wurde später Teilhaber des Privatbankhauses Sal. Oppenheim jr. & Cie. Wegen der jüdischen Wurzeln dieses Bankhauses stellte er sich später vor die Familie und Bank, die mit dem neuen Namen „Pferdmenges & Co.“ „arisiert“ wurde. Nach dem Krieg erhielt das Bankhaus den alten Namen wieder zurück. Pferdmenges war nach dem Krieg mit Adenauer Mitbegründer der CDU. (Teichmann, 2013, o. P.).

428 Hier zeigen sich sicherlich die Erfahrungen in der Geschichte, die Kritiker mit dem sogenannten „Kadavergehorsam“ der Jesuiten gemacht haben. In der Satzung des Gesellschaft heißt es: „Wir sollen uns dessen bewußt sein, daß ein jeder von denen, die im Gehorsam leben, sich von der göttlichen Vorsehung mittels des Oberen führen und leiten lassen muß, als sei er ein *toter Körper*,...“ (nähere Erläuterung bei Hartmann, 2008, S. 94). Die absolute Gehorsamsforderung hat aber in den Satzungen der Societas Jesu wichtige Einschränkungen. Befehlen, die zu sündigem Verhalten, d.h. zu Verstößen gegen die Zehn Gebote und die Morallehren der Kirchen führen, muss nicht gehorcht werden (Hartmann, 2008, S. 94).

Fakultät, er habe damals schriftlich (!) Geheimrat Eckert gegenüber die folgende Erklärung abgegeben: „Ich habe niemals an die katastrophalen Folgen geglaubt. Noch weniger habe ich erklärt, diese katastrophalen Folgen kämen gegenüber den katholischen Interessen nicht in Betracht“ (HAK Zug. 514/2/141/3, S. 201).

11. Dezember 1927: Das Gespräch zwischen Dekan Brinckmann und Lindworsky, das u.a. Grundlage für die Stellungnahme des Dekans war, hatte am 05.12.1927 stattgefunden. Lindworsky hatte am 11.12.1927 schriftlich auf diese Unterredung reagiert.[429] Insofern steht zum leichteren Verständnis hier innerhalb der Chronologie das Schreiben vom 11.12.1927 nach dem Schreiben Eckerts vom 12.12.1927.

Im Schreiben vom 11.12.1927 (UAK Zug 17 / 3464, Bl. 41–45; HAK Zug. 514/2/141/3; S. 147 – 155) an den Dekan hielt Lindworsky (vermutlich in Unkenntnis der schriftlichen Stellungnahme des Dekans) die Ergebnisse des Gespräches vom 05.12. mit dem Dekan aus seiner Sicht fest. Zu Anfang seines Schreibens legte er dar: „Ich wiederhole, dass es mir fern liegt, der Fakultät einen Wunsch vorzutragen oder gar die Fakultät mit dem folgenden zu irgendwelcher Stellungnahme überreden zu wollen.“ Am Schluss des Briefes schrieb er (nicht frei von Widerspruch): „So bleibt denn nichts weiter für mich übrig, als die Stellungnahme der Fakultät abzuwarten und mir die meine vorzubehalten.“ In seinem Schreiben vom 12.02.1928 an den Dekan legte er sogar unmissverständlich dar, dass er seine „Entscheidung von der Stellungnahme der hiesigen Philosophischen Fakultät abhängig“ machen wolle (HAK Zug. 514/2/141/2, S. 27).

In dem Gespräch vom 05.12.1927 hatte der Dekan Bedenken, die gegen eine Ernennung Lindworskys zum „persönlichen Ordinarius in Köln“ gemacht worden waren, geäußert. Der Kernpunkt der Bedenken war die angebliche konfessionelle Gebundenheit Lindworskys. Es wurde behauptet, als Mitglied der Gesellschaft Jesu sei er an gewisse Lehrmeinungen gebunden oder er sei „berufsmässig sogar durch einen Eid auf bestimmte Lehren festgelegt“. Er könne gegebenenfalls durch seine Oberen genötigt werden, die Lehrfreiheit in einem Sinne zu missbrauchen, der dem konfessionellen Frieden oder der Eintracht innerhalb der Fakultät abträglich sei. Lindworsky hielt laut seinem Schreiben dem entgegen, dass es innerhalb des Jesuitenordens keinen Eid gäbe, er habe keine andere Bindung als die der Anhänger irgendeines Bekenntnisses oder einer Weltanschauung. Die Psychologie (mit oder ohne Einschränkung auf experimentelle Psychologie) berühre in keiner Weise das Konfessionelle. Den Vorwurf des Missbrauchs der Lehrfreiheit durch Nötigung seiner Ordensoberen bezeichnete er als Fiktion, die bona fide nicht aufrechterhalten werden könne. Eine solche Vermutung beruhe „auf völliger Unkenntnis des Buchstabens wie des Geistes der Satzungen des Jesuitenordens“.

An zweiter Stelle wurde seitens des Dekans „die Vereinigung mehrerer philosophischer bezw. [sic] der Philosophie nahestehender Fächer in katholischen

---

429 Vgl. auch Schreiben Lindworskys vom 12.02.1928 an den Dekan (HAK Zug. 514/2/141/2, S. 27).

Händen genannt". Lindworsky schrieb dazu, dass von den drei Philosophen an der Kölner Universität (gemeint sind Nicolai Hartmann,[430] Max Scheler und Artur Schneider) einer Katholik sei,[431] dazu käme noch ein anderer Philosophievertreter, der als Pädagoge lehre (gemeint ist Wilhelm Kahl) und der auch Katholik sei. Er könne hier keine Bevorzugung von Katholiken sehen, zumal 80% der Zuhörerschaft an der Universität Köln Katholiken wären.

> „Und wenn nun das neutrale [Unterstreichung im Text] Fach der Psychologie bezw. [sic] der experimentellen Psychologie für wenige Jahre einem Katholiken zugewiesen würde, nicht grundsätzlich, sondern nur praktisch, weil er eben zufällig dieses Fach an der Universität eingeführt und so verwaltet hat, dass ohne sein Zutun, ja ohne sein Wissen eine nichtkatholische Fakultät einer anderen Universität [Prag] seine Berufung durchsetzt, so kann nur derjenige Anstoss nehmen, der den Katholiken grundsätzlich die *Gleichberechtigung* [Hervorhebung v. Verf.] an den Universitäten versagt." (Lindworsky, UAK Zug 17 / 3464, Bl. 44)

Die Frage der Gleichberechtigung der Konfessionen war für Lindworsky ein zentraler Punkt, wie auch sein Protokoll vom 09.01.1928 über eine Unterredung mit dem Dekan zeigte (UAK Zug 17 / 3464, Bl. 40).[432] Bezüglich der vom Dekan geäußerten Bedenken aus dem Bereich der nichtkatholischen Stifter der Universität entgegnete Lindworsky mit den Worten: „Ebenso ist es wohl Gespenst, als ein ernstes Bedenken, dass sich die Presse unliebsam zum Fall äussern könnte. Weder zu meiner Habilitation noch zu meiner Ernennung zum a.o. Professor hat sich m. W. eine missbilligende Stimme vernehmen lassen" (UAK Zug 17 / 3464, Bl. 44). Über die ihm angebotene gut dotierte Honorarprofessur schrieb Lindworsky: „Auch verträgt sich die mir zugedachte Rolle des Vogels im goldenen Käfig nicht mit der geziemenden Selbstachtung" (UAK Zug 17 / 3464, Bl. 44). An anderer Stelle sprach er vom „goldenen Zeitalter", das er als ordentlicher Honorarprofessor zu erwarten gehabt hätte (UAK Zug 17 / 3464, Bl. 40).

12. Dezember 1927 (Fakultätssitzung): Es ist logisch, dass in der Fakultät über die Zukunft der Psychologie an der Universität zu Köln nach einem möglichen

---

430 Nicolai Hartmann war evangelisch-lutherischer Konfession.

431 Möglicherweise rechnete Lindworsky Max Scheler bei seiner Aufrechnung nicht mehr zu den Katholiken. Max Scheler war von Geburt her jüdischen Glaubens. 1899 war er zum katholischen Glauben konvertiert. Auf Bestreben Adenauers hatte er eine Philosophieprofessur in Köln erhalten und so wurde er als Vertreter der katholischen Weltanschauung Mitdirektor des Kölner Forschungsinstituts für Sozialwissenschaften. 1923 distanzierte sich Scheler öffentlich von der kath. Kirche, was seine Stellung in Köln stark erschütterte (Henckmann, 2005, o. P.). Alemann spricht sogar von einer späteren Hinwendung zum überzeugten Atheisten (Alemann, 1976, S. 667).

432 Auch in seinem Schreiben vom 29.04.1928 an die Kölner Philosophische Fakultät wird die „Gleichberechtigung" nochmals thematisiert (HAK Zug. 514/2/141/3, S. 203).

Weggang Lindworskys diskutiert wurde. Der Dekan hatte bereits früher (am 05.12.1927) von einer „Notlage der Fakultät" gesprochen, in die sie durch einen evtl. Weggang Lindworskys geraten würde (UAK Zug 17/3464, Bl. 14). Auf der Fakultätssitzung am 12.12.1927 wurde darüber diskutiert, ob sich die Fakultät wegen des drohenden Weggangs in einer „Zwangslage" befände. Die Professoren Jachmann, Hartmann und Scheler sahen eine solche Situation nicht als gegeben (UAK Zug 285/1, S. 193). Mit anderen Worten: Die durch den Weggang Lindworskys verursachten Probleme wurden als lösbar bzw. als nicht gravierend angesehen. Ein Ausscheiden Lindworskys konnte folglich nur drei Arten von Problemlösung nach sich ziehen: Entweder man glaubte durch einen personellen Ersatz (woher auch immer herkommend) die Lücke schließen zu können oder die zweite und wahrscheinlichere Lösung, man glaubte mit eigenen Ressourcen die Lücke ausfüllen zu können, auch vor dem Hintergrund und Inkaufnahme eines möglichen Qualitätsverlustes. Als dritte Möglichkeit bot sich der vollständige Verzicht auf die Lehre der experimentellen Psychologie für die Zukunft an. Psychologie als philosophische Psychologie konnte (wie bisher) von den Philosophieprofessoren übernommen werden und Psychologie jenseits der Psychiatrie als Anwendungswissenschaft war noch nicht in den Köpfen des Professorenkollegiums hinreichend etabliert und die reine Experimentalpsychologie hatte ihren Höhepunkt bereits überschritten. Ein Symptom war die Umbenennung der „Gesellschaft für experimentelle Psychologie" in „Deutsche Gesellschaft für Psychologie" auf dem 11. Kongress 1929 in Wien.

<u>19. Dezember 1927</u>: Eckert schrieb am 19.12.1927 an Oberbürgermeister Adenauer, dass „in der Angelegenheit Lindworsky" die „Philosophische Fakultät nach eingehenden Debatten vor den Weihnachtsferien nicht mehr zur Abstimmung oder Stellung eines Antrages an das Kuratorium gekommen" sei (UAK Zug. 17/3464, Bl. 48, HAK Zug. 514/2/141/2, S. 109–110).[433] Nach diesen Worten rechnete Eckert in jedem Falle mit einer Entscheidung (Abstimmung) der Philosophischen Fakultät und auch mit einem Antrag an das Kuratorium (auf Übertragung eines Ordinariates an Lindworsky). Andererseits habe der Dekan ihm mitgeteilt, er sei von der Fakultät beauftragt worden, nochmals beim Kuratorium vorstellig zu werden, „um Bedenken, die in der Fakultät laut wurden", darlegen zu können. Eckert schließt sein Schreiben mit der Bitte an Adenauer, den Dekan zu einer Aussprache zu empfangen. „Sie können ihn dabei auf den Ernst der ganzen Lage hinweisen", führte er aus (UAK Zug. 17/3464, Bl. 48).

<u>11. Januar 1928</u>: Am 11.01.1928 fand eine Besprechung zwischen Dekan Prof. Brinckmann, Geheimrat Eckert und Adenauer über die Frage der Berufung Lindworskys als Ordinarius statt. Adenauer hatte über diese Besprechung mit Datum des 14.01.1928 eine Aktennotiz verfasst (HAK Zug. 514/2/141/2, S. 115). Brinckmann erklärte in dieser Besprechung, dass die Fakultät in ihrer „überwiegenden

433 Auch diese Information stützt Lindworskys späteren Vorwurf, der Dekan habe es versäumt, eine Stellungnahme der Fakultät bezüglich seiner Berufung als Ordinarius in Köln herbeizuführen.

Mehrheit“ gegen eine Berufung Lindworskys sei. „Einige Herren seien schon über den Gedanken außerordentlich erregt“. Es seien Rückwirkungen auf die „Gebefreudigkeit weiter Kreise“ zu befürchten. Adenauer entgegnete, dass ihm dies kaum richtig erscheine, jedenfalls würden sich nach seinen Feststellungen die ihm bekannten Herren keinesfalls in ihrer Gebefreudigkeit beeinflussen lassen. Adenauer erklärte, dass er eigentlich für die ganze Aufregung kein großes Verständnis habe. Er gäbe aber zu, dass wahrscheinlich in weiten Kreisen gegen die Berufung eines Jesuitenpaters als Ordinarius heftig würde Sturm gelaufen werden. Auf der anderen Seite würde der katholische Teil Deutschlands die Nichtberufung Lindworskys wegen seiner Eigenschaft als Jesuitenpater als eine „schreiende Imparität“ empfinden. Adenauer erschien es richtig, da ja nicht die Fakultät, sondern der Minister die Ernennung durchzuführen habe, und da es sich um eine prinzipielle Frage von Bedeutung für das ganze preußische bzw. deutsche Universitätsleben handele, dass die Fakultät beim Minister anfrage, ob dieser prinzipiell bereit sei, einen Angehörigen des Jesuitenordens zum Ordinarius zu ernennen. Dekan Brinckmann erklärte, „daß er sich diese Anregung [Hervorhebung v. Verf.] noch bis zum anderen Tage überlegen wolle“ (HAK Zug. 514/2/141/2, S. 115).

23. Januar 1928: Aus einer handschriftlichen Aktennotiz von Adenauer vom 23.01.1928 geht hervor, dass er fast zwei Wochen später in der fraglichen Angelegenheit bei Geheimrat Eckert nachgefragt hatte. In der Aktennotiz heißt es „Lt [= Laut] Anfrage bei Herrn Geh. Rat Eckert hat Herr Dekan Brinckmann den Brief abgefasst“ (HAK Zug. 514/2/141/2, S. 115). „Abgefasst“ heißt aber nicht abgeschickt. In den Unterlagen ist an keiner Stelle erkennbar, dass eine entsprechende Anfrage wirklich an den Minister gegangen ist.

1. Februar 1928: Als Anlage zum Schreiben vom 01.02.1928 (UAK Zug. 17/3464, Bl. 31–34; HAK Zug. 514/2/141/3; S. 143) an den Oberbürgermeister übermittelte Eckert ein Schreiben von Wilhelm Peters, dem Ordinarius für Psychologie an der Universität Jena, das Schneider erhalten hatte. „Prof. Peters ist ein Mann liberaler Weltanschauung, steht politisch weit links. Wissenschaftlich ist er sehr angesehen“, schrieb Eckert an den Oberbürgermeister. Eckert hielt diesen Brief von Peters deshalb für bedeutungsvoll, weil ihm „Dekan Brinckmann vertraulich mitgeteilt hatte, dass Prof. Lindworskys wissenschaftliche Leistungen von anderer Seite weniger günstig beurteilt worden seien“.

Ausgehend von dem Wunsch, dem Kollegen Lindworsky nichts von diesem Brief zu sagen und von der Tatsache, dass er kein Recht habe, sich in die Angelegenheit der Kölner Fakultät einzumischen, ging es Peters in seinem Schreiben vom 28.01.1928 an A. Schneider sowohl um das Wohlergehen des Faches Psychologie als auch um das Interesse „an dem menschlichen Schicksal eines verdienten Kollegen“ (HAK Zug. 514/2/141/3, S. 145). Aus einem Briefwechsel mit Lindworsky habe er ersehen können, dass er im Begriff sei, nach Prag zu gehen, während gleichzeitig in Köln die Möglichkeit bestehe, „die Professur Schelers mit einem Psychologen zu besetzen oder sie gar in eine reine Psychologie-Professur umzuwandeln“. Er habe den Eindruck, dass der Kollege Lindworsky „zu bescheiden und zurückhaltend“ sei und er kenne die „Schwierigkeiten, die der Berufung eines Ordensgeistlichen entgegenstehen“ und billige sie nicht, obwohl er „weltanschaulich ganz woanders stehe“.[434] „Sachlich steht es aber doch so, dass Sie einen der leistungsfähigsten Psychologen in Köln haben“, fährt er fort und deshalb stelle er auch die Frage, ob es denn nicht doch möglich wäre, „ihn [Lindworsky] in seinem Kölner Wirkungskreis zu erhalten und ihm auch äusserlich die Stellung zu geben, die seiner Wirksamkeit entspricht“ (HAK Zug. 514/2/141/3, S. 145).

In der Fakultätssitzung vom 28.01.1928 wurde Schelers Berufung nach Frankfurt bekannt gegeben. Max Scheler selbst befürwortete in der Fakultätssitzung vom 13.02.1928 die Aufrechterhaltung der von ihm innegehabten Professur und begründete seine Befürwortung aus der historischen Entwicklung der Kölner philosophischen Lehrstühle heraus (UAK Zug. 285/1, S. 200). An dieser Argumentation ist erkennbar, wieweit die Fakultät etwa von dem „Peters-Vorschlag“ entfernt war, anstelle des Scheler-Lehrstuhls einen Psychologielehrstuhl einzurichten oder sogar über die drei „traditionellen“ Philosophielehrstühle hinaus einen neuen Lehrstuhl für Psychologie einzurichten. Auch Adenauer war nachweislich über den „Peters-Vorschlag“ informiert.[435]

2. Februar 1928: Auf Lindworskys Schreiben vom 02.02.1928 an den Dekan wurde in den Unterlagen mehrfach Bezug genommen. Leider liegt dieses Schreiben nicht vor. Inhaltlich enthält es wohl auch die am folgenden Tag an Adenauer weitergegebene Information, dass bis zum 08.02.1928 Lindworskys endgültige Entscheidung in Prag vorliegen müsse (HAK Zug. 514/2/141/2, S. 17).

3. Februar 1928: Mit Schreiben vom 03.02.1928 teilte Lindworsky Oberbürgermeister Adenauer mit, dass er am Tage vorher dem Dekan mitgeteilt habe, dass er bis spätestens 08.02.1928 seine endgültige Stellungnahme der Regierung in Prag bekanntgeben werde. Weiterhin teilte Lindworsky mit, dass es die Meinung aller seiner „Obern (des Orts-, Provinz- und des Generalobern)“ sei, dass im vorliegenden Fall das angebotene etatmäßige Ordinariat in Prag „höchstens wegen eines persönlichen Ordinariates“ ausgeschlagen werden könne; als Schlusssatz fügte Lindworsky noch hinzu: „Verhandlungen, die auf ein anderes Ziel hinsteuern, werden damit gegenstandslos“ (HAK Zug. 514/2/141/2, S. 15). Auf diese Nachricht hin

---

434 Peters (1880–1963) hatte selbst mit seiner Berufung 1923 nach Jena die ersten Jahre mit Anfeindungen zu kämpfen. Gegen den Widerstand der Philosophischen Fakultät wurde er auf Weisung des Ministeriums für Volksbildung in Thüringen auf den neugegründeten Lehrstuhl für Psychologie in Jena berufen (Stock, 2015b, S. 351). 1933 wurde der evangelisch getaufte und ab 1918 konfessionslose Wilhelm Peters wegen seiner jüdischen Abstammung entlassen. – Er emigrierte zunächst nach England. 1937 wurde er an die Universität Istanbul berufen, wo er erneut ein Psychologisches Institut aufbaute. 1952 kehrte er als Emeritus nicht nach Jena sondern nach Würzburg zurück (Stock, 2015b, S. 351).

435 Adenauer ließ am 08.02.1928 über sein Büro das Schreiben von Peters wieder an Eckert zurückschicken. Im Begleitschreiben hieß es diplomatisch und ohne weitere Erklärung: „Herr Oberbürgermeister hat von dem Inhalt des Briefes mit Interesse Kenntnis genommen.“ (UAK Zug. 17/3464, Bl. 30).

antwortete Adenauer in seinem Schreiben am folgenden Tage (vom 04.02.1928), dass er bedauere, keine Gelegenheit gehabt zu haben, um mit einem der „Herren Oberen über die Angelegenheit zu sprechen“.

6. Februar 1928: Mit Datum des 06.02.1928 (UAK Zug 17/3464, Bl. 25–26) wandte sich der Dekan in einem Schreiben an Prof. A. Schneider. Der Dekan bestätigte, dass er „mit dem Vermerk ‚persönlich und vertraulich‘ “ für sich Gutachten erbeten habe, um sich Klarheit zu verschaffen, „ob Herr Lindworsky für ein evtl. Kölner Ordinariat in Frage käme“. Weiter schrieb er: „Die Gutachten sind nicht einmal durch das Dekanat gegangen, sondern liegen, ohne dass eine einzige Person von ihrem Inhalt Kenntnis genommen hat, bei mir zu Hause“, und am Ende des Briefes heißt es: „Ich habe streng nach dem Fakultätsbeschluss gehandelt, mit den massgebenden Stellen Fühlung zu nehmen‘.“ Auch die Thematik einer Abstimmung, die sicherlich Voraussetzung für eine Stellungnahme der Fakultät wäre, spricht der Dekan an: „Die Ansicht der Fakultät dürfte in der vorletzten Sitzung auch ohne Abstimmung deutlich geworden sein“ (UAK Zug 17/3464, Bl. 26).

Der Dekan hatte also „Fühlungnahme“ mit den maßgeblichen Stellen aufgenommen mit der subjektiven Meinung, die ablehnende Haltung gegenüber einem Ordinariat für Lindworsky sei die Mehrheitsmeinung der Fakultät. Unabhängig von der Subjektivität einer solchen Einschätzung widerspricht ein solches Verhalten normalen demokratischen und vielleicht auch kollegialen Spielregeln. Auch kritische Stimmen im Rahmen der Beratung sind nicht von vornherein als Ablehnung zu werten, denn eine Abstimmung bedeutet immer, dass der Abstimmende das gesamte Für und Wider der Argumente gegeneinander abzuwägen hat. Darüber hinaus verhindert auch eine nicht durchgeführte Abstimmung, dass die Minderheit nicht die Möglichkeit hat, beispielsweise durch ein Separatvotum dem Kuratorium eine abweichende Meinung zur Kenntnis zu bringen.

12. Februar 1928: A. Schneider antwortete auf das an ihn gerichtete Schreiben des Dekans vom 06.02.1928: „Da es sich hierbei aber nicht um eine Angelegenheit, die sie nur privatim interessiert, sondern um eine Fakultätssache handelt, so kam es […] auf die Auswahl der Begutachter an“ (UAK Zug 17/3464, S. 25–26). Hierbei hätten nach Schneider „die der experimentellem Psychologie zunächststehenden Fachordinarien“ herangezogen werden müssen. Zum Schluss des Schreibens an den Dekan wies Schneider ausdrücklich darauf hin, dass seiner Ansicht nach „nach wie vor die Fak[ultät] vor dem 8. ds. Mts. [des Monats] über Gang und Stand der Angelegenheit hätte orientiert werden müssen“; und er stellt an den Dekan die rhetorische und provozierende Frage: „Oder sollen die Fak.-Sitzungen nur dazu da sein, dass wir uns über Dinge von sekundärer u. tertiärer Bedeutung unterhalten.“[436] Fest steht in jedem Fall, dass außer dem Dekan niemand weiß, wer als Gutachter fungierte, welche Funktion und welche Kompetenz diese Gutachter hatten und letztendlich zu welcher Beurteilung sie schlussendlich gekommen sind. Es ist ja noch nicht einmal klar, ob überhaupt Psychologen als Gutachter herangezogen

436 Im Originaltext steht kein Fragezeichen.

wurden, denn wie gesagt, ging es dem Dekan um die Frage „ob Herr Lindworsky für ein evtl. Kölner Ordinariat in Frage käme". Diese Fragestellung kann auch viele „sachfremde" Aspekte (z.B. im Sinne der konfessionellen Gebundenheit) beinhalten. Nur so ist auch der Einwand von Schneider zu verstehen, dass die Fachordinarien hier zunächst hätten konsultiert werden müssen. Fest steht auch, dass an keiner Stelle auf diese ominösen Gutachten von entscheidender Stelle Bezug genommen oder darauf verwiesen wurde, es war im regelrechten Sinne des Wortes eine Geheimaktion und im Grunde genommen einer Universität, die nach ihrem eigenen Ehrenkodex der Wahrheit verpflichtet ist, unwürdig.

12. Februar 1928: Im Schreiben vom 10.02.1928 hatte der Dekan Lindworsky um die Bekanntgabe seiner Entscheidung zur Prager Berufung gebeten. Mit Schreiben vom 12.02.1928 antwortete Lindworsky auf diese Anfrage. Er sprach von insgesamt 4 ½monatiger Verhandlung mit dem Prager Ministerium. Weiterhin betonte er, dass er seine Entscheidung von der Stellungnahme der Philosophischen Fakultät der Kölner Universität abhängig gemacht habe (HAK Zug. 514/2/141/3, S. 157).[437] Am 05.12.1927 (!) habe er das letzte Mal mit dem Dekan über seine Berufungsangelegenheit gesprochen. Bis zum Februar sei jedoch noch keine Stellungnahme der Fakultät erfolgt. Auf sein Schreiben vom 02.02.1928 (8 Tage vor dem entscheidenden Termin für die Prager Berufung) habe er keine Antwort erhalten, „weder schriftlich, noch mündlich, noch wurde ein Ersuchen um Verschiebung des Termins geäussert". Dieses Schweigen, diese Nichtreaktion des Dekans, das Ignorieren seiner Briefe war für Lindworsky gleichbedeutend mit einer negativen Stellungnahme der Fakultät. „Die Stellungnahme der Fakultät erfolgte also in der denkbar schärfsten und in einer zugleich kränkenden Form der Ablehnung", schrieb Lindworsky und dementsprechend habe er den Ruf nach Prag angenommen (HAK Zug. 514/2/141/2, S. 27).

13. Februar 1928: In dieser Fakultätssitzung kam es zu einer umfassenden Nachlese des Falles Lindworsky. Der Dekan berichtete, dass Lindworsky den Ruf nach Prag angenommen habe (UAK Zug. 285/1, S. 201). Er informierte das Gremium über die beiden Schreiben Lindworskys vom 11.12.1927 (!) und vom vorhergehenden Tag, dem 12.02.1928. Während Scheler von (im Protokoll nicht näher differenzierten) Widersprüchen in der Auffassung Lindworskys sprach,[438] nahm A. Schneider eine andere Position ein. Er betonte das „*moralische*" Anrecht [Hervorhebung im Text] Lindworskys[439] und bedauerte, dass die Fakultät seinerzeit,

---

437 Einen Durchschlag des Schreibens vom 12.02.1928 hatte Lindworsky auch Adenauer zukommen lassen (HAK Zug. 514/2/141/2, S. 25).

438 Im Protokoll heißt es: „Hr. Scheler weist auf die Widersprüche in den beiden Schreiben und in der ganzen Auffassung des Hrn. L[indworsky] hin, desgl. auf die Verkennung der in Frage stehenden Sachlage durch Hrn. L[indworsky]."

439 Ausgehend von der Habilitation in Psychologie, der Venia Legendi in experimenteller Psychologie, der Ernennung Lindworskys zum außerordentlichen Professor und nicht zuletzt vor dem Hintergrund des Fakultätsbeschlusses vom 18.05.1925 (vgl. oben), nach dem die Einrichtung eines Ordinariates für Psychologie prioritär sei, ist diese Haltung A. Schneiders nachzuvollziehen.

d.h. am 12.12.1927, nicht „entschieden Stellung“ bezogen hat. A. Schneider führte in der Fakultätssitzung aus, der Auftrag der Fakultät an den Herrn Dekan habe „lediglich auf ‚Fühlungnahme‘“ [Hervorhebung im Text] mit den entscheidenden Instanzen gelautet (UAK Zug. 285/1, S. 201). Die Verwendung des Adverbs „lediglich“ durch Schneider impliziert folgerichtig, dass der Dekan nach Meinung A. Schneiders über den Fakultätsbeschluss hinausgegangen sei. Allem Anschein nach, da es keine weiteren Ausführungen mehr im Protokoll gibt, wurde jedoch von den übrigen Fakultätsangehörigen nicht nachgefragt, so dass diese Anspielung A. Schneiders unbemerkt und unverständlich bleiben musste. Dem Protokoll nach verzichtete auch A. Schneider auf eine Offenlegung der ihm bekannten Umstände (vielleicht, weil die Angelegenheit durch die Annahme des Rufes nach Prag zu einem Abschluss gekommen war). Die Tatsache, dass der Begriff „Fühlungnahme“ von Schneider besonders hervorgehoben worden ist, kann einen vielschichtigen Hintergrund haben. Zum einen besteht die Möglichkeit, dass Schneider daran zweifelte, dass mit dem Begriff „Fühlungnahme“ auch ein Gutachtenauftrag verbunden sein könnte. Zum anderen spielte er natürlich auch auf die den anderen Mitgliedern der Philosophischen Fakultät unbekannt gebliebene Aktion des Dekans an, Gutachten über Lindworsky einzuholen, ohne dazu autorisiert zu sein und ohne deren Ergebnisse der Fakultät vorgelegt zu haben. Diesbezüglich ist das handschriftliche Schreiben A. Schneiders vom 19.02.1928 (UAK Zug 17/3464, Bl. 24) an Eckert aufschlussreich. Schneider wies darauf hin, dass sein an den Dekan gerichtetes Schreiben, in dem er sich u.a. über die vom Dekan geheim gehaltenen Gutachten beklagte, den Dekan noch vor der obigen Fakultätssitzung am 13.02.1928 erreicht habe. Trotzdem habe der Dekan es vorgezogen, „in dieser [Fakultätssitzung] die Gutachtenangelegenheit mit keinem Wort zu berühren [...] Seine Spectabilität [Brinckmann]“ habe es vorgezogen „sich für sie selbst erquicklicheren, bessere Früchte tragenden Aufgaben zuzuwenden“ (UAK Zug 17/3464, Bl. 24).[440]

440 Eine gewisse Unzufriedenheit Eckerts mit der bisherigen Handhabung durch den Dekan lässt sich auch aus einem Schreiben vom 24.02.1928 an A. Schneider erkennen (UAK Zug. 17/3464, Bl. 23). Hier heißt es: „Vielen Dank für die freundliche Uebermittlung der Korrespondenz mit dem Herrn Dekan. Seine Art der Behandlung der Angelegenheit ist ungemein charakteristisch.“ Als Brinckmann 1931 einen Ruf nach Berlin erhielt, schrieb Eckert am 16.03.1931 (HAK Zug. 514/2/141/2, S. 563) eine kurze Nachricht an Adenauer, aus der alles andere als ein Bemühen um ein Halten Brinckmanns an der Kölner Universität zu erkennen ist. Wörtlich heißt es: „Soeben hat mich Prof. Brinckmann nach der von ihm erbetenen Besprechung verlassen. Er kam mit dem Entschluß, Berlin abzulehnen, falls ihm eine Reihe durchaus diskutabler Bedingungen ihm [sic] erfüllt würden. Ich habe sie sämtlich in Ihrem Namen und im Namen des Kuratoriums abgelehnt und nehme an, daß er nunmehr den Ruf nach Berlin acceptieren wird.“

Weiterhin beklagte A. Schneider in der Fakultätssitzung, es sei von Seiten des Dekans seit der Fakultätssitzung im Dezember 1927 keine „Orientierung“ der Fakultät erfolgt, „was dringend nötig gewesen wäre, auch im Hinblick auf die prinzipielle Bedeutung des Falles“ (UAK Zug. 285/1, S. 201). Auch Adenauer hatte – s.o. – wegen der prinzipiellen Bedeutung der Berufung eines Jesuiten den Dekan um eine Anfrage beim Ministerium gebeten (HAK Zug. 514/2/141/2, S. 115). Schneider bedauerte, dass der Abschluss der Angelegenheit „ein so wenig freundlicher“ gegenüber Lindworsky gewesen ist. Der Dekan wies, ohne dass dem Fakultätsprotokoll vom 13.02.1928 nähere Einzelheiten zu entnehmen sind, auf die „Inopportunität eines Fakultätsbeschlusses“ hin.

Eine Fakultät hat, damit sie ihrer Aufgabe zur Stellungnahme gerecht werden kann, sicherlich Anspruch auf die vollständigen Unterlagen. Dies war im Falle Lindworskys nicht der Fall. Auch der Vorwurf A. Schneiders in Richtung Dekan, es mangele an „Orientierung“, ist nicht von der Hand zu weisen. Seit der Fakultätssitzung am 12.12.1927, d.h. seit zwei Monaten hatte es keine Fakultätssitzung mehr zum Thema Lindworsky gegeben. Das Gremium wurde in der Zwischenzeit nicht über den Stand der Dinge informiert, geschweige denn, dass sich die Philosophische Fakultät durch eine Abstimmung hätte äußern können. Prof. Rukop erkannte in der Fakultätssitzung vom 13.02.1928 „eine gewisse Berechtigung der Verstimmung“ Lindworskys an, da Lindworskys Brief vom 05.02.1928 nicht beantwortet wurde. (UAK Zug. 285/1, S. 201). Auch Prof. Darapsky sah „eine gewisse Berechtigung der Kränkung“. Allgemein wurde ein Antwortschreiben an Lindworsky als sinnvoll erachtet. Scheler sprach sich auch für ein Antwortschreiben an Lindworsky aus, allerdings wünschte er „keinerlei entschuldigende Färbung in dem Antwortschreiben“ [Unterstreichung im Text] (UAK Zug. 285/1, S. 202).

Weiterhin steht im Protokoll vom 13.02.1927, dass in dieser Angelegenheit seitens der Studentenschaft eine Eingabe mit 247 Unterschriften erfolgt sei. Lindworsky bemängelte später in seinem Schreiben nach dem Wintersemester 27/28 an den Dekan, dass diese Eingabe am 23. Januar „vor der Fakultätssitzung [Hervorhebung v.Verf.]“ erfolgt sei, die Bekanntgabe aber erst in der Fakultätssitzung vom 13. Februar erfolgte (UAK Zug 17/3464, Bl. 21).[441]

16. Februar 1928: Im Schreiben vom 16.02.1928 (UAK Zug. 17/3464, Bl. 8–9; HAK Zug. 514/2/141/3, S. 161 – 162) an Lindworsky drückt der Dekan sein Bedauern darüber aus, dass es nicht gelungen sei, Lindworsky für die Honorarprofessur zu gewinnen. Laut Brinckmann „sprachen verschiedenste Gründe dagegen“, ihm ein Ordinariat anzubieten, selbst wenn Lindworskys „Verdienste um den Ausbau des

441 Der Dekan hatte bemängelt, dass es sich bei den Unterschriften keineswegs ausnahmslos um Studenten handelte. Es habe in der Folge ein Gespräch mit Herrn Scola gegeben (UAK Zug. 285/1, S. 202). Dr. Franz Scola, ein Schüler Lindworskys, hatte als Reaktion auf die Beanstandungen des Dekans, einen Brief an den Dekan geschickt. Dieses Schreiben ist nach der Aussage von Lindworsky der Fakultät nicht bekannt gegeben worden. (UAK Zug. 17/3464, Bl. 21).

Faches warm anerkannt werden." Die „verschiedensten Gründe" wurden in diesem Schreiben leider nur in einem einzigen Punkt präzisiert. Der Dekan schrieb: „Nun wünscht die Fakultät, wie in der Sitzung vom 21. November [1927] festgestellt wurde, an sich kein Aufrücken von Privatdozenten in Ordinariate der gleichen Universität".[442]

Bereits in der Fakultätssitzung vom 21.06.1927 war dieses Problem im Rahmen eines Antrags von Prof. Kroll behandelt und wegen seiner Strittigkeit vertagt worden (UAK Zug. 285/1, 21.6.1927, S. 180). Schwer nachzuvollziehen ist der Beschluss der Fakultät vom 21.11.1927, auf den der Dekan sich bezieht. In der betreffenden Fakultätssitzung wurde beschlossen, den Wortlaut des Beschlusses nicht schriftlich festzuhalten! Im Protokoll der Fakultätssitzung vom 21.11.1927 (UAK Zug. 285/1, S. 188) heißt es unter Punkt IX): „Antrag Kroll betr. Aufrücken von Privatdozenten in Ordinariate. [...] Die Fakultät beschliesst, von einer schriftlichen Formulierung eines Beschlusses abzusehen" [Hervorhebung im Text]. Wir haben es hier also mit der eigenartigen Situation zu tun, dass ein Beschluss gefasst wird, dessen genauer Wortlaut per Beschluss (!) nicht festgehalten wird. Nach Aussage des Dekans in obigem Schreiben wurde aber in dieser Sitzung am 21.11.1927 der Beschluss gefasst, das Aufrücken von Privatdozenten in Ordinariate der gleichen Universität nicht zuzulassen.[443]

Zur Beurteilung des Beschlusses vom 21.11.1927 dürfte jedoch entscheidend sein, dass die Universität zu Köln 1919 mit dem hohen Anspruch angetreten ist, eine „neuartige Universität" aufzubauen. Darunter ist sicherlich auch zu verstehen, dass man die „berühmten alten Zöpfe" abschneiden wollte, um mit klaren und zukunftsorientierten Reformen Universitätsarbeit, die den hehren Zielen der Gründerzeit von 1919 gerecht wurde, zu betreiben. Aus heutiger Sicht würde man auch sagen, dass ein Beschluss, wie er am 21.11.1927 gefasst wurde, grundsätzlich dem Leistungsgedanken und der vorgeschriebenen „Bestenauslese" nach Art. 33

442 Nicht in dieses Bild passt die Entscheidung der Fakultät im Jahre 1931. In der Nachfolge für Nicolai Hartmann waren Kommission und Fakultät übereingekommen, Heimsoeth (Königsberg) und Haering (Tübingen) pari loco vorzuschlagen. Bezüglich der potentiellen Hausberufung von Helmuth Plessner wurde vereinbart, ihn „mit besonderer Betonung" auf der Liste zu nennen, ohne ihn jedoch vorzuschlagen. Wörtlich heißt es: „Ihn direkt zu nennen verbieten sachliche Gründe (Fall Bücken)" (UAK Zug. 285/1, 18.2.1931, S. 282 und S. 283). Helmuth Plessner sollte irgendwie auf der Vorschlagsliste erwähnt werden, ohne jedoch direkt vorgeschlagen zu werden. Dies war immerhin eine Konsequenz, die man aus der für die Universität so negativ verlaufenen Pressekampagne im Zusammenhang mit der Besetzung des Musikordinariates. gezogen hatte.

443 Lindworsky hatte diesbezüglich offenbar „Insiderwissen", denn in seinem Schreiben nach dem Wintersemester 27/28 an den Dekan hielt er fest: „Es scheint mir sehr fraglich, ob dieser Antrag als Wunsch der Fakultät bezeichnet werden kann oder gar als Wunsch der Fakultät protokolliert wurde" (UAK Zug. 17/3464, Bl. 8).

Abs. 2 GG[444] widerspricht. Auch die Weimarer Reichsverfassung hatte in Artikel 128 Abs. 1 eine vergleichbare Rechtsgrundlage (Art. 128 Abs. 1 WRV: „Alle Staatsbürger ohne Unterschied sind nach Maßgabe der Gesetze und entsprechend ihrer Befähigung und ihren Leistungen zu den öffentlichen Ämtern zuzulassen.") Nach damaligem Verfassungsrecht waren also die „Befähigung" und die „Leistung" die einzigen Kriterien, die beim Aufstieg in ein Ordinariat zu berücksichtigen waren. Ein Verbot interner Berufungen ist daraus nicht abzuleiten. Es spricht also vieles dafür, dass der Fakultätsbeschluss vom 21.11.1927, auf den sich der Dekan in seinem Schreiben vom 16.02.1928 an Lindworsky bezog, rechts- und verfassungswidrig war.[445]

Bezüglich der Ablehnung hausinterner Berufungen brachte Lindworsky (auch wenn es auf seinen Fall nicht zutrifft) sogar ein gewisses Verständnis auf, indem er in einer solchen Maßnahme eine Vermeidung von „Mitleidsprofessuren" oder einen Ausschluss von „unsachlichen Momenten" wie etwa „Verwandtschaft" sah (UAK Zug. 17/3464, S. 15).

1. März 1928: (Das Datum dieses Schreibens von Lindworsky ist dem Schreiben von Dekan Brinckmann vom 13.03.1928 zu entnehmen.) Lindworsky antwortete am 01.03.1928 auf das Schreiben des Dekans vom 16.02.1928 (UAK Zug. 17/3464, Bl. 10–22; HAK Zug. 514/2/141/3, S. 165 – 189). Zunächst erwähnte Lindworsky, dass der Dekan ihm noch am 29.11.1927 mitgeteilt habe, dass, falls er sich mit einem persönlichen Ordinariat begnüge, er die ganze Fakultät hinter sich habe. Seine Position sei heute so günstig, dass er ein „etatmäßiges Ordinariat erzwingen" könne. Dies sei der Fakultät aber weniger lieb, denn dies bedeute, dass diese bereit gestellten Mittel der Fakultät an einem anderen Ende wieder abgingen. Lindworsky verwies darauf, dass er dem Dekan gegenüber gesagt habe, den Ruf nach Prag ablehnen zu wollen, wenn ihm ein persönliches Ordinariat in Köln angeboten würde (UAK Zug. 17/3464, Bl. 12).

Doch in der Folge kam alles ganz anders. Im Gespräch am 11.12.1927 mit dem Dekan ging es nur noch um eine Honorarprofessur und schließlich sogar um den Vorschlag in seiner jetzigen Stellung als unbesoldeter außerordentlicher Professor seine Lehrtätigkeit weiter zu machen (UAK Zug. 17/3464, Bl. 13). Lindworsky hielt u.a. in seinem Schreiben am 01.03.1928 nach dem Wintersemester 1927/28 nochmals fest, dass der Herr Dekan ihm am 05.12.1927 mitgeteilt habe, „nur" die „Zugehörigkeit zum Jesuitenorden" sei ein Hindernis für seine Berufung zum Ordinarius

444 Art. 33 Abs. 2 GG: Jeder Deutsche hat nach seiner Eignung, Befähigung und fachlichen Leistung gleichen Zugang zu jedem öffentlichen Amte.

445 Auch heute noch sind sogenannte Hausberufungen gewissen Einschränkungen unterworfen. Im Hochschulgesetz des Landes NRW heißt es in § 37 Abs. 2, dass Mitarbeiterinnen und Mitarbeiter der eigenen Hochschule „nur in begründeten Ausnahmefällen" berücksichtigt werden können. Begründete Ausnahmefälle sind beispielsweise gegeben, wenn der Bewerber bereits auf einem Listenplatz einer anderen Universität stand oder wenn er mindestens zwei Jahre außerhalb der berufenden

gewesen (UAK Zug. 17/3464, Bl. 15).[446] Es spricht vieles dafür, dass auch diese (nachweislich nur vom Dekan ausgesprochene Sichtweise) nicht rechtskonform ist. Neben Art. 136 Abs. 2 der Weimarer Reichsverfassung ist auch auf die freiheitliche Satzung der Universität zu Köln (1919) zu berücksichtigen, die in § 6 festlegte, dass die Berufung zu einem Lehramt "unabhängig von der religiösen und politischen Überzeugung oder *Betätigung* " zu erfolgen habe [Hervorhebung v. Verf.]. Nach diesem eindeutigen Wortlaut durfte folglich Lindworskys „Betätigung" als Jesuitenpater kein Hindernis für eine Berufung in ein Ordinariat sein. Kriterien wie Konfessionszugehörigkeit oder Konfessionsproporz sind folglich weder verfassungs- noch satzungskonform, unabhängig von der Tatsache, dass auch während der Gründungsphase der Universität im Jahre 1919 nie die Rede war von einer etwa gleichmäßigen Repräsentation der Konfessionen innerhalb des universitären Lehrkörpers.[447]

Auf das Schweigen und die Untätigkeit des Dekans kam Lindworsky mehrfach zu sprechen. Nach Annahme des Prager Angebotes beklagte Lindworsky in seinem ausführlichen Schreiben vom 01.03.1928 an den Dekan dessen passives Verhalten:

Hochschule wissenschaftlich tätig war. Ein generelles Hausberufungsverbot gibt es jedoch nicht, weil dies der Verfassung widerspräche.

446 Die Zugehörigkeit zu einer Religionsgesellschaft war auch früher schon in der Fakultät thematisiert worden. In der Fakultätssitzung vom 12.07.1920 wurde im Rahmen einer Beratung über eine anstehende Habilitationsordnung heftig darüber gestritten, ob im Habilitationsgesuch des Bewerbers die Konfession genannt werden sollte. In der Fakultätssitzung kam es sogar zu einer namentlichen Abstimmung. Mit 6: 5 Stimmen entschied sich die Fakultät gegen die Konfessionsangabe. Unter den Gegnern waren alle drei Philosophieprofessoren (Saitschick, Scheler und Driesch) (UAK Zug. 285/1, S. 15).

447 Alle Professoren waren verbeamtet und mussten einen Eid auf die neue Verfassung ablegen. Aber insgesamt muss gesehen werden, dass die damalige Professorenschaft im Allgemeinen nicht uneingeschränkt die liberale Weimarer Verfassung unterstützte. Der Philosoph Helmut Kuhn (1899–1991), der Deutschland wegen seiner jüdischen Abstammung in der NS-Zeit verlassen musste, schreibt dazu: „Die Haltung der Demokratie gegenüber schwankte zwischen einer mehr vernünftigen als herzlichen Loyalität und offener Abneigung gegen eine unverstandene und als fremdartig empfundene Staatsform – wobei die nostalgische Erinnerung an das Kaiserreich und ein durch demokratische Gleichmacherei gekränktes Standesgefühl mitsprachen" (Kuhn, 1966, S. 24). Auch der Sozialwissenschaftler Norbert Kapferer, Professor an der Universität Wroclaw (Breslau), weist darauf hin, dass durch Zeitzeugen wie Theodor Eschenburg überliefert ist, wie Historiker, Juristen, Staatsrechtler in den zwanziger Jahren an den Hochschulen ihren Widerwillen gegen die Weimarer Republik entweder in gehässigen Kommentaren zeigten oder sich hinter kühler, fachlicher Korrektheit verbargen (Kapferer, 2001, S. 38).

> „Sie, Herr Dekan, [...] verfielen endlich auf den Gedanken, sich fein passiv zu verhalten. [...] Der Ruf nach Prag wurde darum von mir angenommen, weil der Dekan durch sein Stillschweigen auf das Beredste zu erkennen gab, wie wenig die Fakultät gewillt sei, die für mein Bleiben von mir gestellte Bedingung zu erfüllen." (UAK Zug. 17/3464, Bl. 11)

Die Konfessionsproblematik, so der Inhalt des Schreibens vom 01.03.1928, hätte der Dekan mit ihm am 05.12.1927 besprochen. Der Dekan soll in diesem Gespräch zu Lindworsky gesagt haben: „Wir sind in der höchsten Verlegenheit. Machen wir Sie zum Ordinarius, dann gibt es Sturm bei den Protestanten, lassen wir Sie nach Prag ziehen, dann werden die Katholiken Lärm machen" (UAK Zug. 17/3464, Bl. 12).

Ein Ausweg wäre die Annahme einer ordentlichen Honorarprofessur. Wörtlich hieß es dazu in dem Schreiben Lindworskys:

> „Den Vorteil der Vertauschung des Ordinariates mit einer Honorarprofessur erblickten Sie darin: der Ordinarius kann sprechen wovon er will, darum sei ein Jesuit als Ordinarius stets eine Bedrohung des konfessionellen Friedens; der Honorarprofessor darf nur von seinem Fach reden, er braucht darum keinen Protestanten zu schrecken." (UAK Zug. 17/3464, Bl. 12)

Lindworsky führt in seinem Schreiben weiter aus, dass das Kuratorium ihm den „befremdenden Vorschlag" gemacht habe, „auf jeden Vorteil zu verzichten" [Unterstreichung im Text] und in seiner Stellung als unbesoldeter außerordentlicher Professor weiter zu wirken. Es ist nicht eindeutig, was Lindworsky hier unter „Kuratorium" verstand. Vermutlich ging es hier aber auch um Oberbürgermeister Adenauer.[448] Nach Lindworskys Aussage hatte es am 21.01.1928 mit Adenauer ein Gespräch gegeben, in dem Adenauer ihm gesagt haben soll: „Sie können sich ja immer sagen: ich bin nur darum nicht Ordinarius geworden, weil ich Jesuit bin" (UAK Zug. 17/3464, Bl. 16).

13. März 1928: Ohne auf die Einzelheiten des vorhergehenden Schreibens von Lindworsky näher einzugehen, antwortete der Dekan, dass er keineswegs das Schreiben Lindworskys als richtig anerkenne. Er sei aber in keiner Weise berechtigt, streng vertrauliche Angelegenheiten Lindworsky gegenüber zu erörtern (HAK Zug. 514/2/141/3, S. 192). Der Kernsatz des kurzen Antwortschreibens an Lindworsky dürfte der folgende Satz sein: „Der überwiegende Teil der Fakultät wünschte Sie [Lindworsky] nicht als Ordinarius und dieser Wunsch ist erfüllt worden" (HAK Zug. 514/2/141/3, S. 193).

---

448 In dem handschriftlichen Schreiben von A. Schneider an Eckert vom 19.02.1928 (UAK Zug 17/3464, Bl. 24) erwähnte Schneider, dass Adenauer mit Lindworsky über die Thematik gesprochen habe. Insgesamt hatte es je zwei Gespräche zwischen Adenauer und Lindworsky und zwischen Eckert und Lindworsky gegeben (UAK Zug 17/3464, Bl. 21).

Es bleibt jedoch festzuhalten, dass diese Aussage des Dekans auf einer persönlichen Einschätzung über die Stimmungslage in der Philosophischen Fakultät beruht. Es hat diesbezüglich nie eine Abstimmung gegeben. Selbst unterstellt, die Einschätzung des Dekans wäre durch eine reale Abstimmung untermauert worden, so wäre das Ergebnis an das Kuratorium weitergegeben worden und auch die unterlegene Minderheit in der Fakultät hätte immerhin noch die Möglichkeit gehabt, ihr Minderheitsvotum argumentativ vor dem Kuratorium zu vertreten. Auch im Falle Artur Schneiders (auch wenn die damalige Berufungssituation sicherlich kaum mit der Situation zu Anfang des Jahres 1928 vergleichbar war) ist das Kuratorium nicht dem Mehrheitsvotum sondern dem Minderheitsvotum gefolgt.

Rückschau und Fazit

Inwieweit Adenauer durch sein Tun oder Unterlassen entscheidenden Einfluss auf die Angelegenheit „Lindworsky" genommen hat, ist nicht abschließend zu beurteilen. Zwei Jahre vor dem „Fall Lindworsky" schrieb Adenauer noch in einem vertraulichen Brief am 31.10.1925 an seinen Parteifreund, dem damaligen Abgeordneten im preußischen Landtag, Prof. Lauscher, dass er sich bei Berufungen von Professoren an der Kölner Universität „vollständig zurückhalte", damit nicht die Universität in den Verdacht geriete, „sie sei bei der Berufung ihrer Professoren nicht frei" (HAK Zug. 514/2/141/1, S. 465).[449] Vielleicht ist das eine Erklärung dafür, dass Adenauer keine entscheidende Energie dafür einsetzte, dass Dekan Brinckmann unverzüglich nach der Unterredung im Januar 1928 (also noch rechtzeitig vor der endgültigen Entscheidung über die Annahme der Prager Berufung) die Anfrage an das Ministerium bezüglich der prinzipiellen Zulässigkeit von Jesuiten zum Ordinarius abschickte. Da es sich um eine grundsätzliche Frage handelte, hätte er ohne weiteres in seiner Funktion als Oberbürgermeister in dieser Situation eine Eilentscheidung des Ministeriums herbeiführen können. Im Grunde genommen hat er „tatenlos" die Untätigkeit des Dekans, als Verschleppungstaktik sicherlich erkennbar, akzeptiert.

Ausgehend von einer allgemeingültigen Akzeptanz der „Parität" in den Weltanschauungsfächern, auch wenn dies weder durch die Verfassung noch die Satzung gestützt wurde, war eine Berufung Lindworskys vor dem Hintergrund einer eindeutigen protestantischen Mehrheit in der Fakultät nicht durchzusetzen.

---

449 Nicht alle teilten diese Zurückhaltung Adenauers bei Personalmaßnahmen. Heimbüchel zitiert den Betriebswissenschaftler Prion in seiner Abschiedsrede vor Studenten (1925): „Als ein freier deutscher Professor ist mein Verbleiben an dieser städtischen Universität nicht weiter möglich. Adenauer ist als Oberbürgermeister gleichzeitig der Rektor der Kölner Universität. Adenauer [...] sucht die Freiheit des Geistes an dieser städtischen Universität mit Methoden des Mittelalters zu unterbinden." (Heimbüchel, 1988, S. 557).

Im Bereich der Philosophie hatten eine Professur inne:

- Nicolai Hartmann, evangelisch-lutherischer Konfession, der auch 1912 (damals in Marburg) zu den Unterzeichnern der Erklärung gegen die Besetzung philosophischer Lehrstühle mit Vertretern der experimentellen Psychologie zählte.[450]
- Artur Schneider, eher von einer konservativ katholischen Haltung, der anstelle des von der Mehrheit der Fakultät gewünschten Theodor Litt, der evangelisch-lutherischer Konfession war, nach Köln kam. Im gesamten Verfahren um Lindworsky war auf Seiten A. Schneiders eine Lindworsky gegenüber wohlwollende Haltung wiederzufinden.
- Max Scheler, ursprünglich wegen seiner katholischen Weltanschauung an die Universität zu Köln berufen, später jedoch zum „Atheisten" geworden, nahm unmittelbar vor der Entscheidung Lindworskys für Prag einen Ruf nach Frankfurt an.[451] Scheler nahm in dem gesamten Prozess der Ordinariatsdiskussion eine deutlich Haltung gegen Lindworsky und eine Einrichtung eines Psychologieordinariates ein, obwohl er der „Habilitationsvater" von Lindworsky war.

---

450 Die gewichtige Rolle der Konfessions- und Religionszugehörigkeit ist auch nach dem Weggang Hartmanns im Jahre 1931 nach Berlin zu erkennen. Der Prorektor der Philosophischen Fakultät Prof. Planitz schrieb am 29.03.1931 an den Rektor der Universität im Zusammenhang mit einer an das Ministerium einzureichenden Vorschlagsliste für die vakante Philosophie-Professur: „Da die katholische Professur [gemeint ist A. Schneider] besetzt ist, lag hier der Fall der freien Professur vor [...]. Auf der Vorschlagsliste wie im Kreise der von mir genannten waren soviel ich sehe nur Protestanten und Juden vertreten." (UAK Zug. 28/53, S. 208).

451 Im Rahmen des Verfahrens wegen des Wechsels von Max Scheler an die Universität Frankfurt schrieb Adenauer am 20.01.1928 an Ministerialdirektor Prof. Richter aus dem preußischen Kultusministerium, dass Schelers „Scheiden von Köln ein Gewinn für die Universität sein würde". Weiter heißt es: „Herr Scheler ist seinerzeit an das Institut für soziale Forschung in Köln ausdrücklich als katholischer Forscher – es sollten 3 Weltanschauungen, und zwar die katholische, die sozialistische und die liberale vertreten sein – berufen worden und hat ausdrücklich erklärt, daß er auf diesem Boden stehe. Er hat dann später in einem seiner Werke ausgeführt, daß er niemals auf diesem Boden gestanden habe" (HAK Zug.514/2/141/2, S. 121). Ausgehend von der Richtigkeit dieser Aussage bedeutete dies, dass Scheler seine Stelle als Mitdirektor des Kölner Forschungsinstituts für Sozialwissenschaften unter falschen Voraussetzungen erlangt hätte. Nur kurze Zeit nach seinem Wechsel nach Frankfurt verstarb Scheler im Alter von vierundfünfzig Jahren am 19.05.1928 in Frankfurt an einer Herzembolie (Dietz, 2006, S. 66). Er wurde auf dem Kölner Südfriedhof begraben (Henckmann, 2005, o. P.). Die Geburt seines Sohnes Max Georg am 28.12.1928 erlebte er nicht mehr. Robert Heiß schrieb in einem Nachruf auf den plötzlichen Tod Max Schelers in der Deutschen Lehrerzeitung über den Verstorbenen: „Einer der Mächtigsten im Denken und einer der Lebendigsten im Geiste, eine gewaltige geistige Kraft ist erloschen. Scheler war als Philosoph einzigartig [...] Der ganze Mensch [war] eine philosophische Leidenschaft" (Heiß, 1928, S. 598). Die Stadt Köln hat nach ihm eine Straße in Köln-Lindenthal benannt.

- Wilhelm Kahl, ebenfalls Katholik, pensionierter Beigeordneter der Stadt Köln, weniger in Philosophie als in Pädagogik eingesetzt. Auch wenn er der Stadt Köln über seine Pension hinaus keine zusätzlichen Kosten verursachte, dürfte er bei konfessionsstatistisch denkenden Professoren mit zur katholischen Seite gerechnet werden.

Auch die Tatsache an sich, dass die Pädagogik in den Händen eines Katholiken bzw. zweier Katholiken lag (Kahl und A. Schneider), dürfte erheblich zum Nachteil Lindworskys ausgelegt worden sein. Es ist auch davon auszugehen, dass die Mehrheit der Philosophischen Fakultät in der Psychologie kein weltanschaulich neutrales Fach sah. In der Folge ging es für einen (nicht zu bestimmenden) Teil der Philosophischen Fakultät darum zu vermeiden, dass nicht auch noch das vermeintliche Weltanschauungsfach Psychologie in die Hände eines Katholiken, und hier sogar eines Jesuiten, fiele. Bei der obigen Zusammensetzung der der Philosophie nahestehenden ordentlichen Professoren käme die Berufung eines Jesuiten auf einen Psychologielehrstuhl für Anhänger der Paritätsideologie schon einer Sensation gleich, selbst wenn man die Tatsache berücksichtigt, dass die Mehrheit der Ordinarien der Philosophischen Fakultät der evangelischen Konfession zugeordnet werden konnte.[452]

Bedauerlich ist, dass niemand mehr die Gelegenheit gesehen und ergriffen hat, Lindworsky zu halten (vgl. obigen Vorschlag von Prof. Wilhelm Peters aus Jena), als Scheler seinen Ruf nach Frankfurt bereits angenommen hatte.[453] Vermutlich waren inzwischen die religiös motivierten Grabenkämpfe soweit verfestigt, dass niemand mehr die Energie aufbrachte, in der Kürze der Zeit ein solches Unterfangen noch in Angriff zu nehmen.

Da die Fakultät keine Stellungnahme oder einen Antrag an das Kuratorium gerichtet hatte, ist es zu keiner offiziellen Entscheidung gekommen. Unabhängig von der Frage, ob Lindworsky überhaupt antragsberechtigt war, sagte er selbst, „dass er nicht mit einer Silbe als Antragsteller vor die Fakultät treten möchte" (UAK Zug. 17/3464, Bl. 14). Es stellt sich nur die Frage, weshalb es innerhalb der Fakultät nicht zu einer Abstimmung gekommen ist, insbesondere wenn sich der Dekan der Einschätzung der Fakultät so sicher war. Die streng vertrauliche und von sehr persönlicher Meinung geprägte Stellungnahme des Dekans zeigt, dass er auf jeden Fall ein Ordinariat für Lindworsky in Köln verhindern wollte. Es spricht

---

452 Dass es sich bei Philosophielehrstühlen an der Universität zu Köln traditionell um Weltanschauungsordinariate handelt, ist auch indirekt aus den Überlegungen der Philosophischen Fakultät in ihrer Sitzung vom 07.03.1947 nach dem Kriege erkennbar. Die Fakultät legte Wert darauf hinzuweisen, dass das zu besetzende Ordinariat für mittelalterliche Philosophie weder weltanschaulich noch konfessionell gebunden sei (UAK Zug. 285/1, S. 535).

453 Am 25.01.1928 hatte Scheler Geheimrat Eckert mitgeteilt, dass er den Ruf nach Frankfurt annehmen werde und Lindworsky sagte am 08.02.1928 zu, dem Ruf nach Prag zu folgen.

also sehr viel für die Annahme Lindworskys, dass der Dekan bewusst die Angelegenheit verschleppt hat, bis sich die Verzögerung durch die Annahme des Prager Angebots erübrigt hatte.

Allem Anschein nach sind durch das Vertragsangebot aus Prag an der Universität zu Köln nach heutigem Sprachgebrauch regelrecht ideologische Grabenkämpfe ausgebrochen, auch wenn Lindworskys wissenschaftliche Leistungen und seine Verdienste um den Aufbau des Faches und des Psychologischen Institutes an der Universität zu Köln unbestritten waren. Allen Beteiligten war bewusst, dass das Fach Psychologie an der Universität zu Köln mit der Person von Lindworsky „steht und fällt". Damit das Fach aber weiter „stehen" konnte, bedurfte es aber angesichts des Konkurrenzangebotes durch Prag eines (persönlichen oder planmäßigen) Ordinariates für Lindworsky. Die Anerkennung Lindworskys als Ordinarius hätte gleichzeitig auch die Anerkennung des Faches „Psychologie" bedeutet. Im Sinne der in der „Neuartigkeit" der Universität enthaltenen „Pluralität" wäre dies sicherlich auch logisch gewesen. A. Schneider betont zu Recht in der Fakultätssitzung vom 12. 12.1927 die „inneren Konsequenzen der früheren Habilitation des Hrn. L[indworsky]". Gemeint ist damit sicherlich, dass die Habilitation in einem völlig neuen Fach wie der „Psychologie" früher oder später auch als Konsequenz einen entsprechenden Lehrstuhl nach sich ziehen konnte.

In der Fakultätssitzung vom 12.12.1927 wurde (ohne klare Ausführungen im Protokoll) kontrovers diskutiert, ob der Fall Lindworsky als ein „prinzipieller" Fall anzusehen sei. Adenauer hatte die Ernennung eines Jesuiten zum Ordinarius als prinzipiellen Fall, als einen grundsätzlich zu klärenden Fall angesehen (vgl. Ausführungen unter 11. Januar 1928). In der Fakultätssitzung wandten sich die Professoren Kallen und Kroll gegen die Behandlung als prinzipiellen Fall. Kallen betonte „die Konsequenzen der Habilitierung u[nd] vor allem auch der Ernennung zum a.o. Professor". Kallen sah also in der Habilitierung und Ernennung zum außerordentlichen Professor eine geradlinige Vorgabe, die logischerweise zu einem späteren Zeitpunkt in der Einrichtung eines ordentlichen Ordinariates führen musste. Derartige sich zwangsläufig ergebende Folgen wurden jedoch von anderer Seite in der Fakultät bestritten.

Unabhängig von diesem „Nebenkriegsschauplatz" tat sich aber der übergeordnete Gesichtspunkt der vermeintlich nach außen dokumentierten religiösen Ausrichtung der Philosophischen Fakultät auf. Auch wenn in der Weimarer Zeit eine ähnliche verfassungsrechtliche Situation wie in der heutigen Bundesrepublik bestand, so war der gelebte gesellschaftliche Hintergrund noch ein völlig anderer. Das unter Bismarck im Jahre 1872 verabschiedete Jesuitengesetz war erst während des Ersten Weltkrieges im Jahre 1917 endgültig zurückgenommen worden. Trotzdem war das Denken, das schließlich zu dem Jesuitengesetz geführt hatte, nicht völlig aus der Gesellschaft verschwunden. Damals war nahezu noch jeder Reichsbürger konfessionell gebunden. Die Kirchen wurden im Grundsatz von allen als moralische Autoritäten anerkannt, sie spielten eine erhebliche Rolle. Die Schwierigkeiten einer katholisch dominierten Stadt Köln in einem protestantischen preußischen Staat sind bereits hinlänglich im Zusammenhang mit der Wiedergründung der Universität Köln im Jahre 1919 beschrieben worden. Der von Rom vorgegebene Katholizismus im Deutschen Kaiserreich traf auf den Protestantismus als einer Art Staatsreligion. Gegenseitiges Beobachten und Beäugen, ob nicht die eine oder andere Seite sich irgendwelche Vorteile verschaffte, dürften also die Norm gewesen sein. Letztendlich wird der Katholik Adenauer auch in Kenntnis der Rechtslage die Entscheidung gegen Lindworsky getroffen haben, weil er als Politiker mehr den „Parteienproporz“ und seine politischen Ziele im Auge hatte.

Mit Datum des 31.07.1928 schied Lindworsky aus den Diensten der Universität zu Köln aus (UAK Zug. 17/3464). Um mit Wilhelm Humboldt zu sprechen: „Der Freiheit droht aber nicht bloß Gefahr von ihm [dem Staat], sondern auch von den Anstalten [Universitäten, Akademien] selbst, die wie sie beginnen, einen Geist annehmen und gern das Aufkommen eines anderen ersticken“ (Humboldt, 1810, S. 277). Die Universität zu Köln hatte das Wachsen und Blühen der experimentellen Psychologie, gebunden an die Person Lindworskys, erlebt und erfahren, war aber trotzdem nicht bereit, den letzten Schritt der formalen Anerkennung durch die Einrichtung eines Lehrstuhls zu gehen. Insofern nähert sich die Situation der experimentellen Psychologie nach dem Weggang Lindworskys dem Humboldtschen „Ersticken“.

7.1 „Warum ließ man Lindworsky gehen?“[454]

Die enge Verwobenheit der Universität zu Köln mit der Stadt und den Bürgern Kölns ist daran zu erkennen, dass in der Weimarer Zeit die Personalpolitik der Universität in der lokalen Presse (im Gegensatz zu heute) noch ein lebhaftes Interesse fand. Die Kölner Universität lag folglich im Schnittpunkt der damaligen gesellschaftspolitischen Interessen.

7.1.1 Pressekampagne der Kölnischen Volkszeitung

Zwei Jahre nach dem Weggang Lindworskys an die deutsche Universität in Prag kam es in der Kölner Presse, insbesondere in der Kölnischen Volkszeitung,[455] zu einigen vehementen Angriffen auf die Universität im Rahmen der ihr unterstellten Nichtberücksichtigung der Parität bei Besetzung von Lehrstühlen.[456] Was der

454 Zitat aus der Kölnischen Volkszeitung vom 25.07.1930 (Nr. 375).

455 Die „Kölnische Volkszeitung“ war damals eine Zeitung mit überregionaler Bedeutung, stand der Deutschen Zentrumspartei nah und galt als das Hauptpresseorgan der rheinischen Katholiken (Burtscheid, online). [Andreas Burtscheidt ist promovierter Historiker und wissenschaftlicher Mitarbeiter in der „Kommission für Zeitgeschichte, Forschungsstelle Bonn“.]

456 Adenauer teilte auch als Zentrumspolitiker nicht die Vehemenz der Angriffe der Kölnischen Volkszeitung. Er schrieb am 04.08.1930 an den Zentrumspolitiker und damaligen Landtagsabgeordneten Prof. Lauscher: „Die Angriffe der Kölnischen Volkszeitung gehen weit, weit über das berechtigte Mass hinaus“ (HAK Zug. 514/2/141/3, S. 243).

katholische Volksteil bekämpfe und öffentlich bemängele sei das „System der Imparität", das auch an der neuen Universität Köln „Heimstätte" gefunden habe [Hervorhebung im Text], schrieb die Kölnische Volkszeitung (25.07.1930, Nr. 375). Die Zustände, wie sie sich unter dem Deckmantel „objektiver Wissenschaft" herangebildet hätten, müssten offen besprochen werden. Die Kölnische Volkszeitung werde nicht eher schweigen können, bis dem katholischen Volksteil Kölns und des Rheinlandes Gerechtigkeit bei Besetzung von ordentlichen Lehrstühlen widerfahre (Kölnische Volkszeitung, 25.07.1930, Nr. 375).

Letzter Aufhänger im Rahmen von einigen in der Öffentlichkeit nicht nachzuvollziehenden Personalentscheidungen war die (drohende) Nichtberücksichtigung des Katholiken Ernst Bücken bei der Besetzung des neu errichteten musikwissenschaftlichen Lehrstuhls. Bücken hatte ähnlich wie Lindworsky nach seiner Habilitierung in Köln ein musikwissenschaftliches Institut[457] aufgebaut. 1925 wurde Bücken als „Leiter des Musikwissenschaftlichen Instituts" die Amtsbezeichnung außerordentlicher Professor verliehen, aber als es darum ging, den ersten musikwissenschaftlichen Lehrstuhl in Köln zu besetzen, wurde Bücken noch nicht mal im Rahmen der an das Ministerium geschickten Vorschlagsliste berücksichtigt (UAK Zug. 285/1, 02.06.1930, S. 267). Auch Bücken war das Aufrücken auf ein Ordinariat wegen seiner Zugehörigkeit zur Universität zu Köln verwehrt.[458]

---

457 Bis 1932 lag übrigens [in der Tendenz vergleichbar mit dem Psychologischen Institut] weder eine ministerielle Bestätigung noch eine Genehmigung über die Gründung vor (Arntz, 2003, S. 53).

458 Auch Adenauer fand Bücken für die Stelle ungeeignet. Am 04.08.1930 schrieb Adenauer an Prof. Lauscher: „Aus rein sachlichen Gründen halte ich es für unmöglich, Herrn Bücken auf den Lehrstuhl zu berufen" (AK Zug. 514/2/141/3, S. 243). Als 1927 die ersten Überlegungen zur Einrichtung eines musikwissenschaftlichen Lehrstuhls stattfanden, hatte Bücken sich hilfesuchend an seinen Onkel, den geheimen Justizrat Franz Gaul, gewandt. Im Schreiben vom 14.05.1927 an seinen Onkel heißt es: „Der also, der das Institut gegründet, es in schwerster Zeit unter Opfern, die mich damals finanziell aufgerieben haben, geleitet hat, soll wohl einfach jetzt par ordre de Klüngel beseitigt werden" (UAK Zug 17/745a, Bl. 29). Friedrich Dessauer, ordentlicher Professor in Frankfurt, Mitglied des Reichstages und Vetter von Bücken hatte sich ebenfalls fürsprechend an Eckert gewandt. Eckert antwortete ihm, dass die Fakultäten auf dem Standpunkt stünden, dass die bei ihnen Habilitierten nicht in der gleichen Fakultät zum ordentlichen Professor befördert werden sollten. „Fakultätsinzucht" solle vermieden werden (UAK 17/745a, 12.11.1928, S. 34).

Hier einige Schlagzeilen aus der „Kölnischen Volkszeitung“:

Lehrreiche Zahlen zu der Parität an der Universität Köln

Abbildung 42: *„Lehrreiche Zahlen zu der Parität an der Universität Köln“; Schlagzeile der Kölnischen Volkszeitung, Nr. 309, 20. Juni 1930*

Wissenschaft und Parität

Zur Kölner Hochschulpolitik

Abbildung 43: *„Wissenschaft und Parität. Zur Kölner Hochschulpolitik“ Schlagzeile der Kölnischen Volkszeitung, Nr. 319, 25. Juni 1930:*

Wissenschaft und Charakter

Zur Hochschulpolitik der Universität Köln

Ein Berufungsskandal

Abbildung 44: *„Wissenschaft und Charakter. Zur Hochschulpolitik der Universität Köln. Ein Berufungsskandal.“ Schlagzeile der Kölnischen Volkszeitung, Nr. 354, 14. Juli 1930*

Katholizismus als Hindernis

Bemerkungen zur Kölner Universität

Abbildung 45: *„Katholizismus als Hindernis. Bemerkungen zur Kölner Universität.“ Schlagzeile der Kölnischen Volkszeitung, Nr. 334, 3. Juli 1930*

Nach der in der Kölnischen Volkszeitung am 30.06.1930 (Nr. 309) veröffentlichten Statistik hatte die Philosophische Fakultät der Universität zu Köln im Wintersemester 1927/28 24 ordentliche Professoren, davon waren sechs Professoren katholischer Konfession. Die katholischen Professoren hatten folglich einen Anteil von 25%. Von 1307 ordentlichen Studierenden der Philosophischen Fakultät waren 812 Studierende katholisch, d. h. der katholische Studierendenanteil in der Philosophischen Fakultät der Kölner Universität betrug 62%. Nach den statistischen Angaben der Kölnischen Volkszeitung betrug der Anteil der katholischen Bevölkerung in der Rheinprovinz im Jahre 1925 66,8 %. Folglich gab es bezüglich des Religionsproporzes bei den Studierendenzahlen nur eine geringe Abweichung im Vergleich zum Bevölkerungsanteil in der Rheinprovinz. Ein anderes Bild zeigte sich jedoch bei der Konfessions- und Religionsverteilung der ordentlichen Professoren.[459]

Intoleranz oder Verständigung
Zur Hochschulpolitik der Universität Köln

Abbildung 46: *„Intoleranz oder Verständigung. Zur Hochschulpolitik der Universität Köln." Schlagzeile der Kölnischen Volkszeitung, Nr. 375, 25. Juli 1930*

Die Kölnische Volkszeitung (vom 30. Juni 1930 – Nr. 309) wirft der Universität vor, sie habe seit ihrer Gründung katholische Dozenten bei Berufungen oft ungebührlich ausgeschaltet und dies auch angesichts der großen finanziellen und ideellen Opfer der Kölner Katholiken. „Die katholische Bevölkerung wird sich daher künftighin bei Besetzung ordentlicher Lehrstühle eine Zurücksetzung katholischer Dozenten in Köln nicht mehr bieten lassen", heißt es provokant in diesem Artikel. Die katholische Bevölkerung verlange, dass „ihre paritätischen Forderungen gebührend berücksichtigt werden!"

Auch der Fall Lindworsky rückte in diesem Zusammenhang in die öffentliche Diskussion. Zunächst ist festzuhalten, dass es durch den Weggang des Katholiken Lindworsky im Frühjahr 1928 zu keinem Aufschrei von katholischer Seite, wie ihn

459 Der Abgeordnete Prof. Lauscher, ein Freund Adenauers, sagte 1928 vor dem preußischen Landtag: „Sehr viel zu wünschen übrig ließen die Paritätsverhältnisse innerhalb der akademischen Lehrkörper, übrigens namentlich bei den Hochschulen des Westens, wo der großen katholischen Mehrheit unter den Studierenden eine geradezu kläglich geringe Minderheit bei den Dozenten gegenübersteht" (zit. nach Kölnische Volkszeitung – Nr. 319 – vom 25. Juni 1930). Auch Kultusminister C. H. Becker, selbst evangelischer Konfession, sprach von einem „Spannungsverhältnis zwischen Universität und Katholizismus", weil der katholische Volksteil „weder in der Professorenschaft noch in der Studentenschaft auf seinen Prozentsatz in der Gesamtbevölkerung" komme (Becker, 1925, S. 18).

der Dekan im Gespräch am 05.12.1927 vorhergesagt hatte, in der Presse gekommen war. Die Meldungen in der Lokalpresse waren sachlich und informativ. Der „Stadt-anzeiger" berichtete in seiner Ausgabe vom 21.06.1928 (Abendausgabe): „ Professor Johannes Lindworski [sic] nach Prag berufen. Dem außerordentlichen Professor für experimentelle Psychologie, Dr. Johannes Lindworski [sic], an der Universität Köln ist der Lehrstuhl für experimentelle und Kinderpsychologie an der deutschen Universität Prag angeboten worden. Der Austritt Lindworskis aus dem Lehrkörper der Universität Köln bedeutet für diese einen großen Verlust" (UAK Zug. 17/3464, Bl. 4). Eine gleichlautende Notiz war auch im Kölner Tageblatt vom 21.06.1928 zu lesen.

Im Zeitungsartikel der Kölnischen Volkszeitung vom 25.06.1930 wird der Fall Lindworsky in eine Reihe weiterer bekannter Fälle eingeordnet:

> „‚Nicht wissenschaftliche Gesichtspunkte' machten den katholischen Gelehrten Freiherr v. Hertling,[460] Lossen, Cardauns u.a. an den deutschen Universitäten große Hindernisse; ‚nicht wissenschaftliche Gesichtspunkte' entzogen dem sozialdemokratischen Physiker Arons an der Berliner Universität die Venia Legendi. ‚Nicht wissenschaftliche Gesichtspunkte' verhinderten die Berufung des Literaturhistorikers Nadler[461] nach Köln. Nicht wissenschaftliche Gesichtspunkte waren entscheidend, Lindworsky für Köln fallen zu lassen. Dieses Spiel mit den ‚wissenschaftlichen Gesichtspunkten' bei Berufungen ist, wenn Katholiken von wissenschaftlichem Ruf berücksichtigt werden sollen, einfach eine Komödie" (Kölnische Volkszeitung, 25.06.1930, Nr. 319).

An anderer Stelle heißt es in dem Artikel:

> „Lindworskys Kraft war gut dafür, ein psychologisches Institut einzurichten und auszustatten; ein Ordinariat musste er im Ausland annehmen; wissenschaftliche Gesichtspunkte der Philosophischen Fakultät waren es nicht, die ihm ein Ordinariat in Köln versagten!" (Kölnische Volkszeitung, 25.06.1930, Nr. 319)

Am 14. Juli 1930 schrieb die Kölnische Volkszeitung (Nr. 354) unter Hinweis auf die bevorstehende Nichtberücksichtigung Bückens für das neu eingerichtete musikwissenschaftliche Ordinariat:

> „Sollte die Universität den vorhandenen Musikwissenschaftler der Universität übergehen und ablehnen, so ist dies ein Verhalten, das man nicht mehr näher charakterisieren

---

460 Der spätere Reichskanzler Georg von Hertling (1843–1919) habilitierte sich 1867 an der Universität Bonn, erhielt aber keine Professur, da er als bekennender Katholik als „ultramontan" und damit als politisch unzuverlässig galt. Nach Ende des Kulturkampfes erfolgte 1880/82 die Ernennung zum a.o. bzw. zum o. Professor in München (www. darmstadt-stadtlexikon.de/h/hertling-georg-graf-von/). Vgl. auch FN Nr. 274.

461 Am 04.08.1930 (HAK Zug. 514/2/141/3, S. 244) schrieb Adenauer an den Reichstagsabgeordneten Prof. Lauscher, dass ihm nur ein Fall bekannt sei, bei dem die katholische Konfession des betreffenden Herrn gegen seine Berufung nach Köln „wahrscheinlich" eine Rolle gespielt habe, und zwar bei Professor Nadler.

> kann, denn auch dieser Wissenschaftler war wie Lindworsky qualifiziert dazu, ein musikwissenschaftliches Institut unter großen Opfern einzurichten. ‚Der Mohr hat seine Schuldigkeit getan, der Mohr kann gehen.'"

Am 25. Juli 1930 schrieb die Kölnische Volkszeitung (Nr. 375):

> „[...] warum lehnte man in Köln Nadler ab, dessen bahnbrechende wissenschaftliche Arbeiten außer Zweifel sind? Warum ließ man Lindworsky gehen? Wie behandelte man Brauer? Warum lehnte man bei der Wiederbesetzung des romanischen Lehrstuhls einen katholischen Wissenschaftler mit besten Zeugnissen und Ruf ab, den selbst das Ministerium schätzte? Warum übergeht man bei der Besetzung des Ordinariates für Musikwissenschaften wissenschaftlich hochqualifizierte katholische Dozenten?"

7.1.2 Reaktion der Universität

Der damalige Rektor der Universität zu Köln, Prof. Planitz, und der Senat der Universität sahen sich wegen der Presseangriffe gezwungen, am 02.08.1930 an die Redaktionen der Kölner Blätter eine Presseerklärung weiterzugeben. In der Presserklärung ging der Rektor insbesondere auf die „Polemik" der Kölnischen Volkszeitung ein. Weiter hieß es:

> „Die Universität Köln ist in letzter Zeit zum Ziel heftiger Presseangriffe, die sich namentlich gegen die Personalpolitik richten. Man hat gemeint, vor der ungebührlichen Einflussnahme katholischer Kreise auf die Universität warnen zu müssen, auf der anderen Seite beschwert man sich in heftigsten Ausfällen über mangelnde Berücksichtigung katholischer Dozenten bei Berufungen und überhaupt eine ostentativ katholikenfeindliche Einstellung der Universität" (HAK Zug. 512/2/139/1, S. 283).

Der Rektor verwies auf die Vertraulichkeit bei Berufungsfragen. Die Berufungsfragen würden „pflichtgemäß mit strengster Objektivität" behandelt. Weiter hieß es:

> „Die Zukunft der Universität aber verlangt, daß in jedem einzelnen Falle das Bestreben obwaltet, unter billiger Berücksichtigung aller in der Eigenart der Kölner Universität begründeten Umstände den jeweils fähigsten und geeignetsten Gelehrten als Vertreter seines Faches zu gewinnen. Mit dieser Politik steht und fällt die Universität" (HAK Zug. 512/2/139/1, S. 283).

Der Fall Lindworsky wird in der Presseerklärung weder direkt noch indirekt angesprochen.

Die Berücksichtigung des „fähigsten Gelehrten" wird sicherlich auf allgemeine Zustimmung treffen. Aber das weitere Auswahlkriterium „unter billiger Berücksichtigung aller in der Eigenart der Kölner Universität begründeten Umstände" dürfte auf Fragen stoßen. Weiter oben wurde bereits dargelegt, dass nach Art. 128 Abs. 1 WRV alle Staatsbürger entsprechend ihrer „Befähigung" und „Leistung" Zugang zu den öffentlichen Ämtern haben. Bei einem ordentlichen Professor handelt es sich zweifelsfrei um die Ausübung eines öffentlichen Amtes und der

Zugang zu diesem Amt ist, wie bereits weiter oben erwähnt, nur an die beiden Voraussetzungen von „Befähigung" und „Leistung" gebunden. Der Rektor fügt aber als Auswahlkriterium ein weiteres in der Verfassung nicht genanntes Kriterium hinzu, nämlich die „billige Berücksichtigung" der Eigenart der Kölner Universität, was so viel heißt wie eine angemessene oder gerechte Berücksichtigung. Bereits bei der Eröffnungsfeier am 20.06.1919 hatte Geheimrat Thieß als Dekan der wirtschafts- und sozialwissenschaftlichen Fakultät bereits gesagt: „Wir sind eine deutsche Universität dem Geiste nach, eine preußische nach dem Rechte. Wir bleiben eine kölnische Universität nach Geschichte und Eigenart" (Thieß, 1919, S. 48/49). Eckert spricht vom „Bollwerk rheinischer Eigenart" (Eckert, 1930, S. 10). Die kölsche oder kölnische Eigenart als Charakteristikum mit im Blick zu haben, ist sicherlich zulässig, aber sie als mitentscheidendes Zulassungskriterium heranzuziehen, ist zu hinterfragen. Die Universität kann nicht in eigener Autonomie die Kriterien für den Zugang zu öffentlichen Ämtern erweitern. Der Billigkeitsaspekt ist als Kriterium völlig unbestimmt und birgt die Gefahr in sich, dass die beiden anderen verfassungsmäßig vorgegebenen Kriterien in ihrem Kerngehalt durch das Zusatzkriterium ausgehebelt werden. Das zusätzliche Kriterium wird so zu einer Einschränkungsklausel, die gleichzeitig das Einfallstor sein könnte, jeden „beliebigen" Kandidaten zu berufen; zumindest sind Zweifel berechtigt, dass das Bestausleseprinzip nach der Presseerklärung des Rektors das alleinbestimmende Auswahlkriterium ist. Unter Berücksichtigung des Zusatzkriteriums ist es möglich, auch einem Jesuitenpater den Zugang zu einem bestimmten öffentlichen Amt an der Universität zu Köln zu verwehren, selbst wenn er der „fähigste" Kandidat wäre.[462]

Dr. Bolley, der 1924 bei Lindworsky promoviert, drei Jahre lang bei ihm studiert und in seinem Institut gearbeitet hatte, schrieb, die Presseveröffentlichungen zum Anlass nehmend, am 08. 08.1930 an den Rektor der Universität zu Köln (UAK Zug. 27/68b, Bl. 23–25). Er machte den Rektor darauf aufmerksam, dass die Kölner Universität bis vor einem Jahr noch eine „hervorragende Pflegestätte der Experimentellen Psychologie" unter Lindworsky war. Neben Männern wie Külpe, Ach und Bühler habe Lindworsky maßgebende Bedeutung für die Entwicklung der modernen Psychologie. Aber dieser Wissenschaftler, von seinen Schülern hochgeehrt und geliebt, hatte nur einen „schrecklichen Fehler, nämlich er war Mitglied des Jesuitenordens". Bolley forderte in seinem Schreiben eine Sitzung des

462 Die Leitung der klinischen Anstalten und medizinischen Institute kann nach § 66 der Satzung der Universität zu Köln nur mit Zustimmung des Oberbürgermeisters übertragen werden. Da diese Institutsleiter in der Regel Ordinarien sind, kommt dem Oberbürgermeister und der städtischen Verwaltung eine entscheidende Stellung zu. Pabst berichtet von einem Schreiben von Prof. Otto Veit an den Dekan der medizinischen Fakultät, Prof. Rainer Müller am 24.11.1928, in dem es heißt, dass „bei aller Berücksichtigung der Lokalbelange letzten Endes nur akademische Gesichtspunkte entscheidend sein" können (Pabst, 1976, S. 278).

Kuratoriums, „in der die Oeffentlichkeit [sic] entweder das Vertrauen bekommt, man habe im Falle Lindworsky wohl in der rechten Weise gehandelt, oder aber wo eine Personalpolitik, wie sie bei Männern der Wissenschaft nicht vorkommen sollte, gebührend an den Pranger gestellt wird."

Georg Beyer, langjähriger Vorsitzende der sozialdemokratischen Fraktion im Stadtrat von Köln und gleichzeitig gewähltes Mitglied für das Kuratorium, stellte auf Grund der Vorwürfe in der Kölnischen Volkszeitung den Antrag,[463] die Problematik in der nächsten Kuratoriumssitzung zu klären (HAK Zug. 511/2/138/1, S. 839). Folglich stand auf der Tagesordnung der nächsten Kuratoriumssitzung der Tagesordnungspunkt: „Zeitungspolemik betr. Imparität an der Kölner Universität (Antrag Beyer)" (HAK Zug. 511/2/138/1, S. 809). Über den Ablauf der Kuratoriumssitzung ist leider nichts bekannt.

7.2 Die Zeit danach

Als Lindworsky begann, sich mit experimenteller Psychologie zu beschäftigen, befand er sich in einer Zeit, in der sich die großen psychologischen „Schulen" entwickelten. Hierbei handelt es sich um „geschlossene Wissenschaftlergemeinschaften" (Lück, 1996. S. 55), deren „Art des sozialen Drucks [...] uns heute als merkwürdig, intolerant und der Entwicklung der Wissenschaft abträglich" (ebd.) erscheint. Sprung & Sprung bezeichnen diese Phase, die etwa von 1880 bis 1950 andauerte, als „Dissensstadium" (Sprung & Sprung, 2010, S. 112) und begründen diese Begriffswahl folgendermaßen: „Die Schulen waren wissenschaftliche Gemeinschaften mit einem starken Konsens nach innen und einem ebensolchen Dissens nach außen" (ebd.). Lindworsky gehörte keiner „Schule" in diesem Sinne an, auch wenn seine Arbeit sicherlich durch diverse Impulse aus deren Forschung beeinflusst war. Ühlein betont zwar, Lindworsky habe schulen-unabhängig gearbeitet, bezeichnet ihn aber dennoch als den „letzten prominenten Schüler von Oswald Külpe" und ordnet ihn damit der Würzburger Schule zu[464] (Ühlein et al., 1994, S. 120). Maria

463 Der Antrag erfolgte im Einvernehmen mit dem Vorsitzenden der sozialdemokratischen Fraktion Görlinger, der ebenfalls dem Kuratorium angehörte und verbunden mit der Bitte, den Staatskommissar und Obertpräsidenten Fuchs einzuladen (HAK Zug. 511/2/138/1, S. 838).

464 Als Hauptvertreter der Würzburger Schule gelten Oswald Külpe (1862–1915) und Narziß Ach (1871–1946). Heckhausen bezeichnet Ach als „den eigentlichen Pionier einer experimentellen Willensforschung" (Heckhausen 1989, S. 26). Denken bestand aus Sicht der Würzburger Schule in der Erfassung von Sinnzusammenhängen, also in der „Herstellung neuer Beziehungen" (C. Bühler, 1964, S. 101). Ihre Methode war das experimentelle Vorgehen, wobei dies systematische Selbstbeobachtung nicht ausschloss; beispielsweise sollten Versuchspersonen so genau wie möglich beschreiben, was in ihnen vorgeht, wenn sie folgenden Satz lesen: „Das Denken ist so außerordentlich schwer, dass manche es vorziehen zu urteilen" (Lück, 1996, S. 66).

Krudewig, laut Ühlein „die einzige Schülerin Lindworskys, die in ihrem Schaffen sein psychologisches Werk weiterführt" (Ühlein, 1986, S. 220), beschreibt ihn als „bewegliche[n] Theoretiker, der sich in seinen Lehren von gewonnenen neuen Einsichten bestimmen ließ" (Krudewig, 1952, S. 28, zit. n. Ühlein, 1986, S. 221).

Während seiner Kölner Zeit spielte die Willensforschung eine große Rolle in Lindworskys Arbeit; zwei Auflagen des „Willens" entstanden hier (2. Aufl. 1921 und 3. Aufl. 1923) und drei Auflagen der „Willensschule" (1. Aufl. 1922, 2. Aufl. 1923, 3. Aufl. 1927). Daneben trieb ihn aber offenbar auch die Frage nach einem theoretischen Fundament seiner Wissenschaft um; die „Umrißskizze zu einer theoretischen Psychologie" (1922) erfuhr bereits 1923 eine 2. Auflage. Inhaltlich beschäftigt sich dieses Werk nicht mit der Seele, sondern dem „aktuell sich vollziehende[n] Erleben", in den Worten Lindworskys: mit der „vollbewußte[n] Einzelreaktion" (Ühlein, 1986, S. 112).

Das Bewusstsein scheint eine komplexe Angelegenheit zu sein. Lindworsky versucht, es fassbar zu machen, indem er „Gesetze" aufstellt, nach denen es funktionieren soll („Inhaltsgesetze" und „Verlaufsgesetze"); er differenziert diese, ergänzt um „Merkmale", derer es sechs gibt und die sich ebenfalls differenzierter klassifizieren lassen, trennt physiologische und psychische Prozesse akribisch voneinander... (vgl. Ühlein, 1986, S. 113ff). Beim Lesen entsteht der Eindruck, Lindworsky habe sich den Appell seines Kollegen Spearman auf dem 8. Kongress für experimentelle Psychologie zu Herzen genommen:

> „Das einzige adäquate Mittel, um die Psychologie zum Range einer echten, der Physik ebenbürtigen Wissenschaft zu erheben, muß notwendigerweise darin bestehen, daß alle Phänomene auf ein System von urgrünglichen [sic] Gesetzen bzw. Prozessen zurückgeführt werden" (Spearman 1924, S. 201, zit. n. Ühlein, 1986, S. 124).

Eirich ordnet Lindworsky in die „Tradition einer introspektionistischen Bewußtseinspsychologie" ein, „die sich die Beschreibung und Erklärung der dem Erleben zugrundeliegenden seelischen Elemente und deren Zusammenhangs zum Ziel gesetzt hat" (Eirich, 1985, S. 619). Weiter konstatiert er:

> „In den Beziehungen zwischen Paaren von Empfindungselementen sieht er Grundverhältnisse der Wahrnehmung und des Denkens. Er steht damit im Gegensatz zu der besonders im 2. Jahrzehnt des 20. Jh. entwickelten Gestaltpsychologie, die im Ganzen einer psychischen Erscheinung eine Qualität sah, die sich nicht schon aus der Zusammensetzung ihrer Teilelemente erklärt" (Eirich, 1985, S. 619).

Ühlein schlussfolgert: „Von seinem ganzen Ansatz her weist sich Lindworsky hier als Elementarist" [Hervorhebung im Original] (Ühlein, 1986, S. 126). Seine Ausführungen seien zwar in Fachkreisen durchaus interessiert zur Kenntnis genommen worden, allerdings „bald als überholt eingeschätzt" (Ühlein, 1986, S. 125), da man sich von ganzheitlichen und gestaltpsychologischen Ansätzen mehr versprach.

7.2.1 Situation der experimentellen Psychologie Ende der zwanziger Jahre

Bereits 1922 sprach Lindworsky in seiner „theoretischen Psychologie“ von einer Krise der experimentellen Psychologie (Lindworsky, 1922, S. 314). Er beklagte, „dass so viele in der Psychoanalyse, in Husserls Phänomenologie, in sogenannter verstehender Psychologie[465] [...] einen besseren Ersatz für die experimentelle Psychologie“ suchten, das zeuge von Enttäuschungen. Zu diesem Zeitpunkt bereits von einer „Krise“ zu sprechen, dürfte jedoch verfrüht gewesen sein. Es war zu einer deutlichen institutionellen Ausdehnung der experimentellen Psychologie an den Universitäten und der Psychotechnik an den Technischen Hochschulen und Handelsschulen gekommen.[466] Auch die Universität Köln hatte immerhin Experimentelle Psychologie als Hauptfach im Rahmen der Promotion zugelassen und ein Psychologisches Institut (zumindest indirekt) über Lindworsky installiert.

1927 erschien Karl Bühlers Buch „Die Krise der Psychologie“. Bühler fühlte sich an den Turmbau zu Babel erinnert, denn „soviele [sic] Psychologien nebeneinander wie heute, soviele Ansätze auf eigene Faust sind wohl noch nie gleichzeitig beisammen gewesen“. Aber dieser unbewältigte Reichtum neuer Ansätze und Forschungsmöglichkeiten habe nach Bühler den „krisenartigen Zustand“ der Psychologie heraufbeschworen. Aber es sei keine Zerfalls-, sondern eine „Aufbaukrise (ein embarras de richesse)[467]“. Er zieht das Fazit: „Gelingt es, eine Konkordanz herzustellen, dann dürfen wir Großes von der Zukunft erwarten.“

Schon vor der NS-Zeit befand sich die Psychologie in einer tiefen Identitätskrise. Äußerlich zeigte sich der interne Prozess in der Umbenennung der 1904

---

465 Zu unterscheiden ist hier die ‚erklärende‘ von der ‚verstehenden‘ Psychologie. Exponierter Vertreter der ‚geisteswissenschaftlichen‘ oder ‚verstehenden‘ Psychologie war Wilhelm Dilthey (1833 – 1911). 1894 veröffentlichte Dilthey seine „Ideen über eine beschreibende und zergliedernde Psychologie“. Er war für die Zurückdrängung des Experiments und damit unterstützte er auch die Leugnung gesetzmäßiger Beziehungen im Bereich des Psychischen. Dilthey fasste es in der griffigen Formel „Die Natur erklären wir, das Seelenleben verstehen wir“ zusammen [„verstehende Psychologie“]. Er lehnte deshalb die experimentelle Psychologie, die das ‚Seelenleben‘ ‚erklären‘ wollte, ab (Eckart, 2010, S. 92). Dilthey forderte anstelle der Einseitigkeit der naturwissenschaftlichen Methoden wieder eine Besinnung auf die Eigenart des Psychischen und eine stärkere Berücksichtigung der Geisteswissenschaften. „Damit war die Kluft zwischen naturwissenschaftlicher und geisteswissenschaftlicher Psychologie aufgerissen“, die bis heute noch nicht ganz geschlossen werden konnte (Remplein, 1975, S. 14). Die Zerrissenheit wurde damals in der „Heterogenität der psychologischen Schulen“ deutlich (Wolfradt, 2015, S. 3). Lindworsky sah die Psychologie als „Bindeglied zwischen den Geistes- und den Naturwissenschaften“ (Lindworsky, 1922, S. 329).

466 Weitere Ausführungen insbesondere bei Ash, 1985, S. 58–59.

467 Wörtliche Übersetzung: schwierige Situation wegen Reichtums; gemeint ist in etwa „Qual der Wahl“.

gegründeten „Gesellschaft für experimentelle Psychologie" in „Deutsche Gesellschaft für Psychologie" auf dem 11. Kongress 1929 in Wien. Angesichts der zahlreichen allgemein-psychologischen Probleme der vorhergehenden Kongresse zeigte es sich, dass die Bezeichnung „Gesellschaft für experimentelle Psychologie" zu eng gefasst war und so fiel die Entscheidung zur Umbenennung in „Deutsche Gesellschaft für Psychologie".[468] Es wurde betont, dass die Namensänderung der nunmehr 25 Jahre bestehenden Gesellschaft der Tatsache Rechnung trage, dass sich schon seit längerer Zeit der Arbeitsbereich der Gesellschaft auf das Gesamtgebiet der Psychologie und auch auf die Pflege der übrigen wissenschaftlichen Methoden der Psychologie ausgedehnt habe (Volkelt, 1930, S. V). Als 1904 die „Gesellschaft für experimentelle Psychologie" gegründet worden sei, sei die Psychologie „durch das Stahlbad streng naturwissenschaftlicher Methodik" gegangen und die Psychologie habe sich im Experiment eine zentrale Methode geschaffen. Aber an die experimentelle Methoden hätten sich inzwischen eine Reihe von anderen Methoden gegliedert: „die beobachtende, die völkerkundliche, die kulturwissenschaftliche Methode, das Aktenstudium, die charakterologische Deutung, die Tiefenforschung". All diese Methoden seien legitime Methoden der wissenschaftlichen Psychologie geworden, sagte William Stern im Rahmen seiner Rede auf dem 11. Kongress der „Gesellschaft für experimentelle Psychologie" 1929 in Wien (W. Stern, 1930, S. XI). Lüer bezeichnet die Umbenennung der „Gesellschaft für experimentelle Psychologie" in „Deutsche Gesellschaft für Psychologie" im Jahre 1929 als „das Waterloo für die experimentelle Psychologie" (Lüer, 1991, S. 34). Diese Öffnung hin zur „geisteswissenschaftlichen" Psychologie markierte auch nach Musahl[469] „das vorläufige Ende der experimentalpsychologischen Forschung, den Niedergang der Wissenschaftlichkeit der Psychologie und ihre Unterwerfung unter den Nationalsozialismus – ‚Ganzheit' reimte sich auf ‚Völkisches', Psychologie wurde zur ‚Seelenwissenschaft' " (Musahl, 2000, S. 449).[470]

Auch Ash sprach davon, dass die Psychologie Ende der zwanziger Jahre „auf schwachen Beinen" stand (Ash, 1985, S. 17).[471] Die Psychologie steckte in einer Krise, die experimentelle Forschung war rückläufig, die Psychotechnik hatte schwere Rückschläge erlitten, während sich die „geisteswissenschaftliche

---

468 R. Sommer (Bericht über den 12. Kongress 1931, S. 12). Voraussetzung für den Verbleib Sommers in der Gesellschaft war, dass weiterhin an „der analytischen Methode als Leitmotiv" festgehalten wurde.

469 Peter Musahl ist emeritierter Professor an der Gerhard Mercator Universität in Duisburg. Jahrgang 1940, Leiter des Fachgebiets Methodologie und Arbeitspsychologie im Fachbereich 2 – Psychologie.

470 Nach Musahl erholte sich die wissenschaftliche Psychologie in der BRD erst langsam nach dem Zweiten Weltkrieg; eine experimentell-naturwissenschaftliche Ausrichtung in Forschung und Lehre war dabei dominierend (Musahl, 2000, S. 449).

471 Lediglich im Bereich des Militärs konnte sich die Psychologie entscheidend festigen (sowohl im Ersten Weltkrieg und in der Weimarer Zeit als auch während der NS-Zeit) (Ash, 1985, S. 17).

Psychologie“ auf dem Vormarsch befand (Traxel, 1985, S. 85). Die veränderte Situation war u.a. auch daran zu erkennen, dass zwei Monate nach der Namensänderung in „Deutsche Gesellschaft für Psychologie“ Anfang Juni 1929 ein Aufruf erfolgte, eine sogenannte „Kundgebung über die Pflege der Psychologie an den deutschen Hochschulen“ (Volkelt, 1930, S. VII bis X). Die „Kundgebung der Deutschen Gesellschaft für Psychologie“ war vom Vorstand der Gesellschaft unterschrieben worden. Auch Lindworsky, 1929 Psychologieprofessor in Prag, war inzwischen Vorstandsmitglied[472] geworden und er hatte sicherlich auch seine Kölner Erfahrungen mit in diese „Kundgebung“ einfließen lassen. Die „Kundgebung“ wandte sich an alle deutschen Universitäten und Hochschulen, an die zuständigen Ministerien und Parlamente und an die Fach- und Tagespresse im deutschen Sprachgebiet. Die „Deutsche Gesellschaft für Psychologie“ hatte festgestellt, dass

> „an einer Reihe von Universitäten des deutschen Sprachgebietes die Psychologie aus ihrer bisherigen Stellung verdrängt wurde: Lehrstühle, die vorher in erster Linie für die fachliche Pflege der Psychologie bestimmt waren, sind bei der Gelegenheit der Neubesetzung wiederholt an Vertreter der Pädagogik oder der reinen[473] Philosophie gefallen“ (Volkelt, 1930, S. VII).

---

472 Johannes Lindworsky wurde 1929 in Wien neben Karl Bühler (Wien), William Stern (Hamburg), Narziss Ach (Göttingen), Davis Katz (Rostock), Walther Poppelreuter (Bonn) und Hans Volkelt (Leipzig) in den Vorstand der neuen Gesellschaft gewählt. Dem Vorstand von 1929 gehörte zum ersten Mal kein Gründungsmitglied von 1904 mehr an (Traxel, 1985, S. 85). Neben Lindworsky hatte noch Walther Poppelreuter eine Bedeutung für die Stadt Köln. Er war einige Jahre Assistent bei Gustav Aschaffenburg an der Psychiatrischen Klinik Köln und in leitender Funktion im Kölner Festungslazarett während des Ersten Weltkriegs tätig. Er war verantwortlich für die Versorgung und Rehabilitation von Kopfschussverletzten. Nach dem Krieg habilitierte er sich an der Universität Bonn. Poppelreuter gehörte anfangs der SPD an, für die er von 1919 bis 1921 in der Kölner Stadtverordnetenversammlung saß. Walther Poppelreuter war ein glühender Verehrer der „Psychologie“ Adolf Hitlers. Nach dem Krieg benannte die Stadt Köln nach ihm eine Straße in Köln-Ostheim. Dieser Straßenname wurde erst 2013 auf Beschluss der Stadt Köln geändert. [vgl. Vorlagen-Nummer 1191/2012 der Bezirksvertretung 8, Köln-Kalk, betreff Einleitung des Umbenennungsverfahrens für die Popplereuterstraße in Köln-Ostheim entnommen]. Das Nachrichtenmagazin „Der Spiegel“ hatte in seiner Ausgabe Heft 15/1990 darüber berichtet, dass Hannelore Kohl, Ehefrau des damaligen Bundeskanzlers Helmut Kohl, die ihr vom Bund Deutscher Hirngeschädigter 1986 verliehene Walther-Poppelreuter-Medaille zurückgegeben hatte.

473 Diese Wortwahl ist nur verständlich, wenn Psychologie als Teil der Philosophie angesehen wird.

In ihrer Zielausrichtung erinnert diese Erklärung der Psychologen von 1929 fatal an die Erklärung der Philosophiedozenten aus dem Jahre 1913, in der sie sich gegen die Einrichtung von Psychologielehrstühlen auf Kosten der Philosophie gewehrt hatten. In der „Kundgebung" von 1929 wurde dargelegt, dass die moderne Psychologie völlig verkannt würde. Die experimentelle Psychologie habe die frühere Starrheit ihrer Methoden überwunden und sich angepasst. Weiter heißt es:

> „Es ist ihr [der Experimentellen Psychologie] gelungen, Verfahrensweisen zur Untersuchung der höheren geistigen Funktionen, vorzüglich des Denkens, der Begriffs- und Kategorienbildung, der Sprache, der Willenstätigkeit, der Motivation auszugestalten; auch bis in die Gebiete des künstlerischen, sittlichen und religiösen Lebens und im Zusammenhang mit alledem selbst bis in die komplexen Probleme der Charakterologie und Temperamentenlehre beginnt die immer weiter verfeinerte experimentelle und experimentartige Methode einzudringen." (Volkelt, 1930, S. VII-VIII)

Allem Anschein nach hatte die einseitige Ausrichtung der Psychologie auf nur eine Methode in eine Sackgasse geführt. Die experimentelle Methode hatte zwar zu einem deutlichen Schritt Richtung Emanzipation und Institutionalisierung der Psychologie als akademische Disziplin geführt, erreicht hatte sie dieses Ziel jedoch nicht. Die Verzahnung mit der Philosophie und der Kampf um Geldmittel und Stellen (in Konkurrenz zur Philosophie) waren noch immer gegeben.

Die seitens der Psychologen in der „Kundgebung" 1929 erhobenen Klagen setzten sich fort. In seiner Eröffnungsansprache zum 12. Kongress der „Deutschen Gesellschaft für Psychologie" in Hamburg am 13.04.1931 wies Karl Bühler als Vorsitzender der Gesellschaft darauf hin, dass die Psychologie von außen her in Bedrängnis geraten sei. Die Zahl der psychologischen Forschungsstätten sei an den Universitäten in einem Ausmaß zurückgegangen, dass es als „besorgniserregend" bezeichnet werden müsse. Der ganze Osten und der Westen Preußens seien „ohne akademisch regulär besetzte psychologische Institute". Königsberg, Breslau und Bonn seien verloren gegangen. Dazu kämen einige Universitäten, an denen die psychologischen Institute von den Regierungen nur „kümmerliche Unterstützung" erführen (Bühler, 1931, S. 3).

7.2.2 Deutsche Universität Prag

Abbildung 47: *(links) Carolinum, historischer Teil der Prager Universität (Foto: Rapp, P., 2015).*

Als Lindworsky nach Prag kam, hatte hier kurz vorher Josef Eisenmeier (1871–1926) gewirkt. Eisenmeier hatte experimentelle Psychologie bei Stumpf in Berlin studiert und veröffentlichte 1914 sein Werk „Die Psychologie und ihre zentrale Stellung in der Philosophie". 1926 wurde Eisenmeier ordentlicher Professor und er bekam den Auftrag, ein Institut für experimentelle Psychologie einzurichten. Kurz vor der Eröffnung des Institutes erlag er jedoch einem Krebsleiden (Ühlein et al., 1994, S. 118).

Die Universität in Prag wurde 1348 von Karl IV gegründet, ist folglich 40 Jahre älter als die Kölner Universität. Der auf dem Bild erkennbare gotische Erker wurde um 1375 errichtet. Die Spannungen zwischen der deutsch- und tschechischsprachigen Bevölkerung hatten 1882 zu einer Aufteilung in eine tschechische und deutsche Universität geführt Abbildung 47.[474] Als Lindworsky Professor in Prag wurde,

474 Die Prager Universität wurde aufgeteilt in eine k. k. deutsche Karl-Ferdinand-Universität und eine tschechische oder wie man sagte, k. k. böhmische Karl-Ferdinand-Universität (Ühlein et al. 1994, S. 113).

gehörte das historische „Carolinum“ bereits zur tschechischen Universität.[475] Der Deutschen Universität Prag war jedoch eine Mitbenutzung erlaubt.

Nach Eisenmeiers Tod war man bestrebt, einen ausgewiesenen Experimentalpsychologen an die Universität Prag zu holen und so fiel die Wahl auf Lindworsky. Als Jesuit hatte Lindworsky ebenso wie der Exdominikaner Brentano (und dessen Schüler)[476] eine besondere Affinität zur Psychologie des Thomas von Aquin (Ühlein et al., 1994, S. 119). Von 1928 bis 1939 übte Lindworsky die Funktion eines ordentlichen Professors an der Deutschen Universität Prag und am Psychologischen Institut aus. Bereits kurz nach dem Weggang aus Köln im Frühjahr 1929 erlitt Lindworsky einen schweren Schlaganfall (Lück & Miller, 1999, S. 231).[477] Nicht in Gänze genesen, erfüllte er aber doch noch fast zehn Jahre lang seine Pflichten als Ordinarius in Prag![478] Im Jahre 1938 klagte er über eine „unliebsame Sehstörung“, die ihn nötigte „manche Stunde ohne den Umgang mit Büchern zuzubringen“ (Lindworsky, 1938, S. 8). Im Frühjahr 1939 erlitt er einen weiteren Schlaganfall.[479] Er

---

475 Am 11.05.1999 wurde in den historischen Räumen durch den Prager Rektor Prof. JUDr. Dr. h. c. Karel Malý, DrSc. und den Kölner Rektor Prof. Dr. Jens Peter Meincke der Partnerschaftsvertrag zwischen der Univerzita Karlova v Praze (Karls-Universität Prag) und der Universität zu Köln unterzeichnet. Anlässlich der zehnjährigen Universitätspartnerschaft fand in Köln vom 15.–16.05.2009 das „Kolloquium zur Fach- und Universitätsgeschichte beider Universitäten“ statt (Pape, 2011). Die Psychologie war als Fachdisziplin kein Thema dieser Veranstaltung, so dass das „Verbindende“ zwischen den beiden Universitäten in den Personen von Johannes Lindworsky und Franz Scola nicht zum Tragen kam. Allerdings wurde im Grußwort des Prorektors der Prager Universität auf die Bedeutung Max Schelers als Soziologe und Philosoph für die Konzeption der Sozialwissenschaften und die philosophischen Erwägungen des Prager Frühlings 1968 hingewiesen (Pape, 2011, S. XIII).

476 Prag war eine Hochburg von Brentano-Schülern und Carl Stumpf war der erste prominente Brentano-Schüler in Prag. Umfassende Ausführungen bei Ühlein et al., 1994.

477 Lindworsky schrieb selbst im Jahre 1930, dass er sich damals „infolge einer Hemiplegie [halbseitige Lähmung], welche die linksseitige große Motorik und ein wenig den Fazialis [Gesichtsnerv] traf“ in einem Prager Krankenhaus befand, wobei ihn seine Erfahrungen mit dem dortigen Pflegepersonal zum Schreiben des Aufsatzes „Die Erscheinung des ‚Doppel-Du‘ “ inspirierte (Lindworsky, 1930, S. 258).

478 Alexander Willwoll (1887–1961), als Jesuit von 1925–39 Prof. für philosoph. und experimentelle Psychologie an der Ordenshochschule Pullach bei München, berichtete von einem persönlichen Gespräch mit Lindworsky: „Mit bescheiden-stolzem Lächeln erklärte mir Lindworsky während seiner Rekonvaleszenz: die Anwendung der ‚Motivtheorie‘ auf ihn selbst habe ihm zum Teil das Leben gerettet und ihn wieder zur erreichten Arbeitsfähigkeit geführt. Freilich, Wunder kann auch die beste Theorie nicht wirken“ (Willwoll, 1940, o. P.). Ebenfalls berichtete Willwoll (ohne nähere Präzisierung), dass Lindworsky jahrelang in seinen Ferien durch Vorträge den Erziehern und Zöglingen in einem Fürsorge-Erziehungsheim geholfen habe (Willwoll, 1940, o. O.).

479 Die Okkupation der „Rest-Tschechei“ durch deutsche Truppen erfolgte am 15. Und 16.03.1939.

verließ Prag und siedelte nach Essen über, wo er wenige Monate später von einem dritten Schlaganfall heimgesucht wurde. Lindworsky verstarb am 09.09.1939 in Essen. Sein Grab befindet sich auf dem Essener Parkfriedhof unweit des Haupteingangs (Ühlein, 1986, S. 38).[480]

Auch neben der Pressekampagne im Rahmen der „paritätischen" Lehrstuhlbesetzungen an der Kölner Universität war Lindworsky nach seinem Weggang aus Köln nicht völlig aus dem Blickwinkel verschwunden. Die Kölnische Volkszeitung veröffentlichte am 20.01.1935, immerhin fast 7 Jahre nach seinem Wechsel von Köln nach Prag, einen kleinen Artikel zum sechzigsten Geburtstag von Lindworsky am 21.01.1935; u.a. heißt es, dass das von ihm begründete Psychologische Institut viele Studierende der Philosophie und der Pädagogik nach Köln gezogen habe. „Prof. Lindworsky stand bei allen, die seine Vorlesungen besuchten oder an seinen Übungen teilnahmen, namentlich auch bei den Lehrern an Volksschulen, in hohem Ansehen. Allgemein war daher das Bedauern groß, als er einem Rufe an die Prager Universität folgte."

In den wenigen Büchern über die Geschichte der Psychologie ist nicht viel über Johannes Lindworsky zu lesen. Wenn man in den Suchmaschinen seinen Namen eingibt, so wird immer noch sein Buch „Der Wille" am häufigsten erwähnt. Ühlein schreibt in der Einleitung zu seiner Dissertation über Lindworsky (1986): Lindworskys letzte „Schaffensjahre fallen in eine Zeit, in der die Experimentalpsychologie weniger beachtet wird, und so wird sein Tod in Fachkreisen lediglich zur Kenntnis genommen. [...] Da er kein profilierter Vertreter einer Richtung ist, sondern sich in seinem Schaffen eher als unabhängig erweist, ist er auch weniger interessant für Psychologiehistoriker, die sich bevorzugt mit Mitgliedern von Schulen auseinandersetzen. Von seinem Werk her gebührt Lindworsky aber zweifelsfrei ein Platz in der Geschichte der Psychologie" (Ühlein, 1986, S. 1).

Ühlein hatte bereits als Titelerweiterung seiner Dissertation „Ein Jesuit als Experimentalpsychologe" gewählt. Hier müsste auf Grund der oben dargelegten Recherchen die Erweiterung „Ein Jesuit als Experimentalpsychologe an einer weltlichen, öffentlich-rechtlichen Universität" stehen, denn es geht im Wirken Lindworskys in Köln nicht allein um die Wissenschaft der Experimentalpsychologie, sondern auch um seine Funktion als Jesuit und Hochschullehrer an einer weltlichen, öffentlich-rechtlichen Universität (außerhalb der theologischen Fakultät), ein Weg, der jahrhundertelang den Jesuiten an einer deutschen Universität verwehrt worden war.

480 Nach Haupts (2007, S. 178, unter Hinweis auf die Fakultätssitzung vom 15.06.1949) bat Lindworsky 1949 (!) vergeblich um die Wiederzulassung in Köln. In der genannten Fakultätssitzung (UAK Zug 285/1, S. 572) ging es um Herrn Dr. Sindowski, Privatdozent für Geologie und Paläontologie, der noch im Wintersemester 1944/45 im Vorlesungsverzeichnis aufgeführt (allerdings als zur Wehrmacht abgestellt) worden war.

7.2.3 Psychologisches Institut in der Zeit zwischen Lindworsky und Heiß (1928–1938)

Die Entwicklung der Psychologie an der Kölner Universität ist leider keine kontinuierliche. Die Zeit nach Lindworsky muss als ein Tiefpunkt angesehen werden. Nach dem Weggang Lindworskys gab es noch nicht einmal mehr in der Philosophischen Fakultät einen Dozenten mit Lehrauftrag für experimentelle Psychologie. Durch den fast gleichzeitigen Weggang der Professoren Scheler und Lindworsky hatte die Universität Köln unerwartet ein größeres Personalproblem. Am 25.01.1928 hatte Scheler vertraulich dem geschäftsführenden Vorsitzenden Geheimrat Eckert mitgeteilt, dass er den Ruf nach Frankfurt annehmen werde (HAK Zug. 514/2/141/2, S. 13). Bereits zehn Tage bevor Scheler Geheimrat Eckert über die Annahme des Angebotes nach Frankfurt informiert hatte und auch vor der Zusage Lindworskys nach Prag,[481] war am 16.01.1928 ein Bewerbungsschreiben von Prof. Richard Herbertz von der Universität Bern auf die Nachfolge Schelers an der Kölner Universität eingetroffen (HAK Zug. 514/2/141/2, S. 17). Richard Herbertz (geb. 1878 in Köln – 1959) ordentlicher Professor für Philosophie und Psychologie in Bern, wandte sich Anfang Februar 1928 noch ein zweites Mal in einem Schreiben an Adenauer mit der Anfrage, ob nicht vielleicht doch die Möglichkeit bestehe, „an der aufstrebenden Universität Köln, an der das philosophische und psychologische Interesse der Studierenden ständig wächst, die dritte Professur auch nach dem Weggang Schelers aufrechtzuerhalten“ (HAK Zug. 514/2/141/2, S. 21). Adenauer teilte Herbertz im Schreiben vom 08.02.1928 mit, dass damit gerechnet werden müsse, dass der Lehrstuhl von Prof. Scheler, mit Rücksicht auf zur Zeit noch einige andere dringend notwendig einzurichtende Lehrstühle, einstweilen nicht wieder besetzt werde (HAK Zug. 14/2/141/2, S. 23).

In der Fakultätssitzung vom 14.05.1928 (UAK Zug. 285/1, S. 204) kommen die widerstreitenden Interessen zum Vorschein. Während das Ministerium die Fakultät ersuchte, Vorschläge in der üblichen Form für die Besetzung des Dritten Ordinariates für Philosophie (Lehrstuhl „Scheler“) einzureichen, bat das Kuratorium um vorläufige Zurückstellung der Angelegenheit. Auch in der Fakultätssitzung vom 23.07.1928 berichtete der Dekan, dass das Geld für den Lehrstuhl Philosophie (Nachfolge Scheler) bisher nicht bewilligt worden sei. Die Fakultät beauftragte den Dekan, sich weiterhin bei Kuratorium und Ministerium für die Fortführung des Lehrstuhls einzusetzen (UAK Zug 285/1, S. 222/223). Weshalb das Kuratorium, in dem Adenauer den größten Einfluss hatte, sich einer Wiederbesetzung des Lehrstuhls Scheler entgegenstellte, ist nicht angegeben. Nach der Enttäuschung mit Scheler, war es vielleicht doch die Erkenntnis, dass die Wiederbesetzung durch einen geeigneten qualifizierten Katholiken personell nicht erreichbar schien und dass deshalb zunächst auf die Wiederbesetzung verzichtet wurde?[482]

---

481 Zusage erfolgte am 08.02.1928.

482 Obiger Gedankengang wird verstärkt durch eine Bemerkung Adenauers, die er im Rahmen eines Schreibens vom 06.06.1929 an Prof. Nadler (Königsberg) machte: „So

Weiterhin beriet die Fakultät in ihrer Sitzung vom 23.07.1928 über die Leitung des „Instituts für experimentelle Psychologie". Eine kommissarische Leitung wurde gewünscht. Die Fakultät beschloss, die wissenschaftlichen Arbeiten im Institut der kommissarischen Leitung des Mediziners Prof. Busch zu unterstellen, wofür möglicherweise eine Beihilfe seitens des Kuratoriums bewilligt werde (UAK Zug. 285/1, S. 223).[483] Im Grunde genommen ist dies ein Beispiel für Diskontinuität: Ein Mediziner (Prof. Busch) übernimmt die kommissarische Leitung des Psychologischen Institutes der Philosophischen Fakultät. Die Entwicklung der Fachdisziplin Psychologie hatte damit einen abrupten Rückgang zu verzeichnen.[484] Eine Perspektive über diese Interimslösung hinaus war nicht erkennbar. Einem Aktenvermerk vom 28.07.1928 Dekan Brinckmanns ist zu entnehmen, dass Lindworsky ihn gebeten hatte, das Fach der Experimentellen Psychologie „doch nicht endgültig in die Hände eines Mediziners" zu legen. Dem Aktenvermerk nach hat Dekan Brinckmann Lindworsky geantwortet, dass dies nur interimistisch gemeint sei (UAK Zug. 44/163, o. P.).

Auch das Studium der Psychologie war für die Zukunft in Frage gestellt. So schrieb z.B. der Dekan an einen Studenten (UAK Zug. 44/163, 14.07.1928, o. P.), dass gegen die Wahl von Experimenteller Psychologie im Rahmen der Promotion keine Bedenken bestehen; da jedoch die Fakultät kein Ordinariat für dieses Fach besitze, bliebe ungewiss, in welcher Weise die Experimentelle Psychologie künftig in der Fakultät vertreten sei. Der Dekan schloss seinen Brief mit der wenig zuversichtlichen Bemerkung „Wir müssen Ihnen anheim stellen, ob Sie bei dieser Unsicherheit das Nebenfach beibehalten wollen". Von Experimenteller Psychologie als Hauptfach im Rahmen des Doktorexamens war erst recht keine Rede mehr. Durch den unerwarteten Weggang Lindworskys gerieten die Prüfervorstellungen etlicher Examenskandidaten ins Wanken. Fünfzehn Kandidaten hatten beantragt, Lindworsky zu ihren Prüfungen zuzulassen (UAK Zug. 285/1, 23.7.28, S. 223). Die Fakultät beauftragte den Dekan zu antworten, dass vor Einreichung der Arbeiten

---

gern ich nun dazu beitrage, den katholischen Privatdozenten, die ja leider bei Berufungen stark zurückgesetzt werden, zu helfen, so kann ich mich dazu doch nur dann entschließen, wenn es sich um einen wirklich qualifizierten Bewerber handelt. Ich bin der Auffassung, daß es viel richtiger ist, wirklich qualifizierte Katholiken auf Lehrstühlen zu sehen, als Katholiken, die in ihrem Fach nicht besonders tüchtig sind". (HAK Zug. 514/2/141/2, S. 248).

483 Immerhin stand auf der Tagesordnung zur Universitätshaushaltsberatung für das Jahr 1929 unter dem Haushaltstitel „Einrichtung von Universitäts-Instituten und Seminaren" eine Kreditbewilligung von 300 M für die Beschaffung des „Archivs der Psychologie" [Zeitschrift] für das Psychologische Institut (HAK Zug. 511/2/138/1, S. 685).

484 Mit dem Weggang Lindworskys gab es Angebote in Experimenteller Psychologie nur noch in der Medizinischen Fakultät. In der Philosophischen Fakultät übernahm Friedrich Schneider (Professor an der Pädagogischen Akademie in Bonn) die Lehrveranstaltungen in pädagogischer Psychologie, die insbesondere für die Lehramtskandidaten unerlässlich waren.

nichts bewilligt werden könne, aber eine wohlwollende Behandlung werde zugesagt. Im Protokoll hieß es in einem Klammerzusatz aber weiter: „Es wird beabsichtigt, in den meisten Fällen Prof. Busch anstelle von Lindworsky prüfen zu lassen." Bei der Durchsicht der Dissertationsschriften war festzustellen, dass keine mündliche Prüfung des Doktorexamens nach Juli 1928, d.h. nach dem Weggang Lindworskys angesetzt worden war.

Dass die Übernahme des Psychologischen Institutes durch Prof. Busch keine Übernahme im Sinne der Aufgabenübernahme Lindworskys bedeutete, ist auch einem Schreiben des Dekans vom 24.07.1928 an Busch zu entnehmen.

> „Im Auftrage meiner Fakultät erlaube ich mir die Anfrage, ob Sie geneigt sind, im kommenden Wintersemester vertretungsweise die praktische Leitung des Experimentell-psychologischen Instituts zu übernehmen. Es würde sich darum handeln, ab und zu die noch laufenden Arbeiten zu revidieren. Auf Ihren Wunsch würde die Fakultät eine Vergütung beim Kuratorium beantragen. Gleichzeitig bitte ich Sie um Ihre Zustimmung, die im nächsten Semester fälligen Prüfungen in Experimenteller Psychologie an Stelle des nach Prag gehenden Prof. Lindworsky zu übernehmen" (UAK Zug. 44/163, 24.07.1928, o. P.).

Als geschäftsführender Direktor des Psychologischen Institutes sollte der jeweilige geschäftsführende Direktor des Philosophischen Seminars fungieren (UAK Zug. 44/163, 26.07.1928, o. P.).

Karl Marbe, Vorsitzender der „Gesellschaft für experimentelle Psychologie" und Hochschullehrer in Würzburg, versuchte nach dem Weggang Lindworskys aus Köln auf die anstehenden Personalentscheidungen Einfluss zu nehmen und schrieb am 29.12.1928 an den Dekan der Philosophischen Fakultät in Köln:

> „Als derzeitiger Vorsitzender der Gesellschaft für experimentelle Psychologie erlaube ich mir ergebenst, die Hohe Philosophische Fakultät der Universität Köln zu ersuchen, mit allen Kräften dahin zu wirken, dass an Stelle des Herrn Lindworski [sic] eine in der wissenschaftlichen und auch in der praktischen Psychologie erfahrene Persönlichkeit gewonnen wird. – Die Psychologie hat in den letzten Jahrzehnten nicht nur bedeutende wissenschaftliche Leistungen hervorgebracht, sondern auch auf die übrigen Wissenschaften und auf die Praxis großen Einfluß ausgeübt. Zumal an einer so gut besuchten Universität wie Köln, wo auch die Wirtschaftswissenschaften ausgiebig gepflegt werden, hätte eine geeignete Persönlichkeit zweifellos einen großen Lehrerfolg. Auch würde man es in Kreisen der Psychologen schwer begreifen, wenn an einer so bedeutenden Universität wie Köln die Psychologie, die ja auch engste Beziehungen mit den Kulturwissenschaften, der Jurisprudenz und Medizin hat, nicht fachgerecht vertreten wäre." (UAK Zug. 44/163, 29.12.1928, o. P.)

In einem vertraulichen Schreiben vom 07.01.1929 an Justizrat Dr. Hugo Mönnig, Stadtverordneter und Mitglied des Kuratoriums, gab Adenauer die Information weiter, dass die Philosophische Fakultät [d.h. nicht das Kuratorium (!)] beschlossen habe, die Frage der Neubesetzung des Schelerschen Lehrstuhls ruhen zu lassen. Sie stehe auf dem Standpunkt, dass er nicht wieder besetzt werden solle (HAK Zug. 514/2/141/2, S. 159). Diese Information steht im Widerspruch zum Konferenzbeschluss der Philosophischen Fakultät vom 23.07.1928, wonach der Dekan beauftragt wurde, sich weiterhin bei Kuratorium und Ministerium für die Fortführung des Lehrstuhls einzusetzen (UAK Zug 285/1, S. 222/223).

Insgesamt ist also sowohl der philosophischen Psychologie als auch der experimentellen Psychologie durch das ersatzlose Ausscheiden zweier sehr exponierter Professoren wie Lindworsky und Scheler ein erheblicher Nachteil erwachsen. Deshalb kann auch die Zeit nach dem Sommersemester 1928 als ein Tiefpunkt in der Entwicklung der Psychologie an der Universität zu Köln angesehen werden. In der Fakultätssitzung vom 24.06.1929 wurde nochmals über die „experimentelle Psychologie" an der Universität zu Köln beraten. Der Dekan wurde beauftragt wegen eines Ordinariates für Experimentelle Psychologie mit dem Kuratorium Fühlung aufzunehmen. Artur Schneider schlug vor, für den Fall, dass sich eine ordentliche Professur im Augenblick nicht verwirklichen ließe, die Erteilung eines Lehrauftrags anzustreben. Weiterhin sollten Mittel für Instrumente der experimentellen Psychologie bereitgestellt werden (UAK Zug. 285/1, 24.06.1929, S. 242).

Am 05.10.1931 (UAK Zug. 9/273, o. P.) schickte Richard von der Mühlen (1883 – 1963) an Adenauer eine Initiativbewerbung für das Fach Psychologie.[485] Unter Hinweis auf die Situation an der Kölner Universität schrieb von der Mühlen, dass ein Experimentalpsychologe dort seit Jahren fehle und ein Institut für experimentelle Psychologie „so gut wie nicht vorhanden" sei. Eckert machte Adenauer darauf aufmerksam, dass von der Mühlen sein Doktorexamen erst im Laufe des Semesters abzulegen gedachte und dass die Verleihung eines Lehrauftrages eine vorhergehende Habilitation zur Voraussetzung habe. Im Übrigen sei eine von v. der Mühlen „seiner Zeit bei Professor Lindworsky eingereichte Doktordissertation" als „ungenügend" abgelehnt worden (UAK Zug. 9/273, 30.10.1931, o. P.). Richard von der Mühlen promovierte 1932 an der Universität zu Köln mit dem Thema „Die durch Zeugnisse ausgewiesene Schultüchtigkeit im Lichte einer im Dienste der Berufsberatung stehenden Begabungs- und Charakterforschung". Im Jahr 1934 wurde das Wuppertaler Institut von der NSDAP als „liberalistische Einrichtung" geschlossen und von der Mühlen als Direktor abgesetzt (Feuerhelm, 2015, S. 327).

---

485 Seit 1923 war von der Mühlen vom Schuldienst beurlaubt. Er wurde Direktor eines von ihm gegründeten städtischen „Psychologischen Instituts" (Psychologisches Institut für Wissenschaftliche Begabungsforschung, später Institut für Wirtschafts- und Begabungsforschung) in Wuppertal, das sich an der Intelligenzforschung William Sterns orientierte (Feuerhelm, 2015, S. 328). Da das Wuppertaler Institut in absehbarer Zeit geschlossen werden sollte, bewarb er sich um einen „einfachen Lehrauftrag" an der Universität zu Köln. Da Richard von der Mühlen als praktischer Psychologe weitgehend außerhalb des Wissenschaftsbetriebs arbeitete, war es nicht verwunderlich, dass er in seinem Bewerbungsschreiben u.a. Friedrich Schneider als Referenz angab.

Insgesamt gesehen gibt es aus der Zeit zwischen Lindworsky und Heiß nur sehr wenige Informationen über das ohne hauptamtliche Leitung bedachte Psychologische Institut. Am 20.01.1932 (UAK Zug. 9/273, o. P.) wandte sich Artur Schneider als Direktor des Philosophischen und des Pädagogischen Seminars (Vorlesungsverzeichnis WS 31/32) und wie oben beschlossen als „Verwalter" des Psychologischen Instituts an den geschäftsführenden Kuratoriumsvorsitzenden Geheimrat Eckert mit der Bitte um Gewährung eines „Sonderbetrages von RM 300 an das Psychologische Institut". Der Etat sei in den letzten zwei Jahren jeweils gekürzt worden. Der gesamte Etat sei für die Beschaffung der laufenden Zeitschriften verwandt worden. Der Wert der Bibliothek des Psychologischen Instituts liege vor allen Dingen in seinen Zeitschriften. Das Institut besitze nahezu alle führenden psychologischen Zeitschriften lückenlos. Eine Einschränkung der gehaltenen Zeitschriften würde „unersetzliche Lücken" schaffen. Die wichtigsten Veröffentlichungen auf psychologischem Gebiet erschienen in den Zeitschriften. Es seien eher Lücken bei den jüngsten Bucherscheinungen hinnehmbar als eine unvollständige Zeitschriftenliteratur. Das Psychologische Institut diene gegenwärtig insbesondere als notwendige Ergänzung der philosophischen und pädagogischen Seminarbibliothek. Der Nutzen der psychologischen Institutsbibliothek beruhe „auf ihren von Herrn Professor Lindworsky vorgenommenen planmäßigen Ausbau nach zwei Seiten hin: Beschränkung auf die wichtigste Buchliteratur, aber fast vollständige Haltung der führenden (...) Zeitschriften." Es sei „dringend zu wünschen, dass das begonnene Werk in diesem Sinne fortgeführt" werde (UAK Zug. 9/273, o. P.). Das Schicksal des Psychologischen Institutes nach dem Weggang von Johannes Lindworsky bedeutete zwar nicht das endgültige Aus des Psychologischen Institutes, aber es ging in einen "Latenzzustand" über, wie es der damalige Dekan der Philosophischen Fakultät Otto Kuhn im Jahre 1938 ausdrückte (UAK Zug. 9/598, 18.01.1938, o. P.; Zug. 27/59, o. P,). Heimsoeth und A. Schneider sprachen in ihrem Gutachten vom 03.12.1937 von einem "Rumpfinstitut" und trafen auch die Feststellung: "Die spezielle psychologische Arbeit wurde eingestellt" UAK 9/598, o. P.). Robert Heiß bemerkte 1938 rückblickend, das Psychologische Institut habe 1928 seine Selbstständigkeit aufgegeben und sei dem Philosophischen und Pädagogischen Seminar angegliedert worden (Heiß, 1938, S. 104). Die einzige Kontinuität, wenn man überhaupt wagt, von Kontinuität zu sprechen, zeigte sich in der Person Maria Krudewigs, Doktorandin bei Johannes Lindworsky.

8. Maria Krudewig oder Karrieren für Männer, Barrieren für Frauen

Ernst sieht sie aus, die Frau auf dem Foto von 1938. Sachlich und konzentriert. Die dunklen Haare liegen ordentlich, die randlose Brille sitzt gerade auf der langen, schlanken Nase. Kein Schmuck, nur eine schlichte, weiße Bluse. Die Haltung ist aufrecht, der Blick scheint direkt ins Auge des Betrachters zu gehen.

Abbildung 48: *Maria Krudewig (1897–1963) in einer Aufnahme aus dem Jahr 1938. (Foto: privat)*

Ihr Name lautet Maria Krudewig. Lange basierte das Kapitel zu ihrer Zeit lediglich auf Aktenmaterial; die Frau, die für die Psychologie in Köln während der untersuchten Zeit so wichtig war, hatte kein Gesicht. Erst kurz vor Abschluss der Recherchen entstand zufällig ein Kontakt zu Maria Krudewigs Neffen Wolfgang Krudewig. Dieser stellte freundlicherweise o.g. Bild zur Verfügung.

Er beschreibt sie als zielstrebig und eher sachlich-zurückhaltend, als politisch kritisch und sehr an ihrem Fach interessiert, im Familienkreis aber auch fröhlich Witze erzählend.

Ihr Werdegang liest sich in den Akten eher wie ein Roman: aus einfachen Verhältnissen hochgearbeitet, nach vielfältigem Aus- und Weiterbildungsweg in der psychologischen Forschung offensichtlich die eigene Berufung gefunden, im akademischen Kontext dann aber eingeengt, vordergründig durch die Rahmenbedingungen, zwischen den Zeilen jedoch aufgrund ihres Geschlechts, wenn etwa eine Befristung damit begründet wird, dass kein geeigneter männlicher Bewerber zur Verfügung gestanden habe und man hoffe, dieser werde sich im Verlauf des kommenden Jahres finden. Christa Kersting hat diese Entwicklungen in ihrem diesbezüglichen Artikel plakativ mit dem Begriff der „verhinderten Karriere" zusammengefasst (Kersting, 2008, S. 184 ff.).

Maria Krudewig hatte bei Lindworsky studiert und am 29.06.1926 ihre mündliche Prüfung zum Doktorexamen absolviert (Krudewig, 1928). Aber auch nach der mündlichen Prüfung verlor sie nicht den Kontakt zum Psychologischen Institut und arbeitete bis zu ihrem Tode im Jahre 1963 wissenschaftlich im Bereich Psychologie an der Universität zu Köln. Da Maria Krudewig fast von den Anfängen des Institutes bis zu ihrem Tode im Jahre 1963 aktiv für das Psychologische Institut der Universität zu Köln gearbeitet hat, lassen sich auch an ihrem Werdegang die Höhen und Tiefen des Institutes und ihrer eigenen Universitätskarriere darlegen. Wegen der Gewichtigkeit von Maria Krudewig sei auch ein kurzer Exkurs über das Jahr 1945 hinaus erlaubt.

8.1 Der gesellschaftliche Hintergrund

Die Diskriminierung von Frauen hat leider jahrhundertealte Tradition. Stubbe (2012a, S. 104) gibt diesbezüglich hierzu zahlreiche Hinweise zur historischen „weiblichen Defizittheorie".[486] Bis ins 20. Jahrhundert hinein wurde sogar Forschung betrieben, um zu beweisen, dass Frauen intellektuell weniger leistungsfähig seien als Männer; so versuchte u.a. der französische Arzt und Autor des

486 Auch Albertus Magnus ist nicht frei von frauenfeindlichen Äußerungen: „Deshalb muß man sich, um es kurz zu sagen, vor jeder Frau hüten wie vor einer giftigen Schlange oder einem gehörnten Teufel; und wenn mir erlaubt wäre zu sagen, was ich über die Frauen weiß, würde die ganze Welt staunen" (zit. nach Stubbe, 2012, S. 103). Aristoteles (384 – 322 v. Chr.) beschreibt die Frau gegenüber dem Mann als mängelbehaftet, vergleichbar dem „Mängelwesen" bei Arnold Gehlen (Stubbe, 2012b, S. 39). Für Aristoteles und Platon (428 – 348 v. Chr.) war die Frau ein „deformierter Mann" und für Thomas von Aquin (1225 – 1275) war „Weiblichkeit ein Defekt der Natur" (Albrecht, 2001, S. 55).

berühmt gewordenen Werkes zur Massenpsychologie Gustave Le Bon anhand von Schädelmessungen einen Zusammenhang zwischen Schädelgröße und Intelligenz festzustellen (Stubbe, 2012a, S. 244).

Erst zu Beginn des 20. Jahrhunderts wurde auch Frauen der Zugang zur Universität ermöglicht. „Doch der Zugang zur Wissenschaft und zum Studium war und ist das eine, die lebenslange, gleichberechtigte und selbstverständliche Integration der Frauen in die wissenschaftliche Arbeit und das akademische System ist etwas anderes", wie es Helga und Lothar Sprung so treffend zusammenfassen (Sprung & Sprung 1996, S. 206).

Als im Sommersemester 1919 der Vorlesungsbetrieb der wiedergegründeten Universität zu Köln begann, waren unter den 1299 immatrikulierten Studierenden lediglich 194 Studentinnen (Personalverzeichnis der Universität Köln, S. 62). Dies entspricht einem Anteil von 15 %.[487] [488] Dabei waren in Köln durch die vorausgegangene Frauenhochschule bereits günstige Voraussetzungen für die weibliche akademische Bildung gegeben. Der größte Teil der Studentinnen war zwischen 20 und 30 Jahre alt, nur 34 Abiturientinnen waren jünger als 20 (Franken, 1995, S. 40). Ein Grund hierfür könnte gewesen sein, dass die medizinische Fakultät keine Veranstaltungen für die vorklinischen Semester anbot und deren Zielgruppe daher per se etwas älter war (Franken, 1995, S. 40).

Aber auch die Wohnsituation könnte eine Rolle gespielt haben. Ähnlich wie heute fehlte es an bezahlbarem Wohnraum für Studierende. Plätze in Studentenwohnheimen waren vor allem männlichen Studierenden vorbehalten; einzig bei den Vinzentinerinnen im Kloster Maria Hilf (Rolandstraße 57–61) wurden etwa 60 Zimmer an Studentinnen vermietet zum Preis von „2,60 bis 2,80 Reichsmark zzgl. Heizkosten" (Franken, 1995, S. 43).[489] Wohngemeinschaften, wie sie heute üblich sind, in denen mehrere Studierende sich eine größere Wohnung gemeinsam teilen,

---

487 Für Berlin geben Sprung & Sprung (1996) für das Jahr 1923 (die Frage, ob im Sommer- oder Wintersemester, bleibt leider offen) einen Frauenanteil von 20% unter den Studierenden an (ebd., S. 206). Preußen gewährte nach der Reform des Mädchenschulwesens als letztes der großen Länder des Deutschen Reiches am 11.06.1908 Frauen den Zugang zur Universität; lediglich Elsass-Lothringen und Mecklenburg vollzogen diesen Schritt noch später (Wittka, 1995, S. 22).

488 Während der Weimarer Republik betrug der Anteil weiblicher Studierender an der Universität zu Köln nie mehr als 21% (Franken, 1995, S. 6); bis zum WS 1928/29 blieb er sogar relativ konstant zwischen 10% und 12%, die o.g. 21% wurden lediglich im SS 1931 erreicht (Franken, 1995, S. 36). Erst als zu Kriegszeiten die Restriktionen gegenüber weiblichen Studierenden aufgehoben wurden, stieg diese Zahl wieder an. Westenrieder (1984) spricht gar davon, dass im WS 1943/44 Frauen „mit 28.400 schon die Hälfte aller Universitätsstudenten" ausgemacht hätten (Westenrieder, 1984, S. 104). Zum Vergleich: im WS 2015/16 waren laut der hauseigenen Statistik 48.424 Studierende an der Universität zu Köln immatrikuliert, davon 29.206 weiblich. Dies entspricht einem Anteil von 60%. (http://verwaltung.uni-koeln.de/stabsstelle01/content/statistiken/kurzstatistik/index_ger.html).

489 Das Viertel um Maria-Hilf- und Elsaßstraße war damals durch starke soziale Gegensätze geprägt und in Umstrukturierung begriffen. Details hierzu finden sich bei Oepen, 2006.

waren damals noch unbekannt. Wer nicht zu Hause wohnen blieb, mietete ein Zimmer zur Untermiete. Aber auch dieses war für weibliche Studierende deutlich schwerer umzusetzen als für männliche. Agnes von Zahn-Harnack[490] beschrieb die Situation 1929 in einem Artikel für die Zeitschrift Studentenwerk ausführlicher:

> „Bei der Suche nach einem geeigneten Zimmer merken sie [die Studentinnen] bald, daß sie als Mieterinnen weniger beliebt sind als ihre männlichen Kommilitonen. Denn die Frau beansprucht ein Zimmer, in dem sie wohnt, in viel höherem Maße als der junge Mann. Dieser begnügt sich sehr häufig damit, eine halbwegs anständige Schlafgelegenheit zu haben, tagsüber hält er sich in der Hochschule, den Seminaren, Bibliotheken, in Gaststätten oder im günstigen Fall im Studentenhaus auf. Aber die Studentin erwartet von ihrem Wohnraum etwas von häuslichem Behagen; sie möchte sich kleine Mahlzeiten selbst bereiten dürfen, möchte sich ihre Garderobe in Ordnung halten, wodurch sie ebenfalls mehrere Stunden in der Woche in der Häuslichkeit festgehalten ist, und will auch einmal einen Tag zu Hause verbringen oder sogar eine bescheidene Gastlichkeit üben. All das sehen Wirtinnen im allgemeinen sehr ungern […].“ (Zahn-Harnack, 1929, S. 366)

Die Möglichkeit, Mahlzeiten selbst zubereiten zu können, war wahrscheinlich gerade in Köln zu dieser Zeit ein wichtiger Punkt – die Mensa academica war für die weiblichen Studierenden nämlich nicht zugänglich. Allerdings muss aus Gründen der Fairness hier betont werden, dass es diese Form rigider Geschlechtertrennung wohl nur in Köln gab. Entschieden hatte so die Leiterin der Studentenküche, die Franziskanerin Schwester Ignatia. Ihre Gründe konnte sie zwar nicht klar benennen, aber sie widerstand allen Versuchen zur Intervention. Erst 1935, als die Nationalsozialisten ihr die Leitung der Mensa entzogen, änderte sich die Situation (vgl. Franken, 1995, S. 49f.).

Studentinnen mussten sich also außerhalb der Mensa versorgen, sei es über Angebote konfessioneller oder privater Initiativen. Eine Mittagsmahlzeit kostete zwischen 70 und 80 Pfennigen (Franken, 1995, S. 51).

Zwischen 1909 und 1923 war die Immatrikulation auch ohne Abitur als Abschluss „eines humanistischen Gymnasiums, eines Realgymnasiums oder einer Oberschule“ möglich, sofern das Ausbildungsziel der Lehrerberuf war. Voraussetzung für diese Art der Immatrikulation war die Absolvierung des „höheren Lehrerinnenseminars“; bis zum Wegfall dieser Zusatzregelung nach 1913 musste darüber hinaus eine zweijährige praktische Berufstätigkeit nachgewiesen werden. Die Immatrikulation war ausschließlich an der Philosophischen Fakultät möglich (Schaser, 1988, S. 105).[491]

---

490 Die Frauenrechtlerin Agnes von Zahn-Harnack war 1908 die erste regulär immatrikulierte Studentin an der Humboldt-Universität Berlin. Sie studierte bis 1912 dort Germanistik, Anglistik und Philosophie. 1926 gehörte sie zu den Mitbegründern des Deutschen Akademikerinnenbundes (https://www.hu-berlin.de/de/ueberblick/geschichte/wissenschaftlerinnen/zahn_harnack).

491 Bemerkenswert ist, dass die „Vertreterinnen der Frauenbewegung fürchteten, daß die Frauen durch die lückenhafte Vorbildung, die die Lehrerinnenseminare

Die erste Studentin, die sich an der Kölner Universität immatrikulierte (Matrikelnummer 2), war Jenny Gusyk (verheiratete Stucke), eine jüdische Türkin, die 1944 in Auschwitz ermordet wurde (vgl. Rosenbaum, 2003).

Die erste Frau, die sich an der Universität zu Köln 1922 habilitierte (Franken, 1995, S. 129), war die Historikerin Ermentrude von Ranke (1892 – 1931).[492]

Maria Krudewig ist es trotz großer Bemühungen nicht gelungen, sich in der Zeit der Weimarer Republik und des Dritten Reiches zu habilitieren; erst nach Kriegsende wurde dies möglich. Generell gestaltete sich die Habilitierung von Frauen schwierig; dies wird vor allem deutlich am Beispiel Edith Steins (vgl. Kap. 8.2).

Die augenfälligste Form der Emanzipation fand auf parlamentarischer Ebene statt. Am 19.01.1919 machten Frauen in Deutschland zum ersten Mal mit fast 90 % Wahlbeteiligung bei der Wahl zur Nationalversammlung von ihrem Wahlrecht Gebrauch (Engelhardt, 2015, S. 368). Nach Artikel 109 Abs. 1 Satz 2 der Weimarer Reichsverfassung (RGBl. 1919, S. 1404) hatten Männer und Frauen „grundsätzlich"[493] dieselben staatsbürgerlichen Rechte und Pflichten.[494] Diese Tatsache spielte im Zusammenhang mit einer möglichen Hochschullaufbahn für Frauen eine Rolle. Nach Artikel 128 Abs. 1 WRV sind „alle Staatsbürger ohne Unterschied [...] nach Maßgabe der Gesetze und entsprechend ihrer Befähigung und ihren Leistungen zu den öffentlichen Ämtern zuzulassen." Weiter heißt es: „Alle Ausnahmebestimmungen gegen weibliche Beamte werden beseitigt" (WRV Art. 128, Abs. 2).[495]

---

vermittelten, das Frauenstudium notwendigerweise in Mißkredit bringen würden" (Schaser, 1988, S. 105).

492 In der Fakultätssitzung vom 22.05.1922 wurde ihr die Venia Legendi für mittlere und neuere Geschichte erteilt – allerdings mit sechs Gegenstimmen und dem Beschluss „Die Fakultät lehnt eine weitere Habilitation von Damen für das Fach Geschichte ab" (UAK Zug. 285/1, S. 63).

493 „Grundsätzlich" im juristischen Sinne heißt immer „im Grundsatz", d.h. Abweichungen sind möglich. In der Weimarer Reichsverfassung ist somit keine völlige Gleichstellung von Mann und Frau festgeschrieben, sondern eben lediglich eine „grundsätzliche". In Artikel 3 Abs. 2 des Grundgesetzes der Bundesrepublik Deutschland heißt es dagegen ohne Einschränkung: „Männer und Frauen sind gleichberechtigt."

494 Bei den staatsbürgerlichen Rechten geht es nicht um Menschenrechte, sondern um Bürgerrechte (z.B. Wahlrecht und Zugang zu öffentlichen Ämtern). Zum Teil kommt es bei der damaligen Interpretation aus heutiger Sicht zu kuriosen Ergebnissen: Beispielsweise konnten im Kaiserreich in Schulvorstand und Schulkommission einer Gemeinde (Volksschulunterhaltungsgesetz) „Einwohner" als Vertreter der Bevölkerung gewählt werden. „Einwohner" im Sinne des Gesetzes waren jedoch nur Männer. Mit Erlass vom 07.06.1920 stellte das Ministerium daher explizit fest, dass auch Frauen im Einklang mit Artikel 109 WRV „Einwohner" im Sinne der obigen Vorschriften seien (Zentrbl. 1920, S. 531).

495 Im Erlass Nr. 176 vom 07.06.1920 (Zentrbl. 1920) stellte der Minister fest, dass „alle Staatsbürger ohne Unterschied zu den öffentlichen Ämtern zuzulassen" sind [Sperrdruck im Text]. Die Wendung „nach Maßgabe der Gesetze"

Bis zu diesem Zeitpunkt hatte der so genannte „Beamtinnenzölibat“ gegolten, im Deutschen Reich 1880 per Ministererlass verfügt (Erlass vom 09.03.1880, Zentrbl. 1880, S. 662): Nur ledige Frauen durften verbeamtet werden, etwa als Lehrerin. Wer heiratete, hatte mit seiner Entlassung aus dem Dienst zu rechnen.

Es schien so, als sollten diese Zeiten nun vorbei sein. Frauen eroberten vor allem die Büros der Städte. Die emanzipierte Frau arbeitete als Sekretärin, Stenotypistin, Verwaltungs- oder Bankangestellte, aber auch als Verkäuferin.[496] Die neu gewonnene Freiheit spiegelte sich in vielen kleinen Dingen wieder; der Lebensalltag veränderte sich: Korsetts und lange Kleider wurden als verzichtbar eingestuft, Coco Chanel erfand das „kleine Schwarze“, statt langer Haare und komplizierter Frisuren wurde der vergleichsweise kurz geschnittene „Bubikopf“ zum Idealbild der weiblichen Mode. In Köln baute die KVB (Kölner Verkehrs-Betriebe) immer neue Strecken, um das Stadtgebiet zu erschließen; schon seit 1903 wurden die ursprünglich von Pferden gezogenen Bahnen nach und nach durch strombetriebene Varianten ersetzt (vgl. http://www.kvb-koeln.de/german/unternehmen/geschichte/bis1980.html). 1913 wurde die „Gemeinnützige AG für Wohnungsbau“ gegründet, heute besser bekannt unter ihrer Namensabkürzung GAG. Unter dem Motto „Lich, Luff un Bäumcher“ entstanden immer mehr Sozialwohnungen, die auch den weniger gut verdienenden Menschen in der Stadt ein lebenswertes Umfeld ermöglichen sollten (https://www.gag-koeln.de/die-gag/mitarbeiter/geschichte/). Hauptarchitekt jener Zeit war Wilhelm Riphahn, der auch nach dem Zweiten Weltkrieg noch durch seine Bauten im Stil der „Neuen Sachlichkeit“ das Stadtbild prägte (bspw. Oper, Schauspielhaus, Bauten entlang der Hahnenstraße).

In der Weimarer Republik kam es zu einer bedeutenden Ausweitung der weiblichen Angestellten insbesondere in Berufen der öffentlichen Verwaltung, des Schuldienstes, des Gesundheitswesens und des privaten Dienstleistungssektors als „Lehrerinnen, Fürsorgerinnen, Stenotypistinnen und Verkäuferinnen“. Allerdings verdienten sie 10 bis 15 % weniger als ihre männlichen Kollegen. Ihre Tätigkeiten waren meist untergeordneter Art, ohne echte Aufstiegschancen (Wagner, 2008, S. 173). „So tritt mit dem Modernisierungsschub im Erwerbsleben neben die Stelle des Dienstmädchens die weibliche Büroangestellte. Frauen werden im öffentlichen Raum sichtbar, denn sie sind unterwegs, sei es zu den Warenhäusern oder den Büros als ihrem Arbeitsplatz“ (Mahrdt, 1998, S. 150).

---

in Art. 128 Abs. 1 WRV ließe „dem Reichs- und Landesrecht nur Raum, Einzelheiten über die Zulassung zu den Ämtern zu regeln, ohne die Möglichkeit zu gewähren, den Grundsatz irgendwie zu ändern.“

496 Warenhäuser verbreiteten sich zu dieser Zeit erstmals. In Köln steht hierfür vor allem der Name Tietz: Ein Großteil der Warenhäuser ging auf jüdische Gründungsinitiativen zurück. Hermann Tietz (1837–1907), jüdischen Glaubens, war der Namensgeber der Kaufhauskette Hertie und ist der Onkel von Leonhard Tietz (1849–1914). Führend in Köln war die Leonhard Tietz AG. In der NS-Zeit wurde sie nach der Arisierung in Westdeutsche Kaufhof AG umbenannt (Bopf, 2004, S. 91).

Am 27.10.1923 wurde allerdings die „Personal-Abbau-Verordnung“ erlassen, nach der (Artikel 14) die Möglichkeit gegeben wurde, verheiratete weibliche Beamte, deren wirtschaftliche Versorgung „nach dem Ermessen der zuständigen Behörde“ gesichert schien, zu entlassen (RGBl. 1923 I, S. 1006). Hintergrund war die Notwendigkeit, die aus dem Krieg heimgekehrten Soldaten wieder in den Arbeitsmarkt zu integrieren, und das Dilemma, dass während der Kriegsjahre vor allem Frauen die hinterlassenen Lücken ausgeglichen hatten.[497] Mit der Personal-Abbau-Verordnung war im Grunde der Lehrerinnenzölibat wieder eingeführt worden.[498] Artikel 14 blieb auch nach der Aufhebung der Personalabbauverordnung 1925 in Kraft, endgültig abgeschafft wurde die Zölibatsklausel erst 1953 (vgl. Kohler-Gehrig, 2007, S. 23). Das Recht des Ehemannes, seiner Frau die Erwerbstätigkeit zu untersagen (§ 1354 BGB), galt sogar bis 1957. Die Gesellschaft der Weimarer Zeit war also trotz allem noch stark bestimmt von einer tradierten Denkweise.

Während der NS-Zeit wurde diese Tendenz noch verschärft. Die arbeitstätige (insbesondere die intellektuell tätige) Frau entsprach nicht dem Leitgedanken des Nationalsozialismus. In „Mein Kampf“ schrieb Hitler: „Das Ziel der weiblichen Erziehung hat unverrückbar die kommende Mutter zu sein“ (Hitler, 1925/27, veröffentlicht 2016, S. 1057). Das Lexikon „Der große Herder“ von 1932 (Bd. 4, S. 1342) fasst eher sachlich zusammen, dass der Nationalsozialismus die Frau „einzig auf ihre biologische Bestimmung zurückverweisen u[nd] ihren Einfluß im öffentl[ichen] Leben ausschalten“ wolle.[499] Im „Mythus des Zwanzigsten Jahrhunderts“ formuliert der Parteiideologe Alfred Rosenberg sein Frauenbild deutlich unverblümter:

---

497 Dieser Ausgleich war übrigens zu geringerem Lohn erfolgt, was z.B. im Juni 1916 zu einem Streik der Straßenbahnschaffnerinnen in Köln führte. Ziel: eine Lohnerhöhung von 50 Pfennig pro Tag. (vgl. Franken, 2014, S. 62).

498 Nach der Berufszählung von 1925 gab es im gesamten Deutschen Reich insgesamt 43 Frauen unter den Hochschuldozenten; dies entsprach einem Anteil von 0,78 % (!) (Der Große Herder, 1932, Bd. 4, S. 1333).

499 Dieses einseitige und rückwärtsgewandte Frauenbild wird auch in der offiziellen nationalsozialistischen Erziehung deutlich. Hans Schemm (1891–1935), Reichswalter des Nationalsozialistischen Lehrerbundes (NSLB), schrieb 1934 in einem Geleitwort in der Zeitschrift „Nationalsozialistische Mädchenerziehung“: „Während die Erziehungstätigkeit an der deutschen männlichen Jugend durch das heldische Ideal männlicher, körperlicher, geistiger und jugendlicher Kraft zum Vorbild der Heroen der deutschen Geschichte auf allen Lebensgebieten des praktischen und kulturellen Wirkens zielweisend geleitet wird, steigt in der Erziehung des Mädchens zur deutschen Frau das Idealbild der liebevollen, sorgenden, opfernden und doch das Leben sieghaft bejahenden deutschen Mutter auf. Die wundervolle Synthese von deutschem Heldentum männlicher Prägung und wahrhaft deutschem Muttertum gebiert das Heiligtum, das dominierend unsere Zeit weiht und beherrscht: Volk! [...] Rassenstolz muß das Fundament des Fühlens, Denkens und Wollens der deutschen

> „Das Weibchen ist Weib kraft einer gewissen Fähigkeitslosigkeit. Die Fähigkeitslosigkeit ist die Folge des auf das Pflanzenhafte und auf das Subjektive gerichteten Wesens. Es fehlt der Frau aller Rassen und Zeiten die Gewalt einer sowohl intuitiven als geistigen Zusammenschau. [...] Emanzipation der Frau von der Frauenemanzipation ist die erste Forderung." (Rosenberg, 1944, S. 483).

„Wir empfinden es nicht als richtig, wenn das Weib in die Welt des Mannes, in sein Hauptgebiet, eindringt, sondern wir empfinden es als natürlich, wenn diese beiden Welten geschieden bleiben" sagte Hitler vor der NS-Frauenschaft am 08.09.1934 (zit. nach Schneider, 2003, S. 65).[500] Frauen waren dort beruflich akzeptiert, wo sie auf Grund ihrer „Weiblichkeit" (d.h. in der Regel in sozialen Berufen) schon immer einen festen Platz hatten. „Männerberufe" (vor allem Politik) sollten jedoch Männerberufe und für Frauen deshalb unzugänglich bleiben.[501] Im übertragenen Sinne bedeutete dies, dass eine Hochschullaufbahn, die seit jeher traditionell von Männern dominiert wurde, auch weiterhin für Frauen verschlossen blieb. Die Abschirmung der Männerdomänen korrespondierte mit der Verdrängung von Frauen aus exponierten öffentlichen Stellungen. In einem Schreiben vom 24.08.1936 an den Reichsminister der Justiz, Franz Gürtner, teilte Bormann die Entscheidung Hitlers mit, dass Frauen weder Richter noch Anwalt werden sollten und Juristinnen im Staatsdienst nur in der Verwaltung zu verwenden seien (Schneider, 2003, S. 288). Bereits am 20.06.1933 war ein Gesetz erlassen worden, das (analog zur o.g. „Personal-Abbau-Verordnung") ermöglichte, verheiratete Beamtinnen zu entlassen, wenn deren Lebensunterhalt durch den Ehemann gesichert schien. Zudem ermöglichte dieses Gesetz, Frauen grundsätzlich in niedrigere Besoldungsstufen einzuordnen als Männer. Es enthielt darüber hinaus das Verbot der Verbeamtung vor dem 35. Lebensjahr und die Möglichkeit zur Entfernung von Frauen aus leitenden Positionen (etwa Schulleitungen) aufgrund „dienstlicher Bedürfnisse" – eine sehr dehnbare Definition... (Westenrieder, 1984, S. 61; S. 83f.).

Um eine mögliche Diskussion bereits im Keim zu ersticken, war 1934 auf Basis des Gesetzes gegen die Überfüllung der deutschen Schulen und Hochschulen durch Reichsinnenminister Frick festgelegt worden, dass die Zahl der Abiturientinnen, denen die Hochschulreife zuerkannt werden durfte, nicht höher sein sollte

---

Frau sein. Die deutsche Mutter mit ihren Sorgen, Leiden, Opfern, Lachen und Jubeln im Kreise ihrer Kinder ist das Symbol des deutschen Sozialismus" (Schemm, 1934/35, S. I).

500 In derselben Rede sagte Hitler: „Das Wort von der Frauen-Emanzipation ist ein nur vom jüdischen Intellekt erfundenes Wort" (zit. nach Schneider, 2003, S. 63).

501 Die NSDAP hatte 1935 einen Frauenanteil von 5 % (Bock, 2002, S. 189). 1932 (31.07.) hatten die Nationalsozialisten 230 Reichstagsabgeordnete, unter denen sich keine einzige Frau befand. Von 133 sozialdemokratischen Reichstagsabgeordneten gab es zum selben Zeitpunkt immerhin 15 weibliche Abgeordnete (6,5%). Insgesamt gab es von 608 Abgeordneten 37 Frauen (6,08%) (Der Große Herder, 1932, Bd. 4, S. 1331).

als 10% der männlichen Abiturienten (Eilers, 1963, S. 19–20); Westenrieder (1984) spricht sogar von „10% aller neu immatrikulierten Studenten“ (Westenrieder, 1984, S. 83). 1939 erging ein Verbot für Mädchen, am Lateinunterricht der Unter- und Mittelstufe teilzunehmen (RMinAmtsblDtschWiss. 18.01.1939, S. 56).

Langfristig wurde seitens der Nationalsozialisten eine in weibliche und männliche Sphären getrennte Berufswelt angestrebt. Frauen, die keine Familien gründeten, sollten „weibliche Berufe“, d.h. überwiegend Berufe im sozialen, haus- und landwirtschaftlichen Bereich ausüben.[502] Wagner spricht von „geschlechtsspezifischer Segmentierung des Arbeitsmarktes“ (Wagner, 2008, S. 175).

Da nicht nur im Dozentenkollegium an der Kölner Universität,[503] sondern auch bei den Studierenden das weibliche Geschlecht unterrepräsentiert war,[504] ist es nicht verwunderlich, dass versucht wurde, auf anderem Wege Kenntnisse über das andere Geschlecht zu erwerben. Der emeritierte Mediziner Prof. Dr. med. Heinrich Füth (ordentlicher Professor für Geburtshilfe und Gynäkologie) bot an der Universität zu Köln ab dem Sommersemester 1936 (für die folgenden 5 Semester) im Rahmen des Angebots für Hörer aller Fakultäten die folgende Veranstaltung an: „Die Einführung des jungen Mannes in das Wesen der Frau vor seinem Eintritt ins Leben“.[505] Adressat der Veranstaltung waren „schluß- und hochsemestrige Kommilitonen aller Fakultäten“, d.h. die Veranstaltung richtete sich an männliche Studierende und hatte zum Ziel, in intellektueller Auseinandersetzung das Wesen der Frau zu ergründen.

8.2 Exkurs: Edith Stein

Die Schwierigkeiten von Maria Krudewig bei ihren Bemühungen um eine erfolgreiche wissenschaftliche Laufbahn werden nachvollziehbarer, wenn die Problematik der Situation am Beispiel Edith Steins (die auch einige Jahre in Köln gelebt hat) verdeutlicht wird. Edith Stein ist vielen bekannt, weil sie 1998 von Papst Johannes Paul II. heiliggesprochen wurde. Sie wurde 1891 in eine

502 Mittels „Doppelverdienerkampagnen“ und Ehestandsdarlehen wurde versucht, die weibliche Erwerbstätigkeit zurückzudrängen. Ehestandsdarlehen wurden gewährt, wenn bei Eheschließung die Frau ihre Erwerbstätigkeit aufgab (1937 wurde diese Bestimmung wieder aufgehoben). Weiterhin wurde für jedes danach geborene Kind ein Viertel des zinslosen Darlehens erlassen (Wagner, 2008, S. 175).

503 Im WS 1932/33 gab es eine einzige, dazu noch beurlaubte Privatdozentin (Edda Tille-Hankamer, Germanistik) und wohl unter dem Eindruck des Personalmangels der Kriegszeit wurde am 21.08.1941 die habilitierte Dozentin Asta von Mallinckrodt-Haupt zur außerplanmäßigen Professorin ernannt (Golczewski, 1988, S. 26).

504 Die Gesamtzahl der weiblichen Studierenden im Reichsgebiet sank bis 1939 auf unter 6000 (Westenrieder, 1984, S. 83).

505 Bei den letzten Veranstaltungen wurde die Vorlesung mit dem Titel „Einführung der Kommilitonen in das Wesen der Frau (publice)“ angekündigt.

jüdische Familie in Breslau geboren.[506] In den Anfangssemestern studierte sie in Breslau u.a. Psychologie bei William Stern,[507] der dort zunächst als Privatdozent lehrte. Gegenstand der von Edith Stein besuchten Seminare bei William Stern in den Jahren 1912/13 war die Denkpsychologie der „Würzburger Schule" (Imhof, 1987, S. 41), die ja auch einen großen Einfluss auf Johannes Lindworsky hatte. Wegen des starken Eindrucks, den die „logischen Untersuchungen"[508] von Edmund Husserl[509] (1859–1938) bei ihr hinterließen, wechselte Edith Stein zu Husserl an die Universität Göttingen, wo die Psychologie in einem eigenen, von den anderen Seminaren unabhängigen Institut gelehrt wurde.[510] Helmuth

506 Nach Imhof (1987, S. 92) hat Edith Stein nie „eine echte Beziehung zum jüdischen Glauben" besessen.

507 William Stern (1871–1938) war wie Edith Stein jüdischer Abstammung. 1897 habilitierte er sich bei Ebbinghaus und wirkte bis 1915 als Privatdozent in Breslau. Dies ist auch die Zeit, in der Edith Stein seine Lehrveranstaltungen besuchte (Renner, 2015, S. 432). 1916 erhielt William Stern eine Ruf nach Hamburg (Lehrstuhl für „Philosophie, insbesondere Psychologie") als Nachfolger von Ernst Meumann (Oost, 2004, S. 207). 1933 wurde er von den Nationalsozialisten entlassen. Er emigrierte in die Niederlande und danach in die USA.

508 1. Aufl. 1900/01; 2. Aufl. 1914 (Imhof, 1987, S. 48). Günther Patzig (1984) von der Universität Göttingen: "[...] ein Hauptwerk geradezu der deutschen Philosophie wenn nicht des Jahrhunderts, doch jedenfalls seiner ersten Hälfte."

509 Ziel der Phänomenologie ist nach Husserl die Erfassung des Wesens von Gegenständen, Sachverhalten usw. durch unvoreingenommenes Herangehen ohne vorschnelle Deutungen. Hierzu entwickelt er die Methode der phänomenologischen Reduktion [Lück, H. (2016). Husserl, Edmund. In M. A. Wirtz (Hrsg.), Dorsch – Lexikon der Psychologie. https://portal.hogrefe.com/dorsch/husserl-edmund/]. Auch an der Universität zu Köln (im Husserl-Archiv der Universität zu Köln) wird sich intensiv um die Husserl-Schriften im Rahmen des Grundlagenvertrages von 1951 zwischen der Universität Leuven in Belgien und der Philosophischen Fakultät der Universität zu Köln bemüht. Die Hauptaufgabe besteht darin, an der 1950 begonnenen textkritischen Edition der Werke und Manuskripte des jüdisch-deutschen Philosophen in der Reihe „Husserliana" mitzuwirken. Das Husserl-Archiv der Universität zu Köln stellt heute in Deutschland die bedeutendste Editions- und Forschungsinstitution für das Werk Edmund Husserls und für die sich an seine Philosophie anschließende Phänomenologie dar. (Näheres online unter http://www.husserl.phil-fak.uni-koeln.de/7757.html?&L=0).

510 In Ihrer Göttinger Zeit lernte Edith Stein auch Max Scheler kennen, der nach seiner Zeit in Jena nach München gezogen war. Dort wurde ihm aber die Venia Legendi entzogen, er war jedoch „bei den Göttinger Phänomenologen gern gehörter Gastreferent" (Imhof, 1987, S. 57). Edith Stein schrieb über Max Schelers Göttinger Zeit: „Der erste Eindruck, den Scheler machte war faszinierend. Nie wieder ist mir an einem Menschen so rein das ‚Phänomen der Genialität' entgegengetreten" (1965, S. 182) und „die jungen Phänomenologen standen sehr unter Schelers Einfluss; manche [...] hielten sich mehr an ihn als an Husserl" (Stein, 1965, S. 181). Edith

Plessner[511] (mit Max Scheler zählte er zu den bedeutendsten Vertretern der philosophischen Anthropologie in Deutschland), der später lange Zeit in Köln lehrte (vgl. Kap. 9.2), war wie Edith Stein wegen Husserl nach Göttingen gekommen. Plessner und Stein waren also Kommilitonen (Imhof, 1987, S. 61). In seiner Kölner Zeit hielt Helmuth Plessner später im Wintersemester 1925/26 in Vertretung von Max Scheler[512] ein Seminar mit dem Titel „Der Begriff des Bewusstseins (im Anschluß an Husserls Logische Untersuchungen II 5)".[513]

Als Husserl einem Ruf nach Freiburg folgte, musste auch Edith Stein nach Freiburg ziehen; sie promovierte dort 1916 bei Husserl mit dem Thema „Zum Problem der Einfühlung". Bis 1918 blieb sie wissenschaftliche Assistentin ihres Doktorvaters.[514] Obwohl sie das Doktorexamen mit „summa cum laude" bestand, wurde sie jedoch nicht von Husserl zur Habilitation zugelassen. In einem Empfehlungsschreiben vom 06.02.1919 für eine Habilitation (Herbstrith, 2001. S. 82) erwähnt

---

Stein, die in jüdischer Tradition aufgewachsen war, erhielt über Max Scheler (den Adenauer später 1928 wegen mangelnder Katholizität die Universität wechseln ließ) den ersten Kontakt zum katholischen Glauben. Sie schrieb, dass sie Max Scheler in einer Zeit kennen lernte, „in der er ganz erfüllt war von katholischen Ideen und mit allem Glanz seines Geistes und seiner Sprachgewalt für sie zu werben verstand. Das war meine erste Berührung mit dieser bis dahin völlig unbekannten Welt. [...] Die Schranken der rationalistischen Vorurteile, in denen ich aufgewachsen war, ohne zu wissen, fielen und die Welt des Glaubens stand plötzlich vor mir" (Stein, 1965, S. 183) Über die Beziehung zwischen Scheler und Husserl in der Göttinger Zeit schreibt Edith Stein: „Die Beziehungen zwischen Husserl und Scheler waren nicht ungetrübt. Scheler betonte bei jeder Gelegenheit, daß er nicht Husserls Schüler sei, sondern selbständig die phänomenologische Methode gefunden habe" (Stein, 1965, S. 182). Der deutsch-österreichische Historiker Heinrich Lutz (1922–1986) von der Universität Wien bezeichnet Max Scheler als den „Entdecker der personalistischen Perspektive innerhalb der von Husserl begründeten Phänomenologie" (Lutz, 1963, S. 22). Im Wintersemester 1922/23 hielt Scheler an der Universität zu Köln ein Seminar ab unter der Ankündigung „Besprechung phänomenologischer Arbeiten".

511 In der Literatur wird gelegentlich der Vorname ohne „h" geschrieben, d.h. „Helmut Plessner". Nach den im Archiv der Universität zu Köln vorhandenen (UAK Zug. 27/68b) und auch von Plessner persönlich unterschriebenen Schriftstücken ist jedoch von obiger Schreibweise „Helmuth Plessner" auszugehen.

512 Scheler war im Wintersemester 1925/26 beurlaubt (Tilitzki, 2002. S. 168).

513 Die „Logischen Untersuchungen" erschienen in zwei Bänden 1900 und 1901. Edith Stein als ehemalige Doktorandin von Husserl urteilte: „Die ‚Logischen Untersuchungen' hatten vor allem dadurch Eindruck gemacht, daß sie als eine radikale Abkehr vom kritischen Idealismus kantischer und neukantischer Prägung erschienen. Man sah darin eine ‚neue Scholastik', weil der Blick sich vom Subjekt ab – und den Sachen zuwendete: Die Erkenntnis schien wieder ein Empfangen, das von den Dingen sein Gesetz erhielt, nicht – wie im Kritizismus – ein Bestimmen, das den Dingen sein Gesetz aufnötigte" [Hervorhebungen im Text]. (Stein, 1965, S. 174).

514 Ihr Nachfolger als Assistent von Husserl und ab 1928 auch Husserls Nachfolger in Freiburg war übrigens Martin Heidegger.

Husserl, dass die Dissertationsschrift von Edith Stein nach ihrem Erscheinen „das Interesse der Fachmänner" geweckt habe (nicht: der „Fachwelt").[515] Weiterhin heißt es in dem Schreiben: „Sollte die akademische Laufbahn für Damen eröffnet werden, so könnte ich sie an allererster Stelle und aufs wärmste für die Zulassung zur Habilitation empfehlen".[516] Nachdem Husserl sie in Freiburg nicht zur Habilitation zugelassen hatte, bemühte sie sich vergeblich mit zwei Schriften „Psychische Kausalität" und „Individuum und Gemeinschaft" an ihrer ehemaligen Universität Göttingen um die Zulassung zur Habilitation. Edith Stein erhielt auch aus Göttingen eine schriftliche Antwort, in der (wie sie in einem persönlichen Brief schrieb) stand, eine „Vorkommission" habe beschlossen, „die Arbeit gar nicht zu prüfen, da die Habilitation von Damen noch immer Schwierigkeiten mache" (Imhof, 1987, S. 101). Es besteht auch die Möglichkeit, dass Georg Elias Müller, Ordinarius für Psychologie in Göttingen und Gründer der „Gesellschaft für experimentelle Psychologie", die mehr phänomenologisch ausgerichteten Gedanken Edith Steins nicht akzeptieren konnte oder wollte. Danach versuchte Edith Stein noch zweimal

515 Ein gravierendes Beispiel diskriminierender Äußerung gegenüber Akademikerinnen und gegenüber Edith Stein im Besonderen führt Imhof (1987, S. 297) auf: Otto Gründler, Phänomenologe, promovierte 1922 mit der Arbeit „Elemente zu einer Religionsphilosophie auf phänomenologischer Grundlage". Er war Mitarbeiter bei der katholischen Zeitschrift „Hochland" (wo regelmäßig katholische Schriftsteller und Philosophen wie beispielsweise Max Scheler, Romano Guardini, Gertrud von Le Fort, Peter Wust etc. publizierten). 1923 schrieb er an seinen Freund, den Philosophen Peter Wust (den auch Edith Stein sehr gut kannte): „Was Sie über die phänomenologischen Frauenzimmer schreiben, ist ganz richtig [...] Husserls Überängstlichkeit beim Publizieren ist ein wahrer Jammer. Nur dadurch ist es möglich, dass sich die philosophischen Weiber so an seine Rockschösse hängen, denn diese Geister leben ja geradezu von dem, was Husserl noch nicht drucken lassen mag; ohne das wären sie, auch Edith Stein, absolute Nullen. Die Frau ist eben doch in der Regel philosophisch unproduktiv, bei ihrer Anlehnungs- und Einfühlungsgabe aber geradezu disponiert, die Gedanken des Meisters zu verarbeiten und darzustellen".

516 Der Preußische Minister hatte mit Erlass vom 29.05.1908 verfügt, dass „die Zulassung von Frauen zur akademischen Laufbahn weder mit der gegenwärtigen Verfassung noch mit den Interessen der Universität vereinbar sei" (Flecken, 2000, S. 263). In einem überarbeiteten Vorlesungsmanuskript aus den Jahren 1932/33 schreibt Edith Stein selbst, dass erst „1908 die Zulassung zur regulären Immatrikulation" für Frauen an den Universitäten eingeführt worden sei und dass bei „der Zulassung zu den Staatsprüfungen und zur Berufsausübung bis 1919 noch starke Beschränkungen bestanden" (Imhof, 1987, S. 289). Eine antisemitische Einstellung ist Husserl nicht zu unterstellen; seine Frau und er waren Juden, bevor sie zum Protestantismus konvertierten (Stein, 1965). Als Ludwig Ferdinand Clauss sich mit der Schrift „Nordische Seele" zu habilitieren versuchte, wurde sie von Husserl wegen ihrer antisemitischen Inhalte zurückgewiesen. Clauss habilitierte sich später 1936 mit dem Werk „Rasse und Seele" in Berlin und erhielt eine Dozentur für Rassenpsychologie (Wolfradt, 2015, S. 68).

vergeblich, an ihre Beziehungen zu den Universitäten Kiel und Hamburg[517] anzuknüpfen. Imhof spricht über „das Scheitern in Freiburg und Göttingen und das Ahnen der Aussichtslosigkeit in Hamburg und Kiel bzw. einer Habilitation überhaupt" (Imhof, 1987, S. 101). Ihr Ersuchen um Habilitation war also gleich viermal abgelehnt worden: in Freiburg, Göttingen, Kiel und Hamburg.

Nach diesen vier vergeblichen Versuchen machte Edith Stein am 12.12.1919 eine Eingabe ans Ministerium. Mit Erlass vom 21.02.1920 stellte der preußische Minister für Wissenschaft, Kunst und Volksbildung fest, dass „die Zugehörigkeit zum weiblichen Geschlecht kein Hindernis gegen die Habilitierung" sein darf. Der Wortlaut des Erlasses ist insofern ungewöhnlich, als er sich (trotz Veröffentlichung im Zentralblatt) an eine nichtgenannte Einzelperson (!) richtete. Solche „persönlich" gefassten Schreiben sind in der Regel nicht Gegenstand eines im „Zentralblatt" zu lesenden Erlasses; dieser hat in der Formulierung in der Regel einen allgemeingültigen Adressaten. Jeder Leser des „Zentralblattes" wird sich fragen, wer denn Autor der Eingabe ans Ministerium gewesen ist. Sollte das Ministerium wirklich die Mühe gescheut haben, das persönlich an Edith Stein gerichtete Schreiben in einen neutral und allgemeingültig gehaltenen Erlass umzuformulieren? Erwuchsen Edith Stein aus der „persönlichen Formulierung" des Erlasses weitere Nachteile? In einem Brief vom 31.05.1920 schrieb sie: „Der Runderlass an die Universitäten wegen weiblicher Habilitierung geht zwar auf meinen Antrag zurück, ich verspreche mir aber praktisch nichts davon. Das war nur ein Nasenstüber für die Göttinger Herren" (Imhof, 1987, S. 271). Das Verdienst Edith Steins war es, in diesem Punkt für mehr Rechtsklarheit gesorgt zu haben. Rechtliche Gründe, wie etwa eine angebliche Nichtzulassung von Frauen zur akademischen Laufbahn, konnten zukünftig nicht mehr als Ablehnungsgrund vorgeschoben werden.

Der Erlass in Abbildung 49 – auch an die „Universität in Cöln" gerichtet – enthält leider keinerlei Verweis auf die Rechtsgrundlage. Trotz umfangreicher Bemühungen[518] und obwohl sie den o.g. Ministererlass zur Habilitation von Frauen erwirkt hatte, gelang es Edith Stein nicht sich zu habilitieren. Der Erlass war auch nur ein Etappenerfolg auf dem Weg zur Chancengleichheit für Frauen in der wissenschaftlichen Laufbahn. Der Erlass legt lediglich fest, dass in der „Zugehörigkeit zum weiblichen Geschlecht kein Hindernis gegen die Habilitierung" gesehen werden darf. Mit dieser Klarstellung wurde jedoch kein Rechtsanspruch auf Habilitierung

---

517 Bezüglich der Habilitationsbewerbung in Hamburg schreibt sie in einem Brief an einen Freund: „Viel Hoffnung habe ich nicht, denn die Philosophie ist dort durch zwei jüdische Ordinarien vertreten (Stern und Cassirer) und bei dem ungeheuren Antisemitismus, der jetzt allgemein herrscht, möchte ich Stern nicht darum bitten, nun auch noch mich vorzuschlagen" (zit. nach Oost, 2004, S. 225).

518 Im März 1931 nahm Edith Stein Abschied von ihrer Tätigkeit als Lehrerin in Speyer, um in Breslau ihre Habilitationsschrift vorzubereiten und ihre Verhandlungen an der Universität abzuwarten. Diese Verhandlungen hatten sich jedoch bald zerschlagen (Herbstrith, 2001, S. 47).

für Frauen durchgesetzt. Da wir uns hier im Bereich der Ermessensentscheidungen befinden, kann jede Fakultät in eigener Autonomie selbst entscheiden, wen sie zur Habilitation zulässt.[519]

Edith Stein erteilte sich, wie sie im April 1920 berichtete, pragmatisch gewissermaßen selbst die Venia und hielt in ihrer Privatwohnung Vorlesungen und Übungen zum Thema „Einleitung in die Philosophie auf phänomenologischer Basis“ ab (Imhof, 1987, S. 103).

B. Universitäten.

61. Habilitation von Frauen.

Berlin, den 21. Februar 1920.

Der in Ihrer Eingabe vom 12. Dezember 1919 vertretenen Auffassung, daß in der Zugehörigkeit zum weiblichen Geschlecht kein Hindernis gegen die Habilitierung erblickt werden darf, trete ich bei.

Ich habe aus Anlaß des von Ihnen vorgetragenen Einzelfalles sämtliche beteiligten Stellen hiervon in Kenntnis gesetzt.

Abschrift zur Kenntnisnahme.

Der Minister für Wissenschaft, Kunst und Volksbildung.
In Vertretung: Becker.

An die Herren Universitätskuratoren, den Herrn Rektor und den Senat der Universität in Frankfurt a. M. (durch den Herrn Oberpräsidenten in Cassel), den Herrn Rektor und den Senat der Universität in Cöln (durch den Herrn Regierungspräsidenten in Cöln) sowie den Herrn Rektor und den Senat der Universität hier. — U I 18535.

Abbildung 49: *Erlass des Preußischen Kultusministeriums zur Habilitation von Frauen (Quelle: Zentralblatt für die gesamte Unterrichtsverwaltung in Preußen, Jahrgang 1920, S. 240)*

1922 war Edith Stein zum katholischen Glauben übergetreten. 1933 trat sie in den Karmel Maria vom Frieden in Köln-Lindenthal (damals Dürener Str. 89)[520] ein und erhielt den Ordensnamen Sr. Teresia Benedicta a Cruce („die vom Kreuz Gesegnete“). In ihrer Kölner Zeit beendete Edith Stein 1936 die Schrift „Potenz und Akt“[521] unter dem Titel „Endliches und ewiges Sein – Versuch eines Aufstiegs

519 Dieses Verfahren ist im Grundsatz auch heute noch gegeben. Ein Habilitationskollegium stimmt im pflichtgemäßen Ermessen über die Annahme eines Habilitationsantrags einer Bewerberin / eines Bewerbers ab (§ 5 Habilitationsordnung der Humanwissenschaftlichen Fakultät der Universität zu Köln).

520 Hier lebte sie vom 14.10.1933 bis zum 31.12.1938 (Feldes, 2005, S. 13).

521 Im Vorwort zu „Potenz und Akt“ (verfasst 1931) spricht sie davon, dass sie „die phänomenologische Arbeitsweise“ gewöhnt sei, „die keinerlei überliefertes Lehrgut verwendet, sondern alles selbst untersuche, was zur Lösung einer Frage nötig sei. Phänomenologisch arbeiten heißt, sich vorschneller Deutungen zu enthalten,

Abbildung 50: *„Stolperstein" vor dem Haus Dürener Str. 89 (Köln), wo sich zu Edith Steins Zeiten der Karmel befand. (Bild: Rapp, P., 2016)*

zum Sinn des Seins"[522]; sie konnte erst nach Kriegsende 1950 veröffentlicht werden (1987, S. 18). Um den Konvent in Köln-Lindenthal wegen ihrer jüdischen Abstammung nicht zu gefährden, siedelte sie in der Silvesternacht 1938 in den Karmel im niederländischen Echt über (Feldes, 2005, S. 15).[523] Zu berücksichtigen ist, dass dies

und sich bei der Analyse an das zu halten, was dem Bewusstsein unmittelbar (phänomenal) erscheint. „Die Verfasserin, deren philosophisches Denken von Edmund Husserl gebildet wurde, ist in den letzten Jahren in der Gedankenwelt des Aquinaten heimisch geworden. Es ist nun für sie eine innere Notwendigkeit, die verschiedenen Modi des Philosophierens, die durch diese beiden Namen bezeichnet sind, in sich zum Austrag kommen zu lassen" (Vorwort 1931).

522 Edith Stein setzt sich in dieser Schrift mit dem Denken von Thomas von Aquin, Husserl und Heidegger auseinander. Thomas von Aquin greift die von Aristoteles geprägten Begriffe „Akt" und „Potenz" auf. Gott ist „actus purus", reine Wirklichkeit, weil es in Gott keine substanzielle Veränderung gibt. 1929 hatte Edith Stein bereits ein Werk mit dem Titel „Husserls Phänomenologie und die Philosophie des hl. Thomas von Aquino" veröffentlicht.

523 Der Karmel in Echt wurde 1875 von den Kölner Karmelitinnen gegründet, nachdem sie 1875 ausgewiesen worden waren (Imhof, 1987, S. 303).

kurz nach der „Reichspogromnacht" vom 09.11.1938 geschah, in der alle sieben Synagogen in Köln zerstört oder verwüstet worden waren. 1942 wurde Edith Stein in Echt von der Gestapo verhaftet und wenig später am 09.08.1942 in Auschwitz-Birkenau ermordet. An der Nordseite des Kölner Rathausturmes hat die Stadt Köln Edith Stein ein Denkmal gesetzt; eine Skulptur, die sie als Karmelitin zeigt. An der Stelle in der Dürener Straße 89 in Köln, wo sich damals das Haus des Karmels befand (unweit der heutigen Humanwissenschaftlichen Fakultät), erinnern eine Gedenktafel und ein „Stolperstein" [524] an sie.

Die erste Frau, die sich in Psychologie habilitieren konnte, war Anneliese Argelander 1926 in Jena. Ihr folgten Martha Moers (1928), Maria Schorn (1929), Elisabeth Schliebe-Lippert (1932), Maria Dorer (1933), Maria Krudewig (1948) und Hildegard Hiltmann (1950) (Billmann-Mahecha, 2004, S. 80). Charlotte Bühler hatte sich 1920 in Dresden bei dem Kunst- und Literaturwissenschaftler Oskar Walzel habilitiert und erhielt wenige Wochen später die Lehrberechtigung für Ästhetik und Pädagogische Psychologie in der allgemeinen Abteilung der Technischen Hochschule zu Dresden (Kochinka, 2015a, S. 57). Sie wurde damit, wie sie selbst sagte, zur ersten Privatdozentin in Sachsen ernannt (Ch. Bühler, 1972 S. 21).

---

524 „Stolpersteine" sind ein Projekt des Kölner Künstlers Gunter Demnig; ein Projekt, das an die Vertreibung und Vernichtung von Verfolgten in der NS-Zeit erinnert, indem vor dem letzten selbstgewählten Wohnort des Opfers eine Gedenktafel aus Messing ins Trottoir eingelassen wird.

8.3 Maria Krudewig – Von der Volksschule an die Universität

Der Übersichtlichkeit und der Verständlichkeit wegen zunächst einige Daten in tabellarischer Übersicht. Nähere Erläuterungen erfolgen im Text.

1897	geb. in Zange bzw. Siegburg-Mülldorf;
1903–1911	bis zum 14. Lebensjahr Besuch der Volksschule;
1911–1912	danach zwei Jahre Erlernen von Haushaltsführung und Nähen.
1913–1916	Präparandinnenanstalt Euskirchen
1916–1918	Lehrerinnenbildungsanstalt Münstereifel (2 ½ Jahre); 1918 erste Volksschullehrerprüfung
1919	Turnlehrerinnenprüfung
1920	Tätigkeit als Volksschullehrerin
1920–1924	Sekretärin in kaufmännischen Betrieben (3 ½ Jahre)
1922	Ergänzungsprüfung in Latein und Englisch
1922–1926	Studium in Bonn (Psychologie, Philosophie, Englisch)
1924–1930	Studium in Köln
1926	Promotion in Psychologie in Köln bei Lindworsky
1928	ab 1928 Beginn der Assistenz am Psychologischen Institut in Köln; die Assistenz dauerte bis über das Ende des Zweiten Weltkriegs hinaus; ab 1928 Studium in Köln in Geographie und Englisch.
1930	1. Philologisches Staatsexamen (Englisch und Geographie), danach zwei Jahre Referendariat
1932	Pädagogische Staatsprüfung (Lehramt Höhere Schule)
1932–1935	tätig als unbesoldete Studienassessorin (Deputat von 10 Unterrichtsstunden)
1936	Wiederaufnahme der Volksschullehrertätigkeit
1937	2. Staatsprüfung für Lehramt an Volksschulen
1938	Anstellung als Volksschullehrerin
1940	In diesem und in den folgenden Jahren Beurlaubung aus dem Staatsdienst
1940	„Verwaltung" einer planmäßigen, befristeten Assistentenstelle am Pädagogischen Seminar neben der weiterlaufenden Assistenz am Psychologischen Institut

Maria Krudewig wurde am 28.05.1897 in Zange,[525] Kreis Sieg, als Tochter des Lokomotivführers[526] Anton Krudewig geboren. Offensichtlich hatte Bildung in der Familie trotz der einfachen Verhältnisse einen hohen Stellenwert; drei von vier Kindern studierten.[527] Maria Krudewig besuchte acht Jahre lang die Volksschulen in Siegburg-Zange und Niederpleis[528] und erlernte danach ein Jahr lang den Haushalt und ein weiteres Jahr hindurch Nähen im Hause ihrer Eltern (UAK Zug. 44/96, o. P.). Zwischen ihrem 16. und 22. Lebensjahr bereitete sie sich auf ein Arbeitsleben als Lehrerin vor: sie besuchte die städtische Präparandinnen-Anstalt [eine Art Vorbereitungskurs auf das Lehrerseminar] in Euskirchen und dann 2 ½ Jahre die Lehrerinnenbildungsanstalt (Seminar) in Münstereifel in der Nähe von Euskirchen, wo sie am 11./12.10.1918 im Alter von 21 Jahren die Volksschullehrerinnenprüfung bestand (UAK Zug. 17/3186, Zeugnis über die Entlassungsprüfung, o. P.).[529] Am 02.12.1919

---

525 In ihrer Dissertation von 1928 gibt Maria Krudewig als Geburtsort „Siegburg-Mülldorf" an. Unter beiden Bezeichnungen (‚Mülldorf' und ‚Zange') ist jedoch dieselbe Örtlichkeit zu verstehen. Mülldorf ist ein Stadtbezirk der Stadt Sankt Augustin im nordrhein-westfälischen Rhein-Sieg-Kreis, Nordrhein-Westfalen. Von 1816–1969 bildete der Ort die eigenständige Gemeinde Siegburg-Mülldorf. 1906 wurde Zange (ein Ortsteil von Siegburg-Mülldorf) an Siegburg abgegeben (http://www.sankt-augustin.de/imperia/md/content/cms123/kultur_sport_freizeit/kue2007_auflage1endfassung.pdf, S. 5). Diese Sachlage erklärt vielleicht auch, weshalb Irene Franken davon spricht, dass zwei unterschiedliche Geburtsorte kursierten (Franken, 1995, S. 118). In ihrem handschriftlich geschriebenen Lebenslauf vom 19.10.1934 schreibt Krudewig auch einfach „in Siegburg geboren" (UAK Zug. 17/3186, Bl. 4).

526 In ihrem am 15.12.1947 verfassten Lebenslauf (als Anlage zu ihrer Habilitationsbewerbung an der Universität zu Köln) heißt es ergänzend „Tochter des Lokomotivführers und späteren Werkstättenvorstehers bei der Reichsbahn Anton Krudewig und seiner Ehefrau Luise" (UAK Zug. 44/96, o. P., vgl. auch Lebenslauf in UAK Zug. 17/3186, o. P.).

527 Ihr Bruder Dr. phil. Franz Krudewig wurde Studienrat mit den Fächern Deutsch und Geschichte und verstarb 1940; ihr Bruder Dr. jur. Christian Krudewig, Vater ihres Neffen Wolfgang Krudewig, war promovierter Jurist und arbeitete als Notar, bis er 1945 fiel. Maria Krudewigs Schwester Anna ging ins Kloster (Sr. Dagomara, a. Frzh.) und verstarb ebenfalls 1944 (Krudewig, 1953, S. 7).

528 Volksschule Zange von 1903–1907; Volksschule Niederpleis von 1907–1911 (UAK Zug. 17/3186, Bl. 1).

529 Der Dichter Erich Kästner (1899–1974) hatte, bevor er publizistisch tätig wurde, ebenfalls die Ausbildung zum Volksschullehrer absolviert. In seinen Erinnerungen beschreibt er eindrucksvoll, wie es in einer solchen Anstalt zuging.
„Da der Staat die Seminare finanziell unterstützte, bot deren Besuch für die begabten, bildungshungrigen Söhne [sic!] des Handwerkerstandes, der Arbeiterschaft und des Kleinbauerntums die billigste, im Grunde die einzige erschwingbare Fortbildungsmöglichkeit. Die Folge war, dass wir Seminaristen in aller Augen, besonders in denen der übrigen ‚höheren' Schüler, ‚second class' waren. [...] Auch unsere Professoren genossen geringeren Respekt als die Gymnasiallehrer, obwohl sie diesen an Wissen und Können völlig das Wasser reichten. Endlich war – und das ist das

legte sie die Turnlehrerinnenprüfung[530] in Bonn ab (UAK Zug. 17/3186, Zeugnis vom 31.10.1930, o. P.). Sie war vertretungsweise kurzfristig an einer Volksschule in Siegburg[531] tätig. Wegen der geburtenschwachen Kriegsjahrgänge sank die Schülerzahl bis 1926 um ein Viertel (Bölling, 1987, S. 5). Der Rückgang der Schülerzahl war logischerweise zuerst an den Volksschulen bemerkbar, so dass Einstellungschancen für Maria Krudewig bereits unmittelbar nach dem Krieg nicht gegeben waren. Zwangsläufig wandte sie sich vorläufig einem anderen Beruf zu, sie wurde Stenotypistin (UAK Zug 44/96, o. P.). Von 1920 bis 1924 betätigte sie sich in dieser Funktion und als Direktionssekretärin in kaufmännischen Betrieben. Parallel dazu absolvierte sie 1922 in Bonn die Ergänzungsprüfung in Latein und Englisch.[532] Als Volksschullehrerin verfügte Maria Krudewig nicht über eine allgemeine Hochschulzugangsberechtigung, sondern musste bestimmte Anforderungen für die Zulassung zum Studium an den preußischen Universitäten erfüllen.[533] Zu diesen

---

Ärgste – unsere Charakterbildung auf bedenkliche Ziele gerichtet. Am deutlichsten wurde dies im Internatsleben. Der Staat lenkte unsere Erziehung dorthin, wo er den größten Nutzeffekt sah. Er ließ in den Seminaren blindlings gehorsame, kleine Beamte mit Pensionsberechtigung heranziehen. […] Das Seminar war eine Lehrerkaserne. So war es nur folgerichtig, dass die Schüler, wenn sie auf den Korridoren einem Professor begegneten, ruckartig stehen blieben und stramm Front machen mussten. Dass sie in den Arbeitszimmern, wenn ein Lehrer eintrat, auf das zackige Kommando des Stubenältesten hin aufspringen mussten. Dass sie zweimal in der Woche nur eine Stunde Ausgang hatten. Dass nahezu alles verboten war und dass Übertretungen aufs strengste bestraft wurden. So stutzte man die Charaktere. So wurde das Rückgrat geschmeidig gemacht und, war das nicht möglich, gebrochen. Hauptsache war: Es entstand der gefügige, staatsfromme Beamte, der sich nicht traute, selbständig zu denken, geschweige zu handeln. Wer sich nicht fügen wollte oder konnte, suchte, wenn sich ihm ein Ausweg bot, das Weite. Ich gehörte zu den Glücklichen“ (Kästner, 1948, S. 95f).

530 Wer zum Volksschullehrerinnenseminar zugelassen worden war, konnte ohne eine weitere wissenschaftliche Prüfung zur Ausbildung als Turnlehrerin zugelassen werden (Zentrbl. 1920, S. 223).

531 Vertretungsweise tätig vom 12.02.1920–10.10.1920. In der Bescheinigung der Katholischen Volksschule Siegburg „Innere Stadt“ heißt es noch hinzufügend: „Später hat sie noch einmal eine kurze Zeit eine erkrankte Lehrerin vertreten und zwar unentgeltlich, aus Liebe zur Sache“ (UAK Zug. 17/3186, o. P.). Im Jahre 1918 war sie bereits für 1 ½ Monate (vom 21.10.1918 bis zum 10.12.1918) an einer Volksschule in Aegidienberg tätig (UAK Zug. 17/3186, o. P.).

532 Der Prüfungsausschuss in Bonn datierte die Bescheinigung auf den 26.04.1922 (UAK Zug. 17/3186, o. P.).

533 In Volksschulen duldete man Frauen in dieser Zeit noch am ehesten als Lehrkraft, nicht jedoch als Schulleitung. Erklärtes Ziel auch der Nationalsozialisten war es, den Zugang von Frauen zu akademischen Berufen zu beschränken und sie stattdessen in Bereichen arbeiten zu lassen, die „ihrem Wesen“ entsprachen, also bspw. in Hauswirtschaft, Kinderkrankenpflege und Fürsorge, aber auch in der Landwirtschaft. Volksschullehrer galten nicht als „Vollakademiker“ (Westenrieder, 1984, S. 82f).

Voraussetzungen zählten die Ergänzungsprüfungen (vgl. entsprechende Verordnung, u.a. abgedruckt im Vorlesungsverzeichnis des Wintersemesters 1922/23, S. 38–39).

Vom Sommersemester 1922 bis zum Sommersemester 1926 studierte sie vier Semester an der Rheinischen Friedrich-Wilhelms-Universität in Bonn[534] (neben ihrer Tätigkeit als Stenotypistin) und weitere fünf Semester zeitgleich an den Universitäten Bonn und Köln,[535] vornehmlich Experimentelle Psychologie, Philosophie und Anglistik (UAK Zug. 9/273, 4.11.1928, o. P.).

Bemerkenswert ist dies auch deshalb, weil in dieser Zeit – vermutlich als Reaktion auf die Inflation von 1923 – die Immatrikulationszahlen allgemein und die der weiblichen Studierenden im Besonderen zurückgingen. Irene Franken mutmaßt: „Jungen durften vermutlich noch länger weiter studieren und die Haushaltskasse belasten, Mädchen brachen mit der Perspektive der Verelendung schneller ihr Studium ab oder begannen gar nicht erst mit einem Hochschulstudium“ (Franken, 1995, S. 35).

Ihre berufliche Tätigkeit in der Industrie hatte Maria Krudewig 1924 aufgegeben. In ihrem 1947 verfassten Lebenslauf schrieb sie: „Da mich [...] vor allem das Problem des mensch lichen Erkennens bewegte [...] wurde ich Mitglied des von Lindworsky geleiteten Psychologischen Institutes“ (UAK Zug. 44/96, o. P.).[536] Bis 1926 setzte sie ihre Studien mit dem Schwerpunkt Erkenntnispsychologie und Sprachpsychologie bei Johannes Lindworsky am Psychologischen Institut der Universität zu Köln fort. Hier wurde sie im Sommersemester 1926 in Psychologie mit der Arbeit „Die Persönlichkeit im Ansatz einer theoretischen Psychologie“ zur Dr. phil. promoviert (Nebenfächer Philosophie und Anglistik) (Aschermann, 2015, S. 260).[537] Laut Fakultätsbeschluss fand die mündliche Prüfung am 29.07.1926

534 Laut Immatrikulationsbescheinigung aus dem Jahre 1952 war sie in Bonn vom Sommersemester 1922 bis Sommersemester 1927 als ordentliche Studierende eingeschrieben (UAK Zug. 17/3186, Bl. 93).

535 Nach obiger Aufstellung studierte sie folglich ab dem Sommersemester 1924 neben der Universität Bonn auch noch in Köln. Weiterhin liegt eine Immatrikulationsbescheinigung für das Studium in Köln vom Sommersemester 1928 bis zum Sommersemester 1930 vor (UAK Zug. 17/3186, Bl. 92).

536 Es ist unklar, was Krudewig hier mit der Bezeichnung „Mitglied des Psychologischen Institutes“ meint, da das Psychologische Institut und dessen Nutzung nicht an eine Mitgliedschaft im eigentlichen Sinne gebunden waren. Eventuell handelt es sich lediglich um den Versuch, einen passenden Begriff für ein Konstrukt unentgeltlicher Mitarbeit zu finden, das de jure nicht vorgesehen war, de facto aber wohl dennoch existierte?

537 Neben dem Doktorvater Johannes Lindworsky waren als Zweit- und Drittreferent noch Max Scheler und Nicolai Hartmann an der Beurteilung der wissenschaftlichen Arbeit beteiligt (UAK Zug. 17/3186; Personalfragebogen aus dem Jahre 1952, o. P.).

statt (UAK Zug. 285/1, 28.2.1926, o. P.). Ihren Lebensunterhalt bestritt sie nach der Promotion zunächst durch das Abhalten philosophischer Repetitorien (UAK Zug. 44/96, o. P.). Ab 1926 studierte sie mit einjähriger Unterbrechung[538] in Köln Englisch, Geographie und Philosophie mit dem Ziel des philologischen Staatsexamens, welches sie auch im Herbst 1930 bestand (UAK Zug. 17/3186, Bl. 4). Als Lindworsky bereits nach dem Sommersemester 1928 die Universität zu Köln verlassen hatte, richtete Maria Krudewig am 04.11.1928 (UAK Zug. 9/273) an das Kuratorium der Universität zu Köln den Antrag auf „Übertragung der Assistenz des psychologischen Instituts". Eine „Assistenz" ist deutlich geringer dotiert als eine Assistentenstelle, wie oben bereits dargestellt (vgl. Kap. 11).[539] Ein handschriftlicher Zusatz lässt erkennen, dass Artur Schneider den Antrag befürwortete. Eckert als geschäftsführender Vorsitzender des Kuratoriums teilte Krudewig mit, dass ihr die Stelle einer Assistenz am Psychologischen Institut bei einer Vergütung von monatlich 100 RM mit Wirkung ab dem 01.11.1928 übertragen werde (UAK Zug. 17/3186, Bl. 90).[540] Diese Assistenz hatte Maria Krudewig bis zur Nachkriegszeit inne.[541] Der 01.11.1928 ist folglich der offizielle Beginn der „Universitätskarriere" von Maria Krudewig (vgl. Abbildung 51) und gleichzeitig der Beginn einer „unendlichen Geschichte" von Kettenverträgen.

Dass Krudewig seit den zwanziger Jahren der Psychologie an der Universität zu Köln und dem Psychologischen Institut eng verbunden war, geht noch aus einer Stellungnahme anlässlich der „Wiederbelebung" des Psychologischen Institutes im Jahre 1938, die später noch ausführlich erörtert wird, hervor. In dieser Stellungnahme schrieben die Professoren Artur Schneider und Heimsoeth:

538 Vom 01.04.1927 bis zum 30.04.1928 war sie Lehrerin an der Volksschule in Angelsdorf, Kreis Bergheim; im Personalfragebogen von 1952 spricht sie von einer Tätigkeit als „Volksschullehrerin und Berufsschullehrerin" in der Zeit von 1927 bis 1928 (UAK Zug. 17/3186, o. P.).

539 In ihrem im Jahre 1956 verfassten Lebenslauf bezeichnete sie sich selbst als *„wissenschaftliche Hilfsassistentin* des Psychologischen Instituts" (UAK Zug. 17/3186, o.P.), was jedoch deutlich von der offiziellen Bezeichnung des (planmäßigen) wissenschaftliche Assistenten unterschieden werden muss. In einem Schreiben des Kuratoriums in der NS-Zeit ist in Bezug auf Krudewigs Arbeit im Psychologischen Institut die Rede von einer *„wissenschaftlichen Hilfskraft"* (UAK Zug. 17/3186, 05.02.1941, o.P.).

540 In ihrem 1947 verfassten Lebenslauf spricht Krudewig davon, dass ihr die Assistenz „auf Vorschlag Lindworskys" übertragen worden sei (UAK Zug. 44/96, o. P.).

541 In dem Zeitraum, in dem Maria Krudewig ein Gehalt als Volksschullehrerin bezog (z.B. Schuljahr 1937/38) wurde seitens des Regierungspräsidenten diese jährliche Nebenvergütung von 1.200 RM um 240 RM gekürzt (UAK 17/3186; 7.10.1937).

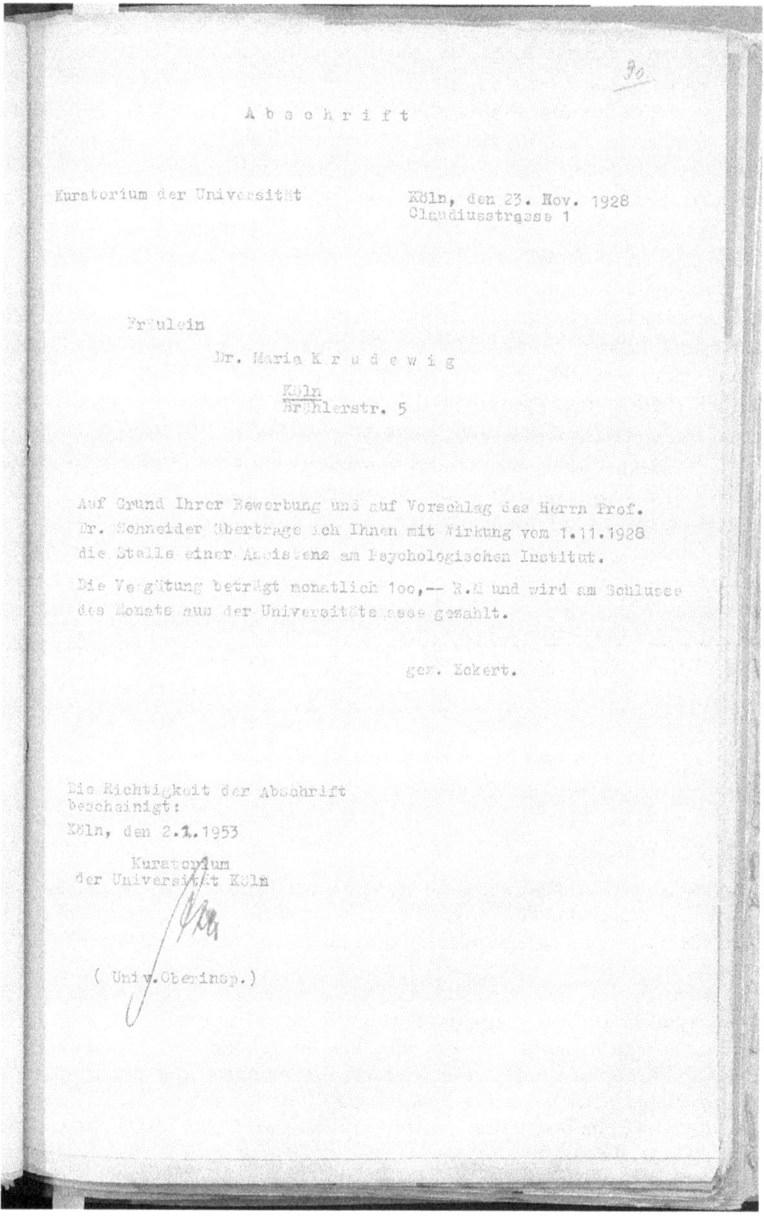

90

A b s c h r i f t

Kuratorium der Universität

Köln, den 23. Nov. 1928
Claudiusstrasse 1

Fräulein

Dr. Maria K r u d e w i g

Köln
Brühlerstr. 5

Auf Grund Ihrer Bewerbung und auf Vorschlag des Herrn Prof. Dr. Schneider übertrage ich Ihnen mit Wirkung vom 1.11.1928 die Stelle einer Assistenz am Psychologischen Institut.

Die Vergütung beträgt monatlich 1oo,-- R.M und wird am Schlusse des Monats aus der Universitätskasse gezahlt.

gez. Eckert.

Die Richtigkeit der Abschrift bescheinigt:

Köln, den 2.1.1953

Kuratorium
der Universität Köln

(Univ.Oberinsp.)

Abbildung 51: *Offizielle Benachrichtigung über die Übertragung der Assistenz am Psychologischen Institut zum 01.11.1928.(UAK Zug. 17/3186, Bl. 90)*

„Schon zur Zeit von Professor Lindworsky bestand am Psychologischen Institut eine Assistenz. Die damalige Assistentin Fräulein Dr. Krudewig,[542] hat auch heute noch diese Stelle inne. Sie hat die Bibliothek weitergeführt, die Betreuung psychologischer Arbeiten, soweit sie möglich war, übernommen und selbst wissenschaftlich gearbeitet. Ihre Veröffentlichungen haben mehrfach neue Arbeiten angeregt." (UAK Zug. 9/598, 03.12.1937, o. P.)

Die im Sommersemester 1928 begonnenen Studien in Geographie und Anglistik schloss Maria Krudewig 1930 „mit der wissenschaftlichen Prüfung für das Lehramt an höheren Schulen" ab (UAK Zug. 17/3186, S. 4).[543] Im Rahmen der Prüfung erhielt sie zur schriftlichen Bearbeitung die Aufgabe „Studies in American Psychology: Behaviorism". Über das Wissenschaftliche Prüfungsamt war auch Prof. Artur Schneider an der Prüfung Maria Krudewigs beteiligt (UAK Zug. 17/3186; Zeugnis vom 31.10.1930). Vom 01.10.1930 bis zum 30.09.1932 war sie etwa zwei Jahre lang als Studienreferendarin an zwei höheren Mädchenschulen in Köln tätig: An der Kaiserin-Augusta-Schule (damals am Kartäuserwall gelegen; während des Zweiten Weltkriegs erfolgte der Umzug der Schule an den Georgsplatz, wo die Schule sich noch heute befindet) und am Oberlyzeum der Evangelischen Gemeinde zu Köln (UAK Zug. 17/3186; Zeugnis vom 29.09.1032, o. P.). Im September 1932 legte sie die „Pädagogische Prüfung für das Lehramt an höheren Schulen" bzw. „Assessor-Prüfung" ab und war bis zum 01.05.1935 als unbesoldete (!) Studienassessorin an Kölner Höheren Schulen mit zehn Pflichtstunden Wochenunterricht tätig (UAK Zug. 17/3186, Personalfragebogen 1952). Maria Krudewig erfuhr durch ihr eigenes Miterleben als unbesoldete Lehrerin an der Merlo-Mevissen-Schule, einem Mädchengymnasium in Köln, bis zu dessen Schließung die geringe Wertschätzung der Frauen- und Mädchenbildung durch die neuen Machthaber.[544] Humanistische gymnasiale Mädchenbildung stand im Widerspruch zum Frauen- und Mädchenbild der Nationalsozialisten.

---

542 Diese Aussage steht im Widerspruch zu der Tatsache, dass Maria Krudewig erst am 04.11.1928, also nach dem Weggang von Lindworsky, den Antrag auf Assistenz stellte. Es besteht allerdings die hohe Wahrscheinlichkeit, dass Krudewig bereits während ihres Studiums (bei Lindworsky) – schon allein wegen der durchzuführenden Versuche – bereits im Institut tätig war.

543 Das Staatsexamen wurde mit den beiden Hauptfächern Englisch und Erdkunde und dem Nebenfach Turnen im Oktober 1930 absolviert (Lebenslauf vom 15.12.1947 in UAK Zug. 44/96, o. P.).

544 Als Studienassessorin „ohne Lehrauftrag" arbeitete sie vom 01.10.1932 bis zum 31.03.1934 an der städtischen Merlo-Mevissen-Schule in Köln und vom 01.04.1934 bis zum 07.05.1934 ebenfalls „ohne Lehrauftrag" an der städtischen Kaiserin-Augusta-Schule (UAK Zug. 17/3186, Bescheinigung vom 15.03.1937). Im Jahre 1903 wurde in Köln auf Initiative von Mathilde von Mevissen (1848–1924), Tochter von Gustav von Mevissen, das erste Mädchengymnasium Preußens eröffnet (Hohmann, o.J., S. 5). Mathilde von Mevissen hatte den „Verein Mädchengymnasium Cöln" gegründet. Ab 1908 hieß die Schule „Gymnasiale Studienanstalt für Mädchen"

Neben ihrer unentgeltlichen Assessorinnentätigkeit, hatte Krudewig als „Nebeneinkünfte" lediglich die 100 RM, die ihr für die Assistenz gezahlt wurden. In der Entnazifizierungsakte gab sie für den Zeitraum 1933 bis 1935 als „Einkommensquelle" neben der Assistenz am Psychologischen Institut noch „Einkommen aus philosophischen Repetitorien" an. Auf der Suche nach einem „Brotberuf" ließ sich Krudewig von der Liste der eine Anstellung suchenden Assessorinnen im Jahre 1935 streichen und beantragte zunächst die Wiedereinstellung in den Volksschuldienst als Hilfslehrerin (UAK Zug. 44/96, 15.12.1947, o. P.).[545] Im NS-Lehrerkalender (1936, S. 65) für den Gau Köln-Aachen wird Maria Krudewig für die Katholische Volksschule „Am Zugweg" als Lehrperson aufgeführt.[546] Im November 1937 legte Maria Krudewig die zweite Lehrerprüfung für Volksschulen ab. Maria Krudewig hatte folglich eine Lehrfakultas sowohl für die Volksschule als auch für die Höhere Schule; heute würde dies wohl der Fakultas für die Grundschule, für die Sekundarstufe I und für die Sekundarstufe II entsprechen. Ihre endgültige Anstellung zögerte sich jedoch um ein Jahr hinaus, weil – wie Krudewig in ihrem Lebenslauf 1947 schrieb – der politische Zellenleiter ihres Wohnbezirkes in einem Gutachten sie als „politisch bedingt zuverlässig" qualifizierte (UAK Zug 44/96, o. P.). Am 01.09.1938 erfolgte (nach der Probezeit) ihre Anstellung (auf Lebenszeit) als Volksschullehrerin (UAK Zug. 17/3186; 16.9.1938, o. P.). Aus Liebe zur Wissenschaft ließ sie sich jedoch am 01.11.1940 vom Volksschuldienst beurlauben, da ihr neben der Assistenz am Psychologischen Institut die „Verwaltung" der planmäßigen Assistentenstelle am Pädagogischen Seminar der Universität Köln übertragen wurde. Bereits seit 1934 wurde sie mit dem Abhalten von psychologischen Übungen und Praktika und ab dem Sommersemester 1943 auch mit dem Abhalten von Vorlesungen in Psychologie beauftragt (UAK Zug. 17/1386, Bl. 40).[547] Durch die Übertragung

---

und seit der Zusammenlegung mit dem Privatlyzeum Merlo hieß die Schule ab 1922 „Merlo-Mevissen-Lyzeum". Kurz nach der „Machtergreifung" wurde die Schule von den Nationalsozialisten 1934 geschlossen (Hohmann, o. J., S. 80). Die Merlo-Mevissen-Schule wurde in die Kaiserin-Augusta-Schule überführt und bildete dort den auslaufenden (!) Gymnasialzweig mit den Fremdsprachen Latein und Griechisch (Trapp, 1994, S. 113). Die Stadt Köln hat Gustav von Mevissen und seiner Tochter, der Frauenrechtlerin Mathilde von Mevissen, jeweils eine Skulptur am gotischen Rathausturm der Stadt gewidmet. Im Kölner Stadtteil Nippes wurde eine Grundschule nach Mathilde von Mevissen benannt.

545 Mit Wirkung vom 01.12.1936 erhält sie als „katholische Schulamtsbewerberin" die „Bestallungsurkunde" zur Volksschullehrerin, „mit dem Vorbehalte jederzeitigen Widerrufs" (UAK Zug. 17/1386, o.P.).

546 Die Volksschule „Am Zugweg" existiert auch heute noch am selben Standort „Am Zugweg 42–44" als Städtische Katholische Grundschule. In ihrer Habilitationsschrift (1953, S. 10) spricht Krudewig davon, dass sie „Nachprüfungen" bezüglich der Jaensch-Ergebnisse mit neun- bis vierzehnjährigen Schülerinnen der Volksschule „Zugweg" in Köln von 1935 bis 1940 vorgenommen habe.

547 Vgl. auch Tabelle in Kapitel 8.5.

der Verwaltung der Assistentenstelle am Pädagogischen Seminar konnte sie mit dem 01.11.1940 zum ersten Mal ihre gesamte Arbeitskraft ungeteilt für die Arbeit an der Universität zu Köln einsetzen.

8.3.1 Olga Marum

Eine zeitlich nicht ins Gewicht fallende Unterbrechung der Assistenztätigkeit Maria Krudewigs am Psychologischen Institut soll nicht unerwähnt bleiben, weil es vergleichbar zu ihr ebenfalls um eine wissenschaftlich engagierte aber laufbahnmäßig benachteiligte Frau ging. Es handelt sich um Olga Marum. Den Unterlagen zufolge stellte Maria Krudewig 1929 einen Beurlaubungsantrag, um eine zweimonatige Studienreise in den Semesterferien nach England wahrnehmen zu können. Als Vertretung schlug sie dem Kuratorium „Frl. Dr. Marum" vor, was auch genehmigt wurde (UAK Zug. 9/273, 26.07.1929).

Olga Marum (*1894 in Köln, † 1944 in London), drei Jahre älter als Maria Krudewig, promovierte 1918 in München. Nach Fahrenberg (2015c) war sie u.a. danach an den psychologischen Instituten in Wien und Köln ohne feste Anstellung tätig. Eine Tätigkeit am Psychologischen Institut der Universität zu Köln über die Urlaubsvertretung hinaus ist ansonsten nach den gesichteten Akten nicht nachweisbar. Aber es existiert ein Brief von Johannes Lindworsky an Jonas Cohn[548] vom 23.09.1925 (Fahrenberg, 2006) aus dem hervorgeht, dass Olga Marum zu den engeren Mitarbeitern im Kölner Institut gehörte.[549] Nachweislich hat Olga Marum, wie Franz Scola in seinen „Untersuchungen zur Frage der automatischen Reproduktion" schrieb, an seinen Untersuchungen im Sommer 1928 im Psychologischen Institut in Köln als Versuchsperson teilgenommen (Scola, 1930, S. 24). Im Herbst 1929, folglich nach der Urlaubsvertretung von Maria Krudewig, ging Olga Marum nach Freiburg zu Jonas Cohn, wo sie als Volontärassistentin und später als Hilfsassistentin tätig war. Sie unterstützte Cohn bei der Arbeit in Denk- und Entwicklungspsychologie, Methodenlehre und Graphologie und bei Intelligenztests

548 Jonas Cohn (1869–1947) war im Zusammenhang mit der Besetzung des dritten Philosophieordinariates im Jahre 1920 an die dritte Stelle des Fakultätsvorschlags gesetzt worden.

549 Lindworsky schrieb 1925 an Jonas Cohn, um sie „aufs wärmste" für eine Habilitation zu empfehlen. Lindworsky schrieb u.a. „Wegen ihres ausgebreiteten positiven Wissens u ihren Scharfsinnes halte ich sie durchaus für fähig, die akadem. Laufbahn zu beschreiten. Schon seit Jahren bemühe ich mich, ihr eine angemessene Beschäftigung (Stellung) zu verschaffen. Sie ist leider etwas defätistisch und gegen ihre eigenen Arbeiten und Untersuchungen etwas zu kritisch eingestellt, so dass sie bisweilen niederreißt, bevor sie aufgebaut hat. Damit geht ihre gute Kraft der Allgemeinheit verloren, u[nd] sie selbst leidet unter diesem Negativismus. Eine regelm. Lehrtätigkeit würde dem vorbeugen. Wenn ich sie heranzog, einen schwachen Examenskandidaten einzupauken, tat sie das immer mit gutem Erfolg" (zit. nach Fahrenberg, 2006).

(Fahrenberg, 2015c, S. 302). Auch ihre Anfrage bezüglich einer Habilitation wurde in Freiburg abschlägig beschieden. Fahrenberg schreibt hierzu:

> „Wahrscheinlich gab es verschiedene Vorbehalte: noch unzureichende bzw. erst vorbereitete Publikationen, erneut eine Habilitation in dem expandierenden Fach Psychologie (Jonas Cohn und Georg Stieler), dazu eine Frau und eine Jüdin, und Heideggers Abneigung gegen Psychologie überhaupt." (Fahrenberg, 2015c, S. 302)

Unter dem Rektorat Martin Heideggers wurde Olga Marum entlassen, emigrierte und wurde tragischerweise 1944 Opfer eines deutschen Fliegerangriffs auf London (Fahrenberg, 2015c).

8.3.2 Maria Krudewig als Mitglied in NS-Organisationen

Krudewigs Bemühen um eine Festanstellung im Gymnasialbereich fiel in eine Zeit mit einem deutlichen Bewerberüberhang. Die „Allgemeine Deutsche Lehrerzeitung" (herausgegeben vom Deutschen Lehrerverein) berichtete (1928, Bd. 57, S. 232), dass es (nach dem Stand vom 15.09.1927) in Preußen insgesamt 109.290 Lehrer- und Lehrerinnenstellen gab. Gleichzeitig wurden aber auch 35.865 Bewerber gezählt. Auf 100 (besetzte oder unbesetzte) Stellen gab es folglich ca. 33 Bewerber; das kann man nur als eine katastrophale Arbeitsmarktlage für angehende Lehrerinnen und Lehrer bezeichnen. Entsprechend heißt es in der Allgemeinen Deutschen Lehrerzeitung: „Aus diesem Nachweis ergibt sich ein erschreckendes Bild über die Notlage der Junglehrer." Unabhängig von dieser Tatsache lebte Ende des Jahres 1932 knapp ein Drittel der Kölner Bevölkerung von Unterstützung durch das Wohlfahrtsamt oder das Arbeitsamt (Trapp, 1994, S. 3).

Die Suche Maria Krudewigs nach einer Festanstellung wurde ebenfalls dadurch erschwert, dass sie als Frau erheblich schlechtere Einstellungschancen hatte. Es sei daran erinnert, dass 1932 vor dem Hintergrund der wirtschaftlichen Krise aber noch vor der „Machtergreifung"[550] der Reichstag ein „Gesetz über die Rechtstellung der weiblichen Beamten" verabschiedete. Danach konnte die Behörde die Entlassung einer Beamtin verfügen, wenn die „wirtschaftliche Versorgung des

550 Unter „Machtergreifung" wird die Ernennung Hitlers zum Reichskanzler am 30.01.1933 inklusive der folgenden Maßnahmen zur Etablierung der Alleinherrschaft der NSDAP verstanden (Schmitz-Berning, 1998, S. 392). Schmitz-Berning weist unter Zitierung zahlreicher Quellen darauf hin, dass der Begriff sowohl vor als auch nach dem Machtantritt Hitlers und sowohl von Beobachtern als auch von den Nationalsozialisten selbst verwendet wurde. Die „Machtergreifung" war folglich ein Prozess und kein punktuelles Geschehen. Die heutzutage verwendeten Anführungszeichen unterstreichen, dass er sich bei der „Machtergreifung" nicht etwa um eine Art Staatsstreich handelte, sondern um ein Verfahren, das relativ demokratisch vonstatten ging. Vgl. auch die Problematik des Begriffs „Machtergreifung" bei Kapferer (2001, S. 1). Nicht zu Unrecht spricht Graumann (1985, S. 5) davon, dass es weniger eine „Machtergreifung" als eine „Machtübergabe" war.

weiblichen Beamten nach der Höhe des Familieneinkommens dauernd gesichert“ erschien (RGBl. 1932 I, S. 245). Dieses Gesetz war Konsequenz der Doppelverdienerkampagne, die eindeutig die verheirateten Frauen benachteiligte und aus dem Beruf hinausdrängte. Maria Krudewig selbst war zwar zeitlebens unverheiratet, aber auch ihre gesellschaftliche Stellung als ledige Frau war dem damaligen Zeitgeist entsprechend eher nachteilig. Nach der „Machtergreifung“ durch die Nationalsozialisten verschlechterte sich die Beschäftigungssituation, wie oben bereits dargelegt, für Akademikerinnen kontinuierlich. Am 01.07.1933 wurde Maria Krudewig als (nicht besoldete) Studienassessorin unter der Nummer 151848 Mitglied im Nationalsozialistischen Lehrerbund (NSLB)[551] (UAK Zug. 17/3816, S. 8). Der NSLB war ein der NSDAP angeschlossener Verband, d.h. ein Beitritt war auch ohne NSDAP-Mitgliedschaft möglich. Maria Krudewig war kein Parteimitglied. Laut Satzung konnte jeder „unbescholtene Lehrer und sonstige Erzieher, der das 18. Lebensjahr vollendet hat und arischer Abstammung“ war, beitreten (Kapferer, 2001, S. 39). In Köln hatte nach den ersten Maßnahmen der „Disziplinierung“ der Beamtenschaft im Laufe des Aprils 1933 eine Beitrittsflut eingesetzt. Der NSLB besaß die Kontrolle über die Ausforschung der Lehrerkollegien. Jedem Lehrer war klar geworden, dass ohne Bekenntnis zum nationalsozialistischen Staat, demonstriert durch die Zugehörigkeit zu einem NS-Verband, seine berufliche Existenz gefährdet war (Trapp, 1994, S. 41). Ohne eine günstige politische Beurteilung war eine Einstellung in den Schuldienst nicht zu realisieren. Es ist davon auszugehen, dass Krudewig weniger aus Überzeugungsgründen als aus opportunistischen Gründen, um ihre persönliche katastrophale Beschäftigungssituation zu verbessern, Mitglied im NSLB wurde. Der NSLB war die alleinige Lehrerorganisation im Dritten Reich. Die vorhergehende Weltwirtschaftskrise und die Brüningsche Notverordnungspolitik hatten so auch ihre negativen Wirkungen auf die politische Einstellung der Assessoren. Viele junge Lehrer schlossen sich den Nationalsozialisten an, die jedoch entgegen ihren früheren Versprechungen nicht durchgreifend helfen konnten (Bölling, 1987, S. 4).

---

551 Im Rahmen der Gleichschaltungsmaßnahmen an den Schulen wurde die deutsche Lehrerschaft vor die Entscheidung zwischen bedingungsloser Loyalität zur Partei oder Berufsverzicht gestellt (Brunöhler, 2010, S. 16). Mit der Machtübernahme der Nationalsozialisten stieg der Nationalsozialistische Lehrerbund (NSLB) im Rahmen der Gleichschaltung zur alleinigen Lehrerorganisation im Deutschen Reich auf. Über die Werbung von Einzelmitgliedern und über die Eingliederung der traditionellen Lehrerverbände wurde die Mitgliederzahl gesteigert, so dass Ende 1933 bereits 250.000 Mitglieder gezählt wurden. Der NSLB konnte aber wegen der Konkurrenz zu anderen Parteigliederungen, der Bildungsbürokratie und der Hitlerjugend nie bestimmenden Einfluss auf die Schulpolitik gewinnen (Schäffer, 2015, o. P.).

Auf die Nachfrage im Rahmen der Entnazifizierungsakte (LAV NRW 1949_16963, Krudewig) nach ihrer Funktion im Dritten Reich antwortete Krudewig dem „Entnazisierungs[sic][552]-Unterausschuss“, dass sie im NS-Lehrerbund vom 01.07.1933 bis zu dessen Auflösung [1943] gewesen sei. Sie habe etwa ein halbes Jahr vor Auflösung des NS-Lehrerbundes dort die Funktion eines „Blockwalters“ bzw. „Blockwalterin“ inne gehabt.[553] Die Finanzen des NSLB waren angesichts der komplizierten Verbandsstruktur völlig aus dem Ruder gelaufen, so dass 1943 der Verband auf Anordnung der Finanzverwaltung der NSDAP aufgelöst wurde (Schäffer, 2015, o. P.). Wie Krudewig handschriftlich in ihrer Entnazifizierungsakte erläuterte, bestand ihre Tätigkeit darin, bei etwa acht Mitgliedern des NSLB den monatlichen Mitgliedsbeitrag einzusammeln und an eine übergeordnete Stelle abzuliefern. Sie sei nie zum „Blockwalter“ ernannt oder als solche vereidigt worden.[554] Sie habe deswegen in den Fragebogen des Entnazisierungsausschusses die Bezeichnung Blockwalter übernommen, weil aus ihrer Erinnerung die Quittungsformulare (die sie für ihre Funktion verwandte) die vorgedruckte Bezeichnung „Blockwalterin“ an der Stelle aufwiesen, die für die Aufnahme ihrer Unterschrift bestimmt war.[555]

Weiterhin war Maria Krudewig seit 1934 Mitglied in der Nationalsozialistischen Volkswohlfahrt (NSV).[556] Im Rahmen der Organisationsstruktur der NSDAP gab

---

552 Laut Duden spricht man zwar heute von „Entnazifizierung“, damals herrschte aber wohl tatsächlich der Sprachgebrauch der „Entnazisierung“ vor. So finden sich in der Akte über Maria Krudewig im Landesarchiv NRW bspw. Stempel des „Entnazisierungs-Hauptausschusses“.

553 Krudewig benutzt sowohl die männliche als auch die weibliche Form.

554 Die Begriffe Blockleiter, Blockwart und Blockwalter sind schwer auseinanderzuhalten, weshalb im allgemeinen Sprachgebrauch der Begriff „Blockwart“ die meiste Verbreitung fand. Während in den parteiamtlichen Anweisungen trennscharf nach Funktionen und Aufgabengebieten differenziert wurde, verschmolzen in den Augen der Betroffenen die im Wohnquartier für die NSDAP tätigen Zellenleiter, Blockleiter und Blockhelfer sowie die zahlreichen Blockwalter der angeschlossenen Verbände (Deutsche Arbeitsfront, NS-Frauenschaft, NS-Volkswohlfahrt) zu der Kunstfigur des „Blockwartes“, eine Sammelbezeichnung für alle auf der unteren Ebene tätigen Funktionäre der NSDAP und ihrer angeschlossenen Verbände. Die abgestuften Kompetenzen der als Repräsentanten des NS-Regimes auftretenden Funktionäre spiegelten sich auch in der Tatsache wider, dass alle „Hoheitsträger“ bis hinunter zu den Zellen- und Blockleitern persönlich auf Adolf Hitler vereidigt wurden und Mitglieder der NSDAP sein mussten (Schmiechen-Ackermann, 2000, S. 583).

555 Es darf allerdings bezweifelt werden, dass im Quittungsblock tatsächlich die weibliche Form „Blockwalterin“ benutzt wurde.

556 Nach dem Verbot der Arbeiterwohlfahrt trat die NSV neben die bis dahin führenden Verbände wie das Deutsche Rote Kreuz (DRK), die evangelische Diakonie oder die katholische Caritas. Bekannte Hilfswerke (wie „Mutter und Kind“, Kinderlandverschickung, Winterhilfswerk) unterstanden der NSV. Parteimitglieder brachten ihre Kinder in die neuen NSV-Kindergärten mit ihrem „religiösen“ Hitlerkult-Motto: „Händchen falten, Köpfchen senken / innig an den Führer denken / der

es „Blockwalter“ bei der NSV (Schmitz-Berning, 1998). Blockwalterin bei der NSV hätte eine engere Einbindung in das nach dem Führerprinzip aufgebaute Hierarchiesystem der Nationalsozialisten bedeutet. Von einer Tätigkeit Maria Krudewigs als „Blockwalterin“ für die NS-Volkswohlfahrt ist in den Akten aber nicht die Rede.

Wenn Maria Krudewig kurz vor der Auflösung des NSLB dort kurze Zeit als „Beitragseinsammlerin“ und „Blockwalterin“ des finanziell sehr angeschlagenen NSLB tätig war, so ist dies wahrscheinlich nur eine analoge Übertragung des Begriffs „Blockwalterin“ auf diese Tätigkeit, ohne jedoch wie bei „echten“ Blockwalterinnen eine Funktionärsfunktion mit Vereidigung auf den Führer inne zu haben. Maria Krudewig war auch nie Mitglied der NSDAP (Archivalien, LAV NRW, Krudewig, 1946). Allerdings ist auch zu berücksichtigen, dass die NSDAP sich als „Männerpartei“ verstand. Politik war ein Männern vorbehaltenes Betätigungsfeld. Der Druck auf die (männlichen) Lehrer, der Partei beizutreten, dürfte erheblich größer gewesen sein.

Maria Krudewigs Neffe Wolfgang Krudewig erzählt, die Einstellung der Familie dem NS-Regime gegenüber sei kritisch gewesen. Sein eigener Vater, Maria Krudewigs Bruder Christian, hatte als promovierter Jurist ursprünglich Richter werden wollen. Als jedoch die Nationalsozialisten an die Macht kamen, änderte er bereits 1933 seine Pläne und wurde Notar, weil er es ablehnte, unter dem NS-Regime das Richteramt auszuüben. Wolfgang Krudewig erzählt von regelmäßigen Familientreffen am Wochenende, bei denen Maria Krudewig auch gegen das Regime gerichtete Witze erzählte. Ein Beispiel:

> „Treffen sich zwei Psychiater. Sagt der eine: Heil Hitler! Sagt der andere: Heil Du ihn!“

Ein solcher Witz gehört sicherlich in die Kategorie „Flüsterwitz“.[557] Witze über Hitler hatten den Stellenwert von Majestätsbeleidigung und wurden daher besonders

---

uns Arbeit gibt und Brot / der uns hilft aus aller Not." (zitiert nach Guardini, 1946, S. 73 – Der Heilbringer der zwölf Jahre).

557 In der illegalen Ausgabe der „Kölner Rosenmontags-Zeitung“ 1938 (vermutlich von Mitgliedern des Kölner Volksfrontkomitees aus dem Exil herausgegeben, Original heute in der Graphischen Sammlung des Kölnischen Stadtmuseums) war über Gauleiter Grohé in Köln der folgende „Flüsterwitz“ zu lesen: „Wisst ihr, warum in Köln jetzt so oft durch den Luftschutz Verdunkelung angeordnet wird? An diesen Tagen bekommt Grohé seine Butter“. Unter der Rubrik ‚Stellengesuche‘ war zu lesen: „In rheinischer Grosstadt nicht zu anstrengender Posten gesucht, auf dem man sich mühelos bereichern und seinen perversen Neigungen nachgehen kann. Riesen, Oberbürgermeister a. D." (Archiv-Verlag, Köln-Edition, Band X). Humor und Diktatur haben noch nie eine verträgliche Koexistenz gebildet. Öffentliche humoristisch-kritische Äußerungen zum NS-Regime gab es nicht. In Köln gab es eine einzige rühmliche Ausnahme: Karl Küpper (1905–1970) der berühmteste Büttenredner seiner Zeit in Köln, wie Dr. Werner Jung, Direktor des NS-Dokumentationszentrums der Stadt Köln, schreibt (Bilz, 2010, S. 7). Karl Küpper persiflierte bei seinen Auftritten in der Bütt den „Deutschen Gruß“. Er sprang auf die Bühne, hob den rechten Arm und fragte. „Es et am räne?“ (wörtlich: Ist es am Regnen?) (Bilz, 2010, S. 59); oder er sagte bei erhobenem, ausgestrecktem Arm „Nä, nä su huh litt

schwer geahndet (Gamm, 1963, S. 82).[558] Aus der Weitergabe von Witzen lässt sich jedoch nicht zwingend auf aktiven Widerstand o.ä. rückschließen. Im Klappentext zu seiner Sammlung „Der Flüsterwitz im Dritten Reich" nimmt Gamm die folgende Einordnung vor:

> „Aus der großen Zahl politischer Witze auf eine überwiegende Gegnerschaft der Bevölkerung gegenüber dem Nationalsozialismus schließen zu wollen, wäre jedoch falsch. [...] Auch viele Mitläufer machten sich zuweilen Luft, indem sie Flüsterwitze weitererzählten. Hinter der vorgehaltenen Hand, versteht sich" (Gamm, 1963, o. P.).

Auf Maria Krudewigs Entnazifizierungsakte prangt auf der ersten Seite ein dicker Stempel „V", sie wurde also in die Kategorie 5/Mitläufer eingeordnet.[559] Im „Appendix E" derselben Akte vermerken alle vier zuständigen Stellen bzw. Ausschüsse „May retain present position (kann i. ihrer Stellung verbleiben)."

8.4 Prekäre Arbeitsverhältnisse und Diskriminierung

Seit 1922 existierte an der Universität zu Köln an der Philosophischen Fakultät auch ein Pädagogisches Seminar, in dessen Rahmen Wilhelm Kahl (1921 bis 1929), Artur Schneider (1921 bis 1942), Paul Honigsheim (1927 bis 1933), Georg Raederscheidt (1930 bis 1974) sowie Bodo Sartorius Freiherr von Waltershausen (1933 bis 1944) lehrten (Horn, 2003, S. 49). Auch hier war Maria Krudewigs Arbeitskraft begehrt, so dass sie schlussendlich an beiden Instituten, dem pädagogischen und dem psychologischen, arbeitete. Allerdings war dies mit etlichen persönlichen Frustrationen, die insbesondere ihre Person als Frau betrafen, verbunden.

Im Sommersemester 1939 hatten Dozent Dr. Erwin Metzke[560] eine planmäßige Assistentenstelle am Philosophischen Seminar und der außerplanmäßige

---

bei uns dä Dreck em Keller!" (Nein, nein, so hoch liegt bei uns der Dreck im Keller!) (Bilz, 2010, S. 60). 1939 erhielt er von den Nazis ein lebenslanges Redeverbot.

558 Übrigens findet sich der Witz, an den Wolfgang Krudewig sich erinnerte, auch in der Gammschen Sammlung (Gamm, 1963, S. 86).

559 Gemäß der Zonen-Exekutiv-Anweisung Nr. 54 vom 30.11.1946 der britischen Militärregierung wurden fünf Kategorien bestimmt: Kategorie I für Kriegsverbrecher, Kategorie II für Nazis („Übeltäter"), Kategorie III für Nazis („geringe Übeltäter"), Kategorie IV für Nazis (Anhänger, Mitläufer) und Kategorie V für Unbelastete oder Entlastete (Schönbach, 1994, S. 18).

560 Promotion (1929) und Habilitation Metzkes (1934) erfolgten bei Heimsoeth. Erwin Metzke (1906–1956) war 1933 der SA beigetreten. Seit Anfang August 1934 war er Dozent für Philosophie an der Universität zu Köln. Ab 1934 war er zum außerplanmäßigen Assistenten am Philosophischen Seminar bestellt worden und betreute Arbeitsgemeinschaften der NS-Studentenführung (Tilitzki, 2002, S. 655). Erst am 01.05.1937 wurde er nach eigener Aussage Mitglied der NSDAP (Archivalien, Heimsoeth, Entnazifizierung, LAV NW_1048_33_00103). Dieser späte Beitritt muss jedoch relativiert werden. Aus Angst vor „Konjunkturrittern" wurde 1933 eine allgemeine

Professor Bodo Sartorius Freiherr von Waltershausen eine außerplanmäßige Assistentenstelle am Pädagogischen Seminar inne.[561] Das Psychologische Institut hatte jedoch weder eine planmäßige noch eine außerplanmäßige Assistentenstelle, dafür aber eine minder bezahlte „Assistenz", die durch Maria Krudewig ausgefüllt wurde. Als im Sommersemester 1939 die Herren Waltershausen und Metzke verhindert waren, ihre Assistentenstellen auszufüllen, wurde die notwendige Vertretung am 08.05.1939 auf Maria Krudewig und stud. phil. Latten übertragen (UAK Zug. 17/3816, Bl. 6). Aus dem Schreiben von Artur Schneider vom 18.07.1939 an das Kuratorium (UAK Zug. 17/3816, Bl. 6) geht hervor, dass nur dem Studenten Latten eine Vergütung für diese Tätigkeit gezahlt wurde, Maria Krudewig hatte keine finanzielle Vergütung für die über die Assistenz am Institut für Experimentelle Psychologie hinausgehende Tätigkeit (am Pädagogischen und Philosophischen Seminar) erhalten. Mit Schreiben vom 18.07.1939 auf dem Dienstweg über den Dekan der Philosophischen Fakultät Kauffmann an das Kuratorium stellte Schneider den Antrag „Frl. Dr. Krudewig für die während des Sommersemesters geleistete Mehrarbeit eine Pauschalvergütung von R.M. 100,- netto zu gewähren". Dekan Kauffmann ergänzte den Antrag handschriftlich mit der Bemerkung: „Lebhaft befürwortet!" Die Begründung von Artur Schneider lautete im Wortlaut:

> „Frl. Dr. Krudewig ist als Assistentin des Psychologischen Instituts voll beschäftigt mit den üblichen Verwaltungsarbeiten, Ordnung und Ergänzung der Bibliothek, Herstellen einfacher Apparate zu Versuchszwecken und den Uebungen, die sie in meinem Auftrag und im Einvernehmen mit dem Leiter des Instituts, Herrn Prof. Dr. Heiss, abhält. Zu dieser Verpflichtung übernahm sie während des Sommersemesters noch an den Nachmittagen die Vertretung des Assistenten am Philosophischen Seminar und die Gesamtvertretung des Assistenten am Pädagogischen Seminar. Es erscheint mir billig, eine solche zusätzliche Tätigkeit, die von Frl. Dr. Krudewig mit gewohntem Pflichteifer, Verantwortungsbewusstsein und sachlichem Können geleistet wurde, nicht völlig unbelohnt zu lassen. Ich erlaube mir hinzuweisen, dass die durch den Wegfall des Assistentengehaltes für Herrn Prof. v. Waltershausen in den Monaten Mai, Juni und Juli gemachte Ersparnis durch eine kleine Pauschalvergütung für Frl. Dr. Krudewig nicht wesentlich verringert werden dürfte." (UAK Zug. 17/3816, Bl. 6)

Zur Verdeutlichung der Arbeitsbelastung von Maria Krudewig sei nochmals darauf verwiesen, dass sie zu diesem Zeitpunkt parallel noch ihre Pflichten als Volksschullehrerin erfüllen musste. Der Antrag von Schneider wurde einen Tag später genehmigt, sogar mit einem Betrag von RM 120, d.h. über die beantragte Summe hinausgehend.

Mitgliederaufnahmesperre verhängt, welche 1937 mit der Einführung des Parteianwärters gelockert wurde. Als Aufnahmedatum für Parteianwärter wurde einheitlich der 01.05.1937 – unabhängig vom Antragsdatum – festgelegt. (https://www.bundesarchiv.de/oeffentlichkeitsarbeit/bilder_dokumente/00757/index-5.html.de). Ab 1940 leistete Metzke zunächst Wehrdienst als Eignungspsychologe und erhielt 1943 eine außerordentliche Professur in Heidelberg.

561 Vgl. Vorlesungsverzeichnis Sommersemester 1939.

Dem außerplanmäßigen Professor Bodo Sartorius Freiherr von Waltershausen wurde am 22.04.1939 ein Lehrauftrag für Philosophie und Pädagogik verliehen (UAK Zug. 17/3186, Bl. 14–15).[562] Der Lehrauftrag beinhaltete eine Dozentur mit Diäten (UAK Zug. 17/3186, Bl. 23). Infolge der neuen Tätigkeit musste er die Stelle des planmäßigen Assistenten am Pädagogischen Seminar aufgeben. Artur Schneider schrieb am 03.09.1940 (UAK Zug. 17/3186, Bl. 14–15) an das Kuratorium, dass „eine geeignete männliche Kraft" als Ersatz für von Waltershausen nicht gefunden werden konnte. Als zu Beginn des Jahres 1940 das Ministerium eine Reihe von Dozenten, die aus den baltischen Staaten[563] nach Deutschland übersiedelten, namhaft machte und sich um ihre Unterbringung bemühte, hatte sich bereits der Dekan der Philosophischen Fakultät an den Dozenten Rudolf Hippius,[564] früher in Dorpat (Estland), jetzt in Posen, gewandt, da als dessen Fächer Psychologie und Pädagogik

562 Bodo Sartorius Freiherr von Waltershausen wurde 1923 in München von Clemens Baeumker promoviert (Horn, 2003, S. 49). Seit der Habilitation in Köln 1931 war er Dozent für Philosophie und Pädagogik und hatte einen Lehrauftrag für Geschichte der Leibesübungen und der körperlichen Erziehung. Bezüglich seiner „psychologischen" Tätigkeit führte er im Wintersemester 1935/36 und in den folgenden Semestern Lehrveranstaltungen zur „Allgemeinen Psychologie" und zur „Psychologie und Anthropologie der Leibesübungen" durch. 1938 wurde er nichtbeamteter außerplanmäßiger Professor. 1939 erhielt er einen Lehrauftrag für Philosophie und Pädagogik. 1940 und 1941 führte er Veranstaltungen zur Jugendpsychologie und pädagogischen Psychologie durch. Krudewig hat anscheinend auch nach dem späteren Ausscheiden Bodo von Waltershausens nicht den Kontakt zu ihm abbrechen lassen. Ihr Buch „Entwurf einer Elementarstrukturanalyse des Bewusstseins" (1949) hatte sie ihm gewidmet.

563 Durch den Hitler-Stalin-Pakt (deutsch-sowjetischer Nichtangriffspakt) vom 24.08.1939 wurden Estland, Lettland und Finnland der sowjetischen Einflusssphäre zugeordnet. Die Folge war u.a. eine Abwanderung deutscher Wissenschaftler zurück ins Deutsche Reich.

564 Rudolf Hippius wurde 1905 in Estland geboren und verstarb wahrscheinlich 1945 in russischer Kriegsgefangenschaft. Nach seiner Promotion 1933 in Dorpart (Estland) wurde er stellvertretender planmäßiger Assistent am Psychologischen Institut in Leipzig bei Felix Krueger. 1934 erfolgte die Habilitation in Dorpart. Er war in dieser Zeit Mitglied der (nationalsozialistischen) „Deutschen Erneuerungsbewegung in Estland". Nach der Besetzung Polens durch deutsche Truppen im Jahre 1939 wurde Hippius kommissarischer Leiter des Seminars für Psychologie und Pädagogik der deutschen Reichsuniversität in Posen, das am 01.05.1941 seine Lehrtätigkeit aufnahm. Hippius arbeitete auch als Heerespsychologe. 1942 erhielt er eine a.o. Professur auf den Lehrstuhl für Sozial- und Völkerpsychologie der Deutschen Karls-Universität in Prag. Die Ganzheitspsychologie Felix Kruegers war für Hippius prägend. Als Deutschbalte beschäftigte er sich schon früh mit völkerpsychologischen Fragen und versuchte die Völkerpsychologie mit der NS-Rassenideologie zu verbinden (Wolfradt, 2015, S. 186–187). Scola und sein Psychologisches Institut standen in Konkurrenz zum Prager Institut für Sozial- und Völkerpsychologie von Rudolf Hippius (vgl. FN 417).

angegeben worden waren. Aber Rudolf Hippius lehnte das Angebot einer planmäßigen Assistentenstelle am Pädagogischen Seminar in Köln ab. Da „ein anderer männlicher Anwärter" nicht zur Verfügung stand, stellte Artur Schneider an das Kuratorium den Antrag, „Fräulein Dr. Krudewig für den Zeitraum von 4 Jahren ab 1.10.1940 zum planmäßigen Assistenten des Pädagogischen Seminars und zugleich des Psychologischen Seminars zu ernennen." Dem Wortlaut nach beinhaltete dieser Antrag die Funktion eines „Doppelassistenten", d.h. eine „planmäßige" Assistentenstelle sowohl für das Pädagogische als auch für das „Psychologische Seminar". Der Antrag wurde jedoch durchgängig (wie sich im Folgenden zeigt) als Antrag auf eine planmäßige Stelle für das Pädagogische Seminar und eine Assistenz für das Psychologische Institut verstanden. Die Personalauswahl zu Gunsten von Maria Krudewig begründete A. Schneider folgendermaßen:

> „Fräulein Krudewig ist eine nicht nur vom Leiter des Psychologischen Instituts, Herrn Professor Dr. Heiss, sondern auch von mir auf Grund ihrer wissenschaftlichen Befähigung und ihrer charakterlichen Eigenschaften geschätzte Persönlichkeit. Wenn ich bitte, sie auch dem Pädagogischen Seminar [zur] Hilfeleistung als Assistent zu überweisen, so handelt es sich im übrigen hier nur um die Legalisierung eines faktisch [schon] längst, nämlich seit dem Ausscheiden des Herrn von Waltershausen aus der Assistentur, bestehenden Zustandes. [...] Ihr grosses psychologisches Interesse dehnte sie sehr bald auch auf das pädagogische Gebiet aus [und] grosse Kenntnis der einschlägigen Literatur beider Gebiete zeichnet sie aus. Um meinerseits ausser dem Ordinariat für Philosophie noch dem besonderen Lehrauftrag für Pädagogik gerecht werden zu können, bedarf ich notwendig für letzteren im Hinblick auf die Geschäfte des Seminars wie für die Betreuung der nicht wenigen Promovenden auf pädagogischem Gebiet einer Unterstützung. Seit der erwähnten Vakanz hat Fräulein K[rudewig] sie freiwillig und unentgeltlich geleistet. Von der Qualität dieser Leistung kann ich nur mit grosser Anerkennung sprechen. Schließlich möchte ich noch bemerken, dass ich den vorliegenden Antrag in völligem Einverständnis mit dem Leiter des Psychologischen Instituts, Herrn Professor Heiss, stelle. Fräulein K[rudewig] würde, wenn sie die planmässige Assistentenstelle erhielte, nicht nur [...] den beiden Instituten zur Verfügung stehen, sondern in der Lage sein, diesen ihre ganze Kraft zu widmen. Deshalb würde auch Professor Heiss die Verwirklichung meines Vorschlags lebhaft begrüssen." (UAK Zug. 17/3186, Bl. 14–15)

Mit Schreiben vom 18.09.1940 (UAK Zug. 17/3186) an den Dekan der Philosophischen Fakultät, Prof. Kauffmann, unterstützte Robert Heiß den Antrag von Artur Schneider in dem Sinne, dass auch er für die Übertragung einer planmäßigen Assistentenstelle am Pädagogischen Seminar bei gleichzeitiger Beibehaltung der Assistenz am Psychologischen Institut sei. Heiß' Formulierung lässt folglich nicht auf eine Übertragung einer Assistentenstelle am Psychologischen Institut schließen, die auch erst haushaltsrechtlich geschaffen werden müsste. In seinem befürwortenden Schreiben hieß es unter Hinweis auf die jahrelange Doppelbelastung Maria Krudewigs:

„Frl. Dr. Krudewig ist eine gereifte wissenschaftliche Persönlichkeit, sie hat als Assistentin eine langjährige Erfahrung. Sie ist fähig, wissenschaftlich produktive Arbeit zu leisten. Ihre letzte Arbeit, die vor der Drucklegung steht, beweist das, obgleich diese Arbeit während der Jahre einer Doppelbelastung als Assistentin und Lehrerin entstanden ist." (UAK Zug. 17/3186, 18.09.1940, o. P.)

Der Chronologie nach verweist Robert Heiß hier auf die 1942 veröffentlichte Schrift von Maria Krudewig „Vom Stand der Psychologie des Gefühls und von ihrem bleibenden Ertrag".[565] Auch Robert Heiß wusste um die Problematik der einseitigen Geschlechterpräferenz bei Einstellungen. Dieses Gegenargument vorwegnehmend, verwies er in obigem Schreiben auf die Unwahrscheinlichkeit, dass unmittelbar nach dem Kriege eine andere Persönlichkeit zur Verfügung stünde. Der augenblickliche Mangel an Fachpsychologen und überhaupt an psychologischem Nachwuchs sei zu groß. Was an jungen Psychologen heranwüchse, werde schon jetzt zunehmend von der Heerespsychologie beansprucht. Das werde sich nach dem Krieg nicht ändern. Industrie und Heerespsychologie würden den Nachwuchs anziehen. Er glaube, dass es im Interesse des Lehrbetriebs und des psychologischen Institutes läge, wenn jemand ganztägig zur Verfügung stünde. Außerdem würde er Maria Krudewig wünschen, dass sie „endlich einmal für mehrere [Unterstreichung im Original] Jahre die Möglichkeit" habe, wissenschaftlich zu arbeiten. Krudewig verdiene eine solche Unterstützung (UAK Zug. 17/3186, 18.09.1940, o. P.).

Auch Maria Krudewig selbst bemühte sich um die Assistentenstelle und eine möglichst langzeitige Befristung. Am 18.09.1940 hatte sie in einer Unterredung mit Dekan Kauffmann die Gelegenheit, ihre Situation darzulegen. Am darauffolgenden Tag hielt sie in einem Schreiben an den Dekan nochmals die wichtigsten Punkte dieses Gesprächs aus ihrer Sicht fest. Sie bat erneut um Unterstützung ihres Antrages auf Übertragung der Assistentenstelle für den Zeitraum von vier Jahren. Bezüglich ihrer wissenschaftlichen Vorhaben schrieb sie:

„In vier Jahren[566] könnte ich hoffen, einige meiner wissenschaftlichen Arbeitspläne zu verwirklichen. Diese sind: Genetisch-kritische Darstellung der Psychologie und Anthropologie von E.R. Jaensch. Die Arbeit ist zu 1/3 (60 Seiten) fertiggestellt [sic].[567] Genese des Ausdrucksverstehens. Zu diesem Thema habe ich in langen Jahren Material gesammelt und Notizen gemacht.[568]

---

565 Auf der Rückseite des Titelblattes verweist Krudewig darauf, dass äußere Umstände die Drucklegung um zwei Jahre verzögerten.

566 Krudewig spricht nicht von Habilitationsplänen; vielleicht aus der Erkenntnis heraus, dass diese im Dritten Reich für sie als Frau nicht zu realisieren waren.

567 Dies (und auch Punkt 2) entsprechen den Zielvorstellungen bei „Wiederbelebung" des Instituts 1938.

568 Im Wintersemester 1934/35 hatte Maria Krudewig die Lehrveranstaltung „Übungen zur Ausdruckspsychologie" durchgeführt. Als Durchführender war im

> Systematik der Anomalien des Gedächtnisses.[569] Ich möchte in dieser Arbeit die in Frage kommende psychiatrische Literatur für die Psychologie des Gedächtnisses nutzbar machen. Der Pädagogik gegenüber habe ich mich bisher vorwiegend aufnehmend verhalten. Ich habe einige psychologisch-pädagogische Aufsätze geschrieben: Zur Psychologie und Pädagogik der Spiele – Gang und Charakter – Die Schülercharakteristik. Arbeitspläne aus dem Bereich der Pädagogik kann ich jetzt noch nicht angehen" (UAK Zug. 17/3186, 19.09.1940, o.P.).

Der Antrag von Artur Schneider und Robert Heiß wurde über den Dekan der Philosophischen Fakultät am 19.09.1940 an das Kuratorium weitergeleitet. Nicht völlig übereinstimmend mit dem Wortlaut des Antrags von Artur Schneider sprach Dekan Kauffmann von der „planmässigen [sic] Assistentenstelle am Pädagogischen Seminar" und der „Assistententätigkeit am Psychologischen Institut" (UAK Zug. 17/3186, Bl. 13). Auch er befürwortete den Antrag von Artur Schneider „nicht zuletzt in Würdigung der Verdienste, die Frl. Dr. Krudewig durch langjährige und selbstlose Tätigkeit am Pädagogischen und Psychologischen Seminar aufzuweisen hat. Sie ist eine sachlich und persönlich voll bewährte und vertrauenswürdige Persönlichkeit." Aber auch dem Begleitschreiben des Dekans an das Kuratorium war die entscheidende Bedeutung des Geschlechts bei der Stellenbesetzung zu entnehmen. „Nach Auslaufen des befristeten Vertrages wird zu prüfen sein, ob unter dem männlichen akademischen Nachwuchs eine für die Assistentenstelle geeignete Persönlichkeit vorhanden ist", hieß es in seiner Stellungnahme (UAK Zug. 17/3186, Bl. 13).

Bezüglich der Befristung wich der Dekan vom Antrag Artur Schneiders und auch dem Wunsch Maria Krudewigs erheblich ab. Artur Schneider hatte einen Vierjahresvertrag beantragt, während im Begleitschreiben des Dekans nur von einem Einjahresvertrag vom 01.10.1940 bis zum 30.09.1941 die Rede war.

Vorlesungsverzeichnis „Artur Schneider durch Krudewig" angekündigt. Zehn Jahre später wurde die entsprechende Veranstaltung unter demselben Titel für das Wintersemester 1944/45 angekündigt (Veranstalter: „Heimsoeth durch Krudewig"). Wegen der Kriegsereignisse wurde diese Veranstaltung nicht durchgeführt.

569 Im Wintersemester 1938/39 führte Krudewig eine zweistündige Lehrveranstaltung „Psychologische Übungen: Gedächtnis und Erinnerung" im Psychologischen Institut durch (Ankündigung im Vorlesungsverzeichnis: „Heiß durch Krudewig").

Mit Briefkopf „Dozentenschaft der Universität Köln" (Langemarckplatz in Köln)[570] gab der Dozentenführer[571] am 16.10.1940 (UAK Zug. 17/3186, Bl. 18) seine Stellungnahme bezüglich der Übertragung der planmäßigen Assistentenstelle an Maria Krudewig weiter. Er stimmte „der Übertragung der planmäßigen Assistentenstelle an Fräulein Dr. Maria Krudewig" zu. Auch für ihn war entscheidend, dass kein männlicher Bewerber zur Verfügung stand. So schreibt er zu Beginn seines Briefes (resignierend?): „Es ist tatsächlich z. Zt. für das erwähnte Fachgebiet kein gereifter Assistent zu gewinnen." Bei Kriegsende solle die Angelegenheit nochmals überdacht werden. Ein kleiner Lichtblick war dadurch erkennbar, dass der Dozentenführer auch einer längerfristigen Übertragung der Assistentenstelle (d.h. über ein Jahr hinaus) nicht im Wege stehen würde, falls eine kurzfristige Übertragung der Assistentenstelle wegen der notwendigen Beurlaubung Krudewigs aus dem Lehrerdienst in Frage stünde.

570 Der heutige Albertus-Magnus-Platz, der Zentralplatz vor dem Haupteingang des Universitätsgebäudes, hieß in der Zeit von 1935 bis 1945 Langemarckplatz. Benannt wurde der Platz nach einer Schlacht im Ersten Weltkrieg. Die Oberste Heeresleitung des Deutschen Reichs verkündete am 11.11.1914 (einen Tag nach der Schlacht in der Nähe des belgischen Ortes Langemarck nördlich von Ypern): „Westlich Langemarck brachen junge Regimenter unter dem Gesang ‚Deutschland, Deutschland über alles' gegen die erste Linie der feindlichen Stellungen vor und nahmen sie." Der verlustreiche und kaum als siegreich zu bezeichnende Angriff wurde in der Folgezeit zu einem Mythos, dem „Langemarck-Mythos" umgedeutet. Auch die Nationalsozialisten bemächtigten sich dieses Mythos. So kam es auch zur Namensnennung „Langemarckplatz" für den zentralen Platz vor dem neu errichteten Universitätsgebäude in Köln. In der Nähe von Köln gibt es auch heute noch einen Langemarckweg in Bergisch-Gladbach und eine Langemarckstraße in Neuss, Bedburg und Bonn.

571 Das „Führerprinzip" hatte auch an den Hochschulen Einzug gehalten. Nach den „Richtlinien zur Vereinheitlichung der Hochschulverwaltung" vom 03.04.1935 wurde der Rektor zum „Führer der Hochschule". Weiterhin wurde die Hochschule in zwei Teile gegliedert, die Dozenten- und Studentenschaft. Der Leiter der Dozentenschaft wurde nach Anhörung des Rektors und des Gauführers des NS-Dozentenbundes vom Reichswissenschaftsminister (in diesem Falle von Minister Bernhard Rust) ernannt. Rein formal unterstand der „Leiter der Dozentenschaft" dem Rektor, dem „Führer der Hochschule" (RMinAmtsbl. 1935, S. 142). Durch diese Umstrukturierung erhielt der „Leiter der Dozentenschaft" oder kurz der „Dozentenführer" einen enormen Einfluss in Personalentscheidungsmaßnahmen zumal er durch seine Ernennung nicht de jure, aber de facto dem Reichswissenschaftsministerium direkt unterstand. So musste folglich auch zu dieser weniger gewichtigen Personalentscheidung der befristeten Übertragung der Verwaltung einer Assistentenstelle an

Der geschäftsführende Kurator[572] Dr. Faßl[573] stellte am 10.10.1940 (UAK Zug. 17/3186, Bl. 10) Maria Krudewig eine Bescheinigung aus, dass er bereit sei, ihr die „*Verwaltung*" der planmäßigen wissenschaftlichen Assistentenstelle am Pädagogischen Seminar für die Dauer eines Jahres zu übertragen. Voraussetzung sei allerdings die Beurlaubung (unter Wegfall der Bezüge) seitens der Schulbehörde.[574] In einem Schreiben vom selben Tag (UAK Zug. 17/3186, Bl. 23), adressiert an Rektor Kuhn, erläuterte Faßl, warum Maria Krudewig lediglich die „Verwaltung" der Assistentenstelle übertragen werden könne und nicht die reguläre Besetzung. Gemäß Erlass des Reichserziehungsministers vom 01.04.1939 WA 463 zählten weibliche Personen nicht zum Hochschullehrernachwuchs (!). Folglich kämen weibliche Personen auch nicht für die Besetzung von Assistentenstellen in Frage. Dieser Erlass war aber für Maria Krudewig folgenschwer: eine finanziell gesicherte Existenz mit Zukunftsperspektive in Form eines unbefristeten, angemessen bezahlten Vertrages war auf diese Weise unerreichbar geworden; von der Sicherung der Lebenshaltung war aber – damals wie auch heute – die Habilitation abhängig. Darüberhinaus ist ein Arbeitsplatz an einer Universität natürlich für die Vernetzung in der wissenschaftlichen Community hilfreich. Wenn eine reguläre wissenschaftliche Assistentenstelle aber schon für Frauen unerreichbar war, wie sehr dürfte dies erst für die

Krudewig der Dozentenführer gehört werden. In einem Senatsprotokoll aus dem Jahre 1935 wurde diesbezüglich eine Ministerialmitteilung weitergegeben: „Dem Führer der Dozentenschaft fällt die Aufgabe zu, der Nachwuchsfrage dauernd seine Aufmerksamkeit zuzuwenden. Er muß alle Assistenten kennen und sie zu beurteilen in der Lage sein." (UAK Zug 331/4, S. 158a) Zur Kompetenz des Rektors als Führer der Universität heißt es in demselben Senatsprotokoll: „Die Überwachung der Struktur der Universität ist Aufgabe des Rektors. Er hat für die Ausmerzung überflüssiger Lehrfächer Sorge zu tragen." (UAK Zug 331/4, S. 155).

572 Diese Begrifflichkeit löste während der NS-Zeit den vorhergehenden Begriff „geschäftsführender Vorsitzende des Kuratoriums" (vgl. Eckert) ab. Adäquat dazu wurde auch die Begrifflichkeit „Vorsitzender des Kuratoriums" ausgetauscht in „Kurator" und der Oberbürgermeister von Köln wurde in Reminiszenz an die Geschichte der Stadt Köln zum „Oberbürgermeister der Hansestadt Köln".

573 Am 10.11.1937 wurde der Kreisleiter Dr. Erwin Faßl in der Aula der Universität in Anwesenheit der gesamten Dozenten- und Studentenschaft feierlich als zweiter und geschäftsführender Kurator (nach dem Oberbürgermeister, dem Kurator und ersten Vorsitzenden des Kuratoriums) in Ablösung von Dr. Peter Winkelnkemper eingeführt. Dr. Peter Winkelnkemper war 1933 vom Gauleiter zum geschäftsführenden Kurator ernannt worden. (vgl. Westdeutscher Beobachter vom 11.11.1937, Nr. 572: Semesterauftakt an der Universität Köln, Abschiedsfeier für Dr. Peter Winkelnkemper und Einführung des neuen Kurators Dr. Faßl.). Faßl verstarb am 11.02.1941 (UAK Zug. 333/4, Bl. 262).

574 Der Begriff der „Verwaltung" war bereits im Zusammenhang mit Lindworsky verwendet worden, denn dieser „verwaltete" ebenfalls ca. zwei Jahre die Psychologie an der Universität zu Köln in der Zeit zwischen seiner Habilitation und der Übertragung der Venia Legendi im Jahre 1922.

Habilitation und eine Venia Legendi für Frauen gelten. Maria Krudewigs Chancen, sich in der NS-Zeit zu habilitieren, waren im Grunde genommen nicht existent. Bereits in der Fakultätssitzung vom 31.05.1937 wurde im Rahmen der Mitteilungen des Reichsministeriums bekannt gegeben, dass „Dr. habil. für Frauen und Dozentur für Frauen nicht möglich" sei (UAK Zug. 285/1, S. 405). Dies bedeutete für Maria Krudewig, dass sie, obwohl sie seit Jahren an ihrer Habilitationsschrift arbeitete, eigentlich keinerlei Aussicht auf einen erfolgreichen Abschluss hatte.

Rektor Kuhn bat mit Schreiben vom 16.10.1940 das Kuratorium, das Weitere bezüglich der „Übertragung der Assistentenstelle" an Maria Krudewig zu veranlassen. Er schlug vor, die Anstellung auf ein Jahr zu befristen, um dann zu prüfen, ob „unter dem männlichen Nachwuchs eine für die Assistentenstelle *geeignete* Persönlichkeit" vorhanden sei [Hervorhebung v. Verf.] (UAK Zug. 17/3186, Bl. 17).[575] Es ging also nicht um eine besser geeignete oder besser qualifizierte Person, es ging ausschließlich darum, eine „männliche" Person zu finden, die lediglich „geeignet" sein musste; es hätte also theoretisch auch eine geringere Qualifikation als bei Maria Krudewig vorliegen können.

Ende Januar 1941, einen Tag vor Beginn des ersten befristeten[576] Vertrages, teilte Dr. Evertz[577] vom Kuratorium Maria Krudewig mit, dass sie mit Wirkung vom 01.02.1941 die „Verwaltung" der Stelle des wissenschaftlichen Assistenten am Pädagogischen Seminar für die Dauer eines Jahres erhielte (UAK Zug. 17/3186, Bl. 24). Als Vergütung erhielt sie die Anfangsdiäten (in Verbindung mit der Reichsassistentenordnung) eines wissenschaftlichen Assistenten. Das Kuratorium wies gesondert darauf hin, dass mit der Übertragung der Verwaltung keine Übernahme in das Beamtenverhältnis verbunden sei und auch kein Anrecht auf Verleihung einer Planstelle bestehe. Im Nachtrag teilte ihr Dr. Evertz am 05.02.1941 – nachrichtlich an Artur Schneider – noch mit, dass sie mit der Verwaltung der Assistentenstelle am Pädagogischen Seminar auch die „Mitverwaltung der Stelle einer wissenschaftlichen Hilfskraft am Psychologischen Seminar" innehabe (UAK Zug. 17/3186, Bl. 26). Bemerkenswert an dieser Formulierung ist, dass Krudewig noch nicht einmal zeitlich befristete Inhaberin der Stelle einer wissenschaftlichen Hilfskraft („Assistenz") war, sondern in diesem Falle war sie ebenfalls nur für die „Verwaltung" zuständig.

---

575 Es existiert noch ein kurzes handschriftliches Schreiben (ohne Datum) von Maria Krudewig, adressiert an die Personalstelle im Kuratorium, z.Hd. Herrn Verwaltungsamtmann Thienen, in dem sie erfolgslos darum bat, sie „statt des einen Jahres 2 Jahre einsetzen zu wollen" (UAK Zug. 17/3186, Bl. 21).

576 Am 16.01.1941. (UAK Zug. 17/3186, Bl. 22) erhielt Maria Krudewig vom Regierungspräsidenten den erforderlichen Bescheid, dass sie unter Zurücklassung der Dienstbezüge vom 01.02.1941 bis 31.01.1942 vom Volksschuldienst beurlaubt sei. Sie habe rechtzeitig anzuzeigen, ob sie in den Schuldienst zurückkehre oder endgültig ausscheide.

577 1941 wurde Dr. med. Erwin Faßl (in seiner Funktion als Beauftragter des Staatskommissars und Geschäftsführender Kurator (Vorsitzender) durch den Beigeordneten Dr. Evertz vertreten. Die Funktion des Kommissars des Reichsministers für Wissenschaft, Erziehung und Volksbildung hatte zu dem Zeitpunkt Gauleiter Staatsrat Josef Grohé inne.

Insgesamt ist der Schluss zu ziehen, dass selbst die „Assistenz“ am Psychologischen Institut unter das grundsätzliche Beschäftigungsverbot von Frauen nach dem von Dr. Faßl oben aufgeführten Erlass des Reichserziehungsministers vom 01.04.1939 WA 463 subsumiert wurde.

Dr. Evertz hatte in seinem Schreiben vom 05.02.1941 (UAK Zug. 17/3186, o. P.) Krudewig mitgeteilt, dass eine besondere Vergütung für die Stelle als wissenschaftliche Hilfskraft am Psychologischen Institut nicht gezahlt werde (!). Ab 01.02.1941 war die bisherige Zahlung von 100 RM für ihre Tätigkeit am Psychologischen Institut eingestellt worden (UAK Zug. 17/3186).[578] Artur Schneider griff in diesen Konflikt ein und setzte sich für Maria Krudewig ein. Er schrieb an Evertz,[579] dass Voraussetzung seines Antrages (auf Übertragung der Verwaltung der Assistentenstelle am Pädagogischen Seminar) „selbstverständlich“ gewesen sei, dass Maria Krudewig keine Einbuße in ihren Einnahmen erlitte; er sei davon ausgegangen, dass ein kleiner Mehrbetrag für Maria Krudewig herauskäme, andernfalls hätte er ihr die Übernahme der Assistentenstelle nicht zugemutet. Aber gerade das Gegenteil sei zu seiner Verwunderung eingetreten. Als Volksschullehrerin (inklusive der Vergütung für die Assistenz am Psychologischen Institut) hätte ihr monatliches Nettoeinkommen 300 RM betragen. Als Verwalterin der planmäßigen Assistentenstelle am Pädagogischen Seminar lägen ihre Nettobezüge bei 244 RM.[580] Da das Gehalt von Maria Krudewig sich nach der Tätigkeit am Pädagogischen Seminar richtete, bat er darum, dass ihre Tätigkeit am Psychologischen Institut „besonders honoriert“ werde, so wie das früher auch der Fall gewesen sei. Mit Schreiben vom 27.03.1941 (UAK Zug. 17/3186, Bl. 29) teilte das Kuratorium Maria Krudewig mit, dass ihr wieder 100 RM monatlich für ihre Tätigkeit „als wissenschaftliche Hilfskraft am Psycholog.

578 In einer Aktennotiz des Kuratoriums vom 30.01.1941 (UAK Zug. 17/3186, o. P.) ist zu lesen, dass Maria Krudewig mit Wirkung vom 01.02.1941 für die Dauer eines Jahres die Anfangsdiäten eines wissenschaftlichen Assistenten zu zahlen seien, allerdings verbunden mit der Anweisung „die bisher an Frl. K[rudewig] gezalte [sic] Vergütung als wissenschaftl[iche] Hilfskraft fällt ab 1.2.41 fort“. Gemeint ist der Wegfall der 100 RM, die Krudewig für ihre Assistenz am Psychologischen Institut erhielt. Eine weitere handschriftliche Aktennotiz auf demselben Blatt zeigte die Verlängerung der Vergütung für die Assistenz nach Rücksprache mit Prof. Schneider an. Wie unsicher die vertragliche Situation von Maria Krudewig war, ist auch daran zu erkennen, dass in obiger Aktennotiz auf „Wv 1/12.41“ [Wiedervorlage] der Hinweis stand: „1.12.41 (Kündigung Dr. Krudewig)“

579 Brief ohne Datum, Eingangsstempel des Kuratoriums vom 06.03.1941 (UAK Zug. 3186, Bl. 28).

580 Hinzu käme, dass ihre Bezüge als Lehrerin praenumerando gezahlt würden, während ihr derzeitiges Gehalt als Verwalterin postnumenrando zur Auszahlung käme. Der ihr deswegen gewährte Überbrückungszuschuss von 250 RM müsse in 5 Monatsraten zurückgezahlt werden, so dass sie derzeit von monatlich 194 RM leben müsse (Schneider, UAK Zug. 17/3186).

Seminar" gezahlt würden (neben ihrer Tätigkeit als Verwalterin einer wissenschaftlichen Assistentenstelle am Pädagogischen Seminar).

Aus einem internen Schreiben des Kuratoriums an Artur Schneider vom 27.03.1941 (UAK Zug. 17/3186, o. P.) geht hervor, dass ursprünglich davon ausgegangen worden war, dass Maria Krudewig ihre Tätigkeit als „wissenschaftliche Hilfskraft" am Psychologischen Seminar „unentgeltlich fortführen" sollte (!). Seitens des Kuratoriums war man bereit, die Vergütung für diese Tätigkeit am „Psychologischen Seminar" wieder aufleben zu lassen, wenn sie die Vertretung des zurzeit zum Wehrdienst einberufenen Assistenten am Philosophischen Seminar (Prof. Metzke) „unentgeltlich" übernähme (!). In einem Schreiben vom 15.03.1941 (UAK Zug. 17/3186, Bl. 27) äußerte Dr. Evertz noch die Meinung, dass infolge der Personalunion des Philosophischen und Pädagogischen Seminars die prognostizierte Betätigung Maria Krudewigs für das Philosophische Seminar „wohl keine besondere Mehrbelastung" bedeute. Dem konnte Artur Schneider nicht folgen. Nach seinen Ausführungen sei eine zusätzliche Beschäftigung im Philosophischen Seminar nicht möglich, „weil der Arbeitsanfall des Philos[phischen] Seminar[s] so umfassend sei, daß die Übernahme durch Frl. K[rudewig] eine erhebliche Überlastung für die Genannte bedeute".

Mit Schreiben vom 08.12.1941 (UAK Zug. 17/3186, o. P.) beantragte Artur Schneider eine Verlängerung der Beschäftigung Maria Krudewigs um ein weiteres Jahr (vom 01.02.1942 bis 31.01.1943) unter Fortführung der derzeitigen Bedingungen. Das Pädagogische Seminar und auch das Psychologische Institut benötigten ihre Dienste dringend. „Frl. Krudewig hat sich vollauf bewährt, nur mit Anerkennung kann von ihren Dienstleistungen gesprochen werden", heißt es im Antrag. Der Vollständigkeit wegen und einer möglichen Gegenargumentation vorausgreifend, schließt Schneider seinen Antrag mit den Worten: „Es sei noch erwähnt, dass für die von ihr ausgeübte Tätigkeit eine männliche Persönlichkeit nicht zur Verfügung steht." Der Dozentenführer Birkenkamp gab mit Schreiben vom 13.12.1941 seine Zustimmung für ein weiteres Jahr der Übertragung der „Verwaltung" der planmäßigen Assistentenstelle am Pädagogischen Seminar an Maria Krudewig (UAK Zug. 17/3186, Bl. 32). Seine Stellungnahme endete mit dem Hinweis, dass es sich im vorliegenden Fall um einen „Ausnahmefall" handele, „da männlicher Nachwuchs" zurzeit nicht vorhanden sei. Mit Schreiben vom 05.01.1942 erhielt Krudewig die Zustimmung des Kuratoriums. Ein Aktenvermerk des Kuratoriums vom 16.02.1942 (UAK Zug. 17/3186, o.P.) enthielt zum einen den Hinweis, dass die Beurlaubung von ihrer Tätigkeit als Lehrerin eingegangen sei, zum anderen trug das Schriftstück einen Wiedervorlagevermerk für den 01.12. 1942 mit der Aktennotiz „Kündigung?", ein deutlicher Hinweis, dass Maria Krudewig also selbst in diesen Kriegsjahren von keiner selbstverständlichen weiteren Verlängerung ihres befristeten Arbeitsverhältnisses ausgehen durfte.[581]

581 Dieses Vorgehen entsprach dem allgemeinen Duktus der Nationalsozialisten. Während des Krieges durften Frauen in vielen Bereichen, aus denen man sie vorher herausgedrängt hatte, vorläufig wieder arbeiten, etwa als Ärztinnen oder Juristinnen.

Am 10.11.1942 (UAK Zug. 17/3186, o. P.) erreichte den Rektor der Universität, Prof. Friedrich Bering, ein Schreiben von Artur Schneider, in dem dieser den Antrag stellte, Maria Krudewig ab 01.02.1943 für ein weiteres Jahr unter den bisherigen Bedingungen zu beschäftigen.[582] Er begründete seinen Antrag damit, dass das Pädagogische Seminar und „insbesondere" das Psychologische Institut angesichts der Berufung des bisherigen Leiters Prof. Heiß an die Universität Freiburg, dringend die Dienste Maria Krudewigs benötigten. Der Antrag schloss mit dem inzwischen üblich gewordenen Zusatz, dass eine „männliche Kraft" für die von Maria Krudewig ausgeübte Tätigkeit nicht zur Verfügung stehe. Am 21.11.1942 erhielt Maria Krudewig die Genehmigung.

Artur Schneider erreichte am 31. 03.1942 die Pensionsgrenze und wurde in der Folge emeritiert. Am 18.03.1943 berichtete der Dekan dem Rektor der Universität, Friedrich Bering, über die Lage der Fächer Philosophie, Pädagogik und Psychologie nach der Einstellung der Lehrtätigkeit von Professor Artur Schneider. Bezüglich des Faches Psychologie schreibt Dekan Malsch:

> „Psychologie: vertreten durch Frl. Dr. Krudewig, die seit Jahren für Herrn Professor Schneider die Übungen in der Psychologie durchführt. Frl. Dr. Krudewig ist zwar noch nicht habilitiert; ich bitte aber trotzdem, meinen hiermit gestellten Antrag, Frl. Dr. Krudewig im kommenden Semester auch die Vorlesungen lesen zu lassen (durch Prof. Heimsoeth), zuzustimmen." (UAK Zug. 17/3186, Bl. 40)

Die hier angesprochene Tatsache, dass Krudewig seit Jahren selbstständig die Psychologieübungen durchführte, wird durch die Vorlesungsverzeichnisse bestätigt. Dies sollte nach dem Ausscheiden Schneiders als Ordinarius seine Fortsetzung mit Prof. Heimsoeth finden. Aus den Worten des Dekans, dass Maria Krudewig „noch nicht habilitiert" sei, ist zu schließen, dass ihm die Habilitierungsabsicht von Maria Krudewig bekannt war und insbesondere ist ein solcher Antrag wie die Übernahme von Vorlesungen nur gerechtfertigt, wenn die betroffene Person kurz vor der Habilitation steht oder die Kompetenz eines Dr. habil. besitzt. Durch die Annahme des Rufes nach Freiburg durch Robert Heiß war in Köln niemand mehr, der explizit für Psychologie einen Lehrauftrag hatte. „Nach eingehender Beratung der Kommission", so berichtete Dekan Malsch am 18.03.1943, sei die Neubesetzung der Psychologie vertagt worden (UAK Zug. 17/3186, Bl. 40).[583] Aber die Psychologie könne

---

Allerdings wurden sie nicht ins Beamtenverhältnis übernommen, sondern lediglich als Angestellte, „also mit der Sicherheit, daß wir wieder kündbar waren, wenn Männer wieder für diese Ämter zur Verfügung stehen würden. Wir dienten nur als Lückenbüßer" (Elisabeth Schwarzhaupt in Westenrieder, 1984, S. 105).

582 Mit Schreiben vom 25.01.1943 (UAK Zug. 17/3186, Bl. 39) wurde der Vertrag von Maria Krudewig seitens des Kuratoriums bis zum 31.01.1944 verlängert.

583 Wenn Dekan Malsch in seinem Bericht 18.03.1943 an den Rektor der Universität Prof. Bering den Standpunkt vertrat, es handele sich bei dem jetzt frei gewordenen Ordinariat von Artur Schneider um einen „rein philosophischen Lehrstuhl" [neben dem

„den Kriegsverhältnissen entsprechend [!] – durch Frl. Dr. Krudewig als angemessen vertreten bezeichnet werden". Diese Vertretung der Psychologie wurde durch den Reichsminister für Wissenschaft, Erziehung und Volksbildung durch Schreiben vom 29.04.1943 genehmigt (UAK Zug. 17/3186, Bl. 40). Im Frühjahr 1943 war folglich die Situation gegeben, dass die Psychologieveranstaltungen an der Universität zu Köln ausschließlich von einer Assistenz (d.h. noch nicht einmal durch eine wissenschaftliche Assistentin) des Psychologischen Institutes für ein geringes Entgelt durchgeführt wurden und es bestand auch keine feste Absicht, in absehbarer Zeit durch Nachbesetzung den durch den Weggang von Robert Heiß frei gewordenen Lehrauftrag in Psychologie neu zu besetzen (Die Beratung der Kommission war vertagt worden.). Die Philosophie wurde nur durch Heinz Heimsoeth vertreten (Artur Schneider las zwar weiter, war aber emeritiert.). Die Pädagogik wurde durch einen Lehrauftrag an Prof. Raederscheidt (1883–1974)[584] abgedeckt und die Psychologie wurde in Gänze von der „wissenschaftlichen Hilfskraft" Maria Krudewig vertreten.

Die Kettenverträge für Maria Krudewig setzten sich fort. Mit Schreiben vom 01.12.1943 erhielt Maria Krudewig die Genehmigung des nächsten Einjahresvertrages als „Verwalterin" der wissenschaftlichen Assistentenstelle am Pädagogischen Seminar bis zum 31.01.1945, unter der Voraussetzung, dass die Schulbehörde sie weiterhin für diesen Zweck beurlaube.

Eine klare Trennung der Arbeitsbereiche am Pädagogischen Seminar und am Psychologischen Institut hatte es allem Anschein nicht gegeben (vermutlich wegen der traditionellen Verantwortlichkeit von A. Schneider für beide Bereiche). So ist auch zu erklären, dass die Verlängerung des befristeten Arbeitsverhältnisses

---

Lehrstuhl von Heimsoeth], unabhängig von den Fächern Psychologie und Pädagogik, so ist dies sicherlich nicht ganz zutreffend. Artur Schneider hatte von Anfang an eine „Doppelprofessur" für Philosophie und Pädagogik. Als solcher wurde er auch in den Vorlesungsverzeichnissen immer geführt. Eine Umdeutung in einen rein „philosophischen Lehrstuhl" würde natürlich die Erfolgsaussichten auf Einrichtung zusätzlicher separater Ordinariate für Pädagogik und Psychologie erheblich reduzieren. So ist es auch nicht weiter verwunderlich, wenn die Beratungskommission trotz Weggangs von Robert Heiß die Neubesetzung der Psychologie vertagte.

584 Der in Köln geborene Georg Raederscheidt leitete von 1926 bis 1934 die Pädagogische Akademie zur Ausbildung katholischer Volksschullehrer in Bonn. Obwohl er das „Bekenntnis der Professoren an den deutschen Universitäten und Hochschulen zu Adolf Hitler und dem nationalsozialistischen Staat" vom November 1933 mit unterzeichnet hatte, wurde er 1934 seines Amtes enthoben. Raederscheidt stand dem politischen Katholizismus nah und war Zentrumsangehöriger (Haupts, 2007, S. 177). 1942 erhielt er einen Lehrauftrag an der Universität zu Köln. Raederscheidt widmete sich beispielsweise in den Wintersemestern 1942/43 und 1943/44 der Thematik „Vererbung und Erziehung", eine Thematik, die in der damaligen Zeit angesichts der nationalsozialistischen Abstammungslehre kaum ideologiefrei gelehrt werden konnte.

am Pädagogischen Seminar immer mit ihrer Tätigkeit (als Assistenz) am Psychologischen Institut begründet wurde.[585]

Festzuhalten ist weiterhin, dass in allen Zusagen zu den einzelnen befristeten Arbeitsverträgen Maria Krudewig jeweils nur mitgeteilt wurde, dass der Vertrag für ein Jahr genehmigt sei. Ein offizieller Befristungsgrund wurde nie angegeben. Der tatsächliche, aber naturgemäß unveränderliche Grund (weibliches Geschlecht), dessen Konsequenz die nicht vorhandene Aussicht auf eine Daueranstellung war, kam nie in diesen „Zusagen" zum Ausdruck.

Wer jedoch der Meinung ist, diese geschlechtsspezifische Benachteiligung hätte sich mit dem Ende des Zweiten Weltkrieges erledigt, gibt sich einem Irrtum hin. In der Sitzung der Philosophischen Fakultät vom 26. 11.1945 (UAK Zug. 285/1, S. 512) heißt es in aller Deutlichkeit, dass Assistentenstellen „für *männliche Kräfte* reserviert bleiben, die für den Nachwuchs wichtig sind". [Hervorhebung d.Verf.] Der Wortlaut des (vorläufigen)[586] Beschlusses, dass die Assistentenstellen für männliche Kräfte reserviert *„bleiben"*, zeigt die Kontinuität der vorangegangenen Haltung. Im Vordergrund steht folglich weniger (oder überhaupt nicht) die Sorge um die Integration heimkehrender männlicher Kriegsteilnehmer in einen beschränkten Arbeitsmarkt, sondern immer noch eine geschlechtsspezifische Präferierung.

8.5 Lehrveranstaltungen Maria Krudewigs bis 1945

Die Durchführung von Lehrveranstaltungen durch Maria Krudewig ist als Tatsache an sich bereits problematisch. Von der statusrechtlichen Seite her gesehen war Krudewig nicht habilitiert, hatte folglich auch keine Venia Legendi und hatte am Psychologischen Institut nur eine sogenannte Assistenz (für monatlich pauschal 100 RM), d.h. noch nicht einmal eine planmäßige Assistentenstelle inne. Die Assistenz entsprach der Funktion einer wissenschaftlichen Hilfskraft, wie sie in der Regel von Studenten temporär ausgeübt wurde. Dennoch hielt sie ab dem Sommersemester 1943 Vorlesungen in Psychologie vergleichbar einem Ordinarius.

Das Faktum, dass ein Ordinarius eine Hilfskraft mit der Abhaltung von Vorlesungen und Übungen beauftragen kann, war bereits Tagesordnungspunkt der Fakultätssitzung vom 16.11.1925. Die Fakultät war grundsätzlich der Ansicht, dass vorher ihre Genehmigung eingeholt werden müsse (UAK Zug. 285/1, S. 147), was aber auch gleichzeitig bedeutete, dass in besonders gelagerten Fällen eine

585 Dies führt gelegentlich auch in der Verwaltung zu Ungereimtheiten. So spricht z.B. der Vertreter des Regierungspräsidenten von Köln in einem Schreiben vom 14.01.1943 davon, dass Maria Krudewig beurlaubt werde zwecks „Verwaltung einer wissenschaftlichen Assistentenstelle am Psychologischen Institut und am Pädagogischen Seminar" (UAK Zug. 17/3186, Bl. 38).

586 Dieser Tagesordnungspunkt beinhaltete die Anschlussbemerkung, dass über diese Frage in der nächsten Sitzung nochmals gesprochen werden solle. In den vorhandenen Protokollen wurde die Thematik allerdings nicht noch einmal aufgegriffen.

Ausnahmegenehmigung zu erteilen möglich war. In der Sitzung der Philosophischen Fakultät vom 19.01.1932 (UAK Zug. 285/1, S. 298) wurde beschlossen, dass „Vorlesungen oder Uebungen nur ‚durch' und ‚mit' Personen, deren Namen im *Personalverzeichnis* stehen, angekündigt werden" [Hervorhebung v. Verf.]. Im Zusammenhang mit Maria Krudewig wurde dieser Beschluss mehrfach nicht beachtet. Der Name „Krudewig" tauchte (ohne Nennung des Vornamens oder des akademischen Grades) zum ersten Mal im Vorlesungsverzeichnis des Sommersemesters 1934 auf. Im gesamten Personal- und Vorlesungsverzeichnis der Universität Köln für das Sommersemester 1934 erfolgten jedoch keine weiteren Ausführungen, so dass der unkundige Leser des Vorlesungsverzeichnisses noch nicht einmal wusste, ob es sich um eine Frau oder einen Mann handelte. Im Vorlesungsverzeichnis hieß es schlicht und einfach: „Übungen zur Einführung in die Methoden der Psychologie. 2 St. Mo. 15–16½ im Psychologischen Institut – Artur Schneider durch Krudewig". Die zahlreichen Fußnoten zu der Tabelle am Ende dieses Kapitels mögen vielleicht etwas überzogen wirken, zeigen aber ein gewisses Negieren der Person von Maria Krudewig und einen wenig sorgsamen Umgang mit ihrer Person zumindest in verwaltungstechnischer Hinsicht.

In der Fakultätssitzung vom 07.02.1937 (UAK Zug. 285/1, S. 414) erfolgte sogar noch ein weitergehender Hinweis: Es wurde die „Nichtzulässigkeit des Abhaltens von Vorlesungen und Übungen durch Nichtdozenten" festgehalten. Im Schreiben des Dekans der Philosophischen Fakultät vom 18.03.1943 (UAK Zug. 17/3186, Bl. 40) an den Rektor wies Dekan Malsch auf die jahrelang geübte Praxis der Durchführung von Übungen durch Krudewig (Vorlesungsverzeichnis: „Schneider durch Krudewig") hin. Auch im Falle von Maria Krudewig war bei der Durchführung von Übungen formell immer ein Ordinarius zuständig, allerdings mit dem Unterschied, dass die Fachkompetenz (insbesondere von der experimentellen Psychologie ausgehend) bei ihr lag, auch wenn dies nicht nach außen hin durch Dienstbezeichnungen dokumentiert wurde. Darüber hinausgehend beantragte Dekan Malsch am 18.03.1943 für das kommende Sommersemester 1943, Maria Krudewig auch Vorlesungen lesen zu lassen („Heimsoeth durch Krudewig") (UAK Zug. 17/3186, Bl. 40). Es handelte sich bei Krudewigs Lehrveranstaltungen folglich nicht nur um Übungen und Praktika, sondern ab dem Sommersemester 1943 auch um ordnungsgemäß angekündigte Vorlesungen. Vom Sommersemester 1943 an hielt Krudewig kriegsbedingt[587] über drei Semester hinweg die Vorlesungen Allgemeine Psychologie I bis III. Auch für das Wintersemester 1944/45 war der chronologische Wiederbeginn der Abfolge über die Allgemeine Psychologie mit Teil I geplant neben der Veranstaltung „Grundthemen der allgemeinen Psychologie". Ab dem Sommersemester 1943 ergibt sich folglich die Situation, dass eine Nichthabilitierte, ohne Venia Legendi, nur mit einer befristeten 100 RM-Assistenz am Psychologischen Institut ausgestattet, jetzt ordnungsgemäße Vorlesungen im Bereich Psychologie

587 In obiger Beantragung eines Jahresvertrages für Krudewig hieß es „den Kriegsverhältnissen entsprechend" (UAK Zug. 17/3186, Bl. 40).

abhielt. Unabhängig von der Tatsache, dass Maria Krudewig immer nur auf ein Jahr befristete Arbeitsverträge erhielt, wird bei dieser Diskrepanz spätestens an dieser Stelle deutlich, wie stark sie statusrechtlich benachteiligt wurde. Die von ihr bekleidete Funktion, die sie allem Anschein nach zur Zufriedenheit aller ausfüllte, stimmte nicht im Entferntesten mit ihrem Verdienst und ihrer Amtsstellung überein.

Nach den Vorlesungsverzeichnissen vom Sommersemester 1934 bis zum Wintersemester 1944/45 sind insgesamt 29 Lehrveranstaltungen von Maria Krudewig durchgeführt bzw. angekündigt worden (siehe nachstehende Tabelle). Neben Übungen zur Methodik der Psychologie führte sie auch Übungen und Praktika zur Ausdruckspsychologie,[588] Emotionspsychologie, Gedächtnispsychologie und Wahrnehmungslehre, aber auch zur Kinderpsychologie und Psychologie des Jugendalters durch (was ihrem „zweiten Standbein“ im Pädagogischen Seminar wahrscheinlich entgegenkam). Zeittypische Übungen sind sicherlich die Veranstaltungen zur Psychologie der Naturvölker und zur Typologie von E.R. Jaensch.

Auch in der Diplomprüfungsordnung von 1941 fand die Ausdruckspsychologie ihren Niederschlag. Hier heißt es, dass die Prüfung in der Ausdruckspsychologie „eine gründliche Kenntnis des Gesamtgebietes seelischer Ausdruckserscheinungen und Äußerungsformen sowie ihres Symptomwerts“ beinhaltet (Diplomprüfungsordnung, 1941, S. 260). Krudewig selbst veröffentlichte z.B. 1934 einen Aufsatz über „Gang und Charakter“.[589]

Ab wann der Habilitationswunsch sich bei Maria Krudewig manifestierte, ist nicht genau feststellbar. Es ist aber wohl davon auszugehen, dass sich spätestens mit dem Antrag auf Übernahme der Assistenz am Psychologischen Institut im November 1928 der Wunsch nach einer universitären wissenschaftlichen Laufbahn eingestellt hat. Nachweisbar ist ihr Wunsch auf Habilitation durch ein Schreiben Artur Schneiders vom 24.06.1933 (UAK Zug. 9/273, o. P.)[590] an das Kuratorium, in dem es heißt:

> „Die Assistenz des Psychologischen Instituts liegt in den Händen von Frl. Dr. Krudewig. Diese ist auf Grund tiefer fachmännischer Bildung (Schülerin von Prof. Lindworsky) befähigt, die Bibliothek selbständig zu verwalten und zugleich die Vertreter der Pädagogik und Philosophie in dankenswerter Weise durch die Beratung der Studierenden und Doktoranden in psychologischen Fragen zu unterstützen. Frl. Dr. Krudewig verfolgt jedoch mit dieser Tätigkeit keinen Erwerbszweck, sondern die eigenwissenschaftliche Fortbildung im Hinblick auf die Habilitation“ (UAK Zug. 9/273).[591]

---

588 Vgl. Kap. 10.3.

589 in Nationalsozialistische Mädchenbildung Bd. 1, S. 300–305.

590 mit Briefkopf des Pädagogischen Seminars.

591 Auch aus einer schriftlichen Nebenbemerkung vom 18.03.1943 des Dekans Prof. Malsch an den Rektor der Universität gerichtet ist der Habilitationswunsch zumindest indirekt erkennbar. Malsch schreibt: „Frl. Dr. Krudewig ist zwar noch nicht habilitiert [...].“ (UAK Zug. 17/3186, Bl. 40).

Bis zum 01.11.1940 war Maria Krudewig neben ihrer unbesoldeten Assessorentätigkeit (bis Mai 1934) und der sich daran anschließenden Volksschullehrerzeit neben der Assistenz am Psychologischen Institut auch wissenschaftlich tätig. Am 23.03.1936 (UAK Zug. 9/598, o. P.) bat Erich Schumann[592] vom Reichsministerium für Wissenschaft, Erziehung und Volksbildung alle Psychologischen Institute der Hochschulen Deutschlands (Psychotechnische Institute, Institute für industrielle Psychotechnik, Laboratorien für Psychotechnik) um eine Liste „sämtlicher seit Beginn des Winter-Semesters 1935/36 in diesem Institut abgeschlossenen und noch laufenden Dissertationen[593] und sonstigen Forschungsarbeiten". Unter der Rubrik „Sonstige Forschungsarbeiten" meldete die Universität zu Köln, dass „Frl. Dr. Krudewig (Assistenz am Philos. Seminar)" seit Beginn des Wintersemesters 1935/36 mit folgender Forschungsarbeit beschäftigt sei: „Die Psychologie von E. R. Jaensch – Eine genetisch-kritische Darstellung" (Krudewig habilitierte sich 1948 mit einer Arbeit über Jaensch). Zeitnah führte im Wintersemester 1936/37 Maria Krudewig im Pädagogischen Seminar eine Lehrveranstaltung mit dem Titel „Übungen zur Psychologie und Typologie von E.R. Jaensch" durch. Als Veranstalter war „Artur Schneider durch Krudewig" im Vorlesungsverzeichnis angekündigt.

Ein Schwerpunktthema der psychologischen Arbeit Krudewigs war die Beschäftigung mit der Psychologie Jaenschs, wobei sie sich intensiv mit dessen Typologie[594] beschäftigte. Im Wintersemester 1936/37 hielt sie „Übungen" zu seiner Typologie ab. Daneben war Jaensch aber auch Gegenstand ihrer schriftlichen

---

592 Erich Schumann (1898 – 1985) hatte in Berlin Mathematik, Physik, Musikwissenschaft und Psychologie studiert. 1922 hatte er bei Carl Stumpf in Berlin promoviert und sich 1929 in Musikwissenschaften habilitiert. Seine Habilitationsarbeit wurde von den drei Physik-Nobelpreisträgern Max von Laue, Walther Nernst und Max Planck unterstützt (Luck, 2001). Schumann war ordentlicher Professor für Experimentalphysik und theoretische Physik und leitete ab 1934 die Abteilung für Wissenschaft im Reichsministerium für Wissenschaft, Erziehung und Volksbildung (W II), deren Aktenzeichen auch im obigen Brief erkennbar ist. Die Abteilung Wissenschaft (WWiss) hatte u.a. die folgende Aufgabe: „Der Chef der Abteilung Wissenschaft ist im Mob-Fall [Mobilisierungsfall] – wie im Frieden – dafür verantwortlich, daß die Abteilung Wissenschaft alle die Wehrmacht angehenden Wissenschafts- und Forschungsangelegenheiten zentral bearbeitet und die Verbindung der Dienststellen der Wehrmachtsteile mit den Wissenschafts- und Forschungsstellen außerhalb der Wehrmacht herstellt" (Luck, 2001, S. 33).

593 Seitens der Kölner Universität wurde nur eine nicht abgeschlossene Dissertation gemeldet: Bearbeiter: „Pardun" mit dem Thema „Die Dichtung als Quelle psychologischer Erkenntnis". Die Dissertation konnte leider in keinem Nachschlagekatalog ausfindig gemacht werden, so dass Aussagen über Doktorvater etc. nicht möglich sind.

594 Typologien gehörten damals zu den sehr beliebten theoretischen Ansätzen, auch wenn sie mehr von akademischem Interesse waren als von praktischer Relevanz, da Typen in der Realität nie in Reinform auftreten. Max Simoneit, der Leiter der Heerespsychotechnik, formulierte es 1934 so: „Der ehrliche psychologische Forscher

Forschungsarbeit. Im Jahre 1936 (UAK Zug. 9/598, o. P., 23.3.1936) meldete die Universität auf Anfrage nach Berlin, dass Krudewig im Begriffe sei, eine „genetisch-kritische Darstellung" der Typologie von Jaensch zu erarbeiten. Auch 1940 erwähnte Maria Krudewig selbst, dass ihre Arbeit über die Typologie Jaenschs zu einem Drittel fertiggestellt sei (UAK Zug. 17/3186, 19.9.1940). Jaenschs problematischstes Werk „Der Gegentypus" war bereits 1938 veröffentlicht worden, so dass auch dieses Buch ihr mit hoher Wahrscheinlichkeit bekannt war.[595] Krudewigs Haltung im Rahmen ihrer „genetisch-kritischen Darstellung" der Typologie Jaenschs ist nicht bekannt, da ihre Ausführungen nie veröffentlicht wurden.

Die von Jaensch vorgelegte experimentalpsychologische Typenlehre diente im Dritten Reich als Basis für die Diskriminierung von Juden und Franzosen.[596] Auch wenn Jaensch ursprünglich nicht als „nationalsozialistischer" Psychologe seine wissenschaftliche Laufbahn begonnen hat,[597] so hat er sich doch in der NS-Zeit sehr opportunistisch verhalten und seine Psychologie den ideologischen Erwartungen dergestalt angepasst, dass er als exponierter Vertreter gelten musste. Er wähnte sich sogar als „der geistige Führer der nationalsozialistischen Seelenkunde" (Kapferer, 2001, S. 169).[598] 1939 schrieb Jaensch in der Festschrift zu Adolf Hitlers 50. Geburtstag, dass die „psychologische und psychophysische Typenforschung" sich

---

muß zugeben, daß ihm die Natur doch in einigen Fällen einen Strich durch seine Typenregeln macht" (Simoneit, 1934, S. 58, zit. n. Geuter, 1984, S. 208).

595 Erich R. Jaensch (1883–1940) war 191–1940 Ordinarius in Marburg. Er war Schüler von Ebbinghaus und G.E. Müller, die noch zur Gründergeneration der experimentellen Psychologie gehörten. Er forschte u.a. zur Eidetik, mit der sich auch Maria Krudewig später ausführlich beschäftigte. Wolfgang Metzger (1974) schrieb, Jaensch sei in „entwicklungspsychologische Spekulationen" verfallen und habe aus der „Beobachtung, daß die Anschauungsbilder mancher Prüflinge durch ihre Starrheit, diejenigen anderer durch ihre Veränderlichkeit auffielen", seine Typenlehre entwickelt. Das Hauptwerk „Der Gegentypus" ist laut Metzger ein „scheinwissenschaftliche[s] Instrument zur Ausschaltung andersdenkender, vor allem jüd. Fachgenossen" (Metzger, 1974, S. 287f). Nach Geuter (1985, S. 173) herrscht heute die gängige Vorstellung vor, „daß Erich Jaensch als Prototyp eines deutschen Psychologen anzusehen sei, der Rassenlehre und Psychologie verband."

596 Problematisch ist innerhalb der Typologie insbesondere der S-Typus, auch: S-lytischer Typus, nach der Typologie von E. Jaensch durch seine Labilität gekennzeichnet und kulturzersetzend. Insbesondere Juden gehörten nach Jaenschs Vorstellung dem S-Typus an. (Lexikon der Psychologie, www.spektrum.de).

597 Die Berufung Jaenschs als Experimentalpsychologe 1912 auf den Lehrstuhl in Marburg war Auslöser für den Streit und die Erklärung von 1913 (vgl. S. 110).

598 Auf dem Kongress der DGPs im Oktober 1933 in Leipzig „schien die Stimmung der […] tonangebenden Vertreter der deutschen Psychologie darauf gerichtet, dem neuen Staat die eigene Nützlichkeit und Sinnhaftigkeit zu präsentieren" (Geuter, 1984, S. 277). Jaensch stellte bei dieser Gelegenheit wohl die nationalsozialistische

sofort „in den Dienst der Aufartungsbestrebungen[599] rassischer und sonstiger Art" gestellt habe; u.a. legte er Folgendes dar:

> „Die Typen- und Charakterforschung arbeitete auch den Unterschied heraus zwischen den im Aufartungsplan angestrebten Typen und dem ‚Gegentypus', d.h. zwischen den kerngesunden, dabei artgemäßen Formen des Menschentums und den gegenteiligen. Sie spürte nicht nur den seelischen Ursachen dieser Erscheinungen nach, sondern namentlich auch, im Geiste der Fechnerschen ‚Psychophysik', ihren Verankerungen im Körper (Rassenmischung, einschließlich Verjudung, Krankheiten), wobei sie mit der gleichfalls neu belebten Konstitutionsmedizin und vorbeugenden Heilkunde eng Hand in Hand geht. Die Aufklärung der Art, wie sich ‚Typus' und ‚Gegentypus' in den verschiedenen Daseinsgebieten auswirken, lieferte positive Leitbilder und Gegenbilder und damit Vorarbeit für praktische Kulturgestaltung. Auf der Grundlage der Typenforschung reift eine vergleichende Völkerpsychologie heran, die auch die rein geisteswissenschaftlichen Fächer schon merkbar beeinflusst und zunehmend Hinweise gibt auf das Zusammenstimmende, Artverwandte und das Gegenläufige im Wesen verschiedener Völker und Kulturen." (Jaensch, 1939, S. 47)

Jaensch hatte versucht, mit seiner Typologie die Überlegenheit der nordischen Rasse „wissenschaftlich" zu legitimieren. So war es ihm gelungen, „eine Brücke zwischen der Wissenschaft Psychologie zur nationalsozialistischen Ideologie und Rassentheorie zu schlagen und die Psychologie geistig an den Nationalsozialismus heranzuführen"(Wenninger, 2000).

Maria Krudewigs Habilitationsschrift über Jaensch im Jahre 1948 (veröffentlicht 1953) befasste sich nur mit der Wahrnehmungspsychologie Jaenschs. Sie verzichtete dabei auf die Fortschreibung und Analyse der Jaenschen Typenlehre. Ein gewisses ambivalentes Verhältnis zu Jaensch ist dem Vorwort zu ihrer Habilitationsschrift zu entnehmen. Sie erwähnt, dass ursprünglich der Plan bestanden habe, als weiteren Hauptteil der Arbeit eine Darstellung der „Integrationstypologie, des zweiten

---

Bewegung in den Kontext seiner Typologie, als „Bewegung des integrierten Typus gegen den Auflösungstypus" (Geuter, 1984, S. 277). Auch andere führende Psychologen der damaligen Zeit stellten sich in den Dienst des NS-Regimes, etwa durch die Uminterpretation ihrer Forschungsergebnisse (vgl. Geuter, 1984, S. 276ff), aber Jaensch gehörte zu den wenigen, die sich auch laut antisemitisch äußerten. Er und sein Schüler Friedrich Becker vertraten z.B. 1938 mittels Veröffentlichung die Ansicht, „daß die herkömmlichen Intelligenztests einer ‚jüdischen Denkform' entsprächen, aber nicht der Intelligenz des deutschen Typus" (Geuter, 1984, S. 179).

599 Im Nationalsozialismus wird der Ausdruck „Aufartung" anstelle von „Eugenik" oder „Rassenhygiene" verwendet. Im „Wörterbuch zur Erblehre und Erbpflege (Rassenpflege)" (1934) von Erich Jeske findet sich folgende Definition: „Verbesserung der Erbmasse des Volkes durch Ausmerze [sic!] der Erbkranken und Erbbelasteten, durch Förderung der Eheschließung von Erbgesunden und Begabten, durch Förderung der Aufzucht ihrer Nachkommenschaft" (Schmitz-Berning, 1998, S. 74).

Anwendungsbereichs der Eidetik"[600] hinzuzufügen. Krudewig schreibt, dass sie nach eingehender Beschäftigung mit der „im deutschen Schrifttum einzig dastehenden anthropo-psychologischen Typenlehre" den Entschluss gefasst habe, auf ihre Behandlung zu verzichten: „Es lohnt nicht, ihren vielen Abänderungen und Aufsplitterungen nachzugehen." Die bleibenden Leistungen von Jaensch für die Psychologie lägen in seiner Lehre von den eidetischen Vorstellungen (1953, S. 9). Heiss spricht in seinem Gutachten über Krudewigs Habilitationsschrift davon, dass es sich auch um „eine ausführliche Kritik der Lehre von Jaensch" handele (UAK Zug. 44/96, o. P.).[601]

Jaenschs Person (und seine Psychologie) war nach dem Zweiten Weltkrieg folglich „verbrannt", auch wenn auf ihn gelegentlich in wissenschaftlichen Veröffentlichungen hingewiesen wurde. So schreibt Heinz Remplein noch 1975 in seinem Lehrbuch über die Persönlichkeitspsychologie: „Über den Einschränkungen darf der hohe Wert der Typenlehre von Jaensch nicht übersehen werden. [...] Es bleibt das unbestreitbare Verdienst von Jaensch, den Strukturbegriff, der schon seit Dilthey zu den tragenden der Psychologie gehört, zur Grundlage einer Typeneinteilung gemacht zu haben. Seine ‚Grundformen des menschlichen Seins' sind typische Seelenstrukturen" (Remplein, 1975, S. 560).

Inhaltlich liegen die Schwerpunkte der Lehrveranstaltungen Maria Krudewigs zum einen nahe bei der Pädagogik (Kinderpsychologie, Entwicklungspsychologie), des Weiteren bei ihrem wichtigsten Thema, über das sie sich später auch habilitierte (Wahrnehmung), aber auch bei Themen, die in der NS-Zeit eine besondere Wertschätzung erfuhren (Typologie – von Jaensch; Ausdruckspsychologie, Psychologie der Naturvölker).

Vergleichbar dem Anliegen Lindworskys in seiner theoretischen Psychologie beschäftigte sich auch Krudewig im Rahmen eines Praktikums u.a. mit den Gesetzmäßigkeiten der Wahrnehmungslehre (WS 39/40). Auch Scola hatte bereits bei Lindworsky über „Jaensch" und Eidetik promoviert: 1925 mit der Arbeit „Über das Verhältnis von Vorstellungsbild, Anschauungsbild und Nachbild. Theoretische Erwägungen im Anschluß an die Marburger eidetischen Untersuchungen" (Gundlach et al., 1986, S. 22).

---

600 Robert Heiss schreibt in seinem Gutachten über die Habilitationsschrift von Krudewig über das „‚eidetische Phänomen', d.h. der vor allem bei Jugendlichen sich findenden Fähigkeit wahrgenommene Anschauungsbilder so reproduzieren zu können, dass das gesehene, nicht mehr vorhandene Bild vor ihnen leibhaftig steht." (UAK Zug. 44/96, o. P.).

601 Gutachten vom 27.2.1948.

Lehrveranstaltungen Maria Krudewigs

1934	SS	Übungen zur Einführung in die Methoden der Psychologie. 2 St. Mo. 15-16½ im Psychologischen Institut	Prof. Dr. phil. Artur Schneider, ordentlicher Professor (Philosophie, Pädagogik) durch Krudewig[602]
1934/35	WS	Übungen zur **Ausdruckspsychologie**. 2 St. im Philosophischen Seminar	Artur Schneider durch Krudewig
1935	SS	Übungen zur **Gefühlspsychologie**. 2 St. im Philosophischen Seminar	Artur Schneider durch Krudewig
1935/36	WS	Übungen zur **Kinderpsychologie**. 2 St. im Philosophischen Seminar	Artur Schneider durch Krudewig
1936/37	WS	Übungen zur Psychologie und **Typologie** von E. R. **Jaensch**. 2 St. im Pädagogischen Seminar	Artur Schneider durch Krudewig
1937	SS	Übungen zur Psychologie der **Primitiven**. 2 St. im Pädagogischen Seminar	Artur Schneider durch Krudewig
1937/38	WS	Übungen zur **Psychologie des Gefühls**. 2 St. im Pädagogischen Seminar	Artur Schneider durch Krudewig
1938	SS	Übungen zur Einführung in die Verfahrensweisen der psychologischen Forschung und Praxis. 2 St. im Pädagogischen Seminar	Artur Schneider durch Krudewig

602 Zum ersten Mal wird der Name „Krudewig“ in einem Vorlesungsverzeichnis erwähnt. Im gesamten Personal- und Vorlesungsverzeichnis der Universität Köln für das Sommersemester 1934 erfolgen jedoch keine weiteren Ausführungen. Bis einschließlich Sommersemester 1938 erfolgen in den Personal- und Vorlesungsverzeichnissen über den Nachnamen hinaus keine weiteren Angaben.

1938/39	WS	Psychologische Übungen: **Gedächtnis und Erinnerung.** 2 St. Mo. 15½-17 im Psychologischen Institut	Prof. Dr. phil. Robert Heiß, nichtbeamteter außerordentlicher Professor, 20.08.36 (Philosophie. Lehrauftrag für Psychologie und Charakterforschung) durch Krudewig[603]
1939	SS	Psychologisches Praktikum I. 2 St. im Psychologischen Institut	Artur Schneider durch Krudewig[604]
1939/40	WS	Psychologisches Praktikum I. (Begriffe und Gesetze der **Wahrnehmungslehre**) 2 St. im Psychologischen Institut	Artur Schneider durch Krudewig
1940	1. Trimester	Psychologisches Praktikum I. 2 St. im Psychologischen Institut	Artur Schneider durch Krudewig
1940	2. Trimester	Psychologisches Praktikum I. 2 St. im Psychologischen Institut	Artur Schneider durch Krudewig[605]
1940	3. Trimester	Psychologische Übungen: **Gedächtnis und Erinnerung**. 2 St. im Psychologischen Institut	Artur Schneider durch Krudewig[606]

603 Im alphabetischen Verzeichnis des Vorlesungsverzeichnisses für das Wintersemester 1938/39 wird zum ersten Mal der Name Krudewig aufgeführt. Im eigentlichen Personalverzeichnis erfolgt allerdings keine weitere Erwähnung, so dass dem Leser des Vorlesungsverzeichnisses sowohl Vorname und implizit das Geschlecht unbekannt bleiben.

604 Keine weiteren Angaben zu Maria Krudewig im Personal- und Vorlesungsverzeichnis für das Sommersemester 1939, ebenso im folgenden Semester und im 1. Trimester.

605 Zum ersten Mal wird innerhalb des alphabetischen Namensverzeichnisses im Personal- und Vorlesungsverzeichnis für das 2. Trimester 1940 der Name „Krudewig“ (ohne Vornahme und Dienstbezeichnung) aufgeführt (S. 140). Im Personalverzeichnis des Semesters 1940 (S. 32ff) fehlt aber nach wie vor jede Angabe zu Maria Krudewig.

606 Maria Krudewig wird im alphabetischen „Verzeichnis des Lehrkörpers und der Beamten“ im Vorlesungsverzeichnis unter „Krudewig“ aufgeführt (S. 142). Im Personalverzeichnis des 3. Trimesters (S. 32ff) fehlt aber nach wie vor jede Angabe zu Maria Krudewig.

1941	Trimester	Übungen: Ausgewählte Kapitel aus der **Psychologie und Pädagogik des Kindes**. 2 St. im Psychologischen Institut	Artur Schneider durch Krudewig[607]
1941	SS	Übungen über **Kinderpsychologie**. 2 St. im Psychologischen Institut	Artur Schneider durch Krudewig[608]
1941/42	WS	Übungen zur **Psychologie und Pädagogik des Jugendalters.** 2 St. im Psychologischen Institut	Artur Schneider durch Krudewig[609]
1942	SS	Übungen zur **Gefühlspsychologie** (auch für Anfänger). 2 St. im Psychologischen Institut	Artur Schneider durch Krudewig
1942/43	WS	Psychologische Übungen: **Gedächtnis und Erinnerung**. 2 St. im Psychologischen Institut	Artur Schneider durch Krudewig
1943	SS	Allgemeine Psychologie. 2 St. in XI	Prof. Dr. phil. Heinz Heimsoeth, ordentlicher Professor, 12.7.23 (Philosophie) durch Krudewig[610]

607 Maria Krudewig wird im alphabetischen „Verzeichnis des Lehrkörpers und der Beamten" im Vorlesungsverzeichnis unter „Krudewig" aufgeführt (S. 142). Im Personalverzeichnis des 3. Trimesters (S. 32ff) fehlt aber nach wie vor jede Angabe zu Maria Krudewig.

608 Im Vorlesungsverzeichnis (S. 61) wird „Dr. Maria Krudewig" als „Verwalter einer plm. [planmäßigen] Assistentenstelle" bei Prof. Dr. Artur Schneider, Direktor des Pädagogischen Seminars, geführt. Die Assistentenstelle war im 3. Trimester 1940 und im Trimester 1941 unbesetzt geblieben (vgl. Vorlesungsverzeichnisse).

609 Dr. Maria Krudewig wird als „Verwalter einer plm. Assistentenstelle" bei Prof. Dr. Artur Schneider, Direktor des Pädagogischen Seminars, im Vorlesungsverzeichnis (S. 61) geführt; ebenso im folgenden Sommersemester 1942 und Wintersemester 1942/43.

610 „Dr. Maria Krudewig" wird als „Verwalter einer plm. Assistentenstelle" beim Direktor des Pädagogischen Seminars, im Vorlesungsverzeichnis (S. 71) geführt. Die Stelle

1943	SS	Übungen zur Psychologie der **Naturvölker**. 2 St. im Psychologischen Institut	Heimsoeth durch Krudewig
1943/44	WS	Allgemeine Psychologie II. 2 St. in XI	Heimsoeth durch Krudewig[611]
1943/44	WS	Übungen zur **Psychologie und Pädagogik des Jugendalters** 2 St. im Psychologischen Institut	Heimsoeth durch Krudewig
1944	SS	Allgemeine Psychologie III. 2 St. in XI	Heimsoeth durch Krudewig
1944	SS	Übungen zur **Kinderpsychologie** (auch für Pädagogen). 2 St. im Philosophischen Seminar	Heimsoeth durch Krudewig
1944/45	WS	Allgemeine Psychologie, I. Teil, 2 St. in XI	Heimsoeth durch Krudewig[612]
1944/45	WS	Die Grundthemen der allgemeinen Psychologie. 2 St. in XI	Heimsoeth durch Krudewig

des Direktors des Pädagogischen Seminars war nach Vorlesungsverzeichnis zu diesem Zeitpunkt nicht besetzt.

611 Zum ersten Mal wird Maria Krudewig im Vorlesungsverzeichnis unter der Rubrik „Mit Vorlesungen bzw. Übungen beauftragt" mit der folgenden Eintragung aufgeführt (S. 61): Krudewig, Maria, Dr. phil. (Psychologie). Köln, Dasselstraße. 69. Sprechst. Mo.-Fr. 12–13 im Psychologischen Institut. Eine weitere Erwähnung erfolgt auf S. 70 des Vorlesungsverzeichnisses: „Dr. Maria Krudewig" wird als „Verwalter einer plm. Assistentenstelle" beim Direktor des Pädagogischen Seminars, im Vorlesungsverzeichnis (S. 71) geführt. Die Stelle des Direktors des Pädagogischen Seminars war lt. Vorlesungsverzeichnis zu diesem Zeitpunkt nicht besetzt.

612 Im Wintersemester 1944/45 fand kein Lehrbetrieb statt. Im Rahmen seines Lebenslaufes, der in seiner Entnazifizierungsakte hinterlegt ist, spricht Heimsoeth davon, dass er die letzten Kriegsjahre auf Wunsch des Rektors Bering das Dekanat der Philosophischen Fakultät übernommen habe und zwar „bis zur 3. Ausbombung und Übersiedlung nach Marburg, wohin Teile der Universität verlegt wurden". Nach eigenen Worten übte Heimsoeth seine Lehrtätigkeit im Wintersemester 1944/45 in Marburg aus (Archivalien, Heimsoeth, Entnazifizierung, LAV NW_1048_33_00103). Die Marburger Universität war als Aufnahme-Hochschule für die Philosophische Fakultät der Universität zu Köln durch das Reichsminsterium bestimmt worden (Lemberg, 2000, S. 34). Der große Luftangriff vom 30./31. Oktober 1944 beschädigte die Universität derart, daß eine Weiterbenutzung dieser Gebäude nicht möglich

1944/45	WS	Übungen zur **Ausdruckspsychologie**. 2 St. Fr. 15-17, im Philosophischen Seminar[613]	Heimsoeth durch Krudewig
1944/45	WS	Übungen über neuere psychologische Literatur. 2 St. im Philosophischen Seminar	Heimsoeth durch Krudewig

8.6 Exkurs: Lebenslauf Krudewig nach dem Zweiten Weltkrieg

Der Einsatz von Maria Krudewig für das Psychologische Institut setzte sich auch nach Ende des Zweiten Weltkriegs fort, obwohl sie in den Monaten März bis Juni 1945 keinerlei Gehalt bezog.[614]

Am 16.10.1945 berichtete der Dekan der Philosophischen Fakultät, Prof. Peter Rassow, dem Kuratorium, dass Maria Krudewig die „Aufräumungsarbeiten im Philosophischen und Psychologischen Seminar" geleitet habe (UAK Zug. 17/3186, Bl. 45). Ob Maria Krudewig im Winter 1944/45 Köln zwischenzeitlich aus Sicherheitsgründen verlassen hat, ist aus den Akten nicht ersichtlich.

Der „Entnazisierungs-Hauptausschuß" stufte Maria Krudewig in die „Kategorie V" ein: „politisch unbelastet, kein PG"[615] und dem Urteil „May retain present position" (Landesarchiv NW 1049_16963). Hingegen hatte Heinz Heimsoeth, Leiter des Psychologischen (und des Pädagogischen) Seminars[616] nach dem Weggang von

war (Lemberg, 2000, S. 31). Bereits vor diesem Angriff, in der Senatssitzung vom 10.10.1944, hatte Rektor Prof. Bering mitgeteilt, dass von einer generellen Schließung der Universität Köln nicht gesprochen werden könne. Nur der Unterrichtsbetrieb solle ausfallen. Forschungsbetrieb, Prüfungen und Examen sollten weitergehen (UAK Zug. 333/4, Bl. 290).

613 Die beiden Übungen zur „Ausdruckspsychologie" und über „neuere psychologische Literatur" fanden nach den Angaben im Vorlesungsverzeichnis (S. 42 und S. 52) zeitgleich freitags von 15–17 Uhr im Philosophischen Seminar statt. Ob es sich um ein und dieselbe Veranstaltung handelt oder ob die Zeitangabe für eine dieser Veranstaltungen im Vorlesungsverzeichnis nicht korrekt wiedergegeben ist, lässt sich aus dem Vorlesungsverzeichnis nicht erschließen.

614 Information ist einem Schreiben von Krudewig vom 03.10.1947 an das Kuratorium zu entnehmen (UAK Zug. 17/3186).

615 PG = Parteigenosse.

616 Im Vorlesungsverzeichnis WS44/45 wird er lediglich als Direktor des Philosophischen Seminars aufgeführt. Für die anderen beiden Institute wird kein Leiter oder Direktor aufgeführt. Krudewig bezeichnet Heimsoeth in einem Schreiben an das Kuratorium vom 07.08.1944 als „Leiter des Psychologischen Instituts" (UAK Zug.

Robert Heiss, einige Schwierigkeiten, seine akademische Laufbahn nach dem Krieg fortzusetzen.[617]

Die Existenzsorgen Maria Krudewigs gingen auch nach dem Krieg weiter.[618] Rassow bat den Rektor, Maria Krudewig aus dem Sonder- oder Überbrückungsfonds weiterhin zu bezahlen (UAK Zug. 17/3186, Bl. 46). Dies wäre auch keine langfristige Regelung, da im Sommer 1946 mit ihrer Habilitation zu rechnen sei. In Ergänzung seines Antrags schrieb Rassow am 19.11.1945, dass Heimsoeth und er der Meinung seien, dass Krudewig „tatsächlich den vollen akademischen Unterricht in Psychologie leistet, daß sie als akademische Lehrkraft voll ausgenutzt ist und sich hervorragend bewährt hat." Die Intervention war erfolgreich; mit Schreiben vom 27.12.1945 (UAK Zug. 17/3186, Bl. 47) wurde der Antrag genehmigt. Mit Schreiben vom 11.07.1947 (UAK Zug. 17/3186, o.P.) wandte sich Maria Krudewig an das Kuratorium mit der „Bitte um Einordnung in die Gruppe der planmäßigen Assistenten". Aus ihrem Antrag ist aber noch immer eine Verflechtung der Psychologie mit der Philosophie herauszulesen. Sie begründete u.a. ihren Antrag mit der sich seit Jahren steigernden Beanspruchung im Rahmen der „Assistenz am Psychologischen Institut". Das Psychologische Institut habe nur einen stellvertretenden Direktor [gemeint ist Heinz Heimsoeth], der gleichzeitig noch Direktor des Philosophischen Seminars und stellvertretender Direktor des Pädagogischen Seminars sei. Er sei Philosoph und die einzelwissenschaftliche Psychologie weiche in Fragestellungen, Arbeitsweisen und Stoffgebieten wesentlich von den Problemstellungen, Methoden und Sachgebieten der Philosophie ab. Daraus ergebe sich, dass die Assistenz eines stellvertretenden Direktors, der Philosoph ist, eine

---

17/3186, Bl. 43), während in den Vorlesungsverzeichnissen nach dem Weggang von Robert Heiss niemand mehr als „Leiter des Instituts für Experimentelle Psychologie" aufgeführt wird.

617 Heimsoeth war zunächst in die Gruppe III b/I eingeordnet worden. Erst durch ein Berufungsverfahren erreichte er am 29.4.1948 die Einstufung in Gruppe V (LAV_NRW_1048_00471), was einer Eingruppierung als Unbelasteter bzw. Entlasteter entsprach (bzgl. der Gruppeneinteilung vgl. FN 605). Die Problematik des Falles Heimsoeth ist auch bei Golczewski, 1988, S. 278–279 und insbesondere in seiner Entnazifizierungsakte LAV_NRW_1048_00471 nachzulesen. In der Entnazifizierungsakte sind sowohl ein vehementes Schreiben von Robert Heiß (als Mitglied der Universitätsspruchkammer in Baden für politische Säuberung) als auch eine Stellungnahme von Willy Hellpach zu Gunsten von Heimsoeth wiederzufinden.

618 Mit Schreiben vom 06.11.1945 (UAK Zug. 17/3186 Bl. 46) wandte sich Dekan Rassow „in einem besonderen Fall" an den Rektor der Universität, Prof. Kroll. Er schilderte, dass Maria Krudewig seit einigen Jahren 237 RM als Verwalterin einer planmäßigen Assistentenstelle (Pädagogisches Seminar) und 100 RM als wissenschaftliche Hilfskraft im Psychologischen Seminar erhielte. Diese Kombination sei damals gewählt worden um Krudewig „für ihre im akademischen Unterricht unentbehrlichen Leistungen angemessen zu entschädigen". Krudewig sei aber durch die Kündigung aller Hilfsassistentenstellen zum 01.01.1945 die zweite Einnahmequelle entzogen worden.

vergleichsweise stärkere Arbeitslast zu tragen habe, als die Assistenz eines Direktors, der Psychologe sei. Krudewig verzichtete in ihrem Antrag auf Hinweise auf die Diskriminierung wegen Ihres Geschlechtes und der zwangsläufigen Verwehrung einer planmäßigen Stelle während der NS-Zeit. Ihrem Schreiben vom 11.07.1947 (UAK Zug. 17/3186, o.P.) ist zu entnehmen, dass ihr bewusst war, dass sie nach den Verwaltungsbestimmungen der NS-Zeit nicht planmäßige Assistentin werden konnte.[619]

Mit Schreiben vom 12.07.1947 (UAK Zug. 17/3186 Bl. 53) unterstützte Heimsoeth das Gesuch von Krudewig auf Übertragung einer planmäßigen Assistentenstelle. Heimsoeth wies darauf hin, dass Krudewig seit 1935 psychologische Übungen abhalte und seit dem Weggang von Robert Heiss auch Vorlesungen auf dem Gebiete der Psychologie regelmäßig mit gutem Erfolg durchführe. Seit dem Weggang Artur Schneiders im Jahre 1943 sei sie „die einzige Vertreterin für psychologische Ausbildung“ an der Kölner Universität. Ständig habe sie auch Dissertationen im Fach Psychologie angeregt und betreut. Die von Heimsoeth befürwortete Habilitation werde immer wieder wegen der starken Beanspruchung hinausgeschoben. Es erscheine ihm ein „Gebot der Billigkeit“, Maria Krudewig endlich in die Gruppe der planmäßigen Assistenten einzureihen. Mit Schreiben vom 28.07.1947 erhielt Maria Krudewig dann endlich die ihr seit Jahren verwehrte planmäßige wissenschaftliche Assistentenstelle am Pädagogischen Seminar (nicht am Psychologischen Institut!), d.h. die Zeit als „Verwalterin“ dieser Stelle hatte damit ein Ende. Ihre Amts- bzw. Dienstbezeichnung lautete nun „Wissenschaftliche Assistentin“ (UAK Zug. 17/3186, Bl.83). Als neues monatliches Entgelt erhielt sie 443 RM (Bescheid des Kuratoriums vom 28.07.1947, UAK Zug 17/3186, Bl. 50).

Dem Schriftverkehr aus dem Jahre 1952 (UAK Zug. 17/3186, Bl. 75, 77) ist zu entnehmen, dass es sich nichtsdestotrotz weiterhin um befristete Verträge handelte. Am Psychologischen Institut hatte sie nach wie vor nur eine Assistenz. Die Zuweisung eines planmäßigen „wissenschaftlichen Assistenten“ zu einer Fachdisziplin muss haushaltsrechtlich abgesichert sein. In den Zeiten, als Konrad Adenauer als Oberbürgermeister der Stadt Köln Vorsitzender des Kuratoriums und verantwortlich für den Haushalt der Universität war, fand lediglich eine „Assistenz“ am Psychologischen Institut ihren haushaltsrechtlichen Niederschlag, während z.B. den Nachbardisziplinen Philosophie und Pädagogik planmäßige Assistentenstellen zugeteilt worden waren.[620] Haushaltspläne des Kuratoriums für die NS-Zeit sind durch die Kriegswirren leider verloren gegangen.

---

619 Die vorliegenden Akten geben leider keine Antwort auf die Frage, ob ihr der Gedanke gar nicht kam, aufgrund ihres Geschlechtes diskriminiert zu werden, so dass sie auch nicht auf den Gedanken kam, darauf hinzuweisen.

620 Im Sommersemester 1930 war beispielsweise Robert Heiss planmäßiger Assistent am Philosophischen Seminar und Bodo Freiherr von Waltershausen planmäßiger Assistent am Pädagogischen Seminar.

Am 12.12.1947 nahm die Kölner Universität den Betrieb wieder auf. Die britische Militärverwaltung genehmigte die Wiederinkraftsetzung der vor 1933 gültigen Universitätssatzung (Haupts, 2007, S. 89). Das erste rudimentäre Vorlesungsverzeichnis der „Universität zu Köln", wie sie jetzt offiziell hieß, erschien für das Wintersemester 1946/47. In der Fakultätssitzung vom 17.12.1947 (UAK Zug. 285/1, S. 544) ging es bereits um das Habilitationsgesuch von Maria Krudewig für „Psychologie". Das Gutachten wurde Herrn Robert Heiss in Freiburg übertragen. In der Fakultätssitzung vom 27.02.1948 (UAK Zug. 285/1, S. 548–549) fanden die Probevorlesung und das Kolloquium zur Habilitation von Maria Krudewig statt. Der Dekan verlas das Gutachten von Robert Heiss. Die Probevorlesung behandelte die genetische Deutung der Typenlehre Kretschmers.[621] Die Habilitationsschrift von Krudewig behandelte „die Lehren von der visuellen Wahrnehmung und Vorstellung bei Erich Rudolf Jaensch und seinen Schülern". Diese Schrift wurde erst 1953 veröffentlicht. Den Regeln entsprechend bezog sich das Kolloquium zur Habilitation nicht ausschließlich auf die Probeschrift und die Probevorlesung, sondern behandelte auch den weiteren Bereich der Psychologie. Laut Protokoll begann Robert Heiss mit der Frage nach dem Verhältnis von Leib und Seele, einem klassischen Thema der philosophischen Psychologie, und schloss daran Fragen nach der derzeitigen Situation der deutschen Psychologie und ihren Fortschritten an. Heinz Heimsoeth ging in seiner Fragestellung auf die Fragwürdigkeit der Zuordnung seelischer Eigenschaften zu bestimmten Körpertypen ein und fragte nach der Möglichkeit, statt von der physiologischen von der geistigen Seite auszugehen. Diese Frage barg in sich eine gewisse Brisanz, denn Heimsoeth hatte 1938 zusammen mit Artur Schneider ein Forschungsvorhaben des neu gegründeten Kölner Instituts für Experimentelle Psychologie über Typenlehre initiiert. Die Typenlehre war ein Kernthema der Psychologie in der NS-Zeit und passte sich insbesondere über Jaensch der herrschenden Rassenideologie an.

Die Fakultät verlieh Maria Krudewig im Anschluss an das erfolgreiche Kolloquium am 27.02.1948 die Venia Legendi für das Fach Psychologie (UAK Zug. 17/3186 Bl. 60). Am 12.11.1948 hielt sie ihre Antrittsvorlesung über das Thema „Entwurf einer Elementarstrukturlehre des Bewusstseins" (UAK Zug. 44/96, o.P.).

Im Vorlesungsverzeichnis des Sommersemesters 1948 wurde Maria Krudewig entsprechend als Privatdozentin[622] und „Leiter i.V." für das „Institut für experimentelle Psychologie" aufgeführt, bei gleichzeitiger Beibehaltung ihrer Stelle als planmäßige Assistentin im Pädagogischen Seminar. Ihre Hilfsassistenz am

621 Maria Krudewig hatte als Habilitandin der Fakultät als Thema für die Probevorlesung vorgeschlagen: 1. Die Inhalte des Begriffs „Unbewußtes" 2. Umrißskizze zu einer genetischen Deutung der Typenlehre Kretschmers 3. Die elementaren Arten von Bewusstseins Ausprägungen. Die Kommission hatte sich für das zweite Thema entschieden (UAK Zug. 44/96, o. P.).

622 Wobei Krudewig selbst (analog zu den Vorlesungsverzeichnissen) durchweg die männliche Form ihrer Berufsbezeichnung „Privatdozent" benutzte.

Psychologischen Institut führte sie anscheinend weiter fort, denn der Dekan der Philosophischen Fakultät, Prof. Josef Koch, stellte am 16.07.1951 (UAK Zug. 17/3186, Bl. 72) den Antrag, diese Stelle um „ein weiteres Jahr“ vom 01.10.1951 bis zum 30.09.1952 zu verlängern. In diesem missverständlichen Schreiben des Dekans an das Kuratorium der Universität zu Köln beantragte er eine Verlängerung ihrer „Stellung als Assistentin“ mit der Begründung, dass Maria Krudewig „seit 10 Jahren Assistentin am Psychologischen Institut“ sei. Sie habe all die Jahre mehr geleistet als von einem Assistenten erwartet werde. Sie habe ständig den fehlenden Direktor vertreten, besser gesagt, sie habe ihn ersetzt. Dass Dekan Koch in diesem Falle die vermeintliche „Assistentenstelle“ am Psychologischen Institut meint, ist daran zu erkennen, dass es seiner Meinung nach „eine unbillige Härte“ wäre, jetzt, in dem Moment, in dem der „Lehrstuhl für Psychologie“ besetzt werden solle, Maria Krudewig ihre Stelle einbüßen zu lassen. Dieses Schreiben wird nur dann verständlich, wenn man den Begriff „Assistentin“ durch „Assistenz“ ersetzt. Maria Krudewig war über viele Jahre Assistentin am Pädagogischen Seminar aber nie am Psychologischen Institut. Entsprechend den realen Gegebenheiten wurde Dekan Koch wenige Tage später über das Kuratorium mitgeteilt (UAK, Zug. 17/3186; 25.07.1951, o.P.), dass der Rektor der Universität den Vertrag von Maria Krudewig „als Assistentin am Pädagogischen Seminar um ein weiteres Jahr“ bis 30.09.1952 verlängern würde. Doch 1952 ergab sich eine neue Schwierigkeit. Gemäß Senatsbeschluss sollte die Anstellung eines wissenschaftlichen Assistenten nur noch für 2 Jahre erfolgen (UAK, Zug. 17/3186, Bl. 75). Heimsoeth stellte dann in Absprache mit dem Dekan der Philosophischen Fakultät erfolgreich einen Antrag ans Kuratorium auf Weiterbeschäftigung von Krudewig für ein Jahr (bis 30.06.1953). Er begründete den Antrag damit, dass die Absicht bestünde, Maria Krudewig für eine „Diätendozentur“ vorzu schlagen und bis zum Erreichen dieser Absicht müsse Maria Krudewig wie bisher als Assistentin am Pädagogischen Seminar geführt werden (UAK, Zug. 17/3186, 30.7.1952 und 14.8.1952).[623]

Mit Schreiben vom 25.08.1952 (UAK, Zug. 17/3186) stellte die Fakultät den Antrag ans Kultusministerium des Landes NRW, Maria Krudewig eine „Diätendozentur“ zu verleihen. Begründet wurde der Antrag damit, dass sie von 1940 bis 1947 Verwalterin und ab 1947 ordentliche Inhaberin der Assistentenstelle am Pädagogischen Seminar gewesen sei. „Es dürfte aber untunlich sein, Frau Dr. Krudewig [...] in der Stellung des Pädagogischen Seminar-Assistenten zu belassen“ in dem Augenblick, in dem der neue Lehrstuhlinhaber für Pädagogik nach Köln komme. Auf der anderen Seite wurde in dem Antrag betont, dass sie lange Jahre die Psychologie an der Universität zu Köln „allein vertreten“ und „eine Reihe sehr guter Doktoranden herangebildet“ habe. Sie gehöre zu den „starken wissenschaftlichen Kräften auf dem Gebiet der Psychologie“ und hätte die Verleihung der

623 Im Zusageschreiben (UAK, Zug. 17/3186, 14.8.1952) heißt es: „Im Einvernehmen mit dem Rektor wird daher das Beschäftigungsverhältnis der beim Pädagogischen Seminar tätigen wissenschaftlichen Assistentin Dr. Maria Krudewig bis zum 30.06.1953 verlängert“.

Diätendozentur verdient. Maria Krudewig blieb wissenschaftliche Assistentin am Pädagogischen Seminar bis zum 30.09.1953.[624]

Aus einem internen Schreiben des Kuratoriums ist erkennbar, dass Maria Krudewig mit der Ernennung zur wissenschaftlichen Assistentin am 01.07.1947 auch in das Beamtenverhältnis übernommen worden war (UAK, Zug. 17/3186, 8.4.1952). Aus einem Aktenvermerk geht hervor, dass es sich hierbei allerdings um ein Beamtenverhältnis „auf Widerruf" handelte (UAK, Zug. 17/3186, Bl. 83).

Weiter heißt es in dem Schreiben vom 08.04.1952:

> „Unter Berücksichtigung der erheblichen Vordienstzeiten als Volksschullehrerin, Studienassessorin und als Wissen. Hilfskraft bezw. [sic] Verwalterin einer Wiss. Assistentenstelle und mit Rücksicht auf das ohnehin schon sehr ungünstige Diätendienstalter (43. Lebensjahr!), das ohne Zweifel durch die Benachteiligung in der Laufbahn nach 1933 verursacht ist, bestehen keine Bedenken, das bisherige DDA [Diätendienstalter] vom 1.12.1940 zu belassen."[625] (UAK, Zug. 17/3186, Bl. 83)

Wichtig ist, dass in diesem Schreiben zum ersten Mal (wenn auch ohne nähere Begründung) von einer offiziellen Stelle festgehalten wurde, dass Maria Krudewig in der NS-Zeit laufbahnrechtlich benachteiligt wurde! Mit Schreiben des Kultusministers vom 05.10.1952 (UAK, Zug. 17/3186, Bl. 85) wurde die „Privatdozentin Dr. Maria Krudewig" zur „Dozentin" ernannt und in eine freie Diätendozentur eingewiesen. In einem gesonderten Schreiben seitens des Oberbürgermeisters wird u.a. darauf hingewiesen, dass eine Änderung in der Höhe der Bezüge nicht eintrete (UAK, Zug. 17/3186, S. 87).

In einem Schreiben vom 10.02.1956 stellte der Dekan Werner Caskel an das Kultusministerium den Antrag, Maria Krudewig den Titel eines „außerplanmäßigen Professors" zu verleihen. In seiner Begründung heißt es:

> [Fräulein Dr. Krudewig hat] „lange Jahre hindurch z.T. ohne Entgelt, z.T. gegen ein außerordentlich geringes, ohne jede wirtschaftliche und berufliche Sicherung ihre ganze Arbeitskraft in den Dienst der Wissenschaft gestellt. Sie arbeitete zuerst unter Lindworsky, weiland apl. Professor der Psychologie an der Universität Köln, bei dem sie studiert und promoviert hatte, später unter R. Heiss, der bis 1943 apl. Professor der

---

624 UAK Zug. 17/3186, Lebenslauf Krudewigs als Anhang zum Antrag auf den „Titel eines außerordentlichen Professors" vom 10.02.1956.

625 Ab dem 01.12.1940, als Maria Krudewig 43 Jahre alt war, fing das Diätendienstalter an zu zählen. In einem anderen Schreiben, eingegangen beim Kuratorium am 29.09.1951 (UAK, Zug. 17/3186, Bl. 83) heißt es vergleichbar: „Mit Rücksicht auf die Benachteiligung in der Laufbahn nach 1933 bestehen keine Bedenken, die seitdem zurückgelegten Vordienstzeiten [...] anzurechnen". Auf Widerspruch von Krudewig hin (dass sie seit dem 01.11.1928 ununterbrochen als Assistenz, Verwalterin einer Assistentenstelle und Assistentin tätig sei) wurde der Beginn des Diätendienstalters auf den 01.11.1929 festgesetzt (UAK Zug. 17/3186; Bl. 96).

> Philosophie und der Psychologie an der hiesigen Universität gewesen ist. Von 1943 bis zur Besetzung des neu errichteten Psychologischen Lehrstuhls am 1.X.1951 hat sie das Fach Psychologie an der hiesigen Universität selbständig und allein vertreten." (UAK Zug. 17/3186, o. P.)

Ihre wissenschaftliche Arbeit beschreibt der Dekan folgendermaßen: „[Ihre wissenschaftliche Arbeit] hat ihren Niederschlag gefunden in zwei Büchern und einer ansehnlichen Zahl von Publikationen in Fachzeitschriften. Die Arbeiten liegen in der Hauptsache auf dem Felde der Allgemeinen Psychologie, bes. der Wahrnehmungs- und Gefühlslehre und der theoretischen Psychologie." Einschränkend fügt er hinzu, dass „eine gewisse Einseitigkeit sowie eine wohl allzu enge Bindung an die Lehren Lindworskys" nicht zu übersehen seien.

Mit Datum vom 08.05.1956 (UAK Zug. 17/3186, o.P.) wurde Maria Krudewig zur außerplanmäßigen Professorin ernannt.[626] Mit dem 27.05.1962 vollendete Maria Krudewig ihr 65. Lebensjahr, aber auch der jetzt beginnende Ruhestand bedeutete keine Abstinenz von der wissenschaftlichen universitären Arbeit. Sie führte ihre Lehrtätigkeit an der Universität zu Köln im bisherigen vollen Umfange fort. In einem Schreiben vom 27.03.1963 (UAK Zug. 17/3186) an den Kultusminister wurde berichtet, dass sie Vorlesungen im Umfange von fünf Wochenstunden, die von 295 Hörern besucht wurden, abgehalten habe.

Einer dieser Hörer war der spätere langjährige Leiter des Prüfungsamtes des Psychologischen Instituts an der Universität zu Köln, Dr. Gerd Pfeiffer[627]. Er hatte damals sein Studium gerade begonnen und hörte als Erstsemester im Sommersemester 1963 u.a. bei Maria Krudewig. Er beschreibt ihre Vortragsweise als „sehr sachlich, in der Wortwahl überlegt sowie in der Aussprache akzentuiert" und hat sie auch insgesamt als fleißig in Erinnerung. Allerdings kam wohl nur wenig Begeisterung bei den Studierenden an; Maria Krudewig schien Pfeiffer im Vortrag eher „bei sich" zu sein, „an ihrem Gedankengang hängend". Sie sprach „abstrakt, wenig konkret", das machte es nicht einfach, ihrem Gedankengang zu folgen. Inhaltlich begrenzte sie sich allein lt. Pfeiffer auf die Elementenpsychologie; Grundlage der damaligen Vorlesung war ihre Habilitationsschrift. Darin seien Lindworskys Gedanken zum Ausdruck gekommen: Den Grundzug des

626 Amüsant am Rande ist in diesem Zusammenhang, dass die Ernennungsurkunde von NRW-Kultusminister Paul Luchtenberg unterschrieben wurde. Luchtenberg hatte als Privatdozent für Philosophie und Pädagogik die Universität Köln nach dem Sommersemester 1925 verlassen. Maria Krudewigs Studienzeiten in Köln und Luchtenbergs Lehrtätigkeit in Köln überschnitten sich folglich noch für drei Semester (Sommersemester 1924 bis inkl. Sommersemester 1925). In diese Zeit fällt nur eine einzige Psychologieveranstaltung Luchtenbergs („Psychologie der Reifezeit" im Sommersemester 1925).

627 Die weiteren Zitate des folgenden Abschnitts entstammen persönlichen Auskünften von Dr. Gerd Pfeiffer gegenüber der Autorin; Basis sind die entsprechenden Gesprächsmitschriften sowie E-Mails.

Bewusstseins machen Empfindung, sinnliches Gefühl, Wissen (um Sachen/Gegenstände), Ichbezug, erkennende und strebende Haltung aus, d.h. das Gefühlsleben wurde als ein Bewusstseinsgeschehen verstanden. Gedanken werden in dieser Sichtweise zu einer Art „überarbeitetem Gefühl". Für die damaligen Studierenden sicherlich kein leichter Stoff, zumal dann, wenn sie ihn im Kontrast zu anderen Ansätzen erleben. „Im selben SS 1963 vertrat Herr Prof. Salber (gerade nach Köln gekommen) eine Ganzheitspsychologie. Das war ein Kontrast wie Tag und Nacht", so Pfeiffer.

Im Gespräch zur Recherche für die vorliegende Arbeit wandelt sich das Bild des ehemaligen Erstsemesters etwas, wohl nicht zuletzt durch Hintergrundinformationen der Autorin, die ihm damals nicht bekannt waren. So ergibt sich in der Rückschau der Gesamteindruck einer „Einzelkämpferin, allein auf weiter Flur".

Am 21.11.1963 verstarb Maria Krudewig in Köln-Deutz im Alter von 66 Jahren.

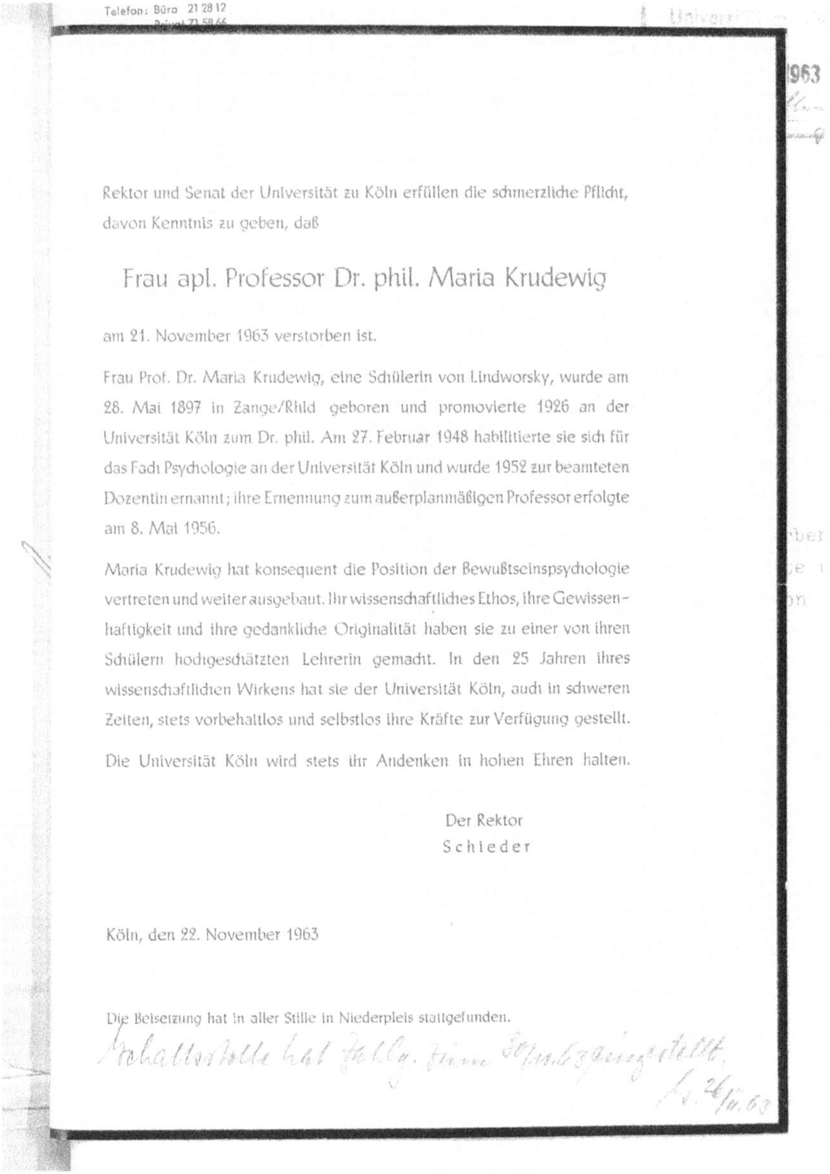

Telefon: Büro 21 28 12

Rektor und Senat der Universität zu Köln erfüllen die schmerzliche Pflicht, davon Kenntnis zu geben, daß

Frau apl. Professor Dr. phil. Maria Krudewig

am 21. November 1963 verstorben ist.

Frau Prof. Dr. Maria Krudewig, eine Schülerin von Lindworsky, wurde am 28. Mai 1897 in Zange/Rhld geboren und promovierte 1926 an der Universität Köln zum Dr. phil. Am 27. Februar 1948 habilitierte sie sich für das Fach Psychologie an der Universität Köln und wurde 1952 zur beamteten Dozentin ernannt; ihre Ernennung zum außerplanmäßigen Professor erfolgte am 8. Mai 1956.

Maria Krudewig hat konsequent die Position der Bewußtseinspsychologie vertreten und weiter ausgebaut. Ihr wissenschaftliches Ethos, ihre Gewissenhaftigkeit und ihre gedankliche Originalität haben sie zu einer von ihren Schülern hochgeschätzten Lehrerin gemacht. In den 25 Jahren ihres wissenschaftlichen Wirkens hat sie der Universität Köln, auch in schweren Zeiten, stets vorbehaltlos und selbstlos ihre Kräfte zur Verfügung gestellt.

Die Universität Köln wird stets ihr Andenken in hohen Ehren halten.

Der Rektor
Schieder

Köln, den 22. November 1963

Die Beisetzung hat in aller Stille in Niederpleis stattgefunden.

Abbildung 52: *Nachruf der Universität zu Köln zum Tod von Maria Krudewig 1963. (UAK Zug. 17/3186, o. P.)*

9. Institut nach der „Machtergreifung“[628]

Nachdem die NSDAP an die Macht gekommen war[629], änderte sich schlagartig vieles. Dies galt auch für die Universität zu Köln und deren Psychologisches Institut.

9.1 Politische Situation in Köln nach der „Machtergreifung“[630]

Der Stadtanzeiger veröffentlichte in seiner Ausgabe vom 13.03.1933 (Nr. 132) folgende Mitteilung: „Der Regierungspräsident [Hans Elfgen] hat angesichts der eindeutigen Stimmung und drohenden Haltung in der Bevölkerung von heute an bis auf weiteres den Oberbürgermeister Dr. h.c. Adenauer beurlaubt.“[631] Elfgen, ebenso wie Adenauer Zentrumspolitiker, hatte augenscheinlich auf Druck des Gauleiters Josef Grohé[632] gehandelt; er soll sein Verhalten mit der „eindeutige[n] und drohende[n] Haltung in der Bevölkerung“ begründet haben (Roeseling, 2003, S. 8).[633] Diese anbiedernde Haltung nützte ihm allerdings nichts; kurz nach Adenauer

---

628 Wegen des Begriffs vgl. FN 579.

629 Die (PR-)Strategie, die letztendlich zur „Machtergreifung“ führte, beschreibt Helmut Heiber ausführlich in seiner Biographie des Reichspropagandaministers Joseph Goebbels (Heiber, 1965, S. 99ff.). An der Begründung dafür, weshalb diese Strategie auf fruchtbaren Boden fiel, haben sich viele Historiker versucht. Eine nicht allzu ausufernde Analyse bietet Sebastian Haffner in seinem Buch „Von Bismarck zu Hitler“ (Haffner, 1989, S. 216ff.).

630 Bei den Landtagswahlen am 24.04.1932 waren die Nationalsozialsozialisten mit 27,1% der Stimmen nach der Zentrumspartei die zweitstärkste politische Kraft in Köln geworden. Bei der Reichstagswahl am 31.07.1932 wurde die NSDAP erstmals in Köln mit 37,3% stärkste politische Partei. Die Reichstagswahlen am 06.11.1932 brachten für die NSDAP reichsweit einen Anteil von 33,1%. In Köln musste sie jedoch mit 20,4% deutliche Verluste hinnehmen (Trapp, 1994, S. 3).

631 Dies ist die typische euphemistische und Fürsorge vortäuschende Sprache der Nationalsozialisten. Vermeintliche Gefährder (z.B. Juden) des 3. Reiches wurden auch in „Schutzhaft“ genommen, um sie vor angeblichen Übergriffen der aufgebrachten deutschen Bevölkerung zu schützen.

632 Josef Grohé (1902–1987), Vertrauter Hitlers, zählte als „alter Kämpfer“ zum engeren Machtbereich der NSDAP. Seit 1929 war er Mitglied im Kölner Stadtrat. Er wurde 1950 zu einer Gefängnisstrafe von viereinhalb Jahren verurteilt (Bilz, 2010, S. 188).

633 Die Nazis hatten wohl ursprünglich Adenauer im Rathaus verhaften und „wie einen Verbrecher durch die Stadt treiben“ wollen. Da er jedoch vorher gewarnt wurde, konnte er sich dieser demütigenden Prozedur entziehen und mit Hilfe des Bankiers Robert Pferdmenges die Stadt verlassen (Dietmar, 2013, S. 13). Sein Versuch, in Berlin Beschwerde gegen diese Vorgänge einzulegen, misslang allerdings: Göring beschimpfte ihn (Dietmar & Jung, 2016, S. 391).

wurde auch Elfgen selbst aus seiner Funktion entlassen und in den (zunächst einstweiligen) Ruhestand versetzt. Der Stadtanzeiger berichtete in o.g. Ausgabe, dass Gauleiter Grohé von der NSDAP am 13.03.1933 vom Balkon des Rathauses von Köln die Absetzung von Oberbürgermeister Adenauer verkündet habe. Weiterhin verkündete er die Absetzung von zwei sozialdemokratischen Mitgliedern des Stadtrates, Ernst Fresdorf[634] und Johannes Meerfeld[635] (Dietmar & Jung, 2016, S. 391); Letzterer hatte sich im besonderen Maße um die Wiedergründung der Universität zu Köln verdient gemacht. Zum kommissarischen Oberbürgermeister von Köln wurde Dr. Günter Riesen bestellt.

Bei den Kommunalwahlen am 12.03.1933 hatte die NSDAP, nachdem sie in Köln jahrelang eher als Splitterpartei herumgedümpelt war (vgl. Dietmar & Jung, 2016, S. 380 ff.), 39,6% der abgegebenen Stimmen errungen. Somit war sie „trotz des Terrors während des Wahlkampfes [...] lediglich stärkste Partei" geworden, denn selbst mit den bisherigen Koalitionspartnern reichte es nicht zu einer absoluten Mehrheit (Dietmar & Jung, 2016, S. 392). So verschafften die Nationalsozialisten sich die gewünschte Mehrheit durch andere Mittel: Man erklärte die Mandate der KPD kurzerhand für ungültig und verhaftete die SPD-Stadtverordneten (Winter, 2011, S. 13). In der Folge liefen diverse Zentrumsmitglieder zur NSDAP über (Dietmar & Jung, 2016, S. 392). Die hierdurch geschaffene Pseudo-Mehrheit wurde dazu genutzt, den bis 1941 (!) gewählten Oberbürgermeister der Stadt Konrad Adenauer abzusetzen (Dietze, 2006, S. 84).[636][637]

Der Rektor der Universität, Godehard Josef Ebers,[638] Kirchenrechtler und Mitglied des Zentrums, weigerte sich zunächst, den ihm nahegelegten Rücktritt zu

634 Ernst Fresdorf war zu diesem Zeitpunkt zweiter Bürgermeister von Köln (http://www.eisenach.de/Fresdorf.2502.98.html).

635 Vgl. FN 179.

636 Vorausgegangen war eine regelrechte Kampagne, in deren Rahmen man Adenauer „Amtsmissbrauch, Korruption und Separatismus" vorgeworfen hatte; Höhepunkt war das Verbot einer geplanten Versammlung der Zentrumspartei am 10.03.1933 durch den Polizeipräsidenten mit der Begründung, die geplante Rede Adenauers stelle eine Gefährdung der öffentlichen Ordnung dar (Dietmar, 2013, S. 14f.).

637 1934 wurde der Stadtrat endgültig faktisch entmachtet. Man ersetzte ihn durch ein so genanntes Ratsherrenkollegium, in dem ausschließlich NS-Honoratioren saßen. „Die Bezeichnung war wörtlich zu verstehen: Frauen konnten nicht mehr Mitglied des Rates werden und der Rat wurde ein rein be>rat<endes Gremium ohne Beschlusskraft" (Dietmar & Jung 2016, S. 392). Sitzungsprotokolle entfielen (ebd.). „Eine höchst eigenwillige nationalsozialistische Interpretation des Wortes ‚Stadtrat' ", urteilt Roeseling (2003, S. 10).

638 Ebers (1880 – 1958) hatte von 1919–35 eine Stelle als ordentlicher Professor für Staats-, Verwaltungs-, Völker- und Kirchenrecht sowie für Staatslehre in Köln. 1932–33 war er Rektor der Kölner Universität. Bei seiner Antrittsrede sprach er sich für eine Erneuerung der Weimarer Verfassung aus und warnte vor einer radikalen Abkehr von dieser Staatsordnung. Während seines Rektorates versuchte er, verschiedene nationalsozialistische Aktionen zu verhindern. Nach der Machtübernahme der

vollziehen. Am 11.04.1933 telegraphierte er schließlich doch nach Berlin, dass er samt Dekanen und Senat „im Interesse der Universität“ zurücktreten werde (Dietze, 2006, 85).[639]

Der Senat der Universität fasste folgenden Beschluss: „Um die Gleichschaltung[640] durchzuführen, haben Rektor [Ebers] und Senat im Einverständnis mit dem Reichskommissar Rust sich zum Rücktritt entschlossen“ (UAK Zug. 331/4, 11.4.1933, S. 55). Durch diesen kollektiven Rücktritt wurde in Köln früher als in anderen Universitätsstädten ohne erkennbare größere Gegenwehr der Weg für eine Besetzung der Schaltstellen der Universität durch nationalsozialistisch eingestellte Männer frei gemacht – anders ausgedrückt: „Die Kölner Universität schaltete sich [...] in vorauseilendem Gehorsam noch vor der Gleichschaltung der Universitäten auf Reichsebene selbst gleich“ (Dietmar & Jung, 2016, S. 394). Meuthen (1998, o. P.) drückt in seiner Kölner Universitätsgeschichte sein Erstaunen darüber aus, „wie gering die Abwehrkräfte waren, die von der Kölner Universität dem Nationalsozialismus entgegengestellt wurden“. Freitäger (2010b, S. 7) spricht von einem traurigen Kapitel deutscher und Kölner Hochschulgeschichte, als die Universität Köln als erste deutsche Hochschule den Weg zur Gleichschaltung frei machte.[641]

Nationalsozialisten wehrte er sich gegen die „Gleichschaltung“ der Hochschulen. Er weigerte sich, von seinem Amt als Rektor zurückzutreten, was ihm von seinen Fakultätskollegen Lehmann, Nipperdey und Planitz im Hinblick auf das Interesse der Universität nahegelegt wurde. Am 11.04.1933 wurde schließlich Ernst Leupold zum neuen Rektor der Universität gewählt. Ebers fiel noch dadurch auf, dass er sich weigerte, die im Foyer aufgestellte Hakenkreuzfahne zu grüßen. Mit 55 Jahren wurde Ebers wegen „Fortfalls des Lehrstuhls“ im September 1935 emeritiert. (vgl. http://rektorenportraits.uni-koeln.de/rektoren/godehard_ebers/).

639 Auf landesweiter Ebene wurde ähnlich verfahren. Die KPD wurde am 28.03.1933 verboten, die SPD am 22.06.1933. Das Verbot einer Partei hatte zur Folge, dass die Mandate der gewählten Vertreter verlustig gingen. Die Zentrumspartei löste sich im Juli 1933 selbst auf; ihr Kölner Vorsitzender, Rudolf Reuter, war zu diesem Zeitpunkt bereits NSDAP-Mitglied. Am 14.07.1933 wurde das „Gesetz gegen die Neubildung von Parteien“ erlassen, mit dem die NSDAP auch formal zur Staatspartei wurde (Dietmar, 2013, S. 22).

640 Der Begriff „Gleichschaltung“ stammt aus dem Fachwortschatz der Elektrotechnik und wurde 1933 von Reichsjustizminister Franz Gürtner mit der Formulierung des „Vorläufigen Gesetzes zur Gleichschaltung der Länder mit dem Reich“ (31.03.1933) auf die Politik übertragen (Hausmann, 2011, S. 35).

641 Während der Weimarer Republik waren die jeweiligen Länder (damals insgesamt neun Reichsländer) für die Hochschulpolitik, -verwaltung sowie das Beamtenrecht zuständig gewesen. Die Hochschulen hatten über ein gewisses Selbstverwaltungsrecht verfügt, das bspw. erlaubte, Berufungen auszusprechen oder die hausinternen Vertreter wie Rektor und Dekane zu wählen. Mit zwei Gleichschaltungsgesetzen aus dem Jahre 1933 und dem „Gesetz über den Neuaufbau des Reiches“ vom 30.01.1934 (RGBl. S. 75) wurden alle föderalen Strukturen und Rechte beseitigt (Hausmann, 2011, S. 36). Durch das „Gesetz zur Wiederherstellung des Berufsbeamtentums“

Im Kontext dieses Gleichschaltungsprozesses bekam auch das Kuratorium eine andere Bedeutung: Oberbürgermeister Schmidt sagte 1937 (Westdeutscher Beobachter, 11.11.1937), dass der Kurator nicht nur verantwortlich sei für die Verwaltung, sondern er habe auch die Gestaltung der wissenschaftlichen Universitätsarbeit mitzubestimmen. Daraus ergebe sich das Maß der Verantwortung dieses Amtes. Ein Jahr später schreibt er als „Oberbürgermeister der Hansestadt Köln"[642] und „Kurator der Universität", wie er sich offiziell nennt, im Geleitwort zur Schrift „Die neue Universität Köln" (1938) bezüglich der neuen rassenideologisch ausgerichteten Universität: „Möge ihr Schaffen in aller Zukunft von der nationalsozialistischen Erkenntnis erfüllt sein, dass der Wissenschaft die besten Kräfte aus einem gesunden, artbewußten Volkstum erwachsen." In der Kölnische Volkszeitung findet sich am 23.06.1938 (Nr. 169) in einer Sondernummer zur 550jährigen Geschichte der Alma Mater Coloniensis ein Artikel mit dem Titel „Die Aufgaben heute und morgen". Hier hieß es fast wortgleich:

> „Im neuen Reich hat ihr [der Universität zu Köln] der Führer des deutschen Volkes wiederum die Aufgabe gestellt, ein Bollwerk des deutschen geistigen Lebens im Westen zu werden. Die Hansestadt Köln als Trägerin der Hochschule erwartet von ihr, dass sie die besten Kräfte aus einem gesunden und artbewußten Volkstum zieht."

Die gesamte Forschung und Lehre an der Universität zu Köln und insbesondere ein Weltanschauungsfach wie die Einzeldisziplin Psychologie konnte sich folglich der neuen oktroyierten Rassenideologie nicht entziehen.

Auch in Köln wurden im Mai 1933 die Bücher unliebsamer Autoren öffentlich verbrannt, allerdings eine Woche später als im übrigen Reich, erst am 17.05.1933. Offenbar hatte man versucht, die Bestände der Universitätsbibliothek zu schützen und deshalb länger mit den Studierenden verhandelt (Roeseling, 2003, S. 75). Vernichtet wurden schlussendlich vorrangig Bestände aus der Studentenbibliothek, u.a. Karl Marx, Leo Trotzki, Sigmund Freud, Kurt Tucholsky, Erich Kästner und Bertold Brecht (vgl. Weidermann, 2009, S. 246ff.). Die Bücherverbrennung fand auf dem Vorplatz der Alten Universität in der Claudiusstraße statt, organisiert von der NS-Studentenschaft.

(BBG) vom 07.04. 1933 wurde es ermöglicht, Juden, Kommunisten und andere missliebige Professoren aus dem Amt zu drängen.

642 Ab Oktober 1935 wurde für Köln die zusätzliche Bezeichnung „Hansestadt" verwendet, die in der Folgezeit in der Selbst- und Außendarstellung ständig Verwendung fand (Fischer, 2012). Die Nationalsozialisten bezogen sich hier auf die mittelalterliche Vergangenheit der Stadt, die heute fast in Vergessenheit geraten ist. Bereits im Mittelalter war Köln eine der führenden Hansestädte gewesen. So gehörte die Stadt bspw. zu den neun Hansestädten, die 1669 am letzten Hansetag in Lübeck noch teilnahmen. Die Existenz des Hansasaals im Kölner Rathaus erinnert heute noch daran, dass 1367 einer der Hansetage in Köln stattgefunden hatte (vgl. Dietmar & Jung, 2016, S. 113 ff.).

9.2 Universitäre Situation nach der „Machtergreifung“

Die „Machtergreifung“ der Nationalsozialisten führte zu tiefgreifenden Veränderungen in allen gesellschaftlichen Bereichen. Auch die Universitäten waren hiervon nicht ausgenommen. Allerdings waren im Fachbereich Psychologie die Städte Berlin, Frankfurt oder Hamburg stärker betroffen. Geuter (1984, S. 134) schreibt, in diese drei Städte habe es vor allem die US-amerikanischen Studierenden in den Zwanziger Jahren gezogen. Hier lehrten Kapazitäten wie William Stern (vgl. Schmidt, 1999, S. 124f.), Max Wertheimer (vgl. Galliker et al., 2007, S. 276ff.) oder Wolfgang Köhler (vgl. Galliker et al., 2007, S. 282ff.; Jaeger, 1999, S. 85ff.). Die Formulierung „lehrten“ ist hier ausgesprochen wörtlich zu nehmen, denn schon bald nach der „Machtergreifung“ gehörte ihre aktive Lehrtätigkeit an den o.g. Universitäten der Vergangenheit an: William Stern wurde aufgefordert, im Sommersemester 1933 keine Vorlesungen mehr zu halten und kurz darauf entlassen (Geuter, 1984, S. 99); Max Wertheimer hatte bereits im März das Land verlassen, wurde pro forma zur Wahrnehmung einer Gastprofessur in New York beurlaubt und schließlich im September 1933 in den Ruhestand versetzt (Sarris, 1999, S. 76ff.); Wolfgang Köhler emigrierte 1935 freiwillig, nachdem sein öffentlicher Protest gegen die Verfolgung seiner jüdischen Kollegen lediglich dazu geführt hatte, dass sein Institut ständigen Eingriffen der Administration ausgesetzt war (vgl. Jaeger, 1999, S. 87f). Allerdings wurde er nicht entlassen; vielmehr musste er einige Energie aufbringen, um seinen Antrag auf Entlassung aus dem Staatsdienst durchzusetzen (vgl. Geuter, 1984, S. 101).

Durch die Verfolgung der Juden verlor die Psychologie reichsweit „mehr als ein Drittel seiner Ordinarien“ (Geuter, 1984, S. 100). Diese Zahl entspricht wohl dem Gesamtanteil der Emigranten unter den deutschen Hochschullehrern, liegt aber etwas höher als der Gesamtanteil der Emigranten unter den Psychologen(ebd.)

Den offiziellen inhaltlichen Versuch der Einflussnahme auf das Fach seitens der Machthaber im Sinne einer fachlichen Gleichschaltung gab es wohl nicht; Geuter stellt fest, die Nationalsozialisten hätten „kein Konzept“ hierzu gehabt und „keine klaren Erwartungen“ an das Fach gestellt (Geuter, 1984, S., 463). Vielleicht war die akademische Psychologie auch einfach zu jung, so dass noch zu wenig klare Vorstellung von dem existierte, was das Fach zu leisten imstande war. Allerdings seien die Nationalsozialisten durchaus an „ideologischer Zweckdienlichkeit“ und an der „praktischen Effizienz der Wissenschaft interessiert“ gewesen, daher hätten sie sich „für die Etablierung psychologischer Lehrstühle“ eingesetzt, „um die Ausbildung zu sichern“ (Geuter, 1984, S. 463).

Einer der glühendsten Verehrer Hitlers war der Bonner Psychologieprofessor Walther Poppelreuter (1886–1939), der auch lange Zeit als Mediziner und Politiker in Köln gearbeitet hatte.[643] Eine Zeit lang war er auch

643 Walther Poppelreuter wurde 1909 zum Dr. phil. (bei Narziß Ach) und 1914 zum Dr. med promoviert. Er war einige Jahre Assistent bei Gustav Aschaffenburg an der

mit Johannes Lindworsky im Vorstand der Deutschen Gesellschaft für Psychologie.[644]

Poppelreuter hielt im Wintersemester 1931/32 (also noch vor der „Machtergreifung"!) an der Bonner Universität eine wöchentlich einstündige Vorlesung unter dem Titel „Politische Psychologie als angewandte Psychologie an Hand von Hitlers ‚Mein Kampf' ". Eine kleine erläuternde Schrift veröffentlichte er 1934 (Poppelreuter, 1934a). Darin bezeichnet er Hitler als „großen Psychologen" und „genialen Seelenkenner" (Poppelreuter, 1934a, S. 9), dessen Ziel „die seelische Neuformierung der Masse des deutschen Volkes" sei (ebd., S. 16).[645]

Auf dem 13. Kongress der Deutschen Gesellschaft für Psychologie 1933 in Leipzig, dem ersten Kongress nach der „Machtergreifung"[646], spricht Poppelreuter davon, dass die gegenwärtige Fachpsychologie noch eine schwer um Existenz und Anerkennung ringende Wissenschaft sei (Poppelreuter, 1934b, S. 60). In dieser

---

Psychiatrischen Klinik Köln und in leitender Funktion im Kölner Festungslazarett während des Ersten Weltkriegs tätig. Er war verantwortlich für die Versorgung und Rehabilitation von Kopfschussverletzten. Nach dem Krieg habilitierte er sich an der Universität Bonn. Poppelreuter gehörte anfangs der SPD an, für die er von 1919 bis 1921 in der Kölner Stadtverordnetenversammlung saß. Am 1. November 1931 trat er als erster Bonner Hochschullehrer in die NSDAP ein. 1933 trat er auf dem Kongress der Deutschen Gesellschaft für Psychologie in SA-Uniform auf (Stock, 2015). Im März 1933 war Poppelreuter verantwortlich für die Vertreibung des jüdischstämmigen Prof. Löwenstein, dem damaligen Leiter der Bonner Provinzial-Kinderanstalt. Poppelreuter trat die kommissarische Nachfolge Löwensteins an. Poppelreuter hatte sich große Verdienste im Bereich der beruflichen und sozialen Wiedereingliederung kriegsbedingter Hirnverletzter gemacht und wurde auch als „Vater der Hirnverletzten" bezeichnet. Nach dem Krieg benannte die Stadt Köln nach ihm eine Straße in Köln-Ostheim. Dieser Straßenname wurde erst 2013 auf Beschluss der Stadt Köln geändert. [vorausgehende Informationen z. T. der Vorlagen-Nummer 1191/2012 der Bezirksvertretung 8, Köln-Kalk, betreff Einleitung des Umbennungsverfahrens für die Popplereuterstraße in Köln-Ostheim entnommen].

644 Vgl. H. Volkelt (Hrsg.), Bericht über den XI Kongreß für experimentelle Psychologie in Wien vom 9. 13. April 1929. Jena: Gustav Fischer.

645 Eckardt (2010, S. 273) weist auf massenpsychologische Vorläufer in der zweiten Hälfte des 19. Jahrhunderts hin. In dieser Zeit gab es die „romanische Massenpsychologie"; „romanisch" wird sie deswegen genannt, weil sie insbesondere in Italien (Sighele, Scipio,1891, La folla delinquente; deutsche Übersetzung 1897: Psychologie des Auflaufs und der Massenverbrechen. Dresden: Reissner) und Frankreich (Gabriel Tarde, 1890, Les Lois de l'imitation; deutsche Übersetzung 2003: Die Gesetze der Nachahmung, Frankfurt/M.: Suhrkamp; Gustave Le Bon, 1964 [1895]) Verbreitung fand. Massenpsychologische Ansätze gab es auch in Deutschland (Lazarus, 1862).

646 Ursprünglich sollte der Kongress im April des Jahres in Dresden stattfinden. Im Vorfeld war Gustav Kafka (Schriftführer DGfP) aus dem Vorstand ausgeschieden, er wiedersetzte sich den „beschämenden Ansinnen einiger Kollegen", die jüdischen Mitglieder von der Teilnahme auszuschließen", auch Stern, Katz und Bühler schieden aus dem Vorstand aus (Hachmann-Gleixner, 2003, S. 45).

mangelnden Anerkennung mag ein wichtiger Grund für die „Anbiederung" vieler Psychologen an die neuen Machthaber gesehen werden. Anerkennung durch Anpassung war sicherlich für etliche die Devise.[647] Nur so sind Aussagen wie die von Jaensch zu erklären, der in der Festschrift zu Hitlers 50. Geburtstag darlegt, dass erst die nationalsozialistische Bewegung der Psychologie „volle innere Freiheit und Entfaltungsmöglichkeit" gegeben habe (Jaensch, 1939, S. 46).[648]

De facto bedeutete der politische Umbruch für die Hochschulen jedoch den Abschied von freier Forschung und Lehre. Die Anpassung an die neuen Gegebenheiten erfolgte jedoch ohne nennenswerten Widerstand. Johannes RUDERT stellte dieses Umschwenken der Wissenschaft auf den neuen Kurs sogar so dar, als habe die Wissenschaft nur auf den Starschuss gewartet. Im „Völkischen Beobachter" (Nr. 299 vom 26. Oktober 1933) schrieb er im Anschluss an den Kongress der Deutschen Gesellschaft für Psychologie 1933 in Leipzig:

> „Dieser erste Kongress nach der Neuformung unseres deutschen Lebens stand naturgemäß stark unter der Einwirkung der nationalen Erneuerung. Aber bei denen, die im Vordergrunde der Tagung standen, bedurfte es dazu keiner Umschaltung; vielmehr trat erfreulich hervor, dass wissenschaftliche Grundlagen für unsere neue Auffassung von Staat und Volk schon mancherorts in der Stille herangewachsen waren" (zit. nach Hachmann-Gleixner, 2003, S. 45).

9.2.1 Personelle Veränderungen an der Universität zu Köln

Durch das vom Reichstag beschlossene sogenannte Ermächtigungsgesetz[649] bekam die Regierung Sonderrechte. In Artikel 2 des Gesetzes hieß es unmissverständlich: „Die von der Reichsregierung [nicht vom Parlament! Anm. d. Verf.] beschlossenen Reichsgesetze können von der Reichsverfassung abweichen." Damit hatte

647 „Die Philosophie galt in den Hitler-Jahren als ‚weltanschauliches' Fach erster Ordnung, sie war deswegen stärker bedroht als irgendein anderes Fach", schrieb Nicolai Hartmann nach dem Kriege im Jahre 1946 an Prorektor Prof. Veith von der Universität zu Köln (LAV NRW 1048-33-00471).

648 Aus heutiger Sicht ist das „Bekenntnis der Professoren an den deutschen Universitäten und Hochschulen zu Adolf Hitler und den nationalsozialistischen Staat" im November 1933 ein peinlicher Akt der Selbstaufgabe und Unterwerfung unter eine politische Ideologie. Es war ein (freiwilliger?) Verzicht auf die ansonsten so hoch gehaltene Freiheit von Forschung und Lehre. Es kann darüber spekuliert werden, weshalb kein Kölner Hochschulprofessor unter den Unterzeichnern zu finden ist (Lagen die Unterschriftenlisten in Köln nicht aus?). Über die Motive der einzelnen Unterzeichner kann ebenfalls spekuliert werden. Jedenfalls wurden Georg Raederscheidt und Friedrich Schneider, die auch an der Universität zu Köln Psychologieveranstaltungen durchführten und die Erklärung unterschrieben hatten, trotzdem später durch die Nationalsozialisten aus ihren Positionen entfernt.

649 „Gesetz zur Behebung der Not von Volk und Reich" (vom 24.03.1933, RGBl. 1933 I, S. 141).

der Reichstag als Parlament entschieden, sich als demokratisches Gremium abzuschaffen. Die Diktatur des Dritten Reiches begann.

Nicht nur das gesamtgesellschaftliche Leben im Allgemeinen veränderte sich nach der „Machtergreifung“ radikal, auch auf wissenschaftlichen Institutionen wie die Universitäten wurde massiver Druck ausgeübt.

Das „Gesetz zur Wiederherstellung des Berufsbeamtentums“ vom 04.04.1933 (RGBl. 1933 I, S. 175) zog erhebliche personelle Veränderungen nach sich. Nach diesem Gesetz (§ 3) konnten Beamte nicht-arischer Abstammung[650] und politisch missliebige Beamte (§ 4) in den Ruhestand versetzt werden.[651] In Köln konnten keine jüdischen Psychologiehochschullehrer entlassen werden, da es keine jüdischen Dozenten mit Lehrbefugnis für Psychologie gab. Aber andere der Psychologie nahestehende Hochschullehrer (etwa aus den Bereichen der Medizin und Philosophie) wurden aufgrund der neuen Gesetzgebung in Köln entlassen. Max Scheler, ebenfalls jüdischer Abstammung, war bereits 1928 im Alter von 53 Jahren verstorben. Schelers Sohn aus erster Ehe wurde zwischen 1938 und 1940 von den Nationalsozialisten im Lager Oranienburg umgebracht.

Gustav Aschaffenburg (1866–1944)

In vorderster Linie der im Dritten Reich verfolgten Psychologie Lehrenden steht hier Dr.med., Dr. jur. h.c., Dr. phil. h.c. Gustav Aschaffenburg, national und international anerkannter Wissenschaftler, ordentlicher Professor für Psychiatrie und Direktor der Psychiatrischen Klinik. Sein Hauptwerk „Das Verbrechen und seine Bekämpfung“ (1903) war über Jahrzehnte hinweg das maßgebliche Lehrbuch in der Kriminologie.

---

650 In § 3 (dem so genannten „Arierparagraphen“) heißt es: „§ 3. (1) Beamte, die nicht arischer Abstammung sind, sind in den Ruhestand (§§ 8 ff.) zu versetzen; soweit es sich um Ehrenbeamte handelt, sind sie aus dem Amtsverhältnis zu entlassen.“ In der ersten Verordnung zur Durchführung des Gesetzes wird der Begriff „nichtarisch“ konkretisiert: „Als nicht arisch gilt, wer von nicht arischen, insbesondere jüdischen Eltern oder Großeltern abstammt. Es genügt, wenn ein Elternteil oder ein Großelternteil nicht arisch ist. Dies ist insbesondere dann anzunehmen, wenn ein Elternteil oder ein Großelternteil der jüdischen Religion angehört hat.“ Religionszugehörigkeit wird hier also als Merkmal einer Ethnie benutzt.

651 Eine Ausnahmeregelung galt für Frontsoldaten des Ersten Weltkriegs oder für Beamte, deren Väter oder Söhne gefallen waren. Dieses „Frontkämpferprivileg“ wurde durch das Reichsbürgergesetz von 1935 und seine Durchführungsverordnung 1935 beseitigt. Weiterhin konnten nach § 4 des Gesetzes „Beamte, die nach ihrer bisherigen politischen Betätigung nicht die Gewähr dafür bieten, daß sie jederzeit rückhaltlos für den nationalen Staat eintreten“, entlassen werden. Klüpfel und Graumann (1986, S. 79) berichten, dass Karl Wilmanns, Direktor der Heidelberger psychiatrischen Universitätsklinik, am 04.05.1933 aus politischen Gründen beurlaubt und in Untersuchungshaft genommen wurde, weil er behauptet hatte, Hitler habe im Ersten Weltkrieg an einer psychogenen Blindheit gelitten und sei deshalb im Lazarett gewesen.

Aschaffenburg wurde 1933 entlassen. Bereits 1929 hatte der Nationalsozialistische Deutsche Studentenbund (NSDStB) öffentlich gegen ihn als Juden polemisiert. Aufgrund seiner Gewaltbereitschaft hatte der NSDStB 1932, wie die von Golczweski untersuchten Vorgänge um die Bewerbung Gustav Aschaffenburgs um das Rektorat gezeigt haben, Angst unter Studierenden wie Lehrenden verbreitet (Freitäger, 2010b, S. 135). Mit dem „Gesetz zur Wiederherstellung des Berufsbeamtentums" endete nun Aschaffenburgs akademische Karriere in Deutschland. Er emigrierte 1939 in die USA, wo er 1944 verstarb. Seine eigene argumentative Nähe als Psychiater und Kriminologe zur rassistischen Vernichtungspolitik der Nationalsozialisten hatte ihn nicht schützen können. Noch 1935 verteidigte er in der Monatsschrift für Kriminalpsychologie (S. 531f), deren Gründer und Herausgeber er war, die Strafrechtsposition, „die Volksgemeinschaft von den Schädlingen zu befreien und ihr die Gewissheit zu geben, in ihrem Bestand nicht durch asoziale Menschen gefährdet zu werden" (zit. n. Laue, 2010, S. 20).[652]

652 Auch Aschaffenburg schätzte ungefähr die Hälfte aller Kriminellen als psychopathisch „minderwertig" ein. Er sah die Ursachen für die „Minderwertigkeit" und ihre Verbindung zu kriminellem Verhalten vor allem in den Umwelteinflüssen, wie z.B. der Unterernährung (Brückweh, 2006, 192), schloss sich also nicht der These Lombrosos vom geborenen Verbrecher an (Gadebusch Bondio, 2007, S. 302). Lombroso ging davon aus, dass 35% aller Verbrecher als Verbrecher („delinquente nato") geboren seien (Aschaffenburg, 1903, S. 138). Dennoch befürwortete Aschaffenburg eine Forschung, die den Zusammenhang zwischen Körperbau und Charakter aufzeigte. Er akzeptierte auch die Verwendung des Begriffs „Entartungszeichen". Kastration und Sterilisation werden von ihm als extreme, aber akzeptable Mittel der Verbrechensprävention dargestellt (Gadebusch Bondio, 2007, S. 302f). Die Beschäftigung mit „Biokriminologie" (Zusammenhang zwischen körperlichen Merkmalen und abweichendem Verhalten) ist wegen des großen Missbrauchs insbesondere in der NS-Zeit heute in Deutschland ein Tabu-Thema (Laue, 2010, S. V). Beispielsweise gibt Egon Stephan in einer Untersuchung aus dem Jahre 1983 einen empirischen Überblick über „Persönlichkeit und delinquentes Verhalten". Die täterorientierte und auf wenige Merkmale (wie Konstitution oder Erbmasse) beschränkte Forschung wurde zugunsten einer Konzeption des Mehrfaktorenansatzes und nach der Anlage-Umweltformel ersetzt. Der Mehr- oder Multifaktorenansatz geht davon aus, dass eine Vielzahl von Faktoren für das Entstehen der Delinquenz verantwortlich ist (Stephan, 1983, S. 402). Stephan weist darauf hin, dass die großen multifaktoriellen Untersuchungen z.T. mehrere hundert Variablen bzw. Faktoren aufführen (Stephan, S. 403).

Helmuth Plessner (1892–1985)

Ebenso wie sein Kollege Max Scheler galt Helmuth Plessner entsprechend dem Nazijargon als „Mischling“, da er einen (wenn auch getauften) jüdischen Vater hatte.

Plessner gilt heute als einer der Hauptvertreter der philosophischen Anthropologie.[653] Als Privatdozent und später als nichtbeamteter außerordentlicher Professor an der Universität zu Köln hatte er einige Psychologielehrveranstaltungen abgehalten: politische Psychologie (SS 1921), Leib und Seele (SS 1924), Gemütsbewegungen (WS 1924/25), Bewusstsein (WS 1925/26), Entwicklungspsychologie (SS 1929) und Allgemeine Psychologie (WS 1930/31). Am 03.08.1932 informierte Helmuth Plessner den Rektor der Universität darüber, dass ihm der Avenariuspreis der Sächsischen Akademie der Wissenschaften in Anerkennung seiner Arbeit „Theorie und Geschichte des menschlichen Erkennens unter psychologischem Gesichtspunkt“ verliehen worden ist (UAK Zug. 27/68b, o. P.). In der Kommissionssitzung der Philosophischen Fakultät vom 21.02.1933 war noch darüber beraten worden, ob nicht für Prof. Plessner ein persönliches Ordinariat beantragt werden sollte (UAK Zug. 285/1, S. 327).

Plessners Vater, Arzt, getaufter Jude und preußischer Patriot, hatte sich 1914 mit 53 Jahren reaktivieren lassen, um noch den Feldzug im Osten mitzumachen. Erst Ende 1918 schied er als Generaloberarzt aus dem Heeresdienst aus (Tilitzki, 2002, S. 167). Nach Überzeugung Helmuth Plessners hat sich sein Vater am 25.04.1933 vergiftet (trotz anders lautenden Totenscheins), als SA-Wachen vor seiner Praxis Posten bezogen, um zu verhindern, dass „arische“ Patientinnen und Patienten ihn konsultierten (Dietze, 2006, S. 87).

Im Sommersemester 1933 wurde Plessner noch im Vorlesungsverzeichnis aufgeführt. Er sollte eine Vorlesung über die „Geschichte der griechischen Philosophie“ und ein Seminar „Übungen über Platons Phaidon“[654] abhalten. Allerdings erging unmittelbar vor Vorlesungsbeginn die „dringende Empfehlung“ seitens des Kuratoriums, die Venia Legendi nicht auszuüben (zit. n. Dietze, 2006, S. 86).[655]

---

653 Nach Stubbe (2012b, S. 38) gilt der protestantische Humanist Otto Casmann als der Begründer der „philosophischen Anthropologie“. Casmann veröffentlichte 1594/96 ein Buch mit dem Titel „psychologia anthropologica“. Max Scheler veröffentlichte in seiner Kölner Zeit (1928) vielleicht sein bekanntestes Werk „Die Stellung des Menschen im Kosmos“ und Helmuth Plessner publizierte ebenfalls in seiner Kölner Zeit sein Hauptwerk „Die Stufen des Organischen und der Mensch“(1928).

654 Im „Phaidon“ wird die platonische „Seelenlehre“ erläutert (vgl. Stubbe, 2012b, S. 49).

655 Das Kuratorium erfüllte mit Schreiben vom 28.04.1933 den Auftrag des Kultusministeriums „allen Privatdozenten und Honorarprofessoren mit oder ohne Lehrauftrag sowie den beurlaubten beamteten Dozenten, die in den §§ 3 oder 4 des Gesetzes zur Wiederherstellung des Berufsbeamtentums unterfallen, dringend zu empfehlen, bis zur endgültigen Entscheidung ihrer Rechtslage durch den Minister ihre Venia Legendi nicht auszuüben, da andernfalls eine Gefährdung der öffentlichen Ordnung

In der Fakultätssitzung vom 03.07.1933 teilte der Dekan der Fakultät eine Stellungnahme des Senats mit, wonach Plessner auch im Wintersemester 1933/34 nicht in das Vorlesungsverzeichnis aufgenommen werden solle (UAK Zug. 285/1, S. 335), obwohl de jure noch keine Entscheidung über seinen Status gefällt worden war. Mit Schreiben vom 02.09.1933 wurde Plessner die Lehrbefugnis an der Universität Köln entzogen (UAK Zug. 27/68b, o. P.).

Plessner verließ seine Heimat und flüchtete in die Niederlande. An der Universität Groningen hielt er ab 1934 Veranstaltungen. Die Niederlande wurden 1940 besetzt. 1943 tauchte Helmuth Plessner unter und versteckte sich bis Kriegsende in Amsterdam und Utrecht.

Nach dem Krieg bot die Universität zu Köln Helmuth Plessner einen philosophischen Lehrstuhl an. Plessner lehnte jedoch ab (UAK Zug. 285/1, 13.11.1946, S. 530), nahm den Ruf nach Groningen an und wechselte 1950 auf das Ordinariat für Soziologie in Göttingen, wo er bis zu seiner Emeritierung 1962 lehrte (Dietze, 2006, S. 8).

Johannes Hessen (1889–1971)

In der Person von Johannes Hessen[656] kommen sogar zwei Aspekte zusammen: Er war Priester und sowohl unliebsam aus Sicht der Amtskirche als auch unliebsam aus Sicht der nationalsozialistischen Ideologie. Hessen hatte sich im Dezember 1920 an der Universität zu Köln in Philosophie habilitiert (UAK Zug. 285/1, S. 22). Er hatte einen Lehrauftrag für Philosophie und Geschichte der Philosophie des Mittelalters (Kassler, 1976). Am 22.12.1927 wurde er zum nichtbeamteten außerordentlichen Professor ernannt („Nachrichten aus dem Lehrkörper“ vom 28.01.1928; HAK Zug 516/2/149/1, S. 74). Im Laufe seiner Schaffenszeit hielt er einige Veranstaltungen im Bereich Psychologie ab: Problem der Intuition (WS 1924/25), Einführung in die Psychologie – 1. Gegenstand und Methoden der Psychologie; 2. Die psychische Wirklichkeit, ihre Beschaffenheit; 3. Metaphysische Fragen – (SS 1928), Allgemeine Psychologie – im Rahmen einer philosophischen Anthropologie (WS 1933/34 und SS 1936).

Hessens Habilitation bei Max Scheler an der Universität zu Köln war „ein Politikum ersten Ranges“, schreibt Tilitzki (2002, S. 157). Adenauer hatte dem Kölner Kardinal Felix von Hartmann [von 1912 bis 1919 Erzbischof von Köln] kurz vor

---

und Sicherheit an der Hochschule zu besorgen sei, die das Ansehen der Dozenten und der Hochschule schädigen würde“ (Dietze, 2006, S. 86). Hier ist die perfide Strategie der Nationalsozialisten erkennbar, betroffenen Nichtariern zu empfehlen, ihre Lehrveranstaltungen nicht abzuhalten, da durch sie eine „Gefährdung der öffentlichen Ordnung“ gegeben sei.

656 Johannes Hessen (1889–1971). Nach dem Studium der Theologie und Philosophie in Münster wurde Hessen 1914 zum Priester geweiht. Er promovierte 1916 zum Dr. theol. mit einer Arbeit über „Die Begründung der Erkenntnis nach dem Hl. Augustinus“ und zwei Jahre später folgte in Würzburg die philosophische Promotion (Kassler, 1976).

dessen Tod versprechen müssen, Hessens Etablierung an der Kölner Universität zu verhindern. Doch der damalige Dekan, der Historiker Martin Spahn, drängte die Kommission, am zögerlichen Scheler vorbei, die Habilitationsschrift Hessens „Die Kategorienlehre Eduard von Hartmanns und die Philosophie der Gegenwart" anzunehmen (Tilitzki, 2002). Bei Kassler (1976, o. P.) ist zu lesen, dass die Habilitation von Hessen gescheitert wäre, wenn sich nicht Spahn für Johannes Hessen eingesetzt hätte.[657]

Hessen steht bei seinen philosophischen Gedanken in der Linie Platon – Augustinus, während ansonsten in der katholischen Kirche die aristotelisch-thomistische Richtung [wie auch von Lindworsky] vertreten wurde (Kassler, 1976).[658] Wegen seiner Ausrichtung nach Augustinus geriet Johannes Hessen in „Modernisierungsverdacht" (vgl. Antimodernisteneid unter Papst Pius X. im Jahre 1910).[659] Kirchlicherseits wurden 1928 zwei seiner Bücher indiziert und er selbst wurde kurzzeitig vom Priesteramt suspendiert (Tilitzki, 2002, S. 158). Der Kölner Kardinal Karl Joseph Schulte versuchte sogar, Hessen als außerordentlichen Professor an der Universität zu Köln zu suspendieren, was aber juristisch nicht durchzusetzen war. Unter den Nazis wurde ihm die Venia Legendi entzogen, sein Gehalt wurde einbehalten (Kassler, 1982). Im Fakultätsprotokoll vom 20.03.1940 (UAK Zug. 285/1, 20.3.1940, S. 446) ist lediglich zu lesen, dass Hessen (vergleichbar mit Friedrich Schneider) nicht „zum Dozenten neuer Ordnung" ernannt werde.[660] 1939 forderten

657 Scheler spricht in der Fakultätssitzung vom 28.06.1920 vom „Fall Hessen" (UAK Zug. 285/1, S. 13).

658 Ziegenfuß (1949, S. 525) schreibt über ihn: „Hessen sieht sich als katholischer Theologe im gewissen Gegensatz zu der offiziellen katholischen Philosophie und Theologie, sofern er sich im Unterschied von der dogmatisch gebundenen thomistischen Philosophie um eine voraussetzungslose wissenschaftliche Philosophie bemüht."

659 Der Modernismus war eine um 1900 insbesondere in Frankreich, Italien und England verbreitete theologische Bewegung zur „Anpassung" des katholischen Glaubens an die „moderne" Zeit. Der Modernismus als philosophisch-theologisches System wurde in der Enzyklika „Pascendi" von Papst Pius X (1907) als „Summe aller Irrlehren" verworfen. Die Überwindung des Modernismus erfolgte insbesondere durch den „Antimodernisteneid" (1910), den u.a. alle Priester abzulegen hatten (Der Große Herder, 1934, Bd. 8, S. 526).

660 In der Fakultätssitzung vom 13.03.1946 (UAK Zug. 285/1, S. 522) verliest der Dekan eine Eingabe der Studenten an den Rektor der Universität zu Köln, den außerordentlichen Professor Hessen zum ordentlichen Professor zu ernennen. Desgleichen verliest der Dekan einen Brief Hessens, in dem er den Dekan bittet, sein außerplanmäßiges Extraordinariat in ein planmäßiges umzuwandeln. Dem Antrag ausweichend heißt es im Fakultätsprotokoll: „Es wird gebilligt, Herrn Hessen zu antworten, dass sein Antrag noch nach Besetzung des 2. Philosoph[ischen] Lehrstuhls behandelt werden könne" (ebd.). Hessen musste neun Jahre bis 1954 auf eine Wiedergutmachung (u.a. unterstützt von Konrad Adenauer, Romano Guardini und Karl Jaspers) warten (Kassler, 1981). Hessen selbst war der Meinung, dass Alt-Nazis an deutschen Universitäten seine Rehabilitation verhindert hätten (Kassler, 1976).

die Nationalsozialisten alle Nichtordinarien auf, die Aufnahme nach der neuen Dozentenordnung zu beantragen. So bestand die Möglichkeit, aus Sicht der Nationalsozialisten umstrittene Dozenten wie Johannes Hessen auszuschließen (Eckert, W., 1961, S. 204).

Friedrich Schneider (1881–1974)

Neben Lindworsky lehrte noch Prof. Friedrich Schneider, Privatdozent (Pädagogik), Dozent an der Pädagogischen Akademie in Bonn, in Köln das Fach pädagogische Psychologie. Friedrich Schneider gilt als einer der Begründer und führenden Vertreter der Vergleichenden Erziehungswissenschaften.[661] Allein im Wintersemester 1928/29, dem ersten Semester nach Lindworsky, hielt er drei Lehrveranstaltungen zur Psychologie, u.a. auch ein Seminar zur „Psychoanalyse und Individualpsychologie". In seiner Stellungnahme an Adenauer vom 07.11.1923 (UAK Zug. 9/273, o. P.) sprach Lindworsky bereits davon, dass die „pädagogische Psychologie" von Friedrich Schneider vorgetragen werde. 1923 hatte Friedrich Schneider sich mit einer Arbeit zur „Psychologie des Lehrberufs" an der Kölner Philosophischen Fakultät für Pädagogik habilitiert (Retter, 2015, S. 1).[662] Als er sich 1929 vergeblich wegen der Übertragung einer unbesoldeten außerordentlichen Professur für Pädagogik in Köln an den Ordinarius Wilhelm Kahl (1864–1929) wandte, gab dieser ihm zu verstehen, dass seine bisher vorgelegten Veröffentlichungen eine „zu große Bevorzugung der Psychologie des Lehrberufs" aufwiesen (Heimbüchel, 1988, S. 479). Mit anderen Worten, Schneider habe seiner Meinung nach zu sehr die pädagogische Psychologie bei seinen Veröffentlichungen im Blick und nicht die eigentliche Pädagogik (Retter, 2015, S. 1). Im November 1933 unterzeichnete Friedrich Schneider wie etwa weitere 900 Hochschullehrer das Bekenntnis der Professoren an den deutschen Universitäten und Hochschulen zu Adolf Hitler (Retter, 2015, S. 2). Von den Nationalsozialisten wurde Friedrich Schneider dennoch als unzuverlässig eingeschätzt. Friedrich Schneider war als Herausgeber der seit 1931 erscheinenden dreisprachigen „Internationalen Zeitschrift für Pädagogik" bekannt geworden. Er wurde als Herausgeber von Alfred Bäumler abgelöst

661 Vgl. Hartmann, Barbara (2009). Die Anfänge der Vergleichenden Erziehungswissenschaft im deutschsprachigen Raum: das Wirken des Erziehungswissenschaftlers Friedrich Schneider (Dissertation, Universität Augsburg). Frankfurt a.M.: Lang. Ebenso Retter, 2015, S. 1.

662 Sein Habilitationsvortrag trug den Titel „Intelligenz und pädagogische Eignung" (UAK Zug 285/1, S. 86). In den „Nachrichten für den Lehrkörper" vom 27.03.1926 wurde bekannt gegeben, dass der Preußische Minister für Wissenschaft, Kunst und Volksbildung Herrn Privatdozenten Dr. Friedrich Schneider einen Lehrauftrag bei der zu Ostern 1926 neu einzurichtenden staatlichen Pädagogischen Akademie in Bonn erteilt habe (HAK Zug 516/2/149/1, S. 42). 1928 wurde er dort zum Professor ernannt, er behielt jedoch seine Lehrtätigkeit an der Universität zu Köln bei (HAK Zug 516/2/149/1, S. 73).

und durch Zwangspensionierung 1934 (auf der Basis des Gesetzes zur Wiederherstellung des Berufsbeamtentums) der Lehre der Hochschule für Lehrerbildung in Bonn entzogen (Stübig, 2007, S. 291). Als bekennender Katholik war er in der nationalsozialistischen Lehrerbildung unerwünscht (Retter, 2015, S. 2). Trotz seiner Zwangspensionierung lehrte Schneider jedoch noch bis 1940 (1. Trimester) an der Kölner Universität weiter.[663] Zu seinen letzten Lehrveranstaltungen zählte „Pädagogische Psychologie“ im Sommersemester 1938 und „Übungen zur Psychologie und Pädagogik der Reifezeit“. Aufgrund der Neufassung der Habilitationsordnung wurde ihm 1940 auch die Lehrbefugnis an der Universität Köln entzogen. Im Fakultätsprotokoll vom 20.03.1940 ist zu lesen, dass er laut ministeriellem Erlass vom 09.01.1940 nicht „zum Dozenten neuer Ordnung“ ernannt würde (UAK, 285/1, 20.3.1940, S. 446).[664] Insofern gleicht sich die Verdrängung aus dem universitären Lehrbetrieb von Johannes Hessen und Friedrich Schneider. Unter Hinweis auf verschiedene Quellen weist Retter darauf hin, dass es jedoch vermutlich unzutreffend ist, dass 1943 F. Schneider einen Ruf an die Universität Freiburg/Fribourg (Schweiz) erhalten habe und dessen Annahme ihm durch das NS-Regime untersagt worden sei (Retter, 2015, S. 18).

9.2.2 Entziehung akademischer Grade

Das „Gesetz über den Widerruf von Einbürgerungen und die Aberkennung der deutschen Staatsangehörigkeit“ vom 14.07.1933 stellte die Rechtsgrundlage dar, auf deren Basis während der Zeit des NS-Regimes bereits zuerkannte Doktortitel nachträglich wieder entzogen wurden. Der Gedankengang war regelrecht perfide: Deutschen Staatsbürgern, die sich im Ausland aufhielten, konnte die Staatsbürgerschaft entzogen werden, „sofern sie durch ein Verhalten, das gegen die Pflicht zur Treue gegen Reicht und Volk verstößt, die deutschen Belange beschädigt haben“ (§2). Ein Verlust des akademischen Grades bei Vorliegen eines Gerichtsurteils, das zum Verlust der bürgerlichen Rechte nach § 33 RStGB führte, war bereits vor 1933 möglich gewesen, allerdings handelte es sich bis dahin normalerweise um entsprechend schwerwiegende Straftaten wie etwa Abtreibung, die damals moralisch dem Mord gleichgesetzt war (vgl. Szöllösi-Janze & Freitäger, 2005, S. 19), insbesondere bei als „erbgesund“ klassifizierten Frauen. Die Durchführungsverordnung des o.g. Gesetzes ermöglichte nun den Verlust der Staatsbürgerschaft durch Unwürdigkeit – man übertrug das Prinzip der Einfachheit halber.

Urheber dieser Idee waren ursprünglich Studierende gewesen; der Kreisleiter der Deutschen Studentenschaft in Bayern hatte sich am 18.09.1933 schriftlich an

663 In den Vorlesungsverzeichnissen wird er aufgeführt u.a. mit seiner Amtsbezeichnung (Professor an der Hochschule für Lehrerbildung in Bonn) und dem Zusatz i.R. (in Ruhe).

664 Robert Heiß musste den Antrag auf Anerkennung als Dozent neuer Ordnung ebenfalls stellen. Sein Antrag wurde jedoch positiv beschieden.

den Bayerischen Kultusminister gewandt. „Die Studentenschaft stellt deshalb den Antrag, in einem Rundschreiben an die bayerischen Hochschulen diese anzuweisen, von diesem Recht der Entziehung der Dr.-Würde bei den der deutschen Staatsangehörigkeit verlustig erklärten Verrätern grundsätzlich Gebrauch zu machen“ (Szöllösi-Janze & Freitäger, 2005, S. 21). Das bayerische Staatsministerium griff die Idee auf, reichte sie weiter nach Berlin, und der preußische Kultusminister (im Zuge der Gleichschaltung nun weisungsbefugt für das gesamte Reichsgebiet) regelte in zwei Erlassen am 13.01.1934 und 17.07.1934 die konkreten Formulierungen, die in die örtlichen Promotionsordnungen zu übernehmen waren. Mit Erlass vom 13.04.1935 wurde die Bestimmung auch auf Diplom-Grade ausgedehnt. Allerdings blieben wohl Unklarheiten bestehen, so dass am 07.06.1939 das „Gesetz über die Führung akademischer Grade“ folgte. Ein akademischer Grad konnte nun bei Täuschung, Fälschung oder falschen Angaben zu den Voraussetzungen entzogen werden, aber auch „wenn sich der Inhaber durch sein späteres Verhalten der Führung eines akademischen Grades unwürdig erwiesen hat“ (§4, Abs. 1, c)). Ausbürgerung wurde als Beleg der Unwürdigkeit eingestuft. Da nicht zwingend bekannt war, an welcher Hochschule die Ausgebürgerten promoviert hatten, wurden im „Reichsanzeiger“ regelrechte Listen mit den Namen derjenigen veröffentlicht, die ausgebürgert worden waren. Die Universitäten wurden dann angehalten, diese Listen auf eigene ehemalige Doktoranden zu überprüfen (Szöllösi-Janz & Freitäger, 2005, S. 29).

An der Universität zu Köln wurden insgesamt 65 Doktorgrade entzogen, davon 34 als Folge von Ausbürgerung und 31 als Folge einer gerichtlichen Verurteilung, etwa wegen Abtreibung (6), Devisenvergehens (5) oder Homosexualität (5). In zwei Fällen wurde der Doktorgrad auch aufgrund von „Hochverrat“ entzogen (vgl. Szöllösi-Janz & Freitäger, 2005, S. 43ff). Aus der bei Szöllösi-Janze & Freitäger (2005) aufgeführten Liste ergab sich, dass niemand von den in Anhang aufgeführten Doktoranden Lindworskys betroffen war.

2005 hat die Universität zu Köln in einer Feierstunde die während der NS-Zeit entzogenen Doktorgrade wieder zuerkannt (Rapp, 2005, online). Als „willkürlich, menschenverachtend und einer Universität unwürdig“ benannte Rektor Axel Freimuth das begangene Unrecht. „Die Universität hat sich an den Opfern dieser Willkürmaßnahmen schuldig gemacht und bekennt sich voller Scham zu ihrer Verantwortung“ (Szöllösi-Janz & Freitäger, 2005, S. 7).

10. Robert Heiß (1903–1974)

Abbildung 53: *Robert Heiß (Jahnke et al., 1998, S. 380)*

Neben Lindworsky und Krudewig hat Robert Heiß[665] die deutlichsten Spuren in der akademischen Psychologie bis 1945 in Köln hinterlassen. Robert Moritz Ludwig Heiß wurde am 22.01.1903 in München geboren. Sein Vater war Postsekretär. Er besuchte die Volksschule bis zum neunten Lebensjahr in Bamberg, dann folgten Progymnasium und Gymnasium in München. Nach der Reifeprüfung trat er 1919 in das Bayerische Schützenregiment der Reichswehr ein. Danach begann er ein Studium an der Universität Heidelberg als Student der Rechts- und Staatswissenschaften. Doch galt

665 Die Schreibweise des Nachnamens ist uneinheitlich. Da Heiß selbst seinen Namen handschriftlich mit ß schrieb, wird diese Schreibweise im Folgenden beibehalten, sofern es sich nicht um zitierte Dokumente handelt, die die Schreibweise „Heiss" mit Doppel-s verwenden.

bereits im ersten Semester sein Interesse der Philosophie. Wie er in seinem Lebenslauf 1928 schrieb, verdankte er „den Weg zu den psychologischen Problemen" seinem dortigen Lehrer Karl Jaspers[666] (UAK Zug. 27/59, o. P.). Nach Heidelberg setzte er seine Studien in Kiel fort, studierte dann ein Semester in Marburg und kehrte dann wieder nach Kiel zurück. Während seines einsemestrigen Aufenthalts in Marburg lernte er Nicolai Hartmann [der ab 1925 ordentlicher Philosophieprofessor in Köln war] und Martin Heidegger kennen (UAK Zug. 27/59, o. P.). In Göttingen promovierte er 1926 bei Geiger mit der Arbeit „Die Philosophie der Logik und der Negation" (UAK Zug. 27/59, o. P.). Danach studierte er in Köln weiter auf der Basis eines Stipendiums der „Notgemeinschaft der deutschen Wissenschaft" zur Ausführung einer Arbeit mit dem Titel „Theorie des sozialen Handelns" (UAK Zug. 27/59, o. P.).

Am 23.07.1928 habilitierte sich Robert Heiß in Köln bei Nicolai Hartmann und erhielt die Venia Legendi für Philosophie (UAK Zug. 27/95, o. P.) In den „Nachrichten für den Lehrkörper" wurde am 18.10.1928 (HAK Zug 516/2/149/1, S. 79) veröffentlicht, dass sich in der Philosophischen Fakultät Privatdozent Dr. phil. Robert Heiß auf Grund seiner Schrift „Das Gesetz der negativen Selbstbezüglichkeit"[667] und des Probevortrages vor der Fakultät über „Die psychische Dynamik und die Grenze der typisierenden Betrachtungsweise"[668] für das Fach Philosophie habilitiert habe. Hier war bereits der Schwerpunkt seines wichtigsten psychologischen Werkes „Die Lehre vom Charakter" erkennbar.

Nach der Habilitation wird Robert Heiß probeweise als „Dekanats-Assistent" (UAK Zug. 285/1,12.11.1928, S. 229) bzw. als „Fakultäts-Assistent" (UAK Zug. 285/1,17.12.1928, S. 231) angestellt. Insbesondere seine Zusammenarbeit mit Nicolai Hartmann war intensiv (UAK Zug. 27/59, Lebenslauf, o. P.). Am 08.02.1933 erhielt er die Lehrerlaubnis für Logik und Logistik (UAK Zug. 27/59, 8.2.1933, o. P.).[669] Kurze Zeit später wurde Helmuth Plessner durch den Minister für Wissenschaft, Kunst und Volksbildung auf Grund des Arierparagraphen § 3 des Gesetzes

666 Jaspers legte ein Konzept verstehender Wissenschaft für die Psychopathologie vor und verfolgte damit einen ähnlichen Ansatz wie Wilhelm Dilthey mit seinem Konzept der beschreibenden Psychologie (vgl. Galliker et al., 2007, S. 161). Sprung & Sprung (2010) rechnen ihn „bis zu einem gewissen Grad" der Verstehenden Psychologie zu (S. 133).

667 In der Fakultätssitzung vom 14.05.1928 hatte Nicolai Hartmann unter der Zustimmung von Artur Schneider vor der Fakultät über Robert Heiß Bericht erstattet (UZK Zug. 285/1, S. 205).

668 In seiner Vorlesungsreihe 1937 (sechste Vorlesung) greift er das Thema der Kritik der typologischen Methode auf.

669 Im Protokoll der Fakultätssitzung vom 19.12.1932 ist zu lesen: „Lehrauftrag für Herrn Dr. Heiss für Logik und Logistik von der Fakultät befürwortet" (UAK Zug. 285/1, S. 321). Unmittelbar vorher (Schreiben vom 16.12.1932) hatte jedoch Heimsoeth (zusammen mit A. Schneider) den Dekan gebeten, auf die Tagesordnung der nächsten Fakultätssitzung den Antrag auf „Verleihung eines Lehrauftrags für charakterologische Psychologie an den Privatdozenten Dr. Robert Heiss" zu setzen

zur Wiederherstellung des Berufsbeamtentums die Lehrbefugnis an der Universität Köln entzogen (UAK Zug. 27/68b, 2.9.1933, o. P.). So stellte der Dekan der Philosophischen Fakultät ans Kuratorium den Antrag, den Lehrauftrag von Helmuth Plessner auf den Privatdozenten Dr. Heiß zu übertragen. Der Titel des Lehrauftrages musste aber geändert werden, vom Lehrauftrag für Naturphilosophie und Geschichte der neueren Philosophie in einen Lehrauftrag für Wissenschaftslehre (UAK Zug. 197/725, 20.12.1933, S. 78).[670] Mit Bescheid vom 26. 06.1934, d.h. ca. 4 Monate seit seiner letzten Lehrerlaubnisverfügung, erhielt Heiß zusätzlich die Lehrerlaubnis für „Wissenschaftslehre" (UAK Zug. 27/59, o. P.).

In der Fakultätssitzung vom 15.04.1935 wurde über einen Antrag auf Ernennung von Heiß zum nichtbeamteten außerordentlichen Professor entschieden (UAK Zug. 285/1, S. 363).

In der Begründung des Antrages der Philosophischen Fakultät auf Ernennung von Robert Heiß zum nichtbeamteten außerordentlichen Professor heißt es, er habe sich neben seiner bisherigen siebenjährigen Tätigkeit auf verschiedenen Gebieten der Philosophie besonders dem Bereich der „charakterologischen Psychologie" gewidmet (UAK Zug. 197/725, o. D., Bl. 61). Als druckfertiges Manuskript läge der Fakultät ein Buch mit dem Titel „Grundlehren der Charakterkunde, ein Beitrag zum Aufbau der philosophischen Anthropologie" vor. [671] Im Gegensatz zu den bisherigen charakterologischen Arbeiten untersuche die Arbeit von Heiß nicht den Charaktertyp des Menschen wie in der Typenforschung. Heiß lege keinen „Querschnitt" vor, sondern einen „Längsschnitt" durch die Persönlichkeit des Menschen (UAK Zug. 197/725, Bl. 62). Bei Heiß trete der Typ eines Menschen nicht als fertige Gestalt auf, sondern in seinem Entstehen, in der allmählichen Verfestigung der Persönlichkeit zu dieser Form. Der Typ sei nicht etwas, das durch die Zeit hindurch in allem Wesentlichen gleich bliebe, sondern er sei grundsätzlich einem fortwährenden Gestaltungsprozess unterworfen.[672] Heiß habe mit diesem Buche erneut seine ausgezeichnete Begabung als „philosophischer Forscher" unter Beweis gestellt. (UAK Zug. 197/725, Bl. 64). Im Rahmen dieses Antrags schickte der damalige Dekan Artur Schneider mit Schreiben vom 31.01.1936 einen Nachweis über die arische Abstammung von Robert Heiß und seiner Ehefrau sowie eine

---

(UAK Zug. 197/725, Bl. 84). Ein Widerspruch zwischen diesen beiden Fakten ist offensichtlich, zumal der Lehrauftrag für „Psychologie und Charakterforschung" erst im Jahre 1938 erfolgte. Die Gründe hierfür sind aus den Akten nicht ersichtlich.

670 Heimsoeth schrieb im Frühjahr 1934 an den Dekan der Philosophischen Fakultät: „Auf Antrag von Herrn Prof. Schneider und mir hat die Fakultät um Weihnachten herum an das Ministerium den Antrag gerichtet den durch Weggang von Prof. Plessner freigewordenen Lehrauftrag auf Herrn Dr. Heiß zu übertragen. Als Titel für den Lehrauftrag war ‚Wissenschaftslehre' in Aussicht genommen worden" (UAK Zug.197/725, Bl. 76; Schreiben ohne Datum).

671 Vermutlich handelt es sich um sein Werk „Die Lehre vom Charakter", das 1936 veröffentlicht wurde (2. Aufl. 1949).

672 1948 veröffentlichte Heiß sein Buch „Person als Prozess".

Erklärung über etwaige Logenzugehörigkeiten an das Reichsministerium (UAK Zug. 27/95, o. P.)[673] Im Anhang 2 sind die entsprechenden Unterlagen abgedruckt.

Mit Bescheid vom 20.04.1936 wurde Robert Heiß zum „nichtbeamteten außerordentlichen Professor" ernannt (UAK Zug. 27/59, o. P.).

In den ersten Jahren nach seiner Habilitation in Philosophie lag der Schwerpunkt der Lehrtätigkeit von Robert Heiß im Bereich der Philosophie: „Übungen über Kant" (SS 1929), „Übungen zur Einführung in die Logik" (WS 1929/30 und SS 1930), „Übungen zur Einführung in Leibniz" (SS 1930), „Einführung in das Erkenntnisproblem" (WS 1930/31). Seine erste inhaltlich psychologienahe Lehrveranstaltung hielt er im Wintersemester 1930/31 ab: „Übungen zur Phänomenologie". Im Wintersemester 1930/31 wurde er im Vorlesungsverzeichnis als planmäßiger Assistent im Philosophischen Seminar geführt. Im ministeriellen Begleitschreiben an ihn anlässlich seiner Ernennung zum außerplanmäßigen Professor erinnerte das Ministerium daran, dass er aufgrund der ihm erteilten Lehrbefugnis verpflichtet sei, das Fach „Philosophie" in Vorlesungen und Übungen zu vertreten (UAK Zug. 197/725, 28.10.1939, Bl. 48).

10.1 Psychologisches Institut nach 1937

Einen unerwarteten Auftrieb bekam das Psychologische Institut und die Fachdisziplin Psychologie 1937 durch einen Impuls von außen. Am 01.11.1937 schickte Oberst Hans von Voß[674] vom Psychologischen Laboratorium des Reichskriegsministeriums in Berlin an die Philosophische Fakultät der Universität zu Köln einen Brief, in dem u.a. darum gebeten wurde, dafür Sorge zu tragen, dass Studenten auch Gelegenheit fänden, bei einem ordentlichen Professor Psychologie zu studieren

---

673 Nach § 25 DBG (Deutsches Beamten Gesetz) hatte jeder deutsche Beamte seine „deutschblütige" Abstammung nachzuweisen.

674 Hans von Voß (1875–1966), Oberst im Jahre 1937 (später Generalleutnant), wurde 1929 zum „Militärischen Leiter des Psychotechnischen Laboratoriums des Reichsministers" ernannt. 1935 erfolgte eine Umbenennung in „Psychologisches Laboratorium des Reichskriegsministeriums" (vgl. obiger Brief) und seit 1938 erhielt die Stelle den Namen „Hauptstelle der Wehrmacht für Psychologie und Rassenkunde" (Ringshausen, 2008, S. 16). Oberst von Voß hielt auch auf dem 15. Kongress der „Deutschen Gesellschaft für Psychologie" in Jena (1936) ein Grußwort [vgl. Bericht über diesen Kongress (1937), S. 16/17. Jena: Gustav Fischer]. Die „Deutsche Gesellschaft für Psychologie" ernannte Hans von Voß 1936 zu ihrem Ehrenmitglied. Hans von Voß war der Vater des Widerstandskämpfers Hans-Alexander von Voß (1907–1944), der sich im Zusammenhang mit den Ereignissen des 20. Juli 1944 um Claus Schenk Graf von Stauffenberg am 08.11.1944 das Leben nahm, um der Festnahme zu entgehen und seine Freunde zu schützen, was auch dazu führte, dass sein Vater unbehelligt blieb (http://www.gdw-berlin.de/vertiefung/biografien/personenverzeichnis/biografie/view-bio/hans-alexander-von-voss/).

und in Psychologie zu promovieren (UAK Zug. 44/174, 01.11.1937, o.P.).[675] Nach dem Wortlaut obiger Nachricht ging es nicht explizit um Wehrpsychologie, sondern generell um die Berufslaufbahn des Psychologen. In einem gleichgeschalteten Staat war die obige „Bitte" gleichbedeutend mit einer Anweisung und so wurde sie auch verstanden. Es ist nicht erkennbar, dass die Universität zu Köln sofort vorhatte, wie in dem Schreiben von Oberst Hans von Voß bemerkt, eine ordentliche Professur für Psychologie einzurichten; aber zumindest bedurfte es (vergleichbar mit Lindworsky im Jahre 1922) schnellstmöglich einer habilitierten Persönlichkeit mit Lehrauftrag für Psychologie. So stand auf der Tagesordnung der Fakultätssitzung vom 13.12.1937 der „Antrag auf Inbetriebsetzung des psychologischen Instituts" (UAK Zug. 285/1, S. 410) und kurze Zeit später am 18.01.1938 (UAK Zug. 9/598 und Zug. 27/59, o. P.) richtete der Dekan der Philosophischen Fakultät Prof. Otto Kuhn[676] an den „Reichs- und Preussischen Minister für Wissenschaft, Erziehung und Volksbildung" in Berlin den Antrag auf „Umwandlung" (nicht auf Ergänzung!) des Lehrauftrags von Robert Heiß in „Lehrauftrag für Psychologie und Charakterforschung". Mit dieser Umwandlung war auch der Schwerpunkt der zukünftigen Tätigkeit von Robert Heiß festgelegt. Robert Heiß, von der Philosophie kommend, hatte folglich eine Universitätslaufbahn mit Schwerpunkt Psychologie vor sich. Weiterhin richtete der Dekan ans Ministerium die folgende Bitte: „Es erscheint aus folgenden Gründen der jetzige Augenblick als geeignet, das in einem Latenzzustand vorhandene Psychologische Institut der Universität Köln als ‚Institut für experimentelle Psychologie' wieder aufleben zu lassen".

Die positive Entwicklung der Psychologie an der Universität zu Köln hatte mit dem Weggang Lindworskys 1928 ein relativ jähes Ende gefunden. Der Mediziner, Prof. Alfred Busch, dem nach dem Weggang Lindworskys 1928 (UAK Zug. 285/1, 23.07.1928) die kommissarische Leitung des Psychologischen Instituts übertragen

675 Das Reichskriegsministerium hatte inzwischen die Laufbahnbestimmungen für Wehrmachtspsychologen herausgegeben (Beamter im höheren Dienst). Voraussetzung für die Aufnahme in den Vorbereitungsdienst war eine philosophische Promotion mit dem Hauptfach Psychologie (UAK Zug. 44/174, o. P.).

676 Im April 1935 wurde Otto Kuhn (1896–1978) als Nachfolger des von der Universität vertriebenen jüdischen Zoologen Ernst Breslau als ordentlicher Professor für Zoologie und vergleichende Anatomie an die Kölner Universität berufen. 1935 übertrug man ihm auch die Leitung der Zentralstelle wehrwissenschaftlicher Arbeitsgemeinschaften an der Universität zu Köln. 1937–38 war er Dekan der Philosophischen Fakultät. Von 1938–42 ernannte man ihn zum Rektor der Universität. Wegen fortgesetzter Auseinandersetzungen mit dem Gauleiter Grohé trat Kuhn 1942 von seinem Amt als Rektor zurück. Nach Ansicht seines Amtsvorgängers als Rektor Josef Kroll hing dies mit seiner katholischen Einstellung zusammen. 1945 wurde er entlassen und seit 1949 erneut als ordentlicher Professor für Zoologie und Vergleichende Anatomie an der Universität zu Köln eingesetzt. Er wurde 1964 emeritiert und war noch bis 1966 Leiter des Instituts für Zoologie (vgl. http://rektorenportraits.uni-koeln.de/rektoren/otto_kuhn).

worden war, hatte in den Folgejahren erkennbar keine Akzente für das Psychologische Institut setzen können. Alfred Busch war nichtbeamteter außerordentlicher Professor für Psychiatrie und experimentelle Psychopathologie, Experimentelle und Arbeitspsychologie. Sein Schwerpunkt lag folglich vor und nach der kommissarischen Übernahme des Psychologischen Institutes im medizinischen Bereich. Die meisten relevanten Lehrveranstaltungen hielt Maria Krudewig. Im Vorlesungsverzeichnis wurde das Psychologische Institut als Lehrveranstaltungsort in der Zeit nach Lindworsky und bis zur Übernahme der Institutsleitung durch Robert Heiß nur ein einziges Mal erwähnt: Im Sommersemester 1934 führte „Artur Schneider durch Krudewig" (Ankündigung im Vorlesungsverzeichnis) eine zweistündige Einführung in die Methoden der Psychologie „im Psychologischen Institut" durch.

Robert Heiß schrieb in der Chronik des Jahres 1938 unter der Überschrift „Institut für experimentelle Psychologie": „Das Psychologische Institut gab im Jahre 1928 seine Selbständigkeit auf und wurde dem Philosophischen und Pädagogischen Seminar angegliedert"(Heiss, 1938, S. 104). Aus einem Schreiben des Dekans der Philosophischen Fakultät, Artur Schneider, vom 30.03.1936 geht hervor, dass das Psychologische Institut dem Pädagogischen Institut unter der Leitung von Artur Schneider zugeteilt worden war (UAK Zug. 9/598, o. P.). Auf eine Anfrage des Reichsministers für Wissenschaft, Erziehung und Volksbildung antwortete Schneider, dass „ein Psychologisches Institut im engeren Sinne des Wortes" an der Universität Köln seit der Berufung Prof. Lindworskys nach Prag nicht mehr bestehe. Es sei „nur eine dem Pädagogischen Seminar angegliederte Bibliothek vorhanden." Seit dem Weggang Lindworskys im Sommer 1928 hatte das Psychologische Institut keinen Leiter mit Venia Legendi in Psychologie gehabt. Lediglich die „Assistenz" der nicht habilitierten Psychologin Maria Krudewig war eine Konstante.

In dieser Stellungnahme vom 03.12.1937 anlässlich der „Wiederbelebung" des Psychologischen Institutes schrieben die Professoren Schneider und Heimsoeth, dass die Erhaltung der Assistenz von Maria Krudewig „sicher gestellt" sei (UAK Zug. 9/598, o. P.).[677] Die Kontinuität der Mitarbeit von Maria Krudewig war also eine Voraussetzung für den Wiederaufbau des Psychologischen Institutes.

Überraschend in dem Schreiben des Dekans Otto Kuhn vom 18.01.1938 ist allerdings, dass das „Wiederaufleben"[678] des Psychologischen Institutes mit einer Namensänderung einherging. Der neue Name lautete: „Institut für experimentelle

677 Die Wortwahl der beiden Professoren ist insofern bemerkenswert, dass sie anscheinend ohne jeden Zweifel davon überzeugt waren, dass Maria Krudewig weiterhin die Aufgaben der Assistenz übernehmen würde, obwohl sie nur befristete Verträge hatte.

678 In der Stellungnahme der Professoren Schneider und Heimsoeth ist auch von „Wiederbelebung des Psychologischen Instituts" die Rede. In der Fakultätssitzung vom 13.12.1937 wurde der „Antrag auf Wiederinbetriebsetzung" des Psychologischen Institutes behandelt (UAK Zug. 285/1, S. 410).

Psychologie". Inhaltlich wäre er eher in der Ära Lindworsky berechtigt gewesen, da Lindworsky nur eine Lehrerlaubnis für die „experimentelle Psychologie" besaß. Die neue Namensnennung als eine Referenz an den ehemaligen Leiter Lindworsky oder sogar an Wilhelm Wundt, der die von ihm 1879 gegründete Einrichtung ebenfalls „Institut für experimentelle Psychologie genannt hatte[679], anzusehen, wäre aber reine Spekulation. Ebenso verfehlt wäre es wahrscheinlich, zu vermuten, man wolle ein Institut ausschließlich mit Forschungsaufgaben der experimentellen Psychologie wie zu Zeiten Lindworskys wieder aufleben lassen. Auch vor dem Hintergrund, dass auf dem 11. Kongress für experimentelle Psychologie 1929 der Name einstimmig in „Deutsche Gesellschaft für Psychologie" abgeändert wurde (und somit auch nach außen das Einbeziehen aller nicht-experimentellen Psychologierichtungen erkennbar war), lässt die Namensänderung von Psychologischem Institut hin zu Institut für Experimentelle Psychologie nicht als schlüssig erscheinen. In jedem Fall legt die neue Namensnennung wieder die Betonung auf das Experiment, d.h. auch wieder auf eine deutliche Trennung und Abhebung von der philosophischen Psychologie. Insgesamt bleiben jedoch die Motive zur Namensänderung bzw. die damit verbundene Zielsetzung im Dunkeln.

Im April 1938 ging beim Kuratorium der Universität zu Köln ein Schreiben von Prof. Heinrich Harmjanz[680] aus dem Reichsministerium mit der Genehmigung für diese Namensänderung ein. Weitere Erläuterungen fehlten (UAK Zug. 27/59, o. P.).

Die Praxis in den kommenden Jahren zeigte jedoch, dass an der Universität zu Köln der Begriff des Instituts für experimentelle Psychologie kaum Verwendung fand, in der Regel nur in der Institutsaufstellung der Vorlesungsverzeichnisse.[681] Im Vorlesungsverzeichnis des Sommersemesters 1938 wird „Professor Dr. Heiss" zum ersten Mal mit dem Psychologischen Institut in Verbindung gebracht. Er wird im Vorlesungsverzeichnis als „kommissarischer Leiter" des „Psychologischen Instituts"

---

679 Unter der Leitung von Felix Krueger, dem Nachfolger von Wilhelm Wundt, erfolgte in Leipzig übrigens genau die umgekehrte Namensentwicklung. 1925 wurde das „Institut für experimentelle Psychologie" umbenannt in „Psychologisches Institut" mit mehreren Abteilungen (Homepage des Instituts für Psychologie in Leipzig http://psychologie.biphaps.uni-leipzig.de).

680 Heinrich Harmjanz (1904–1994) war von 1938 bis 1944 ordentlicher Professor in Frankfurt a. M. Er war von 1937–1943 Referent für Geisteswissenschaften im Reichserziehungsministerium (Deutsche Nationalbibliothek; https://portal.dnb.de/opac.htm).

681 Im Vorlesungsverzeichnis für das Wintersemester 1936/37 und das Sommersemester 1937 wurde der „Latenzzustand" des Instituts noch durch die Eintragung „Psychologisches Institut – Leiter: N. N." ausgedrückt. Im Vorlesungsverzeichnis für das Wintersemester 1937/38 änderte sich im Grundsatz nichts. Die Eintragung zeigt nur deutlich, dass das Psychologische Institut und das Pädagogische Seminar eng miteinander verbunden waren – offenbar so eng, dass sie sich auch die Räumlichkeiten teilten. Für beide wird als Ort der Unterbringung die Zimmernummer 8408 angegeben ist. (Vorlesungsverzeichnis Wintersemester 1936/37, S. 59).

(nicht des „Instituts für Experimentelle Psychologie“[682]) bezeichnet. Ab dem Wintersemester 1938/39 wird im Vorlesungsverzeichnis Robert Heiß jedoch korrekt als Leiter des „Instituts für experimentelle Psychologie“ (Zimmer 8408) aufgeführt. Außerhalb der Aufstellung der Institute in den Vorlesungsverzeichnissen[683] wird jedoch weiterhin die Bezeichnung „Psychologisches Institut“ verwendet.[684] Selbst in der Fakultätssitzung vom 15.06.1938 (UAK Zug. 285/1, S. 420), in der die neue Sachlage nach dem Antrag ans Reichsministerium (UAK Zug. 9/598, 18.01.1938, o. P.) beraten wurde, heißt es: „Erweiterung des Lehrauftrags von Dr. Heiss und seine Ernennung zum Leiter des psychologischen Instituts d[er] Univ[ersität] Köln“.

Da im allgemeinen Schriftverkehr auch nach dem Wiederaufleben in der Regel vom „Psychologischen Institut“ die Rede war, erscheint es nicht so, als müsse hinter der Namensänderung eine gezielte veränderte Programmatik vermutet werden. Erst 1956 kam es offiziell zu einer Revidierung der Namensänderung: Mit Bescheid vom 16.01.1956 (UAK Zug. 9/598, o. P.) stimmte der Kultusminister des Landes Nordrhein-Westfalen dem Antrag der Mathematisch-Naturwissenschaftlichen Fakultät der Universität zu Köln auf Umbenennung des „Instituts für Experimentelle Psychologie“ in „Psychologisches Institut“ zu.

Im Vorlesungsverzeichnis für das Wintersemester 1942/43 wird zum letzten Mal Robert Heiß als außerplanmäßiger Professor und Leiter des Instituts für experimentelle Psychologie aufgeführt. Im letzten Vorlesungsverzeichnis der NS-Zeit (Wintersemester 1944/45) wird niemand als Leiter ausgewiesen, weder für das Institut für experimentelle Psychologie noch für das Pädagogische Seminar. Lediglich Heimsoeth wird als Direktor des Philosophischen Seminars erwähnt. Auch wenn das Psychologische Institut keinen Leiter oder Direktor hatte, so sind ihm trotzdem laut Vorlesungsverzeichnis die alten schon zu den Zeiten von Robert Heiß reservierten Räumlichkeiten (Zimmer 8409 bis 8411) reserviert geblieben. Letzteres ist sicherlich ein Indikator dafür, dass die Räumlichkeiten auch (unter Leitung von Maria Krudewig) genutzt wurden.

---

682 Angesichts dessen, dass die Vorlesungszeit des Sommersemesters im April beginnt und das Vorlesungsverzeichnis sicherlich mit einer gewissen Vorlaufzeit gedruckt worden ist, wird diese scheinbare Diskrepanz nachvollziehbar.

683 Auch bei Seminarveranstaltungen oder Übungen, die im Vorlesungsverzeichnis angekündigt werden, wird gegebenenfalls als Ort der Veranstaltung das „Psychologische Institut“ angegeben.

684 Es existiert ein Schreiben von Robert Heiss vom 19.01.1939 (UAK Zug. 9/958) mit dem gedruckten Briefkopf „Psychologisches Institut der Universität Köln“ an das Kuratorium der Universität. Auch nach dem Krieg wurde dieser Briefkopf weiter verwendet. In einem Schreiben vom 24.07.1947 (UAK Zug. 9/958) verschickte Heimsoeth ebenfalls ein Schreiben mit dem gedruckten Briefkopf „Psychologisches Institut der Universität“. Er unterzeichnete mit „Der Direktor Heimsoeth“. Auch ein Schreiben von Maria Krudewig vom 06.07.1948 (UAK Zug. 9/958) an das Kuratorium der Universität Köln trägt Briefkopf und Stempel „Psychologisches Institut der Universität Köln“.

10.2 Forschungsaufgaben

Dekan Otto Kuhn begründete in seinem Schreiben vom 18.01.1938 folgendermaßen den Vorschlag zum „Wiederaufleben" des Psychologischen Institutes bzw. des Institutes für experimentelle Psychologie:

> „1.) Die Fortschritte in der Technik erfordern immer mehr entsprechende Eignungsprüfungen.[685]
> 2.) Die Wehrmacht z.B. erhält bei weitem nicht den erforderlichen Nachwuchs an Heerespsychologen.[686]
> 3.) Das an sich sehr aussichtsreiche Studium kann z. Zt. an der Universität Köln nicht durchgeführt werden, vielmehr werden seit Jahren die betreffenden Studenten an andere Hochschulen überwiesen.
> 4.) Die Voraussetzungen für die Inbetriebssetzung (sic) des Institutes mit geringen Mitteln sind zur Zeit in Köln <u>noch</u> gegeben, vor allem da eine geeignete Persönlichkeit als Leiter zur Verfügung steht." (UAK Zug. 9/598, o. P.) [Unterstreichung im Original]

Mit der „geeigneten Persönlichkeit" ist Robert Heiß gemeint, wie sich aus dem nächsten Absatz ersehen lässt.

> „Ich bitte im Namen meiner Fakultät im Hinblick auf die geschilderten Erfordernisse und das Vorhandsein der nötigen Voraussetzungen um:
>
> 1.) Umwandlung des Lehrauftrags, den Professor H e i s s zur Zeit inne hat, in: Lehrauftrag für Psychologie und Charakterforschung.
> 2.) Erhöhung des Lehrauftrags von 377.91 RM brutto monatlich auf 527.91 RM brutto im Hinblick auf die erwachsenden besonderen Aufgaben.
> 3.) Ernennung des Professor H e i s s zum Leiter des Instituts für experimentelle Psychologie an der Universität Köln." (UAK Zug. 9/598, o. P.) [Sperrdruck im Original]

---

685 Im WS 1941/42 (und SS 1942) hielt Robert Heiss im Psychologischen Institut eine zweistündige Lehrveranstaltung mit dem Titel „Übungen zum Eignungsprüfwesen" ab.

686 Bereits im Ersten Weltkrieg hatte es so genannte Heerespsychologen gegeben, die spezielle Eignungsuntersuchungen durchgeführt hatten. Im Rahmen des Versailler Vertrags wurden die Gesamtstärke des deutschen Heeres auf eine stark reduzierte Größe von maximal 100.000 Mann festgeschrieben, darunter maximal 4.000 Offiziere (Artikel 160). In der Folge wurde 1920 das „Psychotechnische Laboratorium des Reichswehrministeriums" ins Leben gerufen, das nach Durchlaufen einer mehrfachen Namensänderung ab August 1939 „Inspektion für Eignungsuntersuchungen" hieß. Hier wurde die notwendige Personalauswahl betrieben. Bis 1939 wurden reichsweit insgesamt 19 Prüfstellen eingerichtet, in denen die mehrtägigen Auswahlverfahren für die Bewerber stattfanden. Die dort arbeitenden Psychologen wurden nach Tarif bezahlt, ab 1933 auch verbeamtet (vgl. Rapp, 2007, S. 47–63).

Bevor der Dekan den endgültigen Antrag am 18.01.1938 an das Ministerium in Berlin schickte, hatte er bereits am 03.12.1937 (UAK Zug. 9/598, o. P.) obigen Wortlaut an den geschäftsführenden Vorsitzenden des Kuratoriums Dr. Faßl[687] geschickt. Diesem Schreiben war eine Stellungnahme („Der Wiederaufbau des psychologischen Instituts an der Universität Köln") der Professoren Schneider und Heimsoeth beigefügt, auf die im folgenden Kapitel häufiger Bezug genommen wird.

Schneider und Heimsoeth verweisen in ihrem Gutachten darauf, dass die Psychologie im vergangenen Jahrzehnt stets an Bedeutung zugewonnen habe. Aus der alten experimentellen Psychologie seien neue Zweige erwachsen, die im Gegensatz zur „psycho-physischen Einstellung der reinen Experimentalpsychologie" sich jetzt der psychologischen Untersuchung der „ganzen Persönlichkeit" zuwendeten. Weiterhin erschlössen die „Typenpsychologie, die Konstitutionspsychologie und die Ausdruckspsychologie" neue Forschungsgebiete. Aus der Zusammenarbeit mit den Fachgebieten der Medizin und Biologie hätten sich neue Ansätze ergeben, wie sie „vor allem in der medizinischen Psychologie und Charakterologie sowie der Erbpsychologie und –charakterologie" zu finden wären.[688]

Aus der Stellungnahme geht hervor, dass das Wiederaufleben des Instituts eng verbunden ist mit der Möglichkeit der Umsetzung neuer Forschungsaufgaben. Unter der Rubrik „Die geplanten Forschungsaufgaben" werden von Schneider und Heimsoeth drei Vorhaben als Forschungsaufgaben für das „Institut für experimentelle Psychologie" vorgeschlagen:

1.) Kritik und Weiterführung der Typenlehre,
2.) Zwillingsforschung und
3.) Methoden zur Prüfung von Eigenschaften.

Die erste Forschungsaufgabe (Typenlehre) wird von Heimsoeth und Artur Schneider folgendermaßen begründet:

> „Die Typenpsychologie hat eine Reihe von Typen herausgestellt, die zum Teil experimentell, zum Teil statistisch gewonnen wurden. Schon Pfahler hat nachgewiesen, dass die Kroh-Pfahlerschen Typen sich mit denen von Kretschmer berühren. Andererseits zeigen auch die Typen von Jaensch[689] Beziehungen zu den Untersuchungen von

---

687 Der Westdeutsche Beobachter schrieb am 11.11.1937 (Nr. 572), dass am Vortage der bisherige geschäftsführende Kurator Winkelnkemper verabschiedet und der Kreisleiter Dr. Faßl in sein neues Amt des geschäftsführenden Kurators eingeführt worden sei.

688 Auch die später 1941 verabschiedete Diplomprüfungsordnung hatte als Prüfungsbereiche in der Diplomvorprüfung „Charakterkunde und Erbpsychologie", „Ausdruckspsychologie" und „medizinische Psychologie" vorgesehen (Diplomprüfungsordnung, 1941, § 2).

689 Dass es auch unter Psychologen im Dritten Reich geteilte Meinungen zu Jaensch gab, ist an dem Habilitationsstreit im Jahre 1935 an der Universität Leipzig erkennbar. Johannes Rudert (1894–1980) arbeitete nach der Promotion als Heerespsychologe der Reichswehr und beteiligte sich an der Entwicklung diagnostischer Verfahren

Kretschmer und Pfahler. Das Ziel der Forschung auf weite Sicht ist die Auffindung der Grundtypen. Als Vorarbeit für dieses Ziel sind vergleichende Typenuntersuchungen durchzuführen. Ein und derselbe Versuchspersonenkreis ist mit den verschiedenen typologischen Methoden[690] zu untersuchen. Die Ergebnisse sind abzuwarten, aber es ist

---

zur Offiziersauswahl. Er gehörte in den frühen zwanziger Jahren zu den ersten fünf Heerespsychologen, die eingestellt wurden (vgl. Renthe-Fink 1985, S. 42). Er war Assistent von Felix Krueger am Psychologischen Institut Leipzig. 1935 legte er der Philosophischen Fakultät in Leipzig eine Habilitationsschrift vor: „Typologie und Charakterologie – Zum Problem der charakterologischen Klassifikation". 1941 wird er an der Universität Leipzig auf ein planmäßiges Extraordinariat für Psychologie berufen und übernimmt in Nachfolge von Philipp Lersch die stellvertretende Leitung des Psychologischen Instituts. 1951 wird Rudert auf den ersten Lehrstuhl für Psychologie in Heidelberg berufen. Seine Habilitationsschrift, die (ebenso wie die von Maria Krudewig geplante) eine Auseinandersetzung mit der Typenlehre Erich Jaenschs beinhaltete, sorgte für Streit in Leipzig. Die Schrift selbst wurde leider nie veröffentlicht (Hachmann-Gleixner, 2003, S. 49). Auch Maria Krudewig, deren Habilitationsschrift „Die Lehren von der visuellen Wahrnehmung und Vorstellung bei Erich Rudolf Jaensch" behandelte, kannte diese Schrift augenscheinlich nicht, zumindest führte sie diese nicht in ihrer Literaturliste auf. Erhalten geblieben sind jedoch die Gutachten über die Habilitationsschrift von Johannes Rudert. Der Gutachterkommission gehörten die Professoren Felix Krueger, Theodor Litt, Arnold Gehlen und Hans Freyer an. In seinem Gutachten stellt sich Krueger beispielsweise offen gegen die Typenlehre von Jaensch (Hachmann-Gleixner, 2003, S. 50). Theodor Litt gibt eine zustimmende Stellungnahme zur Habilitationsschrift, äußert sich in seinem Gutachten aber ebenfalls hart über Jaensch. Arnold Gehlen lehnte die Habilitationsschrift Ruderts sogar ab; Ruderts Kritik an Jaenschs Typologien bezeichnet er als „total verunglückt, unwissenschaftlich und geradezu dreist". Krueger bezeichnet die zahlreichen Randbemerkungen Gehlens „als Versuch Gehlens, Jaensch zu verteidigen". Krueger verweist auf negative Ergebnisse bei experimentellen Nachprüfungen von Jaenschs Versuchen, dem er seinerseits „verwaschene Begriffe, Biologismus und oberflächlichen Kulturvergleich" vorwirft. Hans Freyer fragt, ob die „unausgegorene Lehre Jaenschs eine so grundsätzliche Bedeutung" habe, dass sie als hinreichend wichtiges Thema für eine Habilitationsschrift ausreiche. Die Arbeit Ruderts wurde der gesamten Philosophischen Fakultät vorgelegt, die ihr dann zustimmte (Hachmann-Gleixner, 2003, S. 51–53).

690 Die „typologische Methode", also die Methode, „das Seelische an typischen Ganzheiten zu erfassen" hat es nach Heiß (1937, S. 110) zu allen Zeiten gegeben. Gerade in der Zeit der Weimarer Republik hatten Typologien eine regelrechte „Hochkonjunktur", wie es Lück (1996, S. 139) nennt. Salber (1993) versucht, die Entstehung dieses Trends aus dem kulturpsychologischen Zusammenhang heraus herzuleiten: „[...] die Dichter sind die ‚Pioniere' der Psychologie. Aber sie heben das ‚System' nicht heraus, das den erlebten Zusammenhang bestimmt. Das ist Aufgabe der Psychologie. Sie bildet einen Psychischen Gegenstand aus, und dazu muß sie die Methode des Beschreibens überschreiten. Eine Beschreibung wird endlos, wenn wir sie nicht in ein ‚Verstehen' überführen. Im Verstehen heben wir heraus, was in der Beschreibung als Zusammenhang sichtbar wird. [...] Hier helfen uns das Aufzählen und

wahrscheinlich, dass sich in einer solchen Untersuchung Spezialfälle zeigen würden, die den bisher beobachteten Ähnlichkeiten widersprechen und die einem bestimmten Typ zugehören würden, gleichzeitig aber dem entgegengesetzten Typ einer anderen Gruppe. Die Weiteruntersuchung solcher Spezialfälle – die vermutlich ziemlich zahlreich sind – könnte neue Aufschlüsse geben. (Vorgeschlagen im Jahr 1931, bis jetzt aber nicht durchgeführt)."[691] (UAK Zug. 9/598, 03.12.1937, o. P.) [Unterstreichung im Text]

Der hier genannte Gerhard Pfahler ist ein gutes Beispiel für die Wechselwirkung zwischen Wissenschaft und politischen Verhältnissen. Gerhard Pfahler (1897–1976) promovierte 1924 bei Oswald Kroh in Tübingen. Ab 1926 war er Assistent bei Kroh und habilitierte sich bei ihm am 05.11.1928 mit der Schrift „System der Typenlehren"[692] für Pädagogik und Psychologie.[693] Wie Jaensch beschäftigte sich auch Pfahler mit der „Rassenpsychologie". In der ersten Ausgabe (Jahr 1929) des Werks „System der Typenlehren" spricht Pfahler davon, dass die Wissenschaft der pädagogischen Psychologie von der Darstellung des für die Kinder aller Altersstufen „allgemein Gültigen" ausgeht und dieser Weg könne nur zu dem Einzigartigen, dem Individuellen führen. Das Stehenbleiben bei den Typen sei nicht mehr als eine „notwendige Station auf dem Wege zur Erforschung des Individuums und ein Mittel, das Herankommen an die Struktur des einzelnen Menschen zu erleichtern". So verliere auch die „typologische Betrachtungsweise jeden Beigeschmack von dem Schematismus, mit dem man das volle Leben des Individuellen töten könnte" (vgl. Vorwort Pfahler, 1936, zweite unveränderte Aufl.). 1939 veröffentlichte Pfahler „Rasse und Erziehung". Die von ihm entwickelte Typenlehre wendete er auf pädagogisches Handeln an.[694] Weiterhin untersuchte er den Einfluss der Vererbung

---

Numerieren von Sinneserlebnissen, von Trieben oder von Zwecken und Zielen nicht weiter, sondern nur die Rekonstruktion von ganzen Lebenswerken. Seelisches wird in Bewegung gehalten durch ‚typische' Ordnungen [...]" (Salber, 1993, S. 157f).

691 Typenlehre ist keine Erfindung des Dritten Reiches. Die Rassenideologie des Dritten Reiches fiel auf bereits vorbereiteten Boden. Ernst Kretschmers Konstitutionstypologie, die psychische Erkrankungen in engen Kontext mit bestimmten Körperbauformen stellt (vgl. C. Bühler 1964, S. 238 f.), wurde ebenso Anfang der Zwanziger Jahre entwickelt wie die Dichotomie C.G. Jungs, Introversion vs. Extraversion, die – aufgegriffen und ausgebaut u.a. von H.J. Eysenck – sich bis heute noch in vielen diagnostischen Instrumenten wiederfinden lässt. Insofern ist es durchaus nicht unplausibel, dass bereits 1931 ein Forschungsvorhaben zur Typenlehre geplant worden war.

692 4. Aufl. 1943 (Munzinger online).

693 1934 wurde Pfahler Ordinarius und Direktor des Instituts für Psychologie und Pädagogik der Universität Gießen. 1938 trat er in die NSDAP und die SA ein. 1938 übernahm er den Lehrstuhl für Psychologie und Pädagogik von Oswald Kroh in Tübingen. Die „Spruchkammer für politische Säuberung" stufte ihn zunächst als „minderbelastet" und dann als „Mitläufer" ein. 1952 erhielt er seine Lehrbefugnis zurück. Er lehrte bis 1964 in Tübingen (Stapf, 2015, S. 354).

694 Heiss hierzu: „So suchte er nach einer Ergänzung. Das ist der Weg der Entwicklung, den Pfahler von seiner ersten großen Arbeit, ‚Systeme der Typenlehren', bis zu seiner zweiten Arbeit, ‚Vererbung als Schicksal', zurückgelegt hat. In der ersten

auf die Charakterbildung und entwarf eine Rassenseelenkunde (Stapf, 2015, S. 354). 1935 veröffentlichte er die Schrift „Warum Erziehung trotz Vererbung?“ [695] In Anlehnung an Ludwig Ferdinand Clauß spricht Pfahler von „Rassekernen des deutschen Volkes“, denen er psychische Eigenschaften typologisch zuordnet und von „artfremden Lebensweisen“ abgrenzt (Stapf, 2015). 1942 erschien sein dreibändiges Werk „Rassekerne des deutschen Volkes und Gemische“ (Kersting, 2008, S. 263).

Typologien waren im Allgemeinen zu dieser Zeit sehr beliebt, versprachen sie doch die Erfassung des komplexen Untersuchungsgegenstandes „Mensch“ in scheinbar übersichtlichen Kategorien. Hierbei waren jene psychologischen Lehren mit biologisch-organischen Typologien[696] der Charakterologie oder Betonung des gemeinschaftlichen Fühlens eher kompatibel mit den völkischen Ideen der NS-Weltanschauung als experimentelle Ansätze, die auf die individuelle Verarbeitung von Sinnesinformationen zielten (Wolfradt, 2015a, S. 3).[697]

Nach Dorsch (1963, S. 73) wurde die Typologie im Bereich der angewandten Psychologie auf diese Weise begünstigt, weil sie auch in der Testdiagnostik einen Fortschritt bedeutete, besonders im Bereich der Diagnostik zur Ermittlung des

---

Arbeit sucht er noch die Kretschmersche Lehre auszubauen und zu erweitern, da meint er noch, daß es sich bei seiner Untersuchung der Aufmerksamkeit um eine Ergänzung und Kritik Kretschmers handelt. In seiner zweiten Arbeit erkennt er, daß er seinen eigenen Weg gehen muß.“ (Heiss, 1937, S. 87).

695 Im Wintersemester 1939/40 und im ersten Trimester 1940 hielt Heiß zweistündige „Übungen zur Frage der psychischen Vererbung“ ab. Im Wintersemester 1942/43 hielt Heiß im Psychologischen Institut eine Veranstaltung mit dem Titel „Übungen in Charakterkunde und Erbpsychologie“ ab. Ebenfalls in den Wintersemestern 1942/43 und 1943/44 hielt Prof. Georg Raederscheidt, Honorarprofessor für Praktische Pädagogik, die Veranstaltung „Vererbung und Erziehung“ ab. Aber auch nach dem Zweiten Weltkrieg war das Thema nicht völlig außer Sichtweite geraten. Prof. Undeutsch hielt im Wintersemester 1954/55 noch eine Vorlesung über „Erbpsychologie“ (vgl. Vorlesungsverzeichnis).

696 Krueger spricht auf dem 13. Kongress der Deutschen Gesellschaft für Psychologie in Leipzig im Jahre 1933 davon, dass die „Lehre von den Typen des leibseelischen Menschseins“ einen zunehmend breiten Raum einnehme (Krueger, 1934, S. 27).

697 Eugen Fischer schrieb in der Hitler-Festschrift anlässlich des fünfzigsten Geburtstages von Adolf Hitler „[…] den letzten und wichtigsten Schritt, die Rassenkunde in den Dienst der Rassenidee zu stellen, mußte die Seelenkunde tun. Auch da war mit den Ergebnissen der sogenannten experimentellen Psychologie, so interessant sie an sich waren, ebensowenig zu machen wie mit der genialen Schau eines Gobineau über Rasse und Kultur und den intuitiven Schilderungen Günthers u.a. von der nordischen Seele. Nur der wirkliche Beweis, daß auch geistig-seelische Eigenschaften erblich sind und das die geistigen Unterschiede von Rassen auf denselben Erbgesetzen beruhen wie die körperlichen, kann den Gegnern die Angriffswaffe aus der Hand schlagen. In mühsamer Einzelarbeit […] ist die Grundlage auch dieses Beweises gelegt.“ (Fischer, 1939, S. 106).

Arbeitstyps. „Die beste fachliche Eignung wiegt nichts, wenn der Arbeiter ein Faulenzer oder ein Lump ist" – so hatte es der Psychologe Hans Henning 1927 formuliert (Wies, 1979, S. 145, zit. n. Geuter, 1984, S. 151). Der Gedanke, dass es gewisser persönlicher Eigenschaften bedarf, um einen Arbeitsplatz sinnvoll ausfüllen zu können, war damals noch relativ neu. Bis dahin hatte man sich überwiegend mit der Entwicklung apparativer Verfahren zur Berufseignungsdiagnostik beschäftigt; diese sollten Arbeitsfähigkeit und –leistungsmöglichkeit erfassen[698]. Erst in den Zwanziger Jahren begannen Fragen etwa der Arbeitsmotivation langsam in den Fokus zu rücken.[699] Während der NS-Zeit wurde im Kontext der Erfassung „des Arbeitswillens und der Arbeitsperson" (Geuter, 1984, S. 152) zudem für wichtig erachtet, dass nun „der ganze Mensch [...] in die Pflicht genommen" werden konnte: „Er sollte nicht nur arbeiten, um leben zu können, sondern um damit einen willentlichen Dienst an der Gemeinschaft zu leisten" (ebd.). Auf einmal stand also der Mensch als Ganzes im Fokus der Aufmerksamkeit, nicht nur einzelne Fertigkeiten. Der Weg sollte wegführen vom Menschenbild Emil Kraepelins, der den Menschen „als sich verausgabende und sich regenerierende Arbeitsmaschine" gesehen hatte (Jaeger & Staeuble 1981, S. 60, zitiert nach Geuter 1984, S. 147), hin zu einer Diagnostik der Gesamtpersönlichkeit[700]. Nach Poppelreuter bestand die Kunst des Psychologen darin, mit wenigen Proben auszukommen und dabei zu lernen, über die Arbeitsweise den Arbeitstyp zu beurteilen. Aus dem Arbeitstyp könne man dann die Persönlichkeit erschließen (Dorsch, 1963, S. 75). Als Ziel der Berufseignungsdiagnostik hatte Poppelreuter die Erfassung der „arbeitenden Persönlichkeit" definiert (Poppelreuter 1923, S. 108, zit. n. Geuter, 1984, S. 154). Ein

698 Um die Jahrhundertwende war durch William Stern der Begriff der Psychotechnik gebildet worden. Populär machte ihn vor allem sein Kollege Hugo Münsterberg (vgl. Lück, 1996, S. 156). Münsterberg entwickelte 1910 in Boston den ersten Test für Straßenbahnfahrer. Er nahm an, dass zum Umgang mit der neuen Technik u.a. die Fähigkeit notwendig sei, mit mehreren gleichzeitigen Sinnesreizen sinnvoll umzugehen, daher entwickelte er ein Verfahren, in dem ein Kandidat auf mehrere zeitgleiche Sinnesreize reagieren musste (vgl. Geuter, 1984, S. 148f). Solche und ähnliche apparative Auswahlverfahren wurden u.a. bei der Auswahl geeigneter Bewerber für Deutsche Heer (bzw. die Reichswehr) im Ersten Weltkrieg eingesetzt (vgl. Rapp, 2007, S. 24–30).

699 Elton Mayo (1880–1949) hatte in den Hawthorne-Werken ursprünglich den Einfluss von Beleuchtung auf die Produktivität der Mitarbeiter untersuchen wollen. Überrascht stellte sein Team fest, dass die sozialen Beziehungen am Arbeitsplatz einen deutlich höheren Einfluss auf die Arbeitsmotivation haben als bis dahin vermutet. Diese Erkenntnisse leiteten ein Umdenken im Bereich der Angewandten Psychologie ein, das etwas später in die so genannte Human-Relations-Bewegung mündete (vgl. Weinert, 1998, S. 205f.; Rosenstiel, 1992, S. 6).

700 Hierbei handelt es sich allerdings nicht um eine spezifisch nationalsozialistische Erfindung; die Veränderung hin zur Prüfung der Gesamtpersönlichkeit in der Psychotechnik war ein durchaus internationaler Trend (vgl. Geuter, 1984, S. 152).

testweise beobachteter Ausschnitt des Arbeitsverhaltens wurde so zur Grundlage eines Urteils über die Gesamtpersönlichkeit – die Berufseignungsdiagnostik veränderte ihren Schwerpunkt von messenden zu deutenden Verfahren.

Leider blieb man nicht bei dieser Entwicklung stehen, sondern glaubte aus der Typenzugehörigkeit nahezu alles herauslesen zu können.[701] Dies wurde in den Dreißiger Jahren durch die „politisch inspirierte Ausrichtung auf die Rassentypologie"(Dorsch, 1963, S. 75) maßlos überzogen. Als abwegiges Beispiel erwähnt Dorsch die Arbeit von Jaensch „Der Gegentypus". „Es ist dies ein unerfreuliches Kapitel der Psychologiegeschichte – um so unerfreulicher, als in diesem Falle eine Forschernatur sich in den Kopf setzte, mit der Typologie ‚Recht und Notwendigkeit der deutschen Bewegung' wissenschaftlich zu erweisen und damit zur tragischen Rassenpolitik des Nationalsozialismus beizutragen" (Dorsch, 1963, S. 76). Auch in der Wehrpsychologie hatte man versucht, die Typenzugehörigkeit in die Auswahlverfahren der Offiziere zu integrieren, was sich allerdings als nur bedingt praxistauglich erwies (vgl. Geuter, 1984, S. 209). Der damalige Leiter der Heerespsychotechnik, Max Simoneit, stellte nüchtern fest: „Der ehrliche Psychologe muss zugeben, dass ihm die Natur doch in einigen Fällen einen Strich durch seine Typenregeln macht" (Simoneit 1934, S. 58, zitiert nach Geuter 1984, S. 208).[702]

<u>Die zweite Forschungsaufgabe: Zwillingsforschung</u>

> „Das Kaiser Wilhelm Institut für Zwillingsforschung hat ein grosses Material über die <u>körperliche und geistige Entwicklung eineiiger und zweieiiger Zwillinge gesammelt.</u> Dieses Material harrt fast noch ganz der psychologischen Bearbeitung. Die besten der vorliegenden Untersuchungen sind wesentlich mit Testmethoden durchgeführt. Wenn man von diesen Untersuchungen k r i t i s c h ausgeht und tiefenpsychologische Methoden anwendet, könnte man auf [gemeint: auch] Aufschlüsse über die charakterlichen und psychischen Differenzen erhalten, die vermutlich sogar bei eineiigen Zwillingen bestehen." (UAK Zug. 9/598, 3.12.1937, o. P.) [Sperrdruck und Unterstreichung im Original]

Francis Galton (1822–1911), dessen Name eigentlich eher im Zusammenhang mit Eugenik geläufig ist,[703] hatte bereits Ende des 19. Jahrhunderts systematische Vergleiche von eineiigen und zweieiigen Zwillingen durchgeführt; er gilt als

701 Dieses Phänomen der „Generalisierung", steigerbar nur noch durch den „Monopolanspruch" der eigenen Sichtweise, lässt sich gewissermaßen für alle großen Schulen dieser Zeit beobachten (vgl. Sprung & Sprung, 2010, S. 112f).

702 Ein aufschlussreiches Buch über die Anthropologie während der NS-Zeit schrieb der emeritierte Kölner Genetik-Professor Benno Müller-Hill 1985: „Tödliche Wissenschaft".

703 Galton suchte nach grundlegenden Gesetzen zur Vererbung menschlicher Begabungen und Fähigkeiten. Nach seinem Tod 1911 hinterließ er der Universität London ausreichende Mittel für einen Lehrstuhl für Eugenik, der mit Karl Pearson besetzt wurde (Galliker et al., 2007, S. 177; vgl. Stubbe 2012b, S. 185).

Begründer der Zwillingsforschung (Galliker et al., 2007, S. 178). Angesichts der Politik der Rassenhygiene in der NS-Zeit war dies damals ein gern gesehenes Forschungsfeld[704]. Ab dem Wintersemester 1939/40 gab es auch an der Universität zu Köln in der medizinischen Fakultät ein „Institut für Erbbiologie und Rassenhygiene". Direktor wurde der außerordentliche Professor Dr. med. Ferdinand Claußen (1871–1971). Das Institutsgebäude konnte im Frühjahr 1940 in der Theresienstraße 60 bezogen werden (Golczewski, 1988, S. 366). Als Schüler von Otmar von Verschuer[705] hatte Claußen sich bei seinem Dienstantritt in Köln ausdrücklich zum Ziel gesetzt, die Zwillingsforschung[706] voranzutreiben (Golszeweski, 1988, S. 366). Im Rahmen des (unvollständigen) Ausschusses für die Diplom-Vorprüfung der Studierenden der Psychologie wurde Claußen als Prüfer für das Fach „Erbbiologie" aufgeführt (Vorlesungsverzeichnis Sommersemester 43, S. 84).

Mit Schreiben vom 17.05.1938 hatte sich der Dekan Prof. Otto Kuhn, selbst Naturwissenschaftler und Professor für Zoologie, an Prof. Freiherr von Verschuer gewendet.[707] Sein Brief hatte die Funktion eines „Türöffners", denn er bat Verschuer, die Wünsche von Robert Heiß, der sich in den nächsten Tagen bei ihm melden würde, „soweit irgend möglich" zu erfüllen. Prof. Heiß befasse sich als Leiter des Instituts für experimentellen Psychologie „mit Untersuchungen, die wir

---

704 Galliker et al. formulieren es so: „Neben seinen großen Verdiensten trug Galton viel zur Entstehung des *Sozialdarwinismus* und des *Rassismus* bei" (ebd., S. 179).

705 Otmar Freiherr von Verschuer (1896–1969) hatte sich 1927 in Tübingen mit der Schrift „Die vererbungsbiologische Zwillingsforschung" habilitiert. Er leitete von 1927 bis 1935 am Kaiser-Wilhelm-Institut für Anthropologie, menschliche Erblehre und Eugenik die Abteilung für menschliche Erblehre und war engster Vertrauter von Direktor Eugen Fischer.

706 Der Name eines weiteren Verschuer-Schülers, der sich ebenfalls der Zwillingsforschung widmete, ist heute noch bekannt, allerdings berechtigterweise stark negativ besetzt: Josef Mengele. Als Arzt in Auschwitz war er für den grausamen Tod vieler Menschen verantwortlich, die er als Forschungsobjekte missbrauchte. Über seinen Doktoranden Josef Mengele, der als Lagerarzt in Auschwitz unzählige Menschenversuche durchführte, bezog Verschuer Gewebeproben ermordeter Häftlinge (http://www.harnackhausberlin.mpg.de/4171683/Otmar_Freiherr_von_Verschuer). Zu Josef Mengele und seine „Zwillingsforschung" vgl. Robert Jay Lifton (1998), *Ärzte im Dritten Reich*, Propyläen Taschenbuch; weiterhin Carola Sachse (Hrsg.) (2004), *Die Verbindung nach Ausschwitz. Biowissenschaften und Menschenversuche an Kaiser-Wilhelm-Instituten. Dokumentation eines Symposions.* Wallstein Taschenbuch.

707 1936 erhielt Verschuer eine ordentliche Professur in Frankfurt. Er war aber weiterhin externes Mitglied des KWI in Berlin. In diese fällt folglich obige Anfrage des Dekans an Verschuer nach Berlin. Als Nachfolger von Eugen Fischer kehrte Verschuer als Direktor des KWI von 1942 an zurück. Nach dem Krieg hatte Verschuer zunächst Berufsverbot. 1951 erhält er einen Ruf als Humangenetiker an die Universität Münster (http://www.harnackhausberlin.mpg.de/4171683/Otmar_Freiherr_von_Verschuer).

vom Standpunkt des Genetikers aus lebhaft begrüssen [sic] können" (UAK Zug. 197/725, Bl. 54).

Dritte Forschungsaufgabe: Eignungsprüfungen

> „Eine immer stärker werdende Forderung an die Psychologie ist, Methoden zur Prüfung von Eigenschaften bereit zu stellen. Insbesondere handelt es sich um die Prüfung charakterlicher Eigenschaften. Praktisch werden heute solche Prüfungen allenthalben durchgeführt. Aber es lässt sich nicht leugnen, dass diese Methoden nicht nur wissenschaftlich recht ungenau, sondern recht unzulänglich sind und sehr oft falsche Ergebnisse liefern. Diese Ergebnisse sind zu überprüfen. Weitgehend ist die Aufgabe hier eine kritische. Es ist der Nachweis zu führen, dass die meisten dieser aus der Praxis entwickelten Methoden zuviel erwarten. Dann wäre zu untersuchen, in welchen Fällen Methoden der Eigenschaftsprüfung angewandt werden können. Der grosse Fehler aller bisherigen Eigenschaftsprüfungen ist, dass sie – wie bei Intelligenzprüfungen – von der Voraussetzung ausgehen, es muss im Versuch gezeigt werden, ob die zu prüfende Person etwas leisten kann oder nicht. Die besondere Artung der charakterlichen Eigenschaften macht aber notwendig, dass man ihrer Doppeldeutigkeit gerecht wird. Die Aufgabe ist daher, Kontrollmethoden zu entwickeln, die schon dann fruchtbar wären, wenn sie das scheinbar eindeutige Ergebnis des ersten Versuchs und der ersten Prüfung n i c h t bestätigen." (UAK Zug. 9/598, 3.12.1937, o. P.) [Sperrdruck und Unterstreichung im Text]

Heiß schreibt in der Chronik von 1938 (S. 104–105), dass das Kölner Institut für experimentelle Psychologie als „Forschungsinstitut" „vor allem zwei Aufgaben" habe: Erbpsychologie und Charakterologie. (1938 wurde auch der Lehrauftrag von Heiß um den Bereich „Psychologie und Charakterforschung" erweitert.)

Ausgehend von der biologischen Zwillingsforschung, so Heiß, sei eine vergleichende Untersuchung der psychischen Entwicklung eineiiger und zweieiiger Zwillinge, eine Nachprüfung der vorhandenen Ergebnisse der graphologischen[708] Ausdeutung von Zwillingshandschriften und eine allgemeine psychologische

708 Heiß hat mehrere Veranstaltungen zur Graphologie durchgeführt (vgl. Anhang 7). Er sagt dazu: „[Die Graphologie] ist eine alte Wissenschaft, die immer am Rande der Psychologie stand. Heute ist sie allgemein anerkannt. Das ist die Leistung und das Verdienst von Ludwig Klages. Auch hier kann ich auf Details natürlich nicht eingehen. Nur so viel sei gesagt: Es ist zweifelsohne so, daß der Charakter eines Menschen sich in seiner Handschrift ausdrückt. Aber mehr als das, es ist auch so, daß das augenblickliche Befinden, die augenblickliche seelische Struktur sich in der Schrift ausdrückt: Wenn also jemand seine Schrift verstellt, so wird es einem geschickten Graphologen immer gelingen, das zu entdecken. Ferner, wenn jemand einen Brief schreibt, dessen Inhalt gelogen ist, so wird das ein geschickter Graphologe ohne Zweifel sehen. Was bedeutet das? Nichts anderes als dies: Dieser höchst komplizierte körperliche Vorgang ist ein getreues und augenblickliches Bild des jeweiligen seelischen Zustandes." (Heiß, 1937, S. 283).

Untersuchung im Anschluss an die von Gerhard Pfahler ausgehenden Forschungen zur Erbpsychologie als Aufgabe anzusehen.

Zur Charakterologie: Das Institut solle die bereits seit einem Jahrzehnt durchgeführten charakterologischen Untersuchungen[709] fortführen. Insbesondere fordere die Praxis „Eigenschafts- und Charakterprüfungen". Hier bedürfe es der wissenschaftlichen Kontrolle und Verbesserung. Heiss warnt aber auch: „So wertvoll die charakterologische und psychologische Begutachtung bei richtiger Anwendung sein kann, so gefährlich ist sie, wenn sie falsch angewandt wird".

Das vorliegende Material kann beispielhaft stehen für die Wechselwirkung zwischen Praxis und Theorie. Gegen Ende des 19. und zu Beginn des 20. Jahrhunderts begann der Prozess der Professionalisierung der Psychologie. Professionalisierung bedeutet nicht nur die Verankerung einer akademischen Ausbildung, sondern auch die Herausbildung eines praktischen Berufsbildes. Psychologen waren tätig in Kliniken, in Schulen, in der Industrie und beim Militär. Dies führte zu einer größeren Akzeptanz der neuen Wissenschaft sowie zu Rückwirkungen auf Fragestellungen in Forschung und Lehre (vgl. Sprung & Sprung, 2010, S. 106–118). Wenn in diesem Fall die Wehrpsychologie und die Eignungsdiagnostik explizit genannt werden, so hängt dies sicherlich auch damit zusammen, dass zu diesem Zeitpunkt (1938) die Wehrmacht einer der größten Arbeitgeber für Psychologen gewesen sein mag und mit dem umfangreichen Verfahren zur Auswahl der Offiziere gezwungen war, eignungsdiagnostisch neue Wege zu denken (vgl. Rapp, 2007; Geuter, 1984).[710]

Wie A. Schneider am 12.05.1942 schrieb, wurden sehr bald bei Wiedereröffnung des Psychologischen Institutes der Universität Köln die wehrpolitischen Aufgaben „ein Hauptanliegen des Institutes". Aus dem Institut seien bis dato ein aktiver Wehrmachtpsychologe, ein aktiver Luftwaffenpsychologe und vier Ergänzungsgutachter hervorgegangen (UAK Zug. 197/725, Bl. 17). Heiß führe Forschungen für die Eignungsuntersuchungen für Flugzeugführer durch und es sei geplant, die dafür notwendigen Mittel durch einen Forschungsauftrag des R.L.M. (des Reichsluftfahrtministeriums) zu beschaffen (UAK Zug. 197/725, Bl. 17).

10.3 Exkurs: Ausdruck, Gestalt, Ganzheiten

Ganzheit war *der* Schwerpunkt in der Psychologie der Zwanziger und Dreißiger Jahre des 20. Jahrhunderts. Wundts Ansatz, Seelisches in kleinste Einzelteile zu

---

709 Leider sind den vorliegenden Unterlagen keinen näheren Informationen zu entnehmen.

710 Es ist übrigens durchaus auffallend, wie viele der Psychologen, die nach dem Krieg Karriere machten, während des Krieges bei der Wehrmachtspsychologie gearbeitet hatten: Rudert, Lersch, Undeutsch ... Leider liegt bislang keine Untersuchung zu dieser Zeit unter Networking-Gesichtspunkten vor.

zerlegen und daraus Rückschlüsse auf allgemeingültige Gesetzmäßigkeiten zu ziehen, hatte nicht zum erwünschten Ergebnis geführt. Ein anderer Ansatz versprach, zielführender zu sein: der gestaltpsychologische. Hier werden die Einzelteile nicht losgelöst von ihrem Kontext gesehen, sondern der Kontext als solcher, die gesamte Gestalt, ist Untersuchungsgegenstand.

Bereits 1890 hatte Christian von Ehrenfels seine Schrift „Über Gestaltqualitäten" veröffentlicht. Laut Fitzek und Salber gilt dieser Text „als erster und gemeinsamer Ursprungstext von Gestaltpsychologie überhaupt" (Fitzek & Salber, 1996, S. 14). Ehrenfels konstatiert grundlegende Prinzipien von Gestalten, allen voran die so genannte Übersummativität. Dieser Begriff beschreibt das Phänomen, dass aus der Kombination einzelner Elemente etwas Neues entstehen kann; etwas, das mehr ist als lediglich die Summierung der Einzelteile. Seinen Gedankengang verdeutlicht Ehrenfels am Beispiel der Musik: Töne sind einzelne Elemente, die in Kombination jedoch etwas gänzlich anderes ergeben als nur eine Summe von Einzelklängen, nämlich eine Melodie. Das Prinzip sei hier an einem eigenen Beispiel verdeutlicht, passend zum Kontext dieser Arbeit an einem der bekanntesten lokalen Lieder der späten Dreißiger Jahre: Willi Ostermanns (1876–1936) letztem Lied „Heimweh nach Köln".[711]

Diese Erkenntnis lässt sich auf das Seelische übertragen; auch dieses spielt sich „in übergreifenden Verhältnissen" ab (Fitzek & Salber, 1996, S. 21). Nach Auffassung der Gestaltpsychologie bleibt die Funktion eines einzelnen Elementes unverständlich, solange nicht der Kontext, in dem es steht, berücksichtigt wird. Erst dadurch wird ein Zusammenhang erkennbar.

Abbildung 54: *Die einzelnen Elemente (hier: Noten), nach Tondauer und -höhe chromatisch aufsteigend sortiert (Bild: Rapp, I., 2017).*

711 Willi Ostermann (1876–1936) war ein sehr populärer Komponist im Kölner Raum. Er schrieb Volks- und Karnevalslieder auf Kölsch und Hochdeutsch, die gerne von kleinen Alltagsbegebenheiten erzählten, so dass sich die Zuhörer mit den erzählten Geschichten identifizieren und über sich selbst lachen konnten (z.B. „Däm Schmitz sing Frau es durchgebrannt", „Kutt erop, kutt erop, kutt erop"). Viele seiner Lieder werden heute noch gerne gespielt; bspw. gehört das „Rheinlandmädel" („Und sollt' ich im Leben ein Mädel mal frei'n") zum gängigen Repertoire fast jeder Kapelle im Karnevalszug. „Heimweh nach Köln" ist sein letztes Lied. Während des Zweiten Weltkrieges war es offiziell verboten, weil die Nationalsozialisten es als „wehrkraftzersetzend" einstuften.

Abbildung 55: *Dieselben Elemente (Noten) zusammengesetzt. Das Ergebnis ist mehr als die Summe der Einzelteile, nämlich der Refrain des Liedes „Heimweh nach Köln“ von Willi Ostermann) (Bild: Rapp, I., 2017).*

Auch bei den Gestaltpsychologen standen zunächst Wahrnehmungsphänomene im Vordergrund der Forschung; aus dem o.g. Gedankengang ließen sich regelrechte „Gestaltgesetze“ ableiten (vgl. Kebeck, 1997, S. 155f).[712]

Wenn Seelisches sich im Verhalten und im äußeren Erscheinungsbild zeigt, dann muss es möglich sein, den Schluss auch in umgekehrte Richtung zu ziehen, also vom Äußeren auf das Innere rückzuschließen. Ausdruckspsychologie ist heute nicht mehr als einzelnes Teilfach auf dem Lehrplan zu finden. Es handelt sich um eine Hermeneutik aus der geisteswissenschaftlichen Wurzel der Psychologie. Die Ausdruckspsychologie geht davon aus, dass sich Persönlichkeit (der Begriff „Charakter“ war damals der geläufige) in äußerem Ausdruck zeigt.

> „Das Ausgedrückte und Hervorgebrachte wird logisch und psychologisch von der Frage aus durchdacht, ob es etwas Charakteristisches nicht nur für den seelischen Augenblickszustand, sondern für die seelische Veranlagung enthält“ (Simoneit 1933, S. 47).

Als „Ausdrucksmedien“ (Kirchhoff 1964, zitiert nach Geuter 1984, S. 161) galten Handschrift, Mimik, Pantomimik, Gestik, Physiognomik und Stimme; das Gerüst zur richtigen Interpretation sollte die Charakterologie liefern (Geuter 1984, S. 160 f.). Als bekanntester, noch heute geläufiger Vertreter der Handschriftenanalyse dürfte wohl der Privatgelehrte Ludwig Klages (1872–1956) zu nennen sein. Zentraler Punkt seiner Theorie ist das Gesetz des Leib-Seele-Zusammenhanges,

712 Als die „Großen“ jener Zeit gelten Max Wertheimer (1880–1943), Wolfgang Köhler (1887–1967) und Kurt Koffka (1886–1941), die Kerngruppe der Frankfurter (später: Berliner) Schule der Gestaltpsychologie. Wertheimer konzentrierte sich auf die Erforschung visueller Wahrnehmung (z.B. Phi-Phänomen), seine Mitarbeiter Köhler und Koffka übertrugen die Idee auch auf die Erforschung des Verhaltens. Noch heute bekannt sind bspw. Köhlers Versuche mit Affen, durchgeführt während des Ersten Weltkriegs auf Teneriffa (vgl. Lück, 1996, S. 75f.; Salber & Fitzek, 1996, S. 42ff.).

das besagt, dass jede Körperbewegung Ausdruck einer seelischen Regung ist (vgl. Geuter, 1984, S. 162). Schrift ist gewissermaßen „geronnene Bewegung". Im Unterschied zu vorangegangenen graphologischen Ansätzen ging Klages von der Mehrdeutigkeit einzelner Merkmale aus, d.h. einzelne Merkmale sind erst im Kontext anderer Merkmale sinnvoll interpretierbar (vgl. Klages, 1989, S. Vf.).

Robert Heiß hat mehrere Lehrveranstaltungen zur Graphologie während seiner Kölner Zeit durchgeführt [vgl. Anhang]. In seiner Vorlesung 1937 sagte er dazu:

> „[Die Graphologie] ist eine alte Wissenschaft, die immer am Rande der Psychologie stand. Heute ist sie allgemein anerkannt. Das ist die Leistung und das Verdienst von Ludwig Klages. [...] Es ist zweifelsohne so, daß der Charakter eines Menschen sich in seiner Handschrift ausdrückt. Aber mehr als das, es ist auch so, daß das augenblickliche Befinden, die augenblickliche seelische Struktur sich in der Schrift ausdrückt: Wenn also jemand seine Schrift verstellt, so wird es einem geschickten Graphologen immer gelingen, das zu entdecken. Ferner, wenn jemand einen Brief schreibt, dessen Inhalt gelogen ist, so wird das ein geschickter Graphologe ohne Zweifel sehen. Was bedeutet das? Nichts anderes als dies: Dieser höchst komplizierte körperliche Vorgang ist ein getreues und augenblickliches Bild des jeweiligen seelischen Zustandes." (Heiß, 1937, S. 283)

Lück ordnet aus heutiger Sicht ein:

> „Diese Charakterkunde ist heute so randständig, daß ihr in Handbüchern der Psychologie nicht einmal mehr ein Stichwort gewidmet wird; sie war in den zwanziger und dreißiger Jahren aber so beherrschend, daß die Tradition von Galton, Binet, Stern und Terman als rückständig galt" (Lück, 1996, S. 138).

10.4 Räumliche Situation des Psychologischen Institutes ab 1934

Nach Plänen des Stadtbaudirektors Adolf Abel entstand zwischen 1929 und 1935 der Neubau der Universität am heutigen Albertus-Magnus-Platz. In den Kammbauten an der Rückseite des Gebäudes befanden sich in den unteren Geschossen Hörsäle, darüber die Institute mit ihren Arbeitsräumen und Bibliotheken (vgl. Wietzorek, 2006, S. 269).[713]

Für das Psychologische Institut ergab sich durch den Neubau sowohl die Frage der Ausstattung als auch die Frage der räumlichen Unterbringung. Leider wurde in den Unterlagen kein Kartenmaterial zur Unterbringung des Psychologischen

713 Auf ungeteilte Begeisterung stieß der Neubau übrigens wohl nicht. „Damals, im Anfang, wurde viel geunkt, denn man setzte den Bau in eine Erdmulde zwischen der Kölner Innenstadt und dem Vorort Sülz, mit dem Gesicht nach außen. So, als ob das Gebäude der Stadt den Rücken zuwenden wollte" (Florian, 1956, S. 83).

Instituts im Universitätsneubau gefunden. In der Stellungnahme der Professoren Artur Schneider und Heimsoeth wurde darauf hingewiesen, dass das Psychologische Institut der Kölner Universität ein „Rumpfinstitut" nach dem Weggang Lindworskys 1928 nach Prag geworden sei. Lindworsky habe die Apparate und Lehrmittel, die sein persönliches Eigentum waren, mit nach Prag genommen. „Die spezielle psychologische Arbeit wurde eingestellt", hieß es in der Stellungnahme (UAK Zug. 9/598, o. P.)[714]. In den folgenden Jahren standen nur geringe Etatmittel zur Verfügung; diese wurden dazu verwandt, die Bibliothek weiterzuführen. Dem Psychologischen Institut stünden 500,- RM als Etat zur Verfügung, die aber vollständig in den notwendigsten Anschaffungen für die Bibliothek aufgingen. Folglich wären weitere 500,- RM für Sachausgaben notwendig, um einen gewissen Bestand an Apparaturen aufzubauen. Als Fazit wurde festgehalten, dass dem neu zu gründenden Institut „alle Apparate und Lehrmittel" fehlten, während eine ausreichende Fachbibliothek vorhanden sei (UAK Zug. 9/598, o.P.).

Bereits am 03.12.1937 schrieb Dekan Kuhn an den geschäftsführenden Vorsitzenden des Kuratoriums Dr. Faßl und bat um Zurverfügungstellung von vier zusammenhängenden Räumen für das einzurichtende Psychologische Institut, ersatzweise wäre das Philosophische Seminar auch bereit zwei Räume abzugeben (UAK Zug. 9/598, o. P.). Anfang 1938 schrieb Heiß an Dekan Prof. Kuhn von der Philosophischen Fakultät. Für die Einrichtung des Psychologischen Instituts kämen seiner Meinung nach die Hörsäle XIII und XV in Frage. Hörsaal XV wäre jedoch vorzuziehen, weil dann das Psychologische Institut mit dem Philosophischen und Pädagogischen Seminar verbunden bliebe (UAK Zug. 44/174, 27.1.1938, o. P.). Da die Bibliotheksanschaffungen des Philosophischen und Pädagogischen Seminars vielfach Werke psychologischen Inhalts beträfen, wäre eine enge räumliche Verbindung sehr wünschenswert (UAK Zug. 44/174, 27.1.1938, o. P.).

Heiß schrieb an Kuhn:

> „Für den Fall, dass Hörsaal XV für das Institut bereit gestellt wird, wäre vorzuschlagen, dass der Hörsaal durch eine Mauer geteilt und dann im hinteren Teil nochmals halbiert würde. Auf diese Weise würden zwei Untersuchungszimmer entstehen und ein Übungsraum. Dazu käme ein in der Planskizze mit Assistentenzimmer bezeichneter Raum, der von dem Herrn Direktor des Philosophischen Seminars gegeben würde. Herr Dr. Metzke, der bisher dieses Zimmer hatte, würde sein Zimmer nach Raum V verlegen [...]. Das Institut würde demnach 3 Zimmer und einen Übungsraum zur Verfügung haben" (UAK Zug. 44/174, 27.01.1938, o. P.).

Das Kuratorium war tatsächlich bereit, dem Psychologischen Institut den Hörsaal XV (einschließlich der notwendigen Umbauten) zur Verfügung zu stellen. In einem Schreiben vom 16. 03.1938 (UAK Zug. 44/174, o. P.) bat Heimsoeth als geschäftsführender Direktor des Philosophisches Seminars den Dekan der

714 S. 1 der Stellungnahme.

Philosophischen Fakultät, an dem zur Verfügung gestellten Hörsaal XV kleine bauliche Veränderungen vorzunehmen (Einziehen einer Wand, Unterteilung des so entstehenden hinteren Raumes durch eine weitere Wand, Türdurchbruch zum Seminarraum).[715]

Laut Chronikbericht 1938 (Universität Köln, 1938, S. 104) wurden dem Institut „Übungsraum und Experimentierzimmer" zur Verfügung gestellt. Allein das großzügige Entgegenkommen des Philosophischen Seminars zeigte, dass sich das Verhältnis zwischen Philosophie und dem selbstständigen Fach Psychologie erheblich verbessert hat, es sieht nach einem Umgang auf Augenhöhe und in gegenseitigem Respekt aus. Es scheint sich also der interne Stellenwert des Faches Psychologie verändert zu haben im Vergleich zu Zeiten in der Weimarer Republik. Im Schreiben des Dekans (03.09.1937) an den geschäftsführenden Vorsitzenden des Kuratoriums Dr. Faßl heißt es: „Ich bitte im Namen meiner Fakultät nach folgenden Gesichtspunkten die Arbeitsmöglichkeiten für das Institut zu schaffen"(UAK Zug. 9/598, o. P.). Die Diskrepanz zu den Zeiten Lindworskys ist offenkundig.

10.5 Personalfragen

In dem Antrag vom 18.01.1938 (UAK Zug. 9/598, o. P.) ans Reichsministerium hieß es, dass die Voraussetzungen für die Wiedereinrichtung des Instituts „mit geringen Mitteln" zur Zeit in Köln „noch gegeben" seien, „da eine geeignete Persönlichkeit als Leiter zur Verfügung" stehe [Unterstreichung im Text]. Deshalb wurde auch die Ernennung von Robert Heiß zum „Leiter des Instituts für experimentelle Psychologie" beantragt. Weiterhin ging es auch um die Erweiterung seines Lehrauftrags um den Bereich „Lehrauftrag für Psychologie und Charakterforschung". Der Dekan hatte bereits in seinem Schreiben vom 03.12.1937 (UAK Zug. 9/598, o. P.) an das Kuratorium vorgeschlagen, den „nicht beamteten außerordentlichen Professor Heiss" zum Leiter des Instituts zu ernennen. In seinem Schreiben bat er das Kuratorium, die Angelegenheit bevorzugt zu behandeln, weil ihm bekannt sei, „dass z. Zt. anderen Orts erwogen" werde, „Professor Heiss zu berufen". So ist auch zu verstehen, dass in dem Antrag vom 18.01.1938 ans Reichsministerium die Rede davon ist, dass die „Voraussetzungen [...] noch gegeben sind". Ausgehend von der Sachlage, dass auch „anderen Orts erwogen" wurde, „Professor Heiss zu berufen" ist die Reaktion der Kölner Universität erstaunlich. Wenn es zutreffend sein sollte, dass „berufen" im Sinne von „Ruf" und Angebot eines Ordinariates zu verstehen

715 Im Vorlesungsverzeichnis für das 3. Trimester 1940 waren insgesamt 3 Räume, die Räume 8408 bis 8411 für das „Institut für experimentelle Psychologie" angegeben; die Umbaupläne scheinen also umgesetzt worden zu sein. Darauf deutet auch die Tatsache hin, dass ein Hörsaal XV (die Hörsaalnummerierung mit römischen Ziffern im Hauptgebäude ist durch alle Raumnummernänderungen der letzten Jahrzehnte erhalten geblieben) heute im Universitäts-Hauptgebäude nicht mehr zu finden ist.

ist, wäre die Kölner Universität mit ihrem unterschwelligen Angebot ein hohes Risiko eingegangen. Mit Erlass vom 23.03.1938 wurde der Lehrauftrag von Heiß auf das Gebiet der Psychologie und Charakterforschung erweitert und gleichzeitig wurde er zum Leiter des Instituts für Experimentelle Psychologie ernannt (UAK Zug. 197/725, S. 53).

Am 20.05.1939 schickte Dekan Kauffmann an das Reichsministerium einen Antrag von Robert Heiß auf Ernennung zum außerplanmäßigen Professor.[716] Kauffmann verband diesen Antrag mit dem Hinweis, dass dieses „speziellere Fachgebiet der Philosophie" von Heiß alleine wahrgenommen würde. Robert Heiß stünde auf mehreren Vorschlagslisten anderer Fakultäten zur Neubesetzung „Philosophischer Lehrstühle" (UAK Zug. 27/95, o. P.).

Im Rahmen der Kompetenzen der Dozentenschaft musste der Dozentenführer Birkenkamp zur beantragten Ernennung Stellung nehmen. Er machte keine Bedenken geltend, wies aber darauf hin, dass bezüglich der Anforderungen, die die nationalsozialistische Weltanschauung heute an einen Lehrer der Philosophie stelle, Heiß „jedoch nur mit Einschränkungen zu werten" sei (UAK Zug. 27/95, 19.06.1939, o. P.).[717] In einem Bescheid über die „Gewährung von Diäten" für Dozenten, befindet sich neben einer kurzen Stellungnahme des Rektors Otto Kuhn vom 12.02.1940 auch eine Stellungnahme des örtlichen Dozentenbundführers Birkenkamp. Der Dozentenführer schrieb, dass er den Antrag nicht befürworten könne. Heiß sei nicht Mitglied der NSDAP und gehöre keiner ihrer Formationen an. Weiter hieß es: „Eine aktive Betätigung für die Bewegung ist mir nicht bekannt geworden" (UAK Zug. 27/59, o. P.). Nach Tilitzki (2002, S. 845) wurde Robert Heiß zum 01.10.1940 Mitglied der NSDAP.

Die beiden Professoren Artur Schneider und Heinz Heimsoeth hatten in ihrer Stellungnahme vom 03.12.1937 (UAK Zug. 9/598, o. P.) Robert Heiß für die neu zu schaffende Stelle des Institutsleiters, „der den Aufbau des Instituts durchführt und das Institut verwaltet", vorgeschlagen. Heimsoeth und A. Schneider charakterisierten Robert Heiß folgendermaßen:

---

716 Mit der Neufassung der „Reichs-Habilitationsordnung" vom 17.02.1939 konnte die wirtschaftliche Sicherstellung des Hochschullehrernachwuchses verbessert werden. Dozenten konnten von nun an mit der Verleihung der Lehrbefugnis in das Beamtenverhältnis (außerplanmäßige Beamte auf Widerruf) berufen werden. Sie waren gleichzeitig verpflichtet, ihr Fachgebiet an einer deutschen Hochschule zu vertreten (RGBl. 1939, S. 126–135, insbesondere §§ 17 und 18). Diese Absicherung galt jedoch nicht für die bisherigen nichtbeamteten außerordentlichen Professoren wie Robert Heiß. Es bedurfte zur Änderung der Rechtsstellung eines Antrags ans Reichsministerium.

717 Tilitzki weist auf eine ablehnende aber letztendlich erfolglose Stellungnahme des Dozentenführers Birkenkamp hin (REM-PA Heiß, Bl. 2352 vom 05.12.1939), in dem dieser die „völlige Passivität, die [Heiß] jahrelang allen politischen Fragen gegenüber zeigte", anprangerte (Tilitzki, 2002, S. 845).

„Professor Heiss hat seit Beginn seiner Lehrtätigkeit psychologische und charakterologische Vorlesungen und Übungen abgehalten. Er hat psychologische Dissertationen angeregt, unter seiner Leitung ist z.B. die Arbeit von H. E b b e r s „Beiträge zum Problem des Ungewussten" [gemeint ist wahrscheinlich: des Unbewussten[718]; Anm. d. Verf.] entstanden. Als Ergebnis seiner eigenen Forschung liegt sein Buch „Lehre vom Charakter" vor, das das Gesamtgebiet der charakterologischen Psychologie darstellt. In psychologischen und medizinischen Fachzeitschriften ist dieses Buch sehr gut besprochen worden, so z.B. auch von Professor S i m o n e i t,[719] dem Leiter des psychologischen Ministeriums am Reichskriegsministerium. Dieses Buch lag auch dem Gutachten zugrunde, auf das hin H e i s s vom Herrn Minister zum n.b.a.o. Professor[720] ernannt wurde" [Sperrdruck im Text]. (UAK Zug. 9/598, 3.12.1937, o. P.)

Der Dekan hatte bereits in seinem Schreiben vom 3. Dezember 1937 (UAK Zug. 9/598, o. P.) an das Kuratorium vorgeschlagen, Robert Heiß als vorgesehenem Leiter des Instituts „eine dieser Stellung und Arbeit entsprechende Vergütung" zuzugestehen. Es stünden Mittel zur Erhöhung seines Lehrauftrags um 150,- RM zur Verfügung. Bereits einen Tag später, am 04.12.1937, erhielt der Dekan eine Antwort des geschäftsführenden Vorsitzenden des Kuratoriums Dr. Faßl. Faßl bedankte sich, dass der Dekan „die Forschung auf diesem wichtigen Gebiet" wieder in die Wege geleitet habe und „ausbauen lassen" wolle. Die gewünschten sachlichen und personellen Voraussetzungen wurden von ihm akzeptiert. Er war damit einverstanden, „Herrn Prof. Dr. H e i s s als Leiter des Instituts zu berufen und demselben Fräulein Dr. K r u d e w i g als Assistenz beizugeben." [Sperrdruck im Text].

Entsprechend den Vorverhandlungen mit dem Kuratorium richtete Otto Kuhn als Dekan der Philosophischen Fakultät am 18.01.1938 (UAK Zug. 9/598) an das Reichsministerium die Bitte, im Hinblick auf die „erwachsenden besonderen Aufgaben" den Lehrauftrag von Robert Heiß von 377,91 RM brutto auf 527,91 RM brutto ansteigen zu lassen. Darüber hinaus sollte der Lehrauftrag von Heiß in einen Lehrauftrag für Psychologie und Charakterforschung umgewandelt (und somit

718 Hannes Ebbers „Beiträge zum Problem des Unbewußten und der psychischen Realität (insbesondere der psychischen Akte)" wurde im Jahre 1932 in Leipzig über den Verlag Akademische Verlagsgesellschaft veröffentlicht.

719 Max Simoneit (1896–1962) war von 1931 bis zur Auflösung der Institution 1942 Leiter der Heerespsychotechnik. Im Ersten Weltkrieg hatte er als Freiwilliger gedient und sich eine Verletzung zugezogen, die ihm eine Gehbehinderung bescherte. Er studierte ab 1919 in Königsberg bei Narziß Ach und F.E.O. Schultze, einem Assistenten Köhlers während dessen Zeit in Teneriffa. 1925 promovierte Simoneit, wurde Schultzes Assistent, bis er 1927 in die Prüfstelle der Heerespsychotechnik in Königsberg wechselte. 1930 wechselte er von dort aus nach Berlin. Nach der Auflösung der Wehrmachtspsychologie habilitierte sich Simoneit 1942 in Göttingen. Nach Kriegsende gehörte er zu den Gründungsmitgliedern des Bundes Deutscher Psychologen (BDP). (Geuter 1984, S. 580; Renthe-Fink 1985, S. 64; 81f.).

720 nicht beamteter außerordentlicher Professor.

erweitert) werden. Weiterhin wurde beantragt, dass Robert Heiß zum „Leiter" des Instituts für experimentelle Psychologie an der Universität Köln ernannt werden sollte. Mit Bescheid vom 23.03.1938 wurde dem Antrag durch das Reichsministerium entsprochen. Der Lehrauftrag für „Logik, Logistik und Wissenschaftslehre" wurde um den Bereich „Psychologie und Charakterforschung" erweitert (UAK Zug. 27/95, o. P.).[721] Bemerkenswert ist die Tatsache, dass die Erweiterung des Lehrauftrags nicht einfach nur durch den Begriff „Psychologie" erfolgt, sondern expressis verbis noch die „Charakterforschung" gesondert erwähnt wird, obwohl diese (aus heutiger Sicht) inhaltlich bereits im Begriff der Psychologie enthalten sein sollte. Dies kann als ein Zeichen für eine besondere Bedeutung dieser Richtung in der NS-Zeit gedeutet werden, aber auch als ein Zeichen für den damaligen Stand der Herausbildung des Faches. Welche Inhalte verbindlich zur Psychologie gehören sollten und welche nicht, dies war noch im Entwicklungsprozess befindlich.[722]

Heiß nahm zu Beginn des Krieges Verbindung zur Inspektion der Dienststellen für Eignungsuntersuchungen auf und wurde zunächst dorthin eingezogen (UAK Zug. 197/725, Bl. 17). Er arbeitete anfangs als Ergänzungsprüfer und Kriegsverwaltungsrat in der Heeresdienststelle Düsseldorf (UAK Zug. 197/725, Bl. 14). Danach war er mit seiner Übernahme zur Luftwaffe als Regierungsrat a.K.[723] und stellvertretender Dienststellenleiter der neu errichteten Dienststelle in Münster tätig (UAK Zug. 197/725, Bl. 14 u. 17). Im Januar 1941 wurde Heiß zur Leitung des Eignungsprüfungswesens im R.L.M. (Reichsluftfahrtministerium) mit einem Spezialauftrag und als Referent II für das Referat Wissenschaft abkommandiert. Dort blieb er bis zum 20.04.1942, bis zur Einstellung des eigenen Prüfwesens der Luftwaffe (UAK Zug. 197/725, Bl. 14 u. 17). Kurz vorher, am 04.03.1942, hatte Prof. Harmjanz vom Reichsministerium für Wissenschaft, Erziehung und Volksbildung Robert Heiß noch mitgeteilt, dass das Oberkommando der Wehrmacht ihn zum Leiter des Prüfungsausschusses für die Wehrmachtspsychologenprüfungen Ende März und Anfang April 1942 ernannt habe (UAK Zug. 197/725, Bl. 21). A. Schneider bezeichnete diese Funktion als „Prüfkommissar der Assessorenprüfung für Heerespsychologen" (UAK Zug. 197/725, Bl. 17).

Weil Heiß in der gesamten Zeit seines Engagements im Bereich der Wehrpsychologie der einzige Psychologiefachvertreter an der Universität zu Köln war (wenn man von Maria Krudewig absieht, die ja keine Venia Legendi für

---

721 Auf der Rückseite der Antragskopie (UAK Zug. 9/598) befindet sich eine handschriftlichen Aktennotiz des Dekans vom 08.07.1938: „Mit Erl[ass] vom 23.03.38 WE Nr. 225 WE 2 ist der Lehrauftrag von Prof. Heiß für Psychologie und Charakterforschung erweitert worden. Damit ist die vorliegende Angelegenheit erledigt. z[u] d[en] A[kten]"

722 Zum 01.12.1942 wurde Heiß nach Freiburg berufen. Bei dieser Gelegenheit wurde dort das erste Psychologische Institut eingerichtet, „das im Juli 1943 in Institut für Psychologie und Charakterologie umbenannt wurde" (Geuter, 1984, S. 364).

723 an anderer Stelle heißt es auch „a.Kr."

Psychologie hatte), konnte das Lehrangebot auch nur notdürftig aufrechterhalten werden.[724] Heiß hatte, wie er selbst im Juni 1941 schrieb, acht Stunden Vorlesungen und Übungen zu absolvieren (UAK Zug UAK Zug. 197/725, Bl. 33). Zur Abhaltung dieser Lehrveranstaltungen reiste Heiß zunächst von Düsseldorf, dann von Münster und schließlich von Berlin aus monatlich und dann später vierzehntäglich an. Zuletzt fuhr er sonntags regelmäßig nach Köln, um dann in der Nacht von Dienstag auf Mittwoch nach Berlin zurückzukehren (UAK Zug. 197/725, Bl. 14).

Auch Heiß war sich der prekären Situation des Faches Psychologie an der Universität zu Köln bewusst. Im Rahmen seines Angebotes an die Universität zu Köln, seine Lehrveranstaltungen in einem vierzehntäglichen Rhythmus abzuhalten, schrieb er am 23.03.1942 an den Dekan:

> „Auf der anderen Seite möchte ich, wenn es irgend geht, die Einstellung des Lehrbetriebs vermeiden, weil mit der Aufgabe meiner Vorlesungstätigkeit die Psychologie an der Universität nicht mehr vertreten wäre" (UAK Zug. 197/725, Bl. 39).

Dieses Anliegen wurde offensichtlich seitens der Universität unterstützt.

Bereits Anfang November 1941 hatte der Dekan der Philosophischen Fakultät (leider vergeblich) einen Antrag ans Ministerium gestellt, Heiß im laufenden Wintersemester zu ermöglichen, alle 14 Tage in Köln Vorlesungen und Übungen abzuhalten (UAK Zug. 197/725, Bl. 23). Der Dekan verwies in einem Schreiben vom 05.01.1942 an General Bonatz im Reichsluftfahrtministerium darauf, dass in der Universität Köln von der Lehrtätigkeit Prof. Heiß' der gesamte Unterricht in der Psychologie abhinge und dass ohne dessen Lehrtätigkeit die Ausbildung der Diplompsychologen in Köln nicht vonstattengehen könne. Da es sich um ein Fach handele, das Aussicht auf Verwendung als Wehrpsychologe böte, sei der Zustrom auf studentischer Seite groß (UAK Zug. 197/725, Bl. 24). Einer Mitteilung vom 22.01.1942 des Dekans Kauffmann an die Quästur der Universität Köln war jedoch zu entnehmen, dass Heiß die angekündigten Vorlesungen und Übungen des laufenden Wintersemesters 1941/42 nicht halten würde (UAK Zug. 197/725, Bl. 22).

---

724 Am 25.03.1941 hatte Robert Heiß dem Dekan mitgeteilt, dass er gefragt worden sei, ob er mit einer Versetzung ins Luftfahrtministerium einverstanden sei. Neben seiner wissenschaftlichen Tätigkeit hätte er auch die Aufgabe der Begründung und Redaktion der Zeitschrift für Luftwaffenpsychologie übernehmen müssen. Um seine Vorlesungstätigkeit in Köln aufrechtzuerhalten würde er alle 14 Tage zwei Tage nach Köln kommen (UAK Zug. 197/725, Bl. 39). Bemerkenswert: Obwohl der Dekan also um die hohe Belastung von Robert Heiß wusste, reichte er eine Anfrage der Gattin des Oberbürgermeisters Winkelnkemper an ihn weiter, „dass sie sich über eine psychologische Fachfrage gern mit ihm einmal unterhalten möchte" (UAK Zug. 197/725, 12.6.1941, Bl. 34).

Am 16.06.1941 wurde die erste Diplomprüfungsordnung verabschiedet[725], die Psychologie also somit als Studienfach etabliert (vgl. Geuter, 1984, S. 309–388). In dieser ersten Diplomprüfungsordnung heißt es unmissverständlich, dass das Studium der Psychologie an Universitäten und Technischen Hochschulen absolviert werden könne, soweit das Fach der Psychologie durch einen „planmäßigen Lehrstuhl" vertreten werde (Diplomprüfungsordnung, 1941, S. 255). Diese Anforderungen erfüllte die Universität zu Köln nicht. Robert Heiß hatte zwar einen Lehrauftrag für Psychologie, war aber nicht Inhaber eines ordentlichen Lehrstuhls für Psychologie.[726] So ist es nicht verwunderlich, dass sich die Universitätsgremien mit dieser Thematik beschäftigen mussten, so sie denn die Diplomprüfung in Psychologie ermöglichen wollten.

Am 12.03.1942 (16:30 Uhr) fand eine Sitzung der Philosophischen Fakultät statt. Unter dem Tagesordnungspunkt „Lehrstuhl für Psychologie" wurde über dessen Besetzung beraten. Auf der Liste der potentiellen Kandidaten standen in alphabetischer Reihenfolge Heiß/Köln, Metzger/Frankfurt und Seifert/München. Der Dozentenführer Dr. Birkenkamp teilte in dieser Fakultätssitzung mit, dass ihm Erkundigungen über die Herren Metzger und Seifert noch nicht möglich gewesen seien und schlug deshalb den Aufschub des Verfahrens vor, zumal auch gegen Heiß Bedenken vorlägen.[727] Der Dekan teilte mit, dass bei Verzögerung Herr Heiß mit großer Wahrscheinlichkeit an eine der drei anderen sich um ihn bewerbenden Universitäten verloren gehen würde.[728] Es wurde daher beschlossen, die vorliegende

---

725 RdErl. d. RMfWEV. vom 16.6.1941. In Amtsblatt des Reichsministeriums für Wissenschaft, Erziehung und Volksbildung und der Unterrichtsverwaltungen der Länder, 7. Jg. 1941, S. 255–260.

726 Anlässlich seiner Ernennung zum außerplanmäßigen Professor hatte das Ministerium Robert Heiß gesondert darauf hingewiesen, dass er mit dieser Ernennung kein Recht und keine Anwartschaft auf Berufung auf einen planmäßigen Lehrstuhl erwerbe (UAK Zug. 197/725, 28.10.1939, Bl. 48).

727 Leo Haupts schreibt in einer Fußnote, Heiß – der erst am 01.10.1940 in die NSDAP eingetreten war – erfülle „nach dem Urteil des Kölner Dozentenführers Birkenkamp die nationalsozialistischen Anforderungen ‚nur mit Einschränkungen' " (Tilitzki, S. 845, zit. n. Haupts, 2007, S. 152). Nach Kriegsende schloss sich der Kreis der weltanschaulichen Ansprüche, denen Robert Heiß nicht entsprach, auf bemerkenswerte Weise. Als Heiß für die Besetzung des zweiten philosophischen Lehrstuhls in Köln berufen wurde (in der Nachfolge von A. Schneider), protestierte Adenauer u.a. mit der Begründung, Heiß sei seinen Informationen nach aus der Kirche ausgetreten (Haupts, 2007, S. 159). Letztere Information wird durch die persönlichen Angaben Heiß' in seinem Ariernachweis bestätigt (vgl. Anhang 2).

728 Mit Schreiben vom 23.05.1939 hatte sich beispielsweise das Reichsministerium nach Besetzung der „Rest-Tschechei" im März 1939 an Heiß mit der Anfrage gewandt, ob er eine mögliche Berufung auf den Lehrstuhl für Philosophie an der deutschen Universität in Prag annehmen würde (UAK Zug. 197/725, Bl. 51). Der Gedanke liegt nah, dass es sich evtl. um den Psychologielehrstuhl des erkrankten Johannes Lindworsky handelte (bezüglich der Einordnung und Entwicklung der Deutschen Universität in Prag vgl. Kap. 14.2).

Liste dem Ministerium einzureichen. Der Dozentenführer erhob dagegen Einspruch (UAK Zug 285/1, S. 473).

Nach der Sitzung der Philosophischen Fakultät fand am selben Tag (12.03.1942) eine Sitzung des Senats statt. Die Sitzung fand folglich noch vor dem Abbruch der wehrpsychologischen Eignungsprüfungen Ende April 1942 statt. In dieser Senatssitzung muss es hoch her gegangen sein. Als Tagesordnungspunkt wurde der „Antrag der Philosophischen Fakultät auf Errichtung eines planmäßigen Extraordinariates für Psychologie" behandelt. Dekan Kauffmann berichtete, dass der Dreiervorschlag auf der umfassenden Arbeit einer Fachkommission beruhe. Von der Reichsdozentenführung habe er wenige Stunden vorher fernmündlich Bescheid erhalten, dass sie eine Nominierung des Prof. Heiß gutheißen würde. Der Dozentenführer[729] widersprach sowohl dem Verfahren als auch der Person von Robert Heiß. Im Senatsprotokoll heißt es wörtlich: „Der Dozentenführer wendet sich gegen ‚die hochtrabenden Worte', mit denen hier die Bedeutung der Psychologie herausgestellt worden sei entgegen der Auffassung des Führers, wie ihm bekannt sei" (UAK Zug. 331/4, 12.3.1942, Bl. 271). Darüber hinaus wendete er sich erregt dagegen, dass Dekan Kauffmann in München [bei der Reichsdozentenführung] unmittelbar angefragt habe („hinter meinem Rücken"). Weiterhin erklärte er, dass er deshalb Prof. Kauffmann mit sofortiger Wirkung seines Amtes als Leiter des Amtes Wissenschaft im Dozentenbund enthebe (UAK Zug. 333/4, 12.3.1942, Bl. 273). Gegen den prognostizierten Dreiervorschlag, den Dekan Kauffmann dem Senat vorgelegt hatte, zeigte sich ansonsten kein Widerspruch.

Etwa ein Jahr nach Erlass der Diplomprüfungsordnung für Psychologie erging im April 1942 in der Luftwaffe der Befehl, die Eignungsprüfungen für das fliegende Personal fallen zu lassen und im Mai verfügte das Oberkommando des Heeres den Wegfall der psychologischen Prüfungen im Heer und die Auflösung seiner Prüfeinrichtungen (Lück, 1987, S. 132).[730] Dies bedeutete auch für Robert Heiß die

---

729 Dozentenführer Dr. Birkenkamp war zu diesem Zeitpunkt beurlaubt. Seine Funktion hatte in dieser Zeit Prof. Dr. Gröschel übernommen (UAK Zug. 331/4, S. 281).

730 Eine offizielle Begründung für die plötzliche Auflösung der Heeres- und Luftwaffenpsychologie wurde nie gegeben; die Marinepsychologie durfte erstaunlicherweise bis Kriegsende weiter existieren. Die Gerüchteküche wusste damals von einem als untauglich abgelehnten Göring-Neffen respektive einem ebensolchen Keitel-Sohn (Flik, 1988) zu berichten; einer anderen Legende nach soll sich Baldur von Schirach beschwert haben, weil die Führer der HJ nicht pauschal als Offiziere übernommen wurden, sondern ebenfalls die Testverfahren absolvieren mussten (Renthe-Fink 1985, S. 144). Auch der damalige Leiter, Max Simoneit, schürte die Legendenbildung, indem er erzählte, Hitler habe all seine Bücher in einer Nacht gelesen und am nächsten Morgen die Auflösung der Heerespsychologie befohlen (Renthe-Fink, 1985, S. 146). Wahrscheinlicher ist jedoch, dass die Gründe ganz pragmatischer Natur waren: im Juli 1941 hatte der Ostfeldzug begonnen. Angesichts der enormen Verluste erschien eine weitere Auslese schlicht nicht mehr sinnvoll (vgl. Renthe-Fink, 1985, S. 141; vgl. Lück, 1996, S. 15).

Entlassung aus seinen Funktionen im Bereich der Wehrpsychologie am 20.04.1942 (UAK Zug. 197/725, Bl. 14). Einerseits ergab sich hierdurch die Möglichkeit, wieder mehr präsent zu sein und die Lehre regelmäßiger stattfinden zu lassen, andererseits drohte Heiß – wie jedem Mann im wehrfähigen Alter – die Einberufung zur Wehrmacht. Das Argument, er bilde Menschen zu Wehrpsychologen aus, entfiel mit der Schließung der Wehrpsychologie.

A. Schneider und Heimsoeth konstatieren in ihrer Stellungnahme vom 14.05.1942, dass, falls Prof. Heiß eingezogen würde, der Ausbau des Diplomstudiengangs für Psychologen eingestellt werden müsse. Die Ausbildung von Psychologen und Wehrmachtspsychologen entfiele somit. Vorhandene Studenten, darunter auch Kriegsversehrte, würden ihren Studiengang nicht fortsetzen können (UAK Zug. 197/725, Bl. 14). Im Schreiben vom 12.05.1942 hatte A. Schneider erwähnt, dass seit dem Wintersemester 1941/42 der Vorlesungsbetrieb in Psychologie nicht aufrechterhalten werden könne. Etwa 20 Studenten, darunter solche, die Wehrmachtspsychologen werden wollen (z. T. Kriegsversehrte), warteten derzeit auf die entsprechende Ausbildung (UAK Zug. 197/725, Bl. 17).

Dekan Prof. Malsch wandte sich mit Schreiben vom 12.05.1942 an den „Studentenführer Degen“[731] und bat um nähere Auskunft, ob ihm Studierende bekannt seien, die Wehrmachtpsychologen werden wollten und insbesondere wollte er wissen, ob sich unter den Studenten auch Kriegsversehrte befänden. Ferner bat er um Angaben zur Gesamtzahl der Studierenden dieses Faches und zur Gesamtzahl der Kriegsversehrten (UAK Zug. 197/725, Bl. 16).

Der „Studentenführer“ der Universität Köln antwortete am 27.05.1942 dem Dekan. Er schrieb, dass an den „speziell für Psychologen durchgeführten Veranstaltungen 6–8 Hörer teilnähmen, davon 2 Männer, von denen einer versehrter Wehrmachtsangehöriger“ sei, die übrigen Teilnehmer seien Frauen (UAK Zug. 197/725, Bl. 11).

Unabhängig von der Verwunderung des heutigen Lesers, der darüber staunt, dass eine Universitätsverwaltung im Jahre 1942 nicht über dergleichen statistische Aufstellungen verfügt, ist festzustellen, dass die Zahlen von A. Schneider und des Studentenführers nicht deckungsgleich sind. Auch unabhängig von der Tatsache, dass die heerespsychologischen Aktivitäten von offizieller Seite im April/Mai 1942 eingestellt wurden, wäre es mindestens fraglich, ob die (sicherlich auch kriegsbedingt) geringe Zahl Studierender der Psychologie eine hinreichende Begründung zur Verlängerung einer UK-Stellung (Unabkömmlichkeitsstellung) für Robert Heiß gewesen wäre.

Auch auf die praktische Arbeit von Robert Heiß gehen Schneider und Heimsoeth in ihrer Stellungnahme zu einem möglichen Antrag auf UK-Stellung von Robert Heiß ein (UAK Zug. 197/725, 04.05.1942, S. 14). Danach arbeitete Heiß mit der Fliegersichtungsstelle, Oberfeldarzt Prof. Uhlenbruck, Köln-Hohenlind,

731 Im Rahmen des „Führerprinzips“ an den Hochschulen gab es neben dem Dozentenführer und dem Führer der Hochschule (Rektor) auch den Studentenführer.

zusammen. Heiß hatte die Kompetenz, die Untersuchungen „abgeflogener Flugzeugführer", insbesondere des Afrikakorps, alleine durchzuführen. Die „Zusammenarbeit mit dem Psychologischen Institut" begänne in diesem Sommersemester. Bei der Untersuchung von Flugzeugführern träte ein psychologisches Gutachten ergänzend zum medizinischen (UAK Zug. 197/725, Bl. 14 und 17).[732]

Am 01.08.1942 schrieb der „Reichsverteidigungsreferent und Abwehrbeauftragte der Universität Köln" an den Rektor der Universität, dass er erfahre habe, dass „dem Vernehmen nach" Heiß einen Ruf nach Heidelberg (!) erhalten habe (UAK Zug. 197/725, Bl. 10).

Die UK-Stellung von Robert Heiß lief am 31.08.1942 aus (UAK Zug. 197/725, Bl. 10). Der Dekan der Philosophischen Fakultät, Prof. Malsch, verzichtete aber trotzdem auf eine Antragsverlängerung der UK-Stellung von Heiß für das Wintersemester 1942/43, da er von Robert Heiß erfahren hatte, dass dieser dann voraussichtlich bereits in Freiburg sein werde und diese Auskunft auch von Prof. Harmjanz [Reichswissenschaftsministerium] in Berlin bestätigt wurde (UAK Zug. 27/59, 15.08.1942, o. P.).

Am Ende des Jahres 1942 stand endgültig der Wechsel von Robert Heiß an die Universität Freiburg fest. Am 01.12.1942 erhielt Heiß – unter Verweis auf die mit ihm geführten Verhandlungen – ein erneutes Ersuchen des Reichsministeriums, ab dem 01.12.1942 den Lehrstuhl für Philosophie und Psychologie an der Universität Freiburg vertretungsweise wahrzunehmen (UAK Zug. 197/725, Bl. 7). Damit ging zwangsläufig das Ende der Universitätslaufbahn von Robert Heiß an der Universität zu Köln einher. Mit Wirkung des 01.04.1943 wurde er zum ordentlichen Professor an der Universität Freiburg für Philosophie und Psychologie und zum Direktor des dortigen Philosophischen Seminars ernannt (UAK Zug. 27/59, o. P.).

Nach dem Weggang von Heiß nach Freiburg stellte sich erneut die drängende Frage nach der Zukunft der akademischen Psychologie in Köln. Nicht nur der Weggang von Robert Heiß hatte gravierende „lokale" Auswirkung, sondern auch die Einstellung der Wehrpsychologie, die im Mai 1942 durch das Oberkommando der Wehrmacht verfügt worden war. Durch die Einstellung der Einrichtungen der Wehrmachtspsychologie war der wichtigste Arbeitsmarkt für Diplompsychologen (die Beamtenlaufbahn im Höheren Dienst) weggefallen.

Am 21.01.1943 (UAK Zug. 285/1, S. 482) hatte eine Kommissionssitzung, an der auch A. Schneider und Heimsoeth teilnahmen, beschlossen, „die Besetzung der Psychologie einstweilen ruhen zu lassen und weder beim Kuratorium noch beim Ministerium Schritte zu unternehmen". Erst wenn Ministerium oder Kuratorium

732 Entsprechend dem Bericht von Heimsoeth und A. Schneider vom 14.05.1942 hatte Heiß die Durchführung von „Drehstuhluntersuchungen" in der Fortsetzung der Fliegeruntersuchungen übernommen (UAK Zug. 197/725, Bl. 14). Es handelte sich um die Untersuchung „Labyrinthloser". („Die Ergebnisse dieser Untersuchungen, die seinerzeit im Auftrag der Gruppe L Wehr 1/V vorbereitet wurden, dienen der Feststellung der fliegerischen Leistung") (UAK Zug. 197/725, Bl. 14).

die Angelegenheit ansprächen, würde wieder eine Stellungnahme mit Vorschlagsliste erfolgen. So ist es auch nicht weiter verwunderlich, dass die Fakultät „auch mit dem Preis, den Lehrstuhl für Psychologie dafür zu verwenden“ alles daran setzte, Carl Karstien (Lehrauftrag für vergleichende Sprachwissenschaft und Deutsche Sprache) an der Universität zu Köln zu halten.[733]

Eine leicht abweichende und ergänzende Sichtweise hat Geuter in diesem Zusammenhang:

> „Die Angelegenheit zog sich […] hin. Anfang 1943 entschloß sich die Universität, sie nicht weiter zu verfolgen. Zu diesem Zeitpunkt war das der Pädagogik und Psychologie zugewandte Philosophische Ordinariat von Arthur Schneider vakant geworden; die Fakultät wollte zunächst dessen Besetzung abwarten, bevor sie sich für einen Psychologen entschied. Als sie mit der Besetzung weiterer Fächer in Schwierigkeiten war, entschied die Fakultät, das noch nicht besetzte psychologische Extraordinariat für Geographie zu verwenden. Die Errichtung neuer Lehrstühle war nämlich mittlerweile durch einen Führererlaß für die Kriegszeit untersagt. Auch wenn die Wirkung schließlich ausblieb, hatte die Diplomprüfungsordnung in Köln Aktivitäten zur Institutionalisierung der Psychologie ausgelöst“ (Geuter, 1984, S. 360).

In der zugehörigen Fußnote ergänzt Geuter: „Nach den Unterlagen des Universitätsarchivs kam es nur zur Genehmigung, nicht jedoch zur Etatisierung des Extraordinariats (Auskunft vom 20.5.1981); der Ministerialakte zufolge existierte aber der Lehrstuhl, der schließlich anderweitig verwendet wurde“ (Geuter, 1984, S. 506). An anderer Stelle schreibt Geuter (1984, S. 360), der Lehrstuhl sei für Geographie verwendet worden. Dieser letzte Hinweis von Geuter ist folgerichtig, da Karstien den Ruf nach Jena annahm und folglich der „Lehrstuhl“ Heiß (Extraordinariat) für Geographie Verwendung finden konnte.

Im Grunde genommen war die Situation zu Beginn des Jahres 1943 vergleichbar mit der Situation nach dem Sommersemester 1928, nachdem Lindworsky Köln verlassen hatte. In der Entwicklungsgeschichte der Fachdisziplin Psychologie an der Universität zu Köln zeigte sich erneut ein Tiefpunkt. Ähnlich wie 1928 konnte

733 In der Kommissionssitzung vom 12.11.1943 (UAK Zug. 285/1, S. 491) wurde über einen Ruf nach Jena, den Karstien erhalten hatte, beraten. Die Kommission machte den Vorschlag, um Karstien an Köln zu binden, ihm eine schriftlich bindende Erklärung zu geben, nach welcher die Fakultät den nächsten durch Emeritierung freiwerdenden Lehrstuhl – sofern nicht inzwischen der Führererlass, welcher Neuerrichtungen von Lehrstühlen inhibiert, in Wegfall kommt – ihm übertragen wird. Des weiteren sollte mit dem Kuratorium in der Richtung verhandelt werden, dass Karstien im Falle einer Ablehnung der Jena-Anfrage ab sofort eine Erhöhung seines Lehrauftrags zugesprochen werde, die dem Berufungsgehalt eines Ordinarius (mit Vordatierung) entspricht. In der Fakultätssitzung vom 05.02.1944 (UAK Zug. 285/1, S. 495) wurde ein entsprechender Beschluss gefasst, den nächsten durch Emeritierung frei werdenden Lehrstuhl „zeitweilig“ für Sprachwissenschaft zur Verfügung zu stellen, da die Errichtung eines Lehrstuhls z.Z. untersagt sei.

sich die Fakultät auch 1943 nicht dazu entschließen, Psychologie als studierbares ordentliches Fach fortzuführen. Durch den Wegfall der wehrpsychologischen Arbeitsplätze war auch der äußere Anreiz, einen Diplomstudiengang Psychologie anzubieten, weggefallen und dies wirkte sich natürlich auch auf die Personalpolitik aus. Die einzige Konstante in dieser „Entwicklung" war wiederum Maria Krudewig, die als Nichthabilitierte nach dem Weggang von Heiß ab 1943 ordnungsgemäße Psychologievorlesungen abhalten durfte.

Kurz nach dem Zweiten Weltkrieg gab es noch einmal Bemühungen, Robert Heiß wieder für die Universität Köln zu gewinnen. In der Fakultätssitzung vom 13.11.1946 wurde berichtet, dass Robert Heiß auf einen philosophischen Lehrstuhl berufen worden sei (UAK Zug. 285/1, 13.11.1946, S. 530).[734] Aus einer Aktennotiz (verfasst wahrscheinlich von Prof. Rassow) vom 29.04.1947 geht hervor, dass Robert Heiß zu diesem Zeitpunkt in Köln weilte und über seine monatelangen Verhandlungen mit den badischen und französischen Behörden zwecks Annahme eines Rufes nach Köln berichtete (UAK Zug. 197/725, Bl.1). Die letzte Auskunft der französischen Militärregierung an Heiß beinhaltete, dass er frühestens in zwei Jahren die Genehmigung zum Fortgang nach Köln erhalten würde. Der Rektor der Universität zu Köln habe ihm jedoch zugesagt, einen Antrag der Universität Köln auf Genehmigung der Übersiedlung nach Köln über die britische Militärregierung an den Kontrollrat weiterzuleiten (UAK Zug. 197/725, Bl.1). Dies hat Rektor Kroll offensichtlich auch getan; Haupts fasst das Ergebnis lapidar zusammen: „empört aber erfolglos" (Haupts, 2007, S. 158).

734 Die Universität befand sich zu diesem Zeitpunkt in dem Prozess um die Einrichtung eines dritten Philosophie-Lehrstuhls. Details hierzu finden sich bei Haupts, 2007, S. 156ff. Auch in diesem Fall spielt – ähnlich wie bei Lindworsky zwanzig Jahre zuvor – die Konfession wieder eine Rolle. Stadtdechant Dr. Grosche hatte sich für die Einrichtung eines dritten philosophischen Lehrstuhls eingesetzt. Man diskutierte die Frage, inwieweit der (ja bereits vorhandene) zweite Lehrstuhl konfessionell gebunden sei. Nachdem Plessner die Berufung abgelehnt hatte, berief man Heiß als den Listenzweiten. Dieser musste die Berufung zunächst mit der französischen Militärregierung diskutieren, die ihm den Wegzug aus Freiburg verweigerte. Unabhängig davon protestierte Adenauer (im April 1947 bereits wieder Bürgermeister von Köln) gegen Heiß' Berufung. Begründung: Heiß sei nach seinen Informationen aus der Kirche ausgetreten und zudem „in philosophischen Kreisen ein ziemlich unbekannter Mann" (Brief vom 08.04.1947, zit. nach Haupts, 2007, S. 159).

11. „Manchmal ergibt auch eine schwere Geburt ein schönes Kind“[735] – Schlussbetrachtung

Das vorangestellte Zitat des derzeitigen Bundestrainers der Fußballnationalmannschaft Jogi Löw zeichnet ein griffiges Bild für das, was der Volksmund etwas lapidar ausdrückt mit der Weisheit „Aller Anfang ist schwer“[736].Vergleiche hinken bekanntlich, insofern ist auch das Bild der schweren Geburt nur bedingt zu übertragen. Es betont, ebenso wie die Volksweisheit, den langwierigen und schwierigen Prozess, der zum erstrebten Ergebnis führt. Will man den Begriff der Institutionalisierung zwingend an die Einrichtung eines ordentlichen Lehrstuhls koppeln, müsste man sogar konstatieren, dass der „Geburtsvorgang“ sich über Jahrzehnte hinzog, nämlich bis 1962. So gesehen wäre das „schöne Kind“ Psychologie heute gerade einmal 55 Jahre alt, hätte also noch nicht einmal das Rentenalter erreicht.

Die vorliegende Arbeit zeigt, dass es einen Anfang der Fachdisziplin Psychologie respektive des Psychologischen Institutes der Universität zu Köln im allgemeingültigen Sinne nicht gab. Der Weg zum erstrebten Ziel kann nicht als kontinuierlich bezeichnet werden; es gab Brüche und Diskontinuitäten, Aufs und Abs.

Zwei Brüche sind hier besonders hervorzuheben: zum einen der Tiefpunkt der Psychologie an der Universität zu Köln nach dem Weggang Johannes Lindworskys 1928, zum anderen der Tiefpunkt nach dem Weggang von Robert Heiß 1943. In beiden Fällen wurde das „schöne Kind“ gewissermaßen „vorübergehend schlafen gelegt“. Die einzige Konstante über diese Zeit bildete Maria Krudewig. Kurz: die Universität zu Köln hat sich mit der Etablierung der Psychologie durchaus schwer getan.

Der erreichte Abschluss dieses Prozesses, das „Kind“ im Löwschen Sinne, ist jedoch nicht fertig, sondern seine Entwicklung hat mit der Geburt gerade erst begonnen. Dies gilt ebenfalls für die Psychologie. Heute existiert gar kein Psychologisches Institut im damaligen Sinne mehr; heute vereinigen sich die insgesamt 19 Lehrstühle für Psychologie (davon sechs Junior-Professuren) im so genannten Department Psychologie. Die Frage um die Verortung der Psychologie in Philosophischer oder Mathematisch-Naturwissenschaftlicher Fakultät hat durch die Zusammenfindung aller Psychologie-Lehrstühle in der 2007 neu gegründeten

735 Jogi Löw nach seinem ersten Pflichtspiel als Bundestrainer gegen die Republik Irland im Rahmen der Qualifikation für die Fußballeuropameisterschaft 2008. http://de.uefa.com/worldcup/news/newsid=2023920.html.

736 Zugrunde liegt übrigens eine lateinische Weisheit: Omne principium grave oder Omne principium difficile.

Humanwissenschaftlichen Fakultät strukturell ein Ende gefunden. Das „schöne Kind“ ist – so würden es Eltern vielleicht formulieren – „aus dem Gröbsten heraus“.

Ausgangspunkt: Das Jubiläum

2019 wird die Universität zu Köln ihre 100 Jahre zurückliegende Wiedereröffnung nach der Schließung durch die Franzosen 1788 begehen. Ein solches Jubiläum bringt zwangsläufig immer Rückblicke mit sich: wie war das damals? Vergleiche werden gezogen: Was ist heute anders im Gegensatz zu damals? Ausgehend vom derzeitigen hohen Sockel des Erreichten wird die Universität zu Köln, trotz vieler Rückschläge insbesondere in der NS-Zeit, auf eine sehr erfolgreiche Vergangenheit zurückblicken können. Aber ist das, was für die Gesamtuniversität gesagt werden kann, im Kern auch auf das Psychologische Institut und die Psychologie in Köln übertragbar? Vieles spricht für eine Bestätigung dieser Annahme. Die Recherchen zur vorliegenden Arbeit haben jedoch auch ergeben, dass zumindest bis zum Ende des Zweiten Weltkriegs ein deutlich differenzierteres Bild gezeichnet werden muss.

Ziel dieser Arbeit war es, die Entwicklungsgeschichte des Psychologischen Institutes der Universität zu Köln seit der Wiedergründung der Universität zu Köln im Jahre 1919 bis zum Ende des Zweiten Weltkrieges zu recherchieren und aufzuzeigen, also eine fach- und institutionsgeschichtliche Darstellung für den Standort Köln zu schreiben, die in dieser Form bislang noch nicht existiert. Eine solche rein institutionell-organisatorisch ausgerichtete Themenstellung kann jedoch den heutigen Ansprüchen an die Historiographie nur gerecht werden, wenn der „relevante Kontext“ nach Klüpfel & Graumann mit in die Ausführungen aufgenommen wird. Ein Institut ohne die dort arbeitenden und studierenden Menschen, ein Psychologisches Institut ohne das Fach Psychologie an sich ist nicht denkbar! Folglich konnte die Themenstellung den Anforderungen nur dann genügen, wenn sowohl das Institut als auch die Fachdisziplin Psychologie als zwei Seiten derselben Medaille gesehen wurden. Da es zum Zeitpunkt der Wiedergründung der Universität weder ein Psychologisches Institut noch eine akademische Fachdisziplin Psychologie gab, geht es in dieser Arbeit darum, sowohl die Entstehungs- und Entwicklungsgeschichte des Institutes als auch der Fachdisziplin Psychologie in Köln als zwei sich wechselseitig ergänzende und bedingende Faktoren aufzuzeigen, wobei die Entwicklungen nicht immer zeitlich parallel verliefen. Im Löwschen Bild beschäftigt sich die vorliegende Arbeit also gewissermaßen mit der Pränatalzeit der Psychologie an der Universität zu Köln.

Es fing nicht alles mit Lindworsky an.

Im WS 1920/21 wurde ein Lehrauftrag explizit für Psychologie erteilt: an den Jesuiten Johannes Lindworsky. Dieser hatte u.a. in Bonn bei Oswald Külpe studiert, war diesem dann nach München gefolgt und hatte dort promoviert. Nach Külpes plötzlichem Tod 1915 hatte Lindworsky unter der Leitung von Bühlers Nachfolger Erich Becher die Münchener denk- und willenspsychologischen Arbeiten betreut. Helmut Oswald Ühlein fasst in seiner Dissertation (1986) zusammen, Lindworsky sei kein Vertreter einer bestimmten Richtung oder Schule gewesen und drohe daher aus Sicht der Psychologiehistorie, die sich überwiegend mit den damals existierenden Schulen beschäftigt, in Vergessenheit zu geraten. Der Schwerpunkt Lindworskys lag auf der Experimentellen Psychologie.

Lindworsky habilitierte sich 1919 in Köln. Max Scheler betreute die von ihm angeregte Habilitation; Gutachter waren neben Scheler Karl Bühler (den Lindworsky kannte, da er ebenfalls Assistent von Oswald Külpe in München gewesen war) sowie Carl Stumpf, mit dessen Arbeiten zu akustischen Phänomenen sich Lindworsky in seiner 1921 veröffentlichten „Experimentellen Psychologie" beschäftigte (Lindworsky 1921a, S. 65ff.).

Psychologie in Köln gab es jedoch schon vor Lindworsky, auch wenn das Fach als solches noch keinen eigenen akademischen Rahmen hatte. Der berühmten Satz von Hermann Ebbinghaus „Die Psychologie hat eine lange Vergangenheit, doch nur eine kurze Geschichte", lässt sich gerade am Beispiel Kölns besonders gut veranschaulichen.

Zur „langen Vergangenheit" im Ebbinghausschen Sinne gehört hier sicherlich Kölns berühmtester Hochschullehrer: Albertus Magnus. Hannes Stubbe beschreibt ihn als den ersten Kölner Psychologen (Stubbe, 2012a). Albertus Magnus lehrte an der Ordenshochschule („Generalstudium") der Dominikaner in Köln, einem der Vorläufer der 1388 gegründeten Universität. Thomas von Aquin war von 1248 bis 1252 dort sein Student (vgl. S. 19f, FN 19). Psychologisches Denken hatte auch nach 1388 seinen Platz innerhalb der Artistenfakultät (später Philosophische Fakultät). Auch die von der Stadt Köln gegründeten und die spätere Wiedergründung der Universität vorbereitenden Hochschulen (Handelshochschule und Verwaltungshochschule-Frauenhochschule) boten bereits etliche Psychologieveranstaltungen an, auch wenn es noch kein ordentliches Lehrfach Psychologie gab. Insbesondere die Mithilfe zahlreicher Professoren der Universität Bonn ist hier hervorzuheben. Beteiligte Psychologie lehrende Professoren aus Bonn waren Benno Erdmann, Adolf Dyroff, Oswald Külpe, Gustav Störring, Paul Erismann sowie der Kölner Professor Gustav Aschaffenburg (Psychiatrie). Benno Erdmann kommt das Privileg zu, die erste psychologische Lehrveranstaltung an einer Kölner Hochschule seit Schließung der alten Universität im Jahre 1788 durch die Franzosen abgehalten zu haben. Eine an der Handelshochschule gehaltene Vorlesungsreihe veröffentlichte er sogar als Buch (1908).

Psychologie und Philosophie – Kinder müssen alleine laufen lernen, Teil I

Die größte Schwierigkeit bei der Entstehung der selbstständigen Fachdisziplin Psychologie lag in der engen Verzahnung mit dem dominierenden „Mutter" fach Philosophie. Man ging gemeinhin davon aus, dass Fragen des Seelenlebens im Rahmen philosophischer Fragestellungen mitbehandelt werden konnten, ergo gab es folgerichtig den Anspruch, die Lehre im Bereich Psychologie über die Philosophie-Ordinarien abzudecken. Allerdings war es nach der Jahrhundertwende sozusagen Mode, experimentell zu arbeiten. Wilhelm Wundt hatte 1879 in Leipzig das erste Laboratorium gegründet, an dem psychologische Forschung betrieben wurde – wie er selbst betonte „Psychologie vom naturwissenschaftlichen Standpunkt" aus (Lück, 1996, S. 57). Wie viele andere, so hatte er auch einen philosophischen Lehrstuhl inne. Diese Entwicklung hatte bereits vor dem Ersten Weltkrieg zu Konflikten geführt. 107 Professoren unterschreiben 1913 die *„Erklärung gegen die Besetzung philosophischer Lehrstühle mit Vertretern der experimentellen Psychologie“*. Wundt griff in diesen Konflikt mit seiner Schrift *„Die Psychologie im Kampf ums Dasein“* aus dem Jahre 1913 ein. Er warf den Unterzeichnern der Erklärung vor: „In der Philosophie soll nicht experimentiert werden. Wer das tut, hat den Anspruch verscherzt, zu den Philosophen gezählt zu werden“ (Wundt, 1913, S. 8). Die Verzahnung von Philosophie und Psychologie (und somit auch der Kampf um Stellen und Mittel) zeigte sich auf höherer Ebene nochmals auf dem 11. Kongress 1929. Diesmal waren es die Psychologen, die sich durch eine „Kundgebung“ an die Öffentlichkeit wandten und auf die Benachteiligung der Psychologie zu Gunsten der Pädagogik und reinen Philosophie hinwiesen.

Die Universität zu Köln befand sich also gewissermaßen in „guter Tradition“, als sie 1920 über die Besetzung des dritten Philosophieordinariates diskutierte. Der an dritte Stelle auf die Liste gesetzte Jonas Cohn wäre ein Philosoph mit dem Schwerpunkt Psychologie gewesen. Berufen wurde allerdings Hans Driesch. Als dieser bereits nach einem Jahr die Universität wieder verließ, wurde sein Nachfolger der Albertus-Magnus-Spezialist Artur Schneider. Die Psychologie spielte inzwischen im Vergleich zu der bereits beschränkten Rolle im Bewerbungsverfahren 1920 ein Jahr später nur noch eine marginale Rolle, denn der Fachbereich Psychologie war ja durch Lindworsky, der zwar 1921 noch immer keine ordentliche Stelle hatte, aber Lehrveranstaltungen abhielt, abgedeckt.[737]

<u>Lindworskys eingeschränkte Venia Legendi – Fortsetzung der Auseinandersetzung von 1913?</u>

Lindworsky hatte sich 1920 bei Max Scheler auf der Basis seiner Schrift „Der Wille“ für Psychologie habilitiert. Dabei wurde im Habilitationsbeschluss gesondert darauf verwiesen, dass Psychologie ohne jegliche Einschränkung gemeint sei. Die Habilitation Lindworskys erfasste folglich sowohl die philosophische als auch die experimentelle Psychologie. Erst zwei Jahre später beantragte die Philosophische Fakultät einen ordentlichen Lehrauftrag für Lindworsky. Dabei legte sie größten Wert darauf, dass dieser Lehrauftrag nur für experimentelle (unter Ausschluss der philosophischen) Psychologie galt. Diese eingeschränkte Venia Legendi erinnerte fatal an den vehementen Streit zwischen „Psychologen“ und „Philosophen“ im Jahre 1913. Folglich berührte Lindworskys Lehrauftrag für Experimentelle Psychologie in keinerlei Hinsicht die bestehenden drei Philosophieordinariate, da er keine philosophische Psychologie lehren durfte. Der Lehrauftrag entsprach so der Intention der Erklärung von 1913, dass Stellen für Experimentelle Psychologie nur außerhalb der bestehenden Philosophieordinariate einzurichten seien.

737 So sind auch die Anträge Schelers am 25.02.1922 (UAK Zug. 285/1, S. 56) in der Philosophischen Fakultät zu verstehen, indem er gleichzeitig den Antrag auf Zulassung der Experimentalpsychologie als Prüfungsfach und den Antrag auf einen unbesoldeten Lehrauftrag für Lindworsky stellte.

Gründung der Philosophischen Fakultät forciert die Institutionalisierung der Psychologie

Mit der Konstituierung der Philosophischen Fakultät (Sommersemester 1920) wurde es Aufgabe der Universität zu Köln, Studierende auf die staatlichen Lehramtsprüfungen vorzubereiten. Im Gegensatz zur Promotion ist die Lehramtsprüfung ein Staatsexamen; die Inhalte eines Staatsexamens werden durch den Staat vorgegeben. Im Rahmen der Philosophieprüfung wurde auch in Psychologie geprüft. Gundlach setzt deshalb auch den 21.08.1824 als den Geburtstag des „Faches“ Psychologie an (Gundlach, 2004, S. 188), denn mit diesem Tag wurde in Preußen Psychologie als universitäres Prüfungsfach für das Lehramt an Gymnasien institutionalisiert. Lindworsky war von 1922 bis zu seinem Weggang im Jahre 1928 damit beauftragt, die Psychologieprüfung im Rahmen des Lehramtsstudiengangs durchzuführen. Hier gibt es keinen Nachweis einer inhaltlichen Einschränkung auf die experimentelle Psychologie, d.h. seine Prüfungskompetenz im Staatsexamen für das Lehramt dürfte über seine Venia Legendi hinausgegangen sein.

Die Anfänge des Psychologischen Institutes

Die Entstehung des Psychologischen Institutes geht ausschließlich auf die Initiative und das Engagement von Johannes Lindworsky zurück. Es war „sein“ Institut. Er gründete nach seiner Habilitierung die „Psychologische Gesellschaft, Verein zur Förderung der experimentellen Psychologie an der Universität Köln“ und bekam so die notwendigen Geldmittel, um die erforderlichen psychologischen Instrumente anzuschaffen. Es gibt kein Gründungsdatum oder gar eine offizielle Einweihungsfeier. Die erste Bleibe des Institutes befand sich in den Räumen des ehemaligen Juristischen Seminars im Sockelgeschoss der „alten Universität“ an der Claudiusstraße (vgl. Abb. 20). Auch wenn das genaue Gründungsdatum fehlt, so lässt sich doch anhand der Akten nachweisen, dass spätestens seit dem Jahre 1921 ein Psychologisches Institut existierte. Eine 100-Jahr-Feier des Psychologischen Institutes der Universität zu Köln müsste demzufolge korrekterweise erst im Jahre 2021 angesetzt werden.

Experimentelle Psychologie im Psychologischen Institut

Lindworsky lag mit seiner Psychologie sehr nah bei der „Würzburger Schule“ und seinem Doktorvater Oswald Külpe. Die Bedeutung der psychologischen Instrumente hatte aber bereits zu Zeiten Lindworskys im Vergleich zur Experimentellen Psychologie Wilhelm Wundts deutlich nachgelassen, da für Lindworsky die wichtigste Experimentiermethode die systematische rückschauende Selbstbeobachtung war, eine Methode (von Wundt als „Ausfrageexperimente“ energisch abgelehnt), in der als Instrumentarium (wenn überhaupt) in der Regel Instrumente zur Messung der Reaktionszeit zum Einsatz kamen. Leider ist keinerlei Inventarliste des Psychologischen Institutes aus der Zeit Lindworskys erhalten, so dass zum damaligen methodischen Vorgehen in der Forschung (und somit im Rückschluss zur damaligen Ausstattung des Instituts) lediglich indirekt über die von Lindworsky betreuten Dissertationen Informationen zu erhalten waren.

Konfessionelle Parität versus liberale Verfassung

Nach der Satzung der Universität zu Köln (und nach der Weimarer Reichsverfassung) hatte die Berufung eines Hochschullehrers unabhängig von der religiösen Überzeugung oder politischen Betätigung zu erfolgen. Diese Vorschrift wurde an der Universität zu Köln dadurch „eingehalten“, dass Fächer, die damals als weltanschaulich gebunden angesehen wurden (wie z.B. Philosophie und Geschichte), doppelt besetzt wurden (sogenannte konfessionelle „Parität“). Diese Vorstellung von der Konfessionsparität war, wie die Presseberichte erkennen lassen, tief verwurzelt in der Vorstellung der ortsansässigen Bevölkerung und der politisch Tätigen. Der Paritätsgedanke selbst findet in den liberalen Satzungs- und Verfassungsbestimmungen keinen Niederschlag.

Johannes Lindworsky kann durchaus als Opfer dieser Konfessionsideologie bezeichnet werden. Er war nicht nur katholisch, sondern darüber hinaus auch noch Jesuitenpater. Die letzten Hindernisse des Jesuitengesetzes aus der Kulturkampfzeit unter Bismarck waren erst 1917 beseitigt worden. Aber Preußen war ein durch und durch protestantischer Staat (im Kaiserreich stand der preußische König an der Spitze der protestantischen Kirchen, während die „ultramontanen“ Katholiken nach Rom orientiert waren). Obwohl die Universität damals eine städtische Einrichtung war und in enger Verbindung zur Stadt Köln stand, verlief die Geschichte anders, als man es auf den ersten Blick im – in der Außenwahrnehmung streng katholischen Köln – vermuten würde. Nachdem Lindworsky 1928 einen Ruf an die Deutsche Universität in Prag erhalten hatte, wäre er trotzdem bereit gewesen, in Köln zu bleiben, wenn ihm ein persönliches oder ordentliches Ordinariat angeboten worden wäre. Hierzu konnte sich das Kuratorium allerdings nicht durchringen. Unter vielen Erwägungen war wohl der entscheidende Gesichtspunkt Lindworskys Zugehörigkeit zum Jesuitenorden. Die diesbezüglichen Universitätsakten lesen sich tatsächlich wie eine Kriminalgeschichte.

Psychologisches Institut nach Lindworsky

Nach dem Weggang Lindworskys nach Prag übernahm ein Mediziner, Prof. Alfred Busch, kommissarisch die Leitung des Institutes, was aber keinerlei Effekte verursachte. Das Institut schrumpfte auf ein „Rumpfinstitut“, auf eine Bibliothek (in der Hauptsache psychologische Zeitschriften) und einen Raum, zusammen. Robert Heiss schreibt in der Chronik des Jahres 1938 unter der Überschrift „Institut für experimentelle Psychologie“: „Das Psychologische Institut gab im Jahre 1928 seine Selbständigkeit auf und wurde dem Philosophischen und Pädagogischen Seminar angegliedert“ (Heiß, 1938, S. 104). Die psychologischen Instrumente hatte allem Anschein nach Lindworsky mit nach Prag genommen. Die einzige Konstante in Köln war nur in der Person von Maria Krudewig zu sehen, die 1926 bei Lindworsky promoviert hatte, und unmittelbar nach seinem Weggang aus Köln nach dem Sommersemester 1928 die „Assistenz“ als wissenschaftliche Hilfskraft im Psychologischen Institut übernommen hatte.

Maria Krudewig oder Karrieren für Männer und (unüberwindbare?) Barrieren für Frauen

Zu Beginn der Weimarer Republik hatte es eine kurze Zeit gegeben, in der Frauen sich mehr Raum im Berufsleben erobern konnten. Dennoch wurden sie auf vielfältige Art den Männern gegenüber benachteiligt, etwa in der Höhe der Bezüge. Besonders intensiv wurde die Verdrängung von Frauen aus dem öffentlichen Berufsleben in der NS-Zeit betrieben.

Das Beispiel Maria Krudewig zeigt deutlich, wie das Leben einer unverheirateten Frau in dieser Zeit verlaufen konnte, die für die Wissenschaft lebte und nicht über einen Ehemann oder ein reiches Erbe finanziell abgesichert war. Gerade bei ihr zeigt sich die Doppelbelastung durch materielle Existenzabsicherung und wissenschaftliche Arbeit.

Ab 1928 hatte sie die Assistenz (= Hilfskraft) im Psychologischen Institut inne. Als man ihr die „Verwaltung“ einer planmäßigen Assistentenstelle am Pädagogischen Seminar übertrug, ging man zunächst wie selbstverständlich davon aus, dass sie unentgeltlich die Assistenz am Psychologischen Institut weiterführte. Sie bekam ausschließlich (von 1928 an) immer nur auf ein Jahr befristete Verträge. In der NS-Zeit zeigte der Schriftverkehr zu ihren Anträgen, dass die Verlängerungen nur bewilligt wurden, weil kein männlicher Bewerber zur Verfügung stand. Ihr Habilitationswunsch äußerte sich nachweislich mindestens ab 1933, aber Frauen durften laut Reichsministererlass nicht zum Hochschullehrernachwuchs gezählt werden. Folglich war für Maria Krudewig eine Daueranstellung als planmäßige Assistentin nicht zu erreichen, geschweige denn, dass sie die Möglichkeit bekam, sich zu habilitieren. Allein ihr biologisches Geschlecht als Frau reichte aus, um von jeglicher Laufbahn ausgeschlossen zu werden; selbst die befristete Anstellung als wissenschaftliche Hilfskraft am Psychologischen Institut erfolgte unter dem Stichwort „Verwaltung“ einer Assistenz (UAK Zug. 17/3186, 05.02.1941, Bl. 26).

Maria Krudewig, ausgebildete Volksschullehrerin, studierte Lehrerin für die Höheren Schulen, in Experimenteller Psychologie promoviert, weder habilitiert noch als wissenschaftliche Assistentin zugelassen, sondern nur als Assistenz, als wissenschaftliche Hilfskraft für 100 RM jeweils mit Jahresverträgen befristet eingestellt, hielt laut der Vorlesungsverzeichnisse insgesamt 29 Veranstaltungen im Bereich Psychologie ab, ab 1943 „kriegsbedingt“ auch ordentliche Vorlesungen, so etwa in Allgemeiner Psychologie. Bis zum Ende des Zweiten Weltkrieges wurde sie nie ordentliche Assistentin (Wissenschaftliche Mitarbeiterin) am Psychologischen Institut in Köln; seit 1928 bis Kriegsende war sie lediglich „Assistenz“ (Wissenschaftliche Hilfskraft). Ab 1940 wurde ihr zusätzlich die „Verwaltung“ (auch hier mit jeweils hintereinandergeschalteten Kettenverträgen) einer planmäßigen Assistentenstelle am Pädagogischen Seminar übertragen und dies auch hier nur deshalb, weil kein geeigneter männlicher Bewerber gegeben war.

Erst nach Kriegsende entspannte sich die Lage für Maria Krudewig etwas. Sie konnte sich habilitieren, erhielt eine außerplanmäßige Professur und lehrte bis zu ihrem Tode 1963 in Köln.

Versuch einer „Wiederbelebung“ ab 1938: Robert Heiß

1938 betrat Robert Heiß (1903–1974) die Bühne der hier erzählten Geschichte. Heiß habilitierte sich 1928 in Köln und erhielt die Venia Legendi für Philosophie. 1933 erhielt er die Lehrerlaubnis für Logik und Logistik, 1934 für Wissenschaftslehre. 1935 wurde ein Antrag auf nicht beamtete, außerordentliche Professur gestellt mit der Begründung, Heiß habe sich vor allem dem Bereich der psychologischen Charakterkunde gewidmet. Hierfür erhielt er dann 1938 auch einen Lehrauftrag, 1939 wurde er zum außerplanmäßigen Professor ernannt; gleichzeitig wurde er zum offiziellen Leiter des Psychologischen Instituts bestellt. Diese Position behielt er bis 1943.

Heiß war gleichzeitig als Wehrpsychologe tätig. Die Reichswehr (bzw. nach der Wiederbewaffnung die Wehrmacht) gehörte zu den größten Arbeitgebern für Psychologen damals. Aus diesem Hintergrund heraus wird auch verständlich, weshalb der Antrag des Dekans an das Ministerium in Berlin zur „Wiederbelebung“ des Psychologischen Instituts u.a. die Begründung enthielt, die Wehrmacht erhalte „bei weitem nicht den erforderlichen Nachwuchs an Heerespsychologen“ (UAK Zug. 9/598, o. P.).

1942 wurden die Prüfeinrichtungen für Luftwaffe und Heer aufgelöst; Heiß verlor somit auch seine UK-Stellung. Er nahm einen Ruf nach Freiburg an, wo er 1943 zum ordentlichen Professor für Philosophie und Psychologie ernannt wurde.

Bis Kriegsende war es dann wieder Maria Krudewig, die den Betrieb notdürftig aufrechterhielt.

Forschungsvorhaben im Institut für Experimentelle Psychologie

Im Antrag zur „Wiederbelebung“ des Instituts werden konkrete Forschungsvorhaben genannt:

„1.) Kritik und Weiterführung der Typenlehre, 2.) Zwillingsforschung, 3.) Methoden zur Prüfung von Eigenschaften“ (UAK Zug. 9/598, o. P.). Inhaltlich zeigt sich hier zum ersten Mal eine deutliche Trennung von der Philosophie.

Typologien waren damals in der Psychologie sehr beliebt, zudem ließen sich die nationalsozialistischen Rassegedanken mit relativ geringem Aufwand implementieren. Maria Krudewig plante, sich im Rahmen ihrer Habilitation kritisch mit der Typenlehre von Jaensch auseinanderzusetzen, der sich mit seiner Theorie immer enger an die damaligen Machthaber angenähert hatte (vgl. Habilitationsstreit in Jena 1935). Die Forschung an eineiigen Zwillingen verfolgte letztlich dasselbe Ziel wie die Entwicklung der Typologien: grundsätzliche Regeln des Seelischen feststellen zu können. Die im dritten Punkt genannte Eignungsdiagnostik hatte vor allem zum Ziel, Nachwuchs für die Heerespsychologie ausbilden zu können.

Alle drei Felder lassen sich als eindeutig psychologische Fragestellungen klassifizieren, nicht mehr als rein philosophische.

Psychologie und Philosophie – Kinder müssen alleine laufen lernen, Teil II

In der Chronik 1938 (Universität Köln, 1938, S. 104) heißt es im Kapitel „Institut für experimentelle Psychologie“ unmissverständlich: „Als Lehrinstitut soll das Kölner Institut die Fachausbildung von Psychologen durchführen“. Dies ist ein klarer Auftrag zur Professionalisierung der Psychologie. Eine Integration in das Fach Philosophie war damit wohl endgültig Geschichte. Bereits im Dezember 1937 (UAK Zug. 9/598,

o. P.) war im Heimsoeth-Schneider-Gutachten bereits die Rede davon, dass Robert Heiss „als offizieller Vertreter der Psychologie“ und als offizieller Vertreter eines „eigenen Lehrfachs [Psychologie]“ in Betracht käme. Hier wird deutlich, dass auch seitens der Philosophie in Köln die Psychologie als eigenständiges Fach anerkannt wurde[738].

Nach Schneider-Heimsoeth fallen dem wiederbelebten Institut zwei zentrale Aufgaben zu:

- „einen geordneten und systematischen Unterrichtsbetrieb durchzuführen“ als Grundlage für ein fachwissenschaftliches Studium der Psychologie

und

- „Forschungsarbeit zu leisten“ („im Rahmen der gegebenen und zu schaffenden Möglichkeiten“).

Die von beiden Philosophieprofessoren dargelegte Studienplanung zeigt, dass es sich hier längst nicht mehr um ein Studium innerhalb der Philosophie handelt. Für das Studium der Psychologie sei neben der selbstverständlichen Kenntnis in allgemeiner und theoretischer Psychologie auch die Kenntnis der Anwendungsbereiche (z.B. Psychotechnik, Graphologie) soweit notwendig, dass der Fachpsychologe imstande sei, selbstständig weiter zu arbeiten. Es müsse Gelegenheit gegeben werden, die psychologischen Methoden in ihrer praktischen Anwendung kennen zu lernen.

Große Betriebe arbeiteten vielfach mit Psychologen, insbesondere mit Graphologen, so Heimsoeth und A. Schneider, weiter. Auch die Berufsberatung verlange nach ausgebildeten Psychologen.[739] Die neue Prüfungsordnung für Gewerbelehrer sehe eine Ausbildung in Psychologie vor. Das außerordentlich verstärkte Prüfungswesen für eine Reihe von Berufen verlange Psychologen und Psychotechniker. Das Reichskriegsministerium habe ein Psychologisches Laboratorium, das die Eignungsprüfungen für die Wehrmacht betreue und die Ausbildung der Heerespsychologen leite. Für den Eintritt in diese Laufbahn werde der Doktor in Psychologie verlangt (UAK Zug. 9/598, o. P.).

Als Heimsoeth und Schneider ihr Konzept zur Studienplanung verfassten, befanden sie sich gewissermaßen in guter Gesellschaft. Die Ausbildung an den

---

738 „Die Rede, daß die Psychologie im Nationalsozialismus nahezu abgeschafft oder in ihrer Existenz an den Universitäten bedroht war, entbehrt jeglicher Grundlage“, schreibt Geuter und erörtert detailliert, an welchen Universitäten – wie hier in Köln – neue Lehrstühle für Psychologie geschaffen respektive vorhandene Lehrstühle in Richtung Psychologie spezifiziert wurden (Geuter, 1984, S. 137 ff).

739 Ferdinand Carspecken (1915 – 2003), der 1940 bei Erich Jaensch in Marburg mit der Schrift „Strukturpsychologische Untersuchungen zum Problem der Berufswahl“ promovierte und sich mit Fragen der Eignungsdiagnostik und Personenauslese befasste, schrieb 1942 (Berufswahl und Auslese. Zeitschrift für Pädagogische Psychologie und Jugendkunde, Bd. 18, S. 145–148): „Die Ausleseaufgaben der Berufsberatung müssen biologisch fundiert sein. Damit erfüllt der Berufsberater eine politisch-weltanschauliche Arbeit größten Stils, die den weiteren Ausbau der Berufsberatung rechtfertigt" (zit. n. Wolfradt, 2015g, S. 67).

Universitäten war bis dahin sehr unterschiedlich; einheitliche Vorgaben dazu, was ein Psychologe wissen und können sollte, existierten nicht; noch nicht. 1940 gründete das Reichswissenschaftsministerium eine Kommission, die eine Diplomprüfungsordnung erarbeiten sollte (vgl. Thomae, 1977, S. 168). Diese wurde 1941 veröffentlicht, nach der Gründung der Bundesrepublik von den Kultusministerien der Länder mit geringfügigen Änderungen genehmigt und war bis Mitte der 70er Jahre Grundlage für die akademische Psychologenausbildung (ebd.).

Trotz aller gezielten Abgrenzung ist der Bezug zu den eigenen Wurzeln hierin noch klar erkennbar. So gibt es beispielsweise im Vordiplom den Prüfungsbereich „Philosophie und Weltanschauung" (Diplomprüfungsordnung, 1941, S. 256). Auch in der Diplomhauptprüfung hat der Prüfling nachzuweisen, dass er sich mit den „grundsätzlichen Fragen und weltanschaulichen Voraussetzungen der Psychologie so weit vertraut gemacht hat, daß er von seinem Fachgebiet aus einen vollen Zugang zur Philosophie gefunden hat" [Hervorhebung d. Verf.]. Insbesondere müsse dem Prüfling der „historische Zusammenhang von Psychologie und Philosophie" vertraut sein (Diplomprüfungsordnung, 1941, S. 260).

Aber auch die nationalsozialistische Weltanschauung an sich ist Basis der Psychologie und fundamentaler Bestandteil der Diplomprüfungsordnung für Studierende der Psychologie im Jahre 1941. In der Prüfungsordnung heißt es, dass der Prüfling „vor allem" zeigen muss, dass er die theoretischen und praktischen Aufgaben seines Faches „aus dem vollen Verständnis der nationalsozialistischen Weltanschauung heraus" anzugehen und zu lösen vermag (Diplomprüfungsordnung, 1941, S. 260). Die Universität ist hier also weit entfernt von einer weltanschaulich ungebundenen und nur der Wahrheit verpflichteten Forschung und Lehre, wie sie zumindest nach dem Wortlaut der Verfassung der Universität zu Köln aus dem Jahre 1919 hätte möglich sein sollen!

Köln tat sich schwer – Impuls kam immer von außen

Lindworsky hatte sich 1920 in Psychologie (d.h. sowohl für die philosophische als auch für die experimentelle Psychologie) habilitiert. Erst zwei Jahre später erhielt er die Venia Legendi, allerdings nur für Experimentelle Psychologie, obwohl er die Funktion bereits zwei Jahre „verwaltet" hatte. Der Lehrauftrag für Experimentelle Psychologie war dringend notwendig geworden, weil die ersten Dissertationen im Jahre 1922 in diesem Fach kurz vor dem Abschluss standen. Im Übrigen war (experimentelle) Psychologie in Preußen Teilbereich der Lehrerausbildung für das Gymnasium.

1928 war weder die Bereitschaft zur Einrichtung eines Ordinariates noch zur Erteilung eines neuen Lehrauftrags erkennbar. Es war augenscheinlich eine bewusste Entscheidung gegen eine Weiterentwicklung des Faches Psychologie. Auch die vorläufige Entscheidung, den durch den Weggang Max Schelers nach Frankfurt frei gewordenen Lehrstuhl nicht zu besetzen, zeigt die Zögerlichkeit und die Unsicherheit über die kommenden Ausrichtung der Philosophie (und somit auch der Psychologie) an der Kölner Universität.

Bis 1941 die erste Diplomprüfungsordnung beschlossen wurde, hatte sich das allgemeine Bild der neuen Wissenschaft Psychologie immerhin bereits verändert.

Nicht zuletzt die eignungsdiagnostischen Verfahren der Wehrpsychologen hatten wahrscheinlich dazu beigetragen, dass man allgemeingesellschaftlich begann, die Psychologie als notwendig zu begreifen (vgl. Thomae, 1977, S. 168).

Doch die Universität zu Köln benötigte trotzdem weiterhin Anstöße von außen. 1937 schickte das Psychologische Laboratorium des Reichskriegsministeriums in Berlin an die Philosophische Fakultät der Universität zu Köln einen Brief, in dem u.a. darum gebeten wurde, dafür Sorge zu tragen, dass Studenten auch Gelegenheit fänden, bei einem ordentlichen Professor Psychologie zu studieren und in Psychologie zu promovieren (UAK Zug. 44/174, 01.11.1937, o. P.). Daraufhin beschloss die Philosophische Fakultät, das „Psychologische Institut“ als „Institut für Experimentelle Psychologie“ wieder aufleben zu lassen und der Philosophie-Lehrauftrag für Robert Heiß wurde umgewandelt in einen Lehrauftrag für Psychologie und Charakterforschung.

Die Impulse von außen setzten sich auch nach dem Zweiten Weltkrieg fort. Deshalb sei hier kurz der folgende Einschub erlaubt, auch wenn er den vorgegebenen Untersuchungszeitraum geringfügig überschreitet. In der Fakultätssitzung vom 28.02.1950 gibt der Dekan der Fakultät einen Ministerialerlass, also eine Dienstanweisung des Ministeriums, bekannt. Der Dekan verkündet, „daß zwei Extraordinariate für Psychologie u[nd] Pädagogik neu geschaffen u[nd] baldmöglichst Besetzungsvorschläge einzureichen sind.“ Seitens des Ministeriums sind hier also „Nägel mit Köpfen“ geschlagen worden. Die Frage, ob überhaupt ein Extraordinariat für Psychologie eingerichtet werden soll, stand für das Ministerium nicht mehr zur Debatte. Der Fakultät wird der ministerielle Auftrag erteilt, zwei Extraordinariate einzurichten, jeweils eins für Psychologie und Pädagogik. Auch innerhalb der Fakultät wird die Dienstanweisung wohl als Affront und „moralische Ohrfeige“ empfunden, denn nur so ist die folgende Protokollnotiz zu erklären: „[...] verschiedene Herren (Kroll, Jachmann, Wintgen) bringen zum Ausdruck, daß der Min[isterial]Erlaß den Eindruck erwecken muß, als habe sich die Fakultät in dieser Frage eines Versäumnisses schuldig gemacht“ (UAK Köln, Zug. 285/1, S. 588). Diese Äußerung ist vor allem deshalb bemerkenswert, weil der ursprünglich für Heiß vorgesehene Lehrstuhl nach dessen Weggang nach Freiburg nicht etwa mit einem Fachkollegen besetzt, sondern der Geographie zugeschlagen worden war. Einen allzu hohen Stellenwert scheint die Psychologie also in der Fakultät damals nicht gehabt zu haben.

Wie Geuter (1984) gezeigt hat, galt nicht nur für das Psychologische Institut an der Universität zu Köln, dass der eigentliche Anstoß zur Etablierung des neuen Faches von außen, aus der Praxis heraus, kam. Die Professionalisierung der Psychologie sei damals vor allem von den Anforderungen des Arbeitsmarktes und von der Entwicklung eines wissenschaftlichen Wissens getragen gewesen, das in berufliche Handlungsschritte übersetzbar war (Geuter, 1984, S. 460). Geuter formuliert daher die Tatsache einer „ ‚problem-induzierten‘ Professionalisierung [...], deren Erfolge jedoch mit der Existenz der Probleme von Institutionen des NS-Staates verbunden waren und daher mit dem Ende des Krieges in Teilen rückgängig gemacht wurden“ (ebd.).

Theorie und Praxis können also nicht losgelöst voneinander betrachtet werden. Anstöße zur Professionalisierung kamen vielfach von außen, aus der Praxis, in die Hochschulen hinein. Deren Aufgabe wurde somit gleichzeitig ein Stück weit neu definiert, zumindest, soweit es die Psychologie betrifft: Berufsqualifizierung sticht Wissenserwerb.

Was wäre wenn?

Diese Fragestellung ist eine rein hypothetische und kann auch als kontrafaktisch[740] bezeichnet werden. Kontrafaktisches kann jedoch mitunter helfen, die Dinge etwas klarer zu sehen. Im Falle der Etablierung des Faches Psychologie an der Universität zu Köln lassen sich folgende (kontrafaktische) Fragen stellen:

1.) Was wäre geschehen, wenn nicht Hans Driesch, sondern der Psychologe Jonas Cohn, der Drittplatzierte im Jahre 1920, den Lehrstuhl für Philosophie in Köln erhalten hätte?
2.) Was wäre geschehen, wenn die Universität zu Köln im Jahre 1928 Lindworsky ein Ordinariat angeboten hätte?
3.) Was wäre geschehen, wenn die Universität zu Köln Robert Heiß im Jahre 1942 hätte halten können?

Es besteht nicht die Absicht, diese Fragen zu beantworten, aber es ist leicht erkennbar, dass diese Fragen bestimmte Wendepunkte, gewissermaßen „Gelenkstellen" der Entwicklung der Fachdisziplin und des Institutes berühren. Gerade deshalb kann allein schon das Stellen der Frage ein Impuls sein.

Zukunft braucht Erinnerung

Dieses gelegentlich im Zusammenhang mit der NS-Vergangenheit gebrauchte Schlagwort hat nichts von seiner Aktualität verloren. Die Suche nach der einen, richtigen Ideologie hat gerade im 20. Jahrhundert eine große Rolle gespielt, umgesetzt in Revolutionen und Diktaturen, in zwei großen Weltkriegen und auf Kosten von Millionen Menschenleben. Aktuelle Ereignisse lassen leider durchaus darauf schließen, dass diese Suche noch lange kein Ende gefunden hat – vielleicht auch naturgemäß keines finden kann? Religiöse Intoleranz, Diskriminierung aufgrund des Geschlechts und gezielte Einflussnahme auf die Forschung werden wohl weiterhin Thema bleiben.

Insofern hat die vorliegende Arbeit auch eine affektive Seite, eine Arbeit gegen das Vergessen und ein Ankämpfen gegen die idealistische Vorstellung, vorhandene demokratische Rechte auf Dauer als Selbstverständlichkeiten des Alltags anzusehen; gleichzeitig aber auch der Versuch, die Begeisterung für das eigene Fach und dessen Geschichte weiterzugeben und der Wunsch, dass sich auch andere davon motivieren lassen mögen.

---

740 Ein sehr bekanntes Buch mit einer kontrafaktischen Fragestellung ist die 1989 erschienene Veröffentlichung von Ralph Giordano: „Wenn Hitler den Krieg gewonnen hätte. Die Pläne der Nazis nach dem Endsieg".

Abkürzungsverzeichnis

Abb.	Abbildung
Abschn.	Abschnitt
Abt.	Abteilung
Anl	Anlage
a.o.	außerordentlich
Aufl.	Auflage
Bd.	Band
bzgl.	bezüglich
Bl.	Blatt
Buchst.	Buchstabe
DGPs	Deutsche Gesellschaft für Psychologie
ebd.	ebenda, ebendort
et al.	für Lateinisch et alii, (Maskulinum) oder et aliae (Femininum) = und andere
f	folgende [Seite]
ff	folgende [Seiten]
FN	Fußnote
GStA PK	Geheimes Staatsarchiv Preußischer Kulturbesitz
GG	Grundgesetz der Bundesrepublik Deutschland
HAK	Historisches Archiv der Stadt Köln
Jg.	Jahrgang
Kap.	Kapitel
Kgl.	Königlich
KUZ	Kölner Universitäts-Zeitung
LAV NRW	Landesarchiv Nordrhein-Westfalen
lt.	laut
nba (oder n.b.a.)	nichtbeamtet
o. D.	ohne Datum
o. g.	oben genannt
o. P.	ohne Paginierung
PA	Personalakte
plm.	planmäßig
REM	Reichserziehungsministerium (Reichsministerium für Wissenschaft, Erziehung und Volksbildung)
RGBl.	Reichsgesetzblatt
RLM oder R.L.M.	Reichsluftfahrtministerium
RMinAmtsbl.	Amtsblatt des Reichs- und Preußischen Ministeriums für Wissenschaft, Erziehung und Volksbildung und der Unterrichts-Verwaltungen der anderen Länder

RMfWEV	Reichsministerium für Wissenschaft, Erziehung und Volksbildung und der Unterrichtsverwaltungen der Länder
RStGB	Reichsstrafgesetzbuch
TH	Technische Hochschule
u. a.	unter anderem, unter anderen
UAK	Universitätsarchiv, Universität zu Köln
USB	Universitäts- und Stadtbibliothek (Köln)
Verf.	Verfasser
Vl.	Versuchsleiter
Vp.	Versuchsperson
Vpn.	Versuchspersonen
WRV	Weimarer Reichsverfassung
Zentrbl.	Zentralblatt für die gesamte Unterrichts-Verwaltung in Preußen
z. Hd.	zu Händen
Zug.	Zugang

Literaturverzeichnis

Verzeichnis der Archivalien

evtl. Abkürzung	Archivalien in alphabetischer Reihenfolge
	Cölner Vereinigung für rechts- und staatswissenschaftliche Fortbildung Onlinezugriff unter http://www.ub.uni-koeln.de/cdm/compoundobject/collection/vv_varia/id/464/rec/3
	Diplomprüfungsordnung für Studierende der Psychologie (RdErl. d. RMfWEV vom 16.6.1941). In *Amtsblatt des Reichsministeriums für Wissenschaft, Erziehung und Volksbildung und der Unterrichtsverwaltungen der Länder*, 7. Jg. 1941, S. 255–260. Berlin: Zentralverlag der NSDAP, Franz Eher. Onlinezugriff am 13.12.2014 unter http://goobiweb.bbf.dipf.de/viewer/image/ZDB991084217_0007/270/
	Erklärung gegen die Besetzung philosophischer Lehrstühle mit Vertretern der experimentellen Psychologie (1913). In *Logos, Bd. 4*, S. 115–116.
	Habilitationsordnung der Philosophischen und Naturwissenschaftlichen Fakultät der Westfälischen Wilhelms-Universität – Münster (1911). Nur über Fernleihe bei der „Bibliothek für Bildungsgeschichtliche Forschung Berlin“ einzusehen.
HAK	**Historisches Archiv der Stadt Köln**
HAK	Zug. 511/2/138/1 Universität: Kuratorium, Geschäftsleitung 1920–1933
HAK	Zug. 512/2/137/2 Universität: Allgemeines. 1919–1931
HAK	Zug. 512/2/139/1 Universität: Rektorat 1920–1932
HAK	Zug. 513/2/140/1 Universitätsneubau 1927–1933
HAK	Zug. 514/2/141/1 Universität – Philosophische Fakultät 1918–1927
HAK	Zug. 514/2/141/2 Universität – Philosophische Fakultät II
HAK	Zug. 514/2/141/3 Universität – Philosophische Fakultät vertraulich 1927–1933
HAK	Zug. 516/2/149/1 Universität – Nachrichten für den Lehrkörper. 1925–1930

KUZ	**Kölner Universitäts-Zeitung**
KUZ	Kölner Universitäts-Zeitung (1919/20, 1. Jahrgang). Onlinezugriff am 02.02.2015 unter http://www.ub.uni-koeln.de/cdm/compoundobject/collection/koelnhs/id/25425/rec/7
KUZ	Kölner Universitäts-Zeitung (1920/21, 2. Jahrgang). Onlinezugriff am 10.03.2015 unter http://www.ub.uni-koeln.de/cdm/compoundobject/collection/koelnhs/id/25778/rec/13
KUZ	Kölner Universitäts-Zeitung (1921/22, 3. Jahrgang). Onlinezugriff am 10.11.2014 unter http://www.ub.uni-koeln.de/cdm/compoundobject/collection/koelnhs/id/24685/rec/14
KUZ	Kölner Universitäts-Zeitung (1922/23, 4. Jahrgang). Onlinezugriff am 09.10.2014 unter http://www.ub.uni-koeln.de/cdm/compoundobject/collection/koelnhs/id/24802/rec/15
KUZ	Kölner Universitäts-Zeitung (1923/24, 5. Jahrgang, unvollständig). Onlinezugriff am 10.03.2015 unter http://www.ub.uni-koeln.de/cdm/compoundobject/collection/koelnhs/id/24877/rec/16
LAV NRW	**Landesarchiv Nordrhein-Westfalen**
LAV NRW	*Heimsoeth, Heinz.* Entnazifizierungsakte Landesarchiv NW_1048_33_00103
LAV NRW	*Krudewig, Maria.* Entnazifizierungsakte Landesarchiv NW 1049_16963.
LAV NRW	*Luchtenberg, Paul.* Entnazifizierungsakte Landesarchiv 1018_07018.
	NS-Lehrerkalender (1936). *NS-Lehrerkalender 1936 für alle Erzieher. Gau Köln-Aachen.* Köln: NS-Lehrerbund.
	Promotionsordnung der Philosophischen Fakultät Köln (Entwurf) (1935).
	Prüfungsordnung (1917). Ordnung der Prüfung für das Lehramt an höheren Schulen in Preußen. In *Zentrbl. 1917,* S. 613–633. *Zentralblatt für die gesamte Unterrichts-Verwaltung in Preußen.* Ministerium für Wissenschaft, Kunst und Volksbildung (Hrsg.). Onlinezugriff unter http://goobiweb.bbf.dipf.de/viewer/toc/ZDB985843438/0/LOG_0000/
RGBl.	**Reichsgesetzblatt**. Onlinezugriff unter http://alex.onb.ac.at/tab_dra.htm

RMinAmtsbl.	**Amtsblatt des Reichsministeriums für Wissenschaft, Erziehung und Volksbildung und der Unterrichtsverwaltung der Länder**. Onlinezugriff unter http://goobiweb.bbf.dipf.de/viewer/toc/ZDB991084217/1/
	Satzung der Universität zu Köln (12. Juni 1919). Onlinezugriff am 12.10.2014 unter http://www.uniarchiv.uni-koeln.de/fileadmin/templates/uak/PDF/625/satzung1919druck001.PDF oder handschriftlicher Abdruck der Satzung unter http://www.uniarchiv.uni-koeln.de/5281.html?&L=0
UAK	**Universitätsarchiv Universität zu Köln**
UAK	Zug. 9/273 Psychologisches Institut
UAK	Zug. 9/598 Psychologisches Institut
UAK	Zug. 9/2747 Verträge zur Gründung der Universität
UAK	Zug. 17/745a Ernst Bücken
UAK	Zug. 17/1074 Hans Driesch
UAK	Zug. 17/3186 Maria Krudewig
UAK	Zug. 17/3464 über Lindworsky
UAK	Zug. 17/5330a Artur Schneider
UAK	Zug. 27/59 Robert Heiß 1928–1943
UAK	Zug. 27/68b (Professoren A-Z- Phil.Fak.)
UAK	Zug. 28/53 Band 1, Akten der Philosophischen Fakultät 1919–1937
UAK	Zug. 44/163, Experimentelle Psychologie 1928/29
UAK	Zug. 44/164 Driesch, Schneider – 1919–1944
UAK	Zug. 44/174 Experimentelle Psychologie 1937/38
UAK	Zug. 197/725 Robert Heiß 1928–1947 (128 Bl.)
UAK	Zug. 285/1 Protokolle der Philosophischen Fakultät SS 1919 – WS 1949/50
UAK	Zug. 331/1 Protokolle des Senats der Universität zu Köln Band 1 (17.6.1919 – 25.7.1923)
UAK	Zug. 331/2 Protokolle des Senats der Universität zu Köln Band 2 (31.10.1923 – 20.02.1929)
UAK	Zug. 331/3 Protokolle des Senats der Universität zu Köln Band 3 (1.5.1929–29.7.1932)

UAK	Zug. 331/4 Protokolle des Senats der Universität zu Köln Band 4 (2.11.1932–10.10.1944)
	Vorlesungsverzeichnisse der Universität zu Köln (ab 1919) Onlinezugriff unter http://www.ub.uni-koeln.de/sammlungen/vorlesung/index_ger.html
	Amtliches Personalverzeichnis der Universität Köln SS1919 bis SS1921
	Vorlesungsverzeichnis Universität Köln SS1919 bisSS1925
	Vorlesungsverzeichnis Universität Köln WS1925/26 bis WS1925/30
	Vorlesungsverzeichnis Universität Köln SS1930 bis SS1933
	Allgemeine öffentliche Vorlesungen veranstaltet durch die Universität Köln WS 1931/32
	Vorlesungsverzeichnis Universität Köln WS 1933/34 bis SS 1936
	Vorlesungsverzeichnis Universität Köln WS1936/37 bis WS1939/40
	Vorlesungsverzeichnis Universität Köln 1. Trimester 1940 bis WS1941/42
	Vorlesungsverzeichnis Universität Köln SS1942 bis WS1944/45
	Vorlesungsverzeichnis Universität Köln WS1946/47 bis WS 1953/54
	Vorlesungsverzeichnis Universität Köln SS1954 bis WS1958/59
	Vorlesungsverzeichnis Universität Köln SS1959 bis WS1963/64
	Vorlesungsverzeichnisse der Städtischen Handelshochschule Köln Onlinezugriff unter http://www.ub.uni-koeln.de/cdm/search/collection/vv_shhkoeln
	Vorlesungsverzeichnisse der Hochschule für kommunale und soziale Verwaltung Köln/Vorlesungsverzeichnis Frauen-Hochschulstudium für soziale Berufe Onlinezugriff unter http://www.ub.uni-koeln.de/cdm/search/collection/vv_hkvkoeln/display/200/order/title/ad/asc
Zentrbl.	**Zentralblatt für die gesamte Unterrichts-Verwaltung in Preußen.** Ministerium für Wissenschaft, Kunst und Volksbildung (Hrsg.). Onlinezugriff unter http://goobiweb.bbf.dipf.de/viewer/toc/ZDB985843438/0/LOG_0000/

Quellen bis 1945 und weitere Primärliteratur[741]

Abderhalden, Emil (1912). *Physiologisches Praktikum: Chemische und physikalische Methoden.* Berlin: Springer

Adenauer, Konrad (1919a). In *Universität Köln – Reden, gehalten bei der Versammlung von Dozenten der Kölner Hochschulen und der Akademie für praktische Medizin am 17. Januar 1919 im Hansasaal des Rathauses,* S. 2–7. Köln: DuMont Schauberg.

Adenauer, Konrad (1919b). In *Eröffnungsfeier der Universität Köln, Reden gehalten bei dem Festakt im großen Saal des Gürzenich am 12. Juni 1919 und bei der Akademischen Feier in der Aula der Universität am 20. Juni 1919,* S. 9–12. Köln: Heinrich Z. Gonski.

Aschaffenburg, Gustav (1903). *Das Verbrechen und seine Bekämpfung.* Heidelberg: Carl Winter's Universitätsbuchhandlung.

Becker, Carl Heinrich (1919). Ansprache des Unterstaatssekretärs im Ministerium für Wissenschaft, Kunst und Volksbildung. In *Eröffnungsfeier der Universität Köln, Reden gehalten bei dem Festakt im großen Saal des Gürzenich am 12. Juni 1919 und bei der Akademischen Feier in der Aula der Universität am 20. Juni 1919,* S. 17–21. Köln: Heinrich Z. Gonski.

Becker, Carl Heinrich (1925). *Vom Wesen der deutschen Universität.* Leipzig: Quelle & Meyer.

Becker, Wilhelm (1901). Rede bei der Feier der Eröffnung der städtischen Handels-Hochschule in Köln. In *Die städtische Handels-Hochschule in Köln, die erste selbständige Handels-Hochschule in Deutschland,* S. 9–12. Berlin: Julius Springer.

Bertram, Theo (1938). Das Gesicht der Kölner Universität. In *Die neue Universität Köln mit ihren Instituten und Seminaren,* S. 12–21. Köln: Kurt Schroeder.

Bode, Heinrich. (1847). *Das Innere der Gesellschaft Jesu.* Eine durch die Dokumente des Jesuiten-Ordens gegebene Darlegung der Erziehungs- und Lebensweise, des Geschäftsganges, der Verwaltung und Wirksamkeit desselben in unseren Tagen (2. verbesserte und vermehrte Aufl.). Leipzig: Otto Wigand.

Bühler, Karl (1927). *Die Krise der Psychologie.* Jena: Gustav Fischer.

741 Ausgehend vom Lateinischen *litteratura* (Buchstabenschrift) erfasst der Begriff der Literatur vom Wortsinn her den gesamten Bestand an Schriftwerken jeder Art (Gero von Wilpert (1968), *Sachwörterbuch der Literatur,* Stuttgart: Kröner). Eine Unterscheidung zwischen Primär- und Sekundärliteratur ist bis 1945 manchmal schwierig, da häufig die „Sekundärliteratur" auch als Primärliteratur dient. Deshalb wurde bei den Quellen bis 1945 keine Unterscheidung zwischen den beiden Kategorien getroffen.

Bühler, Karl (1931). Eröffnungsansprache des Vorsitzenden Karl Bühler. *Bericht über den XII Kongreß der Deutschen Gesellschaft für Psychologie in Hamburg am 13. April 1931*, S. 3–8. Jena: Gustav Fischer.

Driesch, Hans (1920). *Leib und Seele – eine Untersuchung über das psychophysische Grundproblem.* (2. verbesserte und teilweise umgearbeitete Aufl.). Leipzig: Emmanuel Reinicke.

Duhr, Bernhard (1896). *Die Studienordnung der Gesellschaft Jesu mit einer Einleitung von Bernhard Duhr S.J.*. [Bibliothek der katholischen Pädagogik, Bd. 9] Freiburg im Breisgau: Herdersche Verlagshandlung.

Ebell, Ursula (2012). Begleitheft zur Ausstellung „Fegt alle weg – Entzug der Approbation jüdischer Ärztinnen und Ärzte 1938". Bundesärztekammer (Hrsg.). Köln: Medienzentrum Süd.

Ebbinghaus, Hermann (1908). *Abriss der Psychologie.* Leipzig: von Veith & Comp.

Eckert, Christian (1905). *Die städtische Handels-Hochschule in Cöln, Bericht über die zwei Studienjahre 1903 und 1904 (Sommer-Semester 1903 – Winter-Semester 1904/05).* Berlin: Julius Springer.

Eckert, Christian (1906). *Die städtische Handels-Hochschule in Cöln, Bericht über das fünfte Studienjahr (Sommer-Semester 1905 – Winter-Semester 1905/06).* Cöln: Paul Neubner.

Eckert, Christian (1908). *Die städtische Handels-Hochschule in Cöln, Bericht über die Studienjahre 1906 und 1907 (Sommer-Semester 1906 bis Winter-Semester 1907/08).* Cöln: Paul Neubner.

Eckert, Christian (1911). *Die städtische Handels-Hochschule in Cöln, Bericht über die Entwicklung der Handels-Hochschule im ersten Jahrzehnt ihres Bestehens unter besonderer Berücksichtigung der Studienjahre 1909 und 1910.* Cöln: Paul Neubner.

Eckert, Christian (1913, 2. Juni). Cölns Universitätsfrage. Denkschrift für Oberbürgermeister Max Wallraf. HAK Zug. 512/137/1, S. 51–67.

Eckert, Christian (1915, 16. März). Denkschrift für Oberbürgermeister Max Wallraf. HAK Zug. 512/137/1, S. 69–79.

Eckert, Christian (1919a). In *Universität Köln – Reden, gehalten bei der Versammlung von Dozenten der Kölner Hochschulen und der Akademie für praktische Medizin am 17. Januar 1919 im Hansasaal des Rathauses,* S 7–13. Köln: DuMont Schauberg.

Ebenso:

Eckert, Christian (1919a, 27. Jan.). Die Kölner Universität. *Rheinischen Merkur,* S. 21–22.

Eckert, Christian (1919b, 20. September). Zum Geleit. *Kölner Universitätszeitung,* 1. Jahrgang, Nummer 1, S. 1–2.

Eckert, Christian (1919c). *Reden des Geheimen Regierungs-Rat Prof. Dr. Christian Eckert, Rektor der Universität;* „Eröffnungsfeier *der Universität Köln", „Reden gehalten bei dem Festakt im großen Saal des Gürzenich am 12. Juni 1919 und bei der Akademischen Feier in der Aula der Universität am 20. Juni 1919".* Köln: Heinrich Z. Gonski.

Eckert, Christian (1919d, 11. März). *Universität Köln Denkschrift.* Köln: M. DuMont Schauberg.

Eckert, Christian (1920a, 12. Juni). Ansprache des Rektors der Universität Geh. Reg.-Rat Prof. Dr. Eckert bei der Gründungsfeier am 30. Mai 1920. *Kölner Universitäts-Zeitung.* 2. Jahrgang, Nr. 4.

Eckert, Christian (1920b). Von der Handelshochschule zur Universität. *Kölner Universitäts-Zeitung,* 2. Jg., Sondernummer zur Pädagogischen Woche in Köln vom 06. bis 12.09.1920, S. 1–3. Schrift ebenfalls abgedruckt in H. Wienkötter (Hrsg.), *Kölner Universitätskalender 1920–21,* S. 9–15. Köln: Oskar Müller.

Eckert, Christian (1920c, 20. Nov.). Rede vom 6. November 1920 im Kölner Gürzenich anlässlich der Rektoratsübergabe an der Kölner Universität. *Kölner Universitäts-Zeitung.* 2. Jahrgang, Nr. 10, S. 7.

Eckert, Christian (1924/25). Neugründung und erste Entwicklung der Universität Köln. In H. Bitter (Hrsg.), *Kölner Universitätskalender 1924/1925,* S. 18–22. Köln: Oskar Müller.

Eckert, Christian (1929). Die Wiedererrichtung der Universität. In *Universität Köln 1919–1929,* S. 53–74. Köln: M. DuMont Schauberg.

Eckert, Christian (1930). Das Anwachsen der Kölner Universität. In H. Bitter (Hrsg.), *Kölner Universitätskalender 1930/1931,* S. 10–15. Köln: Oskar Müller.

Eckert, Christian (1934, 11. Nov.). Universitas Civitatis Coloniensis. *Kölnische Volkszeitung.* Nr. 309.

Erdmann, Benno (1908). *Wissenschaftliche Hypothesen über Leib und Seele: Vorträge gehalten an der Handelshochschule zu Köln.* Leipzig: Johann Ambrosius Barth.

Esser, Luise (1929). *Untersuchung einer auffallenden Rechenschwäche zum Nachweis der sie verursachenden psychischen Faktoren.* [Dissertation Philosophische Fakultät der Universität Köln] Berlin: Julius Springer.

Ewald, Franziska (1929). *Untersuchungen über die Komplexweite des Gedächtnisses.* [Dissertation Philosophische Fakultät der Universität Köln]. Leipzig: Akademische Verlagsgesellschaft. Auch veröffentlicht im *Archiv für die gesamte Psychologie, Bd. 67,* H. 1/2, S. 161ff.

Faßl, Erwin (1938, 8. Mai). Die Universität der Hansestadt Köln, eine Erinnerung zum festlichen Gedenken an ihre erste Gründung vor 550 Jahren. In *Westdeutscher Beobachter,* Nr. 228. Artikel ebenfalls abgedruckt in *Die neue Universität Köln mit ihren Instituten und Seminaren,* S. 9–11. Köln: Kurt Schroeder.

Fichte, Johann Gottlieb (1807). Deduzierter Plan einer zu Berlin zu errichtenden höheren Lehranstalt, die in gehöriger Verbindung mit einer Akademie der Wissenschaft stehe. In E. Müller (Hrsg.), *Gelegentliche Gedanken über Universitäten*, S. 55–158. Leipzig (1990): Reclam.

Fenten, J. (1920). Das „Deutsch-Südamerikanische- und Iberische Institut" e.V. Köln. In H. Wienkötter (Hrsg.), *Kölner Universitätskalender 1920/21*, S. 35–38. Köln: Oskar Müller.

Giese, Fritz (1935). *Psychologisches Wörterbuch*, 3. Aufl. [1. Aufl. 1920]. Halle: Carl Marhold.

Greif, W. (1930). Die Entwicklung der deutschen Beziehungen zum ibero-amerikanischen Kulturkreis. *Deutsches Philologen-Blatt 38*, S. 343–346.

Goethe, Johann Wolfgang von (1815) Kunstschätze am Rhein, Main und Neckar. In *Goethe's nachgelassene Werke, Dritter Band.* Stuttgart (1833): J. G. Cotta'schen Buchhandlung.

Der Große Herder (1931–1935). *Nachschlagewerk für Wissen und Leben, Bd. 1–12* (4. völlig neu bearbeitete Aufl.). Freiburg: Herder.

Gutberlet, Constantin (1906). *Psychophysik. Historisch-kritische Studien über Experimentelle Psychologie.* Mainz: Kirchheim.

Habilitationsordnung der Philosophischen und Naturwissenschaftlichen Fakultät der Westfälischen Wilhelms-Universität (1911). Münster i.W.: Johannes Bredt (vgl. Archivalien).

Handels-Hochschule (1901a). *Städtische Handels-Hochschule in Köln, Bericht über das Sommer-Semester 1901.*

Handels-Hochschule (1901b). *Die städtische Handelshochschule in Köln, die erste selbständige Handels-Hochschule in Deutschland.* Berlin: Julius Springer.

Handels-Hochschule (1903). *Die städtische Handels-Hochschule in Cöln, die erste selbständige Handels-Hochschule in Deutschland, Bericht über den ersten zweijährigen Studiengang an der Handelshochschule in Cöln* (4. erweiterte Aufl.). Berlin: Julius Springer.

Hegel, Georg Wilhelm Friedrich (1817). *Encyklopädie der philosophischen Wissenschaften im Grundrisse.* Heidelberg: August Oßwald's Universitätsbuchhandlung. Onlinezugriff am 12.09.2016 unter https://ia800304.us.archive.org/12/items/encyklopdiederp00unkngoog/encyklopdiederp00unkngoog.pdf

Heimsoeth, Heinz (1977). Heinz Heimsoeth. In L. J. Pongratz (Hrsg.), *Philosophie in Selbstdarstellungen III*, S. 102–132. Hamburg: Felix Meiner.

Heine, Heinrich (1840). *Über Ludwig Börne.* Onlinezugriff am 07.07.2015 unter http://gutenberg.spiegel.de/buch/uber-ludwig-borne-373/4

Heiß, Robert (1928). Max Scheler. Deutscher Lehrerverein (Hrsg.), *Allgemeine Deutsche Lehrerzeitung, Bd. 57*, S. 598–599. Berlin: Löwenthal.

Heiß, Robert (1937). *Allgemeine Psychologie – Vorlesung im Sommersemester 1937 an der Universität Köln* (mit einem Vorwort von Jochen Fahrenberg 1990). Onlinezugriff am 04.02.2016 unter http://www.jochen-fahrenberg.de/uploads/media/Robert_Heiss_Vorl._Allgemeine_Psychologie-1937.pdf

Heiß, Robert (1938, 23. Juni). Der Geist der alten Universität. *Kölnische Volkszeitung*, Nr. 169.

Heiß, Robert (1938). Institut für experimentelle Psychologie. In *Die neue Universität Köln mit ihren Instituten und Seminaren*, S. 104–105. Köln: Kurt Schroeder.

Hitler, Adolf (2016). *Mein Kampf.* C. Hartmann, T. Vordermayer, O. Plöckinger & R. Töppel (Hrsg.), *Hitler, Mein Kampf – Eine kritische Edition* (2 Bände). München-Berlin: Institut für Zeitgeschichte.

Hochhaus, Heinrich (1915). Die ersten zehn Jahre der Kölner Akademie für praktische Medizin. In [ohne Nennung eines Herausgebers] *Festschrift zur Feier des zehnjährigen Bestehens der Akademie für praktische Medizin in Cöln*, S. 1–43. Bonn: A. Marcus & E. Webers.

Hornbostel, Erich Moritz & Abraham, Otto (1904). Phonographierte indische Melodien. In K.P. Wachsmann, D. Christensen & H.P. Reinecke (Hrsg.), *Hornbostel Opera Omnia*, S. 183–202. Den Haag (1975): Martinus Nijhoff.

Humboldt, Wilhelm von (1810). Über die innere und äußere Organisation der höheren wissenschaftlichen Anstalten in Berlin. In E. Müller (Hrsg.), Gelegentliche Gedanken über Universitäten, S. 267–283. Leipzig (1990): Reclam.

Jaensch. Erich (1939). Psychologie und Pädagogik. In *Deutsche Wissenschaft. Arbeit und Aufgabe*, S. 46–47 [eine Art Festschrift zum 50. Geburtstag von Adolf Hitler]. Leipzig: Hirzel.

Kant, Immanuel (1781). *Kritik der reinen Vernunft.* Onlinezugriff am 01.08.2015 unter http://www.zeno.org/Philosophie/M/Kant,+Immanuel/Kritik+der+reinen+Vernunft/II.+Transzendentale+Methodenlehre/3.+Hauptstück.+Die+Architektonik+der+reinen+Vernunft

Kempf, Konstantin (1919). *25 Jahre Ignatiuskolleg Valkenburg 1894–1919.* Freiburg: Herder.

Keussen, Hermann (1929). Die alte Universität Köln 1388–1798. In *Universität Köln 1919–1929*, S. 11–52. Köln: M. DuMont Schauberg.

Knopf, Rudolf (1919, 21.01). Der Kölner Universitätsplan. *Kölnische Zeitung*, Nr. 57.

Koch, J. F. W. (1840). *Die Preußischen Universitäten – Eine Sammlung der Verordnungen, welche die Verfassung und Verwaltung dieser Anstalten betreffen.* Berlin: Ernst Siegfried Mittler. Onlinezugriff am 06.11.2015 unter http://reader.digitale-sammlungen.de/de/fs1/object/display/bsb10733469_00001.html

Krudewig, Maria (1928). *Die Persönlichkeit im Ansatz einer theoretischen Psychologie* [Dissertation Philosophische Fakultät der Universität Köln]. Leipzig: Akademische Verlagsgesellschaft. Auch veröffentlicht in *Archiv für Psychologie, Bd. 61*, H. 3/4, S. 445ff.

Krudewig, Maria (1942). *Vom Stand der Psychologie des Gefühls und von ihrem bleibendem Ertrag*. Berlin: Junker & Dünnhaupt.

Krudewig, Maria (1949). *Entwurf einer Elementarstrukturanalyse des Bewusstseins*. Köln: Universitätsverlag.

Krudewig, Maria (1953). *Die Lehren von der visuellen Wahrnehmung und Vorstellung bei Erich Rudolf Jaensch und seinen Schülern* [Habilitationsschrift]. Meisenheim am Glan: Westkulturverlag Anton Hain.

Külpe, Oswald (1910). *Einleitung in die Philosophie* (5. verbesserte Aufl.). Würzburg: Kgl. Universitätsdruckerei von H. Stürtz A. G.

Külpe, Oswald (1920). *Vorlesungen über Psychologie*. Herausgegeben von Karl Bühler. Leipzig: S. Hirzel.

Lindworsky, Johannes (1913). Neuere Arbeiten über die Methode der Selbstbeobachtung. In *Archiv für die gesamte Psychologie, Bd. 29* (3–4), S. 49–62 [Literaturbericht].

Lindworsky, Johannes (1916). *Die Gestaltungsweisen des syllogistischen Denkens* [Dissertation]. Freiburg: Herder.

Lindworsky, Johannes (1917). Psychoanalyse. In E.M. Roloff (Hrsg.), *Lexikon der Pädagogik, Bd. 5*, S. 1161–1165. Freiburg i. Br.: Herder.

Lindworsky, Johannes (1919). *Der Wille, seine Erscheinung und seine Beherrschung nach den Ergebnissen der experimentellen Forschung*. [Universität zu Köln – Habilitationsschrift] Leipzig: Barth.

Lindworsky, Johannes (1921a). *Experimentelle Psychologie*. München: Jos. Kösel & Friedr. Pustet.

Lindworsky, Johannes (1921b). *Der Wille – seine Erscheinung und seine Beherrschung nach den Ergebnissen der experimentellen Forschung*, (2. unveränderte Aufl.). Leipzig: Ambrosius Barth.

Lindworsky, Johannes (1922). Umrißskizze zu einer theoretischen Psychologie. *Zeitschrift für Psychologie, Bd. 89*, S. 313–357. Leipzig: Johann Ambrosius Barth.

Lindworsky, Johannes (1926). *Theoretische Psychologie im Umriss*, (Anstelle einer dritten Aufl. der „Umrißskizze zu einer theoretischen Psychologie"). Leipzig: Johann Ambrosius Barth.

Lindworsky, Johannes (1930). Die Erscheinung des „Doppel-Du". *Archiv für die ganze Psychologie, Bd. 74*, S. 258–260. Leipzig: Akademische Verlagsgesellschaft.

Lindworsky, Johannes (1932). Zur jüngsten experimentellen Willensuntersuchung. *Archiv für die gesamte Psychologie, Bd. 86* (Heft 3/4), S. 534–538. Leipzig: Akademische Verlagsgesellschaft.

Lindworsky, Johannes (1934). *Das Seelenleben des Menschen. Eine Einführung in die Psychologie.* Bonn: Peter Hanstein.

Lindworsky, Johannes (1935). *Psychologie der Aszese. Winke für eine psychologisch richtige Aszese.* Freiburg: Herder.

Lindworsky, Johannes (1938). *Des werktätigen Katholiken Lebenskunst.* Lobnig, Nordmähren: Eduard Schlusche[742].

Lindworsky, Johannes (1939a). Die Hand der Vorsehung in unseren Arbeiten. Erinnerungen von P. Johannes Lindworsky S. J. (Prag). In *Mitteilungen aus den deutschen Provinzen der Gesellschaft Jesu, Bd. 15,* (107–109), S. 15–20. Köln: Balduin Pick. [Zusatz: „Als Manuskript gedruckt. Nur für die Unsrigen"]

Lindworsky, Johannes (1939b). Organische Aszese. Eine Buchbesprechung. *Zeitschrift für Aszese und Mystik (ZAM), Bd. 14,* S. 141–146. Innsbruck: Tyrolia.

Lipmann, Otto (1904). Die Wirkung der einzelnen Wiederholungen auf verschieden starke und verschieden alte Assoziationen. *Zeitschrift für Psychologie und Physiologie der Sinnesorgane, Bd. 35,* S. 195–233. Onlinezugriff am 20.10.2016 unter http://vlp.mpiwg-berlin.mpg.de/library/journals.html?id=lit37406

Lobsien, Marx (1914). *Die experimentelle Ermüdungsforschung.* Langensalza: Hermann Beyer.

Lubarsch, O. (1919). *Zur Frage der Hochschulreform.* Wiesbaden: Bergmann.

Malsch, Fritz (1922). *Das Interesse für die Unterrichtsfächer an höheren Knabenschulen* (Dissertation, Philosophische Fakultät Köln). Köln: ohne Verlag.

Marbe, Karl (1912). Die Bedeutung der Psychologie für die übrigen Wissenschaften und die Praxis. In F. Schumann (Hrsg.), *Bericht über den V. Kongreß für experimentelle Psychologie in Berlin vom 16. bis 20. April 1912,* S. 110–113. Leipzig: Johann Ambrosius Barth.

Marbe, Karl (1913). *Die Aktion gegen die Psychologie. Eine Abwehr.* Leipzig: Teubner.

742 Eduard Schlusche war im Buchhandel und als Verleger tätig. Er hatte bereits seit 1933 in der Öffentlichkeit vor dem NS-Regime gewarnt. Schlusche ließ beispielsweise den Hirtenbrief der deutschen Bischöfe „Leget die Waffenrüstung Gottes an" drucken und schmuggelte persönlich große Mengen persönlich ins benachbarte schlesische Reichsgebiet. Ebenso war auch die Enzyklika „Mit brennender Sorge" von Papst Pius XI verboten worden. Schlusche ließ sie ebenfalls drucken und heimlich nach Schlesien bringen. Es folgten Verhaftung, „Überführung" nach Auschwitz und später Weitertransport ins KZ Hamburg-Neuengamme. Danach verliert sich seine Spur. (Pustejovsky, 2009, S. 142–143).

Meisenheimer, Josef (1929). *Experimente im peripheren Sehen und Gestalten.* (Dissertation, Philosophische Fakultät Köln). Leipzig: Akademische Verlagsgesellschaft. Auch abgedruckt in *Archiv für die gesamte Psychologie, Bd. 67,* Heft 1/2. S. 1ff.

Mevissen, Gustav von (1879). Denkschrift des Herrn Geheimen Kommerzienrats Dr. Gustav von Mevissen in Köln, betreffend die Errichtung einer Handelsakademie in Köln, verfasst bei Gelegenheit seiner ersten Schenkung zu diesem Zwecke im Jahre 1879. Onlinezugriff am 11.09.2014 unter http://www.ub.uni-koeln.de/cdm/ref/collection/koelnhs/id/9981

Moldenhauer, P. (1919, 21. Januar). Die Universität Köln. In *Kölner Tageblatt,* Nr. 37.

Molitor, Peter (1926). *Die Leseschwäche eines normalbegabten achtjährigen Knaben.* (Dissertation, Philosophische Fakultät Köln). Berlin: Julius Springer.

Müller, Johanna (1924). *Versuche über die Einwirkung von Motiven auf körperliche und geistige Leistungen bei Schulkindern.* (Dissertation, Philosophische Fakultät Köln). Köln: ohne Verlag.

Pfahler, Gerhard (1936). *System der Typenlehre – Grundlegung einer pädagogischen Typenlehre* (2. Aufl., 4. Aufl. 1943). Leipzig: Johann Ambrosius Barth.

Platzhoff, Walter (1917). Die Universität in Bonn. In J. Hansen (Hrsg.), *Die Rheinprovinz 1815–1915. Hundert Jahre preußischer* [sic] *Herrschaft am Rhein, Bd. 2,* S. 103–141. Bonn: A. Marcus & E. Webers.

Plessner, Helmuth (1975). Erinnerungen an Max Scheler. In P. Good (Hrsg.), *Max Scheler im Gegenwartsgeschehen der Philosophie,* S. 19–28. Bern: Francke.

Poppelreuter, Walther (1934a). *Hitler der politische Psychologe.* Langensalza: Hermann Beyer & Söhne.

Poppelreuter, Walther (1934b). Probleme der politischen Psychologie. In *Bericht über den XIII. Kongreß der Deutschen Gesellschaft für Psychologie in Leipzig vom 16.–19. Oktober 1933,* S. 59–60. Jena: Gustav Fischer.

Rohé, Carl (1924). *Experimentelle Untersuchungen über Komplexbildung beim Lernen* (Dissertation, Philosophische Fakultät Köln) Köln: ohne Verlag.

Rosenberg, Alfred (1944). *Der Mythus des 20. Jahrhunderts. Eine Wertung der seelisch-geistigen Gestaltenkämpfe unserer Zeit* (247. Aufl.). München: Hoheneichen.

Rühlmann, Paul M. [alias Peter Hartmann] (1921). *Französische Kulturarbeit am Rhein.* Leipzig: Koehler.

Sassenfeld, Jakob (1924). *Versuche über Veränderungsauffassung* (Dissertation, Philosophische Fakultät Köln). Köln: ohne Verlag.

Satzung (1919). *Satzung der Universität zu Köln* (12. Juni 1919). Vgl. Literaturverzeichnis Archivalien.

Schaefer, Johannes (1928). *Die erlebte Wortbedeutung bei Darbietung von Einzelwörtern.* (Dissertation, Philosophische Fakultät Köln). Leipzig: Akademische Verlagsgesellschaft.

Scheminzky, Ferdinand (1944). *Physiologisches Praktikum* (3. umgearbeitete Aufl.). Wien: Springer.

Schemm, Hans (1934/35). Zum Geleit. *Nationalsozialistische Mädchenerziehung. Amtliche Zeitschrift des Nationalsozialistischen Lehrerbundes für weibliche Erziehung und Bildung.* 1. Jahrg., S. I. Teubner: Leipzig.

Schneider, Artur (1900). *Beiträge zur Psychologie Alberts des Großen*[Inauguraldissertation – Breslau]. Münster: Aschendorff.

Schulte (1919). *Ansprache* des Stadtverordneten Sanitätsrats Dr. Schulte. In *Eröffnungsfeier der Universität Köln, Reden gehalten bei dem Festakt im großen Saal des Gürzenich am 12. Juni 1919 und bei der Akademischen Feier in der Aula der Universität am 20. Juni 1919*, S. 12–17. Köln: Heinrich Z. Gonski.

Schumacher, Hermann Joseph (1924, 12. April). Professor Leonhard Habrich. *Pädagogische Post – Katholische Zeitschrift für Erziehung und Bildung: Wissenschaft – Kunst – Politik*, Nr. 27, S. 341–344.

Scola, Franz (1930). Untersuchungen zur Frage der automatischen Reproduktion. *Archiv für die gesamte Psychologie, Bd. 75*, Heft 1/2. Leipzig: Akademische Verlagsgesellschaft.

Scola, Franz (1932). Lindworsky Johannes. In J. Spieler (Hrsg.), *Lexikon der Pädagogik der Gegenwart. Bd. 2*, S. 289–290. Freiburg im Breisgau: Herder.

Seifert, Peter (1929). Experimentell – psychologische Untersuchungen über die Reproduktion von Intervallen. [Dissertation Philosophische Fakultät Köln]. *Archiv für die gesamte Psychologie*, Bd. 67, H 3/4, S. 307ff.

Senger, Franz (Hrsg.) (1939). *Reichs-Habilitations-Ordnung.* Berlin: Weidmannsche Verlagsbuchhandlung.

Simchowitz, Hermann Dr. med. (1926). *Über die Zöllnerschen anorthoskopischen Zerrbilder.* [Dissertation Philosophische Fakultät Köln]. Leipzig: Akademische Verlagsgesellschaft.

Simoneit, Max (1933). *Wehrpsychologie. Ein Abriss ihrer Probleme und praktischen Folgerungen.* Berlin: Bernard & Graefe.

Sommer, Robert (1904). *Die Ausstellung von experimental-psychologischen Apparaten und Methoden bei dem Kongreß für experimentelle Psychologie Gießen 18.–21. April 1904.* Leipzig: Johann Ambrosius Barth. Onlinezugriff am 07.02.2016 unter http://www.uni-leipzig.de/~wundtbriefe/wwcd/devices/giessen/giessen.htm

Sommer, Robert (1931). Zur Geschichte der Kongresse für experimentelle Psychologie. *Bericht über den XII Kongreß der Deutschen Gesellschaft für Psychologie in Hamburg am 13. April 1931*, S. 9–12. Jena: Gustav Fischer.

Stein, Edith (1931). *Potenz und Akt – Studien zu einer Philosophie des Seins.* Onlinezugriff am 04.01.2016 unter http://www.edith-stein-archiv.de/wp-content/uploads/2014/10/10_EdithSteinGesamtausgabe_PotenzUndAkt.pdf

Stein, Edith (1965). Vgl. Teil 2 der Literaturangaben.

Stern, Erich (1921). Der VII. Kongreß für experimentelle Psychologie. *Zeitschrift für Pädagogische Psychologie und Experimentelle Pädagogik, Bd. 22,* S. 262–265. Leipzig: Quelle & Meyer.

Stern, William (1902). Der Tonvariator. *Zeitschrift für Psychologie der Sinnesorgane, Bd. 30,* S. 422–432.

Stern, William (1930). Eröffnung des XI. Kongresses der Gesellschaft für experimentelle Psychologie in Wien am 10. April 1929. In H. Volkelt (Hrsg.), *Bericht über den XI Kongreß für experimentelle Psychologie in Wien vom 9.–13. April 1929.* Jena: Gustav Fischer.

Stier-Somlo, Fritz (1916). *Frauen-Hochschulstudium für soziale Berufe an der Hochschule für kommunale und soziale Verwaltung, Cöln.* Cöln: Kölner Verlagsanstalt und Druckerei A.G.

Stier-Somlo, Fritz (1917). Die jüngeren rheinischen Hochschulen. In J. Hansen (Hrsg.), *Die Rheinprovinz 1815–1915, Hundert Jahre preußische Herrschaft am Rhein, Bd. 2,* S. 142–160. Bonn: A. Marcus & E. Webers.

Titchener, Edward Bradford (1910). *Lehrbuch der Psychologie* [übersetzt von O. Klemm]. Leipzig: Johann Ambrosius Barth. Onlinezugriff am 08.08.2016 unter https://archive.org/details/lehrbuchderpsych00titc

Thieß, Karl (1919). Festansprache. *Eröffnungsfeier der Universität Köln, Reden gehalten bei dem Festakt im großen Saal des Gürzenich am 12. Juni 1919 und bei der Akademischen Feier in der Aula der Universität am 20. Juni 1919,* S. 47–50. Köln: Heinrich Z. Gonski. Onlinezugriff am 03.03.2015 unter www.ub.uni-koeln.de/cdm/compoundobject/collection/koelns/id/10040/rec/7

Thieß, Karl (1924). Feier der Rektoratsübergabe am 8. November 1924. Jahresbericht der Universität Köln für 1923/24. HAK Zug. 512, *Universität. Rektorat 1920–1932,* Abt. 2 Nr. 139, Faszikel 1: Bl. 141–145.

Universität Köln – Eröffnung (1919). *Eröffnungsfeier der Universität Köln, Reden gehalten bei dem Festakt im großen Saal des Gürzenich am 12. Juni 1919 und bei der Akademischen Feier in der Aula der Universität am 20. Juni 1919.* Köln: Heinrich Z. Gonski. Onlinezugriff am 03.03.2015 unter www.ub.uni-koeln.de/cdm/compoundobject/collection/koelns/id/10040/rec/7

Universität Köln (1925). *Die Universität Köln im ersten Jahrfünft nach ihrer Wiederaufrichtung 1919 bis 1924.* Köln: Oskar Müller.

Universität Köln 1919–1929 (o. J.). Köln: M. DuMont Schauberg.

Universität Köln (1938). *Die neue Universität Köln mit ihren Instituten und Seminaren.* Köln: Kurt Schroeder.

Universität Köln Reden (1919). *Universität Köln. Reden gehalten bei der Versammlung von Dozenten der Kölner Hochschulen und der Akademie für praktische Medizin am 17. Januar 1919 im Hansasaal des Rathauses.* Köln: DuMont Schauberg.

Verein zur Förderung der experimentellen Psychologie an der Universität Köln (1921). *Zeitschrift für Pädagogische Psychologie und Experimentelle Pädagogik,* S. 344–345.

Vogelsang, Heinz (1929). *Experimentelle Untersuchungen über die Einprägung simultan gebotener Objekte* (Dissertation Philosophische Fakultät Köln). Leipzig: Akademische Verlagsgesellschaft.

Volkelt, Hans (1930) (Hrsg.). *Bericht über den XI Kongreß für experimentelle Psychologie in Wien vom 9.–13. April 1929.* Jena: Gustav Fischer.

Von Wiese, L. (1920). Das Forschungsinstitut für Sozialwissenschaften. In H. Wienkötter (Hrsg.), *Kölner Universitätskalender 1920–21,* S. 33–34. Köln: Oskar Müller.

Weiß, Theodor (1924). *Versuche über willkürliche Vergleichsbildung* (Dissertation, Philosophische Fakultät Köln). Köln: ohne Verlag.

Wienkötter, Helm (1920). Das Universitätsgebäude. In H. Wienkötter (Hrsg.), *Kölner Universitätskalender 1920/1921,* S. 61–64. Köln: Oskar Müller.

Wienkötter, Helm (1921). Das Universitätsgebäude. In H. Wienkötter (Hrsg.), *Kölner Universitätskalender 1921/1922,* S. 52–54. Köln: Oskar Müller.

Windelband, Wilhelm (1909). *Die Philosophie im deutschen Geistesleben des XIX. Jahrhunderts.* Tübingen: Mohr.

Wrede, Adam (1919. 13. Dez.). Zur Geschichte der Kölner Universität. *Kölner Universitäts-Zeitung,* 1. Jg., Nr. 13.

Wrede, Adam (1920, 4. Mai). Die alte Kölner Universität, *Kölner Universitäts-Zeitung,* 2. Jg., Nr. 1.

Wrede, Adam (1921). Die alte Kölner Universität. In H. Wienkötter (Hrsg.), *Kölner Universitätskalender 1921/22,* S. 1–9. Köln: Oskar Müller.

Wundt, Wilhelm (1907). Über Ausfrageexperimente und über die Methoden zur Psychologie des Denkens. In W. Wundt (Hrsg.), *Psychologische Studien, Bd. III.,* S. 301–360. Leipzig: Wilhelm Engelmann.

Wundt, Wilhelm (1913). *Die Psychologie im Kampf ums Dasein.* Leipzig: Alfred Kröner. Onlinezugriff am 08.05.2016 unter http://brittlebooks.library.illinois.edu/brittlebooks_open/Books2009-09/wundwi0001psykam/wundwi0001psykam.pdf

Zahn-Harnack, A. (1929). Studentinnenheime. Studentenwerk. *Zeitschrift der Studentischen Selbsthilfearbeit,* Deutsches Studentenwerk e. V. (Hg.), 3. Jg., S. 366. Berlin und Leipzig; zit. nach Umlauf, P. (2016), Die Studentinnen an der

Universität München 1926 bis 1945: Auslese, Beschränkung, Indienstnahme, Reaktionen. Fußnote 315. Berlin, Boston: DeGruyter.

Zeitschrift für pädagogische Psychologie und experimentelle Pädagogik (1921). Mitteilungen: Verein zur Förderung der experimentellen Psychologie an der Universität Köln, *Bd. 22,* S. 344–345. Leipzig: Quelle & Meyer-Verlag.

Zimmermann, E. (1912). *Psychologische und Physiologische Apparate. Liste 25.* Leipzig-Berlin (Collection Jirí Hoskovec). Onlinezugriff am 10.08.2016 unter http://vlp.mpiwg-berlin.mpg.de/library/tradecatalogues.html

Zimmermann, E. (1923). *Psychotechnik, Liste 33.* Leipzig & Berlin. Onlinezugriff am 10.08.2016 unter http://vlp.mpiwg-berlin.mpg.de/library/tradecatalogues.html

Zimmermann, E. (1928). *Psychologische und Physiologische Apparate: Liste 50.* Leipzig & Berlin. Onlinezugriff am 10.08.2016 unter http://vlp.mpiwg-berlin.mpg.de/library/tradecatalogues.html

Zinsser, Ferdinand (1929). Vorwort. In *Universität Köln 1919–1929,* S. 5–6. Köln: M. DuMont Schauberg.

Quellen nach 1945

Ahrens, Volkert (2014). *Priming und Ermüdung* [Dissertation zur Erlangung des Doktorgrades der Medizin der Medizinischen Fakultät der Universität Ulm]. Onlinezugriff am 28.4.2016 unter https://oparu.uni-ulm.de/xmlui/bitstream/handle/123456789/3681/vts_9611_14552.pdf

Albertus-Magnus-Akademie (Hrsg.) (2011). Zeittafel (Chronologie nach derzeitigem Forschungsstand). In *Albertus Magnus und sein System der Wissenschaften*, S. 28–31. Münster: Aschendorff. Onlinezugriff am 27.10.2015 unter http://www.albertus-magnus-institut.de/Zeittafel_Internet.pdf

Albrecht, Heike (2001). *Hexenglauben, Hexenverfolgung, Hexenwahn im Deutschland der Frühen Neuzeit* [Magisterarbeit an der Universität – Gesamthochschule Kassel, Fachbereich Erziehungs- und Gesellschaftswissenschaften, Institut für Soziologie]. Hamburg: Diplomica GmbH.

Alemann, Heine von (1976). Leopold von Wiese und das Forschungsinstitut für Sozialwissenschaften in Köln 1919 bis 1934. *Kölner Zeitschrift für Soziologie und Sozialpsychologie, Bd. 28*, S. 649–673.

Allesch, Christian G. (2015). Cohn, Jonas. In U. Wolfradt, E. Billmann-Mahecha & Armin Stock (Hrsg.), *Deutschsprachige Psychologinnen und Psychologen 1933–1945*, S. 69–70. Wiesbaden: Springer.

Anzulewicz, Henryk (o. J.). Rezension zu Hannes Stubbe: Albertus Magnus – Der erste Kölner und mitteleuropäische Psychologe. Onlinezugriff am 28.10.2015 unter https://www.shaker.de/de/content/catalogue/index.asp?lang=de&ID=21&ISBN=978-3-8440-0848-7&search=yes

Anzulewicz, Henryk (2006). *Albert der Große. Liber de natura et origine animae. Über die Natur und den Ursprung der Seele.* Lateinisch –Deutsch. Übersetzt und eingeleitet von Henryk Anzulewicz. Freiburg: Herder.

Arendt, Hannah (1996). *Ich will verstehen. Selbstauskünfte zu Leben und Werk.* München: Piper.

Arntz, Michael (2003). *Die Entwicklung der universitären Musikwissenschaft in Köln bis 1932.* Onlinezugriff am 08.06.2015 unter http://www.uni-koeln.de/phil-fak/muwi/fricke/049arntz.pdf

Aschermann, Ellen (2015). Krudewig, Maria. In U. Wolfradt, E. Billmann-Mahecha & Armin Stock (Hrsg.), *Deutschsprachige Psychologinnen und Psychologen 1933–1945*, S. 260–262. Wiesbaden: Springer.

Ash, Mitchell G. (1985). Die experimentelle Psychologie an den deutschsprachigen Universitäten von der Wilhelminischen Zeit bis zum Nationalsozialismus. In M. G. Ash & U. Geuter (Hrsg.), *Geschichte der deutschen Psychologie im 20. Jahrhundert*, S. 45–82. Opladen: Westdeutscher Verlag.

Ash, Mitchell G. & Geuter, Ulfried (1985). Einleitung. In M. G. Ash & U. Geuter (Hrsg.), *Geschichte der deutschen Psychologie im 20. Jahrhundert*, S. 9–18. Opladen: Westdeutscher Verlag.

Ash, Mitchell G. (2002). Psychologie. In F.-R. Hausmann (Hrsg.), *Die Rolle der Geisteswissenschaften im Dritten Reich 1933–1945.* München: R. Oldenbourg, S. 229–264. Onlinezugriff am 08.08.2015 unter http://www.historischeskolleg.de/fileadmin/pdf/kolloquien_pdf/Kolloquien53.pdf

Becker, Jürgen & Stankowski, Martin (1996). *Biotop für Bekloppte. Ein Lesebuch für Immis und Heimathirsche* (3. Aufl.). Köln: Kiepenheuer & Witsch.

Becker, Thomas & Schaper, Uwe (2013). Einleitung. In T. Becker & U. Schaper (Hrsg.), *Die Gründung der drei Friedrich-Wilhelms-Universitäten. Universitäre Bildungsreform in Preußen*, S. 1–7. Berlin: DeGruyter.

Beneke, Klaus (2005). *Carl (Friedrich Wilhelm) Ludwig. Mitbegründer der messenden Experimentalphysiologie und Erfinder des Kymographen.* Nehmten: Reinhard Knof. Onlinezugriff am 05.10.2016 unter http://www.uni-kiel.de/anorg/lagaly/group/klausSchiver/ludwig.pdf

Benesch, H., Cremerius, J., Dorsch, F. & Mossau, E. (Hrsg.) (1990). *Psychologie-Lesebuch. Historische Texte im Überblick.* Frankfurt/M.: Fischer.

Benetka, Gerhard & Friedrich, Janette (2015). Bühler, Karl. In U. Wolfradt, E. Billmann-Mahecha & Armin Stock (Hrsg.), *Deutschsprachige Psychologinnen und Psychologen 1933–1945*, S. 58–60. Wiesbaden: Springer.

Billmann-Mahecha, Elfriede (2004). Frauen in der wissenschaftlichen Psychologie. *Psychologische Rundschau, Bd. 55*, S. 78–86. Göttingen: Hogrefe.

Bilz, Fritz (2010). *Unangepasst und widerborstig. Der Kölner Karnevalist Karl Küpper 1905–1970.* Köln: Geschichtswerkstatt Köln-Kalk.

Binding, Günther (1990). *Aus der Geschichte der Universität zu Köln.* Pressestelle der Universität Köln.

Bleek, Wilhelm (2001). *Geschichte der Politikwissenschaft in Deutschland.* München: C. H. Beck.

Bock, Gisela (2002). Der Nationalismus und die Frauen. In B. Sösemann (Hrsg.), *Der Nationalsozialismus und die Gesellschaft*, S. 188–209. Stuttgart: Deutsche Verlags-Anstalt.

Boehm, L. & Müller, R. A. (1983). *Universitäten und Hochschulen in Deutschland, Österreich und der Schweiz. Eine Universitätsgeschichte in Einzeldarstellungen.* Düsseldorf: Econ.

Böhme, Günther (1982). Kutzner, Oskar. In *Neue Deutsche Biographie, Bd. 13*, S. 353–254. Onlinezugriff am 14.06.2016 unter http://www.deutsche-biographie.de/pnd116631767.html

Bölling, Rainer (1987). Lehrerarbeitslosigkeit. Historische Erfahrungen, gegenwärtige Situation und Zukunftsperspektiven. Aus Politik und

Zeitgeschichte. Beilage zur Wochenzeitung *Das Parlament, Bd. 21*, S. 3–14. Onlinezugriff am 01.08.2015 unter http://www.rboelling.de/download/apz.pdf

Bopf, Britta (2004). *„Arisierung" in Köln. Die wirtschaftliche Existenzvernichtung der Juden 1933–1945.* Köln: Emons.

Brocke, Bernhard vom (1996). Die Kaiser-Wilhelm-/Max-Planck-Gesellschaft und ihre Institute zwischen Universität und Akademie. Strukturprobleme und Historiographie. In B. vom Brocke & H. Laitko (Hrsg.), *Die Kaiser-Wilhelm-/Max-Planck-Gesellschaft und ihre Institute. Studien zu ihrer Geschichte: Das Harnack-Prinzip*, S. 1–34. Berlin: Walter de Gruyter.

Brožek, Josef (1987). Ein halbes Jahrhundert Kontakte mit der deutschen Psychologie. In *Geschichte der Psychologie – Nachrichtenblatt*, S. 44–64. Onlinezugriff am 01.09.2015 unter http://journals.zpid.de/index.php/GdP/article/view/409/444

Brožek, Josef (1991). Forschungen zur Geschichte der internationalen Psychologie – Deutschsprachige Psychologen in Prag. In H. E. Lück & R. Miller (Hrsg.), *Theorien und Methoden psychologiegeschichtlicher Forschung*, S. 179–180. Göttingen: Hogrefe.

Brunöhler, Lisa (2010). *„Auch Du gehörst dem Führer...". Mädchenerziehung im Nationalsozialismus am Beispiel des Bundes Deutscher Mädel* [Wissenschaftl. Hausarbeit Erste Staatsprüfung für das Lehramt an Grund- und Hauptschule, Pädagogische Hochschule Heidelberg]. Onlinezugriff am 01.09.2015 unter http://wef-wee.net/de/ex/Brunoehler/maedchen.pdf

Bühler, Charlotte (1972). Charlotte Bühler. In L. J. Pongratz, W. Traxel & E. G. Wehner (Hrsg.), *Psychologie in Selbstdarstellungen*, S. 9–42. Bern: Hans Huber.

Bührer, W. (2010). Silverberg, Paul. In *Neue Deutsche Biographie, Bd. 24*, S. 414–415. Onlinezugriff am 05.01.2015 unter http://www.deutsche-biographie.de/ppn118614371.html

Burger, Maria (2007). Albertus Magnus und die Editio coloniensis. In A. Sell (Hrsg.), *Editionen – Wandel und Wirkung*, S. 11–32. Tübingen: Max Niemeyer.

Burtscheid, Andreas (o. J.). Albert Lauscher (18721944), katholischer Theologe. Onlinezugriff am 18.08.2016 unter http://www.rheinische-geschichte.lvr.de/persoenlichkeiten/L/Seiten/AlbertLauscher.aspx

Burtscheid, Andreas (o. J.). Die Geschichte der „Kölnischen Volkszeitung" (1860–1941). Onlinezugriff am 18.10.2016 unter http://www.rheinische-geschichte.lvr.de/themen/Epochenübergreifend/Seiten/KoelnischeVolkszeitung.aspx

Brand, G. (2014, 18. Dez.). Johannes Meerfeld – Politiker und Journalist aus Euskirchen. *Eifel-Zeitung*. Onlinezugriff am 19.09.2015 unter http://www.eifelzeitung.de/redaktion/kinder-der-eifel/johannes-meerfeld-81795/

Brückweh, Kerstin (2006). *Mordlust. Serienmorde, Gewalt und Emotionen im 20. Jahrhundert* [Dissertation Universität Bielefeld, Fakultät für Geschichtswissenschaft, Philosophie und Theologie]. Frankfurt/Main: Campus.

Brumlik, M. & Ortmeyer, B. (2006). *Erziehungswissenschaft und Pädagogik in Frankfurt – eine Geschichte in Porträts – 90 Jahre Johann Wolfgang Goethe-Universität.* Frankfurt: Books on Demand GmbH.

Craemer-Ruegenberg, Ingrid (1980). *Albertus Magnus.* München: Beck.

Criblez, Lucien (2010). Experimentelle Didaktik: Aspiration und „Scheitern" eines wissenschaftlichen Programms anfangs des 20. Jahrhunderts. In P. Bühler, T. Bühler & F. Osterwalder (Hrsg.), *Grenzen der Didaktik*, S. 61–78. Bern: Haupt.

Dietmar, Carl (2013). *Köln in der NS-Zeit.* Köln: DuMont Buchverlag.

Dietmar, Carl & Jung, Werner (2016). *Köln – Die große Stadtgeschichte* (2. Aufl.). Essen: Klartext.

Dietze, Carola (2006). *Nachgeholtes Leben. Helmuth Plessner 1892–1985.* Göttingen: Wallstein.

Dorsch, Friedrich (1963). *Geschichte und Probleme der Angewandten Psychologie.* Bern: Huber.

Dorsch – Lexikon der Psychologie (2016). *M.A.Wirtz (Hrsg.)* Bern: Hans Huber, Hogrefe. Onlinezugriff über https://portal.hogrefe.com/dorsch/de/startseite/ip/#####

Doucet, Friedrich (1971). *Geschichte der Psychologie. Von den vorchristlichen Philosophen bis zu den Seelenärzten des 20. Jahrhunderts.* München: Gondrom.

Druwe, Ulrich (2011). Wilhelm von Humboldts „Idee der Universität" [Präsentation]. Onlinezugriff am 20.11.2015 unter https://www.ph-freiburg.de/fileadmin/dateien/zentral/zwh/hochschuldidaktik/WS2011_2012/Praesentation-Druwe.pdf

Düwell, Kurt (1976). Universität, Schulen und Museen. Adenauers wissenschafts- und bildungspolitische Bestrebungen für Köln und das Rheinland (1917–1932). In H. Stehkämpfer (Hrsg.), *Konrad Adenauer Oberbürgermeister von Köln* [Festgabe der Stadt Köln zum 100. Geburtstag ihres Ehrenbürgers am 5. Januar 1976], S. 167–206. Köln: Greven & Bechtold.

Dyserinck, Hugo (1977). Keyserling, Hermann Graf von. In *Neue Deutsche Biographie, Bd. 11*, S. 565–567. Onlinezugriff am 08.05.2016 unter http://www.deutsche-biographie.de/pnd118722158.html

Ebell, U. (2012). Begleitheft zur Ausstellung „Fegt alle weg – Entzug der Approbation jüdischer Ärztinnen und Ärzte 1938". Bundesärztekammer (Hrsg.). Köln: Medienzentrum Süd.

Ebisch, Sven (2015). Lipmann, Otto. In U. Wolfradt, E. Billmann-Mahecha & Armin Stock (Hrsg.), *Deutschsprachige Psychologinnen und Psychologen 1933–1945*, S. 282–283. Wiesbaden: Springer.

Eckardt, G. (2010). *Kernprobleme in der Geschichte der Psychologie.* Wiesbaden: VS Verlag für Sozialwissenschaften.

Eckert, Willehad Paul (1961). *Kleine Geschichte der Universität Köln.* Köln: J. P. Bachem.

Eilers, Rolf (1963). *Die nationalsozialistische Schulpolitik: Eine Studie zur Funktion der Erziehung im totalitären Staat.*[Dissertation Philosophische Fakultät Bonn]. Köln: Westdeutscher Verlag.

Eirich, Hans (1985). Lindworsky, Johannes. In *Neue Deutsche Biographie, Bd. 14*, S. 619–620. Onlinezugriff am 22.11.2014 unter http://www.deutsche-biographie.de/pnd119019655.html

Engelhardt, Isabelle (2015). Der Diskurs um die Rolle der Frau in der Weimarer Republik. In T. Eitz & I. Engelhardt, *Diskursgeschichte der Weimarer Republik*, S. 365–448. Hildesheim: Georg Olms.

Euler, Walter Andreas (o.J.). Nikolaus von Kues: Leben, Persönlichkeit und Werk [Cusanus-Portal Universität Trier]. Onlinezugriff am 07.05.2016 unter http://urts99.uni-trier.de/cusanus/content/lw.php

Fahrenberg, Jochen (1990). Vorwort zu Robert Heiß (1937). Allgemeine Psychologie – Vorlesung im Sommersemester 1937 an der Universität Köln. Onlinezugriff am 04.02.2016 unter http://www.jochen-fahrenberg.de/uploads/media/Robert_Heiss_Vorl. Allgemeine_Psychologie-1937.pdf

Fahrenberg, Jochen (2000). Einführung in die Geschichte, Wissenschaftstheorie und Berufsethik der Psychologie. Begleittext zur Vorlesung. Onlinezugriff am 03.08.2015 unter http://www.jochen-fahrenberg.de/uploads/media/Geschichte_Wissenschaftstheorie_Berufsethik_01.pdf

Fahrenberg, Jochen (2006). Dr. Olga Marum (Psychologie) – Biographische Notizen. In *Die Freiburger Philosophische Fakultät. Mitglieder – Strukturen – Vernetzungen.* Freiburg: Alber. Onlinezugriff am 07.06.2016 unter http://www.jochen-fahrenberg.de/uploads/media/Dr_Olga_Marum__Biographische_Notizen_01.pdf

Fahrenberg, Jochen (2011). *Wilhelm Wundt – Pionier der Psychologie und Außenseiter?* Onlinezugriff am 1.5.2016 unter http://www.jochen-fahrenberg.de/uploads/media/Wilhelm_Wundt___Pionier_der_Psychologie_und_Aussenseiter.pdf

Fahrenberg, Jochen (2015a). Aus der Vorgeschichte und Geschichte des Psychologischen Instituts der Albert-Ludwigs-Universität Freiburg i. Br.. Onlinezugriff am 31.07.2015 unter http://www.jochen-fahrenberg.de/uploads/media/Kurze_Geschichte_des_Psychologischen_ Instituts_01.pdf

Fahrenberg, Jochen (2015b). Heiß, Robert. In U. Wolfradt, E. Billmann-Mahecha & Armin Stock (Hrsg.), *Deutschsprachige Psychologinnen und Psychologen 1933–1945*, S. 168–170. Wiesbaden: Springer.

Fahrenberg, Jochen (2015c). Marum, Olga. In U. Wolfradt, E. Billmann-Mahecha & Armin Stock (Hrsg.), *Deutschsprachige Psychologinnen und Psychologen 1933–1945*, S. 302–303. Wiesbaden: Springer.

Fahrenberg, Jochen (2015d). *Theoretische Psychologie. Eine Systematik der Kontroversen.* Onlinezugriff am 03.08.2015 unter http://www.jochen-fahrenberg.de/fileadmin/pdf2015/e-Buch_-_Fahrenberg_Theoretische_Psychologie_2015.pdf

Fahrenberg, Jochen (o. J.). Leib-Seele-Problem. Lexikon der Psychologie. Onlinezugriff am 31.01.2015 unter http://www.spektrum.de/lexikon/psychologie/leib-seele-problem/8687

Fahrenberg, J., Jahnke, J., Stegie, R. & Bauer, E. (Hrsg.). Geschichte des Instituts für Psychologie. Onlinezugriff am 31.07.2015 unter https://www.psychologie.uni-freiburg.de/institut/geschichte/index.html?set_language=en

Feldes, Joachim (2005). *Auf den Spuren Edith Steins durch Köln.* Köln: Verlag nicht zu ermitteln.

Feuerhelm, Hermann (2015). Mühlen, Richard von der. In U. Wolfradt, E. Billmann-Mahecha & Armin Stock (Hrsg.), *Deutschsprachige Psychologinnen und Psychologen 1933–1945*, S. 327–328. Wiesbaden: Springer.

Fischer, Bruno (2012). *Köln und Umgebung 1933 – 1945: der historische Reiseführer.* Berlin: Christoph Links.

Fitzek, Herbert & Salber, Wilhelm (1996). *Gestaltpsychologie. Geschichte und Praxis.* Darmstadt: Wissenschaftliche Buchgesellschaft.

Flecken, Susanne (2000). Maria Gräfin von Linden. Wissenschaftlerin an der Universität Bonn von 1899 bis 1933. In E. Dickmann & E. Schöck-Quinteros (Hrsg.), *Barrieren und Karrieren. Die Anfänge des Frauenstudiums in Deutschland*, S. 253–270. Berlin: trafo.

Florian, Fritz Franz (1956). Köln am Rhein, du schönes Städtchen, Köln am Rhein, du schöne Stadt... Kleine Gebrauchsanweisung für eine große Stadt. Köln: Greven.

Förtsch, Folker (2012, 22. Sept.). Ein „stiller Held“ – geboren in Crailsheim. *Hohenloher Tageblatt.* Onlinezugriff am 22.11.2014 unter http://www.swp.de/crailsheim/lokales/landkreis_schwaebisch_hall/ein-_stiller-held_-geboren-in-crailsheim-10540172.html

Franken, Irene (1995). *„Ja, das Studium der Weiber ist schwer!“ Studentinnen und Dozentinnen an der Kölner Universität bis 1933* [Katalog zur Ausstellung in der Universitäts- und Stadtbibliothek Köln 28. April–10. Juni 1995]. Köln: M& T Verlag. Onlinezugriff am 11.12.2015 unter http://www.gb.uni-koeln.de/e2106/e2113/e12453/Ja_das_Studium_der_Weiber_ger.pdf

Franken, Irene (2014). „Mit heißem Herzen“. Der Erste Weltkrieg und die Kölner Frauen(-bewegung). In P. Hesse, M. Kramp & U. Soénius (Hrsg.), *Köln 1914. Metropole im Westen.* Köln: J.P. Bachem.

Freitäger, Andreas (2005). *Ehrenbürger und Ehrensenatoren der Universität zu Köln 1925–2004.* Veröffentlichungen aus dem Universitätsarchiv, Heft 5.

Freitäger, Andreas (2010a). Artisten und ‚humanistae', ‚Jesuiter' und Aufklärer. Die Universitäten Köln, Trier, Duisburg und Bonn vom Spätmittelalter bis zum Ende des 18. Jahrhunderts. In A. Rutz (Hrsg.), *Das Rheinland als Schul- und Bildungslandschaft (1250–1750).* Köln: Böhlau.

Freitäger, Andreas (2010b). Gleichschaltung durch das Disziplinarrecht: Universitätsrat und Disziplinargericht 1928–1936. In A. Freitäger (Hrsg.), *„1933" – Hochschularchive und die Erforschung des Nationalsozialismus – Beiträge des Kolloquiums aus Anlass des 40jährigen Bestehens des Universitätsarchivs Köln am 8. April 2008*, S. 109–136. Köln: Universitätsarchiv.

Freitäger, Andreas (2013). *Christian Eckert (1874–1952)* [Forum: Universitätsarchiv, Heft 2]. Köln: Universitätsarchiv.

Gäbe, Lüder (1959). Erdmann, Benno. In *Neue Deutsche Biographie, Bd. 4*, S. 570–71. Onlinezugriff am 08.01.2015 unter http://www.deutsche-biographie.de/ppn11653012X.html

Gadamer, Hans-Georg (1975). Max Scheler der Verschwender. In P. Good (Hrsg.), *Max Scheler im Gegenwartsgeschehen der Philosophie*, S. 11–18. Bern: A. Francke.

Gadebusch Bondio, Maricarla (2007). Vom „atavistischen" zum „inferioren" Verbrechertypus. Der Einfluss der Lehre Lombrosos vom geborenen Verbrecher auf die Psychiatrie. In T. Vormbaum (Hrsg.), *Jahrbuch der Juristischen Zeitgeschichte Bd. 8* [2006/2007], S. 280–306. Berlin: Berliner Wissenschaftsverlag.

Galliker, Mark, Klein, M. & Rykart, S. (2007). *Meilensteine der Psychologie. Die Geschichte der Psychologie nach Personen, Werk und Wirkung.* Stuttgart: Alfred Kröner.

Galliker, Mark (2016). *Ist die Psychologie eine Wissenschaft? Ihre Krisen und Kontroversen von den Anfängen bis zur Gegenwart.* Wiesbaden: Springer.

Gamm, H.-J. (1963). *Der Flüsterwitz im Dritten Reich.* München: Paul List.

Gehlen, Boris (2010). *Paul Silverberg (1876–1959), Unternehmer.* Onlinezugriff am 01.04.2015 unter http://www.rheinische-geschichte.lvr.de/persoenlichkeiten/S/Seiten/PaulSilverberg.aspx

Geuter, Ulfried (1984). *Die Professionalisierung der deutschen Psychologie im Nationalsozialismus.* Frankfurt: Suhrkamp.

Geuter, Ulfried (1985). Nationalsozialistische Ideologie und Psychologie. In M. G. Ash & U. Geuter (Hrsg.), *Geschichte der deutschen Psychologie im 20. Jahrhundert*, S. 172–200. Opladen: Westdeutscher Verlag.

Geuter, Ulfried (1986). Psychologie im Nationalsozialismus. In G. Relexius & S. Grubitzsch (Hrsg.), *Psychologie. Theorien – Methoden – Arbeitsfelder. Ein Grundkurs*, S. 557–598. Reinbek: Rowohlt.

Geuter, Ulfried (1986). Psychologische Institute, Fachgesellschaften, Fachzeitschriften und Serien, Biographien, Emigranten 1879–1945. *Bd. 1, Daten zur Geschichte der deutschen Psychologie. Göttingen: Hogrefe.*

Gilen SJ, L. (1961). Fröbes, Joseph. In *Neue Deutsche Biographie, Bd. 5,* S. 646. Onlinezugriff am 10.02.2015 unter http://www.deutsche-biographie.de/ppn116827874.html

Glazinski. R. (1997). *Zur Philosophie und Psychopathologie der Gefühle bei Max Scheler und Kurt Schneider.* [Dissertation Philosophische Fakultät Köln]. Köln: Selbstverlag.

Golczewski, Frank (1988). *Kölner Universitätslehrer und der Nationalsozialismus. Personengeschichtliche Ansätze.* Köln: Böhlau.

Goldschmidt, R. (1912). Bericht über den Kongreß der Gesellschaft für experimentelle Psychologie. *Archiv für die gesamte Psychologie, Bd. 24,* S. 71–97.

Good, Paul (Hrsg.) (1975). *Max Scheler im Gegenwartsgeschehen der Philosophie.* Bern: A. Francke.

Good, Paul (1998). *Max Scheler – Eine Einführung.* Düsseldorf: Parerga.

Grabmann, Martin (1953a). Albertus Magnus. In *Neue Deutsche Biographie, Bd. 1,* S. 144–148. Onlinezugriff am 25.10.2015 unter http://www.deutsche-biographie.de/sfz309.html

Grabmann, Martin (1953b). Baeumker, Clemens. In *Neue Deutsche Biographie, Bd. 1,* S. 533–534. Onlinezugriff am 25.10.2015 unter http://www.deutsche-biographie.de/ppn116037660.html

Graf, Friedrich Wilhelm (Hrsg.) (2010). *Ernst Troeltsch. Kritische Gesamtausgabe Bd. 13. Rezensionen und Kritiken.* Berlin: Walter de Gruyter.

Graumann, Carl Friedrich (1985). Psychologie im Nationalsozialismus. Eine Einführung. In C. F. Graumann (Hrsg.), *Psychologie im Nationalsozialismus,* S. 1–14. Heidelberg: Springer.

Grundordnung (2015). Grundordnung der Universität zu Köln vom 12. Juni 2015. Onlinezugriff am 13.07.2015 unter http://am.uni-koeln.de/e15791/am_mitteilungen/@51/AM_2015_52_Grundordnung.pdf

Guardini, Romano (1946). *Der Heilbringer in Mythos, Offenbarung und Politik. Eine theologisch-politische Besinnung.* Stuttgart: Deutsche Verlags-Anstalt.

Gundlach, H., Brožek, J. & Ühlein, H., (1986). Deutsche Psychologie in Prag. Franz Scola (1899–1945). In *Geschichte der Psychologie – Nachrichtenblatt,* S. 22–26. Onlinezugriff am 23.02.2015 unter http://journals.zpid.de/index.php/GdP/article/view/399/434

Gundlach, Horst (1991). Theorien der Historiographie? In H. E. Lück & R. Miller (Hrsg.) *Theorien und Methoden psychologiegeschichtlicher Forschung,* S. 14–19. Göttingen: Hogrefe.

Gundlach, Horst (2003). Was ist ein psychologisches Instrument? Onlinezugriff am 01.08.2015 unter http://edoc.bbaw.de/files/82/I_02_Gundlach.pdf

Gundlach, Horst (2004). Reine Psychologie, Angewandte Psychologie und die Institutionalisierung der Psychologie. *Zeitschrift für Psychologie Bd. 212*, S. 183–199.

Guttmann, Giselher (1995) Geleitwort. In G. Benetka, *Psychologie in Wien – Sozial- und Theoriegeschichte des Wiener Psychologischen Instituts 1922–1938*, S. 5–6. Wien: WUV-Universitätsverlag.

Grabmann, Martin (1953). Baeumker, Clemens. In *Neue Deutsche Biographie, Bd. 1, S.* 533–534. Onlinezugriff am 10.02.2015 unter http://www.deutsche-biographie.de/ppn116037660.html

Hachmann-Gleixner, Marion (2003). *Das Psychologische Institut Heidelberg im Nationalsozialismus und in der Nachkriegszeit* [Diplomarbeit am Psychologischen Institut der Universität Heidelberg]. Onlinezugriff am 25.03.2016 unter http://archiv.ub.uni-heidelberg.de/volltextserver/4347/1/DA-PsychologieHD-1925-1959.pdf

Haffner, Sebastian (1989). *Von Bismarck zu Hitler.* München: Kindler.

Hamacher, Bernd (2011). Wir wagten uns in die Gegenwart, Zu den Anfangsgründen der Germanistik in Köln. In W. Pape (Hrsg.) *Zehn Jahre Universitätspartnerschaft – Univerzita Karlova v Praze – Universität zu Köln, Kolloquium zur Universitäts- und Fachgeschichte*, S. 93–106. Köln: Elektronische Schriftenreihe der Universitäts- und Stadtbibliothek Köln. Onlinezugriff am 06.01.2016 unter http://kups.ub.uni-koeln.de/3322/1/Prag_2010_End.pdf

Hartmann, Peter C. (2008). *Die Jesuiten.* München: C. H. Beck.

Haupts, Leo (2007). *Die Universität zu Köln im Übergang vom Nationalsozialismus zur Bundesrepublik.* Köln: Böhlau.

Hausmann, Frank-Rutger (2011). *Die Geisteswissenschaften im „Dritten Reich", 1933–1945.* Frankfurt a. M.: Vittorio Klostermann.

Heckhausen, Heinz (1989). *Motivation und Handeln.* Berlin: Springer

Hehlmann, W. (1967). *Geschichte der Psychologie* (2. Aufl.). Stuttgart: Kröner.

Heiber, Helmut (1965). *Die Republik von Weimar.* München: DTV.

Heimbüchel, Bernd (1988). Die neue Universität. Selbstverständnis-Idee und Verwirklichung. In Senatskomm. für d. Geschichte d. Univ. zu Köln (Hrsg.), *Kölner Universitätsgeschichte – Das 19. und 20. Jahrhundert, Bd. 2*, S. 101–705. Köln: Böhlau.

Heine, Susanne (2009). Religionspsychologie. Zum Profil einer jungen Disziplin. In R. Faber & S. Lanwerd (Hrsg.), *Aspekte der Religionswissenschaft*, S. 141–158. Würzburg: Königshausen & Neumann.

Henckmann, Wolfhart (1982). Külpe, Oswald. In *Neue Deutsche Biographie, Bd. 13*, S. 209–210. Onlinezugriff am 01.06.2015 unter http://www.deutsche-biographie.de/ppn119142139.html

Henckmann, Wolfhart (1998). *Max Scheler*. München: Beck.

Henckmann, Wolfhart (2005). Scheler, Max Ferdinand. In *Neue Deutsche Biographie, Bd. 22*, S. 644–646. Onlinezugriff am 01.06.2015 unter http://www.deutsche-biographie.de/ppn118606964.html

Herbstrith, Waltraud (Hrsg.) (2001). *Edith Stein – Ein Lebensbild in Zeugnissen und Selbstzeugnissen* (1. Aufl. 1993; 3. Aufl. 2001). Mainz: Matthias-Grünewald.

Hohmann, Barbara (o. J.[743]). *Mathilde von Mevissen (1848–1924) und die Mädchenbildung* [Magisterarbeit – Rheinische Friedrich-Wilhelms-Universität zu Bonn]. Onlinezugriff am 01.06.2016 unter http://frauengeschichtsverein.de/home/wp-content/uploads/2009/11/Mathildev.Mevissen.pdf

Horn, Klaus-Peter (2003). *Erziehungswissenschaft in Deutschland im 20. Jahrhundert. Zur Entwicklung der sozialen und fachlichen Struktur der Disziplin von der Erstinstitutionalisierung bis zur Expansion.* [Berlin, Humboldt-Univ., Habilitationsschrift] Bad Heilbrunn/Obb: Julius Klinkhardt.

Huber, Gert (2007). Schneider, Kurt. In *Neue Deutsche Biographie, Bd. 23*, S. 300–301. Onlinezugriff am 30.08.2015 unter http://data.deutsche-biographie.de/rest/sfz114458.pdf

Imhof, Beat W. (1987). *Edith Steins philosophische Entwicklung* [Dissertation der Philosophisch-Historischen Fakultät der Universität Basel]. In H.A. Salmony (Hrsg.), *Basler Beiträge zur Philosophie und ihrer Geschichte, Bd. 10.* Basel: Birkhäuser.

Institut für Psychologie der Rheinischen Friedrich-Wilhelms-Universität Bonn (o.J.). Onlinezugriff am 04.09.2015 unter http://www.psychologie.uni-bonn.de/unser-institut/geschichte

Isenmann, Eberhard (2014). *Die deutsche Stadt im Mittelalter 1150–1550.* Köln: Böhlau.

Jaeger, Siegfried (1999). Wolfgang Köhler. In H. Lück & R. Miller (Hrsg.), *Illustrierte Geschichte der Psychologie.* Weinheim, Basel: Beltz.

Jung, Kathrin (2000). *Die Geschichte des Psychologischen Instituts der Universität Heidelberg in den Jahren 1933 bis 1980* [Diplomarbeit am Psychologischen Institut der Universität Heidelberg]. Onlinezugriff am 10.10.2015 unter https://www.psychologie.uni-heidelberg.de/willkomm/da-jung-2000-geschichte.pdf

Kaiser-El-Safti, Margret (2015a). Haas, Wilhelm (Willy, William). In U. Wolfradt, E. Billmann-Mahecha & Armin Stock (Hrsg.). *Deutschsprachige Psychologinnen und Psychologen 1933–1945*, S. 157–158. Wiesbaden: Springer.

743 Die jüngsten Angaben innerhalb der Arbeit beziehen sich auf das Jahr 2003.

Kaiser-El-Safti, Margret (2015b). Linke, Paul Ferdinand. In U. Wolfradt, E. Billmann-Mahecha & Armin Stock (Hrsg.). *Deutschsprachige Psychologinnen und Psychologen 1933–1945*, S. 280–282. Wiesbaden: Springer.

Kalwa, Erich (2004). *Die portugiesischen und brasilianischen Studien in Deutschland (1900–1945): ein institutionsgeschichtlicher Beitrag*. Frankfurt a. M.: Domus Editoria Europea (Axel Schönberger).

Kapferer, Norbert (2001). *Die Nazifizierung der Philosophie an der Universität Breslau 1933–1945*. Münster: LIT Verlag.

Kästner, Erich (1948). *Der tägliche Kram. Chansons und Prosa 1945–1948*. Zürich: Atrium.

Kästner, Erich (1961). *Notabene 45*. Zürich: Atrium.

Kassler, Horst (1976). Johannes Hessen –Philosoph und Theologe aus Lobberich. In *Heimatbuch des Kreises Viersen 1977*, S. 119–131. Onlinezugriff am 02.09.2015 unter http://www.lobberich.de/lobberich/geschichte(n)/heimatbuecher/77-119-johannes-hessen.htm

Kassler, H. (1981). Erinnerungen des Philosophen und Theologen Johannes Hessen an seine Lobbericher Kindheit und Schulzeit. In *Heimatbuch des Kreises Viersen 1982*, S. 33–40. Onlinezugriff am 02.09.2015 unter http://www.lobberich.de/lobberich/geschichte(n)/heimatbuecher/82-33-johannes-hessen.htm

Kebeck, Günther (1997). *Wahrnehmung. Theorien, Methoden und Forschungsergebnisse der Wahrnehmungspsychologie*. Weinheim: Juventa.

Kersting, Christa (2000). Die Lage der Akademikerinnen in der Erziehungswissenschaft der Nachkriegszeit (1945–1955). In E. Dickmann & E. Schöck-Quinteros (Hrsg.), *Barrieren und Karrieren. Die Anfänge des Frauenstudiums in Deutschland*, S. 121–139. Berlin: trafo.

Kersting, Christa (2008). *Pädagogik im Nachkriegsdeutschland -Wissenschaftspolitik und Disziplinentwicklung 1945 bis 1955* [Habilitationsschrift Fachbereich Erziehungswissenschaft und Psychologie, FU Berlin]. Kempten: Julius Klinkhardt.

Klages, Ludwig (1989). *Handschrift und Charakter*. 29. Aufl. Bonn: Bouvier.

Klauser, Helene (2007). *Kölner Karneval zwischen Uniform und Lebensform*. [Dissertation Köln, Erziehungswissenschaftl. Fakultät] Münster: Waxmann.

Klüpfel, Jürgen & Graumann, Carl Friedrich (1986). *Ein Institut entsteht. Zur Geschichte der Institutionalisierung der Psychologie an der Universität Heidelberg* (Historische Reihe Nr. 13. Diskussionspapier Nr. 49). Onlinezugriff am 25.03.2016 unter http://www.psychologie.uni-heidelberg.de/institutsberichte/DP/DP49-HR13.pdf

Kochinka, Alexander (2015a). Bühler, Charlotte. In U. Wolfradt, E. Billmann-Mahecha & Armin Stock (Hrsg.). *Deutschsprachige Psychologinnen und Psychologen 1933–1945*, S. 56–58. Wiesbaden: Springer.

Kochinka, Alexander (2015b). Kutzner, Oskar. In U. Wolfradt, E. Billmann-Mahecha & Armin Stock (Hrsg.). *Deutschsprachige Psychologinnen und Psychologen 1933–1945*, S. 263–264. Wiesbaden: Springer.

Kocka, J. & Neugebauer, W. (2002). *Acta Borussica, Protokolle des Preußischen Staatsministeriums 1817–1934/38.* Bd. 11/I, bearb. von G. Schulze. Hrsg. Berlin-Brandenburgische Akademie der Wissenschaften, Leitung Jürgen Kocka und Wolfgang Neugebauer. Hildesheim: Olms-Weidmann.

Kohler-Gehrig, Elenora (2007). *Die Geschichte der Frauen im Recht* [Hochschule für öffentliche Verwaltung und Finanzen Ludwigsburg]. Onlinezugriff am 18.12.2015 unter http://www.verwaltungmodern.de/wp-content/uploads/2011/11/skfrauengeschichte_1.pdf

Krahl, A. & Schifferdecker, M. (1998). Max Scheler und Kurt Schneider. In *Fortschritte der Neurologie und Psychiatrie Bd. 66*, S. 94–100.

Kreuter, Alma (1996). *Deutschsprachige Neurologen und Psychiater. Ein biographisch-bibliographisches Lexikon von den Vorläufern bis zur Mitte des Jahrhunderts. Bd. 1.* München: K.G. Saur.

Kuhn, Helmut (1966). Die deutsche Universität am Vorabend der Machtergreifung. In H. Kuhn, J. Pascher, H. Maier, W. Kunkel, O.B. Roegele, F. Leist, F. G. Friedmann & E. Voegelin, *Die deutsche Universität im Dritten Reich. Eine Vortragsreihe der Universität München*, S. 13–43. München: Piper.

Laue, Christian (2010). *Evolution, Kultur und Kriminalität. Über den Beitrag der Evolutionstheorie zur Kriminologie.* Heidelberg: Springer.

Lehwark, Godehard (o. J.). Hertling, Georg Graf von. Onlinezugriff am 18.10.2016 unter http://www.darmstadt-stadtlexikon.de/h/hertling-georg-graf-von/

Lemberg, Margret (2000). Schließung oder Verlegung – Die Kölner Universität im Wintersemester 1944/45. In *Geschichte im Westen, Jg. 15*, S. 31–48. Köln: Rheinland-Verlag. Onlinezugriff am 14.12.2016 unter http://www.brauweiler-kreis.de/wp-content/uploads/GiW/GiW2000_1/GiW_2000_1_LEMBERG_UNIVERSITAET.pdf

Liehr, Reinhard (1992). Geschichte Lateinamerikas in Berlin. In R. Hansen & W.R. Ribbe (Hrsg.), *Geschichtswissenschaft in Berlin im 19. und 20. Jahrhundert*, S. 633–656. Berlin: DeGruyter [Schriftenreihe der Historischen Kommission zu Berlin, erscheint mit Unterstützung der Senatsverwaltung für Wissenschaft und Forschung].

Lück, Helmut E., Grünwald, H, Geuter, U., Miller, R. & Rechtien, W. (1987). *Sozialgeschichte der Psychologie. Eine Einführung.* Opladen: Leske & Budrich.

Lück, Helmut E. & Miller, Rudolf (Hrsg.) (1999), *Illustrierte Geschichte der Psychologie* (2. korrigierte Aufl.). Weinheim: Beltz.

Lück. Helmut E. (1996). *Geschichte der Psychologie. Strömungen, Schulen, Entwicklungen.* Stuttgart, Berlin, Köln: Kohlhammer.

Lück, Helmut E. (2002). *Geschichte der Psychologie* (2. Aufl.). Stuttgart: Kohlhammer.

Lück, Helmut E. (2004). *Kalendarium der Psychologiegeschichte 1904–2004.* Onlinezugriff am 22.02.2016 unter http://vs.fernuni-hagen.de/dgps/

Lück, Helmut E. (2006). Entwicklungslinien der Sozialpsychologie. In Chirly dos Santos-Stubbe & C. Klöpfer (Hrsg.), *Psychologie aus historischer und transkultureller Perspektive. Eine Festschrift zu Ehren von Prof. Dr. Hannes Stubbe*, S. 71–84. Aachen: Shaker.

Lück, Helmut E. (2015). Erich Jaensch. In U. Wolfradt, E. Billmann-Mahecha & Armin Stock (Hrsg.), *Deutschsprachige Psychologinnen und Psychologen 1933–1945*, S. 213–212.Wiesbaden: Springer.

Lück, Helmut E. (2016a). Boring, Edwin Garrigues. In M. A. Wirtz (Hrsg.), *Dorsch – Lexikon der Psychologie.* Bern: Hans Huber, Hochgrefe. Onlinezugriff am 08.05.2016 unter https://portal.hogrefe.com/dorsch/boring-edwin-garrigues/

Lück, Helmut E. (2016b). Husserl, Edmund. In M. A. Wirtz (Hrsg.), Dorsch – Lexikon der Psychologie. Onlinezugriff am 06.12.2016 unter https://portal.hogrefe.com/dorsch/husserl-edmund/

Luck, Werner (2001). Erich Schumann und die Studentenkompanie des Heereswaffenamtes – Ein Zeitzeugenbericht. *Dresdener Beiträge zur Geschichte der Technikwissenschaften, Bd. 27*, S. 27–45. Onlinezugriff am 14.01.2016 unter http://www.qucosa.de/recherche/frontdoor/?tx_slubopus4frontend[id]=14026

Lüdmann, Mike (2015). Bolley, Alphons. In U. Wolfradt, E. Billmann-Mahecha & Armin Stock (Hrsg.), *Deutschsprachige Psychologinnen und Psychologen 1933–1945*, S. 44–45. Wiesbaden: Springer.

Lüer, G. (1991). Psychologie im Spiegel ihrer wissenschaftlichen Gesellschaft: Historische Fakten, Entwicklungen und ihre Konsequenzen. In D. Frey (Hrsg.), *Bericht über den 37. Kongreß der Deutschen Gesellschaft für Psychologie in Kiel 1990, Bd. 2, S.* 30–43. Göttingen: Hogrefe.

Lüer, G. (o. J.). Georg Elias Müller. [Homepage des Georg-Elias-Müller-Instituts für Psychologie an der Georg-August-Universität Göttingen] Onlinezugriff am 20.06.2015 unter https://www.psych.uni-goettingen.de/de/institute/history/mueller/index

Lukasczyk, Kurt (2001). Die Gründung des Psychologischen Instituts der Ludwig-Maximilians-Universität München. [Vortrag am 5. Dezember 2001 auf dem Gedenksymposium der Fakultät für Psychologie und Pädagogik der Ludwig-Maximilians-Universität München anlässlich des 150. Geburtstages von Theodor Lipps] Onlinezugriff am 24.06.2015 unter vs.fernuni-hagen.de/dgps/Jahresinfo/1914Psychinst_Muenchen.pdf

Lutz, Heinrich (1963). *Demokratie im Zwielicht. Der Weg der deutschen Katholiken aus dem Kaiserreich in die Republik 1914–1925.* München: Kösel.

Mader, Wilhelm (1980). *Max Scheler in Selbstzeugnissen und Bilddokumenten.* Hamburg: Rowohlt Taschenbuch.

Mahrdt, Helgard (1998). *Öffentlichkeit, Gender und Moral – Von der Aufklärung zu Ingeborg Bachmann.*[Palestra – Untersuchungen aus der deutschen und skandinavischen Philologie, Bd. 304] Göttingen: Vandenhoeck & Ruprecht.

Margraf, Jürgen (2015). Zur Lage der Psychologie. *Psychologische Rundschau, Bd. 66,* S. 1–30. Göttingen: Hogrefe.

Mausfeld, Rainer (2000). Von der Experimentierstube zur Massenforschung: Experiment und Erkenntnisfortschritt in der Psychologie. *Christiana Albertina,* Bd. *50,* S. 21–36. Kiel: Wacholtz.

Meincke, Jens Peter (1998). Vorwort. In E. Meuthen, *Kleine Kölner Universitätsgeschichte.* Onlinezugriff am 01.03.2015 unter http://www.portal.uni-koeln.de/universitaetsgeschichte

Metzger, Wolfgang (1974). Jaensch, Erich. In *Neue Deutsche Biographie, Bd. 10,* S. 287 f. [Online-Version]; Onlinezugriff am 19.01.2017 unter https://www.deutsche-biographie.de/gnd118711415.html#ndbcontent

Meuthen, Erich (1998). *Kleine Kölner Universitätsgeschichte.* Onlinezugriff am 01.03.2015 unter http://www.portal.uni-koeln.de/universitaetsgeschichte

Miller, Thomas (o. J.). Über Hans Driesch. [Privates Düsseldorfer Institut für Kunst und Wissenschaft e. V.]. Onlinezugriff am 27.02.2015 unter http://dikuw.org/ueber-hans-driesch

Miller, Thomas (1991). *Konstruktion und Begründung. Zur Struktur und Relevanz der Philosophie Hans Drieschs* [Dissertation Universität Münster]. Hildesheim: Georg Olms.

Misiak, Henryk & Staudt, Virginia M. (1954). *Catholics in Psychology. A Historical Survey.* New York: McGraw-Hill.

Morgenroth, Olaf (2015). Giese, Fritz. In U. Wolfradt, E. Billmann-Mahecha & Armin Stock (Hrsg.). *Deutschsprachige Psychologinnen und Psychologen 1933–1945,* S. 135–136. Wiesbaden: Springer.

Morsey, Rudolf (2010). Spahn, Johann Martin Adolf. In *Neue Deutsche Biographie, Bd. 24,* S. 613–614. Onlinezugriff am 02.10.2016 unter http://www.deutsche-biographie.de/pnd118615874.html

Musahl, Hans-Peter (2000). Experimentelle Psychologie. In G. Wenninger (Hrsg.), *Lexikon der Psychologie.* Berlin: Spektrum, Akademischer Verlag. Onlinezugriff am 07.05.2016 unter http://www.spektrum.de/lexikon/psychologie/experimentelle-psychologie/4555

Neebe, Reinhard (1981). *Großindustrie, Staat und NSDAP 1930–1933. Paul Silverberg und der Reichsverband der Deutschen Industrie in der Krise der*

Weimarer Republik. Göttingen: Vandenhoeck & Ruprecht [Kritische Studien zur Geschichtswissenschaft, Bd. 45] Onlinezugriff am 09.10.2014 auf PDF-Version des Buches unter http://neebe-grossindustrie.digam.net

Oepen, Joachim (2006). Maria Hilf. Seelsorge für die Elsaßstraße. In Oepen, J. & Schaffer, W. (Hrsg.) (2006). *Kirche Kanzel Kloster. Pfarrgründen, Kirchenbau und Seelsorge in der Kölner Neustadt 1880–1920*. Köln: Greven.

Oost, Katharina (2004). William Stern und Edith Stein. In Internationales Edith Stein Institut Würzburg (Hrsg.), *Edith Stein Jahrbuch, Bd. 10*, S. 203–227. Würzburg: Echter Verlag.

Pabst, Klaus (1976). Konrad Adenauers Personalpolitik und Führungsstil. In *Konrad Adenauer Oberbürgermeister von Köln* [Festgabe der Stadt Köln zum 100. Geburtstag ihres Ehrenbürgers am 5. Januar 1976], S. 249–294. Köln: Greven & Bechtold.

Pabst, Klaus (1988). Der Kölner Universitätsgedanke zwischen Französischer Revolution und preußischer Reaktion (1794–1818). In Senatskomm. für d. Geschichte d. Univ. zu Köln (Hrsg.), *Kölner Universitätsgeschichte – Das 19. und 20. Jahrhundert, Bd. 2*, S. 1–100. Köln, Wien: Böhlau.

Pape, Walter (Hrsg.) (2011). *Zehn Jahre Universitätspartnerschaft – Univerzita Karlova v Praze – Universität zu Köln, Kolloquium zur Universitäts- und Fachgeschichte*. Köln: Elektronische Schriftenreihe der Universitäts- und Stadtbibliothek Köln, Bd. 3.

Patzig, Günther (1984). *Edmund Husserl – Logische Untersuchungen*. Onlinezugriff am 05.01.2016 unter http://pdf.zeit.de/1984/15/logische-untersuchung.pdf

Paulitsch, Christian (2005). *Psychologische Apparate – aus der Sammlung des Institutes für Geschichte der Psychologie Universität Passau*. Passau: Universitätsverlag.

Petri, Stefan J. (2004). *Eignungsprüfung, Charakteranalyse, Soldatentum. Veränderung der Wissenschafts- und Methodenauffassung in der Militärpsychologie des Deutschen Reiches, Großbritanniens und der USA 1914 bis 1945*. Dortmund: Zeitdruck.

Plessner, Helmuth (1975). Erinnerungen an Max Scheler. In P. Good (Hrsg.), *Max Scheler im Gegenwartsgeschehen der Philosophie*, S. 19–28. Bern: Francke.

Pongratz, Ludwig J. (1984). *Problemgeschichte der Psychologie* (2. Aufl.). Bern: A. Francke.

Pustejovsky, Otfrid (2009). *Christlicher Widerstand gegen die NS-Herrschaft in den Böhmischen Ländern*. Berlin: LIT Verlag Dr. W. Hopf.

Quarg, Gunter & van Eyll, Klara (1999). Gustav von Mevissen (1815–1899) und seine Bibliothek. *Schriften der Universitäts- Stadtbibliothek Köln* [Katalog der Ausstellung in der Universitäts- und Stadtbibliothek Köln von Gunter Quarg mit einer biographischen Einleitung von Klara van Eyll]. Köln: Universitäts- und Stadtbibliothek.

Rapp, Inga (2005, 14.12.). Nazi-Unrecht an Unis „Es ist wichtig, die Namen zu nennen". *Spiegel-Online.* Onlinezugriff am 01.09.2015 unter http://www.spiegel.de/lebenundlernen/uni/nazi-unrecht-an-unis-es-ist-wichtig-die-namen-zu-nennen-a-390177.html

Rapp, Inga (2007). *Offiziersauswahlverfahren als historischer Beitrag zur Professionalisierung der Psychologie.* Unveröffentlichte Diplomarbeit, Universität zu Köln.

Renthe-Fink, Leonhard von (1985). Von der Heerespsychotechnik zur Wehrmachtpsychologie. In: Fritscher (Hrsg.) (1990). *Dokumente zur Deutschen Wehrpsychologie 1914–1945.* München: Verlag für Wehrwissenschaft wVw GmbH.

Retter, Hein (2015). *Anmerkungen zum Erziehungswissenschaftler Friedrich Schneider (1881–1974). Vorläufiger Bericht.* Onlinezugriff am 15.01.2015 unter https://www.tu-braunschweig.de/allg-paed/personal/ehemalige/hretter

Ringshausen, Gerhard (2008). *Hans-Alexander von Voß – Generalstabsoffizier im Widerstand 1907–1944.* Berlin: Lukas-Verlag.

Röckelein, Hedwig (2016). Studentinnen im Mittelalter? – Diskontinuitäten europäischer Universitäten. In A. Speer & A. Berger (Hrsg.), *Wissenschaft mit Zukunft. Die ‚alte' Kölner Universität im Kontext der europäischen Universitätsgeschichte,* S. 116–171. Köln: Böhlau.

Rektorenportraits. Josef Kroll. Onlinezugriff am 14.07.2015 unter http://rektorenportraits.uni-koeln.de/rektoren/josef_kroll/

Rektorenportraits. Otto Kuhn. Onlinezugriff am 11.12.2015 unter http://rektorenportraits.uni-koeln.de/rektoren/otto_kuhn/

Rektorenportraits. Artur Schneider. Onlinezugriff am 07.07.2015 unter http://rektorenportraits.uni-koeln.de/rektoren/artur_schneider/

Rektorenporträts. Fritz Stier-Somlo. Onlinezugriff am 13.09.2016 unter http://rektorenportraits.uni-koeln.de/rektoren/fritz_stier_somlo/

Remplein, Heinz (1975). *Psychologie der Persönlichkeit* (7. Aufl.). München: Ernst Reinhardt.

Renner, Karl-Heinz (2015). Stern, William. In U. Wolfradt, E. Billmann-Mahecha & Armin Stock (Hrsg.), *Deutschsprachige Psychologinnen und Psychologen 1933–1945,* S. 432–433. Wiesbaden: Springer.

Ritter, Hermann (1995). *Kontrafaktische Geschichte.* [Magisterarbeit, TH Darmstadt]. Onlinezugriff am 06.01.2017 unter http://www.homomagi.de/Magisterarbeit_Hermann_Ritter_Kontrafaktische_Geschichte.pdf

Rittner, Matthias (2012). *Theorien und Konzepte nationaler Erziehung von der Deutschen Romantik bis zum Nationalsozialismus* [Dissertation Philosophische Fakultät Erlangen-Nürnberg]. Onlinezugriff am 30.07.2015 unter https://opus4.kobv.de/opus4-fau/files/3314/MatthiasRittnerDissertation.pdf

Rösgen, Petra (1999). *Die Psychotechnik in Deutschland – Eine psychologiegeschichtliche Darstellung* [Bachelorarbeit]. Onlinezugriff am 09.01.2017 unter http://docplayer.org/14554157-Die-psychotechnik-in-deutschland-eine-psychologiegeschichtliche-darstellung.html

Roeseling, Severin (2003). *Das braune Köln. Die Innenstadt in der NS-Zeit* (2. Aufl.). Köln: Emons.

Roth, Eugen (2015). *Ernst und heiter,* (6. Aufl.). München: Deutscher Taschenbuchverlag.

Rosenbaum, Wilhelm (2003). *Jenny Gusyk. Jüdin, Türkin, Solingerin. Die Biografie der ersten Studentin an der Universität zu Köln.* Solingen: Stadtarchiv Solingen. Onlinezugriff am 18.02.2016 unter http://www2.solingen.de/C12573970063EF58/html/ADDB0E1EFE8A4F4CC12577DE003AABC9?opendocument

Rosenstiel, Lutz (1992). *Grundlagen der Organisationspsychologie.* Stuttgart: Schäffer-Poeschel.

Rudinger, G. & Stöwer, R. (2015). Adolf Dyroff. In U. Wolfradt, E. Billmann-Mahecha & Armin Stock (Hrsg.), *Deutschsprachige Psychologinnen und Psychologen 1933–1945,* S. 94–95. Wiesbaden: Springer.

Salber, Wilhelm (1993). *Seelenrevolution.* Bonn: Bouvier.

Salcher, Ernst F. (1995). *Psychologische Marktforschung* (2. Aufl.). Berlin: Walter de Gruyter.

Sarris, Victor (1999). Gestaltpsychologie in Frankfurt. In H. Lück & R. Miller (Hrsg.), *Illustrierte Geschichte der Psychologie.* Weinheim, Basel: Beltz.

Schäffer, Fritz (2015). Nationalsozialistischer Lehrerbund (NSLB), 19291943. *Historisches Lexikon Bayerns.* Onlinezugriff am 15.01.2016 unter www.historischeslexikonbayerns.de/Lexikon/ Nationalsozialistischer Lehrerbund (NSLB), 1929–1943.

Schaser, Angelika (1988). Die „undankbaren" Studentinnen. Studierende Frauen in der Weimarer Republik. In G. Schulz (Hrsg.), *Frauen auf dem Weg zur Elite* (Büdinger Forschungen zur Sozialgeschichte). München: Oldenbourg.

Schlemmer, Martin (2007) *„Los von Berlin". Die Rheinstaatsbestrebungen nach dem Ersten Weltkrieg* (Dissertation Universität Bonn). Köln: Böhlau.

Schmidt, Wilfred (1999). William Stern. In H. Lück & R. Miller (Hrsg.), *Illustrierte Geschichte der Psychologie.* Weinheim, Basel: Beltz.

Schmiechen-Ackermann, Detlef (2000). Der „Blockwart". *Vierteljahrshefte für Zeitgeschichte Bd. 48,* S. 575–602. [Habilitationsvortrag vor der Fakultät für Geistes- und Sozialwissenschaften der Universität Hannover] München: Oldenbourg.

Schmitz-Berning, Cornelia (1998). *Vokabular des Nationalsozialismus.* Berlin: Walter de Gruyter.

Schneider, Wolfgang (2003). *Frauen unterm Hakenkreuz.* Hamburg: Knaur.

Schönbach, Ralf (1994). *Die Entnazifizierung in Remscheid* [Magisterarbeit – Philosophische Fakultät Köln]. Onlinezugriff am 30.05.2016 unter http://www.ralf-schoenbach.de/ma/mag.pdf

Schönpflug, Wolfgang (2016). *Psychologie – historisch betrachtet. Eine Einführung.* Wiesbaden: Springer.

Schramma, Fritz (2007). Rede von Oberbürgermeister Fritz Schramma anlässlich der Auftaktveranstaltung zum Kölner Jahr der Geschichte am 12. Mai 2007 in der Piazzetta des historischen Rathauses. Onlinezugriff am 27.08.2015 unter http://www.stadt-koeln.de/mediaasset/content/pdf-ob/reden/2007/05/12-jahr-der-geschichte.pdf

Schwarzhaupt, Elisabeth (1984). Frauenarbeit im Krieg. In N. Westenrieder (1984), *Deutsche Frauen und Mädchen, vom Alltagsleben 1933–1945.* Düsseldorf: Droste.

Signon, Helmut (1982). *Alle Straßen führen durch Köln.* Köln: Greven.

Spada, Hans (1990). *Allgemeine Psychologie.* Bern: Hans Huber.

Speer, Andreas & Berger, Andreas (2016). Einleitung. In A. Speer & A. Berger, *Wissenschaft mit Zukunft. Die ‚alte' Kölner Universität im Kontext der europäischen Universitätsgeschichte*, S. 9–16. Köln: Böhlau.

Sprung, Helga & Sprung, Lothar (1996). Frauen in der Geschichte der Psychologie – Integrationsformen in die Psychologie und Vortragsaktivitäten auf den deutschen Psychologiekongressen 1904–1978. In H. Gundlach (Hrsg.), *Untersuchungen zur Geschichte der Psychologie und der Psychotechnik. Passauer Schriften zur Psychologiegeschichte, Bd. 11.* München: Profil.

Sprung, Helga & Sprung, Lothar (2010). *Eine kurze Geschichte der Psychologie und ihrer Methoden.* München, Wien: Profil.

Stapf, Kurt-Hermann (2015). Pfahler, Gerhard. In U. Wolfradt, E. Billmann-Mahecha & Armin Stock (Hrsg.), *Deutschsprachige Psychologinnen und Psychologen 1933–1945*, S. 353–354. Wiesbaden: Springer.

Stein, Edith (1965). Aus dem Leben einer jüdischen Familie. Das Leben Edith Steins: Kindheit und Jugend. L. Gelber & R. Leuwen (Hrsg.), *Edith Steins Werke, Bd. VII.* Freiburg: Herder.

Stephan, Egon & Villmow, Bernhard (1983). *Jugendkriminalität in einer Gemeinde. Eine Analyse erfragter Delinquenz und Viktimisierung sowie amtlicher Registrierung.* Freiburg: Eigensverlag, Max-Planck-Institut für ausländisches und internationales Strafrecht.

Stock, Armin (2015a). Erismann, Theodor. In U. Wolfradt, E. Billmann-Mahecha & A. Stock (Hrsg.), *Deutschsprachige Psychologinnen und Psychologen 1933–1945*, S. 108–110. Wiesbaden: Springer.

Stock, Armin (2015b). Peters, Wilhelm. In U. Wolfradt, E. Billmann-Mahecha & A. Stock (Hrsg.), *Deutschsprachige Psychologinnen und Psychologen 1933–1945*, S. 350–352. Wiesbaden: Springer.

Stock, Armin (2015c). Poppelreuter, Walther. In U. Wolfradt, E. Billmann-Mahecha & A. Stock (Hrsg.), *Deutschsprachige Psychologinnen und Psychologen 1933–1945*, S. 360–361. Wiesbaden: Springer.

Stock, Armin (2015d). Hellpach, Willy. In U. Wolfradt, E. Billmann-Mahecha & A. Stock (Hrsg.), *Deutschsprachige Psychologinnen und Psychologen 1933–1945*, S. 171–172. Wiesbaden: Springer.

Stubbe, Hannes (1987). *Geschichte der Psychologie in Brasilien. Von den indianischen und afrobrasilianischen Kulturen bis in die Gegenwart* [Beiträge zur Kulturanthropologie]. Berlin: Dietrich Reimer.

Stubbe, Hannes (2001). *Kultur und Psychologie in Brasilien – Eine ethnopsychologische und wissenschaftshistorische Studie*. Bonn: Holos.

Stubbe, Hannes (2012a). *Albertus Magnus – Der erste Kölner und mitteleuropäische Psychologe*. Aachen: Shaker.

Stubbe, Hannes (2012b). *Lexikon der Psychologischen Anthropologie – Ethnopsychologie, Transkulturelle und Interkulturelle Psychologie*. Gießen: Psychosozial-Verlag.

Stubbe, Hannes (2015). Zur Massenpsychologie Adolf Hitlers. Unveröffentlichter Aufsatz, verfasst im Rahmen des Seminars „Psychologie im Dritten Reich" an der Universität zu Köln (Sommersemester 2015).

Stübig, Heinz (2007). Schneider, Friedrich Karl Wilhelm. In *Neue Deutsche Biographie, Bd. 23*, S. 291–292. Onlinezugriff am 18.8.2016 unter www.deutsche-biographie.de/ppn119408171.html

Szöllösi-Janze, Margit & Freitäger, Andreas (2005). *„Doktorgrad entzogen!" – Aberkennung akademischer Titel an der Universität Köln 1933 bis 1945*. Nümbrecht: Kirsch-Verlag.

Szylkarski, Wladimir (1959). Dyroff, Adolf. In *Neue Deutsche Biographie, Bd. 4*, S. 212–13. Onlinezugriff am 12.11.2014 unter http://www.deutsche-biographie.de/pnd118528432.html

Teichmann, Gabriele (2005). Schaaffhausen, Johann Abraham Anton. In *Neue Deutsche Biographie, Bd. 22*, S. 485–486. Onlinezugriff am 13.08.2015 unter http://www.deutsche-biographie.de/ppn117089303.html

Teichmann, Gabriele (2013). Robert Pferdmenges. Portal Rheinische Geschichte. Onlinezugriff am 06.07.2015 unter http://www.rheinische-geschichte.lvr.de/persoenlichkeiten/P/Seiten/RobertPferdmenges.aspx

Thomae, Hans (1977). *Psychologie in der modernen Gesellschaft*. Hamburg: Hoffmann & Campe.

Tilitzki, Christian (2002). *Die deutsche Universitätsphilosophie in der Weimarer Republik und im Dritten Reich.* Berlin: Akademie Verlag.

Trapp, Joachim (1994). *Kölner Schulen in der NS-Zeit.* Köln: Böhlau.

Traxel, Werner (1985). *Geschichte für die Gegenwart. Vorträge und Aufsätze zur Psychologiegeschichte.* Passau: Passavia Universitätsverlag.

Traxel, Werner (1987). Vorwort. In H. Stubbe, *Geschichte der Psychologie in Brasilien. Von den indianischen und afrobrasilianischen Kulturen bis in die Gegenwart* [Beiträge zur Kulturanthropologie]. Berlin: Dietrich Reimer.

Tiemann, Dieter (1989). *Deutsch-französische Jugendbeziehungen der Zwischenkriegszeit.* [Pariser historische Studien, Bd. 28; Zugl. Dortmund, Univ., Habilitationsschrift]. Bonn: Bouvier.

Ühlein, Herbert Oswald (1986). *Johannes Lindworsky – Ein Jesuit als Experimentalpsychologe* [Dissertation Philosophische Fakultät Universität Passau]. Passau: Selbstverlag.

Ühlein, Herbert O., Hoskovec, Jirí & Brožek, Josef (1994). Deutschsprachige Psychologie in Prag. In H. Gundlach (Hrsg.), *Arbeiten zur Psychologiegeschichte,* S. 113–122. Göttingen: Hogrefe.

Universität Bonn, (o. J.). Geschichte und Gegenwart. In *Institut für Psychologie.* Onlinezugriff am 12.12.2014 unter http://www.psychologie.uni-bonn.de/unser-institut/geschichte

Van Eyll, Klara (1994). Mevissen, Gustav von. In *Neue deutsche Biographie, Bd. 17,* S. 277–281. Berlin: Duncker & Humboldt. Onlinezugriff am 14.11.2015 unter http://www.deutsche-biographie.de/ppn118783580.html

Von Weizsäcker, Richard (2010). *Vier Zeiten.* München: Pantheon.

Wagner, Andrea (2008). *Die Entwicklung des Lebensstandards in Deutschland zwischen 1920 und 1960.* [Dissertation Fakultät für Volkswirtschaftslehre an der Ludwig-Maximilians-Universität München]. Berlin: Akademie-Verlag.

Weidermann, Volker (2009). *Das Buch der verbrannten Bücher.* München: Random House GmbH.

Weiershausen, Romana (2004). *Wissenschaft und Weiblichkeit.* Göttingen: Wallstein.

Weinert, Ansfried B. (1998). *Organisationspsychologie* (4. Aufl.). Weinheim: PVU

Wenninger, Gerd (2000). Nazi-Psychologie. In *Lexikon der Psychologie.* Onlinezugriff am 04.02.2016 unter http://www.spektrum.de/lexikon/psychologie/nazi-psychologie/10364

Wenzl, Aloys (1953). Becher, Erich. In *Neue Deutsche Biographie, Bd. 1,* S. 688–689. Onlinezugriff am 03.06.2015 unter http://www.deutsche-biographie.de/pnd116099453.html

Wessel, Werner (2008). *Johannes Duns Scotus (1265–1308).* Eine Ausstellung der Diözesan- und Dombibliothek Köln anlässlich der 700. Wiederkehr seines Todestages (8. November 1308). Köln: Erzbischöfliche Diözesan- und Dombibliothek.

Westenrieder, Norbert (1984). *Deutsche Frauen und Mädchen, vom Alltagsleben 1933–1945.* Düsseldorf: Droste.

Wietzorek, Paul (2006). *Das historische Köln.* Petersberg: Imhof.

Willwoll, Alexander (1940). Johannes Lindworsky 1875–1939. *Schweizer Schule, Bd. 27,* H. 23. Onlinezugriff am 19.10.2016 unter www.e-periodica.ch/cntmng?var = true&pid = scs-003:1940:27::2001

Winter, M. (2011). *Die „Klagemauer" in Köln – alter Hass in neuen Kleidern.* Verlag: lulu.com.

Wittka, Marina (1995). Geschichte des Frauenstudiums. In Frauenbeauftragte der Universität zu Köln (Hrsg.), *Genia – Nur für Frauen,* S. 13–96. Köln: M&T.

Wolfradt, Uwe (2015a). Hillebrand, Max. In U. Wolfradt, E. Billmann-Mahecha & Armin Stock (Hrsg.), *Deutschsprachige Psychologinnen und Psychologen 1933–1945,* S. 181–182. Wiesbaden: Springer

Wolfradt, Uwe (2015b). Luchtenberg, Paul. In U. Wolfradt, E. Billmann-Mahecha & Armin Stock (Hrsg.), *Deutschsprachige Psychologinnen und Psychologen 1933–1945,* S. 291–292. Wiesbaden: Springer

Wolfradt, Uwe (2015c). Scola, Franz. In U. Wolfradt, E. Billmann-Mahecha & Armin Stock (Hrsg.), *Deutschsprachige Psychologinnen und Psychologen 1933–1945,* S. 412–413. Wiesbaden: Springer.

Wolfradt, Uwe (2015d). Oesterreich, Traugott Konstantin. In U. Wolfradt, E. Billmann-Mahecha & Armin Stock (Hrsg.), *Deutschsprachige Psychologinnen und Psychologen 1933–1945,* S. 341–342. Wiesbaden: Springer.

Wolfradt, Uwe (2015e). Hippius, Rudolf. In U. Wolfradt, E. Billmann-Mahecha & Armin Stock (Hrsg.), *Deutschsprachige Psychologinnen und Psychologen 1933–1945,* S. 186–187. Wiesbaden: Springer.

Wontorra, Maximilian & Schröger, Erich (2005). Reaktionsversuche an Wundts Leipziger Institut. In K. U. Ettrich (Hrsg.), *125 Jahre Psychologie an der Universität Leipzig,* S. 21–34. Leipzig: Leipziger Universitätsverlag.

Wontorra, Maximilian H. (2009). *Frühe apparative Psychologie.* Tönning: Der Andere Verlag.

Wrede, Adam (1993). *Neuer Kölnischer Wortschatz* (1. Aufl. 1958, 11. Aufl. 1993). Köln: Greven.

Zander, Gunther Herbert (2004). *Gründung der Handelshochschulen im deutschen Kaiserreich (1898–1919); Inauguraldissertation* zur Erlangung des Doktorgrades der Wirtschafts- und Sozialwissenschaftlichen Fakultät der Universität zu

Köln. Onlinezugriff am 02.11.2014 unter http://kups.ub.uni-koeln.de/1573/1/Dissertation_Gunther_Zander_26.11.2004.pdf

Ziegenfuß, Werner (1949). *Philosophen-Lexikon. Handwörterbuch der Philosophie nach Personen.* [Bd. 1, Buchst. A–K]. Berlin: Walter de Gruyter.

Ziegenfuß, Werner (1950). *Philosophen-Lexikon. Handwörterbuch der Philosophie nach Personen.* [Bd. 2, Buchst. L–Z]. Berlin: Walter de Gruyter.

Zimmermann, Volker (1997). Müller, Georg Elias. In *Neue Deutsche Biographie, Bd. 18,* S. 393–394. Onlinezugriff am 20.06.2015 unter http://www.deutsche-biographie.de/ppn10128568X.html

Online-Quellen ohne konkrete Autorenangabe

Assoziationspsychologie (2016). In M. A. Wirtz (Hrsg.), Dorsch – Lexikon der Psychologie. https://portal.hogrefe.com/dorsch/assoziationspsychologie/ (Onlinezugriff am 08.11.2016)

Bundesarchiv. https://www.bundesarchiv.de/oeffentlichkeitsarbeit/bilder_dokumente/00757/index-5.html.de (Onlinezugriff am 08.01.2017)

Fernuniversität Hagen, Psychologiegeschichtliches Forschungsarchiv. http://www.fernuni-hagen.de/psychologie/psychologisches_institut/research/archivepsy/psychologische-apparate/ (Onlinezugriff am 09.10.2016)

Gedenkstätte Deutscher Widerstand. http://www.gdw-berlin.de/vertiefung/biografien/personenverzeichnis/biografie/view-bio/hans-alexander-von-voss/ (Onlinezugriff am 13.12.2016)

Humboldt-Universität Berlin. https://www.hu-berlin.de/de/ueberblick/geschichte/wissenschaftlerinnen/zahn_harnack (Onlinezugriff am 03.10.2016)

Kölner Verkehrs-Betriebe, historischer Überblick. http://www.kvb-koeln.de/german/unternehmen/geschichte/bis1980.html (Onlinezugriff am 05.12.2016)

Max-Planck-Gesellschaft, Tagungsstätte Harnack-Haus. http://www.harnackhaus-berlin.mpg.de/4171683/Otmar_Freiherr_von_Verschuer (Onlinezugriff am 01.01.2017)

Max Planck-Institute for History of Science Berlin, The Virtual Laboratory. http://vlp.mpiwg-berlin.mpg.de/library/tradecatalogues.html (Onlinezugriff am 06.11.2016)

Max-Planck-Institut für Wissenschaftsgeschichte Berlin http://vlp.mpiwg-berlin.mpg.de/references?id=lit23709 (Onlinezugriff am 09.09.2016)

Österreichisches Biographisches Lexikon und biographische Dokumentation, S. 423; http://www.biographien.ac.at/oebl/oebl_H/Hornbostel_Erich_1877_1935.xml (Onlinezugriff am 01.11.2016)

Rheinische Friedrich-Wilhelms-Universität Bonn. https://www.uni-bonn.de/die-universitaet/informationsquellen/presseinformationen/2003/356 (Onlinezugriff am 27.10.2016)

Rheinische Friedrich-Wilhelms-Universität Bonn, Institut für Psychologie. http://www.psychologie.uni-bonn.de/unser-institut/geschichte (Onlinezugriff am 28.01.2015)

Stadt Sankt Augustin. http://www.sankt-augustin.de/imperia/md/content/cms123/kultur_sport_freizeit/kue2007_auflage1endfassung.pdf (Onlinezugriff am 06.06.2016)

Stadt Eisenach. http://www.eisenach.de/Fresdorf.2502.98.html (Onlinezugriff 14.01.2017)

UEFA. http://de.uefa.com/worldcup/news/newsid=2023920.html (Onlinezugriff am 31.12.2016)

Universitäts- und Stadtbibliothek Köln http://www.ub.uni-koeln.de/bibliothek/profil/index_ger.html (Onlinezugriff am 13.03.2016)

Universität zu Köln, Kölner Universitätsarchiv http://www.uniarchiv.uni-koeln.de/6428.html?&L=0 (Onlinezugriff am 01.11.2016)

Abbildungsverzeichnis

Anhang 1: Zeittafel zur Orientierung

384–322 v. Chr.	**Aristoteles**
ca. 1200–1280	**Albertus Magnus** († in Köln) lehrte am Generalstudium der Dominikaner in Köln
1248	Grundsteinlegung des (gotischen) Kölner Doms
1258	Albertus Magnus verfasst „Liber de natura et origine animae" (‚Buch' über die Natur und den Ursprung der Seele). Es ist die erste Kölner psychologische Schrift.
1248–1252	**Thomas von Aquin** (1224–1274) als Schüler von Albertus Magnus in Köln
1288	**Schlacht von Worringen** (heute nördlicher Stadtteil von Köln); die Bürger Kölns erkämpfen sich ihre Unabhängigkeit vom Erzbischof von Köln.
1306–1307	**Johannes Duns Scotus** (1266–1308, gestorben in Köln) lehrt am Generalstudium der Franziskaner in Köln.
1378–1417	Das große abendländische Schisma (Urban VI – Gegenpapst Clemens VII)
1388	**Gründung** der Universität zu Köln durch die Stadt Köln, entsprechend der Billigung durch Papst Urban VI
1534	**Gründung des Jesuitenordens** durch Ignatius von Loyola
1798	**Schließung** der Kölner Universität durch die Franzosen
1810	Eröffnung der Universität Berlin (nach der Universitätskonzeption von Wilhelm von Humboldt)
1815	Das Rheinland (einschließlich Köln) wird nach dem **Wiener Kongress** Preußen zugeteilt.
1818	Gründung der Rheinischen Friedrich-Wilhelms-**Universität in Bonn**
1824 (21.08.)	**Psychologie** wird in Preußen universitäres **Prüfungsfach** für das Lehramt an Gymnasien.
1872	Verabschiedung des **Jesuitengesetzes** (Zeit des Kulturkampfes)
1879	**Gustav von Mevissen** – Denkschrift anlässlich seiner Schenkung für die Errichtung einer Handelsakademie in Köln
1879	**Wilhelm Wundt** gründet das „Institut für experimentelle Psychologie"

1894–1909	„**Würzburger Schule**" unter Oswald Külpe
1899	Tod von Gustav von **Mevissen,** zwei Jahre vor Eröffnung der Handelshochschule
1901	Eröffnung der **Handelshochschule** in Köln (mit Hilfe des Stiftungsvermögens von Gustav von Mevissen)
1901/02	Benno Erdmann (Universität Bonn) hält die erste Psychologievorlesung an der Handelshochschule Köln.
1904	Eröffnung der „Akademie für praktische Medizin" in Köln
1904 (01.04.)	**Saitschick** erhält planmäßiges Ordinariat für Philosophie an der Handelshochschule.
1904	Gründung der „Gesellschaft für experimentelle Psychologie" in Gießen durch Georg Elias Müller (1. Kongress)
1906	Gründung der Vereinigung für rechts- und staatswissenschaftliche Fortbildung in Köln
1908	Benno **Erdmann** veröffentlicht „*Wissenschaftliche Hypothesen über Leib und Seele: Vorträge gehalten an der Handelshochschule zu Köln*".
1912	Eröffnung der **Verwaltungshochschule** („Hochschule für kommunale und soziale Verwaltung")
1913	107 Professoren unterschreiben die „***Erklärung*** *gegen die Besetzung philosophischer Lehrstühle mit Vertretern der experimentellen Psychologie*".
1913	**Wilhelm Wundt** interveniert in dem Konflikt mit der Schrift „*Die Psychologie im Kampf ums Dasein*".
1914–1918	Erster Weltkrieg
1917	**Konrad Adenauer** wird Oberbürgermeister von Köln
1917	endgültige Abschaffung des Jesuitengesetzes
1918	Gründung des Forschungsinstitutes für Sozialwissenschaften in Köln (Max Scheler wird Mitdirektor)
1919	Johannes Lindworsky: *Der Wille, seine Erscheinung und seine Beherrschung nach den Ergebnissen der experimentellen Forschung*. [Universität zu Köln – Habil.-Schr.]
1919 (29.05.)	Unterzeichnung des Vertrages zwischen der preußischen Staatsregierung und der Stadt Köln über die **Wiedergründung der Universität**. Seit dem 29.05.1919 gilt die Universität als wiedereröffnet.
1919 (12.06.)	**Festakt** zur Wiedereröffnung der Universität zu Köln und gleichzeitige Inkraftsetzung der universitären Satzung
1919 (12.06.)	**Max Scheler** erhält persönliches Ordinariat am Forschungsinstitut für Sozialwissenschaften

1919 (28.06.)	Unterzeichnung des **Versailler Vertrages**
1920	**Habilitation von Frauen** wird in Preußen zugelassen.
1920 (03.05.)	Konstituierung der **Philosophischen Fakultät** (Naturwissenschaften sind noch inbegriffen.) an der Universität zu Köln
1920	**Hans Driesch** wird auf den dritten Philosophielehrstuhl berufen.
1920 (05. 06)	Habilitation von Johannes **Lindworsky**
1921	**Gründungsjahr des Psychologischen Institutes** (Bezug von Räumen des ehemaligen Juristischen Seminars)
1921	**Hans Driesch** verlässt die Universität zu Köln nach einem Jahr Lehrtätigkeit. Sein Nachfolger wird **Artur Schneider** mit einem Doppelordinariat für Philosophie und Pädagogik. Schneider ist Albertus-Magnus-Spezialist.
1922 (25. 02.)	Psychologie wird als **Hauptfach** im Rahmen der Promotion zugelassen.
1922	Gründung der „Psychologische Gesellschaft, Verein zur Förderung der experimentellen Psychologie an der Universität Köln, e.V." auf Initiative von Lindworsky
1922 (27.07)	Lindworsky erhält **Lehrauftrag für Experimentelle Psychologie**
1923	Umzug des Psychologischen Instituts in Räume des ehemaligen Deutsch-Südamerikanischen Institutes
1925	**Nicolai Hartmann** wird Nachfolger auf dem Philosophielehrstuhl von Robert Saitschick.
1926	Promotion von **Maria Krudewig** bei Lindworsky
1928	Max Scheler nimmt einen Ruf nach Frankfurt an. Am 19.05.1928 verstirbt Max Scheler. Der Lehrstuhl „Scheler" wird nicht neu besetzt.
1928 (23.07)	Robert Heiß habilitiert sich bei Nicolai Hartmann.
1928	Lindworsky folgt einem Ruf an die Deutsche Universität Prag. Die kommissarische Leitung des Psychologischen Instituts in Köln übernimmt ein Mediziner.
1928 (01.11.)	Beginn der „Hochschulkarriere" Maria Krudewigs. **Maria Krudewig** erhält zum ersten Mal einen Jahresvertrag als wissenschaftliche Hilfskraft („Assistenz") am Psychologischen Institut.
1929	Auf dem 11. Kongress in Wien benennt sich die „Gesellschaft für experimentelle Psychologie" um in „Deutsche Gesellschaft für Psychologie".

1931	Albertus Magnus wird heiliggesprochen.
1933 (30.01.)	„**Machtergreifung**“ durch Adolf Hitler (Hitler wird Reichskanzler.)
1933 (13.03.)	**Adenauer** wird als Oberbürgermeister von Köln abgesetzt.
1933 (07.04.)	„Gesetz zur Wiederherstellung des Berufsbeamtentums“, häufig auch als **Arierparagraph** bezeichnet.
1933 (11.04.)	Rücktritt des Senats und des Rektors der Universität zu Köln. **Köln wird die erste „gleichgeschaltete“ Universität Deutschlands.**
1933 (17.05)	„**Bücherverbrennung**“ vor der „alten Universität“ (Claudiusstraße)
1933 (14.07)	„Gesetz über den Widerruf von Einbürgerungen und die Aberkennung der deutschen Staatsangehörigkeit“. Gesetz war Rechtsgrundlage für Aberkennung der Doktorwürde.
1934	Ab dem Sommersemester 1934 hält Maria Krudewig Übungen und Praktika im Bereich Psychologie ab.
1934 (Sept.)	Hauptgebäude des neuen Hochschulgebäudes wird in Betrieb genommen
1933–1938	**Edith Stein** im Karmel in Köln-Lindenthal
1935 (05.04)	Einweihung des neuen „Hauptgebäudes“ der Universität
1936	Robert Heiß veröffentlicht *„Die Lehre vom Charakter“.*
1938	Robert Heiß wird Leiter des „**Instituts für experimentelle Psychologie**“.
1938	Erich **Jaensch** veröffentlicht „**Der Gegentypus**“ (psychologisch begründete rassistische Typenlehre).
1938	Robert Heiß erhält **Lehrauftrag für Psychologie** und Charakterforschung
1938–45	Zweiter Weltkrieg
1939	Erlass des Reichserziehungsministers, nach dem Frauen nicht zum Hochschullehrernachwuchs zählen
1940 (01.11.)	Befristete Übertragung der „Verwaltung“ der Assistentenstelle am Pädagogischen Seminar an Maria Krudewig
1941	Erlass der **Diplomprüfungsordnung** für Studierende der Psychologie
1942 (April/ Mai)	Auflösung der Einrichtungen der Wehrmachtspsychologie

1943 (01.04)	Robert Heiß erhält Ordinariat für „Philosophie und Psychologie“ in Freiburg
1943	Ab dem Sommersemester 1943 hält Krudewig neben Übungen auch ordentliche Vorlesungen im Bereich Psychologie ab.
1944/45	Wintersemester 1944/45 kein Lehrbetrieb. Philosophische Fakultät wird nach Marburg verlegt.
1945 (06.04.)	Amerikanische Truppen besetzen das linksrheinische Köln
1945 (10.12.)	Wiederaufnahme des Lehrbetriebs
1962	Udo Undeutsch wird zum ordentlichen Professor ernannt. Die Universität zu Köln hat zum ersten Mal einen Ordinarius in Psychologie.

Anhang 2: Psychologievorlesungen an der Handelshochschule

Lehrveranstaltungen mit psychologischem Inhalt im Rahmen der „öffentlichen Vorlesungen"[744] an der Handelshochschule Köln zwischen 1901 und 1918:

1901	SS[745]	–[746]	
1901/02	WS	Einleitung in die Psychologie. 2 Stunden	Prof. Dr. Benno **Erdmann,** Geheimer Regierungsrat, ordentlicher Professor (Philosophie), Bonn.
1902	SS	–	
1902/03	WS	–	
1903	SS	–	
1903/04	WS	–	
1904	SS	Einführung in die Psychologie. 2 Stunden.	Prof. Dr. Benno **Erdmann,** Geheimer Regierungsrat, ordentlicher Professor (Philosophie), Bonn.
1904/05	WS	Die Seele des Kindes. 1 Stunde.	Dr. Cüppers, Direktor der städtischen Handels-Realschule
1905	SS	Die Seele des Kindes. II. Teil. (Das nicht-normale Kind) 1 Stunde.	Dr. Cüppers, Direktor der städtischen Handels-Realschule
1905/06	WS	–	
1906	SS	Psychologie und Logik als Grundlagen der Pädagogik. 2 Stunden.	Dr. Cüppers, Direktor der städtischen Handels-Realschule

744 Lehrveranstaltungen, die nicht im Bereich „öffentliche Vorlesungen" einzuordnen sind, sind in der Tabelle gesondert gekennzeichnet.

745 Vorlesungszeitraum im Sommersemester 1901: 23. April bis 07. August 1901 (Handels-Hochschule, 1901a).

746 Einleitung in die Philosophie (öffentliche Vorlesung von Prof. Dr. Clemens Baeumker).

1906/07	WS	Psychologie des Verbrechens und Verbrechers. 1 Stunde.	Prof. Dr. Gustav **Aschaffenburg**, Prof. für Psychiatrie an der Akademie für praktische Medizin (Psychiatrie)
1907	SS	Die Entwicklung der geistigen Tätigkeit beim Kinde. I. Das normale Kind. 2 Stunden.	Dr. Cüppers, Direktor der städtischen Handels-Realschule
1907/08	WS	Die Entwicklung der geistigen Tätigkeit beim Kinde. I. Das normale Kind. 2 Stunden.	Dr. Cüppers, Direktor der städtischen Handels-Realschule
1908	SS	Einleitung in die Psychologie. 2 Stunden.	Prof. Dr. Adolf **Dyroff**, Geheimer Regierungsrat, o. Universitätsprofessor (Philosophie), Bonn.
1908/09	WS	Psychologie des Verbrechens und des Verbrechers. 1 Stunde.	Prof. Dr. Gustav **Aschaffenburg**, Prof. für Psychiatrie an der Akademie für praktische Medizin (Psychiatrie)
1908/09	WS	Aus der Psychologie des täglichen Lebens. 2 Stunden.	Prof. Dr. Benno **Erdmann,** Geheimer Regierungsrat, ordentlicher Professor (Philosophie), Bonn.
1908/09	WS	Psychologie und Logik als Grundlagen der Pädagogik (für angehende Handelslehrerinnen und künftige Handelslehrer aus dem Kaufmannsstande). 1 Stunde.	Dr. Cüppers, Direktor der städtischen Handels-Realschule
1909	SS	–	
1909/10	WS	Psychologie und Logik als Grundlagen der Pädagogik. 1 Stunde.	Dr. Cüppers, Direktor der städtischen Handels-Realschule
1910	SS	–	

1910/11	WS	Psychologie des Kindesalters. 1 Stunde.	Prof. Dr. Gustav **Aschaffenburg**, Prof. für Psychiatrie an der Akademie für praktische Medizin (Psychiatrie)
1911	SS	–	
1911/12	WS	Ausgewählte Kapitel aus der modernen Psychologie. 2 Stunden	Prof. Dr. Oswald **Külpe,** ordentlicher Universitätsprofessor (Philosophie), Bonn
1912	SS	Die geistige Entwicklung des normalen Kindes. 1 Stunde.	Dr. Cüppers, Direktor der städtischen Handels-Realschule
1912/13	WS	Die geistige Entwicklung des nicht-normalen Kindes. 1 Stunde.	Dr. Cüppers, Direktor der städtischen Handels-Realschule
1913	SS	Es konnten keine Daten ermittelt werden.	
1913/14	WS	Kriminalpsychologie	Prof. Dr. Gustav **Aschaffenburg**, Prof. für Psychiatrie an der Akademie für praktische Medizin (Psychiatrie)
1914	SS	Pädagogische Psychologie (Psychologie des Jugendalters). 2 Stunden (im Rahmen der „Ausbildung für Handelslehrer und Handelslehrerinnen).	Dr. Wilhelm **Kahl**, Privatdozent für Pädagogik, Beigeordneter der Stadt Cöln, Kgl. Provinzialschulrat a.D.
1914/15	WS	Die Psychologie der Aussage und ihre forensische Bedeutung (mit Experimenten und Demonstrationen). 1 Stunde.	Prof. Dr. Julius **Friedrich,** Landgerichtsrat a. D., Professor an der Hochschule für kommunale und soziale Verwaltung (öffentliches Recht)

1915	SS	Ausgewählte Abschnitte aus der Psychologie des Gefühls- und Willenslebens. 1 Stunde.	Prof. Dr. phil. et med. **Störring,** Geheimer Regierungsrat, o. Universitätsprofessor, Bonn.
1915/16	WS	Völkerpsychologie des Weltkrieges. 1 Stunde.	Prof. Dr. **Schröer**, Professor der englischen Sprache und Literatur, o. Professor, Direktor des Englischen Seminars
1916	SS	Einige Hauptpunkte der pädagogischen Psychologie. 1 Stunde.	Prof. Dr. phil. et med. **Störring,** Geheimer Regierungsrat, o. Professor an der Universität Bonn
1916/17	WS	Pädagogische Psychologie (mit besonderer Berücksichtigung der Jugendlichen). 2 Stunden (im Rahmen der Ausbildung für Handelslehrer und Handelslehrerinnen).	Dr. Wilhelm **Kahl**, Privatdozent für Pädagogik, Beigeordneter der Stadt Cöln, Kgl. Provinzialschulrat a.D.
1917	SS	–	
1917/18	WS	Bildungs- und Charakterfragen. 1 Stunde.	Prof. Dr. Robert **Saitschick,** Professor der Philosophie und Ästhetik[747]
1918	SS	Kriminalpsychologisches Strafrechts-Kolloquium (mit Experimenten und Demonstrationen). 1 Stunde – Übungen im Bereich Rechtslehre-.	Prof. Dr. Julius **Friedrich**, Landgerichtsrat a.D., Professor des öffentlichen Rechts und der Staatslehre an der Handels-Hochschule, Dozent des öffentlichen Rechts an der Hochschule für kommunale und soziale Verwaltung.

747 Ordentlicher Professor seit dem 1. April 1914 (UAK, Zug. 285/1, S. 1, Sitzung der Philosophischen Fakultät vom 03.05.1920).

1918	SS	Pädagogische Psychologie. 1 Stunde.	Prof. Dr. phil. et med. **Störring,** Geheimer Regierungsrat, o. Professor an der Universität Bonn
1918/19	WS	Psychologische Probleme. 2 Stunden.	Prof. Dr. Adolf **Dyroff**, Geheimer Regierungsrat, o. Universitätsprofessor (Philosophie), Bonn.

Anhang 3: Lehrveranstaltungen in Psychologie im Rahmen des „Frauen-Hochschulstudiums für soziale Berufe an der Hochschule für kommunale und soziale Verwaltung“

1916/17	WS	Pädagogische Psychologie (mit besonderer Berücksichtigung der Jugendlichen). 2 Stunden.[748]	Dr. Wilhelm **Kahl**, Privatdozent für Pädagogik, Beigeordneter der Stadt Cöln, Kgl. Provinzialschulrat a. D.
1916/17	WS	Psychologie. 2 Stunden.	Prof. Dr. Adolf **Dyroff**, Geheimer Regierungsrat, o. Universitätsprofessor (Philosophie), Bonn.
1916/17	WS	Psychologie der Gefühls- und Willensvorgänge. 2 Stunden.	Prof. Dr. phil. et med. **Störring,** Geheimer Regierungsrat, o. Professor an der Universität Bonn
1917	SS	Die Psychologie der intellektuellen Funktionen (Aufmerksamkeit, Erinnerung und Denken). 2 Stunden.	**Störring**
1917/18	WS	Allgemeine Psychologie. 2 Stunden	**Dyroff**

748 Gleichlautende Veranstaltung (jedoch zeitversetzt) wurde im WS 1916/18 von Kahl auch für die Handelshochschule angeboten.

1917/18	WS	Angewandte Psychologie. 1 Stunde. Psychologie und Wirtschaftsleben: a) Berufseignung und Berufswahl; b) Erziehung und Höchstleistung (Übung, Ermüdung usw.) Psychologie und Rechtsleben: a) Psychologie der Aussage; b) Tatbestandsdiagnostik; c) Statistik. Psychologie der Massen: Impulsivität, Suggestibilität, Verantwortlichkeitsgefühl in der Masse; die Führer der Massen und ihre Überzeugungsmittel usw.	Dr. phil. Oskar **Kutzner** (Privatdozent, Bonn)
1918	SS	Kriminalpsychologisches Strafrechts-Kolloquium (mit Experimenten und Demonstrationen). 1 Stunde. [Veranstaltung zeitgleich mit Angebot der Handelshochschule]	Prof. Dr. Julius **Friedrich**, Landgerichtsrat a. D., Professor des öffentlichen Rechts und der Staatslehre an der Handels-Hochschule, Dozent des öffentlichen Rechts an der Hochschule für kommunale und soziale Verwaltung.
1918	SS	Psychologie der Gefühls- und Willensvorgänge. 1 Stunde.	**Störring**

1918	SS	*Experimentelle Psychologie in ihrer Anwendung auf das soziale und wirtschaftliche Gebiet.* 1 Stunde. Experimentelle Psychologie und Menschenkenntnis. Grenzen der experimentellen Psychologie. Der Mensch als Objekt der Forschung (Individualpsychologie). Die menschliche Gemeinschaft als Objekt der Forschung (Gruppenpsychologie, Völkerpsychologie). Die Entwicklung der experimentellen Psychologie zu einer angewandten Wissenschaft. Psychologie und Wirtschaftsleben: Berufswahl und die experimentell-psychologische Prüfung geistiger Fähigkeiten; Erzielung der größten Wirkung bei kleinstem Energieaufwand. Psychologische Gesichtspunkte in der allgemeinen Schule und der Fachschule, in der Fabrik und im Handel. Psychologie und Statistik. Psychologie und öffentliches Leben: die öffentliche Meinung und ihre Wurzeln; Bedeutung der Suggestion im sozialen Leben der Völker. Die Psychologie des Verbrechens: die Psychologie der Aussage. Die Psychologie in ihrer Beziehung zur Sprache.	Dr. phil. Theodor Paul **Erismann** (Privatdozent, Bonn)
1918/19	WS	keine Daten zu ermitteln	
1919	SS	Pädagogische Psychologie. 2 Stunden.	**Kahl**
1919	SS	Psychologie der intellektuellen Funktionen. 1 Stunde.	**Störring**
1919	SS	Psychologie des menschlichen Gefühls- und Willenslebens. 1 Stunde.	**Störring**

Anhang 4: Lehrveranstaltungen in Psychologie bzw. Lehrveranstaltungen mit psychologischen Inhalten von 1919 bis 1945 an der Universität zu Köln

Wegen der Bedeutung von Maria Krudewig für die Psychologie an der Universität zu Köln wird die Aufstellung bezüglich ihrer Person bis zum Jahre 1963 fortgesetzt.

Das Datum hinter den Namen (ab Sommersemester 1935 in den Vorlesungsverzeichnissen enthalten) bedeutet den Tag der Ernennung zu dem angegebenen Dienstgrad.

1919	SS	Pädagogische Psychologie. 2 Stunden (im Rahmen der Ausbildung für Handelslehrer und Handelslehrerinnen).	Dr. phil. Wilhelm **Kahl**, Privatdozent für Pädagogik, Beigeordneter der Stadt Köln, Provinzialschulrat a. D.
1919	SS	Psychologie des menschlichen Gefühls- und Willenslebens. 1 Stunde. (öffentliche Vorlesung)	Prof. Dr. phil. et med. Gustav **Störring,** Geheimer Regierungsrat, ordentlicher Professor (Philosophie u. Psychologie an der Universität Bonn).
1919	Zwischen-semester[749]	Philosophische Übungen über das Problem von Leib und Seele. Do. 5 ½ -7 im Sozialwissenschaftl. Forschungsinstitut	Prof. Dr. phil. Max **Scheler**, ordentlicher Professor (Philosophie und Soziologie)

749 Zwischensemester vom 22. September bis 20. Dezember 1919.

1919	Zwischen-semester	Psychiatrische Klinik. Lindenburg	Prof. Dr. Gustav **Aschaffenburg**, ordentlicher Professor (Psychiatrie), Direktor der Psychiatrischen Klinik.
1919	Zwischen-semester	Gerichtlich-psychiatrisches Praktikum (für Mediziner und Juristen). Lindenburg	**Aschaffenburg**
1919	Zwischen-semester	Klinische und experimentell-psychologische Arbeiten aus dem Gebiete der Psychiatrie	**Aschaffenburg**
1919	Zwischen-semester	Einführung in die psychiatrischen Untersuchungsmethoden. Lindenburg	Dr. med. **Kurt Schneider**, Privatdozent für Psychiatrie, Sekundärarzt an der Psychiatrischen Klinik Lindenburg, Krankenanstalt Lindenburg
1919	Zwischen-semester	Über Psychopathien und Psychotherapie	**Kurt Schneider**
1920	WS[750]	Klinische und experimentell-psychologische Arbeiten aus dem Gebiet der Psychiatrie. Lindenburg	Prof. Dr. Gustav **Aschaffenburg**, ordentlicher Professor (Psychiatrie), Direktor der Psychiatrischen Klinik.
1920	WS	Über abnorme Persönlichkeiten und ihre Behandlung. 1 Stunde nach Verabredung.	Dr. med. **Kurt Schneider**, Privatdozent für Psychiatrie, Sekundärarzt an der Psychiatrischen Klinik Lindenburg, Krankenanstalt Lindenburg

750 Wintersemester vom 5. Januar bis 31. März 1920.

1920	SS	Philosophische Seminarübungen: „Probleme der Sozialpsychologie“, privatissime, 1 ½ Stunden, im Sozialwissenschaftlichen Forschungsinstitut	Prof. Dr. phil. Max **Scheler**, ordentlicher Professor (Philosophie und Soziologie)
1920	SS	Psychiatrische Klinik (privatissime). Lindenburg.	Prof. Dr. Gustav **Aschaffenburg**, ordentlicher Professor (Psychiatrie), Direktor der Psychiatrischen Klinik
1920	SS	Forensisch-psychiatrisches Praktikum (privatissime; für Mediziner und Juristen).	**Aschaffenburg**
1920	SS	Arbeiten in der Psychiatrischen Klinik und dem Psychologischen Laboratorium (privatissime et gratis). Täglich.	**Aschaffenburg**
1920	SS	Allgemeine Psychopathologie als Einführung in die psychiatrische Klinik.	Dr. med. **Kurt Schneider**, Privatdozent für Psychiatrie, Sekundärarzt an der Psychiatrischen Klinik Lindenburg, Krankenanstalt Lindenburg
1920	SS	Über abnorme Persönlichkeiten und ihre Behandlung. Lindenburg.	**Kurt Schneider**
1920/21	WS	Leib und Seele (publice und Allg. Vorl.), 1 St.	Prof. Dr. phil. Hans **Driesch**, ordentlicher Professor (Philosophie)
1920/21	WS	Ausgewählte Probleme der philosophischen Psychologie (publice u. Allg. Vorl.), 1 St in IV	Dr. phil. Johannes **Lindworsky**, Privatdozent für Psychologie

1920/21	WS	Psychologie als Einzelwissenschaft (experimentelle Psychologie) 4 St. Mo, Di, Do, Fr. 4–5 in IV	**Lindworsky**
1920/21	WS	Experimentell-psychologisches Praktikum, für Anfänger (privatissime) im Philosophischen Seminar.	**Lindworsky**
1920/21	WS	Psychologisches Kolloquium, für Fortgeschrittene (privatissime et gratis) 2 St.	**Lindworsky**
1920/21	WS	Anleitung zu psychologischen Arbeiten (privatissime et gratis) 1 St.	**Lindworsky**
1920/21	WS	Anleitung zu wissenschaftlichen Arbeiten. Nach Bedarf	**Lindworsky**
1920/21	WS	Psychiatrische Klinik (privatissime). Lindenburg	Prof. Dr. Gustav **Aschaffenburg**, ordentlicher Professor (Psychiatrie), Direktor der Psychiatrischen Klinik
1920/21	WS	Gerichtlich-psychiatrisches Praktikum (für Mediziner und Juristen). Lindenburg	**Aschaffenburg**
1920/21	WS	Klinische und experimentell-psychologische Arbeiten aus dem Gebiete der Psychiatrie (privatissime et gratis) Täglich. Lindenburg	**Aschaffenburg**
1920/21	WS	Psychologie, 1 Stunde, Lindenburg	Dr. med. **Kurt Schneider**, Privatdozent für Psychiatrie, Sekundärarzt an der Psychiatrischen Klinik Lindenburg, Krankenanstalt Lindenburg

1920/21	WS	Psychologie für Mediziner. 1 St.	**Kurt Schneider**
1921	SS	Allgemeine Psychologie. 3 St.	Prof. Dr. phil. Hans **Driesch**, ordentlicher Professor (Philosophie)
1921	SS	Wirtschafts- und Berufspsychologie, mit Demonstrationen. 1 St.	Dr. phil. Johannes **Lindworsky**, Privatdozent für Psychologie.
1921	SS	Anleitung zu psychologischen Arbeiten (privatissime et gratis) 1 St.	**Lindworsky**.
1921	SS	Psychologisches Kolloquium, für Fortgeschrittene (privatissime et gratis) 2 St. im Philosophischen Seminar.	**Lindworsky**
1921	SS	Experimentell-psychologisches Praktikum, für Anfänger (privatissime) im Philosophischen Seminar.	**Lindworsky**.
1921	SS	Grundzüge der Völkerpsychologie. 2 St.	Dr. Willi **Haas**, Privatdozent (Philosophie)
1921	SS	Pädagogische Psychologie. 2 St.	Dr. phil. Wilhelm **Kahl**, Privatdozent für Pädagogik, Beigeordneter der Stadt Köln, Provinzialschulrat a. D. (Pädagogik)
1921	SS	Seminar: Politische Psychologie (mit Übungen) 2. St. im Philosoph. Seminar.	Dr. phil. Helmut **Plessner**, Privatdozent (Philosophie) in Gemeinschaft mit Dr. Willi **Haas**, Privatdozent (Philosophie)

1921	SS	Psychiatrische Klinik (privatissime). 4 St. Lindenburg	Prof. Dr. Gustav **Aschaffenburg**, ordentlicher Professor (Psychiatrie), Direktor der Psychiatrischen Klinik.
1921	SS	Gerichtliche Psychiatrie für Mediziner und Juristen. 1 St. Di. 8–9 abends	**Aschaffenburg**,
1921	SS	Allgemeine Psychiatrie als Einführung in die Klinik. 1 St.	Dr. med. **Kurt Schneider**, Privatdozent für Psychiatrie, Sekundärarzt an der Psychiatrischen Klinik Lindenburg, Krankenanstalt Lindenburg
1921	SS	Einführung in die Psychologie für Mediziner. 1 St.	**Kurt Schneider**
1921	SS	Psychopathien, Psychoneurosen, Psychotherapie. 1 St. Lindenburg	**Kurt Schneider**
1921/22	WS	Allgemeine Psychologie. 2 St. Mo., Do., 11–12 in X.	Dr. Willi **Haas**, Privatdozent (Philosophie)
1921/22	WS	Experimentelle Psychologie. 4 St. Mo., Di., Do., im Übungsraum (Dachgeschoß südl.), Fr. 5–6 Aula	Dr. phil. Johannes **Lindworsky**, Privatdozent für Psychologie
1921/22	WS	Psychologisches Kolloquium (für Anfänger). 1 St. Mo. 6–7. in X.	**Lindworsky**
1921/22	WS	Psychologisches Kolloquium (für Fortgeschrittene). 1 St. Mi. 5–6 im Psych. Institut	**Lindworsky**

1921/22	WS	Experimentell-psychologisches Praktikum (für Anfänger). 2 St. Zeit nach Vereinbarung im Psych. Institut	**Lindworsky**,
1921/22	WS	Leib-Seele-Problem (publice u. Allg. Vorl.)	Dr. Paul **Luchtenberg,** Studienrat Privatdozent für Philosophie und Psychologie
1921/22	WS	Psychiatrische Klinik (privatissime). 3 St. Lindenburg	Prof. Dr. Gustav **Aschaffenburg**, ordentlicher Professor (Psychiatrie), Direktor der Psychiatrischen Klinik
1921/22	WS	Gerichtlich-psychiatrisches Praktikum für Mediziner und Juristen (privatissime). 2 St. Lindenburg	**Aschaffenburg**
1921/22	WS	Arbeiten in der psychiatrischen Klinik (privatissime et gratis). täglich, Lindenburg	**Aschaffenburg**
1921/22	WS	Allgemeine Psychopathologie als Einführung in die psychiatrische Klinik. 1 St. Lindenburg	Dr. med. **Kurt Schneider**, Privatdozent für Psychiatrie, Sekundärarzt an der Psychiatrischen Klinik Lindenburg, Krankenanstalt Lindenburg
1921/22	WS	Einführung in die Psychologie (für Mediziner) Stunden noch unbestimmt	**Kurt Schneider**
1921/22	WS	Ausgewählte Kapitel aus der Psychopathologie der Jugendlichen. Für Hörer aller Fakultäten. 1 St.	Prof. Dr. Alfred **Busch**, Privatdozent (Psychiatrie und experimentelle Psychopathologie)

1922	SS	Psychologie und Pädagogik des Willens (publice u. Allg. Vorl.). 1 St. Fr. 7–8 in VIII	Dr. phil. Johannes **Lindworsky**, Privatdozent für Psychologie
1922	SS	Übungen zur Entwicklungspsychologie. 1 St. Di. 7–8 in X.	**Lindworsky**
1922	SS	Psychologisches Kolloquium für Fortgeschrittene (privatissime et gratis). 2 St. Mi. 3 ½-5 im Psychol. Institut	**Lindworsky**.
1922	SS	Experimentell-psychologisches Praktikum (privatissime). 2 St. Zeit nach Vereinbarung im Psychol. Institut	**Lindworsky**
1922	SS	Allgemeine Psychologie (mit Einschluß des Leib-Seele-Problems). 3 St. Aula	Prof. Dr. Max **Scheler**, ordentlicher Professor (Philosophie und Soziologie), Direktor am Forschungsinstitut für Sozialwissenschaften
1922	SS	Leib und Seele. 1 St.	Dr. Willi **Haas**, Privatdozent (Philosophie)
1922	SS	Kriminalpsychologisches Seminar für Juristen und Soziologen (privatissime et gratis)	Prof. Dr. Gustav **Aschaffenburg**, ordentlicher Professor (Psychiatrie), Direktor der Psychiatrischen Klinik
1922	SS	Kapitel aus der angewandten Psychologie und Psychopathologie (auch für Nichtmediziner) 1 St.	Prof. Dr. Alfred **Busch**, Privatdozent (Psychiatrie und experimentelle Psychopathologie)

1922	SS	Arbeiten im psychologischen Laboratorium (privatissime et gratis). Tägl. nach Vereinbarung. Lindenburg	**Aschaffenburg** mit **Busch**
1922/23	WS	Kolloquium für Fortgeschrittene (privatissime et gratis). 2 St. Mi. 3 ½-5 im Psychol. Institut	Dr. phil. Johannes **Lindworsky**, Privatdozent für Psychologie
1922/23	WS	Experimentell-psychologisches Praktikum (privatissime). 2 St. Zeit nach Vereinbarung im Psycholog. Institut	**Lindworsky**
1922/23	WS	Experimentelle Psychologie. 3 St. Mo., Di., Fr., 6–7. Aula	**Lindworsky**
1922/23	WS	Theoretische Psychologie. 1 St. Do 6–7 in VII	**Lindworsky**
1922/23	WS	Allgemeine Psychologie. 2 St.	Dr. Willi **Haas**, Privatdozent (Philosophie)
1922/23	WS	Pädagogische Psychologie. 2 St.	Dr. Paul **Luchtenberg**, Studienrat, Privatdozent (Philosophie und Psychologie)[751]
1922/23	WS	Übungen zur Psychologie des Reifealters. 2 St. Do. im Hörsaal IX	Diplom-Handelslehrer Peter **Rustemeyer** (Assistent Pädagogisch-didaktisches Seminar)
1922/23	WS	Wesen und Formen der Sympathie (öffentl. Vorl.). 1 St. Di 7–8 in VI	Prof. Dr. Max **Scheler**, ordentlicher Professor (Philosophie und Soziologie), Direktor am Forschungsinstitut für Sozialwissenschaften
1922/23	WS	Besprechung phänomenologischer Arbeiten. 2 St. im Philos. Seminar	**Scheler**

751 In den folgenden Semestern wird er als Privatdozent für „Philosophie und Pädagogik" im Vorlesungsverzeichnis aufgeführt.

1922/23	WS	Arbeiten in der Psychiatrischen Klinik und dem Laboratorium für experimentelle Psychologie (privatissime et gratis). Täglich nach Vereinbarung. Lindenburg, Psychiatrische Klinik	Prof. Dr. med. Gustav **Aschaffenburg**, (Psychiatrie) Direktor der Psychiatrischen Klinik. Und Prof. Dr. med. Alfred **Busch**, nichtbeamteter außerordentlicher Professor (Psychiatrie und experimentelle Psychopathologie)
1922/23	WS	Kapitel aus der Psychopathologie der Jugendlichen, mit Demonstrationen (auch für Nichtmediziner). 1 St. Lindenburg	**Busch**
1922/23	WS	Psychiatrische Klinik (privatissime). 3 St. Lindenburg	**Aschaffenburg**
1922/23	WS	Gerichtlich-psychiatrisches Praktikum. 2 St. Lindenburg	**Aschaffenburg**
1922/23	WS	Einführung in die Psychologie (privatissime et gratis). 1 St. Di. 6–7. Lindenburg, Psychiatrische Klinik	Dr. med., Dr. phil. **Kurt Schneider** (Psychiatrie), Oberarzt an der Psychiatrischen Klinik Köln-Lindenburg
1922/23	WS	Allgemeine Psychopathologie. 1 St. Lindenburg	**Kurt Schneider**
1923	SS	Theoretische Psychologie. Fortsetzung. 1. St. Fr., 6–7 in IV	Dr. phil. Johannes **Lindworsky**, Privatdozent (experimentelle Psychologie)
1923	SS	Psychologie der Berufe. 1 St. Do., 7–8 in II.	**Lindworsky**
1923	SS	Experimental-psychologisches Praktikum für Anfänger I. und II. Teil (privatissime). 2 St. Zeit nach Vereinbarung im Psychol. Institut	**Lindworsky**

1923	SS	Experimental-psychologisches Kolloquium für Fortgeschrittene (privatissime et gratis). 2 St. Mi. 3 ½-5 im Psychol. Institut	**Lindworsky**
1923	SS	Leib und Seele (öffentl. Allg. Vorl.). 1 St. Mi 4–5. Aula	Dr. Paul **Luchtenberg**, Studienrat, Privatdozent (Philosophie und Pädagogik)
1923	SS	Psychiatrische Klinik (privatissime). 4 St. Lindenburg	Prof. Dr. Gustav **Aschaffenburg**, ordentlicher Professor (Psychiatrie), Direktor der Psychiatrischen Klinik
1923	SS	Kriminalpsychologisches Seminar. 2 St. Juristisches Seminar	**Aschaffenburg**
1923	SS	Experimentalpsychologische Arbeiten im psychologischen Laboratorium (privatissime et gratis), täglich nach Vereinbarung, Lindenburg	**Aschaffenburg**, und Prof. Dr. med. Alfred **Busch**, nichtbeamteter außerordentlicher Professor (Psychiatrie und experimentelle Psychopathologie)
1923	SS	Kapitel aus der angewandten und Arbeits-Psychologie (auch für Nichtmediziner). 1. Std. nach Vereinbarung	**Busch**
1923	SS	Einführung in die Psychotherapie (mit Übungen) 1 St. Lindenburg	**Busch**
1923	SS	Kapitel aus der angewandten- und Arbeits-Psychologie (auch für Nichtmediziner). 1 St.	**Busch**

1923	SS	Einführung in die Psychologie (privatissime et gratis). 1 St. Lindenburg	Prof. Dr. med., Dr. phil. **Kurt Schneider**, nichtbeamteter außerordentlicher Professor (Psychiatrie), Oberarzt an der Psychiatrischen Klinik Köln-Lindenburg
1923	SS	Allgemeine Psychopathologie (privatissime). 1 St.	**Kurt Schneider**
1923/24	WS	Experimentelle Psychologie. I. Teil. 4 St. Mo., Di., Do., Fr., 6–7 Aula	Dr. phil. Johannes **Lindworsky**, Privatdozent (experimentelle Psychologie)
1923/24	WS	Experimentell-psycholog. Praktikum für Anfänger. I. und II. Teil. 2 St. Mi. 6 – 7½ im Psych. Institut.	**Lindworsky**
1923/24	WS	Kolloquium für Fortgeschrittene (privatissime et gratis). 2 St. Mi. 3 ½-5 im Psych. Institut.	**Lindworsky**
1923/24	WS	Psychographische Uebungen. Alle 14 Tage, 2 St. im Pädag. Seminar	Dr. phil. **Friedrich Schneider**, Privatdozent (Pädagogik)
1923/24	WS	Pädagogische Psychologie. 2 St.	Dr. phil. Paul **Luchtenberg**, Studienrat, Privatdozent (Philosophie und Pädagogik)
1923/24	WS	Völkerpsychologie des Weltkrieges. 1 St.	Prof. Dr. phil. Arnold **Schröer**. Ordentlicher Professor (englische Philologie)

1923/24	WS	Kriminalpsychologie (publice u. Allg. Vorl.) 1 St.	Prof. Dr. Gustav **Aschaffenburg**, ordentlicher Professor (Psychiatrie), Direktor der Psychiatrischen Klinik.
1923/24	WS	Psychiatrische Klinik (privatissime). 3 St. Lindenburg	**Aschaffenburg**
1923/24	WS	Gerichtlich-psychiatrisches Praktikum für Mediziner und Juristen (privatissime). 2 St. Lindenburg	**Aschaffenburg**
1923/24	WS	Experimentalpsychologische Arbeiten im psychologischen Laboratorium der Psychiatrischen Klinik (privatissime et gratis), täglich, nach Verabredung, Lindenburg	**Aschaffenburg**, und Prof. Dr. med. Alfred **Busch**, nichtbeamteter außerordentlicher Professor (Psychiatrie und experimentelle Psychopathologie)
1923/24	WS	Einführung in die experimentelle und angewandte Psychologie einschl. Arbeitspsychologie. 1 St. nach Vereinbarung.	**Busch**
1923/24	WS	Nervöse und psychische Krankheiten des Jugendalters (publice). 1 St. in IV	**Busch**
1923/24	WS	Allgemeine Psychopathologie (privatissime) 1 St.	Prof. Dr. med., Dr. phil. **Kurt Schneider**, nichtbeamteter außerordentlicher Professor (Psychiatrie), Oberarzt an der Psychiatrischen Klinik Köln-Lindenburg
1923/24	WS	Psychiatrisches Seminar für Fortgeschrittene (privatissime). 1 St. Lindenburg	**Kurt Schneider**

1923/24	WS	Die psychopathologischen Persönlichkeiten (privatissime et gratis). 1 St. Lindenburg	**Kurt Schneider**
1924	SS	Experimentelle Psychologie. II. Teil. 4 St. Mo., Di., Do., Fr., 6–7 Aula	Prof. Dr. phil. Johannes **Lindworsky**, nichtbeamteter außerordentlicher Professor (experimentelle Psychologie)
1924	SS	Experimentell-psychologisches Praktikum, für Anfänger. I. Teil. 2 St. Mi. 6 – 7½ im Psychologischen Institut. II. Teil nach Vereinbarung	**Lindworsky**
1924	SS	Psychologisches Kolloquium, für Fortgeschrittene (privatissime et gratis). 2 St. Mi. 3 ½-5 im Psychologischen Institut	**Lindworsky**
1924	SS	Leib und Seele. 2 St.	Dr. phil. Helmut **Plessner**, Privatdozent (Philosophie)
1924	SS	Psychologie des Klein- und Schulkindes. 2 St. Mo., Mi., 7–8 abends in II.	Dr. phil. **Friedrich Schneider**, Privatdozent (Pädagogik)
1924	SS	Psychographische Uebungen. Alle 14 Tage 2 St. im Pädag. Seminar	**Friedrich Schneider**
1924	SS	Völkerpsychologie des Weltkrieges. 1 St. Do. 7–8 abends in III	Prof. Dr. phil. Arnold **Schröer**. Ordentlicher Professor (englische Philologie)
1924	SS	Psychiatrische Klinik (privatissime). 4 St. Lindenburg	Prof. Dr. Gustav **Aschaffenburg**, ordentlicher Professor (Psychiatrie), Direktor der Psychiatrischen Klinik

1924	SS	Kriminalpsychologisches Seminar. 2. St. im Juristischen Seminar.	**Aschaffenburg**
1924	SS	Anleitung zu experimentalpsychologischen Arbeiten. Täglich, nach Vereinbarung. Lindenburg	**Aschaffenburg**, und Prof. Dr. med. Alfred **Busch**, nichtbeamteter außerordentlicher Professor (Psychiatrie und experimentelle Psychopathologie)
1924	SS	Angewandte Psychologie. 1. St. in IV	**Busch**
1924	SS	Kapitel aus der angewandten und Arbeits-Psychologie (auch für Nichtmediziner). 1. Std. nach Vereinbarung	**Busch**
1924	SS	Einführung in die Psychotherapie (mit Übungen) 1 St. Lindenburg	**Busch**
1924	SS	Allgemeine Psychopathologie (privatissime). 1 St. Lindenburg	Prof. Dr. med., Dr. phil. **Kurt Schneider**, nichtbeamteter außerordentlicher Professor (Psychiatrie), Oberarzt an der Psychiatrischen Klinik Köln-Lindenburg
1924	SS	Einführung in die Psychologie (privatissime et gratis) 1. St. Lindenburg	**Kurt Schneider**
1924/25	WS	Berufs- und Arbeitspsychologie (mit Gelegenheit zur praktischen Einführung). 3 St. Mo., Do., Fr., 6–7 in V.	Prof. Dr. phil. Johannes **Lindworsky**, nichtbeamteter außerordentlicher Professor (experimentelle Psychologie)
1924/25	WS	Einführung in die Charakterforschung. 1 St. in VI	**Lindworsky**

1924/25	WS	Experimentell-psychologisches Praktikum, I. und II. Teil. 2 St. Mi. 6 – 8 im Psychologischen Institut	**Lindworsky**
1924/25	WS	Experimentell-psychologisches Kolloquium für Fortgeschrittene (privatissime et gratis). 2 St. Mi. 3 ½-5 im Psychologischen Institut.	**Lindworsky**
1924/25	WS	Der Ausdruck der Gemütsbewegungen. 1 St. in I	Dr. phil. Helmut **Plessner**, Privatdozent (Philosophie)
1924/25	WS	Psychologie und Pädagogik der Jugendlichen über 14 Jahre. 1 St.	Dr. phil. **Friedrich Schneider**, Privatdozent (Pädagogik)
1924/25	WS	Psychographische Uebungen. Alle 14 Tage 2 St. im Pädagogischen Seminar	**Friedrich Schneider**
1924/25	WS	Philosophisches Seminar: Leib und Seele. 2 St. im Philosophischen Seminar	Prof. Dr. Max **Scheler**, ordentlicher Professor (Philosophie und Soziologie), Direktor am Forschungsinstitut für Sozialwissenschaften
1924/25	WS	Übungen über das Problem der Intuition (privatissime). 1 St. im Philosophischen Seminar	Dr. theol. et phil. Johannes **Hessen**, Privatdozent (Philosophie)
1924/25	WS	Die Psychologie der Masse (publice u. Allg. Vorl.). 1 St. Fr., 7–8	Prof. Dr. Gustav **Aschaffenburg**, ordentlicher Professor (Psychiatrie), Direktor der Psychiatrischen Klinik
1924/25	WS	Psychiatrische Klinik (privatissime). 3 St. Lindenburg	**Aschaffenburg**

1924/25	WS	Gerichtlich-psychiatrisches Praktikum für Mediziner und Juristen (privatissime). 2 St.. Lindenburg	**Aschaffenburg**
1924/25	WS	Anleitung zu experimentell-psychologischen Arbeiten (privatissime et gratis). Täglich. Lindenburg	**Aschaffenburg** und Prof. Dr. med. Alfred **Busch**, nichtbeamteter außerordentlicher Professor (Psychiatrie und experimentelle Psychopathologie)
1924/25	WS	Psychologie der Hypnose, Suggestion und der okkulten Gebiete (publice u. Allg. Vorl.). Alle 14 Tage 2 St. Hörsaal V	**Busch**
1924/25	WS	Die psychopathischen Persönlichkeiten (privatissime et gratis). 1 St. Lindenburg.	Prof. Dr. med., Dr. phil. **Kurt Schneider**, nichtbeamteter außerordentlicher Professor (Psychiatrie), Oberarzt an der Psychiatrischen Klinik Köln-Lindenburg
1925	SS	Theoretische Psychologie (Letzte Gesetze des Seelenlebens). 3 St. Di., Do., Fr., 7–8 in V	Prof. Dr. phil. Johannes **Lindworsky**, nichtbeamteter außerordentlicher Professor (experimentelle Psychologie)
1925	SS	Experimentell-psychologisches Praktikum, I. Teil. 2 St. Mi. 6–8 im Psychologischen Institut	**Lindworsky**
1925	SS	Experimentell-psychologisches Praktikum, II. Teil. 2 St. nach Vereinbarung im Psychologischen Institut	**Lindworsky**

1925	SS	Experimentell-psychologisches Kolloquium für Fortgeschrittene (privatissime et gratis) 2 St. Mi. 3 ½ -5 im Psychologischen Institut	**Lindworsky**
1925	SS	Allgemeine Psychologie unter Berücksichtigung ihrer Beziehungen zu Unterricht und Erziehung. 4 St. Mo., D., Do., Fr.,5–6 in V	Prof. Dr. phil. **Artur Schneider,** ordentlicher Professor (Philosophie, Pädagogik).
1925	SS	Psychologie der Reifezeit. 1 St. in der Aula	Dr. phil. Paul **Luchtenberg**, Studienrat, Privatdozent (Philosophie und. Pädagogik)
1925	SS	Philosophisches Seminar: Übungen zur Entwicklungspsychologie. 2 St. Mo. 10 ¼ -12 im Philosophischen Seminar	Prof. Dr. phil. Max **Scheler**, ordentlicher Professor (Philosophie und Soziologie), Direktor am Forschungsinstitut für Sozialwissenschaften.
1925	SS	Übungen zur Psychologie des Reifealters (besonders für Handelslehrer) 2 St. Mo. in II	Dr. phil. **Friedrich Schneider**, Privatdozent, 11.2.23 (Pädagogik), Prorektor am Lehrerseminar in Euskirchen
1925	SS	Psychiatrische Klinik (privatissime). 3 St. Lindenburg	Prof. Dr. Gustav **Aschaffenburg**, ordentlicher Professor (Psychiatrie), Direktor der Psychiatrischen Klinik
1925	SS	Kriminalpsychologisches Seminar. 2. St. im Juristischen Seminar.	**Aschaffenburg**

1925	SS	Arbeiten im Laboratorium für experimentelle Psychologie. Täglich. Lindenburg	**Aschaffenburg** und Prof. Dr. med. Alfred **Busch**, nichtbeamteter außerordentlicher Professor (Psychiatrie und experimentelle Psychopathologie)
1925	SS	Psychopathologie des Sexuallebens und Psychoanalyse (nur für Mediziner). 1 St. Psychiatrische Klinik.	**Busch**
1925	SS	Kapitel aus der angewandten und Arbeits-Psychologie. 1 Std. Psychologische Klinik	**Busch**
1925	SS	Ausgewählte Kapitel aus der Psychopathologie (privatissime et gratis). 1 St. Lindenburg	Prof. Dr. med., Dr. phil. **Kurt Schneider**, nichtbeamteter außerordentlicher Professor (Psychiatrie), Oberarzt an der Psychiatrischen Klinik Köln-Lindenburg
1925/26	WS	Experimentelle Psychologie I. Teil. 3 St. in V	Prof. Dr. phil. Johannes **Lindworsky**, nichtbeamteter außerordentlicher Professor (experimentelle Psychologie)
1925/26	WS	Experimentell-psychologisches Praktikum, I. Teil. 2 St. Mi. 6–7 ½ im Psychologischen Institut	**Lindworsky**,
1925/26	WS	Experimentell-psychologisches Praktikum, II. Teil. 2 St. Mo. 5–6 ½ im Psychologischen Institut	**Lindworsky**
1925/26	WS	Kolloquium für Fortgeschrittene (privatissime et gratis). 2 St. Mi. 3 ½-5 im Psychologischen Institut	**Lindworsky**

1925/26	WS	Seminar: Der Begriff des Bewusstseins (im Anschluß an Husserls Logische Untersuchungen II 5)	Dr. phil. Helmut **Plessner**, Privatdozent (Philosophie) (in Vertretung von Prof. **Scheler**)
1925/26	WS	Psychologische Vorfragen der Politik (privatissime et gratis). 1 St. in II	Dr. Willi **Haas**, Privatdozent (Philosophie, Völkerpsychologie)
1925/26	WS	Pädagogische Psychologie für Handelslehrer. 2 St. in VIII	Dr. phil. **Friedrich Schneider**, Privatdozent (Pädagogik)
1925/26	WS	Psychiatrische Klinik (privatissime). 3 St. Lindenburg	Prof. Dr. Gustav **Aschaffenburg**, ordentlicher Professor (Psychiatrie), Direktor der Psychiatrischen Klinik
1925/26	WS	Gerichtlich-psychiatrisches Praktikum für Mediziner und Juristen (privatissime). 2 St. Lindenburg	**Aschaffenburg**
1925/26	WS	Die Psychologie des Kindesalters (publice u. allg. Vorl.). 1 St. Universität, Hörsaal VI	**Aschaffenburg**
1925/26	WS	Anleitung zu experimentell-psychologischen Arbeiten (privatissime et gratis). Täglich. Lindenburg	**Aschaffenburg** und Prof. Dr. med. Alfred **Busch**, nichtbeamteter außerordentlicher Professor (Psychiatrie und experimentelle Psychopathologie)
1925/26	WS	Nerven- und Gemütsleiden des Jugendalters (mit Krankenvorstellungen). Auch für Nichtmediziner. 1 St. Universität Hörsaal II	**Busch**

1925/26	WS	Psychopathologie des Sexuallebens und Psychoanalyse (nur für Mediziner). 1 St. Lindenburg	**Busch**
1925/26	WS	Psychiatrisches Seminar für Fortgeschrittene (privatissime). 1 St. Lindenburg	Prof. Dr. med., Dr. phil. **Kurt Schneider**, nichtbeamteter außerordentlicher Professor (Psychiatrie), Oberarzt an der Psychiatrischen Klinik Köln-Lindenburg
1926	SS	Experimentelle Psychologie, II. Teil. 3 St. Di., Do., Fr., 6–7 in V. (Vorlesung)	Prof. Dr. phil. Johannes **Lindworsky**, nichtbeamteter außerordentlicher Professor (experimentelle Psychologie)
1926	SS	Experimentell-psychologisches Praktikum, I. Teil. 2 St. Mi. 6–8 im Psychologischen Institut	**Lindworsky**
1926	SS	Experimentell-psychologisches Praktikum, II. Teil. 2 St. Mo. 5–6 ½ im Psychologischen Institut	**Lindworsky**
1926	SS	Kolloquium für Fortgeschrittene. 2 St. Mi. 3 ½-5 im Psychologischen Institut	**Lindworsky**
1926	SS	Allgemeine Psychologie mit besonderer Berücksichtigung von Erziehung und Unterricht. 4 St. in Aula (Vorlesung)	Prof. Dr. phil. **Artur Schneider**, ordentlicher Professor (Philosophie, Pädagogik).
1926	SS	Völkerpsychologie. 1 St. abends in IV (publice u. allg. Vorl.)	Prof. Dr. phil. Arnold **Schröer**. Ordentlicher Professor (englische Philologie)

1926	SS	Seminar: Neuere Arbeiten zur Entwicklungspsychologie (privatissime). 2 St. im Philosophischen Seminar	Prof. Dr. phil. Max **Scheler**, ordentlicher Professor (Philosophie und Soziologie)
1926	SS	Leib und Seele (publice u. allg. Vorl.). 1 St. in VI	**Scheler**
1926	SS	Übungen zur Psychologie und Ethik der verschiedenen Lehrer- und Erzieherberufe. 2 St. im Pädagogischen Seminar	Dr. phil. **Friedrich Schneider**, Privatdozent (Pädagogik)
1926	SS	Kriminalpsychologisches Seminar (privatissime et gratis). 2 St. im Juristischen Seminar	Prof. Dr. Gustav **Aschaffenburg**, ordentlicher Professor (Psychiatrie), Direktor der Psychiatrischen Klinik
1926	SS	Psychiatrische Klinik (privatissime). 4 St. Lindenburg	**Aschaffenburg**
1926	SS	Anleitung zu experimentell-psychologischen Arbeiten (privatissime et gratis). Täglich. Lindenburg	**Aschaffenburg** und Prof. Dr. med. Alfred **Busch**, nichtbeamteter außerordentlicher Professor (Psychiatrie und experimentelle Psychopathologie)
1926	SS	Einführung in die Psychotherapie (mit Übungen) 1 St. Lindenburg	**Busch**
1926	SS	Kapitel aus der angewandten und Arbeits-Psychologie (auch für Nichtmediziner). 1. Std. nach Vereinbarung. Universität, Hörsaal XIII	**Busch**
1926	SS	Nerven- und Gemütsleiden des Jugendlichen (publice u. allg. Vorl.). Alle 14 Tage 2 St.	**Busch**

1926	SS	Die psychopathischen Persönlichkeiten (privatissime et gratis). 1 St. Lindenburg.	Prof. Dr. med., Dr. phil. **Kurt Schneider**, nichtbeamteter außerordentlicher Professor (Psychiatrie), Oberarzt an der Psychiatrischen Klinik Köln-Lindenburg
1926/27	WS	Entwicklungspsychologie. 2 St. Mo., Di., 6–7 in V.	Prof. Dr. phil. Johannes **Lindworsky**, nichtbeamteter außerordentlicher Professor (experimentelle Psychologie)
1926/27	WS	Grundlagen der Musikpsychologie. 1 St. Di., in X.	**Lindworsky**
1926/27	WS	Einführung in die Psychotechnik. 2 St. Do,. Fr., in V	**Lindworsky**
1926/27	WS	Experimentell-psychologisches Praktikum I. 2 St. Mi. 6 – 7½ im Psychologischen Institut	**Lindworsky**
1926/27	WS	Experimentell-psychologisches Praktikum II. Teil. 1 St. Di., 10–11 im Psychologischen Institut	**Lindworsky**
1926/27	WS	Kolloquium für Fortgeschrittene (privatissime et gratis). 2 St. Mi. 3 ½–5 im Psychologischen Institut	**Lindworsky**
1926/27	WS	Die Psychologie des Reifezeit und ihre pädagogischen Folgerungen (für Handelslehrer) 2 St. Fr. in V	Dr. phil. **Friedrich Schneider**, Privatdozent (Pädagogik), Dozent an der Pädagogischen Akademie in Bonn

1926/27	WS	Psychiatrische Klinik (privatissime). 3 St. Lindenburg	Prof. Dr. med. Dr. jur. h.c. Gustav **Aschaffenburg**, ordentlicher Professor (Psychiatrie), Direktor der Psychiatrischen Klinik
1926/27	WS	Gerichtlich-psychiatrisches Praktikum für Mediziner und Juristen (privatissime). 2 St. Lindenburg	**Aschaffenburg**
1926/27	WS	Experimentell-psychologische Arbeiten (privatissime et gratis). Täglich. Lindenburg	**Aschaffenburg** und Prof. Dr. med. Alfred **Busch**, nichtbeamteter außerordentlicher Professor (Psychiatrie und experimentelle Psychopathologie)
1926/27	WS	Nerven- und Gemütsleiden des Jugendalters (mit Krankenvorstellungen), auch für Nichtmediziner (gratis). 1 St. Universität Hörsaal II	**Busch**
1926/27	WS	Psychologie der Hypnose, Suggestion, Autosuggestion und der occulten Gebiete (publice u. Allg. Vorl.). Alle 14 Tage 2 St. Hörsaal V	**Busch**.
1926/27	WS	Einführung in die Psychologie für vorklinische und klinische Mediziner (gratis). 1 St. Lindenburg	Prof. Dr. med., Dr. phil. **Kurt Schneider**, nichtbeamteter außerordentlicher Professor (Psychiatrie), Oberarzt an der Psychiatrischen Klinik Köln-Lindenburg
1926/27	WS	Allgemeine Psychopathologie. 1 St. Lindenburg.	**Kurt Schneider**

1927	SS	Theoretische Psychologie. 3 St. in V.	Prof. Dr. phil. Johannes **Lindworsky**, nichtbeamteter außerordentlicher Professor (experimentelle Psychologie)
1927	SS	Experimentell psychologisches Praktikum. I. Teil. 2 St. Mi. 6 – 7½ im Psychologischen Institut	**Lindworsky**
1927	SS	Experimentell-psychologisches Praktikum. II. Teil. 1 St. Do., 6–7½ im Psychologischen Institut	**Lindworsky**
1927	SS	Kolloquium für Fortgeschrittene (privatissime et gratis). 2 St. Mi. 3 ½–5 im Psychologischen Institut	**Lindworsky**
1927	SS	Allgemeine Psychologie mit besonderer Berücksichtigung von Erziehung und Unterricht. 4 St. Aula	Prof. Dr. phil. **Artur Schneider,** ordentlicher Professor (Philosophie, Pädagogik)
1927	SS	Psychologische Grundprobleme (einschließlich der Völkerpsychologie und der Parapsychologie) (publice et allg. Vorl.). 1 St. in XIV	Dr. phil. Ernst **Barthel**, Privatdozent (Philosophie)
1927	SS	Übungen zur Psychologie der Reifezeit. (im Anschluß an die entsprechende Vorlesung des vergangenen Semesters). 2 St. in V	Dr. phil. **Friedrich Schneider**, Privatdozent (Pädagogik), Dozent an der Pädagogischen Akademie in Bonn

1927	SS	Psychiatrische Klinik (privatissime). 4 St. Lindenburg	Prof. Dr. Gustav **Aschaffenburg**, ordentlicher Professor (Psychiatrie), Direktor der Psychiatrischen Klinik.
1927	SS	Kriminalpsychologisches Seminar (privatissime et gratis). Im juristischen Seminar	**Aschaffenburg**
1927	SS	Anleitung zu experimentell-psychologischen Arbeiten (privatissime et gratis). Täglich. Lindenburg	**Aschaffenburg** und Prof. Dr. med. Alfred **Busch**, nichtbeamteter außerordentlicher Professor (Psychiatrie und experimentelle Psychopathologie)
1927	SS	Einführung in die Psychotherapie (mit Demonstrationen) 1 St. Lindenburg	**Busch**
1927	SS	Grundzüge der Kriminalpsychologie (publice u. Allg. Vorl.) 1 St. Do., 8–9 abends. Hörsaal VIII	**Busch**
1927	SS	Allgemeine Psychopathologie (privatissime et gratis). 1 St. Lindenburg.	Prof. Dr. med., Dr. phil. **Kurt Schneider**, nichtbeamteter außerordentlicher Professor (Psychiatrie), Oberarzt an der Psychiatrischen Klinik Köln-Lindenburg
1927/28	WS	Experimentelle Psychologie. I. Teil. 3 St. Mo., Di., Fr., 6–7 in V	Prof. Dr. phil. Johannes **Lindworsky**, nichtbeamteter außerordentlicher Professor (experimentelle Psychologie)

1927/28	WS	Experimentell-psychologisches Praktikum I. (für Anfänger). 2 St. Mi., 6–8 im Psychologischen Institut	**Lindworsky**
1927/28	WS	Experimentell-psychologisches Praktikum II. 2 St. Do., 6–8 im Psychologischen Institut	**Lindworsky**
1927/28	WS	Kolloquium für Fortgeschrittene (privatissime et gratis). 2 St. Mi. 3 ½–5 im Psychologischen Institut	**Lindworsky**
1927/28	WS	Die Bedeutung der Psychoanalyse für die Philosophie. (publice et allg. Vorl.). 1 St. in VII	Prof. Dr. phil. Max **Scheler**, ordentlicher Professor (Philosophie und Soziologie)
1927/28	WS	Das Individualitätsproblem in der theoretischen und praktischen Pädagogik. 1 St. in XIII	Dr. phil. **Friedrich Schneider**, Privatdozent (Pädagogik), Dozent an der Pädagogischen Akademie in Bonn
1927/28	WS	Ausgewählte Kapitel aus der kriminalistischen Spurenkunde und Kriminalpsychologie unter besonderer Berücksichtigung der letalen Verletzungen und ihrer Diagnose und der sexuellen Anomalien (mit Lichtbildern und Demonstrationen). 2 St.	Prof. Dr. jur. Gotthold **Bohne**, ordentlicher Professor (Strafrecht, Zivil- Strafprozeßrecht)
1927/28	WS	Psychiatrische Klinik (privatissime). 3 St. Lindenburg	Prof. Dr. Gustav **Aschaffenburg**, ordentlicher Professor (Psychiatrie), Direktor der Psychiatrischen Klinik

1927/28	WS	Forensisch-psychiatrisches Praktikum für Mediziner und Juristen (privatissime). 2 St. Lindenburg	**Aschaffenburg**
1927/28	WS	Anleitung zu experimentell-psychologischen Arbeiten (privatissime et gratis). Täglich. Lindenburg	**Aschaffenburg** und Prof. Dr. med. Alfred **Busch**, nichtbeamteter außerordentlicher Professor (Psychiatrie und experimentelle Psychopathologie)
1927/28	WS	Kapitel aus der angewandten Psychologie, insbesondere Psychotechnik. 1 St. Universität	**Busch**
1927/28	WS	Einführung in die Psychologie für vorklinische und klinische Mediziner. 1 St. Lindenburg	Prof. Dr. med., Dr. phil. **Kurt Schneider**, nichtbeamteter außerordentlicher Professor (Psychiatrie), Oberarzt an der Psychiatrischen Klinik Köln-Lindenburg
1928	SS	Experimentelle Psychologie. I. Teil. 3 St. Mo., Di., Fr., 18–19 in V.	Prof. Dr. phil. Johannes **Lindworsky**, nichtbeamteter außerordentlicher Professor (experimentelle Psychologie)
1928	SS	Psychologische Voraussetzungen der Heilerziehung	**Lindworsky**
1928	SS	Experimentell-psychologisches Praktikum I. Teil. 2 St. Mi., 18½–20 im Psychologischen Institut.	**Lindworsky**
1928	SS	Experimentell-psychologisches Praktikum II. Teil. 2 St. im Psychologischen Institut	**Lindworsky**

1928	SS	Kolloquium für Fortgeschrittene (privatissime et gratis). 2 St. Mi. 15½–17 im Psychologischen Institut	**Lindworsky**
1928	SS	Psychoanalyse und Pädagogik	Dr. phil. **Friedrich Schneider**, Privatdozent, Professor an der Pädagogischen Akademie in Bonn (Pädagogik).
1928	SS	Einführung in die Psychologie (1. Gegenstand und Methoden der Psychologie; 2. Die psychische Wirklichkeit, ihre Beschaffenheit; 3. Metaphysische Fragen). 2 St. in X.	Prof. Dr. theol. et phil. Johannes **Hessen**, nichtbeamteter außerordentlicher Professor (Philosophie)
1928	SS	Einführung in die Philosophie als Weltanschauungslehre (Substanz, Kausalität, monistische und dualistische Theorien. Psychophysischer Parallelismus und Wechselwirkung. Mechanische und teleologische Auffassung. Notwendigkeit und Freiheit. Gottesproblem). 2 St. in Aula	Prof. Dr. phil. **Artur Schneider,** ordentlicher Professor (Philosophie, Pädagogik)
1928	SS	Gerichtliche Psychiatrie für Juristen. 1 St. in X	Dr. med. Kurt **Blum**, Privatdozent (Psychiatrie und Neurologie), Assistent an der Psychiatrischen Klinik Lindenburg
1928	SS	Kurs der körperlichen Untersuchung in der Psychiatrie	**Blum**

1928	SS	Kriminalpsychologisches Seminar (privatissime et gratis). 2. St. im Juristischen Seminar.	Prof. Dr. Gustav **Aschaffenburg**, ordentlicher Professor (Psychiatrie), Direktor der Psychiatrischen Klinik
1928	SS	Psychiatrische Klinik. Lindenburg	**Aschaffenburg**
1928	SS	Experimentell-psychologische Arbeiten (privatissime et gratis). 1 St. Täglich. Lindenburg	**Aschaffenburg** und Prof. Dr. med. Alfred **Busch**, nichtbeamteter außerordentlicher Professor (Psychiatrie und experimentelle Psychopathologie)
1928	SS	Nerven- und Gemütsleiden des Jugendalters (mit Krankenvorstellungen). Auch für Nichtmediziner. 1 St. Universität	**Busch**
1928	SS	Allgemeine Psychopathologie (Denken, Wollen Ausdruck) 1 St. Lindenburg	Prof. Dr. med., Dr. phil. **Kurt Schneider**, nichtbeamteter außerordentlicher Professor (Psychiatrie), Oberarzt an der Psychiatrischen Klinik Köln-Lindenburg
1928	SS	Religionspsychopathologie. 1 St. Universität Hörsaal X.	**Kurt Schneider,**
1928/29	WS	Seminar: Die pädagogische Auswertung der Psychoanalyse und Individualpsychologie. 2 St. im Pädagogischen Seminar.	Prof. Dr. phil. **Friedrich Schneider**, Privatdozent, Professor an der Pädagogischen Akademie in Bonn (Pädagogik)
1928/29	WS	Psychologie der Reifezeit als Grundlage der Pädagogik der Übervierzehnjährigen. 2 St. in V	**Friedrich Schneider**

1928/29	WS	Übungen zur Psychologie und Ethik des Lehrerberufes. 2 St. in VIII (für Handelslehrer)	**Friedrich Schneider**
1928/29	WS	Soziologisches Kolloquium (über die Bedeutung der Psychoanalysis für die Soziologie) 1 St in II (alle 14 Tage)	Prof. Dr. phil. Paul **Honigsheim** nichtbeamteter außerordentlicher Professor (Philosophie und Soziologie); Direktor der städtischen Volkshochschule
1928/29	WS	Einführung in die Kriminalpsychologie unter besonderer Berücksichtigung der Psychoanalyse und der sexuellen Anomalien (mit Lichtbildern). 1 St. in VIII	Prof. Dr. jur. Gotthold **Bohne**, ordentlicher Professor (Strafrecht, Zivil- Strafprozeßrecht).
1928/29	WS	Einführung in die Pathopsychologie (insbesondere für Studierende der Philosophischen Fakultät). 1 St. in II.	Prof. Dr. med., Dr. phil. **Kurt Schneider**, nichtbeamteter außerordentlicher Professor (Psychiatrie), Oberarzt an der Psychiatrischen Klinik Köln-Lindenburg
1928/29	WS	Ausgewählte Kapitel aus der angewandten Psychologie, insbesondere Arbeitspsychologie. 1 St.	Prof. Dr. med. Alfred **Busch**, nichtbeamteter außerordentlicher Professor (Psychiatrie und experimentelle Psychopathologie, Experimentelle und Arbeitspsychologie)
1928/29	WS	Kapitel aus der Psychopathologie der Jugendlichen (publice u. allg. Vorl.). 1 St. in VIII	**Busch**
1928/29	WS	Psychiatrische Besprechungen für Fortgeschrittene. 1 St. Lindenburg	**Kurt Schneider**

1928/29	WS	Psychiatrische Klinik. 3 St. Lindenburg	Prof. Dr. med. Gustav **Aschaffenburg**, ordentlicher Professor (Psychiatrie), Direktor der Psychiatrischen Klinik
1928/29	WS	Gerichtlich-psychiatrisches Praktikum für Mediziner und Juristen (privatissime). 2 St. Lindenburg	**Aschaffenburg**
1928/29	WS	Psychiatrische-neurologische Propädeutik. 1 St. Lindenburg	Dr. med. Kurt **Blum**, (Psychiatrie und Neurologie), Assistent an der Psychiatrischen und Nervenklinik Lindenburg
1929	SS	Entwicklungspsychologie. 2 St. in X.	Prof. Dr. phil. Helmut **Plessner**, nichtbeamteter außerordentlicher Professor (Philosophie, Lehrauftrag für Geschichte der neueren Philosophie und Erkenntnistheorie der Naturwissenschaften)
1929	SS	Allgemeine Psychologie unter Berücksichtigung von Erziehung und Unterricht. 3 St. in der Aula	Prof. Dr. phil. **Artur Schneider,** ordentlicher Professor (Philosophie, Pädagogik)
1929	SS	Übungen zur Psychologie der Reifezeit. 2 St. in VIII	Prof. Dr. phil. **Friedrich Schneider**, Privatdozent, Professor an der Pädagogischen Akademie in Bonn (Pädagogik)
1929	SS	Pädagogisches Seminar: Problematik der amerikanischen Pädagogik und Psychologie. 2 St. im Pädagogischen Seminar	**Friedrich Schneider**

1929	SS	Gerichtliche Psychiatrie für Juristen. 1 St. in XII	Dr. med. Kurt **Blum**, Privatdozent (Psychiatrie und Neurologie), Assistent an der Psychiatrischen und Nervenklinik Lindenburg.
1929	SS	Psychiatrisch-neurologische Propädeutik. 1 St. Lindenburg	**Blum**
1929	SS	Kriminalpsychologisches Seminar (privatissime et gratis). 2. St. VII	Prof. Dr. med. Gustav **Aschaffenburg**, ordentlicher Professor (Psychiatrie), Direktor der Psychiatrischen Klinik.
1929	SS	Psychiatrische Klinik. 4 St. Psychiatrische und Nervenklinik Lindenburg	**Aschaffenburg**
1929	SS	Experimentell-psychologische Arbeiten. Täglich. Psychiatrische und Nervenklinik Lindenburg	**Aschaffenburg** und Prof. Dr. med. Alfred **Busch**, nichtbeamteter außerordentlicher Professor (Psychiatrie und experimentelle Psychopathologie, Experimentelle und Arbeitspsychologie)
1929	SS	Nerven- und Gemütsleiden des Jugendalters, mit Krankenvorstellungen (auch für Nichtmediziner). 1 St. Universität Hörsaal VIII	**Busch**
1929	SS	Abnorme Persönlichkeiten. 1 St. in X	Prof. Dr. med., Dr. phil. **Kurt Schneider**, nichtbeamteter außerordentlicher Professor (Psychiatrie), Oberarzt an der Psychiatrischen Klinik Köln-Lindenburg

1929	SS	Psychiatrisches Seminar (privatissime et gratis). 1 St. Lindenburg	Kurt **Schneider**
1929/30	WS	Sinnespsychologie. 2 St. in III	Dr. phil. Ernst **Barthel**, Privatdozent (Philosophie)
1929/30	WS	Einführung in die Pathopsychologie (insbesondere für Studierende der Philosophischen Fakultät). 1 St. in der Universität, Hörsaal X.	Prof. Dr. med., Dr. phil. **Kurt Schneider**, nichtbeamteter außerordentlicher Professor (Psychiatrie), Oberarzt an der Psychiatrischen Klinik Köln-Lindenburg
1929/30	WS	Psychiatrische Besprechungen für Fortgeschrittene. 1 St. Lindenburg	**Kurt Schneider**
1929/30	WS	Einführung in die Kriminalpsychologie auf individualpsychologischer und psychoanalytischer Grundlage, einschließlich der sexuellen Anomalien (mit Lichtbildern). 1 St. in V.	Prof. Dr. jur. Gotthold **Bohne**, ordentlicher Professor (Strafrecht, Zivil- Strafprozeßrecht)
1929/30	WS	Gerichtlich-psychiatrisches Praktikum für Mediziner und Juristen (privatissime). 2 St. in der Psychiatrischen Klinik, Lindenburg	Prof. Dr. med. Gustav **Aschaffenburg**, ordentlicher Professor (Psychiatrie), Direktor der Psychiatrischen Klinik.
1929/30	WS	Psychiatrische Klinik (privatissime). 3 St. Lindenburg	**Aschaffenburg**

1929/30	WS	Anleitung zu experimentell-psychologischen Arbeiten (privatissime et gratis). Täglich. Lindenburg	**Aschaffenburg** und Prof. Dr. med. Alfred **Busch**, nichtbeamteter außerordentlicher Professor (Psychiatrie und experimentelle Psychopathologie, Experimentelle und Arbeitspsychologie)
1929/30	WS	Psychologie der Hypnose, Suggestion und der okkulten Gebiete (publice u. allg. Vorl.). 1 St. Hörsaal X	**Busch**
1929/30	WS	Grundzüge der Psychotherapien, mit Demonstrationen. 1 St. Lindenburg	**Busch**
1929/30	WS	Psychiatrisch-neurologische Propädeutik. 1 St. Lindenburg	Dr. med. Kurt **Blum**, Privatdozent (Psychiatrie und Neurologie), Assistent an der Psychiatrischen Klinik Lindenburg
1930	SS	Allgemeine Psychologie mit besonderer Berücksichtigung von Erziehung und Unterricht (einschließlich der Leibesübungen für Turnlehrer). 4 St. in Aula (Vorlesung)	Prof. Dr. phil. **Artur Schneider,** ordentlicher Professor (Philosophie, Pädagogik)
1930	SS	Einführung in die Gefängniskunde und in die Psychologie der Straftat (mit Lichtbildern). 1 St. in VIII	Prof. Dr. jur. Gotthold **Bohne**, ordentlicher Professor (Strafrecht, Zivil- Strafprozeßrecht)
1930	SS	Übungen im Strafprozeß und über kriminalpsychologische Fragen. 2 St. in VII	**Bohne**

1930	SS	Psychiatrisches Seminar (privatissime et gratis). 1 St. Lindenburg.	Prof. Dr. med., Dr. phil. **Kurt Schneider**, nichtbeamteter außerordentlicher Professor (Psychiatrie), Oberarzt an der Psychiatrischen Klinik Köln-Lindenburg
1930	SS	Einführung in die Psychologie (für vorklinische und klinische Mediziner)	**Kurt Schneider**
1930	SS	Psychiatrische Klinik. 4 St. Lindenburg	Prof. Dr. med. Gustav **Aschaffenburg**, ordentlicher Professor (Psychiatrie), Direktor der Psychiatrischen Klinik.
1930	SS	Kriminalpsychologisches Seminar (privatissime et gratis). 2. St. in VII	**Aschaffenburg**
1930	SS	Experimentell-psychologischen Arbeiten (privatissime et gratis). Täglich. Psychiatrische und Nervenklinik, Lindenburg	**Aschaffenburg** und Prof. Dr. med. Alfred **Busch**, nichtbeamteter außerordentlicher Professor (Psychiatrie und experimentelle Psychopathologie, Experimentelle und Arbeitspsychologie)
1930	SS	Nerven- und Gemütsleiden des Jugendalters (mit Krankenvorstellungen), auch für Nichtmediziner. 1 St. Universität, Aula	**Busch**

1930/31	WS	Allgemeine Psychologie. 4 St. in XIII	Prof. Dr. phil. Helmut **Plessner** nichtbeamteter außerordentlicher Professor (Philosophie, Lehrauftrag für Geschichte der neueren Philosophie und Erkenntnistheorie der Naturwissenschaften)
1930/31	WS	Psychologie und Pädagogik der Reifezeit. 2 St. in VI	Prof. Dr. phil. **Friedrich Schneider**, Privatdozent, Professor an der Pädagogischen Akademie in Bonn (Pädagogik)
1930/31	WS	Übungen zur Phänomenologie. 2 St. im Philosophischen Seminar	Dr. phil. Robert **Heiß**, Privatdozent (Philosophie)
1930/31	WS	Einführung in die Kriminalpsychologie auf individualpsychologischer Grundlage, einschließlich der sexuellen Anomalien (mit Lichtbildern). 1 St. in VI	Prof. Dr. jur. Gotthold **Bohne**, ordentlicher Professor (Strafrecht, Zivil- Strafprozeßrecht)
1930/31	WS	Gerichtliche Psychiatrie. 1 St. in XIV	Dr. med. Hans **Bürger-Prinz**, Privatdozent (Psychiatrie und Nervenheilkunde), Oberarzt an der Psychiatrischen und Nervenklinik, Lindenburg
1930/31	WS	Einführung in die Pathopsychologie (insbesondere für Studierende der Philosophischen Fakultät). 1 St. in der Universität, Hörsaal X	Prof. Dr. med., Dr. phil. **Kurt Schneider**, nichtbeamteter außerordentlicher Professor (Psychiatrie), Oberarzt an der Psychiatrischen Klinik Köln-Lindenburg

1930/31	WS	Psychiatrische Besprechungen (privatissime et gratis). 1 St. Lindenburg	**Kurt Schneider**
1930/31	WS	Gerichtlich-psychiatrisches Praktikum für Mediziner und Juristen (privatissime). 2 St. in der Psychiatrischen Klinik, Lindenburg	Prof. Dr. med. Gustav **Aschaffenburg**, ordentlicher Professor (Psychiatrie), Direktor der Psychiatrischen Klinik.
1930/31	WS	Gerichtlich-psychiatrisches Praktikum für Mediziner und Juristen (privatissime). 2 St. Lindenburg.	**Aschaffenburg**
1930/31	WS	Psychiatrische Klinik (privatissime). 3 St. Lindenburg	**Aschaffenburg**
1930/31	WS	Anleitung zu experimentell-psychologischen Arbeiten (privatissime et gratis). Täglich. Lindenburg	**Aschaffenburg** und Prof. Dr. med. Alfred **Busch**, nichtbeamteter außerordentlicher Professor (Psychiatrie und experimentelle Psychopathologie, Experimentelle und Arbeitspsychologie)
1930/31	WS	Grundzüge der Psychotherapie (Hypnose und Suggestion, Psychoanalyse, Psychagogik) mit Demonstrationen. 1 St. Psychiatrische Klinik, Lindenburg.	**Busch**
1930/31	WS	Nerven- und Gemütsleiden des Jugendalters (publice und Allg. Vorl.). 1 St. Universität, Hörsaal V	**Busch**
1931	SS	Grundzüge einer Charakterologie (publice u. Allg. Vorl.). 1 St. in VII	Dr. phil. Robert **Heiß**, Privatdozent (Philosophie)

1931	SS	Allgemeine Psychologie unter Berücksichtigung von Erziehung und Unterricht (einschließlich der Leibesübungen für Turnlehrer). 4 St. in Aula (Vorlesung)	Prof. Dr. phil. **Artur Schneider,** ordentlicher Professor (Philosophie, Pädagogik).
1931	SS	Einführung in die Psychologie für vorklinische und klinische Mediziner. 1 St. Lindenburg	Prof. Dr. med., Dr. phil. **Kurt Schneider**, nichtbeamteter außerordentlicher Professor (Psychiatrie), Oberarzt an der Psychiatrischen Klinik Köln-Lindenburg
1931	SS	Kriminalpsychologisches Seminar (privatissime et gratis). 2. St. Im Kriminalwissenschaftlichen Institut	Prof. Dr. med. Gustav **Aschaffenburg**, ordentlicher Professor (Psychiatrie), Direktor der Psychiatrischen Klinik
1931	SS	Psychiatrische Klinik (privatissime). 4 St. Psychiatrische und Nervenklinik Lindenburg	**Aschaffenburg**
1931	SS	Anleitung zu experimentell-psychologischen Arbeiten (privatissime et gratis). Täglich. Lindenburg	**Aschaffenburg** und Prof. Dr. med. Alfred **Busch**, nichtbeamteter außerordentlicher Professor (Psychiatrie und experimentelle Psychopathologie, Experimentelle und Arbeitspsychologie)
1931	SS	Kapitel aus der angewandten Psychologie, insbesondere Arbeitspsychologie und Psychotechnik. 1 St. Universität	**Busch**

1931	SS	Gerichtliche Psychiatrie. 1 St. Universität, Hörsaal IX	Dr. med. Hans **Bürger-Prinz**, Privatdozent (Psychiatrie und Nervenheilkunde), Oberarzt an der Psychiatrischen und Nervenklinik, Lindenburg
1931/32	WS	Allgemeine Psychologie. 4 St. in III	Dr. phil. Ernst **Barthel**, Privatdozent (Philosophie).
1931/32	WS	Wesen und Methode der geisteswissenschaftlichen Psychologie unter Zugrundelegung von Sprangers „Lebensformen". 2 St. in IX	Prof. Dr. phil. **Artur Schneider,** ordentlicher Professor (Philosophie, Pädagogik)
1931/32	WS	Übungen über Hauptprobleme der Pädagogischen Psychologie. 2 St. in XI	Prof. Dr. phil. **Friedrich Schneider**, Privatdozent, Professor an der Pädagogischen Akademie in Bonn (Pädagogik)
1931/32	WS	Einführung in die Kriminalpsychologie auf individualpsychologischer Grundlage, einschließlich der sexuellen Anomalien (mit Lichtbildern). 1 St. in V.	Prof. Dr. jur. Gotthold **Bohne**, ordentlicher Professor (Strafrecht, Zivil- Strafprozeßrecht)
1931/32	WS	Grundzüge der Kriminalpsychologie (publice und allgemeine Vorlesung). 1 St. in VIII	Prof. Dr. med. Alfred **Busch**, nichtbeamteter außerordentlicher Professor (Psychiatrie und experimentelle Psychopathologie, Experimentelle und Arbeitspsychologie)

1931/32	WS	Nerven- und Gemütsleiden des Jugendalters mit Krankenvorstellungen (auch für Nichtmediziner). 1 St. in der Aula	**Busch**
1931/32	WS	Ausgewählte Kapitel der Lehre vom Charakter (publice und allgemeine Vorlesung). 1 St. in X	Dr. med. Walther **Jahrreis**, Privatdozent (Psychiatrie)
1931/32	WS	Psychiatrische und Neurologische Demonstrationen und Besprechungen (privatissime). 1 St.	**Jahrreis**
1931/32	WS	Einführung in die Psychopathologie (für Studierende aller Fakultäten). 1 St. in IX	**Jahrreis**
1931/32	WS	Anleitung zu experimentell-psychologischen Arbeiten. Täglich. Lindenburg	Prof. Dr. med. Gustav **Aschaffenburg,** ordentlicher Professor (Psychiatrie), Direktor der Psychiatrischen Klinik und Prof. Dr. med. Alfred **Busch**
1931/32	WS	Gerichtlich-psychiatrisches Praktikum, für medizinische Juristen (privatissime). 2 St. in der Psychiatrischen Klinik, Lindenburg	**Aschaffenburg**
1931/32	WS	Psychiatrische und Neurologische Besprechungen (privatissime). 1 St.	Dr. med. Max **Günther**, Privatdozent (Psychiatrie und Neurologie) mit Dr. med. **Jahrreis**
1932	SS	Übungen zur charakterologischen Psychologie. 2 St. im Philosophischen Seminar.	Dr. phil. Robert **Heiß**, Privatdozent (Philosophie)

1932	SS	Allgemeine Psychologie unter Berücksichtigung von Erziehung und Unterricht (einschließlich der Leibesübungen für Turnlehrer). 4 St. Aula	Prof. Dr. phil. **Artur Schneider,** ordentlicher Professor (Philosophie, Pädagogik)
1932	SS	Erziehungslehre (Probleme der Fremd- und Selbsterziehung, psychoanalytische und individualpsychologisch begründete Erziehung). 2 St. Aula.	Prof. Dr. phil. **Friedrich Schneider**, Privatdozent, Professor an der Pädagogischen Akademie in Bonn (Pädagogik)
1932	SS	Übungen im Strafprozeß (Konversatorische Besprechung von Aktenfällen und von kriminalpsychologischen Fragen, insbesondere Psychologie der Zeugenaussage, Vernehmungstechnik usw.). 2 St. in VII	Prof. Dr. jur. Gotthold **Bohne**, ordentlicher Professor (Strafrecht, Zivil- Strafprozeßrecht)
1932	SS	Grundzüge der Psychotherapie (Hypnose, Suggestion, Psychoanalyse...) mit Demonstrationen. 1 St. in VIII	Prof. Dr. med. Alfred **Busch**, nichtbeamteter außerordentlicher Professor (Psychiatrie und experimentelle Psychopathologie, Experimentelle und Arbeitspsychologie)
1932	SS	Anleitung zu experimentell-psychologischen Arbeiten (privatissime et gratis). Täglich, Psychiatrische Klinik Lindenburg	Prof. Dr. med. Gustav **Aschaffenburg,** ordentlicher Professor (Psychiatrie), Direktor der Psychiatrischen Klinik und Prof. Dr. med. Alfred **Busch**
1932	SS	Psychiatrische Klinik (privatissime). 4 St. Psychiatrische Klinik Lindenburg	**Aschaffenburg**

1932	SS	Kriminalpsychologisches Seminar (privatissime et gratis). 2 St. im Kriminalwissenschaftlichen Institut	**Aschaffenburg**
1932	SS	Einführung in die Psychologie für vorklinische und klinische Mediziner. 1 St. Psychiatrische Klinik Lindenburg	Dr. med. Walther **Jahrreis**, Privatdozent (Psychiatrie), Oberarzt an der Psychiatrischen und Nervenklinik Lindenburg
1932	SS	Forensische Psychiatrie (für Juristen und Mediziner). 1 St. in IV	**Jahrreis**
1932	SS	Psychiatrische Propädeutik mit Übungen am Krankenbett. 2 St. Psychiatrische Klinik der Lindenburg.	**Jahrreis**
1932/33	WS	Leib und Seele. 2 St. in XIII	Dr. phil. Robert **Heiß**, Privatdozent (Philosophie)
1932/33	WS	Allgemeine Psychologie. 4 St. in XIII	Prof. Dr. phil. Hermann R. **Bäcker**, Professor an der Pädagogischen Akademie in Dortmund (Philosophie)
1932/33	WS	Psychologie und Pädagogik der Reifezeit. 2 St. in der Aula	Prof. Dr. phil. **Friedrich Schneider**, Privatdozent, Professor an der Pädagogischen Akademie in Bonn (Pädagogik)
1932/33	WS	Einführung in die Kriminalpsychologie auf individualpsychologischer, einschließlich der sexuellen Anomalien (mit Lichtbildern). 1 St. in V.	Prof. Dr. jur. Gotthold **Bohne**, ordentlicher Professor (Strafrecht, Zivil- Strafprozeßrecht)

1932/33	WS	Gerichtlich-psychiatrisches Praktikum für Mediziner und Juristen. 2 St. Psychiatrische und Nervenklinik Lindenburg.	Prof. Dr. med. Dr. jur. h.c. Dr. phil h.c. Gustav **Aschaffenburg,** ordentlicher Professor (Psychiatrie), Direktor der Psychiatrischen Klinik
1932/33	WS	Psychiatrische Klinik (privatissime). 3 St. Lindenburg	**Aschaffenburg**
1932/33	WS	Gerichtlich-psychiatrisches Praktikum für Mediziner und Juristen (privatissime). 2 St. in der Psychiatrischen Klinik der Lindenburg	**Aschaffenburg**
1932/33	WS	Anleitung zu experimentell-psychologischen Arbeiten (privatissime et gratis). Täglich. Psychiatrische und Nervenklinik Lindenburg.	**Aschaffenburg** und Prof. Dr. med. Alfred **Busch**, nichtbeamteter außerordentlicher Professor (Psychiatrie und experimentelle Psychopathologie, Experimentelle und Arbeitspsychologie)
1932/33	WS	Nerven- und Gemütsleiden des Jugendalters mit Krankenvorstellungen (auch für Nichtmediziner) (privatissime). 1 St. in VIII	**Busch**
1932/33	WS	Psychologie der Hypnose, Suggestion und der okkulten Gebiete (publice u. allg. Vorl.). 1 St. Hörsaal VIII	**Busch**

1932/33	WS	Psychiatrisch- neurologische Poliklinik (privatissime). 1 St.	Dr. med. Walther **Jahrreis**, Privatdozent (Psychiatrie), Oberarzt an der Psychiatrischen und Nervenklinik Lindenburg und Dr. med. Max **Günther**, Privatdozent (Psychiatrie und Neurologie)
1932/33	WS	Allgemeine Psychopathologie (publice). 1 St. in IV	**Jahrreis**
1933	SS	Allgemeine Psychologie unter Berücksichtigung von Erziehung und Unterricht (einschließlich der Leibesübungen für Turnlehrer). 4 St. in VIII	Prof. Dr. phil. **Artur Schneider,** ordentlicher Professor (Philosophie, Pädagogik)
1933	SS	Die Psychologie der Gegenwart in Frankreich. 1 St. in XIII	Dr. phil. Isaak **Benrubi** (Philosophie), mit Vorlesung beauftragt
1933	SS	Sinnespsychologische Übungen (Farbe und Ton), (privatissime et gratis). 2 St. im Philosophischen Seminar	Dr. phil. Ernst **Barthel**, Privatdozent (Philosophie).
1933	SS	Erkenntnistheorie. 4 St. in XIII	Dr. phil. Robert **Heiß**, Privatdozent (Philosophie)
1933	SS	Einführung in die Psychologie (für Kliniker und Vorkliniker), (publice). 1 St. in der Psychiatrischen Klinik Lindenburg	Dr. med. Walther **Jahrreis**, Privatdozent (Psychiatrie), Oberarzt an der Psychiatrischen und Nervenklinik Lindenburg
1933	SS	Psychiatrisch wichtige Kapitel für Juristen (privatissime). 1 St. Universität	**Jahrreis**

1933	SS	Kriminalpsychologisches Seminar für Mediziner und Juristen (privatissime et gratis). 2 St. im Kriminalwissenschaftlichen Institut	Prof. Dr. med., Dr. jur. h.c., Dr. phil. h.c. Gustav **Aschaffenburg**, ordentlicher Professor (Psychiatrie), Direktor der Psychiatrischen Klinik
1933	SS	Psychiatrische Klinik (privatissime). 4 St. Psychiatrische Klinik der Lindenburg	**Aschaffenburg**
1933	SS	Anleitung zu experimentell-psychologischen Arbeiten. Täglich in der Psychiatrischen Klinik der Lindenburg	**Aschaffenburg** und Prof. Dr. med. Alfred **Busch**, nichtbeamteter außerordentlicher Professor (Psychiatrie und experimentelle Psychopathologie, Experimentelle und Arbeitspsychologie)
1933	SS	Grundzüge der Psychotherapie (Hypnose, Suggestion, Psychoanalyse...) mit Demonstrationen. 1 St. in der Psychiatrischen Klinik Lindenburg	**Busch**
1933	SS	Nerven- und Gemütsleiden des Jugendalters (publice und allgemeine Vorlesung). 1 St. Universität, Hörsaal VI	**Busch**
1933/34	WS	Allgemeine Psychologie (im Rahmen einer philosophischen Anthropologie). 4 St. in XIII	Prof. Dr. theol. et phil. Johannes **Hessen**, nichtbeamteter außerordentlicher Professor (Philosophie, Lehrauftrag für Geschichte der Philosophie des Mittelalters)

1933/34	WS	Übungen über die verschiedenen Strömungen der Gegenwartspsychologie und ihre pädagogische Bedeutung. 2 St. in XI	Prof. Dr. phil. **Friedrich Schneider**, Privatdozent (Pädagogik), Professor an der Hochschule für Lehrerbildung in Bonn.
1933/34	WS	Psychologie des Glaubens. 1 St. Hörsaal X	Dr. **Söhngen** (Privatdozent) Bonn, [Veranstaltung ist nur bei „öffentlichen Vorlesungen" im Sonderkatalog aufgeführt; im Vorlesungsverzeichnis bleibt die Veranstaltung unerwähnt.]
1933/34	WS	Psychiatrische Klinik (privatissime). 3 St. in der Psychiatrischen Klinik der Lindenburg	Prof. Dr. med., Dr. jur. h.c., Dr. phil. h.c. Gustav **Aschaffenburg**, ordentlicher Professor (Psychiatrie), Direktor der Psychiatrischen Klinik.
1933/34	WS	Gerichtlich-psychiatrisches Praktikum für Mediziner und Juristen (privatissime). 2 St. in der Psychiatrischen Klinik Lindenburg	**Aschaffenburg**
1933/34	WS	Experimentell-psychologischen Arbeiten (privatissime et gratis). Täglich in der Psychiatrischen Klinik Lindenburg	**Aschaffenburg** und Prof. Dr. med. Alfred **Busch**, nichtbeamteter außerordentlicher Professor (Psychiatrie und experimentelle Psychopathologie, Experimentelle und Arbeitspsychologie)
1933/34	WS	Nerven- und Gemütsleiden des Jugendalters (privatissime). 1 St. in VIII	**Busch**

1933/34	WS	Allgemeine Psychopathologie (publice). 1 St. in Hörsaal IV	Dr. med. Walther **Jahrreis**, Privatdozent (Psychiatrie), Oberarzt an der Psychiatrischen und Nervenklinik Lindenburg
1933/34	WS	Psychiatrie für Vorgeschrittene. 1 St. in der Psychiatrischen Klinik der Lindenburg	**Jahrreis**
1933/34	WS	Einführung in die psychiatrische Klinik. 1 St. Lindenburg	Dr. med. Eduard **Krapf**, Privatdozent (Psychiatrie und Neurologie)
1933/34	WS	Psychiatrisch-neurologische Poliklinik	**Krapf** und Dr. med. Hanns **Ruffin**, Privatdozent (Psychiatrie und Neurologie)
1934	SS	Geschichte der neueren Philosophie und Naturerkenntnis mit besonderer Berücksichtigung rassischer und völkerpsychologischer Wurzeln. 4 St. in VII	Dr. phil. Ernst **Barthel**, Privatdozent (Philosophie)
1934	SS	Allgemeine Psychologie unter Berücksichtigung von Erziehung und Unterricht (einschließlich der Leibesübungen für Turnlehrer). 4 St. in VIII	Prof. Dr. phil. **Artur Schneider,** ordentlicher Professor (Philosophie, Pädagogik)
1934	SS	Übungen zur Einführung in die Methoden der Psychologie. 2 St. Mo. 15–16½ im Psychologischen Institut	**Artur Schneider** durch **Krudewig**

1934	SS	Psychologische Fragen des Heeres im Kriege und im Frieden. Nach Vereinbarung	Prof. Dr. phil. Hermann R. **Bäcker**, Professor an der Hochschule für Lehrerbildung in Dortmund (Philosophie).
1934	SS	Psychologie und Pädagogik der Reifezeit. 2 St. in VIII	Prof. Dr. phil. **Friedrich Schneider**, Privatdozent (Pädagogik), Professor an der Hochschule für Lehrerbildung in Bonn
1934	SS	Übungen zur Charakterlehre. 2 St. im Philosophischen Seminar	Dr. phil. Robert **Heiß**, Privatdozent (Philosophie)
1934	SS	Übungen im Strafprozeßrecht (konservator. Besprech. von Aktenfällen und kriminalpsychologischen Fragen, insbesondere Psychologie der Zeugenaussage, Vernehmungstechnik usw.)	Prof. Dr. jur. Gotthold **Bohne**, ordentlicher Professor (Strafrecht, Zivil- Strafprozeßrecht)
1934	SS	Kriminalpsychologisches Seminar für Mediziner und Juristen (privatissime et gratis). 2 St. im Kriminalwissenschaftlichen Institut	Prof. Dr. med., Dr. jur. h.c., Dr. phil. h.c. Gustav **Aschaffenburg**, ordentlicher Professor (Psychiatrie), Direktor der Psychiatrischen Klinik
1934	SS	Psychiatrische Klinik (privatissime). 4 St. in der Psychiatrischen Klinik der Lindenburg	**Aschaffenburg**
1934	SS	Grundzüge der Psychotherapie (Suggestion, Hypnose, Psychoanalyse), (privatissime). 1 St. in der Psychiatrischen Klinik der Lindenburg	Prof. Dr. med. Alfred **Busch**, nichtbeamteter außerordentlicher Professor (Psychiatrie und experimentelle Psychopathologie, Experimentelle und Arbeitspsychologie)

1934	SS	Kapitel aus der Kriminalpsychologie (publice und allgemeine Vorlesung). 1 St. Universität, Hörsaal VII	**Busch**
1934	SS	Medizinische Psychologie. 1 St. in der Psychiatrischen Klinik Lindenburg	Dr. med. Walther **Jahrreis**, Privatdozent (Psychiatrie), Oberarzt an der Psychiatrischen und Nervenklinik Lindenburg
1934	SS	Einführung in die Charakterkunde (für Hörer aller Fakultäten). 1 St. Universität, Hörsaal IV	**Jahrreis**
1934/35	WS	Allgemeine Psychologie. 4 St. in XIV	Dr. phil. Ernst **Barthel**, Privatdozent (Philosophie)
1934/35	WS	Übungen zum Problem des Lebens. 2 St. im Philosophischen Seminar	Dr. phil. Robert **Heiß**, Privatdozent (Philosophie)
1934/35	WS	Übungen zur Biographie und Charakterologie der genialen Begabung. 2 St. im Philosophischen Seminar	**Heiß** und Dr. phil. Bodo Freiherr von **Waltershausen**[752], Privatdozent (Philosophie und Pädagogik)
1934/35	WS	Übungen zur Ausdruckspsychologie. 2 St. im Philosophischen Seminar	Prof. Dr. phil. **Artur Schneider,** ordentlicher Professor (Philosophie, Pädagogik) durch **Krudewig**
1934/35	WS	Berufs-Psychologie der Jugendlichen. 1 St. in XV (Vorlesung für das Wirtschaftslehrerstudium)	Dr. rer. pol. Paul **Eckardt**, Handelsschuldirektor (Wirtschaftspädagogik) – mit Vorlesung beauftragt
1934/35	WS	Übungen zur Jugendkunde der Berufsschüler. 2 St. in XXI	**Eckardt**

752 Assistent des Leiters des Pädagogischen Seminars, Prof. Dr. Artur Schneider (S. 42).

1934/35	WS	Einführung in die Charakterkunde (publice). 1 St	Dr. med. Walther **Jahrreis**, Privatdozent (Psychiatrie), Oberarzt an der Psychiatrischen und Nervenklinik Lindenburg
1934/35	WS	Einführung in die Psychiatrie (privatissime). 1 St. nach Vereinbarung	**Jahrreis**
1934/35	WS	Nerven- und Gemütsleiden des Jugendalters (privatissime), auch für Nichtmediziner. 1 St. Universität Hörsaal VIII	Prof. Dr. med. Alfred **Busch**, nichtbeamteter außerordentlicher Professor (Psychiatrie und experimentelle Psychopathologie, Experimentelle und Arbeitspsychologie)
1934/35	WS	Psychologie der Hypnose, Suggestion und der occulten Gebiete (publice und allgemeine Vorlesung). 1 St. Hörsaal VII	**Busch**
1934/35	WS	Psychiatrische Klinik (privatissime). 3 St. in der Psychiatrischen Klinik Lindenburg.	Prof. Dr. med. Max **De Crinis,** ordentlicher Professor (Psychiatrie), Kommissarischer Direktor der Psychiatrischen und Nervenklinik Lindenburg.
1934/35	WS	Gerichtliche Psychiatrie (für Mediziner und Juristen). 2 St. in der Psychiatrischen Klinik Lindenburg.	**De Crinis**

1934/35	WS	Ausgewählte Kapitel aus der Psychiatrie. 1 St. in der Psychiatrischen Klinik Lindenburg.	Prof. Dr. med. Hubert **Kahle,** Honorarprofessor (Psychiatrie)
1935	SS	Allgemeine Psychologie unter besonderer Berücksichtigung von Erziehung und Unterricht. 4 St. in VIII	Prof. Dr. phil. **Artur Schneider,** ordentlicher Professor, 3.8.11 (Philosophie, Pädagogik).
1935	SS	Übungen zur Gefühlspsychologie. 2 St. im Philosophischen Seminar	**Artur Schneider** durch **Krudewig**
1935	SS	Übungen über Geschichte, Psychologie und Technik der Selbsterziehung. 2 St. im Pädagogischen Seminar	Prof. Dr. phil. **Friedrich Schneider**, Privatdozent, 11.2.23 (Pädagogik), Professor an der Hochschule für Lehrerbildung in Bonn
1935	SS	Psychiatrische Klinik (privatissime). 3 St. in der Psychiatrischen Klinik Lindenburg	Prof. Dr. med. Max **De Crinis,** ordentlicher Professor, 9.10.34 (Psychiatrie). Direktor der Psychiatrischen und Nervenklinik Lindenburg
1935	SS	Grundzüge der Psychotherapie (Hypnose, Suggestion, Psychagogik, Psychoanalyse), privatissime. 1 St. in der Psychiatrischen Klinik Lindenburg	Prof. Dr. med. Alfred **Busch**, nichtbeamteter außerordentlicher Professor, 4.8.18 (Psychiatrie und experimentelle Psychopathologie, Experimentelle und Arbeitspsychologie)

1935	SS	Einführung in die Psychiatrie (Untersuchungsmethoden und Demonstrationen). 1 St. nach Vereinbarung	Dr. med. Walther **Jahrreis**, Privatdozent, 26.7.30 (Psychiatrie), Oberarzt an der Psychiatrischen und Nervenklinik Lindenburg
1935	SS	Ausgewählte Kapitel aus der Psychiatrie. 1 St. in der Psychiatrischen Klinik Lindenburg	Prof. Dr. med. Hubert **Kahle,** Honorarprofessor, 28.4.34 (Psychiatrie)
1935/36	WS	Übungen in Charakterologie. 2 St. im Philosophischen Seminar	Dr. phil. Robert **Heiß**, Dozent[753], 23.7.28 (Philosophie. Lehrauftrag für Logik, Logistik und Wissenschaftslehre)
1935/36	WS	Übungen zur Kinderpsychologie. 2 St. im Philosophischen Seminar	Prof. Dr. phil. **Artur Schneider,** ordentlicher Professor, 3.8.11 (Philosophie, Pädagogik) durch **Krudewig**
1935/36	WS	Allgemeine Psychologie. 2 St. in XVII	Dr. phil. Bodo Freiherr von **Waltershausen**[754], Dozent, 27.7.31 (Philosophie und Pädagogik. Lehrauftrag für Geschichte der Leibesübungen und der körperlichen Erziehung)

753 Im Vorlesungsverzeichnis Sommersemester 1935 wurde zum letzten Mal die Bezeichnung „Privatdozent" verwendet. Durch Erlass des Preußischen Ministers für Wissenschaft, Kunst und Volksbildung vom 11.10.1933 (U I Nr. 1363) wurde die „Dozentenschaft" ins Leben gerufen. Durch diesen Erlass wurden die außerplanmäßigen und planmäßigen Assistenten sowie Privatdozenten und nichtbeamtete außerordentliche Professoren zu einer Dozentenschaft der jeweiligen Universität zusammengeschlossen. Für Assistenten und nichtbeamtete Dozenten ist die Mitgliedschaft Pflicht. Die Dozentenschaft ist die einzige staatliche anerkannte Organisation des akademischen Nachwuchses (vgl. Vorlesungsverzeichnis SS 1935, S. 66 bzw. Vorlesungsverzeichnis WS 1935/36, S. 71). Die Bezeichnung „Dozent" löste zwangsläufig die Bezeichnung „Privatdozent" ab.

754 Außerplanmäßiger Assistent des Leiters des Pädagogischen Seminars, Prof. Dr. Artur Schneider (S. 42).

1935/36	WS	Jugendkunde. 1 St. in XIII	Prof. Dr. phil. **Friedrich Schneider**, Dozent, 11.2.23 (Pädagogik), Professor an der Hochschule für Lehrerbildung in Bonn
1935/36	WS	Übungen über wichtige Probleme der Jugendkunde. 1 St. im Pädagogischen Seminar	**Friedrich Schneider**
1935/36	WS	Übungen über die Lehrerpersönlichkeit (Psychologie und Ethik des Lehrerberufes). 2 St. im Pädagogischen Seminar	**Friedrich Schneider**
1935/36	WS	Einführung in die Psychiatrie. 2 St. in der Psychiatrischen Klinik Lindenburg.	Dr. med. Walther **Jahrreis**, Dozent, 26.7.30 (Psychiatrie), Oberarzt an der Psychiatrischen und Nervenklinik Lindenburg.
1935/36	WS	Psychiatrische Klinik (privatissime). 3 St. in der Psychiatrischen Klinik Lindenburg.	Prof. Dr. med. Max **De Crinis,** ordentlicher Professor, 9.10.34 (Psychiatrie). Direktor der Psychiatrischen und Nervenklinik Lindenburg.
1935/36	WS	Gerichtliche Psychiatrie. 2 St. in der Psychiatrischen Klinik Lindenburg.	**De Crinis**
1935/36	WS	Nerven- und Gemütsleiden des Jugendalters (mit Krankenvorstellungen). Privatissime. 1 St. Universität, Hörsaal VII	Prof. Dr. med. Alfred **Busch**, nichtbeamteter außerordentlicher Professor, 4.8.18 (Psychiatrie und experimentelle Psychopathologie, Experimentelle und Arbeitspsychologie)

1936	SS	Allgemeine Psychologie (im Rahmen einer philosophischen Anthropologie). 4 St.[755]	Prof. Dr. theol. et phil. Johannes **Hessen**, nichtbeamteter außerordentlicher Professor, 22.12.27 (Philosophie, Lehrauftrag für Geschichte der Philosophie des Mittealters)
1936	SS	Übungen über Jugendkunde. 2 St. im Pädagogischen Seminar	Prof. Dr. phil. **Artur Schneider,** ordentlicher Professor, 3.8.11 (Philosophie, Pädagogik) und Dr. phil. Bodo Freiherr von **Waltershausen**[756], Dozent, 27.7.31 (Philosophie und Pädagogik. Lehrauftrag für Geschichte der Leibesübungen und der körperlichen Erziehung)
1936	SS	Übungen über die Methoden zur Bestimmung der individuellen Eigenart der Schüler. 2 St. im Pädagogischen Seminar	Prof. Dr. phil. **Friedrich Schneider**, Dozent, 11.2.23 (Pädagogik), Professor an der Hochschule für Lehrerbildung in Bonn
1936	SS	Die Einführung des jungen Mannes in das Wesen der Frau vor seinem Eintritt ins Leben (für schluß- und hochsemestrige Kommilitonen aller Fakultäten), privatissime. 1 St. Universität, Hörsaal	Prof. Dr. med. Heinrich **Füth**, ordentlicher Professor, 30.4.06 (Geburtshilfe und Gynäkologie) emerit.

755 Die Angabe des Hörsaals fehlt.

756 Außerplanmäßiger Assistent des Leiters des Pädagogischen Seminars, Prof. Dr. Artur Schneider (S. 42).

1936	SS	Grundzüge der Psychotherapie (Hypnose, Suggestion, Psychagogik, Psychoanalyse), privatissime. 1 St. in der Psychiatrischen Klinik Lindenburg	Prof. Dr. med. Alfred **Busch**, nichtbeamteter außerordentlicher Professor, 4.8.18 (Psychiatrie und experimentelle Psychopathologie, Experimentelle und Arbeitspsychologie)
1936	SS	Psychiatrische Klinik (privatissime). 3 St. in der Psychiatrischen Klinik Lindenburg.	Prof. Dr. med. Max **De Crinis,** ordentlicher Professor, 9.10.34 (Psychiatrie). Direktor der Psychiatrischen und Nervenklinik Lindenburg
1936	SS	Gerichtliche Psychiatrie. 2 St. in der Psychiatrischen Klinik Lindenburg	**De Crinis**
1936	SS	Medizinische Psychologie für Vorkliniker und Kliniker. 1 St. nach Vereinbarung	Dr. med. Walther **Jahrreis**, Dozent, 26.7.30 (Psychiatrie), Oberarzt an der Psychiatrischen und Nervenklinik Lindenburg
1936	SS	Psychiatrische Demonstrationen für Fortgeschrittene. 2 St. in der Psychiatrischen Klinik Lindenburg.	**Jahrreis**
1936/37	WS	Übungen zur Psychologie und Typologie von E.R. Jaensch. 2 St. im Pädagogischen Seminar	Prof. Dr. phil. **Artur Schneider,** ordentlicher Professor, 3.8.11 (Philosophie, Pädagogik) durch **Krudewig**

1936/37	WS	Allgemeine Psychologie. 2 St. in XXI	Dr. phil. Bodo Freiherr von **Waltershausen**[757], Dozent, 27.7.31 (Philosophie und Pädagogik. Lehrauftrag für Geschichte der Leibesübungen und der körperlichen Erziehung)
1936/37	WS	Übungen zur Psychologie und Anthropologie der Leibesübungen. 1 St.	von **Waltershausen**
1936/37	WS	Jugendkunde. 1 St. in XV	Prof. Dr. phil. **Friedrich Schneider**, Dozent, 11.2.23 (Pädagogik), Professor an der Hochschule für Lehrerbildung in Bonn. i.R.
1936/37	WS	Die Einführung des Kommilitonen in das Wesen der Frau (privatissime). 1 St. Universität	Prof. Dr. med. Heinrich **Füth**, ordentlicher Professor, 30.4.06 (Geburtshilfe und Gynäkologie) emerit.
1936/37	WS	Die Psychologie der Hypnose, Suggestion und der okkulten Gebiete (publice). 1 St. Universität	Prof. Dr. med. Alfred **Busch**, nichtbeamteter außerordentlicher Professor, 4.8.18 (Psychiatrie und experimentelle Psychopathologie, Experimentelle und Arbeitspsychologie)
1936/37	WS	Nerven- und Gemütsleiden des Jugendalters (mit Krankenvorstellungen). 1 St. Universität	**Busch**

757 Planmäßiger Assistent des Leiters des Pädagogischen Seminars, Prof. Dr. Artur Schneider (S. 58).

1936/37	WS	Psychiatrische Klinik (privatissime). 3 St. in der Psychiatrischen Klinik Lindenburg.	Prof. Dr. med. Max **De Crinis,** ordentlicher Professor, 9.10.34 (Psychiatrie). Direktor der Psychiatrischen und Nervenklinik Lindenburg
1936/37	WS	Gerichtliche Psychiatrie. 2 St. in der Psychiatrischen Klinik Lindenburg.	**De Crinis**
1937	SS	Allgemeine Psychologie. 4 St.	Prof. Dr. phil. Robert **Heiß**, nichtbeamteter außerordentlicher Professor seit dem 20.08.1936 (Philosophie. Lehrauftrag für Logik, Logistik und Wissenschaftslehre)
1937	SS	Übungen zur Psychologie der Primitiven. 2 St. im Pädagogischen Seminar	Prof. Dr. phil. **Artur Schneider,** ordentlicher Professor, 3.8.11 (Philosophie, Pädagogik) durch **Krudewig**
1937	SS	Übungen zur Psychologie und Anthropologie der Leibesübungen. 1 St. im Pädagogischen Seminar	Dr. phil. Bodo Freiherr von **Waltershausen**[758], Dozent, 27.7.31 (Philosophie und Pädagogik. Lehrauftrag für Geschichte der Leibesübungen und der körperlichen Erziehung)

758 Planmäßiger Assistent des Leiters des Pädagogischen Seminars, Prof. Dr. Artur Schneider (S. 58).

1937	SS	Übungen über Fragen der Selbsterziehung. 2 St. im Pädagogischen Seminar	Prof. Dr. phil. **Friedrich Schneider**, Dozent, 11.2.23 (Pädagogik), Professor an der Hochschule für Lehrerbildung in Bonn. i.R.
1937	SS	Die Einführung des Kommilitonen in das Wesen der Frau (privatissime). 1 St. Universität	Prof. Dr. med. Heinrich **Füth**, ordentlicher Professor, 30.4.06 (Geburtshilfe und Gynäkologie) emerit.
1937	SS	Nerven- und Gemütsleiden des Jugendalters (publice). 1 St., Universität	Prof. Dr. med. Alfred **Busch**, nichtbeamteter außerordentlicher Professor, 4.8.18 (Psychiatrie und experimentelle Psychopathologie, Experimentelle und Arbeitspsychologie)
1937	SS	Grundzüge der Psychotherapie (Hypnose, Suggestion, Psychagogik, Psychoanalyse), privatissime. 1 St. in der Psychiatrischen Klinik Lindenburg	**Busch**
1937	SS	Psychiatrische Klinik (privatissime). 3 St. in der Psychiatrischen Klinik der Lindenburg.	Prof. Dr. med. Max **De Crinis,** ordentlicher Professor, 9.10.34 (Psychiatrie). Direktor der Psychiatrischen und Nervenklinik Lindenburg
1937	SS	Gerichtliche Psychiatrie. 2 St. in der Psychiatrischen Klinik Lindenburg.	**De Crinis**

1937/38	WS	Ausgewählte Kapitel aus der Charakterkunde (publice und allgemeine Vorlesung). 1 St. in XVI	Prof. Dr. phil. Robert **Heiß**, nichtbeamteter außerordentlicher Professor, 20.08.36 (Philosophie. Lehrauftrag für Logik, Logistik und Wissenschaftslehre)
1937/38	WS	Übungen zur Psychologie des Gefühls. 2 St. im Pädagogischen Seminar	Prof. Dr. phil. **Artur Schneider,** ordentlicher Professor, 3.8.11 (Philosophie, Pädagogik) durch **Krudewig**
1937/38	WS	Übungen zur Charakterologie (unter besonderer Berücksichtigung pädagogischer Fragen). 2 St. im Pädagogischen Seminar	Prof. Dr. phil. **Friedrich Schneider**, Dozent, 11.2.23 (Pädagogik), Professor an der Hochschule für Lehrerbildung in Bonn. i.R.
1937/38	WS	Jugendkunde. 1 St. in XV	**Friedrich Schneider**
1937/38	WS	Allgemeine Psychologie. 2 St. in XV	Dr. phil. Bodo Freiherr von **Waltershausen**[759], Dozent, 27.7.31 (Philosophie und Pädagogik. Lehrauftrag für Geschichte der Leibesübungen und der körperlichen Erziehung)
1937/38	WS	Psychiatrische Klinik (privatissime). 3 St. in der Psychiatrischen Klinik Lindenburg	Prof. Dr. med. Max **De Crinis,** ordentlicher Professor, 9.10.34 (Psychiatrie). Direktor der Psychiatrischen und Nervenklinik Lindenburg

759 Außerplanmäßiger Assistent des Leiters des Pädagogischen Seminars, Prof. Dr. Artur Schneider (S. 58).

1937/38	WS	Gerichtliche Psychiatrie. 2 St. in der Psychiatrischen Klinik Lindenburg.	**De Crinis**
1937/38	WS	Nerven- und Gemütsleiden des Jugendalters (mit Krankenvorstellung) auch für Nichtmediziner. 1 St. Universität	Prof. Dr. med. Alfred **Busch**, nichtbeamteter außerordentlicher Professor, 4.8.18 (Psychiatrie und experimentelle Psychopathologie, Experimentelle und Arbeitspsychologie)
1937/38	WS	Die wichtigsten Nervenleiden und Geistesstörungen (publice und allgemeine Vorlesung). 1 St. Universität	**Busch**
1937/38	WS	Suchterkrankungen. 1 St. Universität, Hörsaal XV	Prof. Dr. med. Hubert **Kahle,** Honorarprofessor seit 28.4.1934 (Psychiatrie), Lehrauftrag über die Bekämpfung des Morphinismus
1938	SS	Normales und Anormales im Seelenleben des Menschen. 2 St. in XVIII	Prof. Dr. phil. Robert **Heiß**, nichtbeamteter außerordentlicher Professor, 20.08.36 (Philosophie. Lehrauftrag für Logik, Logistik und Wissenschaftslehre)
1938	SS	Übungen über neuere psychologische Arbeiten. 2 St. im Philosophischen Seminar	**Heiß**
1938	SS	Übungen zur Graphologie. 2 St. im Philosophischen Seminar	**Heiß**

1938	SS	Übungen zur Einführung in die Verfahrensweisen der psychologischen Forschung und Praxis. 2 St. im Pädagogischen Seminar	Prof. Dr. phil. **Artur Schneider,** ordentlicher Professor, 3.8.11 (Philosophie, Pädagogik) durch **Krudewig**
1938	SS	Allgemeine Psychologie. 4 St. in XI	Dr. phil. Ernst **Barthel**, Dozent, 30.7.21 (Philosophie).
1938	SS	Pädagogische Psychologie. 2 St. Fr. 18–20 in VI	Prof. Dr. phil. **Friedrich Schneider**, Dozent, 11.2.23 (Pädagogik), Professor an der Hochschule für Lehrerbildung in Bonn i.R.
1938	SS	Übungen zur pädagogischen Psychologie. 2 St. Do 15–16½ im Pädagogischen Seminar	**Friedrich Schneider**
1938	SS	Psychologie der Aussage. 1 St. in XVI	Dr. jur. Karl **Peters**, Staatsanwalt, Dozent, 11.2.31 (Strafrecht und Strafprozeßrecht)
1938	SS	Psychiatrische Klinik (privatissime). 3 St. in der Psychiatrischen Klinik Lindenburg.	Prof. Dr. med. Max **De Crinis,** ordentlicher Professor (Psychiatrie). Direktor der Psychiatrischen und Nervenklinik Lindenburg
1938	SS	Grundzüge der Psychotherapie (Suggestion , Hypnose, Psychagogik, Psychoanalyse), privatissime. 1 St. in der Psychiatrischen Klinik Lindenburg	Prof. Dr. med. Alfred **Busch**, nichtbeamteter außerordentlicher Professor, 4.8.18 (Psychiatrie und experimentelle Psychopathologie, Experimentelle und Arbeitspsychologie)

1938	SS	Neurologische und psychiatrische Untersuchungsmethoden	Dr. med. Hermann **Stefan**, Dozent (Neurologie und Psychiatrie)
1938	SS	Über Rauschgifte (publice) auch für Hörer anderer Fakultäten.	Prof. Dr. med. Hubert **Kahle,** Honorarprofessor seit 28.4.1934 (Psychiatrie), Lehrauftrag über die Bekämpfung des Morphinismus
1938/39	WS	Psychologie. 2. St. in XVIII	Prof. Dr. phil. Robert **Heiß**, nichtbeamteter außerordentlicher Professor, 20.08.36 (Philosophie. Lehrauftrag für Psychologie und Charakterforschung)
1938/39	WS	Übungen über die Methoden der Charakterologie. 2 St. Do. 18–20 im Psychologischen Institut	**Heiß**
1938/39	WS	Übungen zur Graphologie II. 2 St. Di. 18–20 im Psychologischen Institut	**Heiß**
1938/39	WS	Psychologische Übungen: Gedächtnis und Erinnerung. 2 St. Mo. 15½–17 im Psychologischen Institut	**Heiß** durch **Krudewig**
1938/39	WS	Jugendkunde. 1 St. in XII	Prof. Dr. phil. **Friedrich Schneider**, Dozent, 11.2.23 (Pädagogik), Professor an der Hochschule für Lehrerbildung in Bonn i.R.
1938/39	WS	Psychologie der Aussage. 1 St. in X	Dr. jur. Karl **Peters**, Staatsanwalt, Dozent, 11.2.31 (Strafrecht und Strafprozeßrecht)

1938/39	WS	Einführung der Kommilitonen in das Wesen der Frau. 1 St.	Prof. Dr. med. Heinrich **Füth**, ordentlicher Professor, 30.4.06 (Geburtshilfe und Gynäkologie) emerit.
1938/39	WS	Nerven- und Gemütsleiden des Jugendalters (mit Krankenvorstellung) auch für Nichtmediziner. 1 St., Universität, Hörsaal XXI	Prof. Dr. med. Alfred **Busch**, nichtbeamteter außerordentlicher Professor, 4.8.18 (Psychiatrie und experimentelle Psychopathologie, Experimentelle und Arbeitspsychologie)
1938/39	WS	Psychologie der Hypnose, Suggestion und der okkulten Gebiete (öffentliche und allgemeine Vorlesung). 1 St. Universität, Hörsaal XXI	**Busch**
1938/39	WS	Psychiatrische Klinik (privatissime). 3 St. in der Psychiatrischen Klinik Lindenburg.	Prof. Dr. med. Max **De Crinis,** ordentlicher Professor, 9.10.34 (Psychiatrie). Direktor der Psychiatrischen und Nervenklinik Lindenburg
1939	SS	Entwicklungspsychologie. 2 St. in XXI	Prof. Dr. phil. Robert **Heiß**, nichtbeamteter außerordentlicher Professor, 20.08.36 (Philosophie. Lehrauftrag für Psychologie und Charakterforschung)
1939	SS	Psychologisches Praktikum II. 2 St. im Psychologischen Institut	**Heiß**
1939	SS	Neuere psychologische Literatur. 2 St. im Psychologischen Institut	**Heiß**

1939	SS	Psychologisches Praktikum I. 2 St. im Psychologischen Institut	Prof. Dr. phil. **Artur Schneider,** ordentlicher Professor, 3.8.11 (Philosophie, Pädagogik) durch **Krudewig**
1939	SS	Übungen über die Methoden der Feststellung und der pädagogischen Berücksichtigung der Eigenart der Schüler. 2 St. im Pädagogischen Seminar	Prof. Dr. phil. **Friedrich Schneider**, Dozent, 11.2.23 (Pädagogik), Professor an der Hochschule für Lehrerbildung in Bonn i.R.
1939	SS	Übungen zur Psychologie und Anthropologie der Leibesübungen. 2 St. im Pädagogischen Seminar	Prof. Dr. phil. Bodo Freiherr von **Waltershausen**[760], nichtbeamteter außerordentlicher Professor, 21.4.1938 (Philosophie und Pädagogik. Lehrauftrag für Geschichte der Leibesübungen und der körperlichen Erziehung)
1939	SS	Psychologie der Aussage. 1 St. in XVI	Dr. jur. Karl **Peters**, Staatsanwalt, nichtbeamteter außerordentlicher Professor, 17.3.1838 (Strafrecht und Strafprozeßrecht)

760 Außerplanmäßiger Assistent des Leiters des Pädagogischen Seminars, Prof. Dr. Artur Schneider (S. 58); diese Funktion hatte Prof. Freiherr von Waltershausen auch in den vorhergehenden Semestern (Sommersemester 1938, Wintersemester 1938/39) inne. In diesen Semestern hielt er keine Lehrveranstaltung in Psychologie ab.

1939	SS	Grundzüge der Psychotherapie (Hypnose, Suggestion , Psychagogik, Psychoanalyse). 1 St. in der Psychiatrischen Klinik Lindenburg	Prof. Dr. med. Alfred **Busch**, nichtbeamteter außerordentlicher Professor, 4.8.18 (Psychiatrie und experimentelle Psychopathologie, Experimentelle und Arbeitspsychologie)
1939	SS	Über Morphinismus und Gewöhnung an Genußmittel überhaupt (publice), auch für Nichtmediziner.	Prof. Dr. med. Hubert **Kahle,** Honorarprofessor seit 28.4.1934 (Psychiatrie), Lehrauftrag über die Bekämpfung des Morphinismus
1939/40	WS	Psychologie. 2 St. in VI und XXI	Prof. Dr. phil. Robert **Heiß**, nichtbeamteter außerordentlicher Professor, 20.8.36 (Philosophie. Lehrauftrag für Psychologie und Charakterforschung)
1939/40	WS	Probleme der Psychologie (publice und allgemeine Vorlesung). 1 St. in VIII	**Heiß**
1939/40	WS	Psychologisches Praktikum II. 2 St. im Psychologischen Institut	**Heiß**
1939/40	WS	Übungen zur Frage der psychischen Vererbung. 2 St. in XXI	**Heiß**
1939/40	WS	Psychologisches Praktikum I. (Begriffe und Gesetze der Wahrnehmungslehre) 2 St. im Psychologischen Institut	Prof. Dr. phil. **Artur Schneider,** ordentlicher Professor, 3.8.11 (Philosophie, Pädagogik) durch **Krudewig**

1939/40	WS	Jugendkunde. 1 St. in XXI	Prof. Dr. phil. **Friedrich Schneider**, Dozent, 11.2.23 (Pädagogik), Professor an der Hochschule für Lehrerbildung in Bonn i.R.
1939/40	WS	Einführung der Kommilitonen in das Wesen der Frau (publice). 1 St. in XIX	Prof. Dr. med. Heinrich **Füth**, ordentlicher Professor, 30.4.06 (Geburtshilfe und Gynäkologie) emerit.
1939/40	WS	Kapitel aus der Psychiatrie, besonders des Jugendalters (publice). 1 St. in XVI	Prof. Dr. med. Alfred **Busch**, nichtbeamteter außerordentlicher Professor, 4.8.18 (Psychiatrie und experimentelle Psychopathologie, Experimentelle und Arbeitspsychologie)
1939/40	WS	Nerven- und Gemütsleiden des Jugendalters (für Hörer aller Fakultäten). 1 St., Universität	**Busch**
1939/40	WS	Gewöhnung an Genußgifte (publice). 1 St. Universität Hörsaal 13	Prof. Dr. med. Hubert **Kahle,** Honorarprofessor, 28.4.34 (Psychiatrie), Lehrauftrag über die Bekämpfung des Morphinismus
1939/40	WS	Psychiatrische und Nervenklinik. 5 St. in der Psychiatrischen und Nervenklinik	Prof. Dr. med. Ernst **Fünfgeld**, 1.7.39 (mit der Vertretung des Lehrstuhls für Psychiatrie und Neurologie beauftragt), Direktor der Psychiatrischen und Nervenklinik.

1940	1.Trimester[761]	Psychologie. 2 St. im Psychologischen Institut	Prof. Dr. phil. Robert **Heiß**, nichtbeamteter außerordentlicher Professor, 20.8.36 (Philosophie. Lehrauftrag für Psychologie und Charakterforschung)
1940	1.Trimester	Probleme der Psychologie. 1 St. im Psychologischen Institut	**Heiß**
1940	1.Trimester	Psychologisches Praktikum II. 2 St. im Psychologischen Institut	**Heiß**
1940	1.Trimester	Übungen zur Frage der psychischen Vererbung. 2 St. im Psychologischen Institut	**Heiß**
1940	1.Trimester	Psychologisches Praktikum I. 2 St. im Psychologischen Institut	Prof. Dr. phil. **Artur Schneider,** ordentlicher Professor, 3.8.11 (Philosophie, Pädagogik) durch **Krudewig**
1940	1.Trimester	Übungen zur Psychologie und Pädagogik der Reifezeit. 2 St. im Pädagogischen Seminar.	Prof. Dr. phil. **Friedrich Schneider**, Dozent, 11.2.23 (Pädagogik), Professor an der Hochschule für Lehrerbildung in Bonn i.R.
1940	1.Trimester	Jugendkunde. 1 St. in X	**Friedrich Schneider**

761 8. Januar bis 21. März 1940.

1940	1.Trimester	Grundzüge der Psychotherapie (Hypnose, Suggestion , Analyse, Psychagogik,). 1 St. in der Psychiatrischen Klinik Lindenburg	Prof. Dr. med. Alfred **Busch**, nichtbeamteter außerordentlicher Professor, 4.8.18 (Psychiatrie und experimentelle Psychopathologie, Experimentelle und Arbeitspsychologie)
1940	1.Trimester	Psychiatrische und Nervenklinik (einschließlich Wehrpsychologie). 5 St. in der Psychiatrischen- und Nervenklinik Lindenburg	Prof. Dr. med. Ernst **Fünfgeld**, 1.7.39 (mit der Vertretung des Lehrstuhls für Psychiatrie und Neurologie beauftragt), Direktor der Psychiatrischen und Nervenklinik
1940	1.Trimester	Arbeiten im Laboratorium der Klinik. halbtägig nach Vereinbarung	**Fünfgeld**
1940	1.Trimester	Psychiatrisch-neurologische Untersuchungsmethoden. 1 St. in der Psychiatrischen- und Nervenklinik Lindenburg	**Fünfgeld** mit Dr. med. **Gretzmacher,** Oberarzt an der Psychiatrischen und Nervenklinik Lindenburg
1940	2. Trimester[762]	Probleme der Psychologie. 1 St. im Psychologischen Institut	Prof. Dr. phil. Robert **Heiß**, außerplanmäßiger Professor, 20.8.36 (Philosophie. Lehrauftrag für Psychologie und Charakterforschung)

762 Vorlesungszeit: 15. April bis 31. Juli 1940.

1940	2. Trimester	Psychologisches Praktikum II. 2 St. im Psychologischen Institut	**Heiß**
1940	2. Trimester	Psychologisches Praktikum I. 2 St. im Psychologischen Institut	Prof. Dr. phil. **Artur Schneider,** ordentlicher Professor, 3.8.11 (Philosophie, Pädagogik) durch **Krudewig**
1940	2. Trimester	Übungen zur Jugendpsychologie.	Dr. phil. Bodo Freiherr von **Waltershausen**[763], nichtbeamteter außerordentlicher Professor, 21.4.1938 (Philosophie und Pädagogik. Lehrauftrag für Geschichte der Leibesübungen und der körperlichen Erziehung)
1940	2. Trimester	Einführung der Kommilitonen in das Wesen der Frau (publice). 1 St. in XIX	Prof. Dr. med. Heinrich **Füth**, ordentlicher Professor, 30.4.06 (Geburtshilfe und Gynäkologie) emerit. .
1940	2. Trimester	Nerven- und Gemütsleiden des Jugendalters (für Hörer aller Fakultäten). 1 St., Universität	Prof. Dr. med. Alfred **Busch**, außerplanmäßiger Professor, 4.8.18 (Psychiatrie und experimentelle Psychopathologie, Experimentelle und Arbeitspsychologie, Lehrauftrag für angewandte Psychologie und Psychotherapie)

763 Planmäßiger Assistent des Leiters des Pädagogischen Seminars, Prof. Dr. Artur Schneider (S. 58).

1940	2. Trimester	Gewöhnung an Genuß- und Rauschgifte (publice). 1 St. Universität, Hörsaal XIII	Prof. Dr. med. Hubert **Kahle,** Honorarprofessor, 28.4.1934 (Psychiatrie, Lehrauftrag über die Bekämpfung des Morphinismus an der Universität Bonn).
1940	2. Trimester	Psychiatrische und Nervenklinik (einschließlich Wehrpsychologie). 5 St. in der Psychiatrischen- und Nervenklinik Lindenburg	Prof. Dr. med. Ernst **Fünfgeld**, ordentlicher Professor, 1.7.39 (Psychiatrie und Neurologie), Direktor der Psychiatrischen und Nervenklinik
1940	2. Trimester	Arbeiten im Laboratorium der Klinik (privatissime et gratis).	**Fünfgeld**
1940	2. Trimester	Psychiatrisch-neurologische Untersuchungsmethoden. 1 St. in der Psychiatrischen- und Nervenklinik Lindenburg	**Fünfgeld** mit Dr. med. **Gretzmacher,** Oberarzt an der Psychiatrischen und Nervenklinik Lindenburg
1940	3. Trimester[764]	Angewandte Psychologie. 1 St. im Psychologischen Institut	Prof. Dr. phil. Robert **Heiß,**[765] außerplanmäßiger Professor, 20.8.36 (Philosophie. Lehrauftrag für Psychologie und Charakterforschung)
1940	3. Trimester	Psychologische Übungen: Gedächtnis und Erinnerung. 2 St. im Psychologischen Institut	Prof. Dr. phil. **Artur Schneider,** ordentlicher Professor, 3.8.11 (Philosophie, Pädagogik) durch **Krudewig**

764 Vorlesungszeit: 2. September bis 20. Dezember 1940.

765 Mit Datum des 25.11.1940 erreichte die Universität zu Köln eine ärztliche Bescheinigung des Reservelazaretts Münster, wonach Robert Heiß an Scharlach erkrankt sei und folglich für die nächsten 6–8 Wochen eine Lazarettbehandlung notwendig sei (UAK Zug. 197/725, Bl. 42).

1940	3. Trimester	Übungen zur pädagogischen Psychologie. 2 St. im Pädagogischen Seminar	Dr. phil. Bodo Freiherr von **Waltershausen**, außerplanmäßiger Professor, 21.4.1938 (Philosophie und Pädagogik. Lehrauftrag für Philosophie und Pädagogik)
1940	3. Trimester	Übungen über das Leib-Seele-Problem. 2 St. im Philosophischen Seminar	Dr. phil. Ernst **Barthel**, Dozent, 30.7.21 (Philosophie).
1940	3. Trimester	Kriminalität der Jugend. 1 St. in XII	Prof. Dr. jur. Karl **Peters**, Staatsanwalt, außerplanmäßiger Professor, 17.3.38 (Strafrecht und Strafprozeßrecht)
1940	3. Trimester	Nerven- und Gemütsleiden des Jugendalters (auch für Nichtmediziner) 1 St.	Prof. Dr. med. Alfred **Busch**, außerplanmäßiger Professor, 4.8.18 (Psychiatrie und experimentelle Psychopathologie, Experimentelle und Arbeitspsychologie, Lehrauftrag für angewandte Psychologie und Psychotherapie)
1940	3. Trimester	Psychiatrische und Nervenklinik einschl. Wehrpsychologie. 5 St. in der Psychiatrischen- und Nervenklinik Lindenburg	Prof. Dr. med. Ernst **Fünfgeld**, ordentlicher Professor, 1.7.39 (Psychiatrie und Neurologie), Direktor der Psychiatrischen und Nervenklinik.
1940	3. Trimester	Arbeiten im Laboratorium der Klinik (privatissime et gratis), halb- oder ganztägig	**Fünfgeld**

1940	3. Trimester	Psychiatrisch-neurologische Untersuchungsmethoden (privatissime) 1 St. in der Psychiatrischen- und Nervenklinik Lindenburg	**Fünfgeld** mit Dr. med. **Gretzmacher,** Oberarzt an der Psychiatrischen und Nervenklinik Lindenburg
1940	3. Trimester	Gewöhnung an Genuß- und Rauschgifte, publice, auch für Nichtmediziner. 1 St. Universität, Hörsaal XIII	Prof. Dr. med. Hubert **Kahle,** Honorarprofessor, 28.4.1934 (Psychiatrie, Lehrauftrag über die Bekämpfung des Morphinismus an der Universität Bonn)
1941	Trimester[766]	Allgemeine Psychologie. 2 St. im Psychologischen Institut	Prof. Dr. phil. Robert **Heiß**,[767] außerplanmäßiger Professor, 20.8.36 (Philosophie. Lehrauftrag für Psychologie und Charakterforschung)
1941	Trimester	Übungen über neuere psychologische Probleme. 2 St. im Psychologischen Institut	**Heiß**
1941	Trimester	Übungen zur pädagogischen Psychologie. 2 St. im Pädagogischen Seminar.	Dr. phil. Bodo Freiherr von **Waltershausen**, außerplanmäßiger Professor, 21.4.38 (Philosophie und Pädagogik. Lehrauftrag für Philosophie und Pädagogik)

766 Vorlesungszeit 7. Januar bis 29. März 1941.

767 Am 27.01.1941 teilte Heiß dem Dekan mit, dass er beginnend Anfang Februar ein Kommando des R. L. M. für 6 Wochen nach Berlin erhalten habe. Aus diesem Grunde sei es ihm nicht möglich, die in diesem Semester vorgesehenen Vorlesungen und Übungen abzuhalten (UAK Zug. 197/725, Bl. 41).

1941	Trimester	Übungen: Ausgewählte Kapitel aus der Psychologie und Pädagogik des Kindes. 2 St. im Psychologischen Institut	Prof. Dr. phil. **Artur Schneider,** ordentlicher Professor, 3.8.11 (Philosophie, Pädagogik) durch **Krudewig**
1941	Trimester	Psychologie der Aussage. 1 St. in XVI	Prof. Dr. jur. Karl **Peters**, Staatsanwalt, außerplanmäßiger Professor, 17.3.38 (Strafrecht und Strafprozeßrecht)
1941	Trimester	Grundzüge der Psychotherapie. 1 St.	Prof. Dr. med. Alfred **Busch**, außerplanmäßiger Professor, 4.8.18 (Psychiatrie und experimentelle Psychopathologie, Experimentelle und Arbeitspsychologie, Lehrauftrag für angewandte Psychologie und Psychotherapie)
1941	Trimester	Psychiatrische und Nervenklinik einschl. Wehrpsychologie. 5 St. in der Psychiatrischen- und Nervenklinik Lindenburg	Prof. Dr. med. Ernst **Fünfgeld**, ordentlicher Professor, 1.7.39 (Psychiatrie und Neurologie), Direktor der Psychiatrischen und Nervenklinik
1941	Trimester	Arbeiten im Laboratorium der Klinik (privatissime et gratis), halb- oder ganztägig	**Fünfgeld**
1941	Trimester	Psychiatrisch-neurologische Untersuchungsmethoden (privatissime) 1 St. in der Psychiatrischen- und Nervenklinik Lindenburg	**Fünfgeld** mit Dr. med. **Gretzmacher,** Oberarzt an der Psychiatrischen und Nervenklinik Lindenburg

1941	Trimester	Gewöhnung an Genuß- und Rauschgifte, (publice et gratis. 1 St. Universität, Hörsaal XIII	Prof. Dr. med. Hubert **Kahle,** Honorarprofessor, 28.4.1934 (Psychiatrie, Lehrauftrag über die Bekämpfung des Morphinismus an der Universität Bonn).
1941	SS[768]	Allgemeine Psychologie. 2 St. im Psychologischen Institut	Prof. Dr. phil. Robert **Heiß**[769], außerplanmäßiger Professor, 20.8.36 (Philosophie. Lehrauftrag für Psychologie und Charakterforschung)
1941	SS	Übungen über neuere psychologische Literatur. 2 St. im Psychologischen Institut	**Heiß**
1941	SS	Graphologie. 2 St. im Psychologischen Institut	**Heiß**
1941	SS	Übungen über Kinderpsychologie. 2 St. im Psychologischen Institut	Prof. Dr. phil. **Artur Schneider,** ordentlicher Professor, 3.8.11 (Philosophie, Pädagogik) durch **Krudewig**

768 Vorlesungszeit: 24. April bis 30. Juli 1941.

769 Bei Drucklegung des Personal- und Vorlesungsverzeichnisses war Prof. Heiß zum Dienst bei der Wehrmacht einberufen worden (S. 53). Im Sommersemester 1941 hielt Heiß seine Lehrveranstaltungen von Berlin aus regelmäßig ab, indem seine Lehrtätigkeit durch Zusammenlegung aller Stunden auf einen Tag ermöglicht wurde (UAK Zug. 197/725, Bl. 23).

1941	SS	Nerven- und Gemütsleiden des Jugendalters (auch für Nichtmediziner) 1 St.	Prof. Dr. med. Alfred **Busch**, außerplanmäßiger Professor, 4.8.18 (Psychiatrie und experimentelle Psychopathologie, Experimentelle und Arbeitspsychologie, Lehrauftrag für angewandte Psychologie und Psychotherapie)
1941	SS	Psychiatrische und Nervenklinik einschl. Wehrpsychologie. 5 St. in der Psychiatrischen- und Nervenklinik Lindenburg	Prof. Dr. med. Ernst **Fünfgeld**, ordentlicher Professor, 1.7.39 (Psychiatrie und Neurologie), Direktor der Psychiatrischen und Nervenklinik.
1941	SS	Arbeiten im Laboratorium der Klinik (privatissime et gratis), halb- oder ganztägig	**Fünfgeld**
1941	SS	Psychiatrisch-neurologische Untersuchungsmethoden (privatissime) 1 St. in der Psychiatrischen- und Nervenklinik Lindenburg	**Fünfgeld** mit Dr. med. **Gretzmacher,** Oberarzt an der Psychiatrischen und Nervenklinik Lindenburg
1941	SS	Gewöhnung an Genuß- und Rauschgifte, (publice et gratis). 1 St. Universität, Hörsaal XIII	Prof. Dr. med. Hubert **Kahle,** Honorarprofessor, 28.4.1934 (Psychiatrie, Lehrauftrag über die Bekämpfung des Morphinismus an der Universität Bonn)

1941/42	WS	Praktische Psychologie. 2 St. im Psychologischen Institut	Prof. Dr. phil. Robert **Heiß**[770], außerplanmäßiger Professor, 20.8.36 (Philosophie. Lehrauftrag für Psychologie und Charakterforschung)
1941/42	WS	Übungen zum Eignungsprüfwesen. 2 St. im Psychologischen Institut	**Heiß**
1941/42	WS	Graphologie II. 2 St. im Psychologischen Institut	**Heiß**
1941/42	WS	Übungen zur Psychologie und Pädagogik des Jugendalters. 2 St. im Psychologischen Institut	Prof. Dr. phil. **Artur Schneider,** ordentlicher Professor, 3.8.11 (Philosophie, Pädagogik) durch **Krudewig**
1941/42	WS	Übungen zur Jugendkunde. 1 St. in XXI	Prof. Dr. phil. Dipl. Hdl. Friedrich **Schlieper**, außerordentlicher Professor, 1.4.1941 (Wirtschaftspädagogik)
1941/42	WS	Psychologie der Aussage. 1 St. in XVI	Prof. Dr. jur. Karl **Peters**, Staatsanwalt außerplanmäßiger Professor, 17.3.38 (Strafrecht und Strafprozeßrecht)

770 Bei Drucklegung des Personal- und Vorlesungsverzeichnisses war Prof. Heiß zum Dienst bei der Wehrmacht einberufen worden (S. 53). Anfang November 1941 hatte der Dekan der Philosophischen Fakultät vergeblich einen Antrag ans Ministerium gestellt, Heiß zu ermöglichen, alle 14 Tage in Köln Vorlesungen und Übungen abzuhalten (UAK Zug. 197/725, Bl. 23). Nach einer Mitteilung vom 22.01.1942 des Dekans Kauffmann an die Quästur der Universität Köln konnte Heiß die angekündigten Vorlesungen und Übungen des laufenden Semesters nicht halten (UAK Zug. 197/725, Bl. 22).

1941/42	WS	Psychiatrische und Nervenklinik einschl. Wehrpsychologie. 5 St. in der Psychiatrischen- und Nervenklinik Lindenburg	Prof. Dr. med. Ernst **Fünfgeld**, ordentlicher Professor, 1.7.39 (Psychiatrie und Neurologie), Direktor der Psychiatrischen und Nervenklinik.
1941/42	WS	Psychiatrisch-neurologische Untersuchungsmethoden (privatissime) 1 St. in der Psychiatrischen- und Nervenklinik Lindenburg	**Fünfgeld** mit Dr. med. **Gretzmacher,** Oberarzt an der Psychiatrischen und Nervenklinik Lindenburg
1941/42	WS	Arbeiten im Laboratorium der Klinik (privatissime et gratis). halb- oder ganztägig	**Fünfgeld**
1941/42	WS	Gewöhnung an Genuß- und Rauschgifte, (publice et gratis). 1 St. Universität, Hörsaal XIV	Prof. Dr. med. Hubert **Kahle,** Honorarprofessor, 28.4.1934 (Psychiatrie, Lehrauftrag über die Bekämpfung des Morphinismus an der Universität Bonn)
1941/42	WS	Grundzüge der Psychotherapie. 1 St.	Prof. Dr. med. Alfred **Busch**, außerplanmäßiger Professor, 4.8.18 (Psychiatrie und experimentelle Psychopathologie, Experimentelle und Arbeitspsychologie, Lehrauftrag für angewandte Psychologie und Psychotherapie)

1942	SS	Praktische Psychologie. 2 St. im Psychologischen Institut	Prof. Dr. phil. Robert **Heiß**[771], außerplanmäßiger Professor, 20.8.36 (Philosophie. Lehrauftrag für Psychologie und Charakterforschung)
1942	SS	Übungen zum Eignungsprüfwesen. 2 St. im Psychologischen Institut	**Heiß**
1942	SS	Graphologie II. 2 St. im Psychologischen Institut	**Heiß**
1942	SS	Pädagogisches Seminar: Übungen über Sprangers Schrift „Lebensformen". 1 St. im Pädagogischen Seminar	Prof. Dr. phil. **Artur Schneider,** ordentlicher Professor, 3.8.11 (Philosophie, Pädagogik)
1942	SS	Übungen zur Gefühlspsychologie (auch für Anfänger). 2 St. im Psychologischen Institut	**Artur Schneider** durch **Krudewig**
1942	SS	Jugendverwahrlosung und Jugendkriminalität und ihre Bekämpfung. 2 St. in XVI	Prof. Dr. jur. Karl **Peters**, Erster Staatsanwalt, außerplanmäßiger Professor, 17.3.38 (Strafrecht und Strafprozeßrecht)

771 Bei Drucklegung des Personal- und Vorlesungsverzeichnisses war Prof. Heiß zum Dienst bei der Wehrmacht einberufen worden. Ob die Vorlesung trotzdem stattfand, war laut Vorlesungsverzeichnis (S. 53) den Anschlägen am Schwarzen Brett zu entnehmen.

1942	SS	Psychiatrische und Nervenklinik (einschl. Wehrpsychologie). 5 St. in der Psychiatrischen- und Nervenklinik Lindenburg	Prof. Dr. med. Ernst **Fünfgeld**, ordentlicher Professor, 1.7.39 (Psychiatrie und Neurologie), Direktor der Psychiatrischen und Nervenklinik
1942	SS	Psychiatrisch-neurologische Untersuchungsmethoden (privatissime) 1 St. in der Psychiatrischen- und Nervenklinik Lindenburg	**Fünfgeld** mit Dr. med. **Gretzmacher,** Oberarzt an der Psychiatrischen und Nervenklinik Lindenburg
1942	SS	Arbeiten im Laboratorium der Klinik (privatissime et gratis). halb- oder ganztägig	**Fünfgeld**
1942	SS	Gewöhnung an Genuß- und Rauschgifte (für Hörer aller Fakultäten), (publice et gratis). 1 St. Universität, Hörsaal XIV	Prof. Dr. med. Hubert **Kahle,** Honorarprofessor, 28.4.1934 (Psychiatrie, Lehrauftrag über die Bekämpfung des Morphinismus an der Universität Bonn)
1942	SS	Nerven- und Gemütsleiden des Jugendalters (für Hörer aller Fakultäten). 1 St.	Prof. Dr. med. Alfred **Busch**, außerplanmäßiger Professor, 4.8.18 (Psychiatrie und experimentelle Psychopathologie, Experimentelle und Arbeitspsychologie, Lehrauftrag für angewandte Psychologie und Psychotherapie)

1942/43	WS	Entwicklungspsychologie. 2 St. im Psychologischen Institut	Prof. Dr. phil. Robert **Heiß,** außerplanmäßiger Professor, 20.8.36 (Philosophie. Lehrauftrag für Psychologie und Charakterforschung)
1942/43	WS	Übungen in Charakterkunde und Erbpsychologie. 2 St. im Psychologischen Institut	**Heiß**
1942/43	WS	Übungen in praktischer Psychologie. 2 St. im Psychologischen Institut	**Heiß**
1942/43	WS	Übungen in Graphologie. 2 St. im Psychologischen Institut	**Heiß**
1942/43	WS	Psychologische Übungen: Gedächtnis und Erinnerung. 2 St. im Psychologischen Institut	Prof. Dr. phil. **Artur Schneider,** ordentlicher Professor, 3.8.11 (Philosophie, Pädagogik) durch **Krudewig**
1942/43	WS	Vererbung und Erziehung. 1 St. in XIII	Prof. Dr. phil. Georg **Raederscheidt**, Honorarprofessor, 30.6.30 (Praktische Pädagogik)
1942/43	WS	Psychologie der Aussage. 1 St. in XVI	Prof. Dr. jur. Karl **Peters**, Erster Staatsanwalt, außerplanmäßiger Professor, 17.3.38 (Strafrecht und Strafprozeßrecht)
1942/43	WS	Psychiatrische und Nervenklinik (einschl. Wehrpsychologie). 5 St. in der Psychiatrischen- und Nervenklinik Lindenburg	Prof. Dr. med. Ernst **Fünfgeld**, ordentlicher Professor, 1.7.39 (Psychiatrie und Neurologie), Direktor der Psychiatrischen und Nervenklinik.

1942/43	WS	Arbeiten im Laboratorium der Klinik (privatissime et gratis). halb- oder ganztägig	**Fünfgeld**
1942/43	WS	Gewöhnung an Genuß- und Rauschgifte (für Hörer aller Fakultäten). 1 St. Universität, Hörsaal XIV	Prof. Dr. med. Hubert **Kahle,** Honorarprofessor, 28.4.1934 (Psychiatrie, Lehrauftrag über die Bekämpfung des Morphinismus an der Universität Bonn)
1942/43	WS	Grundzüge der Psychotherapie. 1 St.	Prof. Dr. med. Alfred **Busch**, außerplanmäßiger Professor, 4.8.18 (Psychiatrie und experimentelle Psychopathologie, Experimentelle und Arbeitspsychologie, Lehrauftrag für angewandte Psychologie und Psychotherapie)
1943	SS	Allgemeine Psychologie. 2 St. in XI	Prof. Dr. phil. Heinz **Heimsoeth**, ordentlicher Professor, 12.7.23 (Philosophie) durch **Krudewig**
		Übungen zur Psychologie der Naturvölker. 2 St. im Psychologischen Institut	**Heimsoeth** durch **Krudewig**
1943	SS	Jugendkunde – unter besonderer Berücksichtigung der beruflich tätigen Jugendlichen. 2 St. in XXI	Prof. Dr. phil. Dipl. Hdl. Friedrich **Schlieper**, außerordentlicher Professor, 1.4.1941 (Wirtschaftspädagogik)

1943	SS	Nerven- und Gemütsleiden des Jugendalters (für Hörer aller Fakultäten). 1 St.	Prof. Dr. med. Alfred **Busch**, außerplanmäßiger Professor, 4.8.18 (Psychiatrie und experimentelle Psychopathologie, Experimentelle und Arbeitspsychologie, Lehrauftrag für angewandte Psychologie und Psychotherapie)
1943	SS	Psychiatrische und Nervenklinik (einschl. Wehrpsychologie). 5 St. in der Psychiatrischen- und Nervenklinik Lindenburg	Prof. Dr. med. Ernst **Fünfgeld**, ordentlicher Professor, 1.7.39 (Psychiatrie und Neurologie), Direktor der Psychiatrischen und Nervenklinik.
1943	SS	Arbeiten im Laboratorium der Klinik (privatissime et gratis). halb- oder ganztägig	**Fünfgeld**
1943	SS	Gewöhnung an Genuß- und Rauschgifte (für Hörer aller Fakultäten), (publice et gratis). 1 St. in der Psychiatrischen- und Nervenklinik Lindenburg	Prof. Dr. med. Hubert **Kahle,** Honorarprofessor, 28.4.1934 (Psychiatrie, Lehrauftrag über die Bekämpfung des Morphinismus an der Universität Bonn)
1943/44	WS	Allgemeine Psychologie II. 2 St. in XI	Prof. Dr. phil. Heinz **Heimsoeth**, ordentlicher Professor, 12.7.23 (Philosophie) durch **Krudewig**
1943/44	WS	Übungen zur Psychologie und Pädagogik des Jugendalters. 2 St. im Psychologischen Institut	**Heimsoeth** durch **Krudewig**

1943/44	WS	Vererbung und Erziehung. 1 St. in XIII	Prof. Dr. phil. Georg **Raederscheidt**, Honorarprofessor, 30.6.30 (Praktische Pädagogik)
1943/44	WS	Grundzüge der Psychotherapie. 1 St. in der Psychiatrischen- und Nervenklinik Lindenburg	Prof. Dr. med. Alfred **Busch**, außerplanmäßiger Professor, 4.8.18 (Psychiatrie und experimentelle Psychopathologie, Experimentelle und Arbeitspsychologie, Lehrauftrag für angewandte Psychologie und Psychotherapie)
1943/44	WS	Psychiatrische und Nervenklinik (einschl. Wehrpsychologie). 5 St. in der Psychiatrischen- und Nervenklinik Lindenburg	Prof. Dr. med. Ernst **Fünfgeld**, ordentlicher Professor, 1.7.39 (Psychiatrie und Neurologie), Direktor der Psychiatrischen und Nervenklinik.
1943/44	WS	Arbeiten im Laboratorium der Klinik (privatissime et gratis): halb- oder ganztägig	**Fünfgeld**
1943/44	WS	Gewöhnung an Genuß- und Rauschgifte (publice et gratis). 1 St. in der Psychiatrischen- und Nervenklinik Lindenburg	Prof. Dr. med. Hubert **Kahle,** Honorarprofessor, 28.4.1934 (Psychiatrie, Lehrauftrag über die Bekämpfung des Morphinismus an der Universität Bonn).

1944	SS	Allgemeine Psychologie III. 2 St. in XI	Prof. Dr. phil. Heinz **Heimsoeth**, ordentlicher Professor, 12.7.23 (Philosophie) durch Dr. phil. Maria **Krudewig** (mit Vorlesungen bzw. Übungen beauftragt)
1944	SS	Übungen zur Kinderpsychologie (auch für Pädagogen). 2 St. im Philosophischen Seminar	**Heimsoeth** durch **Krudewig**
1944	SS	Nerven- und Gemütsleiden des Jugendalters (auch für Nichtmediziner). 1 St. in der Psychiatrischen- und Nervenklinik Lindenburg	Prof. Dr. med. Alfred **Busch**, außerplanmäßiger Professor, 4.8.18 (Psychiatrie und experimentelle Psychopathologie, Experimentelle und Arbeitspsychologie, Lehrauftrag für angewandte Psychologie und Psychotherapie)
1944	SS	Psychiatrische und Nervenklinik (einschl. Wehrpsychologie). 5 St. in der Psychiatrischen- und Nervenklinik Lindenburg	Prof. Dr. med. Ernst **Fünfgeld**, ordentlicher Professor, 1.7.39 (Psychiatrie und Neurologie), Direktor der Psychiatrischen und Nervenklinik.
1944	SS	Arbeiten im Laboratorium der Klinik (privatissime et gratis), halb- oder ganztägig	**Fünfgeld**

1944	SS	Gewöhnung an Genuß- und Rauschgifte. 1 St. in der Psychiatrischen- und Nervenklinik Lindenburg	Prof. Dr. med. Hubert **Kahle,** Honorarprofessor, 28.4.1934 (Psychiatrie, Lehrauftrag über die Bekämpfung des Morphinismus an der Universität Bonn)
1944/45	WS[772]	Allgemeine Psychologie, I. Teil. 2 St. in XI	Prof. Dr. phil. Heinz **Heimsoeth**, ordentlicher Professor, 12.7.23 (Philosophie) durch Dr. phil. Maria **Krudewig** (mit Vorlesungen bzw. Übungen beauftragt)
1944/45	WS	Die Grundthemen der allgemeinen Psychologie. 2 St. in XI	**Heimsoeth** durch **Krudewig**
1944/45	WS	Übungen zur Ausdruckspsychologie. 2 St. Fr. 15–17, im Philosophischen Seminar[773]	**Heimsoeth** durch **Krudewig**
1944/45	WS	Übungen über neuere psychologische Literatur. 2 St. im Philosophischen Seminar	**Heimsoeth** durch **Krudewig**

772 In der Senatssitzung vom 10.10.1944 teilte Rektor Prof. Bering mit, dass von einer generellen Schließung der Universität Köln nicht gesprochen werden könne. Nur der Unterrichtsbetrieb solle ausfallen. Forschungsbetrieb, Prüfungen und Examen sollen weitergehen (UAK Zug. 333/4, Bl. 290).

773 Die beiden Übungen zur „Ausdruckspsychologie" und über „neuere psychologische Literatur" finden nach den Angaben im Vorlesungsverzeichnis (S. 42 und S. 52) zeitgleich freitags von 15–17 Uhr im Philosophischen Seminar statt. Ob es sich um ein und dieselbe Veranstaltung handelt oder ob die Zeitangabe für eine dieser Veranstaltungen im Vorlesungsverzeichnis nicht korrekt wiedergegeben ist, lässt sich aus dem Vorlesungsverzeichnis nicht erschließen.

1944/45	WS	Psychiatrische und Nervenklinik (einschl. Wehrpsychologie). 5 St. in der Psychiatrischen- und Nervenklinik Lindenburg	Prof. Dr. med. Ernst **Fünfgeld**, ordentlicher Professor, 1.7.39 (Psychiatrie und Neurologie), Direktor der Psychiatrischen und Nervenklinik
1944/45	WS	Arbeiten im Laboratorium der Klinik (privatissime et gratis). halb- oder ganztägig	**Fünfgeld**
1944/45	WS	Grundzüge der Psychotherapie. 1 St. in der Psychiatrischen- und Nervenklinik Lindenburg	Prof. Dr. med. Alfred **Busch**, außerplanmäßiger Professor, 4.8.18 (Psychiatrie und experimentelle Psychopathologie, Experimentelle und Arbeitspsychologie, Lehrauftrag für angewandte Psychologie und Psychotherapie)
1944/45	WS	Gewöhnung an Genuß- und Rauschgifte. 1 St. in der Psychiatrischen- und Nervenklinik Lindenburg	Prof. Dr. med. Hubert **Kahle,** Honorarprofessor, 28.4.1934 (Psychiatrie, Lehrauftrag über die Bekämpfung des Morphinismus an der Universität Bonn).
1945	SS	keine Angaben	
1945/46	WS	keine Angaben	
1946	SS	keine Angaben	
1946/47	WS	Allgemeine Psychologie. III. Teil. 2 St. in II	**Heimsoeth** durch **Krudewig**[774]

774 Weitere Angaben zum „Lehrkörper“ sind im (unvollständigen) Vorlesungsverzeichnis nicht enthalten.

1946/47	WS	Kolloquium über neuere psychologische Arbeiten. 2 St. in III	**Heimsoeth** durch **Krudewig**
1947	SS	Allgemeine Psychologie. IV. Teil. 2 St.	**Heimsoeth** durch **Krudewig** [775]
1947	SS	Übungen zur Psychologie der Naturvölker. 2 St.	**Heimsoeth** durch **Krudewig**
1947/48	WS	Allgemeine Psychologie. I. 2 St. in XVIII	Prof. Dr. phil. Heinz **Heimsoeth**, ordentlicher Professor, 12.7.23 (Philosophie) durch Dr. phil. Maria **Krudewig** (mit Vorlesungen bzw. Übungen beauftragt)[776]
1947/48	WS	Übungen zur Psychologie der Naturvölker (auch für neu hinzukommende Teilnehmer). 2 St. (14tägig) in XVIII	**Heimsoeth** durch **Krudewig**
1947/48	WS	Übungen zur Denkpsychologie. 2 St. in XVIII	**Heimsoeth** durch **Krudewig**
1948	SS	Allgemeine Psychologie (II) Gedächtnis und Denken. 3 St. in XVIII	Dr. phil. Maria **Krudewig,** Privatdozent[777], Psychologie (27.3.48)[778]

775 Weitere Angaben zum „Lehrkörper" sind im (unvollständigen) Vorlesungsverzeichnis nicht enthalten.

776 Weitere Angaben zum „Lehrkörper" sind im (unvollständigen) Vorlesungsverzeichnis nicht enthalten.

777 Im Vorlesungsverzeichnis wird die männliche Form verwendet.

778 Erwähnungen im Vorlesungsverzeichnis: „Institut für experimentelle Psychologie, Leiter: i.V. Privatdozent Dr. Maria Krudewig" und „Pädagogisches Seminar, Direktor: N. N. Plm Assistent: Privatdozent Dr. Maria Krudewig" (S. 22).

1948	SS	Übungen zur Einführung in die gestalttheoretische Ganzheitspsychologie. 2 St. im Pädagogischen Seminar	**Krudewig**
1948	SS	Kolloquium für Fortgeschrittene über neuere psychologische Arbeiten. 2 St. im Pädagogischen Seminar	**Krudewig**
1948/49	WS	Charakterologie. 3 St. in XVIII	**Krudewig** [779]
1948/49	WS	Übungen zur Psychologie des Denkens und der Phantasie. 2 St. im Psychologischen Institut	**Krudewig**
1948/49	WS	Psychologisches Kolloquium. 2 St. im Psychologischen Institut	**Krudewig**
1948/49	WS	Übungen zur Psychologie heutiger deutscher Jugend. 2 St. (14tägig) im Psychologischen Institut	**Krudewig**
1948/49	WS	Wissenschaftliche Übungen (privatissime et gratis). 2 St. im Psychologischen Institut	**Krudewig**
1949	SS	Vorlesungsverzeichnis nicht vorhanden, keine Daten zu ermitteln	
1949/50	WS	Allgemeine Psychologie I. 2 St. in XVIII	**Krudewig** [780]
1949/50	WS	Übungen zur Denkpsychologie. 2 St. im Psychologischen Institut	**Krudewig**

779 Erwähnungen im Vorlesungsverzeichnis: „Institut für experimentelle Psychologie, Leiter: i.V. Privatdozent Dr. Maria Krudewig" und „Pädagogisches Seminar, Direktor: N. N. Plm Assistent: Privatdozent Dr. Maria Krudewig" (S. 25).

780 Erwähnungen im Vorlesungsverzeichnis: „Institut für experimentelle Psychologie, Leiter: i.V. Privatdozent Dr. Maria Krudewig" und „Pädagogisches Seminar, Direktor: N. N. Plm Assistent: Privatdozent Dr. Maria Krudewig" (S. 25).

1950	SS	Allgemeine Psychologie II (Gedächtnis, Denken, Phantasieren). 4 St. in XVIII	**Krudewig** [781]
1950	SS	Psychologische Übungen über die Denkweisen der Menschen. 2 St. im Psychologischen Institut	**Krudewig**
1950	SS	Übungen für Anfänger über Ausdruckspsychologie. 2 St. im Psychologischen Institut	**Krudewig**
1950	SS	Experimentalpsychologische Übungen (privatissime et gratis). 2 St. täglich im Psychologischen Institut	**Krudewig**
1950/51	WS	Allgemeine Psychologie III (Fühlen und Wollen). 2 St. in III	**Krudewig** [782]
1950/51	WS	Übungen über neuere Arbeiten zur Psychologie der Naturvölker. 2 St. im Psychologischen Institut	**Krudewig**
1951	SS	System der materialen Charakterologie. 2 St. in XIII	**Krudewig** [783]
1951	SS	Einführung in die Musikpsychologie. 1 St. im Musikwissenschaftlichen Institut	**Krudewig**

781 Erwähnungen im Vorlesungsverzeichnis: „Institut für experimentelle Psychologie, Leiter: i.V. Privatdozent Dr. Maria Krudewig“ und „Pädagogisches Seminar, Direktor: N. N. Plm Assistent: Privatdozent Dr. Maria Krudewig“ (S. 32).

782 Erwähnungen im Vorlesungsverzeichnis: „Institut für experimentelle Psychologie, Leiter: i.V. Privatdozent Dr. Maria Krudewig“ und „Pädagogisches Seminar, Direktor: N. N. Plm Assistent: Privatdozent Dr. Maria Krudewig“ (S. 33).

783 Erwähnungen im Vorlesungsverzeichnis: „Institut für experimentelle Psychologie, Leiter: i.V. Privatdozent Dr. Maria Krudewig“ und „Pädagogisches Seminar, Direktor: N. N. Plm Assistent: Privatdozent Dr. Maria Krudewig“ (S. 35).

1951	SS	Charakterologische Übungen für Anfänger im Anschluß an die Vorlesung. 2 St. im Psychologischen Institut	**Krudewig**
1951	SS	Experimentalpsychologische Übungen (privatissime et gratis). 2 St. im Psychologischen Institut	**Krudewig**
1951/52	WS	Allgemeine Psychologie I. 3 St. in XIII	**Krudewig** [784]
1951/52	WS	Übungen zur Kindespsychologie. 2 St. im Psychologischen Institut	**Krudewig**
1951/52	WS	Psychologisches Kolloquium. 2 St. im Psychologischen Institut	**Krudewig**
1952	SS	Allgemeine Psychologie II (Gedächtnis, Denken, Phantasieren). 4 St. in XIII	**Krudewig** [785]
1952	SS	Übungen zur Musikpsychologie. 2 St. (14täglich) im Musikwissenschaftlichen Institut	**Krudewig**
1952	SS	Experimentalpsychologische Übungen (privatissime et gratis), 2 St. im Psychologischen Institut	**Krudewig**

784 Erwähnungen im Vorlesungsverzeichnis: „Institut für experimentelle Psychologie, Leiter: i.V. Privatdozent Dr. Maria Krudewig“ und „Pädagogisches Seminar, Direktor: N. N. Plm Assistent: Privatdozent Dr. Maria Krudewig“ (S. 35).

785 Erwähnungen im Vorlesungsverzeichnis: „Pädagogisches **Institut**, Direktor: N. N. Plm Assistent: Privatdozent Dr. Maria Krudewig“ (S. 36).

1952	SS	Psychologisches Kolloquium (privatissime), 2 St. (14täglich) im Psychologischen Institut	Prof. Dr. rer. nat. Udo **Undeutsch**, Diplompsychologe, planmäßiger außerordentlicher Professor (14.9.51) Psychologie[786] und **Krudewig**
1952/53	WS	Allgemeine Psychologie III (Fühlen und Wollen). 2 St. in XIII	**Krudewig** [787]
1952/53	WS	Übungen zur Jugendpsychologie. 2 St. im Psychologischen Institut	**Krudewig**
1953	SS	Charakterologie. 3 St. in XVII	**Krudewig** [788]
1953	SS	Übungen zur Psychologie des Phantasierens. 2 St. im Psychologischen Institut	**Krudewig**
1953	SS	Psychologisches Kolloquium (privatissime). 2 St. im Psychologischen Institut	**Krudewig**
1953/54	WS	Charakterologie II. 2 St. in XVII	**Krudewig**
1953/54	WS	Übungen für Anfänger über Fragen der Denkpsychologie. 2 St. im Psychologischen Institut	**Krudewig**

786 Hinweis im Vorlesungsverzeichnis (S. 35): „**Psychologisches Institut**, Köln-Lindenthal, Meister-Ekkehart-Str. 11, Direktor: a.o. Professor Dr. Undeutsch". S. 43: „Ausschuß für die Diplom-Vorprüfung der Studierenden der Psychologie, Vorsitzender: a.o. Professor Dr. Undeutsch. Ausschuß für die Diplom-Hauptprüfung der Studierenden der Psychologie, Vorsitzender: a.o. Professor Dr. Undeutsch."

787 **Erwähnungen** im Vorlesungsverzeichnis: „Pädagogisches **Institut**, Direktor: N. N. Plm Assistent: Privatdozent Dr. Maria Krudewig" (S. 36).

788 Für das Pädagogische Institut wird Maria Krudewig nicht mehr wie in den vorangegangenen Semestern als „Plm Assistent" geführt (S. 39).

1953/54	WS	Psychologisches Kolloquium (privatissime). 2 St. im Psychologischen Institut	**Krudewig**
1954	SS	Allgemeine Psychologie I. 3 St. in XVII	**Krudewig**
1954	SS	Übungen zur Einführung in die Psychologie der Naturvölker. 2 St. im Philosophischen Seminar	**Krudewig**
1954	SS	Kolloquium über: Fehlansätze der gegenwärtigen Psychologie und ihre Überwindung (privatissime). 2 St. im Philosophischen Seminar	**Krudewig**
1954	SS	Experimentalpsychologische Übungen (privatissime et gratis). 2 St. täglich im Psychologischen Institut	**Krudewig**
1954/55	WS	Allgemeine Psychologie II. 3 St. in XVII	**Krudewig**
1954/55	WS	Übungen zur Gefühlspsychologie. 2 St. im Philosophischen Seminar	**Krudewig**
1954/55	WS	Teilnahme an psychologischen Experimenten. täglich im Psychologischen Institut	**Krudewig**
1955	SS	Charakterologie I (die charakterologische Literatur, Darstellung und Kritik), 3 St. in XVII	**Krudewig**
1955	SS	Übungen zur Sozialpsychologie. 2 St. im Philosophischen Seminar	**Krudewig**
1955	SS	Kolloquium über neuere psychologische Arbeiten. 2 St. im Philosophischen Seminar	**Krudewig**

1955	SS	Teilnahme an Erlebnisversuchen. 2 St täglich im Psychologischen Institut	**Krudewig**
1955/56	WS	Charakterologie II (Systematische Charakterologie). 3 St. in XVII	**Krudewig**
1955/56	WS	Übungen zur Psychologie des Wollens. 2 St. im Philosophischen Seminar	**Krudewig**
1955/56	WS	Teilnahme an Erlebnisversuchen. 2 St täglich im Psychologischen Institut	**Krudewig**
1956	SS	Psychologie der Wahrnehmung und des Denkens, 3 St. in XVII	**Krudewig**
1956	SS	Übungen zur Jugendpsychologie. 2 St. im Philosophischen Seminar	**Krudewig**
1956	SS	Charakterologisches Kolloquium (privatissime). 2 St. im Philosophischen Seminar	**Krudewig**
1956	SS	Teilnahme an Erlebnisversuchen. 2 St täglich im Psychologischen Institut	**Krudewig**
1956/57	WS	Psychologie des Fühlens und Wollens. 3 St. in XVII	Prof. Dr. phil. Maria **Krudewig,** außerplanmäßige Professorin, Psychologie (8.5.56)
1956/57	WS	Übungen zur Entwicklungspsychologie (für Anfänger), 2 St. in XXII	**Krudewig**
1956/57	WS	Kolloquium über neuere psychologische Arbeiten. 2 St. (14täglich) im Psychologischen Institut	**Krudewig**

1957	SS	Charakterologie I[789], 3 St. in XVII	**Krudewig**
1957	SS	Übungen zur Sozialpsychologie, 2 St. in III	**Krudewig**
1957/58	WS	Charakterologie II, 3 St. in XVII	**Krudewig**
1957/58	WS	Übungen zur Völkerpsychologie (für Anfänger), 2 St. in III	**Krudewig**
1957/58	WS	Kolloquium über neuere psychologische Arbeiten (für Fortgeschrittene). 2 St. im Philosophischen Seminar	**Krudewig**
1958	SS	Psychologie der Wahrnehmung und des Denkens, 3 St. in XVII	**Krudewig**
1958	SS	Übungen zur pädagogischen Psychologie, 2 St. in III	**Krudewig**
1958	SS	Kolloquium über neuere psychologische Arbeiten. 2 St. im Philosophischen Seminar	**Krudewig**
1958/59	WS	Das menschliche Gedächtnis: Grundformen und Erscheinungsweisen. 3 St. in XVII	**Krudewig**
1958/59	WS	Übung: Psychologie des Berufs. 2 St. in III	**Krudewig**
1958/59	WS	Kolloquium über neuere psychologische Arbeiten. 2 St. im Philosophischen Seminar	**Krudewig**
1959	SS	Psychologie des Fühlens und Wollens. 3 St. in XVII	**Krudewig**
1959	SS	Übungen zur Entwicklungspsychologie. 2 St. in III	**Krudewig**

789 Auf Seite 123 des Vorlesungsverzeichnisses wird dieselbe Vorlesung mit dem Titel „Geschichte der Charakterologie“ angekündigt.

1959/60	WS	Entwicklungspsychologie, 3 St. in XVII.	**Krudewig**
1959/60	WS	Übungen zur Sozialpsychologie. 2 St. in IV	**Krudewig**
1959/60	WS	Psychologisches Kolloquium (privatissime). 2 St. im Philosophischen Seminar	**Krudewig**
1960	SS	Systematische Charakterologie. 3 St. in XVII	**Krudewig**
1960	SS	Übungen zur Denkpsychologie. 2 St. in IV	**Krudewig**
1960/61	WS	Psychologie der Persönlichkeit I. 3 St. in XVIII	**Krudewig**
1960/61	WS	Übungen zur Einführung in das wissenschaftliche Arbeiten. 2 St. in III	**Krudewig**
1960/61	WS	Übungen zur Denkpsychologie, II. Teil (für Anfänger). 2 St. in IV	**Krudewig**
1960/61	WS	Übungen zur Religionspsychologie (für Fortgeschrittene). 2 St. im Philosophischen Seminar	**Krudewig**
1961	SS	Das Gefühl. 3 St. in XVII	**Krudewig**
1961	SS	Übungen zur Sozialpsychologie (für Anfänger). 2 St. in IV	**Krudewig**
1961	SS	Psychologisches Kolloquium über neuere Arbeiten (privatissime). 2 St. im Philosophischen Seminar	**Krudewig**
1961/62	WS	Einführung in die Psychologie. 1 St. in der Aula (publice)	**Krudewig**
1961/62	WS	Getriebenheit und Wollen. 3 St. in XVII	**Krudewig**

1961/62	WS	Übungen zur Psychologie der Persönlichkeit (Anlage und Umweltbestimmtheit; Mitwelt-, Kultur- und Weltgebundenheit, Selbstformbarkeit). 2 St. in IV	**Krudewig**
1961/62	WS	Teilnahme an Erlebnisversuchen. 2 St. täglich im Psychologischen Institut	**Krudewig**
1961/62	WS	Psychologisches Kolloquium über neuere Arbeiten (privatissime). 2 St. im Philosophischen Seminar	**Krudewig**
1962	SS	Wesen und Weisen des Denkens. 2 St. in XVII	**Krudewig**
1962	SS	Übungen für Anfänger: Intelligenz und Begabung. 2 St. in IV	**Krudewig**
1962	SS	Psychologisches Kolloquium über neuere Arbeiten (privatissime). 2 St. im Philosophischen Seminar	**Krudewig**
1962/63	WS	Geschichte der Persönlichkeitspsychologie. 2 St. in XVII	**Krudewig**
1962/63	WS	Übungen zur Jugendpsychologie (für Anfänger). 2 St. in XIII	**Krudewig**
1962/63	WS	Kolloquium über neuere psychologische Arbeiten (privatissime). 1 St. (14täglich) im Philosophischen Seminar	**Krudewig**
1963	SS	Systematische Persönlichkeitspsychologie. 3 St. in XVII	**Krudewig**
1963	SS	Übungen zur Einführung in die Psychologie. 2 St. in XIV	**Krudewig**
1963	SS	Psychologisches Kolloquium. 2 St. im Philosophischen Seminar	**Krudewig**

1963	SS	Übungen zur pädagogischen Psychologie (Aufmerksamkeit, Interessiertsein, Lehrer und Schüler als Sozialpartner) (für Anfänger). 2 St. in XIII	**Krudewig**
1963/64	WS	Psychologie der Persönlichkeit (Anlage und Umweltbestimmtheit; Mitwelt-, Kultur- und Weltgebundenheit). 3 St. in XVII	**Krudewig**
1963/64	WS	Übungen für Anfänger: Denken und Phantasieren als menschliche Grundvornahmen. 2 St. in XIII	**Krudewig**
		Frau Prof. Dr. Maria Krudewig verstarb am 21. November 1963	

Anhang 5: Schriften Lindworskys aus seiner Kölner Zeit

Die folgende Tabelle wurde zusammengestellt anhand der Angaben von Johannes Lindworsky (1935, S. 89–93) und Uhlein (1986, S. 239–242).

1920	Fordern die Reproduktionserscheinungen ein psychisches Gedächtnis? *Philos. Jahrbuch, Bd. 33,* S. 18–52.
1920	Vom Wandel in Gottes Gegenwart. *Stimmen d. Zeit, Bd. 98,* S. 41–56.
1920	Aus der mystischen Bewegung der Gegenwart. Konrad Hocks „Übungen der Vergegenwärtigung Gottes". *Blätter für den kathol. Klerus, Bd. 1,* S. 62–63. (Eichstätt)
1920	Psychische Vorzüge und Mängel bei der Lösung von Denkaufgaben. Ein Beitrag zum Intelligenzproblem. *Zeitschrift für angew. Psychol, Bd. 18,* S. 50–99. Leipzig: Barth.
1921	*Experimentelle Psychologie.* München: Kösel.
1921	*Der Wille* (2. Aufl.). Leipzig: Barth
1922	Beiträge zur Lehre von den Vorstellungen. *Archiv f. d. ges. Psychol, Bd. 42,* S. 91–96
1922	Umrißskizze zu einer theoretischen Psychologie. *Z. f. Psychol., Bd. 89,* S. 313–357
1922	*Experimentelle Psychologie* (2. Aufl.). München: Kösel.
1922	*Willensschule.* Paderborn: Schöningh.
1923	*Willensschule* (2. Aufl.). Paderborn: Schöningh.
1923	Die Willensdefekte vom Standpunkt der Normalpsychologie. Bericht über den 1. Kongreß f. Heilpädagogik in München 1923, S. 45–61. Berlin: Springer.
1923	*Der Wille* (3. Aufl.). Leipzig: Barth.
1923	*Umrißskizze zu einer theoretischen Psychologie* (2. Aufl.). Leipzig: Barth.
1923	*Experimentelle Psychologie* (3. Aufl.). München: Kösel.
1923	Besprechung von Otto Selz, Zur Psychologie des produktiven Denkens und Irrtums. *Z. f. Psychol., Bd. 92,* S. 365–370. Bonn: Cohen.
1923	*El poder de la voluntad educada seguin la psicologia experimental moderna.* Bilbao: Vasca.

1923	Mittel und Wege der sittlichen Willensbeeinflussung. *Jahrbuch des Vereins f. christl. Erziehungswissenschaft, Bd. 15,* S. 91–93.
1923	Psicologia experimental. Bilbao: Vasco.
1924	Zur Theorie des binokularen Einfachsehens und verwandter Erscheinungen. *Zeitschrift f. Psychol. Bd. 94,* S. 134–145.
1924	Die Kunst der Konzentration. In H. Bitter (Hrsg.), *Kölner Universitätskalender 1925/1926* (S. 53–57). Köln: Oskar Müller.
1924	Die charakterologische Bedeutung der Exerzitien des hl. Ignatius von Loyola. *Jahrbuch der Charakterologie, Bd. 1,* S. 271–288. Berlin: Panverlag Rolf Heise.
1924	Revision einer Relationstheorie. *Archiv f. d. ges. Psychol., Bd. 48,* S. 248–189.
1924	Psychoanalyse und caritative Erziehung. *Caritas, 3,* H. 9. Freiburg: Caritasverlag.
1925	Eine versteckte, aber bedeutsame Gedächtniseigenschaft. *Z. f. päd. Psychol., Bd. 26,* S. 23–29.
1925	Methoden der Phantasieforschung. In E. Abderhalden (Hrsg.). *Handbuch der biologischen Arbeitsmethoden,* Abteilung VI, Teil B, 1. Hälfte, S. 131–156. Berlin: Urban & Schwarzenberg.
1925	*Methoden der Denkforschung.* Berlin: Urban & Schwarzenberg. Auch in E. Abderhalden (Hrsg.). *Handbuch der biologischen Arbeitsmethoden,* Abteilung VI, Teil B, 1. Hälfte, S. 157–184. Berlin: Urban & Schwarzenberg.
1925	Zur Psychoanalyse. *Stimmen d. Zeit, Bd. 108,* S. 398–400.
1925	Zum Problem der Leseschwäche. *Die neue deutsche Schule I.*
1925	Intelligenz und Intelligenzmängel. Bericht über den 2. Kongreß f. Heilpädagogik in München 1924, S. 92–99. Berlin: Springer.
1925	Psychoanalyse und caritative Erziehung. *Caritas N. F., Bd. 30,* S. 174–177.
1925	Die Psychoanalyse vom Standpunkt der Psychologie. *Zeitschrift für Kinderforschung, Bd. 30,* S. 229–238. Berlin: Springer.
1925	*Over wezen en vorming van den wil.* Löwen: Vlaamsche Boekenhalle.
1925	Zur Psychologie des Arbeitsvorganges. Kölner Blätter für Berufserziehung, 1. Sonderheft. Köln: DuMont-Schauberg.
1926	*Exerzitien und Charakterbildung. Exerzitienschriften Nr. 19.* Innsbruck: Marianischer Verlag.
1926	Zum Problem der Begriffe. *Bericht über den IX Kongreß f. experimentelle Psychol. in München 1925,* S. 193–195. Jena: Fischer.

1926	Die Primitiven und das kausale Denken. Internationale Woche für Religionsethnologie. Semaine d'ethnologie religieuse, S. 60–75. Paris: Geuthner.
1926	Das Problem der psychogenen Erkrankung vom Standpunkt der Psychologie. *Religion u. Seelenleiden, 1,* S. 18–30.
1927	*Theoretische Psychologie im Umriß* (4. Aufl. 1932). Leipzig: Barth (an Stelle einer 3. Auflage der Umrißskizze).
1927	„Vom Leben getötet". *Stimmen der Zeit, Bd. 112* (S. 234–235).
1927	Die Führerschaft des Seelischen. Bericht über den 3. Kongreß f. Heilpädagogik in München 1926, S. 4–12. Berlin: Springer.
1927	Das Problem der Lüge bei katholischen Ethikern und Moralisten. In O. Lipman & P. Plaut (Hrsg.). *Die Lüge,* S. 53–72. Leipzig: Barth.
1927	Das Problem der Leseschwäche. *Die neue deutsche Schule 1,* S. 31–33.
1927	Das Verantwortlichkeitsproblem vom psychologischen Standpunkt. Religion und Seelenleiden, 2, S. 109–136.
1927	*Experimentelle Psychologie* (4. Aufl.). München: Kösel. (5. Aufl. 1931)
1927	Das Problem der Willensbildung mit besonderer Berücksichtigung des weiblichen Fürsorgezöglings. Jugendwohl, *Bd. 16,* S. 97–104.
1927	*Willensschule* (3. Aufl.). Paderborn: Schöningh. (4. Aufl. 1932)
1928	„Gedankenkraft". Versuch einer Theorie der Autosuggestion. *Stimmen d. Zeit, Bd. 115,* S. 29–43.
1928	Orientierende Untersuchungen über höhere Gefühle. *Archiv f. d. ges. Psychol., Bd. 61,* S. 197–260.
1928	„Gedankenkraft". Versuch einer Theorie der Autosuggestion und des Coueismus. *St. d. Z., Bd. 115,* H.1.
1928	Wertlehre und Religionspädagogik. 2. katechetischer Kongreß, S. 47–59. Donauwörth: Auer.
1928	*Manuale di psycologia sperimentale.* Mailand: Vita e pensiero.

Anhang 6: Dissertationen bei Lindworsky (aus seiner Kölner Zeit)

Die Inhalte der folgenden Tabelle sind der Veröffentlichung Lindworskys „Psychologie der Aszese“ aus dem Jahre 1935 entnommen: „Dissertationen und andere Arbeiten aus dem Schülerkreis des Verfassers“. Ergänzt wurde die Tabelle durch die Aufstellung von Ühlein (1986, S. 248/49).

Jahr	Autor	Titel
1922	Malsch, Fritz	Das Interesse für die Unterrichtsfächer an höheren Knabenschulen (Kölner Dissertation)
1922	Pfisterer, Anton	Ein kritischer Beitrag zu Erich Bechers psychistischer Gedächtnishypothese (Kölner Dissertation).
1922	Hammer, Eugen	Untersuchungen von Bildbenennungen (Kölner Dissertation).
1924	Hülstrung, Max	Kritische Übersicht über die bisherigen empirischen Untersuchungen der Entwicklung der Begriffe in ihrer Beziehung zur Theorie der Begriffe (Kölner Dissertation).
1924	Bolley, Alphons	Experimentell-psychologische Untersuchungen zum Problem der Betrachtung (Kölner Dissertation).
1924	Müller, Johanna	Versuche über die Einwirkung von Motiven auf körperliche und geistige Leistungen bei Schulkindern (Kölner Dissertation).
1924	Theissen, Anton	Eine Mehrleistung auf dem Gebiete des Gedächtnisses bei einem Schwachsinnigen (Kölner Dissertation).
1924	Weiß, Theodor	Versuche über willkürliche Vergleichsbildung (Kölner Dissertation).
1924	Rohe, Carl	Experimentelle Untersuchungen über Komplexbildung beim Lernen (Kölner Dissertation).
1925	Bolley, Dr. phil. Alphons	Betrachtung und Beschauung. Bonner Zeitschrift für Theologie 1926.
1925	Sassenfeld, Jakob	Versuche über Veränderungsauffassung (Kölner Dissertation).

Jahr	Autor	Titel
1925	Mergelsberg, Oskar	Der Satz von der Ausschließlichkeit der Empfindungsgrundlage (Kölner Dissertation).
1925	Jacob, Ernst	Untersuchungen über Entstehung und Verwendung der Begriffe (Kölner Dissertation).
1925	Scola, Franz	Über das Verhältnis von Vorstellungsbild und Nachbild (Kölner Dissertation).
1926	Rösgen, Peter	Untersuchungen über die Begriffsbildung bei Hilfsschülern (Kölner Dissertation).
1926	Bolley, Alphons	Die Betrachtung und Beschauung (Kölner Dissertation).
1926	Molitor, Peter	Die Leseschwäche eines normalbegabten achtjährigen Knaben (Kölner Dissertation).
1926	Frohn, Wilhelm	Untersuchungen über das Denken der Taubstummen (Kölner Dissertation).
1926	Neber, Else	Das beziehende Denken bei Gehirnverletzten (Kölner Dissertation).
1926	Simchowitz, Dr. med. Hermann	Über die Zöllnerschen anorthoskopischen Zerrbilder (Kölner Dissertation).
1926	Brühl, Maria	Aus der Psychologie des „Handorakels der Weltklugheit“ von Balthasar Gracian. Ein Beitrag zur Lebenspsychologie (Kölner Dissertation).
1926	Neiß, Wilhelm	Die Beweise für das Vorhandensein höherer Elementargefühle (Kölner Dissertation).
1927	Frohn, Dr. phil. Wilhelm	Über Begriffsbildung und Wortbedeutung. Zeitschrift für Kinderf. 33. Bd.
1927	Rösgen, Dr. phil. Peter	Abstrakte Begriffe im Gedankenkreis der Hilfsschüler. Wege zur Heilpädagogik H. 3.
1927	Rösgen, Dr. phil. Peter	Eine verbesserte Berechnung des Intelligenzquotienten. Zeitschrift für a. Psych. 28. Bd.
1928	Krudewig, Maria	Die Persönlichkeit im Ansatz der theoretischen Psychologie (Kölner Dissertation).
1928	Schaefer, Johannes	Die erlebte Wortbedeutung bei Darbietung von Einzelwörtern (Kölner Dissertation).
1928	Oberdörfer, Paula	Von der Wertwelt der Gefährdeten (Kölner Dissertation).

Jahr	Autor	Titel
1928	Julian, Otto	Untersuchungen über räumliche Prüfaufgaben (Kölner Dissertation).
1928	Schlieper, Friedrich	Der Entwicklungsgang einer manuellen Geschicklichkeitsleistung (Kölner Dissertation).
1928	Esser, Luise	Untersuchung einer auffallenden Rechenschwäche (Kölner Dissertation).
1929	Ehrle, Gertrud	Aus dem Wertleben des Kleinkindes (Kölner Dissertation).
1929	Ewald, Franziska	Untersuchungen über die Komplexweite des Gedächtnisses (Kölner Dissertation).
1929	Goldmann, Paul	Das Ablesen vom Munde bei Taubstummen und Spätertaubten (Kölner Dissertation).
1929	Hengstenberg, Hans-Eduard	Erwägungen über den Denkvorgang (Kölner Dissertation).
1929	Meisenheimer, Josef	Experimente im peripheren Sehen und Gestalten (Kölner Dissertation).
1929	Seifert, Peter	Experimentell psychologische Untersuchungen über die Reproduktion von Intervallen (Kölner Dissertation).
1929	Vogelsang, Heinz	Experimentelle Untersuchungen über die Einprägung simultan gebotener Objekte (Kölner Dissertation).
1929	Weber, Hans	Untersuchungen über die Ablenkung der Aufmerksamkeit (Kölner Dissertation).
1931	Mawrik, Marie	Eine experimentell-psychologische Untersuchung über zwei Fälle von Leseschwäche (Kölner Dissertation)

Anhang 7: Schriften von Maria Krudewig

1928	Die Persönlichkeit im Ansatz einer theoretischen Psychologie [Dissertation]. *Archiv für die gesamte Psychologie, Bd. 61.*
1932	Versuch einer Analyse des Erlernens einer lebenden Fremdsprache unter den Bedingungen, wie sie in dem Moment der Zugehörigkeit als Schülerin zu einer Klasse gegeben sind. *Mädchenbildung auf christlicher Grundlage, Bd. 28.*
1933	Verlegenheit. *Monatsschrift für höhere Schulen, Bd. 32.*
1934/35	Gang und Charakter. *Nationalsozialistische Mädchenbildung Bd. 1,* S. 300–305.
1936	Die Schülercharakteristik – Grundsätzliche Erörterung ihres Wesens, ihrer Notwendigkeit, ihrer Durchführbarkeit und ihres praktischen Wertes. *Zeitschrift für pädagogische Psychologie und Jugendkunde, Bd. 37.*
1942	*Vom Stand der Psychologie des Gefühls und von ihrem bleibenden Ertrag.* Berlin: Junker und Dünnhaupt, 139 Seiten.
1943	Von der psychischen Wirkung des Films. *Zeitschrift für pädagogische Psychologie und Jugendkunde, Bd. 44.* 1943.
1943	Der Schichtbegriff in der Psychologie. *Göttingische Gelehrte-Anzeigen, Bd. 205.* 40 S.
1946	„Pädagogik". *Kölner Universitätszeitung, Bd. 9.*
1947	Über die sprachlichen Verkürzungen. *Kölner Universitätszeitung Bd. 10.*
1948	Über die sprachlichen Verkürzungen. *Kölner Universitätszeitung, Bd. 11.*
1949	*Entwurf einer Elementarstrukturlehre des Bewusstseins.* Kölner Universitätsverlag, 50 S.
1950	Der psychologische Epiphänomalismus in der heutigen Psychologie. *Philosophisches Jahrbuch.*
1952	Lebensgefährdung durch Kommafehler, eine psychologische Überlegung. *Katholische Frauenbildung, Bd. 53.*
1952	Universität und Erziehung. *Katholische Frauenbildung, Bd. 53.*
1952	*Allgemeine Psychologie I.* Gedruckt als Vorlesungsmanuskript.
1952	*Über das Studium der Psychologie.* Donauwörth: Ludwig Auer. 40 S.

1953	Die Wunderheilung des Knaben Gérard Baillie im Lichte der neueren Wahrnehmungslehre. *Jahrbuch für Psychologie und Psychotherapie.*
1953	*Die Lehren von der visuellen Wahrnehmung und Vorstellung bei Erich Rudolf Jaensch und seinen Schülern.*[Habilitationsschrift] Meisenheim am Glan: Westkulturverlag.
1954	Vom Versetzen als Grundzug des Phantasierens. In *Bericht über den 19. Kongreß der Deutschen Gesellschaft für Psychologie.* Göttingen.
1954	Versuch einer Lösung des Grundproblems der Tiefenwahrnehmung. In *Psychologische Forschung, Bd. 24.*

Anhang 8: Schriften von Robert Heiß aus seiner Kölner Zeit

Die folgenden Angaben wurden den Archivalien UAK Zug. 197/725 Robert Heiß 1928–1947; UAK Zug. 27/59 Robert Heiß 1928–1943 und Fahrenberg, 1990, S. 304–306 entnommen.

1928	Max Scheler [Nachruf]. Deutscher Lehrerverein (Hrsg.), *Allgemeine Deutsche Lehrerzeitung, 57,* 598–599. Berlin: Löwenthal.
1928	Soziologische Strukturen in der Musik. *Neue Musikzeitung, Bd. 49* (H. 5), S. 141–150. Stuttgart.
1928	Zur Lage der Philosophie. *Zeitwende, Bd. 4* (H. 4), S. 360–367. München
1928	Der Mechanismus der Paradoxien und das Gesetz der Paradoxienbildung. *Philosophischer Anzeiger, Bd. 2.,* S. 403–433. Bonn.
1928	*Das Gesetz der negativen Selbstbezüglichkeit* (Habilitationsschrift bei Nicolai Hartmann)
1929	Rezension zu K. Mannheim: Ideologie und Utopie. Bonn: Friedrich Cohen. *Kölner Vierteljahresheft für Soziologie, Bd. 8,* S. 240–243.
1929	Der radikale junge Mensch. *Die Erziehung, Bd. 4,* S. 381–390. Leipzig.
1931	Zur Einführung in Nicolai Hartmanns Philosophie. *Philosophie und Schule, Bd. 3,* S. 78–84. Berlin
1932	*Logik des Widerspruchs: eine Untersuchung zur Methode der Philosophie und zur Gültigkeit der formalen Logik.* Berlin: de Gruyter.
1935	Das Verhältnis von Theorie und Praxis bei Hegel. *Blätter für Deutsche Philosophie, Bd. 9,* S. 75–84.
1936	*Die Lehre vom Charakter.* Berlin: de Gruyter. (2. Aufl. 1949)
1936	Sören Kierkegaards Bild vom Menschen. *Blätter für Deutsche Philosophie, Bd. 10,* S. 225–239.
1938	Der Aristotelismus in der Artistenfakultät der alten Universität Köln. In H. Graven (Hrsg.), *Festschrift zur Erinnerung an die Gründung der alten Universität Köln im Jahre 1938,* S. 288–315. Köln: Kurt Schröder.
1938	Der Geist der alten Universität. *Kölnische Volkszeitung,* 23.06.1938 (Nr. 169).

1938	Formalismus und Antiformalismus in der neueren Philosophie. *Blätter für Deutsche Philosophie, Bd. 11,* S. 379–411.
1941	Zur Charakterologie. *Wissenschaftliche Berichte und Erfahrungen aus dem Personal-Eignungsprüfwesen der Luftwaffe,* H.2, S. 3–16.
1942	Die Gewissheit des Philosophen. Nicolai Hartmann zum 60. Geburtstag. Frankfurter Zeitung (20.02.1942)
1942	Philosophie als Universalwissenschaft. *Blätter für Deutsche Philosophie, Bd. 16,* S. 68–100.

Anhang 9:
Ariernachweis Robert Heiß

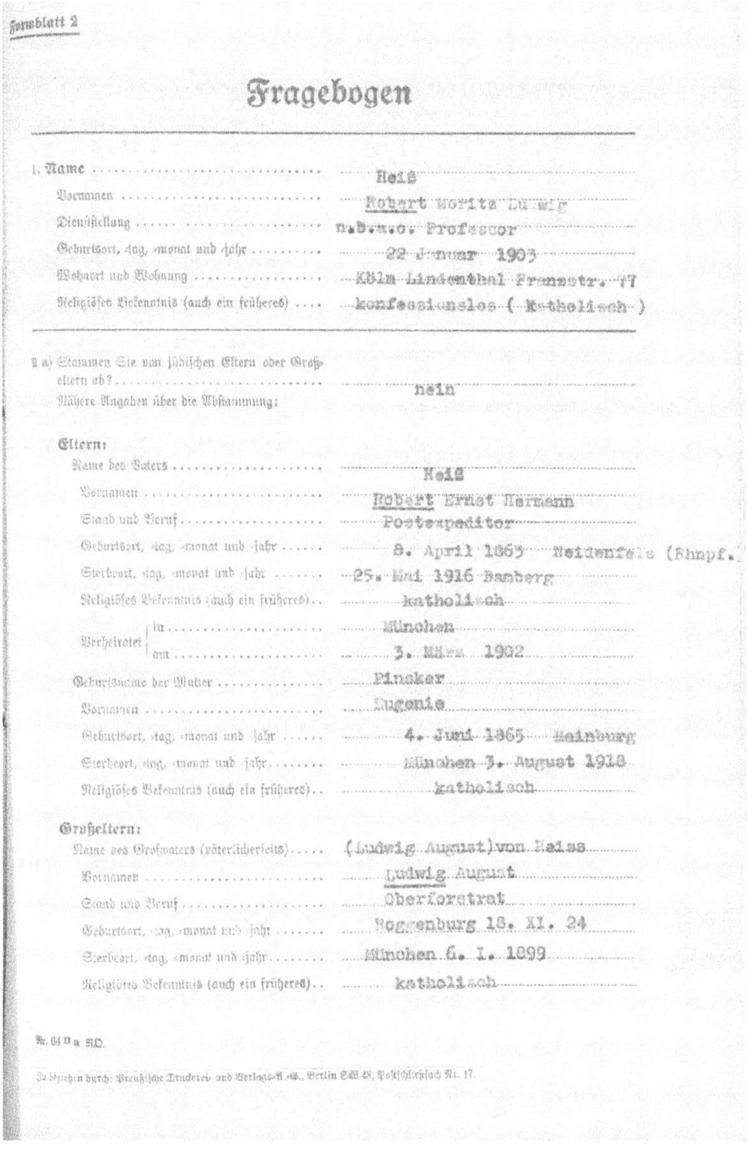

Formblatt 2

Fragebogen

1. Name	Heiß
Vornamen	Robert Moritz Ludwig
Dienststellung	n.b.a.o. Professor
Geburtsort, -tag, -monat und -jahr	22 Januar 1903
Wohnort und Wohnung	Köln Lindenthal Franzstr. 47
Religiöses Bekenntnis (auch ein früheres)	konfessionslos (katholisch)
2 a) Stammen Sie von jüdischen Eltern oder Großeltern ab?	nein
Nähere Angaben über die Abstammung:	
Eltern:	
Name des Vaters	Heiß
Vornamen	Robert Ernst Hermann
Stand und Beruf	Postexpeditor
Geburtsort, -tag, -monat und -jahr	8. April 1865 Heidenfels (Rhnpf.
Sterbeort, -tag, -monat und -jahr	25. Mai 1916 Bamberg
Religiöses Bekenntnis (auch ein früheres)	katholisch
Verheiratet in	München
Verheiratet am	3. März 1902
Geburtsname der Mutter	Pincker
Vornamen	Eugenie
Geburtsort, -tag, -monat und -jahr	4. Juni 1865 Hainburg
Sterbeort, -tag, -monat und -jahr	München 3. August 1918
Religiöses Bekenntnis (auch ein früheres)	katholisch
Großeltern:	
Name des Großvaters (väterlicherseits)	(Ludwig August)von Heiss
Vornamen	Ludwig August
Stand und Beruf	Oberforstrat
Geburtsort, -tag, -monat und -jahr	Roggenburg 18. XI. 24
Sterbeort, -tag, -monat und -jahr	München 6. I. 1899
Religiöses Bekenntnis (auch ein früheres)	katholisch

Nr. 64 II a RD.

Zu beziehen durch: Preußische Druckerei- und Verlags-A.-G., Berlin SW 48, Postschließfach Nr. 17.

Geburtsname der Großmutter (väterlicherseits) .... Becker

Vornamen .... Anna

Geburtsort, -tag, -monat und -jahr .... 2. Juli 1829 Speyer

Sterbeort, -tag, -monat und -jahr .... München 21. II. 1910

Religiöses Bekenntnis (auch ein früheres) .... katholisch

Name des Großvaters (mütterlicherseits) .... Pinzker

Vornamen .... Michael

Stand und Beruf .... ~~14. Oktober 1820~~ Hauptlehrer

Geburtsort, -tag, -monat und -jahr .... 14. Oktober 1820 Marchetsreut Ndbay[illegible]

Sterbeort, -tag, -monat und -jahr .... Waldkirchen [illegible]

Religiöses Bekenntnis (auch ein früheres) .... Katholisch

Geburtsname der Großmutter (mütterlicherseits) .... Staudenhöchtl

Vornamen .... Mathilde

Geburtsort, -tag, -monat und -jahr .... Waldkirchen Ndbyrn 31. Mai 18[illegible]

Sterbeort, -tag, -monat und -jahr .... Waldkirchen [illegible]

Religiöses Bekenntnis (auch ein früheres) .... katholisch

b) Sind sie verheiratet? .... ja

c) Wieviele Kinder haben Sie? .... zwei

3. Sind Sie gerichtlich bestraft oder aus der NSDAP. ausgeschlossen oder ausgestoßen? .... nein

Ich versichere, daß ich die vorstehenden Angaben nach bestem Wissen und Gewissen gemacht habe und daß mir trotz sorgfältiger Prüfung keine Umstände bekannt sind, welche die Annahme rechtfertigen könnten, daß ich von jüdischen Eltern oder Großeltern abstamme. Ich weiß, daß ich bei wissentlich falschen Angaben die fristlose Entlassung, die Erklärung der Nichtigkeit der Ernennung oder ein Dienststrafverfahren mit dem Ziele der Entfernung aus dem Dienst zu gewärtigen habe.

Kiel, den 28. [illegible] 193[illegible]

Prof. Dr. R. Heiß
(Unterschrift)

Erklärung.

I. Ich erkläre hiermit ~~an Eides Statt~~ / unter meinem Diensteid,[1] dass ich einer Loge, logenähnlichen Organisationen oder der Ersatzorganisation einer solchen niemals angehört habe.-

- ~~der Loge - logenähnlichen Organisationen - Ersatzorganisation~~
2) ....
...................................vom....................bis.....................
angehört habe.

Ich habe bei dieser Organisation kein Amt - ein Amt - einen Hochgrad oder eine ähnliche Stellung als[3] ....
.... vom .... bis ....
bekleidet. Ich habe zuletzt folgenden Grad innegehabt:
....
....

Ich bin aus der Organisation ausgeschieden durch (genaue Form des Ausscheidens, z.B. Streichung, Ausschluss usw.) ....
....

II. Ausserdem erkläre ich hiermit ~~an Eides Statt~~ / unter meinem Diensteid.[1]

Mir sind trotz sorgfältigster Prüfung keine Umstände bekannt, welche die Annahme rechtfertigen könnten, dass ich - und meine Frau von nichtarischen Eltern oder Grosseltern abstamme - n -; insbesondere hat keiner meiner - und meiner Frau - Elternteile oder Grosselternteile zu irgend einer Zeit der jüdischen Religion angehört.

(Ort) ..Köln.............., den ..29. V............ 1939.

(Vor- und Zuname) ....Robert Heiß....................

(Amtsbezeichnung) ....n.b.a.o. Prof....................

1) Nichtzutreffendes ist zu durchstreichen.
2) Hier ist der Name der Loge usw. anzugeben.
3) Anzugeben sämtliche Aemter (Ehrenämter und Hochgrade).

Abbildung 56: *Ariernachweis Robert Heiß, S. 1–3 (Faksimile: Historisches Archiv der Universität zu Köln)*

Anhang 10: Diplomprüfungsordnung 1941

5. „Die Kulturverwaltung“,
6. „Gesundheitsingenieur“,
7. „Deutsche Jugendhilfe“,
8. „Zeitschrift für Standesamtswesen“.

(2) Soweit bisher noch andere verwaltungsrechtliche Zeitschriften bezogen worden, ist dieser Bezug mit Ablauf des laufenden Jahrgangs einzustellen.

(3) Auf fürsorgerechtliche Zeitschriften, wie z. B. die „Zeitschrift für das Heimatwesen“ u. a., und Zeitschriften auf dem Gebiet der Heimatpflege, wie z. B. „Die Rheinprovinz“ oder „Heimatleben“, findet dieser Runderlaß keine Anwendung.

(4) Unter die Bestimmungen dieses Runderlasses fallen nur die eigentlichen Zeitschriften, nicht aber solche Veröffentlichungen, die zwar auch periodisch erscheinen, aber mehr als Einzellieferungen von Büchern zu betrachten sind, wie etwa das „Jahrbuch des öffentlichen Rechts“ oder das „Archiv für öffentliches Recht“.

(5) Dieser Runderlaß bezieht sich nicht auf das amtliche Veröffentlichungswesen der NSDAP.

(Unterschrift.)

An die nachgeordneten Behörden, die Gemeinden, Gemeindeverbände und sonstigen Körperschaften durch Abdruck.

* * *

Abschrift zur Kenntnis und gleichmäßigen Beachtung.

(Deutsch. Wiss. Erziehg. Volksbildg. 1941 S. 254.)

358.* Programm der NSDAP.

RdErl. d. RMfWEV. v. 20. 6. 1941 — Z II a 1667/41 —.

Die im Runderlaß des Reichsministers des Innern vom 4. April 1941 — II B 1098/41. 6961 — (vgl. meinen Runderlaß vom 22. April 1941 — Z II a 1011/41 —, Deutsch. Wiss. Erziehg. Volksbildg. S. 164) in Absatz 2 angegebenen Preise für die Schrifttafeln sind herabgesetzt worden, und zwar für die Größe I von 28 RM auf 20 RM und für die Größe II von 25 RM auf 16 RM.

An die Unterrichtsverwaltungen der Länder (außer Preußen), die Herren Reichsstatthalter in den Reichsgauen und die Herren Vorsteher der nachgeordneten Reichs- und preußischen Dienststellen.

(Deutsch. Wiss. Erziehg. Volksbildg. 1941 S. 255.)

359. Prüfungsordnung für Studierende der Psychologie.

RdErl. d. RMfWEV. v. 16. 6. 1941 — W J 2090/41 (a) —.

Die wachsenden Anforderungen, die Staat, Wehrmacht und Wirtschaft an die Psychologie stellen, machten es notwendig, die Ausbildung der Fachpsychologen auf eine neue Grundlage zu stellen.

Ich habe mich deshalb entschlossen, zur Heranziehung eines tüchtigen und einsatzbereiten Psychologennachwuchses die beiliegende Diplomprüfungsordnung für Studierende der Psychologie sowie die Durchführungsbestimmungen hierzu mit Wirkung vom 1. April 1941 in Kraft zu setzen. Danach wird das Studium der Psychologie künftig mit dem Erwerb des akademischen Grades „Diplom-Psychologe“ abgeschlossen. Das Studium der Psychologie kann an allen Universitäten und Technischen Hochschulen durchgeführt werden, soweit dort das Fach der Psychologie durch einen planmäßigen Lehrstuhl und die übrigen Prüfungsfächer ordnungsmäßig vertreten sind.

Indem ich auf Abschnitt I § 3 der Prüfungsordnung Bezug nehme, ersuche ich, die Vorschläge für die Bestellung der Prüfungsausschüsse alsbald einzureichen.

An die Unterrichtsverwaltungen der Länder mit Hochschulen (außer Preußen) und die nachgeordneten Reichs- und preußischen Dienststellen der Wissenschaftsverwaltung.

(Deutsch. Wiss. Erziehg. Volksbildg. 1941 S. 255.)

*

Diplomprüfungsordnung für Studierende der Psychologie.

I. Allgemeine Bestimmungen.

§ 1. Zweck der Prüfung.

1. Die Diplomprüfung bildet den ordnungsmäßigen Abschluß des Studiums der Psychologie, das im allgemeinen eine Studienzeit von mindestens sechs Semestern erfordert und das an allen Universitäten und Hochschulen zurückgelegt werden kann, an denen das Fach der Psychologie durch einen planmäßigen Lehrstuhl und die übrigen Prüfungsfächer ordnungsmäßig vertreten sind.

2. Durch sie hat der Bewerber nachzuweisen, daß er über die Fähigkeiten und Kenntnisse verfügt, die zur erfolgreichen praktisch-psychologischen Tätigkeit im öffentlichen und privaten Dienst erforderlich sind. Die Prüfung hat demgemäß sowohl den Stand der Ausbildung in den allgemeinen wissenschaftlichen Grundlagen als auch die praktische Einsatzfähigkeit des Bewerbers zu erfassen. Darüber hinaus hat sie die Gewißheit zu geben, daß der Bewerber als Persönlichkeit die Anforderungen erfüllt, die sein späterer Beruf im Hinblick auf menschliche Werte, Verantwortungsbewußtsein und Einsatzbereitschaft gegenüber dem Staate und der völkischen Gemeinschaft stellt.

3. Auf Grund der bestandenen Prüfung wird der akademische Grad eines Diplom-Psychologen (abgekürzte Schreibweise „Dipl.-Psych.“) verliehen.

§ 2. Prüfung.

Die Prüfung gliedert sich in eine Vorprüfung und die Hauptprüfung.

Die Vorprüfung kann frühestens nach Abschluß des vierten Semesters, die Hauptprüfung frühestens zwei Semester nach Bestehen der Vorprüfung stattfinden.

§ 3. Prüfungsausschüsse.

1. Die Prüfungsausschüsse werden gebildet durch den Vorsitzer und die zuständigen Prüfer.

2. Vorsitzer der Prüfungsausschüsse ist der jeweilige Inhaber des planmäßigen Lehrstuhls für Psychologie.

3. Die Prüfungsausschüsse werden auf Vorschlag des Fachordinarius durch den Reichsminister für Wissenschaft, Erziehung und Volksbildung ernannt.

In die Prüfungsausschüsse für die Diplom-Hauptprüfung können außer Hochschullehrern auch Persönlichkeiten berufen werden, unter deren Leitung der Prüfling in den Semestern zwischen Vor- und Hauptprüfung in die praktische Psychologie eingeführt wurde.

4. Die Amtsdauer der Mitglieder der Prüfungsausschüsse beträgt drei Jahre. Sie führen nach Ablauf der Amtsdauer die Geschäfte so lange weiter, bis neue Ernennungen erfolgt sind.

5. Scheiden Mitglieder vor Ablauf der Amtsdauer aus, oder ergibt sich die Notwendigkeit, aus besonderen Gründen ein neues Mitglied zu berufen, so wird die Ernennung bis zum Ablauf der Amtsdauer ausgesprochen.

6. Zuständig für die Abhaltung der Prüfung ist der Prüfungsausschuß der Hochschule, an der der Prüfling die beiden letzten Halbjahre studiert hat. Wiederholungsprüfungen sind grundsätzlich vor dem gleichen Prüfungsausschuß abzulegen.

II. Vorprüfung.

§ 1. Zulassung.

1. Der Studierende der Psychologie kann frühestens nach Ableistung des vierten Semesters zur Ablegung der Vorprüfung zugelassen werden.

2. Er hat beim Vorsitzer des Prüfungsausschusses zu dem von diesem bestimmten Termin schriftlich Antrag auf Zulassung zu stellen und zugleich vorzulegen:

a) den Nachweis, daß der Bewerber und gegebenenfalls seine Ehefrau deutschen oder artverwandten Blutes sind,
b) das Reifezeugnis einer deutschen Höheren Schule oder ein als gleichwertig anerkanntes Zeugnis,
c) Belege über ein ordnungsgemäßes Fachstudium von mindestens vier Halbjahren an einer deutschen Universität oder Technischen Hochschule,
d) einen Ausweis über das Militärverhältnis (Wehrpaß oder, falls dieser noch nicht vorhanden, eine Erklärung über das Militärverhältnis),
e) falls bei der Meldung mehr als ein halbes Jahr seit Abgang von der Universität verflossen ist, ein polizeiliches Führungszeugnis,
f) die Bescheinigung der Leiter der wissenschaftlichen Übungen über eine erfolgreiche Beteiligung an den Übungen. Etwaige wissenschaftliche Abhandlungen können in Urschrift oder Abschrift vorgelegt werden,
g) die Quittung über die Entrichtung der Prüfungsgebühr.

3. Die Nachweise werden nach Beendigung der Prüfung zurückgegeben.

4. Auf Grund der mit der Meldung vorgelegten Nachweise entscheidet der Vorsitzer des Prüfungsausschusses über die Zulassung.

Die Zulassung ist zu versagen, wenn

a) die genannten Bedingungen nicht erfüllt sind oder
b) Bedenken gegen die charakterliche und politische Haltung des Bewerbers bestehen.

5. Ist dem Bewerber auf Grund von b die Zulassung endgültig versagt worden, so hat der Vorsitzer allen Prüfungsausschüssen für Psychologie Mitteilung zu machen.

6. Über die erfolgte Zulassung erhält der Bewerber vom Vorsitzer des Prüfungsausschusses Nachricht. Zugleich stellt ihm der Vorsitzer die Aufgabe für die häusliche Prüfungsarbeit zu und teilt ihm das nach § 2 Erforderliche mit.

§ 2. Gang der Prüfung.

1. Die Prüfung besteht aus einer schriftlichen und einer mündlichen Prüfung.

2. Prüfungsgegenstände sind:

a) Allgemeine Psychologie (Grundtatsachen des bewußten und unbewußten Seelenlebens in person- und gemeinschaftspsychologischer Hinsicht),
b) Entwicklungspsychologie (vor allem Psychologie der Lebensphasen),
c) Charakterkunde und Erbpsychologie,
d) Ausdruckspsychologie,
e) Biologisch - medizinische Hilfswissenschaften; hierzu gehören: Grundlagen der Biologie (insbesondere der Erbbiologie), der Physiologie, der medizinischen Psychologie und der allgemeinen Psychopathologie, in den für das Studium der Psychologie bedeutsamen Ausschnitten,
f) Philosophie und Weltanschauung.

3. Die genannten Prüfungsgegenstände (a bis f) werden für die Beurteilung in drei Fachgebiete zusammengefaßt.

4. a) Als schriftliche Prüfung hat der Prüfling eine häusliche Arbeit aus einem der Teilgebiete der Psychologie anzufertigen. Sie soll erkennen lassen, ob er zur selbständigen wissenschaftlichen Arbeit fähig ist.

Das Thema der Arbeit wird dem Prüfling im Auftrag des Vorsitzers des Prüfungsausschusses von einem der psychologischen Fachvertreter des Prüfungsausschusses gestellt.

b) Zur Durchführung der Arbeit stehen dem Prüfling acht Wochen zur Verfügung. Legt der Prüfling spätestens vierzehn Tage vor Ablauf dieser Frist ein begründetes Gesuch um Fristverlängerung vor, so kann der Vorsitzer des Prüfungsausschusses eine Nachfrist von vier Wochen bewilligen. Eine weitere Verlängerung ist ausgeschlossen.

c) Wird die Frist nicht innegehalten, so gilt die Prüfung als nicht bestanden. Weist der Prüfling jedoch nach, daß er die Frist ohne sein Verschulden versäumt hat, so wird ihm auf Antrag eine neue Aufgabe gestellt, für die die vorgenannten Fristbestimmungen gelten. Wird auch für diese Arbeit die Frist versäumt, so gilt die Prüfung als nicht bestanden.

d) Am Schlusse der Arbeit hat der Prüfling zu versichern, daß er sie selbständig verfaßt und keine anderen Hilfsmittel als die angegebenen benutzt hat. Die Stellen der Arbeit, die anderen Werken dem Wortlaut oder dem Sinne nach entnommen sind, müssen in jedem einzelnen Falle unter Angabe der Quelle als Entlehnung kenntlich gemacht werden. Die Versicherung selbständiger Abfassung ist auch für Zeichnungen und bildliche Darstellungen abzugeben.

e) Als Ersatz für die schriftliche Hausarbeit kann eine bereits veröffentlichte Abhandlung aus dem Gebiet der Psychologie angenommen werden.

f) Die Prüfungsarbeit bleibt bei den Akten des Prüfungsausschusses.

5. Ist die häusliche Arbeit nicht ausreichend, so kann der Prüfling von der mündlichen Prüfung zurückgewiesen und die Prüfung für nicht bestanden erklärt werden. Hierüber entscheidet der Vorsitzer des Prüfungsausschusses nach Anhören des psychologischen Fachprüfers. Diese Entscheidung bleibt auch dann bestehen, wenn der Bewerber von sich aus erklärt, von der Prüfung zurücktreten zu wollen.

Die Zulassung zur mündlichen Prüfung ist auch dann zu versagen, wenn nachträglich schwere sittliche Verfehlungen oder Tatsachen bekanntgeworden sind, aus denen politische Unzuverlässigkeit hervorgeht.

6. Zur mündlichen Prüfung beruft der Vorsitzer des Prüfungsausschusses den Prüfling schriftlich ein.

7. a) Der Vorsitzer des Prüfungsausschusses bestimmt die Reihenfolge der einzelnen Teile der mündlichen Prüfung.

b) Die einzelnen Fächer der mündlichen Prüfung können auf mehrere Tage verteilt werden. Die gesamte mündliche Prüfung eines Prüflings soll jedoch in der Regel innerhalb einer Woche erledigt sein.

c) Die Verteilung der Prüfung in den einzelnen Fächern für einen Prüfling auf einen längeren Zeitraum (sogenannte Staffelprüfung) ist nur auf Grund eines amtsärztlichen Zeugnisses zulässig. Die Gesamtprüfung muß dann innerhalb eines Monats beendet sein.

d) Die gesamte mündliche Prüfung eines Bewerbers wird vom Vorsitzer geleitet. Er ist befugt, auch selbst Fragen zu stellen und die Berücksichtigung bestimmter Gebiete zu veranlassen. Außer dem Vorsitzer muß in jeder Fachprüfung neben dem Prüfer ein weiteres Mitglied des Prüfungsausschusses als Beisitzer anwesend sein, das nach Möglichkeit dasselbe oder ein verwandtes Fach vertritt.

e) Der Gesamtverlauf und das Ergebnis der Prüfung werden in einer Niederschrift festgelegt. Sie wird vom Vorsitzer gezeichnet.

f) Außerdem ist für jedes Fach während der Prüfung von dem Beisitzer eine Niederschrift zu fertigen. Aus ihr müssen die gestellten Fragen sowie die Art ihrer Beantwortung klar erkennbar sein. Am Schluß der Niederschrift für jedes einzelne Fach ist der Gesamteindruck, der in der mündlichen Prüfung von der wissenschaftlichen Befähigung des Bewerbers und seiner Persönlichkeit gewonnen wurde, kurz zusammenzufassen.

Die Niederschrift wird von ihrem Verfasser und dem Fachprüfer gezeichnet und bleibt bei den Prüfungsakten.

g) Jeder Bewerber ist für sich zu prüfen. Die Prüfungszeiten betragen

a) für allgemeine Psychologie, Entwicklungspsychologie, Charakterkunde und Erbpsychologie sowie Ausdruckspsychologie insgesamt zwei Stunden,
b) für die biologisch-medizinischen Hilfswissenschaften insgesamt eine Stunde. Soweit die Teilgebiete eines Faches auf mehrere Prüfer verteilt sind, bestimmt der Vorsitzer die Dauer der Prüfung in den Teilgebieten,
c) für die Philosophie und Weltanschauung eine halbe Stunde.

§ 3. Bewertung der Kenntnisse.

1. Das Ergebnis der Prüfung ist für jedes einzelne Fach im Anschluß an die mündliche Prüfung auf Grund

a) der schriftlichen Hausarbeit,
b) der Niederschrift über die mündliche Prüfung

festzustellen. Die Leistungen sind mit einer der folgenden Bewertungen zu kennzeichnen:

1 = sehr gut (sehr gute Kenntnisse, richtige, klare, sehr gut dargestellte, von selbständigem Denken zeugende Lösungen),
2 = gut (gute Kenntnisse, richtige Lösungen),
3 = befriedigend (befriedigende Kenntnisse, brauchbare, wenn auch einige Mängel aufweisende Lösungen, durchschnittliche Leistungen),
4 = genügend (noch ausreichende Kenntnisse, noch brauchbare, wenn auch erheblichere Mängel aufweisende Lösungen),
5 = ungenügend (nicht mehr ausreichende Kenntnisse, nicht mehr brauchbare, grundsätzlich verfehlte, schwere Mängel aufweisende Lösungen).

2. Persönliche Verhältnisse des Prüflings (Krankheit) dürfen bei der Bewertung der Kenntnisse nicht berücksichtigt werden.

3. Jedes Prüfungsgebiet erhält eine Einzelbewertung. Enthält ein Prüfungsgebiet mehrere Teilprüfungen, so sind sämtliche Teilprüfungen zu bewerten und die Teilbewertungen im ungefähren Verhältnis der Prüfungszeiten durch Berechnung einer Mittelnote zu einer Gesamtbewertung des Faches zusammenzufassen. Die Leistungen werden durch die Prüfer im Benehmen mit den Mitgliedern des Prüfungsausschusses bewertet. In Zweifelsfällen entscheidet der Vorsitzer.

§ 4. Gesamturteil.

1. Bestanden hat der Prüfling, wenn das Urteil für alle Fächer mindestens „genügend" lautet. Dabei gelten die biologisch-medizinischen Hilfswissenschaften als ein Fach.

2. Das Gesamturteil über die bestandene Vorprüfung wird nach Errechnung des Mittels aus den für sämtliche Einzelleistungen ermittelten Bewertungen festgesetzt.

Das Gesamturteil, bei dessen Festsetzung durch den Vorsitzenden des Prüfungsausschusses der Gesamteindruck des Prüflings mit zu berücksichtigen ist, lautet:

„sehr gut bestanden" bei einer Durchschnittsbewertung von 1 bis 1,6, in besonderen Fällen bis 1,7,
„gut bestanden" bei einer Durchschnittsbewertung von 1,7 bis 2,4, in besonderen Fällen bis 2,5,
„befriedigend bestanden" bei einer Durchschnittsbewertung von 2,5 bis 3,2, in besonderen Fällen bis 3,3,
„genügend bestanden" bei einer Durchschnittsbewertung von 3,3 bis 4,
„nicht bestanden" in allen anderen Fällen.

Die Vorprüfung gilt auch dann als nicht bestanden, wenn der Prüfling aus vom Prüfungsausschuß als nicht triftig anerkannten Gründen nicht zur Prüfung erscheint oder nach deren Beginn zurücktritt. Die für das Nichterscheinen zur Prüfung oder für den Rücktritt geltend gemachten Gründe werden nur dann berücksichtigt, wenn sie dem Prüfungsausschuß sofort angezeigt und glaubhaft nachgewiesen werden. Erachtet der Prüfungsausschuß den Rücktritt eines Prüflings als ausreichend begründet, so werden diesem auf Ansuchen die bereits vorliegenden Prüfungsergebnisse später angerechnet.

§ 5. Wiederholung der Prüfung.

1. Hat der Prüfling im Fachgebiet Psychologie bestanden, dagegen in Philosophie und Weltanschauung oder in den biologisch-medizinischen Hilfswissenschaften den Anforderungen nicht genügt, so kann er innerhalb eines Jahres in dem Fache, in dem er versagte, die Prüfung wiederholen. Besteht er diese Wiederholungsprüfung nicht, so muß er die gesamte Prüfung wiederholen.

2. Legt der Prüfling die Wiederholungsteilprüfung nicht innerhalb eines Jahres ab, so gilt die Gesamtprüfung als nicht bestanden.

3. Die Vorprüfung kann nur einmal im ganzen, und zwar an derselben Hochschule, wiederholt werden.

4. Für die Wiederholungsprüfung kann die schriftliche Hausarbeit angerechnet bleiben. Die Entscheidung hierüber trifft der Vorsitzer des Prüfungsausschusses. Ein entsprechender Vermerk ist in die Niederschrift über die Prüfung aufzunehmen. Auch sonst kann auf befriedigende Leistungen der ersten Prüfung Rücksicht genommen werden.

Der Vorsitzer des Prüfungsausschusses bestimmt den Termin, zu dem frühestens die Prüfung wiederholt werden darf. Die Wiederholung muß spätestens zwei Jahre nach der ersten Prüfung, gerechnet vom Tage der mündlichen Prüfung ab, stattfinden.

§ 6. Zeugnis.

1. Über das Ergebnis der Prüfung erhält der Prüfling ein Zeugnis nach beiliegendem Vordruck 1.

Als Datum des Zeugnisses ist der letzte Tag der mündlichen Prüfung anzugeben.

Hat der Prüfling bestanden, so ist das Ergebnis mit Angabe der Einzelurteile anzuführen. Dabei gelten als Einzelfächer die drei Fachgebiete:

a) Allgemeine Psychologie (Grundtatsachen des bewußten und unbewußten Seelenlebens in person- und gemeinschaftspsychologischer Hinsicht), Entwicklungspsychologie (vor allem Psychologie der Lebensphasen), Charakterkunde und Erbpsychologie sowie Ausdruckspsychologie,
b) die biologisch-medizinischen Hilfswissenschaften,
c) Philosophie und Weltanschauung.

Das Zeugnis über die bestandene Vorprüfung muß den Vermerk tragen, daß es allein nicht zur Anstellung im öffentlichen Dienst berechtigt.

2. Hat der Prüfling nicht bestanden, so erhält er darüber eine Bescheinigung. In ihr muß gegebenenfalls angegeben werden, ob die schriftliche Arbeit angerechnet wird und wann frühestens die Prüfung wiederholt werden kann.

Das Zeugnis über die bestandene Prüfung sowie die Bescheinigung über die nichtbestandene Prüfung werden vom Vorsitzer des Prüfungsausschusses unterzeichnet.

3. Dem Prüfling wird auf Antrag sofort eine vorläufige Bescheinigung über das Ergebnis ausgestellt. Auch diese Bescheinigung unterzeichnet der Vorsitzer des Prüfungsausschusses.

§ 7. Gebühren.

Die Prüfungsgebühren, die mit der Meldung zur Prüfung zu entrichten sind, betragen

für die erstmalige Vorprüfung . . . . . 60 RM,
für die Wiederholungsprüfung . . . . . 30 RM.

III. Diplom-Hauptprüfung.

§ 1. Zulassung.

1. Der Studierende der Psychologie kann nach Ableistung des sechsten Semesters, frühestens zwei Semester nach Bestehen der Vorprüfung zur Ablegung der Diplom-Hauptprüfung zugelassen werden.

2. Er hat beim Vorsitzer des Prüfungsausschusses zu dem von diesem bestimmten Zeitpunkt schriftlichen Antrag auf Zulassung zu stellen und zugleich vorzulegen

a) die in Abschnitt II § 1 Ziffer 2 a bis f vorgesehenen Nachweise, sofern die Diplom-Hauptprüfung nicht an der Hochschule abgelegt wird, an der die Vorprüfung bestanden wurde;

b) das Zeugnis über die bestandene Vorprüfung;

c) Bescheinigungen über erfolgreiche, unter Aufsicht und Anleitung durchgeführte praktisch-psychologische Tätigkeit an mindestens drei der im folgenden aufgeführten Einrichtungen nach Vordruck 2:

a) Kinderheime, Jugendheimstätten der NSV., Kindertagesstätten, Berufsschulen, Volksschulen, Höhere Schulen,
b) Hilfsschulen, Fürsorge- und Erziehungsanstalten,
c) Berufsberatungsstellen der Arbeitsämter,
d) Lehrwerkstätten, Arbeitsansatz und Begutachtungseinrichtungen sowie Gefolgschaftsämter in industriellen und kaufmännischen Betrieben, psychologischen Einrichtungen und Begutachtungsstellen der DAF.,
e) Gerichte, Gefängnisse und Jugendschutzlager,
f) Psychotherapeutische Beratungsstellen,
g) Psychiatrische und andere einschlägige Kliniken,
h) Rassenhygienische Beratungsstellen,
i) Erziehungsberatungsstellen der NSV.,
k) Bevölkerungspolitische Arbeitsstellen;

d) Nachweis der Teilnahme an Besichtigungen vorgenannter Einrichtungen, worunter auch Dienststellen für Eignungsuntersuchungen bei der Wehrmacht fallen;

e) jede der zu bescheinigenden praktisch-psychologischen Tätigkeiten hat sechs Wochen zu umfassen;

f) den Beleg über die Entrichtung der Prüfungsgebühr.

3. Abschnitt II § 1 Ziffer 3 bis 6 gelten entsprechend.

§ 2. Gang der Prüfung.

1. Die Diplomprüfung besteht aus einer schriftlichen und mündlichen Prüfung.

2. Gegenstände der Prüfung sind
a) Psychologische Diagnostik,
b) Angewandte Psychologie,
c) Pädagogische Psychologie und Psychagogik,
d) Kultur- und Völkerpsychologie.

3. In der schriftlichen Prüfung hat der Kandidat zwei schriftliche Arbeiten von je vier Stunden unter Aufsicht anzufertigen.

Die Aufgaben werden vom Vorsitzer des Prüfungsausschusses im Einvernehmen mit dem psychologischen Fachprüfer gestellt.

4. Sind die beiden schriftlichen Arbeiten „ungenügend", so wird der Prüfling von der mündlichen Prüfung zurückgewiesen. In diesem Falle wird die Prüfung als „nicht bestanden" erklärt.

Abschnitt II § 2 Ziffer 5 gilt entsprechend.

5. Zur mündlichen Prüfung beruft der Vorsitzer des Prüfungsausschusses schriftlich ein.

6. Für die Durchführung der mündlichen Prüfung gelten allgemein die Bestimmungen des Abschnitts II § 2 Ziffer 7 a bis f.

Jeder Bewerber ist einzeln zu prüfen. Die Prüfungszeit beträgt eine halbe Stunde.

§ 3. Bewertung der Kenntnisse.

Abschnitt II § 3 gilt sinngemäß.

§ 4. Gesamturteil.

Abschnitt II § 4 Ziffer 1 Satz 1 und Ziffer 2 gilt sinngemäß.

§ 5. Wiederholungsprüfung.

1. Hat der Prüfling in einem der Fächer nicht genügt, so kann die Prüfung in diesem Fache innerhalb eines halben Jahres noch einmal abgelegt werden (Wiederholungsteilprüfung). Hat er in zwei oder in mehr Fächern nicht genügt, so gilt die Prüfung als nicht bestanden. In diesem Falle kann die Prüfung innerhalb eines Jahres wiederholt werden (Wiederholungsprüfung). Im übrigen sind für die Beurteilung des Ergebnisses der Prüfung die Bestimmungen des § 3 sinngemäß anzuwenden.

2. Abschnitt II § 5 Ziffer 2, 3 und 4 gilt sinngemäß.

§ 6. Zeugnis, Diplom.

1. Über die bestandene Diplomprüfung wird ein Zeugnis nach beiliegendem Vordruck 3 ausgestellt.

Für die Ausstellung des Zeugnisses finden die Bestimmungen des Abschnitts II § 6 sinngemäß Anwendung.

2. Neben dem Zeugnis über die bestandene Diplomprüfung ist ein Diplom nach beiliegendem Vordruck 4 auszufertigen, durch das die Verleihung des akademischen Grades eines Diplom-Psychologen beurkundet wird. Das Diplom ist von dem Vorsitzer des Prüfungsausschusses zu unterzeichnen und mit dem kleinen Reichssiegel des Prüfungsausschusses zu versehen.

§ 7. Gebühren.

Die Gebühren betragen
für die erstmalige Diplomprüfung . . . . 40 RM,
für die Wiederholungsprüfung . . . . . 20 RM.

§ 8. Ungültigkeitserklärung der Prüfung.

Ergibt sich vor Aushändigung des Diploms, daß die Prüfung unter Täuschung des Prüfungsausschusses bestanden wurde, so kann der Vorsitzer des Prüfungsausschusses die Prüfung für ungültig erklären.

IV. Ausnahmen.

1. Über die Anrechnung von Semestern, die der Prüfling an deutschen oder ausländischen Hochschulen studiert hat, entscheidet der Vorsitzer des Prüfungsausschusses, in Zweifelsfällen der Reichsminister für Wissenschaft, Erziehung und Volksbildung.

2. In besonderen Fällen, in welchen die Anwendung der Prüfungsordnung zu Härten führen würde, entscheidet der Reichsminister für Wissenschaft, Erziehung und Volksbildung.

V. Inkrafttreten.

Die vorstehende Prüfungsordnung tritt mit dem 1. April 1941 in Kraft.

Berlin, den 16. Juni 1941.

Der Reichsminister für Wissenschaft, Erziehung und Volksbildung.
In Vertretung: Zschintzsch.

*

Vordruck 1.

Diplom-Vorprüfung für Psychologen.

Prüfungszeugnis.

Der Studierende der Psychologie ....,
(Vor- und Zuname)
geboren am .... in ....,
hat sich am .... gemäß der Prüfungsordnung vom 16. Juni 1941 — W J 2090/41 (a) — der Diplom-Vorprüfung an der Universität — Technischen Hochschule — in .... unterzogen und in den einzelnen Prüfungsfächern folgende Urteile erhalten:

Wissenschaftliche Hausarbeit über das Thema: Urteil:

....

....

a) Allgemeine Psychologie usw. (wie § 6 Ziff. 1) ....
b) Biologisch-medizinische Hilfswissenschaften ....
c) Philosophie und Weltanschauung . . . .

Nach diesen Ergebnissen ist dem Prüfling das Gesamturteil

....

zuerkannt worden.

.........., den ....

Der Vorsitzer des Prüfungsausschusses an der Universität — Technischen Hochschule — in ....

....

(Unterschrift)

(Kleines Reichssiegel)

Anmerkung: Dieses Zeugnis ohne Abschluß- (Diplom-) Zeugnis berechtigt nicht zur Anstellung im öffentlichen Dienst.

*

Vordruck 2.

Bescheinigung über die praktisch-psychologische Tätigkeit.

Der Studierende der Psychologie ....,
(Vor- und Zuname)

geboren am .... in ....,
hat in der Zeit vom .... bis ....
in der nachbezeichneten Einrichtung praktisch-psychologische Tätigkeit mit Erfolg abgeleistet.

.........., den ....

....

....

*

Vordruck 3.

Diplom-Hauptprüfung für Psychologen.

Prüfungszeugnis.

Der Studierende der Psychologie ....,
geboren am .... in ....,
hat sich am .... gemäß der Prüfungsordnung vom 16. Juni 1941 — W J 2090/41 (a) — der Diplom-Hauptprüfung an der Universität — Technischen Hochschule — in .... unterzogen und in den einzelnen Prüfungsfächern folgende Urteile erhalten:

Erste schriftliche Klausurarbeit Urteil:
Thema: ....

....

Zweite schriftliche Klausurarbeit
Thema: ....

....

Psychologische Diagnostik . . . .
Angewandte Psychologie . . . .
Pädagogische Psychologie und Psychagogik . . ..
Kultur- und Völkerpsychologie . . . .

Nach diesen Ergebnissen ist dem Prüfling das Gesamturteil

....

zuerkannt worden.

.........., den ....

Der Vorsitzer des Prüfungsausschusses an der Universität — Technischen Hochschule — in ....

....

(Unterschrift)

(Kleines Reichssiegel)

*

Vordruck 4.

Diplom.

Herr ....,
(Vor- und Zuname)

geboren am .... in ....,
hat am .... die Diplom-Hauptprüfung für Psychologen gemäß der Prüfungsordnung vom 16. Juni 1941 — W J 2090/41 (a) — mit dem Gesamturteil

....

an der Universität — Technischen Hochschule — in .... bestanden.

Auf Grund dieser Prüfung wird ihm hiermit der akademische Grad

Diplom-Psychologe

verliehen.

.........., den ....

Der Vorsitzer des Prüfungsausschusses für die Diplom-Hauptprüfung für Psychologen an der Universität — Technischen Hochschule — in ....

....

(Unterschrift)

(Kleines Reichssiegel)

*

Durchführungsbestimmungen zur Diplomprüfungsordnung für Studierende der Psychologie.

Abschnitt II.

Zu § 1: Zulassung.

a) Die Zulassung von Ausländern zur Diplom-Vorprüfung bedarf der Genehmigung des Reichsministers für Wissenschaft, Erziehung und Volksbildung, wenn die Zulassung des Ausländers zum Studium nicht genehmigt ist.

b) Ein ordnungsmäßiges Fachstudium ist anzuerkennen, wenn der Bewerber die notwendigen Fachvorlesungen gehört, an theoretischen und praktischen Übungen teilgenommen und die sportliche Grundausbildung erledigt hat, soweit er davon nicht aus besonderen Gründen befreit war.

Zu § 2: Gang der Prüfung.

I. Fachbereich Psychologie.

1. In jedem Teilgebiet der Psychologie hat der Prüfling eine gründliche Kenntnis der wichtigsten psychologischen Forschungsmethoden, auch der experimentellen, nachzuweisen und zu zeigen, daß er imstande ist, sowohl person- wie gemeinschaftspsychologische Probleme zu sehen und selbständig zu lösen.

2. Die besonderen Anforderungen im Gebiete der Allgemeinen Psychologie haben sich zu erstrecken auf die Kenntnis der Grundtatsachen des bewußten und unbewußten Seelenlebens, der Grundbegriffe der Psychologie, ihrer systematischen Ordnung und ihrer anthropologischen Verankerung.

3. In der Entwicklungspsychologie ist eine eingehende Kenntnis der Entwicklungsgesetze und Entwicklungsformen der Lebensphasen, insbesondere der Kindheit und der Reifezeit, unter Einbeziehung der erbpsychologischen Grundlagen und der wichtigsten Ergebnisse der vergleichenden Psychologie der Primitiven und der Tiere zu fordern.

4. Im Gebiet der Charakterkunde hat der Prüfling zu zeigen, daß er über die Grundgesetze des Charakteraufbaues sowie über die konstitutionellen und rassischen Grundformen der Persönlichkeit unter Berücksichtigung der erbpsychologischen und rassenseelenkundlichen Zusammenhänge eindringend unterrichtet ist.

5. Die Prüfung in der Ausdruckspsychologie hat eine gründliche Kenntnis des Gesamtgebietes seelischer Ausdruckserscheinungen und Äußerungsformen sowie ihres Symptomwerts zu erweisen.

II. Biologisch-medizinische Hifswissenschaften.

1. Die Prüfung in der Biologie hat sich zu erstrecken auf biologische Grundtatsachen, Entwicklungsbiologie, Erbbiologie, Rassenkunde und Rassenhygiene, Sippenkunde und Bevölkerungspolitik.

2. In der Physiologie ist besonders auf die Kenntnis der leibseelischen Zusammenhänge (Nervensystem, innersekretorische Vorgänge, körperliche Begleiterscheinungen seelischer Prozesse und Zustände) sowie auf die Physiologie der Arbeit einzugehen.

3. Auf dem Gebiet der allgemeinen Psychopathologie ist die Kenntnis der Hauptformen seelischer Störungen und der wichtigsten Fehlentwicklungen zu fordern.

III. Philosophie und Weltanschauung.

1. Der Prüfling soll sich mit den grundsätzlichen Fragen und weltanschaulichen Voraussetzungen der Psychologie so weit vertraut gemacht haben, daß er von seinem Fachgebiet aus einen vollen Zugang zur Philosophie gefunden hat. Insbesondere muß ihm der historische Zusammenhang von Psychologie und Philosophie vertraut sein. Es ist zu fordern, daß er diesen Zusammenhang an den Hauptwerken eines bedeutenden Philosophen nachzuweisen imstande ist. Er muß außerdem die philosophischen Grundbegriffe beherrschen und Verständnis für den geschichtlichen Wandel philosophischer Anschauungen, insbesondere für den Gestaltswandel des jeweils maßgeblichen Menschenbildes besitzen.

2. Vor allem muß der Prüfling zeigen, daß er die theoretischen und praktischen Aufgaben seines Faches aus dem vollen Verständnis der nationalsozialistischen Weltanschauung heraus anzugehen und zu lösen vermag.

Zu § 5: Wiederholung der Prüfung.

Bei der Meldung zu einer Wiederholung der Prüfung ist außer den bei der erstmaligen Meldung zur Prüfung geforderten Nachweisen die Bescheinigung über das Ergebnis der ersten Prüfung vorzulegen.

Zu § 7: Gebühren.

Für die Erhebung, die Ermäßigung, den Erlaß und die Anrechnung der Prüfungsgebühren gilt der Runderlaß vom 3. Juni 1939 — W J 1365 Z II a —.

Abschnitt III.

Zu § 2: Gang der Prüfung.

I. Schriftliche Prüfung.

In den schriftlichen Prüfungsarbeiten soll der Prüfling zeigen, daß er imstande ist, auf Grund verschiedenartigen vorgelegten Materials ausführliche Charakter- und Leistungsbilder unter Anwendung wissenschaftlich gesicherter Erkenntnismittel zu entwerfen und gutachtlich auszuwerten. Außerdem soll er über die Aufgaben und Methoden der angewandten Psychologie befriedigend Auskunft geben.

II. Mündliche Prüfung.

1. Die Prüfung in psychologischer Diagnostik soll zeigen, ob der Prüfling den Erkenntniswert der diagnostischen Methoden und den Stellungswert der einzelnen Symptome im Hinblick auf das Gesamtbild der Persönlichkeit richtig zu beurteilen vermag.

2. In der Prüfung der angewandten Psychologie hat der Prüfling Rechenschaft zu geben über die mannigfaltigen Anwendungsgebiete der Psychologie, ihre methodische Erschließung und ihre derzeitigen Ergebnisse.

3. Die Prüfung in Pädagogik, pädagogischer Psychologie und Psychagogik hat sich auf die Grundlagen der völkischen Erziehung sowie ihre Ziele und auf die Bedingungen und Möglichkeiten ihrer Verwirklichung zu erstrecken und dabei zu erweisen, wie weit der Prüfling imstande ist, sich im Dienste einer seelischen Hygiene des völkischen Gesamtlebens einzusetzen.

4. In der Prüfung über Kultus- und Völkerpsychologie ist festzustellen, wie weit der Prüfling sich unter Berücksichtigung seines Berufsziels mit den psychologischen Hintergründen der kulturellen Erscheinungen (z. B. Gemeinschaft, Volkstum, Technik, Wirtschaft, Beruf, Arbeit, Sprache, Kunst, Wissenschaft, Religion, Mythos und Sitte) vertraut gemacht hat.

Zu § 5: Wiederholungsprüfung.

Bei der Meldung zu einer Wiederholung der Prüfung ist außer den bei der erstmaligen Meldung zur Prüfung geforderten Nachweisen die Bescheinigung über das Ergebnis der ersten Prüfung vorzulegen.

Berlin, den 16. Juni 1941.

Der Reichsminister
für Wissenschaft, Erziehung und Volksbildung.
In Vertretung: Zschintzsch.

360.* Unterhaltszuschüsse der Bibliotheksreferendare und Bibliotheksanwärter während des Wehrdienstes im Kriege.

RdErl. d. RMfWEV. v. 18. 6. 1941
— W E 1442/41 —.

Zur Behebung von Zweifeln bestimme ich im Einvernehmen mit dem Herrn Reichsminister der Finanzen folgendes:

1. Die allgemeinen Bestimmungen über die Gewährung der Unterhaltszuschüsse der Beamten im Vorbereitungsdienst während des Wehrdienstes im Kriege finden auf die Beamten im Vorbereitungsdienst bei den wissenschaftlichen Bibliotheken entsprechende Anwendung. Zur Zeit ist der Erlaß des Herrn Reichsministers der Finanzen vom 10. Juli 1940 (RBesBl. S. 199) maßgebend. Dabei wird besonders auf Ziffer 4 a. a. O. hingewiesen, wonach beim Vorliegen der dort genannten Voraussetzungen Unterhaltszuschuß in Höhe der Diäten zu gewähren ist.

2. Wer die bibliothekarische Fachprüfung bestanden hat und nach Bekanntgabe des Prüfungsergebnisses noch im Wehrdienst steht, scheidet — in Abweichung von den Bestimmungen der Ausbildungs- und Prüfungsordnungen für den wissenschaftlichen und den gehobenen Bibliotheksdienst — nicht nach Bekanntgabe des Prüfungsergebnisses aus dem Beamtenverhältnis aus, wenn bereits vor Ablegung der Fachprüfung die Übernahme in den öffentlichen Dienst beantragt worden ist. In solchen Fällen ist der Unterhaltszuschuß weiterzuzahlen, und zwar vom 1. des auf die Bekanntgabe des Prüfungsergebnisses folgenden Monats an in Höhe der Diäten, sofern der erhöhte Unterhaltszuschuß nicht bereits nach Ziffer 1 dieses Erlasses gewährt wird.

Das Beamtenverhältnis erlischt jedoch mit der Entlassung aus dem Wehrdienst. Die Zahlung des Unterhaltszuschusses ist mit Ablauf des Entlassungsmonats einzustellen.

3. Die Kosten des erhöhten Unterhaltszuschusses sind von dem bisherigen Unterhaltsträger zu tragen.

4. Diese Regelung tritt mit sofortiger Wirkung in Kraft; soweit bisher anders verfahren wurde, hat es dabei zu verbleiben.

Anträge auf Übernahme in den öffentlichen Dienst nach Ziffer 2 dieser Regelung gelten übergangsweise dann noch als rechtzeitig gestellt, wenn sie innerhalb zweier Monate nach Veröffentlichung dieser Regelung eingehen. In diesen Fällen werden Unterhaltszuschüsse in Höhe der Diäten nur vom Ersten

www.ingramcontent.com/pod-product-compliance
Ingram Content Group UK Ltd.
Pitfield, Milton Keynes, MK11 3LW, UK
UKHW021826290926
8980IPUK00004B/271

9 783631 768785